학습장애

특성, 판별 및 교수전략

William N. Bender 저
권현수 · 서선진 · 최승숙 공역

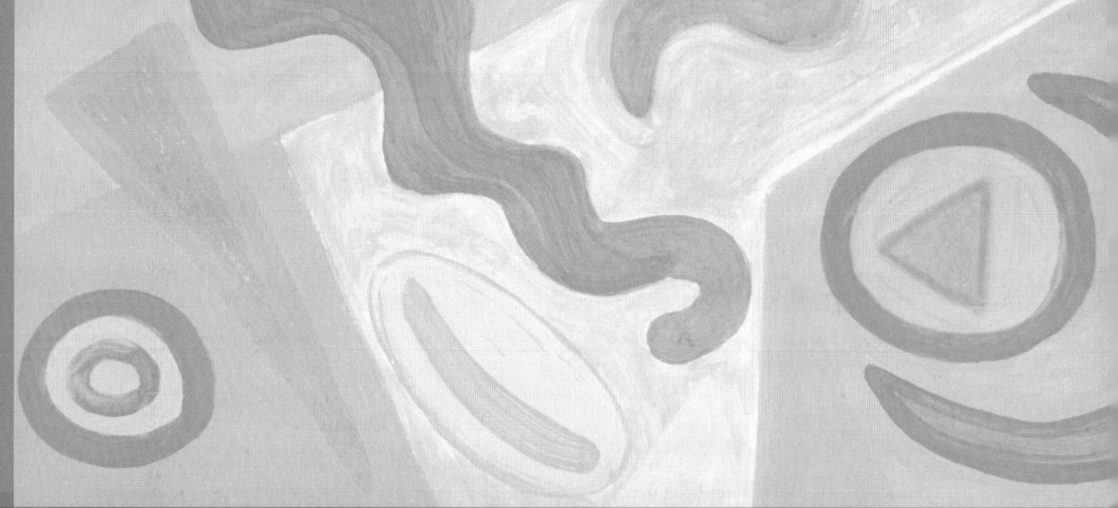

학지사

Learning Disabilities:
Characteristics, Identification, and Teaching Strategies, 6th Edition,
ISBN: 0205515533 by Bender, William, published by Pearson Education, Inc.,
publishing as Prentice Hall

| 역자 서문 |

주변에서 종종 "우리 아이는 학습장애가 있나 봐. 다른 건 다 잘하는데 공부만 하라고 하면 집중을 못하고 성적도 안 나오네." "난 수학 학습장애가 있어서 숫자만 보면 머리가 깨질 것처럼 골치가 아파." 등과 같은 말을 듣고 보면 학습장애가 더 이상 낯선 개념이 아니라는 생각이 든다. 하지만 학습부진, 학습장애 등의 용어를 일상생활에서 흔히 사용하고 있는 대다수의 사람들이 '학습장애'에 대해 정확하게 알고 사용하는 경우는 그리 많지 않아 보인다. 교육 전문가들조차 학습부진과 학습장애의 차이를 인식하지 못하고 혼용하기도 하고, 부모들의 불안감을 이용하여 대다수의 학생들을 학습장애로 몰아붙이며 그들의 학업 성취도를 향상시켜 줄 수 있다고 현혹하기도 한다. 이는 학습장애의 장애 특성이 모호하고 객관적인 판별 및 진단 기준이 부재하며 학습장애 영역에 대한 연구가 상대적으로 미흡했던 까닭과 함께, 학력이 중시되고 학교에서의 경쟁이 중심인 학업 분위기 속에서 조금이라도 뒤처지는 아이들에 대한 책임 회피와 학습장애에 대한 잘못된 인식으로 인한 결과라고 생각된다.

따라서 학습장애에 내해 정확한 정보를 제공하고 학습장애 학생을 위한 최신의 교수법과 지도전략 등에 관해 소개하는 것이 연구자로서 최소한의 역할이라는 사명하에 William Bender 박사의 *Learning Disabilities: Characteristics, Identification, and Teaching Strategies* (6th ed.)를 번역하게 되었다. Bender 박사는 학습장애 분야의 최고 권위자 중 한 사람으로서 학교 현장에서 직접 교사로서 학습장애 학생을 가르쳤던 경험을 토대로 꾸준히 학습장애 학생을 위한 효과적인 교수법과 전략 등에 관한 연구를 진행해 왔고 다수의 학습장애 관련 저서를 출간하였다.

이번에 번역한 책은 대학에서 학습장애에 대해 공부하는 학부생과 대학원생뿐 아니라 학급에서 학습장애 학생을 만나게 될 일반교사, 특수학급 담당교사 및 특수교사들에게 도움을 주려는 목적에서 쓰인 책이다. 특히 학급에서 학습장애 학생을 직접 지도하면서 유용하게 적용할 수 있는 교수 안내를 곳곳에 제시하여 실제 학교 현장에서 유용한 지침서로 활용될 수 있도록 고려하였다.

이 책은 총 3부 14장으로 구성되어 있다. 1부는 학습장애에 관한 일반적인 내용으로, 1장 학습장애 정의의 변화, 2장 학습장애의 의학적 측면, 3장 학습장애의 인지적 · 언어적 특성, 4장 학습장애의 성격적 · 사회적 특성 그리고 5장 학습장애 학생의 평가에 대한 내용이 포함되어 있다. 2부는 학습장애 학생의 특성에 대한 내용으로, 6장 읽기와 쓰기에서의 학습 특성, 7장 수학에서의 학습 특성, 8장 학급에서의 학습장애 학생 등 보다 구체적으로 학습장애 학생에 대해 설명하며 학습장애를 이해하는 데 도움을 주고 있다. 마지막으로 3부는 배치, 서비스 및 교육처지에 관한 내용으로, 9장 교육적 배치와 서비스, 10장 행동중재, 11장 학습장애 학생을 위한 초인지적 교수 접근, 12장 학습장애 학생을 위한 공학, 13장 학습장애 성인, 14장 학습장애의 향후 주요 문제에 관한 내용이 소개되고 있다.

이 책은 세 명의 역자가 공동 번역 작업을 하였다. 권현수는 1장, 3장, 8장, 9장, 11장의 내용을, 서선진은 2장, 6장, 10장, 13장과 부록의 내용을, 그리고 최승숙은 4장, 5장, 7장, 12장, 14장의 내용을 번역하고 마지막에 함께 의논하여 전체적인 구성의 통일성을 갖추기 위한 작업을 진행하였다. 번역과정을 통해 오히려 많은 것을 배우고 학습장애에 대한 이해의 폭을 넓힐 수 있었기에 이런 기회를 주신 학지사 관계자께 감사드리고 책이 나오기까지 처음 예정된 기일이 많이 지났음에도 편한 마음으로 마무리할 수 있도록 기다려 주신 데 대해 더욱 고마운 마음을 전하며 역자 서문을 마무리하고자 한다.

2011년

역자 일동

| 저자 서문 |

이 책은 학습장애 분야의 초임교사들을 위한 실제적인 가이드가 된다. 이 분야의 다른 개론서들과는 달리, 이 책은 교육적으로 관련 있는 정보와 이론적 배경을 기반으로 하고 있다. 이 책의 저자는 학습장애 아동·청소년들과 29년간 함께 작업한 경력의 소유자다. 수년 동안 중학교에서 학습장애 학생들을 위한 자료실에서 직접 학생을 가르친 경험이 있다. 교육심리학자에 의해 쓰인 책들은 일반적으로 학습장애와 관련된 특성을 다루는 데 있어 정확한 내용을 다루고 있지만, 이 책은 교사의 관점뿐 아니라 연구자들에게 있어서도 교육적 관심사에 통찰력을 제공해 줄 수 있을 것이다.

예를 들어, 이 책은 학습장애 학생들의 특성을 제시하기 위하여 실제 평가와 의뢰 보고서를 사용하였다(5장과 부록 참조). 교사로서 학습장애 아동에 대한 개요의 일부로 이 보고서를 읽는 경험이 필요하다.

모든 장에서 학습장애 학생들의 특성이 논의될 때마다 수많은 교수적 예시가 제공된다. 이러한 교수적 제안은 후에 교수방법론 수업을 들을 때 도움을 줄 것이다. 향후 특정한 교육적 논쟁점에 대해 학습장애 분야의 연구가 그리 명확하지 않다면(예: 학습장애를 정신지체와 행동장애와 같은 다른 장애와 구분하기), 이 책은 오늘날 공립학교에서 사용되는 가장 안전한 방법을 제시하면서 동시에 그와 관련된 복잡한 논쟁점을 중요하게 다룬다.

마지막으로 이 분야는 전문가들의 논쟁으로 가득하다. 앞으로 결정되어야 할 논쟁점으로는 학습장애에 대한 이론적 관점의 변화, 이 인구에 대한 여러 가지 정의, 이 학생들에 대한 적절한 서비스 전달 모형이 포함된다. 이러한 논쟁점 각각은 초임교사들이 임시적인 전문가적 결정을 내리는 것을 가능하게 하고 그것을 고취하는 방식을 제시해 준다.

이 책은 학습장애에 대해 공부하는 대학의 고학년 학생들과 대학원생들을 위해 만들어졌다. 그들은 교육심리와 아동발달에 대한 일부 교과목을 수강했어야 한다. 그러나 각 장에 교육전략이 포함되어 있어 설사 교육 관련 과목을 수강하지 않은 학생이라도 이 책을 성공적으로 사용할 수 있도록 하였다. 또한 교육적 접근법에서 볼 때 이 책은 학부모들에게도 유용할 수 있다. 예를 들어, 학습장애 대학생들에게 적절한 프로그램을 선택하는 것과 관련된 부분은 그들과 그 부모들이 대학 프로그램을 선택하는 데서 살펴보아야 할 특정 요소를 변별해 내는 데 실제적인 지침을 제공해 준다.

책의 구성

이 책은 대학생들의 학습을 촉진해 주는 교육적 방식으로 제시되었다. 각 장에는 다음과 같은 여러 가지 학습 활동이 포함되어 있다.

- **학습목표**: 각 장의 도입부에 해당 장에서 가르치는 활동의 유형을 나타내는 목표를 포함한다.
- **핵심어**: 각 장의 도입부에 핵심어 목록을 제시한다. 이 용어들은 각 장에서 굵은 서체로 제시되어 있으며 다음 장을 공부하기 전에 반드시 완전히 학습되어야 한다.
- **도움상자와 그림**: 도움상자와 그림은 해당 장에서 요점의 이해를 도와주는 정보를 제시한다. 일부는 본문에서 그 정보가 논의되기도 하고 일부는 본문과 관련된 것일 수도 있다. 도움상자 각각은 관련 부분과 함께 읽어야 한다.
- **학습문제와 활동**: 각 장 끝의 학습문제와 활동에는 두 가지 유형의 활동이 포함된다. 일부 질문에 대한 답은 본문에서 직접 다루어지기도 하고 또 일부는 해당 장에서 논의된 논쟁점을 좀 더 명료화해 준다.
- **학습 활동의 활용**: 이 책을 가장 잘 활용하기 위하여 학생은 개별 학습 활동으로부터 혜택을 얻을 수 있다. 첫째, 각 장의 도입부에 제시된 학습목표를 읽어야 하는데, 이는 추후 학습을 위한 골격을 제시해 주기 때문이다. 다음으로는 각 장의 서론과 요약 부분을 읽는다. 이 부분들은 각 장의 내용을 강조해 주고 주요한 사항에 집중하는 데 도움을 준다. 핵심어를 간략하게 살펴보면 각 장에서 그 용어들을 주목할 수 있게 된다. 이러한 개요 활동을 한 후에는 각 장의 처음

으로 돌아가 본문과 도움상자를 읽는다. 읽기를 마치고 나면 각 장의 마지막에 제시된 학습문제와 활동을 끝낸다.

도전

이 책을 교재로 사용한 과목을 수강할 때는 다양한 학습 관련 도전에 직면할 것이다. 교직 관련 교육과정에서 이전 수강 과목도 중요하겠지만, 그리고 이번에 학습장애 분야와 관련된 과목을 처음 수강하는 것일 수도 있겠지만, 이 과목을 수강하는 학생들에게는 이 과목에 대한 개인적인 열정과 책임감이 요구된다. 수강생들은 학습장애 학생들을 위해 아주 잘 준비된 교사가 되기 위한 집중적인 요구 때문에 이 책에 제시된 개념과 내용을 완전 학습하기 위한 개인적이면서도 전문가적인 다짐을 세워야 한다. 최선의 교육적 사고, 최근의 연구 지식, 아직도 논의 중인 논제들을 제시하는 데 있어서 진정한 노력을 기울여야 한다. 이러한 복잡한 논제들에 대한 통찰력의 획득은 수강생들의 노력 여하에 따라 달라질 수 있다.

좀 더 폭넓은 관점에서 학습장애 분야는 역동적이고 도전적이며 신경 써야 할 일이 참 많다. 수년 내에 학습장애 분야에 전문인으로서 들어오게 될 예비교사들은 여기에 제시된 여러 가지 전문 영역의 논제들을 결정하는 데 도움을 주게 될 것이다. 또한 최선의 전문가적인 판단을 요하는 시기마다 다른 논쟁점들이 더해질 것이다. 9장에서 다룬 통합교육은 10년 전에 주로 논의되던 논쟁점이었다. 가장 최근에는 중재에 대한 반응 적격성 절차(5장)가 이 분야에 극적인 영향을 미쳤다. 14장에는 여러분과 같은 신임교사가 어떻게 이러한 결정에 전적으로 참여해야 하는지에 대한 여러 가지 제언이 제시되어 있다. 이러한 의사결정의 책임은 이 분야의 전문가들 개인으로부터의 책임감 있는 다짐을 필요로 한다.

이 분야에서의 이해와 다짐은 관련 용어에 대한 친밀도로 나타난다. 학습장애 분야의 역동적인 속성에서 볼 때 어휘는 계속해서 진화한다. 그러므로 새로운 용어가 자주 소개되고 다른 용어들은 다른 사람들에 의해 다른 의미로 사용된다. 이 책에서는 어휘의 이해를 돕기 위해 용어를 지속적이고 분명하게 사용하고자 노력하였다. 그러나 용어가 다양하게 사용될 수 있다는 것을 염두에 두어야 한다. 예를 들어, 중재에 대한 반응(RTI)은 상대적으로 새로운 용어로서 의미상 여러 변이가 있다. 또한 주류화, 일반교육, 완전통합이란 용어는 어떤 사람들에게는 동의어로 사용되지만, 다른 사람들에게는 약간씩 다른 의미로 사용된다.

최종적으로 여러 전문 영역과 관련된 도전은 여러분이 앞으로 가르치게 될 학습장애 학생들을 위한 개인적인 다짐과 책임감을 요구한다. 이러한 도전은 마지막 분석에서 개인적이고 도적적인 용어로 진술되어야 한다. 학습장애 학생들은 역사적으로 우리의 교육기관과 사회로부터 외면을 받아 왔다. 많은 이들이 다른 학생들, 드물긴 하지만 교사들로부터 은밀한 놀림을 당하기 때문에 정서적으로 어려움을 겪고 있다. 그러나 앞으로 여러분이 만나게 될 대부분의 학생들은 그들의 교육적 노력과 개인적 · 사회적 삶을 통해 무언가를 얻으려는 노력을 포기하지 않을 이들이다.

이 분야의 대부분의 전문가들은 학습장애 학생들이 보여 주는 정신적 승리로 계속해서 놀라워하고 있다. 계속된 실패에 직면해서 많은 학습장애 학생들은 모든 읽기, 수학 및 언어 과제를 완수하고자 한다. 그들은 심지어 의도하지 않은 비웃음을 받거나 사회적으로 당황스러운 상황에 처하더라도 계속해서 또래들로부터 사회적 수용을 얻고자 노력한다. 이 학생들이 여러분을 놀라게 할 것이고, 여러분은 자신이 할 수 있는 모든 방법을 찾아 그들을 돕고자 할 것이다. 여러분은 그들에 대해 깊이 있고 모범적인 존중을 배우게 될 것이다. 학교에서 그리고 또래, 교사, 가족과의 관계에서 그들을 도울 방법을 찾을 것이다. 아울러 학생들이 자신의 교육과 삶에서 기회로 보이는 무언가를 얻을 수 있도록 하기 위해 여러분이 가진 역량 범위 내에서 모든 것을 할 것이다. 대부분의 경우 이러한 기회는 그들이 우리 사회에서 생산적인 구성원으로 성장하는 데 필수적이다. 도덕적 명제는 분명하다. 여러분은 가능한 한 최고의 교사가 되어야 한다. 이 뛰어난 학생들은 최고의 교사에게 배울 만하다.

| 차 례 |

제2장 학습장애의 의학적 측면 ▸▸▸ 75

제3장 학습장애 학생의 인지적 · 언어적 특성 ▸▸▸ 109

제4장 학습장애 학생의 성격적 · 사회적 특성 ▸▸▸ 155

제5장 학습장애 학생의 평가 ▸▸▸ 197

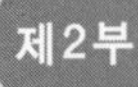

제2부 학습장애 학생의 특성

제1부

학습장애 개요

'학습장애' 란 용어가 처음 탄생한 1960년대 이래로 학습장애 분야는 커다란 굴곡과 전환 없이 발전되어 왔으나 이 책의 1부에 제시된 여러 가지 이유로 인해 최근 많은 변화를 경험하고 있다. 첫 연방법이 제정된 지 25년이 지나, 조지 W. 부시 대통령은 국가 차원에서 특수교육 서비스를 평가하기 위한 특별위원회를 구성했다. 대통령 직속 교육우월성 특별위원회에서 작성한 보고서는 어떻게 학습장애를 판별할 것인가에 대한 극적인 변화를 가져왔다. 2004년 12월, 대통령은 학습장애의 속성을 정의하는 데 있어 '중재에 대한 반응' 을 강조한 것을 포함하여 이 보고서로부터 도출된 몇 가지 제언을 법제화하였다. 1장에서는 이 분야의 최근 역동적인 변화를 포함하여 학습장애 개념발달의 역사를 제시한다. 2장에서는 신경과학 연구를 포함하여 학습장애의 의학적 기초를 다룬다. 3장과 4장에서는 학습장애 학생들의 특성에 대한 정보를 제공한다. 마지막으로 5장에서는 새로이 출현한 중재에 대한 반응 관련 방법에 대한 단계별 지침과 함께 최근의 진단 실제를 제시한다.

학습목표

1. 학습장애 분야의 역사적 단계에 대해 논의하고 각 단계 간 전환의 이유를 말할 수 있다.
2. 학습장애 정의에 포함되는 가장 일반적인 네 가지 공통 특성을 설명할 수 있다.
3. 불일치 공식의 발달과정과 그에 대한 전문가들의 최근 견해를 논할 수 있다.
4. 학습장애 영역의 주요 현안을 안다.
5. 이론적 관점의 특성을 설명할 수 있다.
6. 각 관점을 지지하는 주요 옹호자들에 대해 안다.
7. 지난 30년간 주장되었던 각 관점들의 상대적 중요성을 인식한다.

핵심어

시지각/운동 이론가
William Cruickshank
Marianne Frostig
언어 이론가
언어적 결함
Samuel Orton
Grace Fernald
신경학적 관점
Samuel Kirk
핵심 과제 I
인지과정적 관점
초인지
학습전략 접근
Howard Gardner
다중지능
차별화 교수
중재에 대한 반응

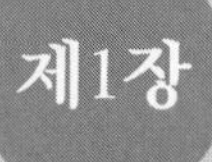

학습장애 정의의 변화

이 장의 개관

✻ 서론

사례 1

티메코(Timeko)는 유치원 시절부터 읽기에 문제를 보여 왔다. 티메코는 알파벳을 익히지 못했고, 교사는 그가 단어의 처음과 끝 자음을 인식하는 데 문제가 있음을 발견하였다. 2학년이 되어 티메코는 어휘력에서 또래들과 현저한 차이를 보였다. 지난 가을부터 담임교사는 티메코의 단어습득 능력과 모르는 단어를 재인하는 능력에 대해 체계적으로 기록하기 시작했다. 교사는 주정부가 인증한 읽기교육과정을 활용하여 수업을 진행하였다. 검증된 교육과정에 따라 지도함으로써 티메코의 읽기 능력이 향상되길 기대하였으나 그의 단어재인 능력은 향상되지 않았고, 따라서 교사는 학습장애를 의심하게 되었다.

사례 2

애덤(Adam)은 4학년 때 몇 과목에서 낙제를 하였고, 그의 어머니는 아들의 읽기 기술 부족이 학습부진의 원인이라고 생각하였다. 애덤은 읽기과목에서 늘 'D' 혹은 'C' 학점을 맞곤 하였다. 애덤의 어머니는 아들의 학업 성적에 관해 담임교사와 상담을 하였다. 교사는 애덤의 읽기 실력이 최하 수준이긴 하지만 읽기 수준을 감안하더라도 학업성취가 기대보다 더 낮아 보인다면서 철자와 필기의 문제도 지적하였다. 교사는 애덤이 수업시간에 문장을 적을 때면 항상 어려움을 보이곤 한다고 하였다. 이러한 문제들에도 불구하고 애덤은 수학시간에는 어려움이 없어 보였고 늘 'B' 학점을 받아오곤 하였다. 애덤의 어머니는 애덤이 매일 밤 적어도 한 시간 반 이상 공부하는 것을 생각할 때 그의 문제를 이해하기 어려웠다.

사례 3

헤더(Heather)는 평균 이하의 성적을 받긴 하였어도 1학년을 무사히 마쳤다. 그러나 2학년이 되자 학습에 문제가 발생하기 시작하였다. 헤더는 단어를 인식하지

못하고 읽기시간에 읽은 이야기를 이해하지 못하였다. 다른 친구나 교사가 이야기를 읽을 때도 마찬가지였다. 그녀는 이야기 속 등장인물의 이름을 말할 수는 있지만 사건을 잘 기억하지 못하는 것처럼 보였고, 다른 사람에게 이야기를 전할 때는 사실을 혼동하고 사건을 순서대로 기억하지 못하는 듯 보였다. 이러한 문제에도 불구하고 헤더의 수학 성적은 평균보다 조금 낮은 수준이었고, 또래와 같은 수준으로 간단한 수학 계산을 할 수 있었다.

사례 4

토머스(Thomas)는 초등학교 1학년 때부터 줄곧 읽기와 필기에 문제를 보여 왔다. 5학년 담임교사는 토머스가 읽기와 쓰기에 특별한 도움이 필요하다고 생각하고 수업 중에 지도를 하기 시작하였다. 토머스가 읽기를 잘하고 싶다는 의욕을 보였으므로 교사는 약간의 도움을 주면 토머스의 읽기 실력이 쉽게 향상될 것이라고 기대하였다. 토머스를 지도하면서 교사는 그가 종종 단어를 적절히 사용하지 못하고 엉뚱한 단어를 대신 말한다는 사실을 발견하였다. 때로는 스스로도 혼란스러워하면서 다른 5학년 또래들만큼 자신의 의사를 명확히 밝히며 대화하기를 어려워하였다. 얼마 지나지 않아 수업 중 제공했던 도움이 효과가 없음을 깨닫고, 교사는 토머스를 검사해 볼 필요가 있음을 특수교사에게 상담해 왔다.

이들 사례의 아동들은 학습장애 학생의 모습을 보인다. 학습장애 아동이나 성인들은 다른 장애는 없으나 학습이나 행동의 기능 일부에서 문제를 보인다. 그들은 사례 2와 3에서와 같이 특정 영역에서 매우 뛰어나거나 평균 수준 이상의 훌륭한 성취를 보이면서 동시에 다른 영역에서는 매우 낮은 성취를 보이곤 한다. 어떤 학생들은 사례 1에서처럼 과학적으로 증명된 효과적인 교수법을 적용해도 학습에 실패하는 모습을 보이기도 하는데, 이는 학습장애 판별의 준거이기도 하다(NJCLD, 2005). 이러한 문제들은 학생들의 혼란을 가중시키는데, 특히 아이들의 생활에서 또래와의 관계가 중요해지는 중학교 이상의 고학년인 경우 더욱 그러하다(Bender, 2002). 예를 들면, 대부분의 학습장애 학생은 읽기장애를 갖는 경우가 많고, 따라서 학급에서 소리 내어 읽기 활동을 하게 되면 망신을 당할 수 있다(Commission on Excellence in Special Education, 2001; National Reading Panel, 2000). 학생이 특정 영역에서는 뛰어난 능력을 보이나 다른 영역에서는 그렇지 못하다면 교사도 당혹스럽다. 그리고 이 학생의 부모들은 아이에게 적절한 교육적 지원을 하지 못한 것은 아닌지 혼란스럽게 느끼곤 한다. 이런 학생들이 겪고 있는 정신적, 학문적 고통을 생각하면 그들의 혼란스러운 감정을 쉽게 이해할 수도 있다. 그러나 여기 제시된 간략한 사례들이 학습장애 학생들이 경험하는 개인적인 어려움, 외로움, 실패의 감정을 모두 대변할 수는 없다. 그러나 이러한 감정이 내포하고 있는 느낌에 동감하지 않고는 학습장애의 현상을 완전히 이해했다고 할 수 없다. 따라서 학습장애에 대해 이해하기 위해서는 학습장애를 가진 개인의 내적 통찰에 관한 글을 읽어볼 필요가 있다(Reid & Button, 1995). Joshua Weistein(1994)의 글이 이러한 필요를 충족시켜 줄 것이다.

> 나는 지금도 내가 처음으로 난독증(학습장애의 일종) 진단을 받던 때를 기억한다. 나는 겨우 알아가기 시작한 외국에 대해 호기심과 불안을 느끼는 작고 멍청한 8세 소년이었다. 나는 어머니의 친구분이 나에게 줄기차게 지능검사와 읽기검사를 실시하는 동안 죽 늘어선 창문을 통해 들어온 햇살이 나에게 손짓하는 캐나다 토론토의 작은 사무실에 앉아 있었던 것으로 기억한다. 부모님이 나의 암기력 문제를 처음 발견하신 것은 훨씬 이전이었다. 지난 몇 년간 학급 활동에 참여하기엔 너무 멍청하다는 이유로 나는 교사들의 기피 대상이었다. 1, 2학년 땐 외롭고 소외된 채 또래들에게는 당연한 학습과정에 왜 나는 참여할 수 없는지 알지 못하고 당황스러워하며 교실 구석에 서 있곤 하였다. 나는 읽기 기술을 익힐 수 없었다. 아무리 많은 시간을 할애해 노력해도 구구단을 외울 수 없었고 줄곧 나에게 씌워진 '난독증' 이란 명칭에 혼란스러워했다.

이 학생은 학습장애 학생들에게 흔한 실패 감정의 핵심을 우리에게 보여 주고 있다. 다수의 학습장애 학생은 어려서부터 너무도 많은 실패를 경험하게 되고 왜 자신이 그냥 포기하면 안 되는지 의아해한다. 그럼에도 불구하고 과감한 노력, 간혹 효과적이고 집중력 있는 교사의 도움으로 학습장애 학생들은 장애를 극복하고 성공적으로 학습하곤 한다. 같은 학생의 문제해결 방법에 대해 들어 보자.

> 나 스스로가 매우 집중력 있는 학생이 됨으로써 난독증은 사라지고 문제를 해결할 수 있는 활력이 생겼으며 나는 이러한 능력을 내가 집중하려는 모든 영역에 적

> 용할 수 있었다. 이것이 항상 쉬운 일은 아니었지만 나는 학습장애로 인해 더 많은 것을 배웠다고 생각한다. 내가 다닌 고등학교는 엄격한 학문중심 교육과정으로 유명한 곳이었고, 처음엔 일주일에 2~3일은 개인교사의 집에서 밤을 보냈다. 나는 암기력 문제로 인한 어려움을 일찍이 파악하고, 개념적인 학습을 하고, 필요한 때를 결정하여 개인교습의 방식으로 적절한 도움을 받는 암기식 학습을 통해 문제점을 보완할 수 있었다(Weistein, 1994).

분명히 Joshua는 특별한 지원을 잘 받아 학습장애를 극복할 수 있었다. Joshua Weistein은 뉴욕 주의 바사대학(Vassar College)에 등록하여 연극학(liberal arts degree in theater) 학위를 받았다. 이는 결심, 용기 그리고 학습장애 학생을 위한 효과적인 특수교육 서비스에 의해 가능했던 일이다.

도전 과제

이제 당신은 비교적 새롭고 매우 활기찬 도전과 가능성의 분야인 학습장애를 공부하기 시작하였다. 이 분야의 전문가, 부모, 학습장애를 겪고 있는 개인들은 지난 50여 년간 앞의 사례들에서 묘사하고 있는 문제들에 접근하고 그것을 치유하기 위한 새로운 방안들을 개발하기를 갈망해 왔다. 미래 학습장애 분야의 전문가 혹은 현재 학습장애 분야의 종사자로서 향후 과제는 학습장애 아동이 겪는 어려움을 완화시키기 위한 옹호자로서의 역할을 맡아 학습장애 학생의 총체적 교육 성과를 향상시키는 것이다.

이것은 쉬운 일이 아니다. 그럼에도 불구하고 기회는 당신의 것이고 학습장애 학생들을 돕는 것은 개인적 만족을 위해서나 그들의 성공 측면에서 매우 보람된 일이다. 앞으로 학교 현장에서 티메코, 조슈아, 애덤, 헤더 그리고 토머스와 같은 학생을 만난다면 그들이 장애를 극복할 수 있도록 돕는 것이 최우선의 목표가 되어야 할 것이다.

학습장애의 역사

학습장애 분야의 역사를 이해하기 위해서는 여섯 단계의 역사적 시기와 각 시기에 존재했던 다양한 이론적 관점들에 관해 알아야 한다. 여섯 시기는 임상기, 학급 전이기, 강화기, 확장기, 축소기 그리고 부활기다. 지금부터 이들 역사적 시기와 각 시기의 특징을 보여 주는 사건들을 정리해 보기로 한다.

학습장애에 관한 이론들은 각 시기의 역사를 정의하는 데 도움이 되므로 이러한 역사적 시기를 이해하는 것과 함께 각 시기의 이론적 관점을 아는 것이 중요하다. 물론 불변의 이론은 없고 연구가 진행됨에 따라 이론적 관점도 변화해 왔다. 완전히 다른 이론이 학습장애 분야에 새로운 인식을 전개시킨 경우도 있었다. 또한 '학습장애' 명칭에 관한 정의도 역사적 시대의 변화에 따라 달라져 왔다. [그림 1-1]은 학습장애의 변천사를 다양한 이론적 관점과 연계시켜 제시하고 있다. 다음에서 설명하는 내용을 읽으며 이 그림을 확인해 보면 복잡한 이 분야의 역사를 이해하는 데 도움이 될 것이다.

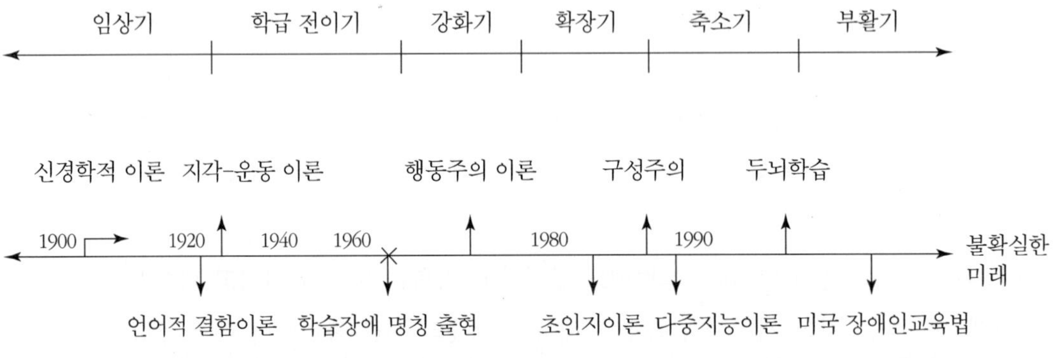

[그림 1-1] 학습장애 연표

임상기: 초기 학습장애 영역의 진화

임상기는 1920년대 정신지체 아동과는 '다른' 모호한 아이들을 처음 인식하면서 시작되었다. 이때까지 학습의 문제는 정신지체 아동들에게서 보이는 특징으로

인식되어 있었고 그 밖에 대신할 장애명이나 분류명이 없었기에 오늘날 학습장애로 분류되는 아이들은 당시에 정신지체로 분류되고 있었다. 임상기는 1940년경 학습적 내용을 이해하는 데 문제를 보이는 이 아이들이 평균 이하의 지능을 보이는 아이들(정신지체)과는 다르다는 사실이 발견되면서 막을 내리게 된다. 당시의 관심사는 다르게 학습하는 것처럼 보이는 아이들을 위한 교육적 방안을 찾는 것이었다. 이 시기와 그 외 각 시기의 주요 강조점은 [그림 1-2]에 제시되어 있다.

임상기의 연구는 공립학교가 아닌 곳에서 이루어졌는데, 왜냐하면 당시에 학습

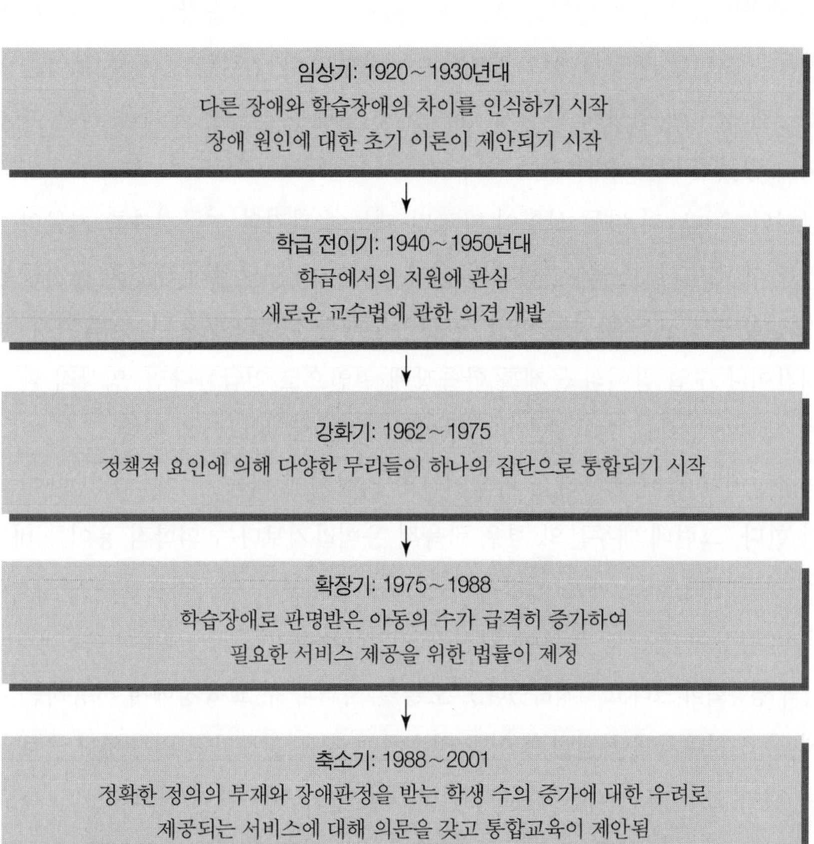

[그림 1-2] 학습장애 역사의 시대적 흐름

에 어려움을 보이는 아이들이 교육을 받는 곳은 학교가 아니었기 때문이다. 따라서 다양한 임상적 장소들에서 여러 가지 초기 연구가 진행되었다. 예를 들면, '학습장애의 시지각적 관점'과 관련된 많은 학자들은 지각적 문제로 학습에 어려움을 보이는 정신지체인들을 위한 미시간의 웨인 카운티 훈련학교(Wayne County Training Schools)에서 공부했거나 그곳에서 공부한 사람들의 영향을 받았다. 반면에 언어발달이나 학습의 문제와 관련된 언어에 관심을 보인 학자들은 대학 언어연구소와 관계가 있었다. 여기서 짚고 넘어갈 사항은 다음과 같다. 첫째, 학습장애의 초기 연구의 일부—특히 시지각적 결함과 언어적 결함 이론—는 학생들이 서비스를 제공받던 장소에 영향을 받았다. 다음으로 초기 학습장애 연구의 대상이었던 아동들은 오늘날 학습장애로 진단받은 아동들보다 심각한 문제를 보이는 경우가 많았는데 당시에 임상적 환경에 있는 아동은 매우 심각한 장애를 지닌 아동에 국한되어 있었기 때문이다.

당시와 오늘날의 아동 상황이 다르기 때문에 과거의 연구결과를 지금의 공립학교 상황에 접목시키는 데는 한계가 있다. 예를 들면, 임상적 환경의 학자들은 의학적 모델을 따르고 의학적 용어를 사용해 문제를 분석하게 된다. 교육자가 과제 집중시간이나 수업 참여의 문제를 학습장애 원인으로 언급한다면, 임상적 환경의 학자는 이러한 문제를 주의산만이나 주의력 결핍으로 진단하게 된다.

학습장애에 관해 공부하는 학생이라면 임상기에 처음 생겨난 초기 용어들을 알아야 한다. 그런데 대부분의 경우 교육적 용어라기보다는 의학적 용어를 바탕으로 하는 것들이다. 비록 매우 복잡하게 들리는 용어들이 역사적으로는 일시적이나마 전문성 향상에 기여한 부분이 있긴 하지만(1978년 Coles는 교육적 용어보다 의학적 용어의 영향력이 크다고 지적하였다.), 오늘날 지역과 주 교육청에서 사용하는 용어와 맞지 않고 지나치게 복잡한 용어를 사용하는 것은 전문가적 입장에서 득보다 실이 많은 것이 사실이다. 다른 전문직종(예: 법, 의학, 공학)과 마찬가지로 교육도 고유의 용어를 개발해 왔고, 그것들은 의학에서 빌려온 용어보다 교육적 현실과도 밀접하게 연관되어 훨씬 유용하다. 결론적으로 이 장에서 사용하고 있는 의학적 용어들은 역사적 정보를 제공하려는 의도에서 언급되었을 뿐 그 이상의 의미는 지니지 않는다.

학습장애 영역의 학자들은 이 시기의 일부 구성원들의 견해에 동의하지 않고 있고(Commission, 2001; NJCLD, 2005) 다양한 이론적 관점에 대해서도 오늘날 이견이

제기되고 있다. 이 교재에서는 몇몇 이론가 집단의 의견에 대해 논의할 것이다. 그러나 집단들은 임의적으로 분류되었을 뿐이고 각각은 세부 집단으로 나누어질 수 있다.

시지각/운동 이론

그 명칭에서 짐작할 수 있듯이, 시지각/운동 이론가들은 시지각의 결함과 운동발달의 지체를 학습문제의 원인으로 파악한다. 그들은 시지각의 문제가 미세운동 기능의 결함과 접목하여 지능과 관련된 학습의 결함을 초래한다고 믿는다. 이 집단은 뇌와 중추신경계 이상이 학습문제의 주요 원인이라고 여기기 때문에 뇌 기능과 연관된 지각과 운동장애가 주요 관심사다(Moats & Lyon, 1993). 정신지체 판정을 받은 아동의 일부가 지각 운동과 관련된 과제는 전혀 할 수 없으나 특정 활동에서 상대적으로 정상의 모습을 보인다는 사실에 입각하여 뇌 기능을 통한 학습과 교과목의 난이도 사이에 연관성을 보여 주는 명칭이 널리 사용되었다. '뇌손상' '중추신경계 기능장애' '미세뇌기능 이상' 등이 일반석으로 사용된 명칭들이다.

시지각/운동 이론은 Kirk Goldstein의 연구로부터 발전하기 시작하였다. 제2차 세계 대전 참전 군인에 대한 연구에서 Goldstein은 전쟁에서 뇌에 부상을 입은 군인들이 특정 시지각 문제를 보임을 발견하였다. 이는 임상적 · 의학적 관점에서 명백했다. 그는 게슈탈트 심리학(Gestalt psychology)의 학생이었고 지각에 대해 관심을 갖고 있었다. 그는 자신의 연구 대상자들이 형상-배경-관계를 인식하지 못하고 일부는 읽기 능력을 상실했음을 발견하였다. 글자를 거꾸로 쓰거나 베껴 쓰기에 문제를 보이는 경우도 매우 흔했다. 연구 대상자들은 또한 과격한 행동을 보이고 쉽게 집중력이 흩어지는 모습도 관찰되었다. Goldstein의 연구로 그들과 유사한 문제를 보이는 아동을 뇌손상이라는 명칭으로 진단하게 되었다. 뇌손상으로 판명된 아동들은 이후 학습장애 영역에 포함되었다.

돌이켜 볼 때, 이 논리에는 명백한 실수가 있었다. 요컨대, 증상의 유사성이 반드시 원인의 유사성을 의미하는 것은 아니다. 따라서 Goldstein의 연구 대상이었던 뇌손상 군인들의 증상과 유사한 증상을 보인다고 해서 모든 학습장애의 원인이 뇌손상이라고 단정할 수 없다. 그러나 몇십 년 동안(1930~1960년대) 모든 학습장애는 시각, 시지각 또는 지각-운동 문제를 일으키는 불특정 유형의 뇌손상과 연관이 있다는 가정이 학습장애 연구의 중심이 되어 왔다.

Goldstein의 연구는 정신지체 아동을 연구하던 Alfred Strauss에게 영향을 미쳤다. 웨인 카운티 훈련학교의 Strauss와 Heinz Werner는 비유전적 원인에 의해 정신지체가 된 아동을 임상적 환경에서 연구하고 있었다. 비유전적 원인에 의한 정신지체는 외인성(exogenous)이라 명명되었다. 또한 이 아동들은 과잉행동과 특정 자극에 대한 반응지체를 보였다. Strauss와 동료들은 이 아동을 판별하기 위한 몇 가지 준거를 찾아냈다. 지각장애, 반복성(지속적인 반복), 사고력장애, 행동장애, 가벼운 신경학적 신호, 신경학적 장애 경력 그리고 정신지체가 아닐 것이 그것이다. 이러한 준거는 차후 학습장애 정의에서 언급되는 내용과도 부분적으로 일치한다.

이러한 이론과 관련된 연구자들의 증가로 시각-운동 이론가들은 상당수의 가설을 세워 학습장애가 시각 또는 시각-운동 기능의 장애로 인한 것이라 제안하였다. 역사적 증거들이 특정 뇌손상이 시지각 문제의 원인이 될 수 있음을 증명하고 있기 때문에 William Cruickshank와 Marianne Frostig를 포함한 한 무리의 이론가들은 학습장애가 뇌 기능과 특정 신경계 문제로 인한 지각문제에 의한 것임을 주장하였다. 만일 아동이 일정 수준의 기술을 갖고도 기하학적 모양을 베끼지 못하면 아동의 감각신경계(정보를 수집하는 시신경)와 운동신경계(아동의 쓰기반응을 조절) 사이에 정보를 전달하는 감각 내 통합의 문제를 뜻한다고 생각하였다. 이 문제의 또 다른 의미는 칠판의 글씨를 베껴 쓰지 못하고, 형태를 온전히 인식하지 못하고 부분적으로 감춰진 '숨겨진 형상'으로 나타나고, 각각 반대의 거울상을 가진 글자(예: b와 d)의 차이를 인식하는 데 문제를 보인다는 것을 뜻한다. 각 경우에 아동은 정보를 반드시 시각적으로 습득하고 알고 있거나 연관된 사실에 연계해 인식하며 정확한 운동-신경계 반응을 보여야 한다. Strauss와 Werner는 정신지체가 아닌 다른 원인으로 학습에 문제가 있을 수 있음을 제안하고 지각-운동 이론가의 중요성을 인식한 선구자 중 일부였다. 그들은 학습장애 학생에 대해 본격적인 연구를 시작한 최초의 이론가들이었다. 또한 이러한 지각적 특성을 고려해 학습에 방해가 될 수 있는 자극에의 노출을 줄이는 등 차별화된 교육적 프로그램을 아동에게 제안하였다. 그들은 뇌손상을 정신지체와 구분하고 개별 학습장애의 특성에 맞춘 교수전략을 제안하였다. 물론 이러한 생각은 현재 특수교육 관련 법과 정책에 반영되어 있다. 마지막으로 학습장애 영역의 많은 초기 연구자들이 Strauss와 Werner와 함께 연구하였기 때문에 그들의 영향력은 더욱 증가하였다.

이들 이론가의 관점이 가지는 문제는 두뇌 능력을 측정할 수 없다는 사실이다(Hammill, 1993). 베껴 쓰기와 같은 행동적 반응은 관찰할 수 있지만, 뇌와 중추신경계의 감춰진 능력에 의해 나타난다고 짐작되는 반응들은 직접적으로 측정할 수 없다. 결론적으로 Hammill(1993), Vaughn나 Linan-Thompson(2003)과 같은 이론가들은 이러한 능력이 단지 존재한다고 짐작할 뿐이라고 지적하였다. 즉, 시지각 활동의 점수가 낮은 것은 필기 기술의 부족이나 사물을 베낄 때의 부주의로 인한 것이지 학습과정상 뇌기능 이상으로 인한 것이 아닐 수도 있다는 것이다.

학습장애 학생의 평가와 관련해 논란이 되는 대부분은 시지각의 결함을 측정하는 도구의 개발과 연관이 있는데, 이에 대해서는 많은 측정도구의 결함이 일찍이 지적되어 왔다(Moats & Lyon, 1993). 당시에 사용되었던 평가방법의 대다수는 신뢰도와 타당도가 의심스럽다. 일반적으로 특수교육 프로그램이나 교육과정에 아동을 배치하기 위해 사용하는 검사는 .90 이상의 신뢰도를 확보해야 한다. 그런데 오늘날 사용되는 상업적 평가도구도 시각-운동 기술을 측정하는 도구의 경우 이 기준에 맞는 도구가 거의 없다(Moats & Lyon, 1993). 정확한 평가에 대한 논란은 오늘날까지도 진행 중이다(Commission, 2001; NJCLD, 2005).

그러나 측정도구의 문제와는 별개로 시각적 결함을 보완하기 위한 교수법의 사용에 관한 연구는 계속되어 왔다. 1950년대 후반부터 1970년대까지 학습장애 학생을 위한 공립학교 학급의 대부분에서는 시지각 문제를 해결하기 위한 다양한 치료적 활동들이 시행되었다. 예를 들면, 칠판에 오선을 그려 넣고 학생들이 선에 닿지 않도록 선과 선 사이에 선을 그리는 연습을 하였다. 이러한 활동들은 시지각과 읽기 능력을 향상시키리라 기대되었다.

이러한 훈련은 교사가 시지각 능력을 치료하게 되면 베끼기 실력이 향상되어 학습장애 아동의 읽기 점수도 향상될 것이라는 가정하에 이루어진 것이다. 물론 이런 가정은 매우 불확실한 것이고 대부분 신뢰받지 못하였다(Hammill, 1993; Moats & Lyon, 1993). 게다가 이러한 초기 훈련 프로그램의 대부분이 부질없음을 보여 주는 증거들이 늘어나고 있다(Hammill, 1993; Moats & Lyon, 1993; Vaughn & Linan-Thompson, 2003). 이러한 초기 실패에도 불구하고 최근 들어 일부 아동의 경우 시각적 결함으로 인해 읽기장애를 보인다는 증거가 발견되고 있다(Eden, Stein, Wood, & Wood, 1995). 결론적으로 아직도 많은 연구자들은 여전히 시각적 결함이 학습장애 원인의 하나라고 믿고 있다.

언어이론

임상기에 나타났던 또 다른 초기 연구자들의 관점은 언어에 대한 연구를 바탕으로 한다. 초창기 언어 이론가들은 시지각 이론가들만큼 단일화된 목소리를 내지는 못하였다. 그들은 어린 아동의 언어발달에 관심을 갖고 이후 전 생애에 걸친 말하기, 쓰기로 관심을 확장해 나갔다. 언어는 부호의 형태로 저장된 정보의 사용과 해석을 뜻하며 말과 글은 이러한 해석의 기본이다. 언어 이론가들은 언어의 사용을 학문적 성취로 보는 경향이 있다. 왜냐하면 언어 이론가의 대부분은 말장애나 청각장애를 가진 아이들을 대상으로 연구를 하면서 이러한 문제들이 여러 교과목의 학습에서 문제의 원인이 되는 것을 당연시하기 때문이다. 이러한 인식으로 인해 말하기 발달의 문제, 문법 사용의 결함, 발음에 대한 이해 부족, 그 밖의 말과 언어적 문제를 가진 아이들을 학습장애라 묘사하고 있다. 이러한 문제들은 쓰기, 읽기 그리고 의사소통 기술문제의 원인이라고 여겨진다.

언어이론 연구자들의 초기 연구의 대부분은 언어적 능력과 학업 기술 간 관계를 보여 주는 데 초점을 맞추고 있다. 최근의 학습장애 아동을 위한 교수적 접근에서 언어와 읽기 기술을 강조하는 것은 언어 이론가들의 직접적인 영향이라고 할 수 있다. 시각-운동 이론가들과 마찬가지로 언어에 집중한 이들도 언어 관련 학습장애를 위한 신경학적 이론을 제안하였다. 감각과 운동 신경계의 이상이 학습장애의 원인이 될 수 있다는 것이다. 언어 이론가 중 가장 기억할 만한 사람은 Samuel Kirk다.

한편으로 언어이론과 시각적 결함에 대한 관점의 가장 큰 차이점은 자극 정보를 입력하는 방식이다. 언어 이론가들은 대부분의 정보가 보는 것보다 자극을 들음으로써 받아들여진다고 주장한다. 언어학습이 늦거나 여러 가지 언어와 읽기 문제를 보이는 아이들에게 나타나는 언어적 결함은 청각적 정보 입력이나 뇌의 언어적 부분과 연관된 지각체계에 문제가 있기 때문이라고 짐작된다. 이러한 결함으로 인해 몇 개의 음절을 한 단어 안에서 결합하는 데 어려움을 보이거나 말로 설명한 몇 자리 숫자를 기억하지 못하거나 단순한 복수형 문장을 만드는 데 정확한 문법을 사용하지 못하곤 한다.

초기 언어학자들은 1920년대와 1930년대부터 학습장애 아동을 연구하기 시작하였다. 예를 들면, 1926년 헤드(Head) 출판사는 제1차 세계 대전에서 뇌에 부상을 입어 읽기 능력을 상실한 성인에 대한 연구결과를 시리즈로 발표하였다(Kirk,

1988). 이 연구는 처음 발표될 당시에는 뇌손상을 입은 군인의 지각에 관한 Goldstein의 연구와는 연관이 없는 것처럼 보였으나 몇 년 후 뇌손상과 학습장애 아동 간에 연관이 있다는 가설을 확신시켜 주는 역할을 하였다.

초창기 언어 연구와 관련된 주요 인물로는 Samuel Orton이 있다. Orton은 언어와 읽기 문제를 가진 아동은 언어와 관련된 뇌 반구(대부분은 뇌의 좌반구로서 7세까지 발달함)의 정상적인 능력에 결함이 있을 것이라 가정하였다. 뇌발달의 결함과 언어와 관련된 문제로 인한 결함은 '꼬인기호장애(strephosymbolia)'라 명명하는데 비틀린 표상(twisted symbols)이라는 뜻을 가진다. 또한 Orton의 임상 실험실이었던 아이오와 주립 정신병원의 아동의 상당수는 손, 눈 또는 발의 기능이 복잡하게 문제를 나타내는 특징을 보였다. 이러한 결함을 보고 그는 음성학적, 운동적 보조기구(만지거나 움직이는 교수적 보조도구)를 사용하는 교육적 접근을 지지하게 되었다. 이러한 개념도 오늘날 일부 학습장애 아동을 위한 학급에서 사용되고 있다.

이 시기에 언어학 분야에서 연구하던 Charles Osgood은 자극을 제공하면 반응을 보이기까지 걸리는 시간 사이에 발생하는 정보 처리과정을 보여 주려는 의도에서 의사소통 모델을 제안하였다. 이 모델은 훗날 학습장애의 특정 유형을 설명하는 데 있어 기본이 된다.

1921년 캘리포니아 의과대학의 Grace Fernald는 읽기와 쓰기를 위한 교수법을 개발하였다. 이 방법은 시각, 청각, 운동신경, 촉각적 방법을 사용하여 다중 감각을 통해 자극을 제공하는 것이다. 학생은 보기, 듣기, 쓰기와 관련된 행동을 하고 단어나 처음 접하는 글자의 모양을 만지며 느끼게 된다. 오늘날 다수의 특수교육 프로그램에서 언어적 교수방법으로 이 아이디어를 접목시켜 사용하고 있다.

언어적 결함에 관한 이러한 뛰어난 연구자들의 업적은 학습장애 아동이 구문론, 의미론, 화용론의 측면에서 다양한 언어적 결함을 가지고 있음을 보여 주고 있다. 그러나 결국 초기 언어적 결함이론들은 시각적 결함 관점과 마찬가지로 학습장애 영역에 지속적으로 크게 영향을 미치지는 못했다. 시각적 결함 관점처럼 그 역시 측정도구와 치료전략에 대한 비판을 받게 된다.

신경학적 이론

의학 전문가들은 2장에 설명하듯이 역사적으로 초창기에 매우 왕성한 활동을 벌였다. 신경학적 분야는 주의력, 기억력, 쌍연상 학습 등 다양한 학습 활동에서 다수의 학습장애 학생들이 나타내는 문제들에 관해 연구하는 영역이다. 따라서 신경학적 이론가들은 학습문제와 관련된 신경학적 분야에서 업적을 쌓았다. 신경학적 이론가들은 학습장애 영역에서 크게 원인, 평가 그리고 치료의 세 분야에 대한 가설을 제시하였다. 그러나 치료와 관련된 의학적 연구 부분에서만 중요한 기여를 한 것으로 판단되고 있다.

신경학적 관점은 몇 가지 불확실한 학습장애의 원인을 명확히 하였다. 앞서 언급했던 것처럼, Orton(1937)은 학습장애를 겪는 아동은 이후 발달 단계에서 언어와 관련된 뇌 반구의 발달에 이상이 있음을 최초로 주장한 인물이다. 반구의 특별한 발달적 지체는 언어발달의 원인이 됨과 동시에 읽기문제, 편측성 혼란(오른쪽과 왼쪽의 구분을 하지 못함) 등을 초래한다고 여겨졌다. 뇌 반구의 특별한 발달과정이 학습장애의 잠재적 원인이 된다는 생각은 최근 들어 쇠퇴하고 있지만, 일부 실천가들은 뇌 반구상의 특별한 문제로 인해 학습의 문제가 발생한다고 주장하고 있다.

신경학적 관점에서 평가에 관해 연구했던 연구자들은 각각 다른 형태의 학습 과제들과 연관된 신경 구조를 밝혀내는 성과를 거두었다(Leonard, 2001; Sousa, 2001). 이 평가 절차는 의학적 관점에 의한 것이므로 오늘날 학교에서 학습장애 학생을 판별하는 목적으로는 거의 사용되지 않고 있다. 그러나 2장에서 언급하듯이 인간 두뇌의 기능에 대한 연구가 지난 15년간 급격한 성장을 하였기에 이러한 최신 평가 방식의 사용은 앞으로 증가할 것으로 예상된다.

오늘날까지 신경학적 관점의 연구는 과잉행동에 대한 특정 약물치료를 제외하면 대다수 에게 효과적인 치료법을 제공하지 못하였다(Hammill, 1993; Sousa, 2001). 일부 학습장애 아동은 교육적 활동 중 비정상적인 두뇌 활동을 보이기도 하지만 다수의 학습장애 학생은 그렇지 않다. 또한 장애가 아닌 많은 아동들도 비정상적인 두뇌 활동 양식을 보이곤 한다. 즉, 일부 비정상적인 두뇌 활동에 대해 교육적으로 적절한 치료전략은 아직 마련되지 못한 실정이다.

다른 영역에서도 신경학적 초기 연구들은 중요한 기여를 하지 못하였다. 예를 들면, 학습장애 아동이 언어와 관련된 뇌 반구 선호 양식에서 차이를 보인다는 제안은 지지를 받지 못하였다(Bender, 1987). 신경학적 연구가 학습장애 영역에서 강조되어 오긴 했지만 학습장애 학생의 진단이나 교육적 처치에 관한 중요한 공로로 꼽힐 만한 것은 찾을 수 없다. 그러나 학습장애 아동과 일반아동의 두뇌에 관한 차이를 밝히기 위한 양전자 방사 단층촬영(positron emission tomography: PET) 스캔, 기능적 자기공명영상(functional magnetic resonance imaging: fMRI) 등의 의학적 진단 기술을 활용한 다양한 연구들이 활발히 진행 중이다(Hynd, Marshall, & Gonzalez, 1991; Leonard, 2001; Shaywitz & Shaywitz, 2006; Sousa, 2001). 신경학적 관점에 대한 관심은 이후 다시 재기되었는데, 최근의 연구 업적에 대해서는 2장에서 자세히 설명하고 있다.

✻ 학급 전이기: 학교 현장으로의 이동

정신지체와는 구분되는 학습장애의 존재에 대한 발견과 관련된 초기 연구들은 앞에서 설명했던 것처럼 주로 병원과 시설들을 중심으로 이루어졌다. 그러나 이 새로운 장애에 관한 교육적 발견은 1940년대와 1950년대에 학교 현장으로 옮겨 진행되었다. 예를 들면, 앞서 언급했던 초기 연구자들의 제자 중 상당수는 스승에 의해 개발된 학습이론을 학교에 적용하는 데 관심을 보였다. 따라서 1940년까지 학습장애 분야의 초기 연구가 마무리되었고 그 이후에는 연구결과가 학교 교실에 적용되기 시작하였다.

1940년부터 1960년대 초까지의 시기에는 학습장애 학생을 위한 교육이 법적으로 의무화되어 있지 않았다. 따라서 이때부터 특수교육 서비스가 공립학교 현장에 적용되기 시작하였으나 오늘날 학습장애로 짐작되는 학생의 대부분은 공립학교에서 교육을 받지 못하였다. 대신 의학적 기술과 관점에 의해 치료를 위주로 하는 병원에서 특수교육 서비스를 받거나 그렇지 않으면 교육에서 제외되어 전혀 서비스를 받지 못하는 실정이었다.

초창기의 이러한 의학적 관점 중심의 지원은 학습장애 영역에서 문제가 되었다. 의학적 관점에서 사용되는 용어들이 어떤 점에서는 유용할 수도 있지만(예: 학습문제의 진단[diagnosis], 개별적인 교육 처치[treatment] 등은 의학용어다.) 분명히 이러한 용어들로 인해 어려움이 발생한다. 오늘날 정의나 지원방법 등에 관한 용어에서의 혼란의 상당 부분은 정신지체나 말/언어장애 클리닉 등의 의학적 시설에서 사용하던 용어를 공립학교 학급에 도입하면서 발생된 것이다. 따라서 의학용어를 교육환경에 적용할 때는 좀 더 주의해야 할 필요가 있다. 2장에서는 학습장애 분야에 영향을 미치고 있는 의학적 토대에 관한 자세한 정보를 제공할 것이다.

시각-운동 이론

Strauss와 Werner의 제자들이 주축을 이루고 있는 시각-운동 이론가들은 1950년대와 1960년대에 크게 영향을 미쳤다. 예를 들면, Newell Kephart는 Strauss와 함께 뇌손상을 입은 아동을 위한 초기 교수법 교재를 개발하였다(Strauss & Kephart, 1955). 또한 Kephart는 모든 학습은 지각-운동 발달을 바탕으로 이루어지므로 학습장애 분야의 연구는 다양한 운동학습에 대한 내용을 포함해야 한다고 주장하였다.

William Cruickshank도 Strauss와 Werner와 함께 연구하였고 그 결과를 미세뇌기능손상을 입은 아이에게 적용하였다. 그는 집중력 부족과 과잉행동에 관심을 갖고 이러한 문제를 가진 아동을 위한 교육적 전략을 제안하였다. 이는 훗날 학습장애 정의

도움상자 1-1

▶초기 연구에 따른 교육적 제안

다음은 Werner와 Strauss가 제안하고 그 후 Cruickshank가 수정하여 고안한 교육적 제안들이다. 오늘날 사용되는 전략들과 유사한 점이 많은 것이 흥미롭다. Cruickshank는 자극을 최소화한 환경(reduced-stimuli environment)을 제안했는데 세부 요소는 다음과 같다.

1. 교실 내 지나친 소음, 조명, 방해 자극을 최소화한다.
2. 바닥에 카펫을 깔아 소음을 줄이고 문이 달린 책장과 칸막이 학습 공간으로 학생을 외부 자극으로부터 분리시킨다.
3. 색, 확대 교재, 독특한 글자체 등을 활용하여 학습 과제를 강조한다.

특정 교육적 과제는 밝은 색상 등으로 강조하면서 배경이 되는 부분은 자극적이지 않도록 배열해야 한다고 설명하고 있다. 이러한 배치는 특정 교육적 자극을 쉽게 인식하도록 도움을 준다. 교재는 밝은 색으로 꾸며지는 것이 좋고 페이지당 한두 개의 단어 정도만 제시하도록 한다. 이러한 교재를 사용하게 되면 아동은 방해받지 않고 학습 과제에 참여할 수 있을 것으로 기대된다.

자극을 최소화한 환경에서 강조된 교재를 사용하면 아동의 집중력과 성취를 향상시키리라 기대된다. 그러나 연구결과는 이러한 개혁이 학업성취를 향상시키는 데 기대만큼 성공적이지 못했다고 보고하고 있다.

의 중요한 구성요인으로 결정적인 역할을 하게 되는데, 왜냐하면 그것이 Strauss/Werner의 다양한 유형의 정신지체를 분류하는 연구에 적용되어 학습장애를 완전히 분리된 하나의 장애 영역으로 구분하는 근거가 되기 때문이다. Cruickshank의 저서인 『뇌손상과 과잉행동 아동을 위한 교수법(*A Teaching Method for Brain-Injured and Hyperactive Children*)』(Cruickshank, Bentzen, Ratzeburg, & Tannhauser, 1961)은 당시 학습장애 아동의 교육에 관한 가장 영향력 있는 교재로 인정받았다. [도움상자 1-1]에는 뇌손상을 입은 아동의 교육에 관한 몇 가지 제안이 있다.

언어이론

언어 이론가들 역시 학급 중심의 교수법과 평가도구 개발에 분주했다. 예를 들면, Samuel Kirk는 웨인 카운티 훈련학교에서 Orton과 함께 연구하면서 정신지체가 아닌 아동의 언어 사용에 대한 장기 연구를 진행하였다. Kirk의 주요 업적은 다양한 학문 영역의 성취에 영향을 미치는 시각적, 청각적 언어문제를 진단하는 '일리노이 심리언어능력 평가도구(Illinois Test of Psycholinguistic Abilities)' (Kirk, McCarthy, & Kirk, 1968)의 개발이다. 그들은 교육적 제안을 함으로써 학급에서 교수적 전략으로 활용할 것을 기대한 것이다. 또한 Kirk는 1950년대와 1960년대 연방 정책을 수립하던 시기에 몇몇 정부에 영향력을 미치며 학습장애 영역의 발전에 결정적인 힘을 보탰다. 최초로 학습장애 용어를 공식적으로 사용하고 1962년에 그것을 제안한 것도 그였다.

이 시기에 Helmer Myklebust는 말장애를 가진 청각장애 아동을 대상으로 연구를 하기 시작하였다. 점차 그의 관심 영역은 쓰기와 읽기 분야로 확대되었고, 학생의 장점을 고려하여 청각적 혹은 시각적 자극을 통한 교수법을 지지하게 되었다. 1970년대와 1980년대의 연구들은 감각 양식에 의한 훈련이 기대만큼 효과적이지 않다는 사실을 입증하였으나(Hammill, 1993; Moats & Lyon, 1993; Vaughn & Linan-Thompson, 2003) 그 기본 개념은 여전히 사용되고 있다.

✻ 강화기: 학습장애 분야의 단결

비록 역사적 시기별 진단이 정확하지는 않지만 대략 이 시기는 1962년에 시작됐다고 볼 수 있다. 1962년은 학습에 문제가 있지만 정신지체는 아닌 아동을 위해 활동하던 다양한 전문가들이 학습장애에 관심 있는 교육자로서 힘을 합치기로 동의한 시기다. 오늘날 학습장애 분야를 이해하기 위해서는 이 시기의 정치적 사건에 대해 이해할 필요가 있다.

1960년부터 1963년까지 미국의 대통령이었던 존 F. 케네디 대통령은 정신지체인 가족을 가진 최초의 공인이다(여동생 로즈마리 케네디는 정신지체인이었다.). 케네디 대통령은 미국 건강, 교육 및 복지국(U.S. Office of Health, Education, and Welfare) 산하에 장애아동분과(Division for Handicapped Children)를 두어 장애인을 대상으로 하는 연구에 대한 재정적 지원을 관리하도록 하였다. 이는 미흡하나마 다양한 장애 학생에 대한 연구를 위한 공적 기금 지원의 기회를 확대시키는 계기가 되었다(Kirk, 1988). 그러나 초창기에는 지각적 문제를 가졌거나 언어적 지체가 있는 아동이 연구 대상에 포함되지 못했는데, 이는 학자들 간에 아동의 상태에 대해 이견을 보여 공통적 정의를 내리지 못했기 때문이었다. 이 시기 동안 이러한 문제를 보이는 아동들은 연구나 프로그램 지원에서 제외될 수 있었고, 부모들은 다양한 학습문제를 보이는 아이들이 지원을 받지 못하는 것을 염려하였다.

최초의 학습장애 정의

그러나 새로운 장애아동분과 위원장으로서 Samuel Kirk는 이러한 부모들의 우려를 이해하고 뇌손상, 미세뇌기능 손상, 언어적 지체 등으로 불리는 아동을 포함시킬 수 있도록 법을 해석하였다. 이 결정은 이러한 문제를 지닌 아동의 권익을 위해 부모와 전문가들이 강력한 단체를 구성하는 데 정책적, 재정적 원인을 제공하였다. 1960년대 초까지 상당수의 전문가들은 지각적, 언어적 문제를 보이는 아동들에게서 공통적으로 발견되는, 학습을 할 수 없게 만드는 요소들(낮은 지능이나 환경적 원인 이외의)에 대해 인식하기 시작하였고, 뇌 혹은 정보를 처리하는 과정에 영향을 미치는 중추신경계의 이상이 그 원인인 것으로 짐작되었다. 결론적으로

시카고에서 개최된 회의의 주 연설자로서 Kirk는 지각적 그리고 혹은 언어적 문제를 보이는 모든 아동을 포함하여 '학습장애(learning disability)' 라는 용어를 제안하였다. 그는 학습장애를 다음과 같이 정의 내렸다.

> 말, 언어, 읽기, 철자, 쓰기 또는 셈하기의 과정 중 하나 또는 그 이상의 과정에서 지체, 장애 또는 발달지체를 보이는 것으로, 대뇌기능장애 그리고 혹은 정서 혹은 행동 장애로 인해 발생 가능하고 정신지체나 감각손상 혹은 문화적 · 교육적 원인에 의해 발생되지 않는다(Kirk, 1962).

이 정의는 Strauss의 준거와 유사하게 학습장애의 잠재적 원인으로 정신지체를 제외하고 있고 장애의 원인을 뇌손상으로 짐작하고 있다. 이후의 많은 정의들은 이를 반영하고 있다.

이상의 역사적 흐름을 볼 때 학습장애 영역의 통합을 이끈 힘은 크게 인적, 연구적 그리고 재정적 분야에서 작용했음을 짐작할 수 있다. 구체적인 내용은 [그림 1-3]에 묘사되어 있다.

인적 요인으로는 차별받는 다양한 집단에 대한 미국 사회의 관심과 인식의 성장을 들 수 있다. 장애 아동에 대한 전국적인 관심이 일어난 시기가 소수민족에 대한

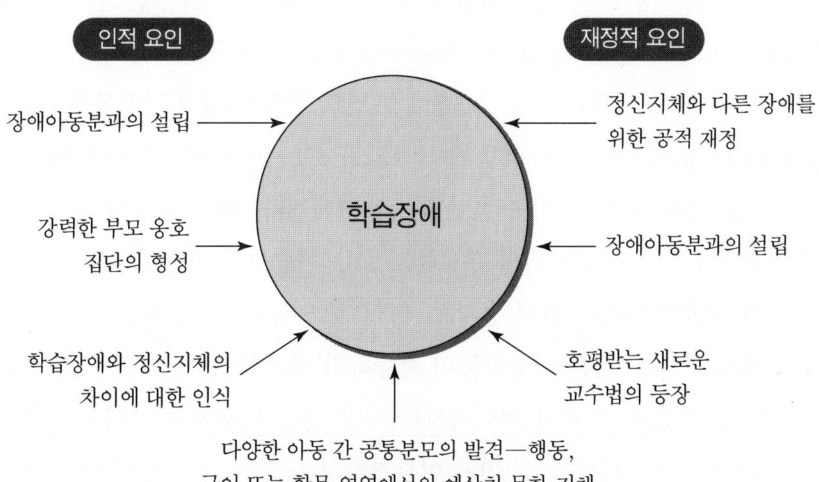

[그림 1-3] 강화기의 학습장애에 영향을 미친 요인들

인권문제에 관심을 두기 시작한 1960년대와 일치하는 것은 우연이 아니다. 두 번째 인적 요인은 강력한 부모들의 장애 아동 옹호 집단의 형성으로 아동의 문제에 대한 연구를 재정적으로 지원하기 시작한 것이다.

연구적 요인은 초창기 연구로부터 이어져 내려온다. 1960년대에 학습장애 영역의 연구자들은 학습장애와 정신지체의 차이를 발견하고 새로운 연구 분야로서 학습장애에 흥미를 보이기 시작하였다. 또한 그들은 뇌 또는 중추신경계 이상으로 추정되는 설명할 수 없는 학습 불능의 모습을 학습장애라는 이질적 집단을 통합하는 공통분모로 인식하였다.

재정적인 부분은 세 번째 요인으로 작용한다. 언어적 지체와 시지각적 문제에 관심을 가졌던 다양한 집단들은 정부로부터 확실한 재정적 지원을 받기 위해 하나의 단결된 집단을 형성하는 것이 유리하다는 사실을 깨닫게 된다. 장애아동분과는 학습장애를 가진 것으로 인식되는 아동을 위한 서비스 분야에 재정적 지원체계를 마련한다.

학습장애와 관련된 다양한 계파들의 결합은 몇 가지 이유에서 중요한 의미를 갖는다. 첫째, 초기의 두 역사적 시기는 다양한 연구자들의 활동에 의해 대략 나눠질 수 있지만 강화기인 3기는 정책적 사건에 의해 나누어진다. 강화기의 시작은 앞서 설명한 것처럼 정책적, 재정적 원인이 되는 1962년의 회의에서 비롯되었다. 이 시기는 또한 모든 장애 아동을 위한 교육을 의무화하는 1975년 전장애아교육법(Education for All Handicapped Children Act in 1975)의 통과라는 정치적 사건으로 막을 내리게 된다. 이론가들은 학습장애 개념의 정치적 성격을 반복적으로 지적해 왔고(Commission, 2001; Hammill, 1993; Moats & Lyon, 1993), 역사적으로 이 시기의 시작으로 인해 이러한 정치적 관계는 명백해진다. 또한 다양한 집단의 결합과 함께 학습장애 분야의 전문가와 부모들도 모든 학습장애 아동의 교육을 위한 재정적 지원과 전국적 인식을 위해 정치적 세력으로 연합하게 되었다.

두 번째로는 너무 많은 연구자들이 활동하기 시작함으로써 모든 업적을 기록하는 것이 어려워졌다. 더구나 언어학자와 지각-운동 이론가들 사이의 이원론적 성향으로 인해 약간은 낭비도 있었다. 이론가들의 주장은 '학습장애'의 정확한 정의를 제시하는 것에서 그 특성을 파악하는 쪽으로 변화되었다. 마지막으로 1963년 회의에서 학습장애아동협회(Association for Children with Learning Disabilities)가 탄생하였다. 현재 학습장애협회(Learning Disabilities Association: LDA)로 불리는 단체는 학습장애 아동의 교육과 관련하여 가장 영향력 있는 조직의 하나로 성장하였다. 이렇게 정치적으로 활발하게 활동하는 단체들이 생겨남으로써 새롭게 인식되기 시작한 학습장애가 주요 관심사가 되었다.

핵심 과제 I (Task Force I) 강화기 동안의 최우선 과제는 학습장애를 전국적으로 널리 알리는 것이었다. 적절하고 보편적으로 통용되는 정의를 구축하고 그것을 토대로 진단 기준을 밝히는 것은 학습장애 아동의 교육을 위한 재정을 확보하는 데 필수적이다. 결론적으로 부가적 도움을 받아야 하는 아동 집단을 적절히 표현할 수 있는, 모든 사람들에게 받아들여질 만한 정의를 찾기 위한 노력이 강화되었다. 전국 지체부자유 아동 및 성인학회(National Society for Crippled Children and Adults)와 전국신경질환연구소(National Institute for Neurological Diseases)는 적절한 정의를 만들고자 구성된 핵심 과제 I (*Task Force I*)을 후원하였다. 1966년 위원회의 S. D. Clements 위원장은 Strauss와 Kirk의 정의를 바탕으로 새로운 정의를 제안하였다. 그들은 '미세뇌기능장애(minimal brain dysfunction: MBD)' 라는 용어를 사용하여 학습장애를 다음과 같이 정의하였다.

> 평균 이하, 평균, 평균 이상의 인지 능력을 보이면서 중추신경계 기능의 문제로 인해 경도에서 중도 수준의 특정 학습이나 행동 장애를 보이는 아동을 뜻한다. 이러한 문제는 지각, 인지, 언어, 기억, 주의집중, 충동 혹은 운동 기능의 측면에서 다양하게 혼재되어 나타날 수 있다(Clements, 1966).

이 정의에는 초기 정의의 몇 가지 개념이 포함되어 있다. 학습의 문제와 뇌 혹은 중추신경계 이상을 연관시킨 점이나 평균 혹은 평균 이상의 지능 수준을 보인다는 사실, 지각, 언어, 사고와 행동에 있어서 비정상적인 모습을 보인다는 것 등이다.

초기 연방 정의 미국 교육부는 특수교육 프로그램에 재정적 지원을 할 책임을 맡고 1968년 전국장애아동후원회(National Advisory Committee on Handicapped Children)를 결성하였다. 학습장애의 정의는 서비스를 필요로 하는 모든 아동을 포함하지만 장애와 관련 없이 학업성취에 문제를 보이는 학습지체 아동은 제외하고 있다. Kirk는 이 후원회를 이끌면서 다음과 같은 학습장애 정의를 제안하였다.

> 특정 학습장애 아동은 말하기 또는 쓰기에 대한 이해 또는 사용에 관여하는 기본적인 심리과정상의 하나 혹은 그 이상의 문제를 보인다. 이는 듣기, 사고, 말하기, 읽기, 쓰기, 철자 또는 산술적인 부분에서 명백한 장애를 유발한다. 여기에는 지각적 결함, 뇌손상, 미세뇌기능손상, 난독증, 발달적 실어증 등의 증상이 포함된다. 기본적으로 시각과 청각 혹은 운동 기능의 장애나 정신지체, 정서장애 또는 환경적 불이익에 의해 학습에 문제를 보이는 경우는 포함되지 않는다(Kirk, 1968).

이 정의를 이전에 제시된 정의와 비교하면 몇 가지 유사한 점들을 찾아볼 수 있다. 언어적 문제와 지각적 문제를 강조하는 것, 인지적 과정(즉, 사고의 '기본적인 심리과정'으로 언급되는 부분)에 대한 강조, 다른 장애로 인해 학습에 문제를 보이는 아동을 제외한 것 등이 그것이다. 명백한 장애를 보인다고 설명한 것이나 하나 혹은 그 이상이라고 언급한 부분은 차후에 정의의 본뜻을 해석하는 데 모호한 점들로 인해 혼란을 초래하기도 하였다. 이 정의는 연방법 제정 시기와 맞물려 매우 중요하게 작용하였다. 이는 1969년 학습장애법 제정에 영향을 미쳤고 1973~1976년에 각 주정부에서 학습장애 정의를 제정하는 데 표본으로 사용되었다. 이 시기는 공법 94-142와 전장애아교육법이 통과됨에 따라 학습장애를 포함하여 모든 장애아동에 대한 주정부의 법 제정이 의무화되던 시기다. 따라서 모든 주정부는 학습장애 아동에게 특수교육 서비스를 제공하기 위해 학습장애를 진단할 수 있는 기준을 마련해야 했고, 대부분의 경우 1968년 연방법의 정의를 모델로 하여 초기 '학습장애'를 정의하였다.

초기 이론의 영향력 쇠퇴

강화기의 말기인 1970년대에 들어서면서 학습장애 초기 이론의 영향력은 쇠퇴하기 시작했다. 돌이켜 보면, 초기 학습장애에 관한 견해들—시각-운동적 견해, 언어적 결함 견해 그리고 신경학적 견해—은 서로 상당히 유사한 부분이 많다. 모두 인지과정의 문제, 즉 중추신경계 기능의 이상을 전제로 하고 있다. 이러한 인지과정의 문제, 시각적, 지각-운동적, 집중, 기억, 언어적 문제는 학문적 실패를 초래하고, 따라서 학습장애의 원인이 된다고 믿어졌다. 그러므로 이러한 '의학에 근거한' 인지과정적 관점은 학습을 아동과 학습환경 간의 상호작용보다는 아동 내적

인 문제로 인식하였다. 이러한 이론가들은 뇌기능 이상에 의한 인지적, 심리적 과정의 문제가 학습장애의 원인이라고 추정하였다. 인지적 과정은 중추신경계에서 이루어지며 언어, 기억, 집중, 지각력 등을 포함한다고 믿었다(Hammill, 1993; Moats & Lyon, 1993).

[그림 1-4]는 인지과정적 관점에 대한 기본 개념을 그림으로 묘사하고 있다. 자극이 뇌와 중추신경계에 작용하면 뇌에서 기본적인 심리학적 과정이 진행되고 학생은 행동적 반응을 보이게 된다.

학습장애를 공부하려면 이 분야의 다양한 역사적 기초를 대표하는 초기 학자들이 각자 다른 인지적 또는 정신적 과정에 관한 개념을 지지하고 있음을 기억해야 한다. 예를 들면, 언어 이론가들은 언어지체가 장애의 원인이라고 믿었고 시각-운동 이론가들은 지각적 문제가 원인이라고 생각하였다. 또 신경학자들은 모든 학습의 문제가 뇌에서 시작된다고 생각하였다. 더구나 1940년대와 1950년대에는 이러한 이론가들이 다양한 관점들 간 차이만을 강조할 뿐 그것들 간의 접목은 시도하지 않았다(Hammill, 1993). 오늘날 최신의 더 많은 이론들이 존재하지만 여전히 다수의 부모와 비전문가들은 초기 과정적 견해에 따라 학습장애를 인식하고 있다.

물론 일부 학습장애 아동들에게서 몇몇 유형의 신경학적 특성이 보일 수도 있지만(Leonard, 2001; Sousa, 2001), 이러한 초기 견해들 중 학습장애 분야의 주요 관심으로서 단독으로 유효성을 검증받은 것은 없다. 학습장애로 판별된 학생이 이러한 의학적 특성을 나타낼 수도 있고, 이러한 관점에서 제안하는 훈련법이 특정 아동

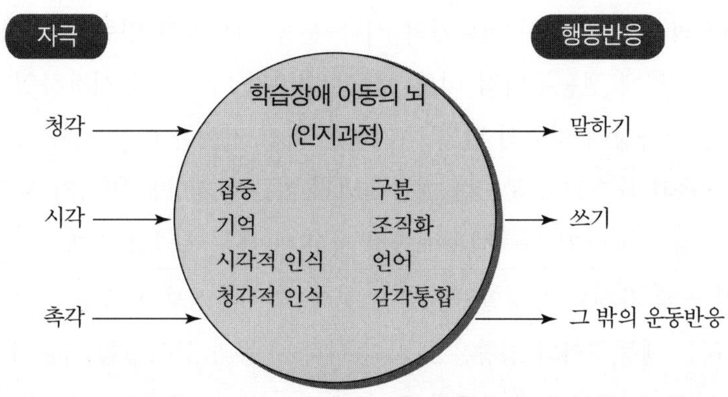

[그림 1-4] 초기 관점

에게는 효과적일 수도 있다. 그러나 현재 학교에서 정확히 측정할 수 있는 방법은 없고 또 평균적으로 학습장애 아동에게 효과적이라고 밝히고 있는 연구도 찾아볼 수 없다(Hammill, 1993).

대부분의 이론가들과 전문가들은 1970년대에 들어 이러한 견해가 유효하지 않고 상당히 의심스럽다는 사실을 깨닫기 시작하였다. 인지과정적 관점에서 제시하는 가정은 오늘날 특수학급에 있는 대부분의 학습장애 아동에게도 적용하기 어려웠고, 인지과정적 관점의 정당성 확보 실패로 인해 다른 이론적 견해들이 나타나기 시작하였다(Hammill, 1993). 하지만 인지과정적 관점의 영향력이 줄어들었음에도 여전히 이 가설의 일부는 학습장애 분야의 전문적 관점으로서 다수의 이론가들에게 받아들여지고 있다. 결론적으로 일부 아동들이 측정 가능한 뇌기능 이상으로 학습장애를 보인다는 믿음은 학습장애 분야에서 이론적 관점으로 존재하고 있다. 또한 다수의 이론가와 교사들은 인지과정적 관점에 의해 제안된 전략을 바탕으로 하는 치료적 활동이 필요하다고 믿고 있다.

게다가 학습장애 분야의 계속되는 정의에 관한 논란으로 인해 인지적 혹은 심리적 과정을 강조하는 견해가 최근 재출현하고 있다(Hammill, 1993). 뇌 중심의 학습과정에 대한 연구가 정교화되고 발전됨에 따라(2장에서 더 정확히 설명하고 있음) 인지 과정적 관점의 연구들이 다시 관심을 받고 있는 것이다(Leonard, 2001; Sousa, 2001; Shaywitz & Shaywitz, 2006).

새로운 시각의 등장: 행동주의적 관점

이 시기의 후반에 언어 이론가와 시각-운동 이론가의 영향력이 감소함에 따라 학습장애 영역에 행동주의적 이론가들의 지배가 나타나기 시작하였다. 행동주의적 사고는 학습장애 영역의 발달 초기에는 거의 기여한 바가 없다. 강화기에 이르러서야 교육과 특수교육 분야에 행동주의적 이론이 영향을 미치기 시작하였다.

그러나 강화기 말기에는 행동주의적 사고가 매우 폭넓고 깊게 영향력을 행사하였다. 이는 몇 가지로 설명할 수 있다. 첫째, 인지과정보다 특정 측정 가능한 행동에 집중하는 행동주의의 영향은 초기의 시각-운동과 언어결함 이론의 영향력을 쇠퇴시켰다. 둘째, 행동주의 이론의 용어(예: 목표와 개별화교육 프로그램 등)가 특수교육의 주를 차지하게 되었고 그에 따라 연방법과 주법도 행동주의적 용어를 사용하

게 되었다. 즉, 개별화교육계획은 반드시 서술된 측정 가능한 준거를 바탕으로 하는 정해진 목표와 행동 규칙으로 기록되어야 한다. 이 모든 개념과 요구사항은 행동주의적 사고에서 비롯된 것이다. 마지막으로 이 시기에는 시각 · 청각적 감각연습을 통한 훈련보다 특정 기술을 가르치는 것을 강조하기 시작하였다. 결론적으로 초기 교실 중심의 학습장애 학생을 위한 교육은 강화기 말기의 몇 년 동안 현격한 변화를 보였다. 강화기 말기에는 행동주의적 관점이 세력을 잡았고, 특수교육법은 행동주의적 심리학의 용어를 사용하였다.

행동주의적 심리학자들은 초기 학습장애에 관한 관점들을 의심하고 특수교육에서의 교수법은 특별한 필요를 가진 학생들이 일상생활에서 사용할 수 있는 특정 기술을 가르치는 데 집중해야 한다고 주장하였다(Hammill, 1993). 초기의 인지과정적 관점과는 달리, 행동주의적 관점은 학습장애를 단일 개념화하였다. 기본적으로 학교 교육과정의 기초가 되는 특정 학문 기술이 학습장애 아동을 포함하여 모든 아동의 평가와 교육의 기본이 되어야 한다고 주장하였다. 시지각적 관점의 지지자들이 b와 d를 거꾸로 인식하는 아동에게 다양한 기하학적 모형을 따라 그리는 연습을 통해 치료한다면, 행동주의 이론가들은 짝 맞추기, 글자 찾기 퍼즐 등을 통해 문제가 있는 특정 낱글자를 직접 연습하도록 해서 글자 간 차이를 인식하도록 훈련한다. 기본적인 지각적 과정 대신 학생이 습득해야 하는 특정 기술을 강조하는 것이다.

학문적 경쟁력을 향상시키기 위한 의미 있고 성공적인 치료방법을 모색하던 초기 인지과정적 관점의 실패로 인해 행동주의적 관점의 영향력이 확대될 수 있었다. 행동주의적 관점은 또한 정확한 학문적 기술의 측정과 아동에게 기대되는 교육적 과제에 대한 적절한 분석을 강조하였다.

예를 들면, 준거참조평가는 행동주의적 관점과 연관된 기술 중 하나다. 이론가들은 학습장애 진단과 치료는 완전히 습득될 수 있는 기술을 바탕으로 해야 한다고 주장한다. 따라서 학습장애 아동이 반드시 습득해야 할 교육과정을 바탕으로 평가해야 하고 지능검사나 인지 능력의 유형 등 불분명한 개념은 교수목적과 연관이 없다고 간주되었다. 이러한 특정 기술을 평가하기 위해 '교육과정중심평가(curriculum-based-assessment)' '정밀교수(precision teaching)' '직접 및 매일 측정(direct and daily measurement)' '직접교수(direct instruction)' '기술평가(skill assessment)' 등의 많은 용어가 사용되었다. 이들 행동주의적 발명품의 일부는 10장에 자세히 설명되어 있다.

행동주의적 관점에 의해 제안된 교수법들은 학습장애 아동만을 위해 고안된 특별한 방법은 아니었다. 기본적으로 초등학교 아동을 위한 읽기와 수학 교육과 같은 전통적인 교육 영역에서 빌려온 것들이다. 또한 학습장애는 아니지만 낮은 학업성취를 보이는 아동에게 사용되었던 치료적 전략들에 관한 연구도 활용하였다. 결론적으로 1970, 1980년대 학습장애 아동을 위한 학급은 낮은 읽기 수준을 보이는 아동을 위한 읽기와 언어 학습실과 유사한 모습을 보였고, 따라서 학습장애 학생의 필요를 충족시켜 줄 특별한 교육에 대한 의문이 생기기 시작하였다.

행동주의적 교수방법을 지지하는 연구들은 상당히 주목할 만하다. 이미 1970년대에 행동주의 이론가들과 교사들이 사용했던 방법들은 연구에 의해 그 효과가 검증되었고(Hammill, 1993; White, 1986) 이러한 지지는 오늘날까지 계속되고 있다. 또한 이 분야 연구의 강점은 오늘날까지 가장 영향력 있는 관점의 하나라는 사실로도 증명되고 있다. 특히 정밀교수와 직접교수에 관한 연구는 상당한 지지를 받았다(Hammill, 1993; White, 1986).

행동주의적 관점에 의한 교수법의 성공에도 불구하고 행동주의자들의 학습장애에 관한 관점은 비판을 받았다. 특정 학문 기술의 치료를 강조함으로써 이 관점은 학습장애 전체에 대한 정확한 이해가 부족함을 나타내 보였다. 행동주의적 관점을 제안한 연구자들은 문제해결 기술, 학문적 문제, 비효율적인 문제해결 방법, 계속되는 학문적 실패에 의한 정신적 스트레스, 이러한 여러 요인들의 작용으로 인한 아동의 전체적인 발달에 미치는 영향 등에 대해 충분히 고려하지 못하였다. 사실상 행동주의 관점의 연구자들은 학습장애 전문가들에게 치료적 기술을 지닌 교사로서의 역할을 부여하였다(Carlson, 1985; Vaughn & Linan-Thompson, 2003). 따라서 이러한 교사의 훈련은 특별한 기술보다 치료적 수학, 읽기 방법을 포함하여 내용을 재개념화하는 것에 치중하였고, 학습장애 학생의 교사는 다른 학문 영역은 제외하고 오직 읽기, 언어, 수학 등 기본 기술을 강조하는 경향을 보였다. 반대로 말하면, 학습장애 학생을 위한 다수의 중등학급에서 학습의 중추는 학과목 개인교습이었고 특수교육 교사는 단지 개인교사의 역할만을 하게 되어 특수교육 교사의 적절한 역할에 대한 도덕적 질문이 제기되었다(Carlson, 1985).

✻ 확장기: 서비스의 확대

1975년 공법 94-142가 통과됨으로써 본격적으로 학습장애로 진단받은 아동을 위한 서비스가 제공되기 시작하였다. 이 시기 동안 전국적으로 학습장애 학생을 위한 특수학급이 세워졌고, 그동안 인정받고 재정적 지원을 받기 위해 노력했던 전문가와 부모 그리고 연구자들은 천국을 맞이하였다. 연방법과 그에 따른 주정부의 명령에 의해 장애 학생들은 무료로 특수교육 서비스를 제공받게 되었다.

정의와 진단의 문제

그러나 서비스의 확장에도 불구하고 학습장애 정의의 문제는 계속해서 학습장애 영역의 발전을 방해하였다. 공법 94-142가 개정될 때 학자들은 학령기 아동 중 학습장애 아동의 비율을 대략 2% 수준으로 예측하였고, 이 숫자는 법령의 초안에 포함되어 있었으나 마지막 점검에서 삭제되었다(Chalfant, 1985). 학습장애의 공식적 정의가 모호했기 때문에 학습장애로 진단받는 아동의 수는 기하급수적으로 늘어갔다. 예를 들면, 1983년 공립학교에서 학습장애로 진단받은 아동의 수는 3.8%에 달했는데(Chalfant, 1985), 이는 처음 예상했던 것보다 훨씬 많은 수였다. 1990년대에 이 수치는 5%까지 증가하였다(Hallahan, 1992). 또한 1978년에 전체 장애 학생 중 29%만이 학습장애로 진단받았으나 오늘날 그 수는 훨씬 늘어났다.

2001년에는 전체 장애 학생의 50%가 학습장애로 진단받았다(Commission, 2001). 이렇게 높은 비율은 학습장애 아동을 위한 서비스 제공에 사용되는 연방기금과 주정부 기금의 증가를 초래하였다. 그 결과 교육 서비스 예산을 관리하는 연방정부와 주정부의 관리들이 증가하는 학습장애 비율에 대해 우려를 나타내기 시작하였다. 학습장애의 정의가 지나치게 불분명하여 정확한 진단에 어려움이 있었고, 기금운영 단체들은 특수교육 대상자들을 지원하기 위한 기금의 급격한 증가를 염려하게 되었다(Hallahan, 1992; NJCLD, 2005).

결과적으로 1975~1980년은 학습장애 아동을 위한 교육적 서비스가 제공되기 시작한 시기이면서 동시에 학업 성적에 문제가 있는 거의 모든 아동이 학습장애로 진단받을 수 있다는 사실에 학자들과 관계 공무원들이 우려를 나타내기 시작한 시기다. 주정부는 급격히 서비스 제공 범위를 확대하였고 동시에 연구자와 실무자들(학습장애 아동을 진단하는)은 진단받는 아동의 수가 급격히 증가하는 데 대해 더욱 걱정하기 시작하였다. 확장기 중반에 들어서면서 다음 역사적 단계인 축소기의 근간이 시작되었다. 분명한 것은 학습장애 아동의 교육을 지원하기 위한 주정부와 연방정부의 기금은 학교에서 어려움을 겪는 '모든' 아동을 위해 사용할 수는 없다는 사실이다. 학습장애 아동을 정확히 진단하면서 낮은 학업성취를 보이는 모든 아동을 포함시키지 않을 수 있는 엄격한 정의가 필요하였다.

학습장애의 과잉진단 문제에 대해 몇 가지 대응 방안이 제시되었다. 그것을 연대순으로 정리하였는데, 우선 1968년 정의는 1977년 '연방기록(Federal Register)'에 의해 약간 수정되었다. 수정된 정의는 다음과 같다.

> '특정 학습장애'는 말하기, 쓰기의 언어적 이해와 사용에 관계된 기본 심리처리 과정에서 하나 혹은 그 이상의 장애를 뜻하며 듣기, 생각하기, 말하기, 읽기, 쓰기, 철자 또는 셈하기에서 불완전한 능력을 보인다. 이 장애는 지각장애 뇌손상, 미세 뇌기능장애, 난독증, 발달적 실어증 등의 증상을 포함한다. 이 장애는 시각, 청각, 운동 장애나 정신지체, 정서장애, 환경적 · 문화적 · 경제적 불이익에 의한 학습의 문제를 보이는 아동은 포함하지 않는다(U.S. Office of Education, 1977).

Reschly와 Hosp(2004)는 2003년까지도 41개 주에서 1977년의 연방 정의를 기본으로 학습장애 정의를 내리고 있다고 보고하였다. 더구나 정의의 주요 골자는 초기 정의를 그대로 따르고 있었다. 그러나 '기본 심리처리 과정'이라는 구절에 대한 정확한 기준을 제시하지 못하고 있어서 유일한 측정 가능한 진단기준은 '장애' 명칭뿐이었다. 다수의 주정부들은 지능검사로 측정한 능력과 한 과목 이상 학업성취 간 불일치를 보이는 것을 기준으로 법령을 시행하고 있다. 이 정의에 의하면 능력과 학업성취 간 불일치가 심각하면 아동이 자신의 잠재된 학습능력을 발휘하지 못하는 것으로서 학습장애가 있음을 짐작케 하는 것이다.

몇몇 단체에서는 불일치 준거가 낮은 학업성취를 보이는 아동이나 문제행동을 보이는 아동, 과제(숙제)를 하지 않는 아동을 포함한다는 이유로 이러한 불일치 모델을 기능적 정의체계로 인정하는 것에 반대해 왔다(Commission, 2001; Council for Learning Disabilities, 1987). 과제를 하지 않는 아동은 특수교육이 필요하지 않거나 특수교육에 적합하지 않을 수도 있기 때문에 무조건 학습장애로 간주하는 것은 바람직하지 않다. 이 문제는 오늘날까지도 여전히 학습장애 분야에서 계속 논란이 되고 있다(Commission, 2001; NJCLD, 2005).

과잉진단 문제에 관한 두 번째 대응은 1980년대 말 학습장애전국연합회(National Joint Council on Learning Disabilities)의 창설이다. 이는 다양한 전문가 단체를 포함하여 설립되었는데 여기에 포함된 단체에는 미국말-언어-청각협회(American Speech-Language-Hearing Association), 학습장애협의회(Council for Learning Disabilities), 국제읽기협회(International Reading Association), 학습장애아동협회(Association for Children with Learning Disabilities), 의사소통장애아동분과(Division for Children with Communication Disorders), 오튼난독증회(Orton Dyslexia Society) 등이 있다. 학습장애전국연합회는 몇 가지 부분에서 초기 정의와 차별화된 정의를 제안하였다.

> 학습장애는 듣기, 말하기, 읽기, 쓰기, 추론 또는 수학적 능력의 습득과 사용에 심각한 어려움을 나타내는 이질적인 집단을 지칭하는 일반적인 용어다. 이 장애는 중추신경계 이상으로 발생하는 것으로 추정되는 개인 내적인 문제로 평생 동안 지속된다. 자기조절 행동, 사회적 인식, 사회적 상호작용 등에 문제를 보일 수 있으나 이들이 학습장애의 원인은 아니다. 비록 학습장애가 다른 장애 조건(예: 감각장애, 정신지체, 심각한 정서장애) 혹은 외부의 영향(문화적 차이, 불충분한 교육 기회 및 부적절한 교육) 등과 동시에 발생 가능하지만 이러한 조건이나 영향으로 인해 발생하지는 않는다(Hammill, 1990).

이 정의는 이전 정의가 학령기 아동에게 초점을 맞춘 데 반해 학습장애가 전 생애에 걸쳐 존재함을 서술하였다. 또한 평균 이하의 지능을 가진 학생을 제외하지 않고 학습장애가 낮은 지능으로 인해 발생하지는 않음을 명시하였다. 이 정의는 1990년대에 획기적인 정의의 하나로 인용되었으나(Hammill, 1990) 주정부의 학습장애 정의로 널리 사용되지는 않았다.

비록 학습장애 정의가 너무 많아 거추장스럽긴 해도 그 중요성과 정확한 정의를 내리는 것이 얼마나 어려운가를 강조하는 것은 의미가 있다. 이상적으로는 학습장애를 만드는 주요 특성들이 학습장애 정의 안에 모두 포함되고 정의로부터 정확한 진단과정을 이끌어 낼 수 있어야 한다. 그러나 역사적으로 학습장애 영역은 이러한 이상과는 거리가 있다(Commission, 2001; Stanovich, 1999; Tomasi & Weinberg, 1999).

예를 들면, Siegel(1999)은 자신들의 학습장애에 대한 증거자료를 제시하며 외국어 필수과목에 대한 대체강좌를 포함한 교수적 수정(accommodation)을 요구한 보스턴 대학교 학생들에 관한 법정 사례를 논하였다. 보스턴 대학교가 교수적 수정을 거부하자 학생들은 소송을 걸어 학습장애 정의가 불분명하다는 사실에 입각해 승소하였다. Siegel(1999)은 보스턴 대학교가 학습장애 학생을 진단하기 위한 다양한 절차를 사용하였으나 어떤 특성을 측정해야 하는지에 대한 공통된 합의가 없었다고 보고하였다. 이러한 학습장애 대학생을 위한 불분명한 정의와 진단 절차는 '혼돈(chaotic)'으로 불리며 더욱 정확한 정의의 필요성이 강조되었다. 현재에도 더욱 정확한 정의와 진단방법이 나오기 전까지는 상대적으로 유동적인 정의와 주정부, 학군에서 통용되는 용어를 사용하고 평가 절차를 적용하는 데 익숙해져야 할 것이다. 더구나 최근의 장애인교육법 개정으로 인해 학습장애 학생의 진단을 위한 정의와 평가 절차는 다시 한 번 변화되고 있다(Fuchs, Fuchs, & Compton, 2004; Mellard, Deshler, & Barth, 2004; Mellard, Byrd, Johnson, Tollefson, & Boesche, 2004; NJCLD, 2005).

새로운 이론의 등장: 초인지이론

확장기 동안 행동주의적 관점에 대한 불만으로 연구자들은 학습장애에 대한 다른 관점을 찾아내었는데, 이는 오늘날 초인지적 관점이라 불리고 있다. 여러 학자들이 비슷한 시기에 유사한 관점을 형성하였으나 Joseph Torgesen(1975, 1977)은 초인지적 관점의 초기 연구자로 그 공헌을 인정받고 있다(Kavale & Forness, 1986). 기본적으로 이 관점은 학습장애 아동이 다양한 인지적, 정서적 이유로 인해 학교에서 필요한 과제계획과 과제관리 전략을 사용하거나 발달시키는 데 어려움을 보인다고 주장한다. 이 관점은 초인지(*metacognition*)라 불리는 개념에 대한 연구를 중심으로 하여 아동이 교육적 과제를 완성하기 위해서는 자신의 생각과 행동에 대해 생각하고 계획할 수 있어야 한다고 주장한다.

예를 들면, 과제를 완수하려면 일반적으로 그와 관련된 다양한 의견을 제시하게 된다. Torgesen(1977, 1980)은 학습장애 아동이 다른 아이들처럼 자주 또는 정확하게 자기교수(self-instruction)를 하지 않음을 발견하였다. 그는 학습장애 학생이 학습 활동에 참여하지도 않고 적극적으로 노력하지도 않는다는 것을 '수동적 학습자(inactive learner)' 개념을 사용해 설명하였다(Torgesen, 1977). 그는 또한 학습장애 아동이 낮은 자존감을 가지고 있어 교육적 과제를 성공적으로 계획하려는 시도가 적게 나타난다고 제안함으로써 정서적이고 개인적인 요인을 관점에 포함시켰다. 마지막으로 학습장애 아동은 외부 통제에 영향을 많이 받는 것으로 보였다(즉, 학교에서의 성적이나 성공을 외부 요인—우연이나 교사의 변덕—에 의한 것으로 인식한다). 즉, 학습장애 학생이 일반적으로 자신은 과제를 완수할 수 없다고 생각하고 과제 완수를 해도 보상이나 칭찬을 받지 못한다고 믿는다면 시도할 이유가 없는 것이다.

Torgesen의 이중 원인(학습장애가 인지와 정서/개인적 두 가지 원인에 의해 나타난다)에 대한 제안으로 인해 학습장애 영역의 광범위한 연구가 초인지 관점에 직접적인 관련이 있는 것으로 여겨졌다. 다수의 인지심리학자들은 기억과 집중에 관한 자신의 연구를 보완하여 학습장애 학생이 과제를 할 때 스스로 사용하는 자기교수의 정확한 유형을 그려내기 위해 노력하였다(Hallahan & Sapona, 1983; Torgesen, 1980; Torgesen & Licht, 1983). 또한 다수의 이론가들은 학습장애 아동의 자기개념(self-concept), 통제소재(locus of control), 성공에 대한 동기(attributions for success) 등을 연구하였다(Bender, 1985; Bender, Rosenkrans, & Crane, 1999; Torgesen & Licht, 1983).

학습장애 아동의 학습 특성에 관한 연구는 학습장애 학생이 인지적으로나 정서적으로 학습 과제에 동참하지 않는다는 초인지 관점의 이론에 의해 지지받는다(Torgesen, 1980). 예컨대, 연구에 따르면 학습장애 아동은 그렇지 않은 아동보다 더 자주 과제에 집중하지 못하는 모습을 보이곤 한다(Bender, 1985). 또한 학습장애 아동은 기억력과 집중력 등 학습에 필요한 기술에 문제가 있어 보인다(Bender, 2002; Liddell & Rasmussen, 2005).

이 영역에서의 중요한 연구로 인해 초인지적 관점을 바탕으로 한 학습장애 아동을 위한 교수적 기술과 방법에 대한 연구가 매우 활발히 이루어졌다(Bender, 2002; Hallahan & Sapona, 1983). Donald Deshler와 동료들(Deshler, Schumaker, Lenz, & Ellis, 1984)은 중등학교의 학습장애 학생을 위한 학습전략 시리즈를 개발하였다. 여기에는 쉽게 기억하도록 도와주는 두문자어(acronyms)와 특정 학습 상황에서 학생들이 따라 할 수 있는 계획 등이 포함되어 있다. 이 학습전략에 대해서는 11장에서 보다 자세히 설명할 것이다.

Daniel Hallahan과 그의 동료(Hallahan & Sapona, 1983)는 학습장애 아동이 자신의 집중행동을 감독하도록 가르치는 장치를 개발하였다. 이 장치는 초인지적 표현("나는 지금 잘 집중하고 있는가?")을 아동이 반복적으로 스스로에게 질문하도록 훈련시키는 방법이다. 이러한 과정을 통하여 학습장애 아동의 집중력을 확실히 향상시킬 수 있다(Bender, 2002). 자기점검(self-monitoring) 등 다른 초인지 전략에 대해서도 이 책 11장에서 설명하고 있다.

초인지 관점은 몇 가지 이유에서 학습장애 영역을 장악하게 된다. 첫째, 초인지 관점의 전략들은 연구에 의해 지지받고 효과적임이 입증되었다. 둘째, 초인지 관점은 장애 아동을 위한 특별 프로그램을 사용하는 장점이 있다. 마지막으로 **학습전략 접근**(*learning-strategies approach*)을 강조하는 방식은 모든 학생의 초인지 기술을 강조하는 시대적 경향과 유사점을 보인다.

이처럼 광범위한 지지를 받는 초인지 관점에도 몇 가지 중요한 비판점이 지적되고 있다. 첫째, 초인지 관점은 학습장애 아동을 진단하기 위한 방법을 제시하지 못하였다. 예를 들면, 저성취 아동이나 정신지체 아동의 기억력, 집중력, 자기개념, 통제소재에 관한 연구는 학습장애 아동에 관한 연구결과와 동일하였다. 이는 이들 아동 간의 차이를 구분하는 것이 어렵다는 사실을 증명한다. 명백하게 초인지적 관점이 학습장애 아동과 다른 장애 혹은 일반아동 간의 차이를 밝혀내지 못한다면 초기 인지과정적 관점이나 행동주의적 관점과 마찬가지로 학습장애 영역에서 영향력을 상실하게 된다.

둘째, Hammill(1993)은 초인지 관점이 초기 인지과정적 관점과 유사한 문제를 가지고 있다고 지적하였다. 특히 '초인지' 과정을 측정하는 것은 지난날 인지과정을 측정하는 것처럼 어려운(Hammill은 불가능하다고 표현함) 일이라는 것이다. 그러나 한 가지 중요한 차이는 있다. 1970년대 이론들과는 달리 초인지 이론가들은 고집을 가지고 자신들의 변인을 반복적으로 조작하였고 제안한 치료법의 효과를 검증하기 위한 연구에 전념하였다(Hammill, 1993).

축소기

1988년부터 학습장애 영역과 특수교육의 전 영역이 축소기에 들어가기 시작하였다. 이 시기 동안 초기 환상적이었던 확장기의 기세가 사라지기 시작하면서 학습장애 영역이 살아남으려면 일정 수준 이상의 전문성에 대한 방어가 필요하다는 것을 의미하는 몇 가지 요인들이 나타났다. 사실 상당수의 학자는 학습장애 영역의 존재 자체가 때때로 의문시되고 있음을 지적하였다(Commission, 2001; Mather & Roberts, 1994).

최소한 두 가지 주목할 만한 요인이 축소기를 이끌었다. 첫 번째는 학습장애 정의와 과잉진단 문제가 1980년대 말까지도 해결되지 않았다는 사실인데, 실상은 오늘날까지도 해결되지 않아 학습장애 분야는 이 문제로 30년 넘게 씨름하고 있는 실정이다(Commission, 2001; Hammill, 1993; NJCLD, 2005; Stanovich, 1999; Tomasi & Weinberg, 1999). 이는 정확한 정의가 없으면 학생들이 효과적으로 배치되어 서비스를 받거나 자격이 안 되는 경우 서비스를 제한할 방법이 없기 때문에 매우 심각한 문제다. 학습장애 분야는 계속해서 정확한 정의의 부재에 대해 비판받아 왔다(Commission, 2001).

두 번째 요인은 통합학급으로의 이동으로 이것이 더욱 심각한 문제다(Zigmond, 2003). 확장기의 막바지에 이르러 학습장애로 진단받는 아동의 수가 증가하는 것에 관한 우려가 늘어갔고, 행정가들은 늘어가는 학습장애 아동을 교육하기 위한 방법을 모색하기 시작하였다. 미국 교육부(Department of Education in Washington, DC)의 특수교육 및 재활서비스국(Office of Special Education and Rehabilitation Services) 차관보였던 Madeline Will(1986)은 경도장애 학생은 분리되지 않고 일반학급에서 교육받아야 한다고 제안하였다. 이는 모든 특수교육 대상학생을 학교 일과의 100% 일반학급에 '포함'시켜야 한다는 움직임의 시작이었다.

학습장애 학생을 위한 서비스의 확장에 대해 시간 순서대로 간략히 살펴보면 다음과 같다. 먼저 확장기 동안에는 학습장애 아동을 진단하고 하루 중 한두 차례 일반학급에서 제외시켜 특수교육 서비스를 제공하는 경향이 있었다. 그러나 학습장애로 진단받은 아동의 수가 급증하면서 필요한 특수학급의 수와 그에 따른 비용도 증가하였다. 결론적으로 '통합'의 정당성에 대한 주장의 일견에는 특수학급의 수적 증가 없이 학습장애 아동의 필요를 충족시키려는 의도가 있었고, 그에 따라 통합학급의 개념이 탄생하게 된 것이다.

통합학급에서는 일반교사와 특수교사가 함께 학교 일과의 일정 시간을 보내게 된다(Magiera & Zigmond, 2005). 따라서 학습장애 학생은 일반학급에서 제외되지 않고 훈련받은 특수교사로부터 서비스를 받을 수 있다. 짐작컨대, 학습장애 전문교사는 두세 학급의 아동에게 교육을 지원할 수 있어 특수교육에 사용되는 전체적인 비용이 절약될 수 있다.

많은 연구자들은 학습장애 학생의 요구를 적절하게 충족시키기 어렵다는 이유로 통합학급에 대해 우려를 표하였다(Mather & Roberts, 1994). 더구나 학습장애 학생을 옹호하는 다수의 단체들도 통합에 반대하였다(Commission, 2001; Mather & Roberts, 1994). 따라서 통합교육 계획은 저항을 받게 되어 축소기의 주요 요인이 되었다.

그러나 이는 통합이 반드시 학습장애 학생에게 해로운 것이라고 봐야 한다는 뜻은 아니다. 분리된 특수교육 프로그램보다 통합학급에서 학생의 필요를 잘 지원할 수 있다는 주장도 있다. 첫째, 특히 각 교사가 다수의 아동을 교육하는 경우 특수학급에 가는 아동에게 따라오는 부정적 선입견이 최소화될 수 있다. 또한 효과적인 통합학급의 경우 교사가 서로 도움을 주고 보탬이 될 수 있으며 기존의 학급에서 느낄 수 있는 철저한 소외감을 최소화할 수 있다. 전통적인 학급에서 문제행동이 발생한 경우 교사는 스스로 통제하거나 교장에게 떠넘겨야 했지만, 통합학급의 교사는 문제 발생 시 다른 성인으로부터 도움을 받을 수 있다. 통합학급의 존재는 학습장애 학생을 위한 미래의 학급에 관한 연구에 많은 우려를 남기고 축소기의 사고방식에 영향을 미쳤다.

이론적 관점의 출현

확장기 동안 학습장애에 관한 몇 가지 추가적인 이론적 관점들(구성주의, 다중지능이론, 두뇌 친화적 학습)이 나타나기 시작하였다(Bender, 2002; Hearne & Stone, 1995; Mather & Roberts, 1994; Moats & Lyon, 1993; Sousa, 2001). 초기 단계의 행동주의적 관점과 유사하게 최근에 발생된 각 관점들은 학습장애 영역에만 초점을 두지 않고 심리학과 교육심리학의 넓은 영역을 바탕으로 하고 있다. 따라서 그것들

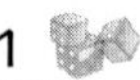

은 학습장애 이론이라기보다 학습장애 연구에 적용되는 보다 넓은 의미의 교육과 학습 이론이라고 볼 수 있다. 이러한 최근 이론들의 전체적인 효과를 판단하기는 아직 이르다(Moats & Lyon, 1993). 그러나 학습장애 영역의 연구자들과 교사들이 이러한 이론적 관점들에 대해 논의 중이기 때문에 학습장애를 공부하는 학생이라면 배경 지식을 이해하고 있는 것이 바람직할 것이다.

구성주의 구성주의자들은 학습자가 자신이 가지고 있는 기본 정보와 아이디어, 사실, 개념 간의 연계를 바탕으로 지식을 구성한다고 생각하였다(Poplin, 1988). 많은 경우 구성주의적 관점은 행동주의적 사고의 개념에 반대하는 입장이고, 과제 분석이나 매우 특정한 행동적 목적 등과 같은 주제는 이 관점에서는 다루어지지 않는다. 구성주의적 관점에서 나온 개념으로는 '총체적(holistic)' 사고가 있다. 이는 개념에 대한 진정한 이해는 특정 과제 분석적 요소에 대한 부분적인 이해가 아닌 개념에 대한 전체적인 이해가 있을 때 가능하다는 것이다.

구성주의적 관점의 지지자 중 한 명인 Poplin(1988)은 학습이 학생이 새로운 의미와 사건들 사이의 중요한 상관관계를 발견하도록 북돋우는 데서 발생하는 것이지 다른 사람에 의해 제안된 의미에서 생기는 것이 아니라고 하였다. 이렇게 학생이 터득한 상관성과 의미를 강조하는 것은 평가에서도 일상생활에서의 활동을 바탕으로 해야 하고 학생의 흥미와 동기를 반영할 수 있어야 한다는 점을 강조한다. 구성주의적 이론가들은 학생들이 어떻게 문제를 해결하는가에 관심을 보였다. 그러나 인지전략적 훈련이나 학습전략적 접근을 통한 문제 해결은 지나치게 기계적이라고 생각하였고, 따라서 구성주의자들은 자신들을 앞에서 설명했던 초인지훈련의 지지자로 생각지 않았다.

구성주의적 교수방법은 학생들의 흥미, 동기, 자기주도적 문제 해결을 바탕으로 하는 실제적인 문제를 강조하였다. 새로운 개념은 이전에 배운 개념을 바탕으로 구성되어야 하고, 학생들은 새로운 것을 배우는 것뿐 아니라 새로운 학습이 어떻게 발생되는지에도 집중해야만 했다. 그리고 훌륭한 교수(good teaching)는 단지 미리 정해져 있는 교육과정의 내용을 전달하는 것이 아니라 학생들이 의미를 찾을 수 있도록 효과적으로 상호작용적 지도를 하는 것이라 여겼다.

구성주의적 관점이 학습장애 영역에 결정적인 영향을 미칠 수 있을까에 대해 말하기는 아직 이르지만 일부의 지지를 받고 있는 것은 사실이다(Moats & Lyon,

1993). 그러나 구성주의적 관점이 학습장애 평가와 교수법에 영향을 미쳤는지는 아직 확실치 않다.

다중지능 1900년대 초반부터 지능에 관한 몇 가지 시각들이 제기되어 왔다. 교육심리학 수업 때 들었던 내용을 상기해 보면 서구 사회에 널리 퍼져 있던 지능에 관한 상대적으로 일치된 의견을 떠올릴 수 있을 것이다. 즉, 일반지능은 지능지수에 의해 측정될 수 있는 단일 능력의 연속체라는 시각이다. 따라서 IQ 점수라는 개념은 적응 능력을 결정짓는 중요한 단일체로 떠올랐고, 이는 학습장애뿐 아니라 교육심리학과 특수교육의 모든 영역에 영향을 미쳤다. 예를 들면, 오늘날 학습장애 학생을 평가하고 진단하는 과정의 하나는 '일반지능'을 결정하는 일이다.

그러나 이러한 시각과 반대로 일부 이론가들은 지능이 다방면에 걸쳐 이루어지고, 다양한 영역의 여러 능력이 각 개인 안에 존재하고 있으며, 이러한 능력들은 서로 독립적이라고 주장하였다. 이와 같은 생각은 개인이 다양한 영역—쓰기, 수학, 음악적 기술—등에 각각 대단히 다른 능력을 가지고 있을 수 있다는 가능성을 제기하였다.

더구나 다수의 이론가들은 지난 100년간 표준 IQ검사로 측정되는 지능이 창의성과 연관이 없다는 사실을 주장해 왔다(Hearne & Stone, 1995; Stanford, 2003). 그들은 지능이 단일 구성체가 아니며 다수의 다른 유형의 능력들이 함께 측정되어야 아동이 환경 속에서 적응하며 발휘하는 총체적인 능력에 대한 정확한 정보를 얻을 수 있다고 제안하였다. 이러한 시각을 가지고 가장 최근에 실행된 연구는 Howard Gardner(1983, 1993)의 다중지능(multiple intelligences)이론이다. Gardner(1983)는 초기에 일곱 가지 유형의 지능(언어적, 논리-수학적, 음악-리듬적, 시각-공간적, 신체-운동적, 인간 친화적 그리고 자기성찰 지능)을 제안하였다. 최근에는 여덟 번째 지능인 자연 친화적(naturalistic) 지능을 더하였다. 각각의 지능은 상대적으로 독립적이고 특정 개인은 다른 영역보다 한두 영역에서 뛰어난 능력을 보이는 것으로 짐작된다.

최근 떠오르는 다중지능이론의 관점을 학습장애 영역에 적용하여 Hearne과 Stone(1995)은 일반지능에 대한 단일 구조를 바탕으로 하는 고정된 시각보다 다중지능의 관점이 학습장애에 더 적합한 관점임을 증명하는 증거를 상당수 찾아내었다. 예를 들면, 학교에서 이루어지는 대부분의 학과목 평가는 전적으로 언어와 논리-수학적 이해를 바탕으로 하고 있다. 그래서 특정 학생이 음악에 뛰어난 재능을 가지고 있고 누구보다 훌륭하게 악기 연주를 할 수 있더라도 읽기 능력의 부족으로 시험문제를 읽는 데 어려움이 있다면 음악 과목에서 낙제를 할 수밖에 없다는 것이다(Hearne & Stone, 1995). Gardner와 다른 학자들(Campbell, 1994)이 주장하는 것은 다양한 다중지능이 모두 가치를 인정받고 학교에서 학생 평가와 지도 시 참고되어야 한다는 사실이다. 더욱이 교육자는 모든 다양한 형태의 지능 안에서 아동의 강점을 찾아내고 그것을 바탕으로 학교 프로그램을 계획해야 한다. 물론 이 개념은 많은 연구자들이 제안하듯 교육 전반에 급격한 변화를 초래할 것이다(Bender, 2002; Hearne & Stone, 1995).

다양한 연구자들이 학습장애 영역에 다중지능이론을 적용하기 위해 노력해 왔다(Bender, 2002; Elias, 2004; Stanford, 2003). 그러나 이 분야의 연구가 아직 활발하게 발달하지 못했기 때문에 다중지능 관점은 학습장애 분야에서 그 유효성이 널리 받아들여지지는 않았다. 그럼에도 불구하고 다중지능적 시각을 지지하는 사람들은 다양한 학문 분야에 걸쳐 학습장애 아동의 다양성과 그들의 필요를 충족시키기 위해 일반학급에서 다양한 교수전략이 필요하다는 사실을 고려해 볼 때 다중지능이론에 입각한 관점이 학습장애 분야에서 특히 유용할 것이라 제안하고 있다(Bender, 2002; Hearne & Stone, 1995; Stanford, 2003). 더구나 다중지능적 관점은 최근 들어 일반교육에서 상당히 영향력을 미치며 교사들이 더욱 다양한 학문적 교수전략을 사용하도록 만들고 있다. 이러한 현상은 일반학급에 '통합'되어 있는 학습장애 학생에게 도움이 되고 있다(Bender, 2002; Elias, 2004; Tomlinson, 1999).

다중지능이론을 적용한 가장 최근의 연구로는 Carol Tomlinson의 연구를 들 수 있다. Tomlinson은 그녀의 저서 『차별화된 교실(*The Differentiated Classroom*)』(1999)에서 교사들은 오늘날 학급에 존재하는 다양한 다중지능에 맞추어 그들의 교수전략을 다양화해야 한다고 주장하였다. 차별화 교수(*differentiated instruction*)의 개념은 전국적으로나 국제적으로 많은 관심을 받았고 일반교사와 특수교사들이 다양한 교수법을 학급에 적용함으로써 자신들의 교수법에 활기를 불어넣을 기회를 제공하였다. 전반적으로 교육 분야에서 다중지능과 차별화 교수법이 강조되는 추세로 보이지만(Bender, 2002) 이러한 접근이 학습장애의 발전에 주요 역할을 할지에 대해서는 아직 속단하기 이르다.

두뇌 친화적 학습 두뇌 친화적(brain-compatible) 학습이라는 학습장애 관점은 1990년대 말부터 발생되었다(Bender, 2002; Sousa, 1995, 2001; Shaywitz & Shaywitz, 2006; Sylwester, 1995). 어떤 점에서 이는 학습에 관한 신경학적 관점의 재출현이라 볼 수 있다. PET 스캔이나 fMRI 기술과 같은 몇몇 의학적 기술(2장에서 자세히 설명하고 있다.)에 의해 우리는 인간의 뇌와 중추신경계에서 어떻게 학습이 일어나는가에 대해 놀랄 만큼 잘 알게 되었다. 이러한 이유로 1990년대를 '뇌의 10년'이라고 부르기도 한다(Sousa, 1995, 2001). 특히 이러한 기술들을 이용해 새로운 시대의 시작인 2000년을 맞으며 뉴런에서 당을 소비하는 과정을 파악하는데 성공함으로써 살아 있는 뇌에서 학습과정을 관찰하는 것이 가능케 되었다. 두뇌 친화적 학습 연구로 불리는 이러한 새로운 연구는 교육에 영향을 미치기 시작하였고, 다수의 이론가들이 이를 초등학교와 중등학교의 학급 활동에 적용하기 위한 논의를 해 왔다(Jensen, 1995; Sousa, 1995, 2001; Sylwester, 1995). 오늘날의 두뇌 친화적 학습 연구는 학자들이 이전보다 훨씬 엄격한 과학적 기준을 적용하여 연구를 하기 때문에 1960년대 신경학적 관점의 개념보다 훨씬 기초가 단단하게 형성되어 있다. 사실은 몇몇 인간의 기억에 관련된 기존의 의견들은 최근 새롭게 얻은 자료를 바탕으로 다른 이론들로 대체되었다. 특히 단기기억과 장기기억 간에 차이가 있음은 오랫동안 짐작하고 있었지만(Swanson, 1999), 최근의 뇌 친화적 교수 연구는 기억에 관해 몇 가지 새로운 사실을 발견하였다(Sousa, 1995, 2001; Swanson, 1999). 또한 단기기억에 관한 개념이 재정립되고 이론가들은 단기기억보다 작동기억의 개념을 선호하게 되었다. 즉, 사실을 성공적으로 기억할 수 있도록 저장하기 위해(즉, 단기기억에서 장기기억으로 이동시키기 위해) 인간은 감각을 지정하고 거기에 의미를 부여하는 일을 해야 한다(Sousa, 1995; Swanson, 1999). 그렇게 해야 작동기억은 장기기억이 사실을 저장하고 그 후에 복구하도록 할 수 있다. Lee Swanson은 특히 학습장애 학생의 작동기억에 관해 괄목할 만한 연구를 하였다(개관을 위해서는 Swanson(1999) 참조).

David Sousa(1995, 2001), Robert Sylwester(1995), Eric Jensen(1995)과 같은 이 분야의 전문가들은 교사가 초등학급이나 중등학급에서 정보를 제공하는 방식에 따라 사고과정에서 생성되는 정보의 양이 얼마나 달라질 수 있는가에 대해 많은 연구를 하였다. 예를 들면, 교사는 학생들이 또래와 사실이나 개념에 대해 토론할 수 있는 기회를 제공하여 사실과 개념을 학습하는 학생들이 집중적으로 언어적 훈련을 받을 수 있도록 해야 한다(Sousa, 1995). 또한 교사는 질문을 한 후 학생에게 답을 요구하기 전에 약간의 '기다리는 시간'을 두도록 하는 것이 좋다. 10~15초 동안의 이러한 조용한 시간은 급우가 답을 말하기 전에 모든 학생들이 질문에 대해 생각하고 몇 가지 답을 생각할 시간을 제공한다. 이는 뇌와 학습과정에 관해 밝혀지면서 최근에 등장하고 있는 교수법에 관한 실용적 제안의 하나다.

정보를 처리하는 동안 인간의 뇌가 어떻게 작동하는가에 대한 새로운 정보는 교사가 학급의 학습환경을 어떻게 조성할 것인가에도 영향을 미칠 것이다. 1990년대 말부터 지금까지 전국의 교사들은 '두뇌 친화적 학습' '학습하는 두뇌' 그리고 유사한 주제에 관한 연수에 떼를 지어 참여해 왔다. 연구자들(Sousa, 2001; Bender, 2002)은 특히 학습장애 학생을 위한 교수적 제안을 내놓고 있다. 따라서 1995년부터 초등학교와 중등학교 교육에 영향을 미쳤던 두뇌 친화적 학습의 관점은 유사한 방법으로 학습장애에 영향을 미치기 시작하였다. 분명한 것은 다음 10년간 교육 관계자들은 두뇌 친화적 학습과 연관된 개념들을 더 많이 보게 될 것이라는 사실이다.

✻ 부활기: 학습장애의 미래

특수교육 서비스를 필요로 하는 학생의 수가 지속적으로 증가하고 그중 50% 정도가 학습장애라는 사실을 감안해 조지 W. 부시 대통령은 특수교육 특별위원회(Commission on Excellence in Special Education in 2001)를 조직하여 앞서 설명한 특수교육의 축소기에 나타났던 문제들에 관한 대책을 연구하였다. 이 특별위원회는 21세기의 시작이자 장애 학생을 위한 최초의 연방법인 공법 94-142가 제정된 지 25년이 지난 시점에 활동을 시작한다는 의의를 가지고 있다. 위원회는 특수교육의 부활을 위한 기회로 여기고 축소기에 나타난 문제들과 시기적으로 중요한 주제들을 다루기 위해 노력하였다(Commission, 2001). 이러한 노력은 학습장애 학생을 위한 특수교육의 역사상 가장 최근의 시기를 시작하는 것으로 나타났다(Council for Exceptional Children, 2002). 위원회의 주요 활동은 [도움상자 1-2]에 제시되어 있다.

위원회는 활동을 통해 발견한 사실을 토대로 특수교육과정에 광대하고 전반적인 변화를 제안하였고 이러한 변화의 상당 부분은 2004년 12월에 부시 대통령의 승인을 받아 개정된 장애인교육법 개정안(reauthorization of the Individuals with

●●●● 도움상자 1-2

▶ **특수교육 특별위원회 보고서**

- **보고 1**: 장애인교육법(IDEA)은 일반적으로 장애 아동을 위한 기본적인 법적 안전장치로서 작용한다. 그러나 최근의 체제는 종종 결과보다 절차, 학생의 성취, 장점이나 성과보다 관료적 순응을 우선시하고 있다. 이 법령은 아동, 부모, 지역 교육청 그리고 주 교육청에 이르기까지 모두에게 복잡한 규칙, 지나친 문서 관련 업무, 증대되는 행정적 책임을 요구하고 있다. 특수교육 대상자가 된다는 것이 더욱 효과적인 교수법이나 강력한 중재를 향한 통로가 아닌 종점에 도달하는 듯한 일들이 지나치게 자주 발생한다.
- **보고 2**: 최근의 체제는 예방과 중재를 위한 방법이 아니고 아동이 실패하기를 기다리는(wait to fail) 낙후된 모델이다. 예방, 학습과 행동문제에 대한 초기의 정확한 진단, 연구를 바탕으로 한 과감한 중재방법 등에 대한 강조가 거의 없다. 즉, 장애 학생들은 일찍 도움을 받기 시작할수록 교육이 효과적일 수 있는데 이렇게 가장 효과적일 수 있는 초기 도움을 받지 못하고 있다. 특수교육은 일반교육에서 제공되는 강력하고 적절한 교수법과 교수방법에 반응을 보이지 않는 대상에게 제공되어야 한다.
- **보고 3**: 특수교육 대상아동은 우선적으로 일반교육 현장에 속해 있어야 한다. 이러한 기본적인 사실에도 불구하고 교사나 정책가들은 두 체제를 별개로 생각하고 특수교육의 비용을 결과로서 생기는 추가적인 부가 서비스가 아닌 별도 프로그램으로 계산한다. 이러한 체제에서 장애 아동은 일반교육 안에서 특별한 교수적 필요를 충족시키기 위해 과학적인 접근에 의해 지원을 받는 아동으로 취급받는 것이 아니라 별도의 비용을 들여야 하는 존재로 취급받게 된다. 이는 모든 가능한 학습지원 자원을 공동 관리하지 못하도록 함으로써 잘못된 진단과 학문적 고립을 촉진시키게 된다. 일반교육과 특수교육은 장애 아동에 대한 책임을 공유한다. 둘은 비용, 교육 혹은 진단을 포함해 어느 수준에서도 별개가 아니다.
- **보고 4**: 아동이 특수교육 안에서 성취를 하지 못하면 부모에게 적절한 다른 선택방법이나 자원이 없다. 부모는 자식에게 가장 좋은 도움을 주기 원하지만 교육체제 안에서 실패하면 종종 자식들에게 부모로서의 자격이 없다고 느끼게 된다.
- **보고 5**: 공교육의 첫 번째 사명인 모든 아동을 교육한다는 사실을 지나치게 전용하여 소송의 압박을 느끼게 되면 법을 준수하는 문화가 생겨나곤 한다.
- **보고 6**: 최근에 사용되는 장애 아동 진단방법의 대부분은 낮은 신뢰도를 보인다. 결과적으로 매년 많은 수의 아동이 조기에 진단받거나 아예 진단받지 못하는 동안 수천 명의 아동은 잘못된 장애진단을 받고 있다.
- **보고 7**: 장애 아동에게는 높은 수준의 자격을 갖춘 교사가 필요하다. 교사, 부모, 교육 관계자들은 이 아동을 위한 지원의 필요와 관련하여 더 나은 준비, 지원, 전문적 발달을 희망한다. 다수의 교육자들은 학급에 들어가기 전에 더 나은 준비를 하고 초기의 정확한 진단을 위한 더 나은 도구를 얻을 수 있기를 희망한다.
- **보고 8**: 특수교육 관련 연구에는 강력한 엄정성과 아동, 교육자, 부모의 필요를 지원하기 위한 장기간의 조정이 필수적이다. 그런데 최근의 체제는 항상 검증된 방법을 수용하거나 적용하는 것은 아니다.
- **보고 9**: 최근의 법과 행정 체제에서 관심을 보이는 것은 학문적 성취나 사회적 성과가 아닌 지나치게 많은 장애 아동의 실패다. 장애인교육법의 전환 서비스 조항에도 불구하고 고등학교를 성공적으로 졸업하거나 졸업 후 정규 직장으로의 전이에 성공하는 아동은 거의 없다. 부모들은 교육체계가 아동의 학교 이후의 필요에 초점을 맞춰서 그것을 지향하기를 희망한다.

Disabilities Education Act: IDEA)에 반영되었다. 이 법은 종종 장애인교육개선법(Individuals with Disabilities Education Improvement Act or IDEIA of 2004)으로 불리기도 하지만 이 교재에서는 장애인교육법(IDEA)으로 지칭하겠다. 이 개정안에는 다양한 변화가 포함되어 있는데, 그중 학습장애 관계자들에게 가장 중요한 것은 '학습장애' 정의의 수정과 학습장애 여부를 결정하는 평가 절차에 관한 내용이다.

'학습장애'의 정의는 학교 교육청에서 아동의 학습장애를 증명하기 위해 다른 평가 절차를 사용할 수 있도록 수정되었다. 최근까지 지역 교육청(school district)은 아동의 지능과 학업 성적 사이의 불일치 정도로 학습장애 여부를 결정하였다. 그러나 이러한 '불일치 절차'는 5장에서 설명하고 있는 여러 이유로 비판을 받아왔다. 장애인교육법(IDEA 2004)의 개정과 더불어 연방정부는 중재에 대한 반응(response to intervention: RTI) 절차를 사용하여 학생의 학습장애를 증명하도록 권장하고 있다(Batsche et al., 2004; Fuchs, Fuchs, & Compton, 2004; Mellard, Deshler, & Barth, 2004; Mellard, Byrd, Johnson, Tollefson, & Boesche, 2004; NJCLD, 2005). 이 수정안과 관련된 특정한 두 부분은 다음과 같다.

> 지역 교육청(즉, 지방 교육청, 학교 또는 학교 교육청)은 아동이 성취 수준과 구어적 표현, 듣기이해, 쓰기표현, 기본 읽기 기술, 읽기이해, 수학적 계산 또는 수학적 추론과 관련된 지적 능력 사이에 심각한 불일치를 보이는가를 고려하도록 강요해서는 안 된다.
>
> 지역 교육청은 평가 절차의 일부분으로 아동이 과학적이고 연구에 의해 검증된 교수법에 반응을 보이는가의 여부를 확인하여 결정하는 절차를 사용할 수 있다.

따라서 학교 교육청은 아동의 학습장애 여부를 판단하기 위해서는 불일치 절차 대신 아동이 교수적 중재에 어떻게 반응하는가에 대한 증거를 사용해야 한다. 즉, 과학적으로 검증된 교육과정에 의해 효과적인 교육을 받고도 개념 습득 수준이 향상되는 등 중재에 대해 긍정적인 반응을 보이지 않는다면(즉, 학업 성적이 향상되지 않으면) 아동은 잠재적인 학습장애의 가능성이 있다고 판단될 수 있다(Batsche et al., 2004; Fuchs, Fuchs, & Compton, 2004; NJCLD, 2005; McMaster, Fuchs, Fuchs, & Compton, 2005). 중재에 대한 반응으로 자격 여부를 결정하는 정확한 절차에 관해서는 아직도 명확하게 결정되지 못하고 많은 논의가 진행 중이며 중재에 대한 반응에 관한 구체적인 설명은 5장에 자세히 서술되어 있다. 여기서는 다음의 세 가지 사항에 관해서만 언급을 하고자 한다.

1. 특별위원회의 보고서와 장애인교육법(IDEA 2004)의 통과로 부활기는 새로운 국면을 맞이하였다.
2. 장애인교육법(IDEA 2004)의 개정으로 인해 최근 학습장애의 정의와 판별을 위한 평가 절차에 변화가 발생하고 있다.
3. 학습장애 분야에서 중재에 대한 반응 절차의 시행에 관한 논의는 계속될 것이다.

부활기 동안 개정된 장애인복지법(IDEA 2004)과 함께 통과된 연방법 중 하나로 학습장애 학생의 교육에 상당한 영향을 미친 것은 아동낙오방지법(No Child Left Behind Education Act)이다. 이 법은 2001년 부시 대통령의 승인을 얻어 공립학교의 모든 학생(장애 아동 포함)이 자신의 학습에 책임을 지고 2013~2014학년도까지 주정부 차원에서 제시한 교육적 기준에 도달할 것을 명령하고 있다(Simpson, LaCava, & Graner, 2004). 이를 위해 주와 학교 당국은 목표 달성을 위한 진전을 측정할 수 있는 기준과 그 외에 이 목표를 달성하기 위해 특히 '적절한 수준의 연간 진전(adequate yearly progress)'을 확인하기 위한 중간 기준을 세워야 한다. 이는 '적절한 수준의 연간목표 달성(meet AYP)' 이라고도 불린다. 말할 필요도 없이 연간목표 달성(meet AYP)은 실질적으로 미국 내 모든 학교의 핵심 논쟁점이 되었고 학습장애 학생에게 계속해서 부담이 되고 있다(Yell, Katsiyannas, & Shiner, 2006). 이 법은 또한 과학적으로 검증된 교육과정의 적용을 의무화하고 있는데, 이는 연방정부가 공식적으로 교사와 학교에 검증된 교육과정을 사용하도록 요구한 최초의 사례다. 이로 인해 학습장애 분야의 교사들은 교육에 어떤 읽기와 수학 교육과정을 사용해야 하는가를 고민하게 되었고 자신이 사용하는 교육과정에 대한 과학적 근거에 대해 확인하고 활발한 논의를 하게 되었다.

이러한 모든 요인은 학습장애 영역의 미래를 불확실하게 만들었다. 학습장애 분야에 관여하게 되면 반복적으로 동료와 행정가들 사이에 적절한 수준의 연간 진전에 대해 논의하는 것을 들을 수 있을 것이다. 더구나 학교에서 사용할 중재에 대한 반응(RTI) 평가 절차뿐 아니라 새로운 법에 의한 정의와 관련된 이슈에 대해서도 시대에 뒤떨어지지 않도록 적어도 앞으로 몇 년간은 관심을 갖고 지켜보아야 할 것이다(Fuchs, Fuchs, & Compton, 2004; Mellard, Deshler, & Barth, 2004; Mellard, Byrd, Johnson, Tollefson, & Boesche, 2004; NJCLD, 2005).

✻ 학습장애의 이론적 바탕

이론적 관점의 기능

앞서 언급했던 것처럼, 학습장애 역사상 많은 이론적 관점이 있어 왔으므로 누구나 그중 어떤 것이 옳은 것인지 궁금해할 것이다. 이에 답하기 위해서는 이론적 관점들의 전체적 기능에 대해 잘 알아야 할 필요가 있다. 실제로 학습장애에 관한 다양한 이론적 관점을 이해하려면 이론적 관점의 전체적 기능을 참고로 해야 한다. 즉, 이론이나 이론적 관점은 그 분야의 사고에 의미 있는 기여를 하는 몇 가지 기능을 하기 마련이고 다양한 관점은 이러한 기능을 얼마나 잘 수행하였는가 하는 것으로 평가받게 된다.

첫째, 관점은 대상으로 하고 있는 인구에 대한 정의를 내릴 수 있어야 한다. 이러한 정의는 쉬운 과제로 보일 수 있다. 그러나 동일 아동과 성인 집단에 대해 50개의 주정부가 각각 다른 정의를 내세우고 있는 상황이므로 특정 관점에 의해 제시되는 학습장애 정의는 그 관점을 평가하는 결정적인 요인이 될 수 있다.

정의를 내리는 것과 동시에 관점은 집단의 자격 조건을 명시해야 한다. 인지결함 관점이나 기본 심리과정적 관점의 대다수가 정의를 내리고 있으나, 이는 다른 장애 아동 집단과 학습장애 아동을 구분하는 데 크게 도움이 되지 못한다. 이러한 구분을 하는 것은 다양한 집단의 아동을 교육하거나 연구기금을 놓고 경쟁해야 하기 때문에 결정적인 부분이다. 따라서 이론이란 전문가들이 아동의 학습장애 여부를 상대적으로 판정하는 데 유용해야 한다.

다음으로 이론은 그 분야에 관한 연구문제를 제기할 수 있어야 한다. 과학적 가설을 제시하는 것이 힘들기 때문에 이론적 관점은 최소한 반박할 수 있는 연구문제를 제시할 수 있어야 한다. 예를 들어, 어떤 이론이 관찰이나 측정이 어려운 어떤 현상 때문에 학습이 일어난다고 주장한다면 그 주장은 증명될 수 없으므로 실천적인 차원에서 배제되어야 한다. 따라서 이론적 관점은 연구를 통해 증명될 수 있는 사실만 주장해야 한다. 이러한 주장이 연구를 통해 검증되고 반박할 수 없다고 인정받으면 그 제안은 정확한 것으로 인정받게 된다.

마지막으로 학습장애에 관한 관점이라면 반드시 의미 있는 교육적 방법에 대해 제안할 수 있어야 한다. 이는 특별히 고안된 프로그램에 들어가는 엄청난 비용을 고려할 때 반드시 특별하게 효과적이어야 한다. 다시 말하면, 제안된 교수법이 모든 학생들에게 효과적이라면 학습장애 학생을 위한 특별한 학급이나 특별한 교수법이라기보다 전체를 위한 통합 프로그램으로 제공되는 것이 바람직하다. 또한 제안된 교수법이 효과적임을 연구를 통해 입증해야 한다. 전문 치료사와 같은 교육 전문가들은 효과성을 입증받은 교육방법의 사용법에 대해 잘 알아야만 한다.

최근 이론에 대한 평가

주요 이론적 관점들과 이들의 네 가지 기능에 관해서는 [도움상자 1-3]에 설명되어 있고 관점들의 일반적인 장점과 단점이 기술되어 있다. 구성주의, 다중지능이론, 친화적 교수법과 같은 최근에 발생한 관점들은 학습장애 영역에서의 효과에 대해 검증하기에는 아직 이르므로 여기서 언급하지 않았다.

초기의 시각, 언어 그리고 신경학적 관점은 뇌나 중추신경계 기능이상을 학습문제의 원인으로 파악했다는 점에서 유사하다. 초기의 학습장애 정의는 이러한 관점에서 유래하였다. 그러나 이들 관점 간의 유사성은 다양한 분야의 이론가들이 학습장애 학생의 진단에 정의를 적용하면서 갈라지지 시작했다. 각 이론 집단에 의해 제안된 측정도구나 진단방법은 학습장애 아동을 일반아동과 구분하기 위한 적절한 기준을 만들어 내는 데 실패하였다(Hammill, 1993; Moats & Lyon, 1993). 따라서 이러한 관점들은 초기 학습장애 정의를 제안하는 데 기여하였으나 학습장애 학생의 진단을 위한 정확한 평가방법을 묘사하는 데는 비효율적이었다[도움상자 1-3]의 집단 자격을 부분 참조).

시지각적, 언어, 신경학적 관점은 초기 연구 분야에 영향을 미쳤지만 모두가 오늘날까지 영향을 미치는 것은 아니다. 일부 성공적인 결과를 보여 주었던 청각/언어적 결함 관점은 여전히 최근의 연구에도 지대한 영향을 보이고 있다. 그러나 시

도움상자 1-3

▶ **이론적 관점의 기능**

관점	정의	집단 자격	연구 지침*		교육방법
시각-운동	Yes	No	Yes	No	No
청각적 언어	Yes	No	Yes	Yes	No
신경학적	Yes	No	Yes	Yes	No
행동적	No	No	No	Yes	Yes
초인지적	Yes	No	No	Yes	Yes

* 첫 열은 초기(1950~1980년대) 연구에 관한 것이다. 두 번째 열은 관점이 학습장애 연구에 결정적 영향을 미쳤는가의 여부를 표시한 것이다.

지각적 관점에 의해 학습장애 아동의 학령기 인구를 파악하려는 연구는 거의 이루어지지 않고 있다. 의학적 기술의 발전으로 신경학적 과정에 대한 연구가 증가되기는 하였지만 현재 이러한 평가 절차에 의해 평가받는 학습장애 아동은 매우 드물다. 뇌 친화적 신경학적 연구에 대한 자세한 내용은 2장에 설명되어 있다.

마지막으로 신경학적 관점에 의한 약물치료를 제외하고 초기 관점 중 어느 하나도 학습장애 학생을 위한 결정적인 치료방법을 제시하지 못하고 있다. 치료방법을 제시하는 데 실패한 것이 1980년대와 1990년대에 이 관점들의 쇠퇴를 초래하는 데 다른 어떤 요인보다 크게 작용한 것으로 짐작된다.

1970년대의 가장 영향력 있는 관점은 행동주의적 관점인데, 이는 학습장애 학생의 학업적 진전에 관한 기록을 가능케 했기 때문이다. 행동주의를 지지하는 이론가들은 자신들이 제안한 방법의 효과를 증명해 보였고, 교사들은 교과목에 대한 개인지도와 기본기술 훈련을 학습장애 전문가의 적절한 역할이라고 받아들였다. 행동주의적 관점은 또한 토큰경제로부터 정밀교수에 이르기까지 다양한 교수전략의 효과에 대한 연구를 중요시하였다. 행동주의적 관점에 근거한 평가방법의 효과는 초기 관점들에 의해 제안된 평가방법의 우울한 실패와 비교할 때 상당히 긍정적이었다.

그러나 학습장애 학생인구의 정의와 집단 기준에 대한 우려는 행동주의적 관점도 결국 실패하게 만들었다. 이 분야의 이론가들은 학습장애 인구를 정의하기 위한 절차를 개발하려는 시도를 거부하였다. 많은 경우에 학습장애 학생을 위한 교수법은 낮은 성취를 보이는 모든 학생에게 제안되었고, 따라서 학습장애 아동을 진단하기 위한 필요는 한 걸음 비켜서게 되었다.

초인지적 관점의 성공은 이 관점에 의해 개발된 다수의 학습전략과 자기조절 기술에 대한 연구를 재음미하면서 나타났다. 연구는 일관되게 이러한 교수법의 효과를 입증하였고 지난 10여 년간 학습장애 연구에 가장 큰 영향력을 미치는 관점으로 인정받게 되었다(Bender, 2002; Commission, 2001). 또한 개발된 전략들은 학습장애 학생을 위한 학급에서 널리 사용되었다.

이러한 성공에도 불구하고 초인지적 관점은 학습장애 학생의 진단이나 중재에 관한 이슈를 적절하게 지적하지 않고 있다. 예를 들면, 낮은 성취나 경도 정신지체를 가진 모든 아동들도 학습장애 학생을 위해 개발된 학습전략을 사용한 교육을 받아야 한다고 주장한다. 만약 초인지 관점이 1980년대부터 누려온 학습장애 영역에서의 영향력을 계속 누리기 위해서는 이러한 문제들이 언급되어야 할 것이다.

✻ 최근 학습장애 정의의 구성요소

학습장애의 역사를 돌이켜 보면 지난 50년간 다양한 학습장애 정의가 제안되거나 수정되거나 혹은 거부되어 왔음을 알 수 있다. 앞서 언급된 정의의 변화를 보면 최근 통과된 장애인교육법(IDEA 2004)은 완전히 새로운 학습장애 정의를 제안하는 것은 아니고 기초적인 차원에서 학습장애 진단과정을 재정의한 것에 불과하다. 여전히 전통적인 학습장애 정의에서 변하지 않는 부분이 존재하고 있고(Reschly & Hosp, 2004) 최근 정의에도 그의 흔적은 남아 있다. 따라서 이러한 요소를 이해하는 것은 학습장애를 더 잘 이해하는 기회가 될 것이다. 이처럼 유지되고 있는 구성요소는 다음과 같다.

심리학적 처리과정 준거

학습장애 정의에 영향을 미친 초기 가설은 지각, 언어 혹은 인지적 장애가 개인의 학습을 방해한다는 것이다. 이러한 인지, 정신 혹은 심리적 과정에 대한 논의는 '지각' '집중' '감각통합' (즉, 몇 가지 감각—대부분 시각과 청각—에 의해 받아들인 정

보를 결합하는 능력) 등과 같은 개념을 포함한다. 이러한 과정을 총망라한 목록은 집계된 적이 없었고, 1977년 정의에서 연방정부는 이러한 과정을 측정하기 위한 준거를 밝히는 것을 거부하였다. Reschly와 Hosp(2004)는 49개 주에서 이러한 기본 심리학적 처리과정에 대한 측정을 주정부 차원의 학습장애 정의에 '포함'하고 있고 13개 주에서는 여전히 자격판별 과정에서 심리학적 과정에 대한 측정을 '요구'하고 있다고 밝혔다.

이러한 기본 심리학적 처리과정 측정은 이론가들 사이에서도 어떤 과정을 어느 정도까지 측정해야 하는가에 대해 동의가 이루어지지 않아 여전히 논란거리로 남아 있다(Hammill, 1993; Shaw et al., 1995). 또한 다양한 유형의 지각적 문제를 측정하는 데 사용되는 도구들이 진단의 목적으로 사용하기에 적절치 못하다는 지적도 있어 왔다(Shaw et al., 1995). 이러한 이유로 최근의 장애인교육법(IDEA 2004)에서는 이 측정문제에 관해 지적하지 않았고 특수교육 특별위원회(2001)는 학습장애를 정의 내리는 데 있어 이 요소에 대한 강조 부분을 삭제하였다.

배제 준거

연방 정의의 마지막 부분은 학습장애가 무엇인가를 설명하는 대신 학습장애가 아닌 것이 무엇인가를 설명하고 있다. 이는 빨간색을 정의하기 위해 빨간색이 아닌 것을 지적하는 것과 같다. 이러한 시도는 학습장애를 정의 내리는 데 심각한 문제를 초래할 수 있다. 그러나 배제 준거는 학습장애 정의에서 매우 일반적인 요소다. 일찍이 Strauss가 학습장애 학생을 위한 준거를 밝혔던 1920년대와 1930년대부터 장애에 대한 개념에 배제 조건에 관한 구절이 포함되어 있었다.

최근에는 이 구절이 확대되어 문화적으로 혜택을 받지 못한 혹은 행동장애를 가진 다수의 아동을 예로 들며 배제 대상에 포함시키고 있다. 이는 종종 다양한 장애 간 구분을 어렵게 하기 때문에 더욱 문제를 수반하게 된다(Commission, 2001). 예를 들면, 학습장애 아동과 행동장애 아동은 종종 유사한 행동을 보이는데 이 둘을 명백하게 구분 지을 수 있는 기준은 제안되지 않고 있다(Commission, 2001).

마지막으로 배제 준거는 다양한 다른 장애 조건과 학습장애 정의를 연결시켜 준다. 따라서 다른 장애의 진단에 변화가 생기면 학습장애 정의에도 영향을 미치게 된다. 초기 1970년대 정신지체 정의의 변화는 좋은 예다. 전통적인 정신지체 정의는 정신지체로 판별받기 위해서는 최소한 정상보다 IQ검사 점수가 1표준편차(SD) 이하여야 한다고 명시하고 있었고, 대다수의 검사에서 1표준편차 이하란 IQ 85 이하를 의미한다. '학습장애' 명칭이 만들어지자 IQ 85 이하라는 기준은 정신지체(retardation)의 개념이 되었고 그 당시 학습장애 정의의 배제 조항은 IQ 85 이하인 아동으로 결정되었다.

그러나 1973년부터 정신지체 정의는 정상보다 2표준편차 이하, 즉 IQ 70 이하로 정해졌다. 이 변화로 인해 많은 주에서 IQ 70~85 사이의 아동이 학습장애 학생을 위한 학급에 포함될 수 있는 자격을 얻게 되었으므로 이는 학습장애로 진단받는 아동의 유형에 영향을 미치게 되었다. 그러나 다른 주들은 IQ 85 이상인 경우만 학습장애로 진단받도록 학습장애 정의를 규정하여 적용하였다. 이는 상당한 혼란을 초래하였고 학습장애 정의에 배제 조항이 존재하는 한 이러한 혼란은 계속될 것이다.

더구나 IQ 70~85 사이의 아동의 대부분은 치료나 특수교육 서비스를 필요로 하는 수준으로서 정신지체는 분명히 아니지만 그렇다고 '학습장애'로서 서비스를 제공받을 수도 없는 실정이다. 이러한 학생들은 결국 자신들의 교육적 결함을 보충받을 수 있는 장소에 포함되기 위해 학습장애로 진단받게 된다. 물론 이러한 아동은 '진짜' 학습장애 아동을 위한 학교의 자원을 사용하게 된다. 이러한 '뒷거래식의 부정한' 정의적 다양성은 학습장애 아동과 성인을 진단하는 데 계속해서 약점으로 작용하게 되고, 다른 학습의 문제를 가진 아동과 학습장애 아동을 구분하는 데 실패를 초래하여 지속적으로 학습장애 영역을 위협하게 된다(Commission, 2001; Mather & Roberts, 1994; NJCLD, 2005).

불일치 준거

학습장애 학생이 기대하는 만큼 학습적 성취를 하지 못한다는 가설은 학습장애를 진단하기 위한 다양한 수학적 공식을 만들어 냈는데 이는 불일치(discrepancies)라 불린다. 이러한 불일치는 기본 IQ 평가로 측정되는 지능과 다양한 학문 영역의 성취 점수 간 차이로 나타낼 수 있다. 불일치 정도를 계산하는 다양한 과정에 대한 상세 정보는 5장에 설명되어 있다.

1976년 미국 교육부는 다른 요인으로 설명되지 않는 유형의 불일치를 학습장애의 유일한 유용한 지표라고 지정하였다. 또한 Chalfant(1985)는 특정 불일치 절차

를 학습장애의 증거라고 보고하였다. 1978년 학습장애협회는 불일치 공식의 사용을 단계적으로 금지할 것을 권장하였으나 대안적 방법을 제시하지는 못하였다.

2004년 현재 48개 주에서 지능과 성취 간 불일치 정도를 학습장애 근거의 한 조건으로 요구하고 있다(Reschly & Hosp, 2004). 또한 지능과 성취 간 불일치가 연방법에 의해 요구되고 있지는 않지만 연방법은 특별하게 이러한 불일치 준거의 사용을 금하고 있지는 않다. 따라서 이러한 불일치 절차는 앞으로도 일부 주에서 사용될 것이다.

그러나 최근의 연방법에서의 변화가 있기 전부터 이러한 불일치 정도를 측정하도록 요구하는 주에서조차 실제로 얼마나 자주 불일치 준거가 사용되는가에 관해서는 의문이 있어 왔다. 예를 들면, MacMillan, Gresham과 Bocian(1998)은 학교에서 지능과 성취 간 불일치를 종종 기록하지 않는다고 보고하였다. 그들은 사우스캘리포니아의 다섯 학군 내 학생 150명을 대상으로 한 연구에서 비록 캘리포니아 주의 학습장애 정의는 불일치 조항을 포함하고 있지만 학습장애로 진단받은 학생의 다수는 이 준거에 합당하지 않음을 밝혀냈다. 연구결과 학습장애로 구분되는 학생 61명 중 절반 이하(즉, 29명)만이 불일치 준거에 부합되었다. 이는 연구 대상이 된 서비스를 받는 아동의 50% 이상이 학습장애가 아니라는 것을 의미한다. 이 연구는 공립학교에서 사용하는 학습장애 정의는 다양한 유형의, 교육적 서비스를 필요로 하는 다수의 아동을 포함시켜 서비스를 제공하기 위한 비특정 범주(nonspecific category)로서 특수교육 특별위원회(2001)에 의해 지적되었던 문제라고 주장하였다.

필요한 서비스를 다수에게 제공하려는 교육자들의 열망은 존경할 만하지만 제한된 자원과 서비스의 효과를 약화시키기 때문에 다른 집단을 포함시키는 것은 학습장애 아동에게 이롭지 못하다. 학습장애 전문가로서 여러 아동 배치위원회에서 활동을 하게 되면 특정 아동과 관련해 이러한 문제들이 발생할 수 있을 것이고, 그런 경우 학습장애 아동과 다른 아이들을 위해 무엇이 바람직한가를 결정해야 할 것이다. 더구나 장애인교육법(IDEA 2004)에 의해 학습장애 정의가 수정되면서 자격 결정 시 불일치 준거를 사용하는 학교와 학군은 줄어들 전망이다.

✻ 이들은 누구인가

학습장애에 대한 정의가 계속 변화해 온 것이나 이 분야에 관계하는 전문가 집단의 수를 고려해 볼 때 학습장애 아동이 매우 이질적 집단임은 놀랄 만한 사실이 아니다. 이러한 이유로 학습장애 아동과 성인의 특성은 매우 모호하다고 여겨진다. 비록 일부 학습장애 아동과 성인이 [도움상자 1-4]에 제시되고 있는 일반적인 특성들을 보이지 않는 경우도 있지만 그중 일부는 학습장애 학생의 전형적인 특성으로 교사나 전문가에게 받아들여지고 있다(Kavale & Reese, 1992; McLeskey, 1992).

●●●● 도움상자 1-4

▶ 학습장애 학생의 일반적 특성

1. 학습장애는 여아보다 남아에게 더 자주 발생하며 대부분의 장애 학생을 위한 학급에는 남학생 수가 여학생 수의 3.4배 정도로 많다.
2. 대부분의 학생들은 3, 4학년 때 학습장애 진단을 받고 대다수가 계속해서 학습장애 학생을 위한 서비스를 제공받게 된다.
3. 아동의 인지적 능력과 읽기 성취도 간 불일치는 학습장애 학생의 90% 정도에서 나타나는 특성이다(Commission, 2001).
4. 대부분의 학습장애 학생은 읽기, 쓰기, 언어 활동에 어려움을 보이고 수학은 평균 정도의 능력을 보인다. 일부 학생은 읽기나 언어가 아닌 수학 학습장애를 겪기도 하지만 이들은 일반적이라기보다 예외적인 경우다.
5. 학습장애 학생은 종종 집중하지 못하고 공립학교 학급에서 쉽게 산만해지는 경향이 있다.
6. 학습장애 학생의 일부는 학교에서 과제 완수 시 자료를 정리한다거나 수업 준비물을 잘 챙기거나 시간을 잘 지키는 등 개인적 관리를 하는 데 어려움을 보이곤 한다.
7. 학습장애를 경험하는 어린 아동들의 경우 과잉행동을 보이거나 지나치게 자주 학급 안에서 돌아다니거나 불안해하는 경향이 있다. 이러한 문제는 의사의 진단에 따라 약을 복용하는 의학적 처치를 통해 해결될 수 있다.
8. 칠판의 글씨를 베껴 쓰거나 그 밖에 도안을 옮겨 그리는 활동에 어려움을 보이는 것은 학습장애 학생에게 종종 나타나는 현상이다.

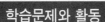

학습문제와 활동

1. 학습장애의 역사에 관한 과거의 교재와 이 책의 내용을 비교해 보라. 어떠한 차이가 있는가?
2. 여기서 소개한 정의를 비교해 보고 불일치하는 부분을 찾아보라. 어떤 이유로 이러한 차이가 발생한다고 생각하는가?
3. 다른 학자들이 제안한 역사적 시대에는 무엇이 있나? 역사적 시대에 대한 이 책의 분석과 비교해 보라.
4. 시지각-운동 이론가들과 언어 이론가의 역할을 맡아 학습장애의 본질에 관한 역할극을 통해 논쟁을 해 보자. 각 역할은 어떤 입장을 보여야 할까?
5. 이 장에서 제시한 사례 중 어떤 것이 언어 이론가들의 학습장애에 대한 관점을 대변하는가? 어떤 것이 시지각-운동 이론가들의 관점인가?
6. 우리나라의 학습장애 정의에 대한 교육과학기술부의 자료를 보고 이 장에서 소개하고 있는 정의와 비교해 보자. 학습장애 학생 정의의 어떤 요소를 포함하고 있고 어떤 진단방법을 적용하고 있는가?
7. 학습장애 분야의 탄생 초기 관점과 가장 최근의 관점은 서로 어떤 관계라고 생각되는가?
8. 학교심리학자들은 학습장애 관점을 어떻게 인식하고 있는가? 부모들은 어떻게 이해하고 있는가?
9. 학습문제를 가지고 학교의 교사나 또래들과 관계에 문제를 보이는 중등 학습장애 아동을 신중하게 인터뷰해 보자. 자신의 장애에 관해 대화할 때 어떤 관점을 나타내 보이는가?
10. 두뇌 친화적 학습 연구에 관한 정보를 살펴보고 최근의 연구와 초기 신경학적 이론의 차이를 설명해 보라.

참고문헌

Batsche, G., Elliott, J., Graden, J. L., Grimes, J., Kovaleski, J. F., Prasse, D., Reschly, D. J., Schrang, J., & Tilly, W. D. (2004). *Response to intervention: Policy considerations and implementation*. Alexandria, VA: National Association of State Directors of Special Education.

Bender, W. N. (2002). *Differentiating instruction for students with learning disabilities: Best teaching practices for general and special educators*. Thousand Oaks, CA: Corwin Press.

Bender, W. N. (1987). Inferred brain hemispheric preference and behavior of learning disabled students. *Perceptual and Motor Skills, 64,* 521–522.

Bender, W. N. (1985). Differential diagnosis based on the task related behavior of learning disabled low achieving adolescents. *Learning Disability Quarterly, 8*(4), 261–266.

Bender, W. N., Rosenkrans, C. B., & Crane, M. K. (1999). Stress, depression, and suicide among students with learning disabilities: Assessing the risk. *Learning Disability Quarterly, 22*(2), 143–156.

Campbell, B. (1994). *The multiple intelligences handbook: Lesson plans and more.* Stanwood, WA: Campbell & Associates.

Carlson, S. A. (1985). The ethical appropriateness of subject-matter tutoring for learning disabled adolescents. *Learning Disability Quarterly, 8,* 310–314.

Chalfant, J. C. (1985). Identifying learning disabled students: A summary of the national task force report. *Learning Disabilities Focus, 1*(1), 9–20.

Commission on Excellence in Special Education (2001). *Revitalizing special education for children and their families.* Available fromnits/commissionsboards/whspecialeducation.

Council for Exceptional Children (2002). Commission report calls for special education reform. *Today, 9*(3), 1–6.

Council for Learning Disabilities (1987). The CLD position statements. *Journal of Learning Disabilities, 20,* 349–350.

Cruickshank, W. M., Bentzen, F. A., Ratzeburg, R. H., & Tannhauser, M. T. (1961). *A teaching method for brain-injured and hyperative children.* Syracuse, NY: Syracuse University Press.

Deshler, D. D., Schumaker, J. B., Lenz, B. K., & Ellis, E. S. (1984). Academic and cognitive interventions for LD adolescents: Part II. *Journal of Learning Disabilities, 17,* 170–187.

Eden, G. F., Stein, J. F., Wood, M. H., & Wood, F. B. (1995). Verbal and visual problems in reading disability. *Journal of Learning Disabilities, 28,* 272–290.

Elias, M. J. (2004). The connection between social-emotional learning and learning disabilities: Implications for practice. *Learning Disability Quarterly, 27*(1), 53–62.

Fuchs, D., Fuchs, L. S., & Compton, D. L. (2004). Identifying reading disabilities by responsiveness-to-instruction: Specifying measures and criteria. *Learning Disability Quarterly, 27*(4), 216–229.

Gardner, H. (1983). *Frames of mind: The theory of multiple intelligences.* New York: Basic Books.

Gardner, H. (1993). *Multiple intelligences: The theory in practice.* New York: Basic

Books.

Hallahan, D. P. (1992). Some thoughts on why the prevalence of learning disabilities has increased. *Journal of Learning Disabilities, 25*, 523-528.

Hallahan, D. P., & Sapona, R. (1983). Self-monitoring of attention with learning disabled children: Past research and current issues. *Journal of Learning Disabilities, 16,* 616-620.

Hammill, D. D. (1990). On defining learning disabilities: An emerging consensus. *Journal of Learning Disabilities, 23,* 74-84.

Hammill, D. D. (1993). A brief look at the learning disabilities movement in the United States. *Journal of Learning Disabilities, 26,* 295-310.

Hearne, D., & Stone, S. (1995). Multiple intelligences and underachievement: Lessons from individuals with leaning disabilities. *Journal of Learning Disabilities, 28*, 439-448.

Hynd, G. W., Marshall, R., & Gonzalez, J. C. (1991). Learning disabilities and presumed central nervous system dysfunction. *Learning Disability Quarterly, 14,* 283-296.

Jensen, E. (1995). *The learning brain*. Del Mar, CA: Turning Point.

Kavale, K. A., & Forness, S. R. (1986). School learning, time and learning disabilities: The disassociated learner. *Journal of Learning Dsiabilities, 19,* 130-138.

Kavale, K. A., & Reese, J. H. (1992). The character of learning disabilities: An Iowa profile. *Learning Disability Quarterly, 15,* 74-94.

Kirk, S. A. (1988). *Historical aspects of learning disabilities.* Unpublished paper of keynote speech, delivered at Rutgers University.

Kirk, S. A., McCarthy, J. J., & Krik, W. D. (1968). *The Illinois test of psycholinguistic abilities*. Urbana, IL: University of Illinois Press.

Leonard, C. M. (2001). Imaging brain structure in children: Differentiating language disability and reading disability. *Learning Disability Quarterly, 24*, 141-157.

Liddell, G. A., & Rasmussen, C. (2005). Memory profile of children with nonverbal learning disability. *Learning Disabilities Research, 20* (3), 137-141.

MacMillan, D. L., Gresham, R. M., & Bocian, K. M. (1998). Discrepancy between definitions of learning disabilities and school practices: An empirical investigation. *Journal of Learning Disabilities, 31*, 314-326.

Magiera, K., & Zigmond, N. (2005). Co-teaching in middle school classrooms under routine conditions: Does the instructional experience differ for students with disabilities in co-taught and solo-taught classes? *Learning Disabilities Research, 20*(2), 79-85.

Mather, N., & Roberts, R. (1994). Learning disabilities: A field in danger of extinction? *Learning Disabilities Research and Practice, 9*(1), 49-58.

McLeskey, J. (1992). Students with learning disabilities at primary, intermediate, and secondary grade levels: Identification and characteristics. *Learning Disability Quarterly, 15,* 13–19.

McMaster, K. L., Fuchs, D., Fuchs, L. S., & Compton, D. L. (2005). Responding to nonresponders: An experimental field trial of identification and intervention methods. *Exceptional Children, 71*(4), 445–463.

Mellard, D. F., Byrd, S. E., Johnson, E., Tollefson, J. M., & Boesche, L. (2004). Foundations and research on identifying model responsiveness-to-intervention sites. *Learning Disability Quarterly, 27*(4), 243–256.

Mellard, D. F., Deshler, D. D., & Barth, A. (2004). LD identifications: It's not simply a matter of building a better mousetrap. *Learning Disability Quarterly, 27*(4), 229–242.

Moats, L. C., & Lyon, G. R. (1993). Learning disabilities in the United States: Advocacy, science, and the future of the field. *Journal of Learning Disabilities, 26,* 282–294.

National Joint Committee on Learning Disabilities (NJCLD) (2005). Responsiveness to intervention and learning disabilities: A report prepared by the National Joint Committee on Learning Disabilities. *Learning Disability Quarterly, 28*(4), 249–260.

National Reading Panel (2000). *Teaching children to read: A report from the National Panel.* Washington, DC: U.S. Government Printing Office.

Orton, S. (1937). *Reading, writing, and speech problems in children.* New York: Norton.

Poplin, M. S. (1988). Holistic/constructivist principles of the teaching/learning process: Implications for the field of learning disabilities. *Journal of Learning Disabilities, 21,* 401–416.

Reid, D. K., & Button, L. J. (1995). Anna's story: Narratives of personal experience about being labeled learning disabled. *Journal of Learning Disabilities, 28,* 602–614.

Reschly, D. J., & Hosp, J. L. (2004). State SLD identification policies and practices. *Learning Disability Quarterly, 27*(4), 197–213.

Shaw, S. F., Cullen, J. P., McGuire, J. M., & Brinckerhoff, L. C. (1995). Operationalizing a definition of learning disabilities. *Journal of Learning Disabilities, 28,* 586–597.

Shaywitz, S. E., & Shaywitz, B. A. (2006). Reading disability and the brain. *Educating Exceptional Children: 2005/2006.* Dubuque, IA: McGraw-Hill.

Siegel, L. S. (1999). Issues in the definition and diagnosis of learning disabilities: A perspective on *Guckenberger v. Boston University. Journal of Learning Disabilities, 32,* 304–319.

Simpson, R. L., LaCava, P. G., & Graner, P. S. (2004). The No Child Left Behind Act:

Challenges and implications for educators. *Intervention in School and Clinic, 40*(2), 67-75.

Sousa, D. A. (1995). *How the brain leaners: A classroom teacher's guide.* Reston, VA: National Association of Secondary School Principals.

Sousa, D. A. (2001). *How the special needs brain learns.* Thousand Oaks, CA: Corwin Press.

Stanford, P. (2003). Multiple intelligence for every classroom. *Intervention in School and Clinic, 39*(2), 81-86.

Stanovich, K. E. (1999). The sociopsychometrics of learning disabilities. *Journal of Learning Disabilities, 32,* 350-361.

Strauss, A. A., & Kephart, N. C. (1955). *Psychopathology and education of the brain-injured child: Vol. 2. Progress in the theory and clinic.* New York: Grune & Stratton.

Swanson, H. L. (1999). Cognition and learning disabilities. In W. N. Bender (Ed.), *Professional issues in learning disabilities* (pp. 415-460). Austin, TX: ProEd.

Sylwester, R. (1995). *A celebration of neurons: An educator's guide to the human brain.* Alexandria, VA: Association for Supervision and Curriculum Development.

Tomasi, S. F., & Weinberg, S. L. (1999). Classifying children as LD: An analysis of current practice in an urban setting. *Learning Disability Quarterly, 22,* 31-42.

Tomlinson, C. (1999). *The differentiated classroom: Responding to the needs of all learners.* Alexandria, VA: Association for Supervision and Curriculum Development.

Torgesen, J. K. (1975). Problems and prospects in the study of learning disabilities. In E. M. Hetherington & O. Hagen (Eds.), *Review of child development research, Vol. 5.* Chicago: University of Chicago Press.

Torgesen, J. K. (1977). The role of non-specific factors in the task performance of learning disabled children: A theoretical assessment. *Journal of Learning Disabilities, 10,* 27-35.

Torgesen, J. K. (1980). The use of efficient task strategies by learning disabled children: Conceptual and educational implications. *Journal of Learning Disabilities, 13,* 364-371.

Torgesen, J. K., & Licht, B. G. (1983). The learning disabled child as an inactive learner: Retrospect and prospects. In J. D. McKinney & L. Feagans (Eds.), *Current topics in learning disabilities, Vol. 1.* Norwood, NJ: Ablex.

U.S. Office of Education (1977). Assistance to states for education of handicapped children: Procedures for evaluating specific learning disabilities. *Federal Register, 42,* 65082-65085.

Vaughn, S., & Linan-Thompson, S. (2003). What is special about special education for students with learning disabilities? *Journal of Special Education, 37*(3), 140-147.

Weistein, J. A. (1994). Growing up learning disabled. *Journal of Learning Disabilities, 27,* 142-143.

White, O. R. (1986). Precision teaching+Precision learning. *Exceptional Children, 52,* 522-534.

Will, M. (1986). *Educating students with learning problems: A shared responsibility.* Washington, DC: U.S. Department of Education.

Will, M. (1988). Educating students with learning problems and the changing role of the school psychologists. *School Psychology Review, 17,* 476-478.

Yell, M. L., Katsiyannas, A., & Shiner, J. G. (2006). The No Child Left Behind Act, adequate yearly progress, and students with disabilities. *Teaching Exceptional Children, 38*(4), 32-39.

Zigmond, N. (2003). Where should students with disabilities receive special education services? Is one place better than another? *Journal of Special Education, 37*(3), 193-199.

학습목표

1. 학습장애 분야에서 의학과 관련된 논쟁점을 구분할 수 있다.
2. 의학적 모델과 교육적 모델을 비교 · 대조할 수 있다.
3. 학습장애의 의학 분야에 기초한 원인을 찾아보고 이를 설명할 수 있다.
4. 학습장애의 유전적 원인과 생화학적 원인에 대해 토의할 수 있다.
5. 평가를 위한 새로운 의료 기술에 대해 설명할 수 있다.
6. 행동통제를 위한 약물에 기초한 처치 접근법을 설명할 수 있다.
7. 중추신경계의 기본 구조를 설명할 수 있다.
8. 주의력결핍 과잉행동장애에 대해 설명할 수 있다.

핵심어

중추신경계(CNS)
뉴런
수상돌기
축색돌기
신경전달물질
소뇌
대뇌
국소화
뇌 반구 특성화
측두엽
전두엽
두정엽
후두엽
NLD
BPPD
기형 유발요인
태아알코올증후군(FAS)
DSM-IV
주의력결핍 과잉행동장애(ADHD)
DSM-V
공존성
뇌신경
CAT 스캔
PET 스캔
자기공명영상(MRI)
기능적 MRI(fMRI)

학습장애의 의학적 측면

이 장의 개관

✻ 서론

학습장애라는 분야의 시작은 의학이었으며 의학 분야와 학습장애는 다양한 관련성을 갖고 있다. 첫째, 의학은 특수교육 분야 전체에 큰 영향을 미쳤다. 예를 들어, 특수교육 서비스를 국가적으로 촉진시킨 법안은 아동 개인의 개별화교육 프로그램의 일부로 의학적 정보를 포함하도록 하고 있다. 또한 '교육 문제' 와 '처치 접근법의 개별 진단' 과 같은 용어는 의학에 기원을 두고 있다.

둘째, 일부 학생들에게는 의학적 정보가 학습장애를 판별하는 데 있어 매우 중요한 역할을 하기도 한다. 1장의 학습장애 정의에서 살펴본 것과 같이, 학습장애 학생을 판별하는 데 시각적 결함과 청각적 문제와 같은 의학적 요인은 배제되어야 한다. 교사는 학생이 직면할 수 있는 다양한 유형의 의학적 정보를 다루기 위하여 학습장애 분야에 있어 의학이 기여한 바에 대해 이해하고 있어야 한다.

마지막으로 학습장애를 위한 수많은 의학적인 처치가 제안되었다. 이러한 처치법 중 일부는 논란의 여지가 상당하고, 지금은 지지를 많이 받고 있지는 못하나 실증 연구에서 효과성이 입증되어 자주 사용되는 처치법이 있다. 과잉행동을 감소시키기 위한 약물중재가 그 예다.

이 장에서는 학습장애의 의학적 배경에 대한 정보를 제시한다. 첫째, 이 장을 이해하기 위한 배경으로 학습장애에 대한 의학적 접근과 교육적 접근의 방법을 비교하고 그 후 뇌와 중추신경계에 대해 논의한다. 그리고 의학 연구가 학습장애 분야에 영향을 미친 세 가지 영역인 생태학적 관점, 평가, 중재에 대해 다룬다.

✻ 의학적 모델과 교육적 모델

학습장애 아동을 연구하는 의학 분야의 임상 전문가들은 교육자와는 다른 접근 방식을 사용한다. 교육자들이 어떤 자료를 완전 숙달시키고자 하는 학습환경의 유형을 찾는 데 관심을 갖는다면, 의학 모델은 아동의 장애에 큰 관심을 갖는다. 의학 기반의 임상 전문가들은 아동의 중추신경계 이상을 찾고자 하고, 교육자들은 아동이 교육적 환경과 상호작용하는 방법에서 문제를 찾는 경향이 있다. 교육자는 환경을 교정하는 방식을 강조하기 때문에 이러한 교육 모델에 사용되는 용어는 '생태학적 모델' 이다. 이 용어는 아동과 학습환경 사이의 관계에 대해 교육자들이 가지는 관심을 나타내고 있다. 이러한 관심은 유기체와 환경 간의 상호작용에 관심을 갖는 생태학자의 그것과 유사하다. 생태학적 모델을 대신하여 학습이 발생하는 맥락을 강조하는 '맥락주의자적 관점' 이란 용어를 사용하기도 한다. 문제가 발생하면 교사는 학생이 더 성공적으로 반응할 수 있는 교수 접근법을 찾고, 임상 전문가는 학습 결손을 경감시킬 수 있는 약물 처치법을 찾는다.

이상의 설명이 두 접근법 간의 차이를 좀 과도하게 단순화시킨 면이 없지 않지만, 두 접근법 간 관점의 차이는 두 분야의 전문가들이 의사소통을 하고자 할 때 문제를 일으키기도 한다. [도움상자 2-1]에는 의학적 모델과 교육적 모델 간의 주요한 차이점이 간단히 정리되어 있다.

부시 대통령 집권기에 특수교육을 다시 활성화하고자 하는 노력이 진행되었는데(Commission on Excellence in Special Education, 2001; NJCLD, 2005), 이러한 노

●●●● 도움상자 2-1

▶ 의학적 모델과 교육적 모델

의학적 모델과 교육적 모델이 가진 기본 가정과 교수적 접근법의 유형을 비교하였다. 이러한 비교는 다소 과도하게 단순화되기는 하였으나 두 접근법 간에 차이가 있음을 보여준다.

관점	의학적 모델	교육적 모델
원인론	아동의 생물학적 구성과 중추신경계 구성에 원인을 둔다. 이러한 인식은 교육적 처치를 제한한다.	학습자와 환경 간의 상호작용에서 원인을 찾고자 한다.
용어	임상에 기초한 용어를 사용하는 경향이 있다.	좀 더 교육적 관련성이 깊은 용어를 사용한다.
평가	아동의 장애명을 찾기 위해 평가한다.	아동을 가르치는 데 도움이 주기 위해 평가를 한다.
처치	과잉행동과 주의집중 문제를 다루기 위해 약물 처치를 사용하는 경향이 있다.	행동강화 프로그램을 사용하는 경향이 있다.

력을 통해 교육적 모델이 진일보할 수 있는 계기가 마련되었다. 예를 들어, 교육적 모델의 진일보란 학생이 학습장애로 진단을 받을 때까지 읽기나 수학에서 실패하기를 기다리고 있는 것이 아니라 교육적 성과에 집중하고 학교에서의 어려움을 예방할 수 있는 모델을 개발하는 것이다(중재에 대한 반응과 관련된 새로운 방법에 대한 정보는 5장에서 찾아볼 수 있다.). 교육적 접근법은 2004년 IDEA 개정안을 바탕으로 다시 활성화될 가능성이 높으며, 학생을 학습장애뿐 아니라 다른 장애로 판별하는 방법에서도 상당한 변화를 가져올 수 있을 것이다. 이와 같은 노력의 결과로 최소한 학교와 관련된 학습문제와 교사가 학생이 그 문제를 교정할 수 있도록 어떻게 도와줄 수 있는지에 초점을 맞추고 학습장애 분야가 시작된 초기에 팽배해 있던 의학적 모델에서부터 좀 더 멀리 벗어나게 될 것이다.

✻ 학습과 신경계

학습은 **중추신경계(CNS)**—뇌와 척추—로 구성된 몸 속 신경의 기능이다. 이 체계는 실제 정보를 전달하는 여러 가지의 전기화학적 신호가 소통하는 체계다. 부분적이지만 중추신경계에 대하여 이해하고 있으면 의학 분야에 기초한 학습장애의 처치방법을 이해하는 데 도움이 될 것이다(Leonard, 2001; Shaywitz & Shaywitz, 2006).

뉴런

중추신경계의 기본 단위는 신경세포 혹은 **뉴런**(*neuron*)이다. [그림 2-1]은 여러 개의 뉴런이 연결된 도식이다. 뉴런은 다른 뉴런으로부터 전기 충격에 매우 복잡한 방식으로 반응하는 화학적이고 전기적인 시스템이다. 처음에 뉴런의 감각 탐지기인 **수상돌기**(*dendrites*)로 다른 뉴런에서 오는 화학적 전달물질을 감지하고 세포를 활성화시킨다. 전기 충격이 형성되어 세포를 통해 이동하면 결국에는 세포의 긴 줄기가 되는 **축색돌기**(*axon*)로 내려가 주변 신경세포를 활성화하게 된다(Sousa, 1995).

수상돌기는 그 수가 매우 많으며, 전기 충격에 의해 통제가 되는 화학물질의 생산을 담당하는 복잡한 화학적 시스템을 통해 하나의 뉴런이 다른 수많은 뉴런과

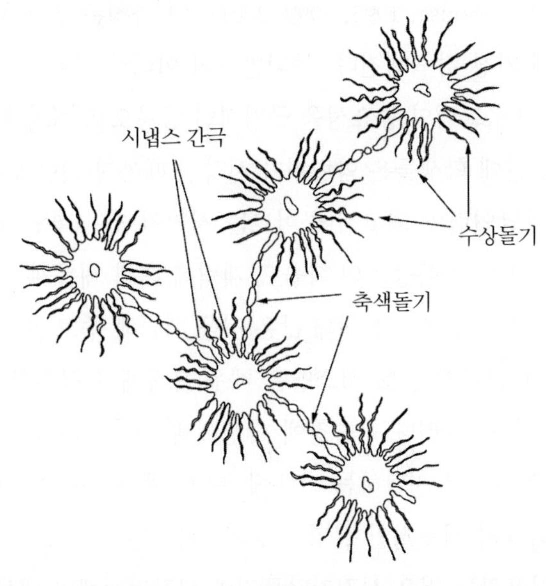

[그림 2-1] 뉴런 5개

연결된다. 하나의 세포가 가진 수상돌기와 다른 세포의 축색돌기는 사실 서로 접촉하는 것은 아니라는 것을 명심하자. 이 둘 사이의 공간을 '시냅스 간극(*synaptic gap*)' 이라고 부른다. 전기 충격이 시냅스 간극에 도달하게 되면 신경전달물질(*neurotransmitters*)이라고 불리는 일단의 화학물질이 나오게 된다. 도파민(dopamine), 노르에피네프린(norepinephrine, 부신수질 호르몬—역자 주), 아세틸콜린(acetylcholine)은 지난 50여 년간 언론에서 자주 언급되어 온 신경전달물질이다. 다시 말하면, 이러한 신경전달물질은 다른 뉴런의 축색돌기를 흥분시키는 역할을 한다. 그러나 모든 메시지가 시냅스 간극을 통과하는 것은 아닌데, 시냅스 간극에서 나오는 것이 간혹 전기 충격을 방해할 수 있는 전혀 다른 화학물질이기 때문이다. 이를 '신경억제제' 라고 부른다.

학습은 뉴런 사이에서 만들어진 연결체에 의존한다. 이에 대한 증거는 뇌 친화적 학습 관련 문헌에서 많이 찾아볼 수 있는데, 거기서 우리는 뉴런이 아동 두뇌에서 성인의 그것에 비해 훨씬 더 많은 연결을 만들어 내고 있다는 것을 유추할 수 있다(Sousa, 1995). 또한 어린 시기에 아동이 풍부한 환경을 경험할수록 뉴런 사이에 더 많은 연결이 이루어진다고 한다. 시간의 흐름에 따라 두뇌가 유용하다고 판단한 뉴런 간의 연결은 더 강력해지고 분명해지는 반면에 자주 사용하지 않은 연결은 점차 사라지게 된다(Sousa, 1995, 1999, 2001). 이 과정은 일생을 거쳐 계속되지만 2~11세 사이에 가장 강력해진다. 두뇌발달의 이러한 패턴은 조기에 실시하는 교육 및 환경 강화 프로그램의 중요성을 긍정적인 방향으로 지지하고 있다. 안타깝게도 대다수의 학습장애 학생들은 학령기가 시작될 때까지 진단을 받지 않고, 많은 학생들이 이러한 발달연령의 최고점에 이르는 시기인 3~4학년이 되어서야 진단을 받는다. 그러나 더 어린 아동들의 학습 잠재력에 대해 새롭게 알려진 정보는 조기중재 프로그램의 연구적 근거에 대해 많은 것을 제공해 주고 있다.

뉴런 간의 화학적/전기적 신호 시스템은 매우 복잡해서 사실상 그 작용을 완전히 이해할 필요는 없다. 그러나 학습장애 학생에게 처방되는 상당수의 의학적 처치가 시냅스 간극에 정보를 전달하는 작용에 분명하게 영향을 미치기 때문에 교육자들은 뉴런 상호작용의 기초적인 설명 이상의 것을 알고 있어야 한다. 예를 들어, 다양한 자극제를 사용하는 것은 신경전달물질과 신경억제제의 생산에 영향을 미칠 수 있고 이는 과잉행동과 같은 교실 내 행동문제에 변화를 가져올 수도 있다(두뇌세포의 상호작용이 가진 이러한 역동성에 대한 상세한 설명은 Booth & Burman, 2001; Richard, 2001과 Sousa, 2001 참조).

또한 일부 연구자들은 이러한 신경전달물질에 영향을 미치는 생화학적 이상이 학습장애를 일으킬 가능성이 있다고 하였다(Shaywitz & Shaywitz, 2006). *Scientific America*와 같은 학술지에서 이 연구에 대한 최근 보고서를 접한 부모들은 이러한 정보에 대해 문의를 해 올 수 있다. 현재 연구는 계속 진행 중이지만 이러한 주장을 뒷받침할 만한 증거는 없다.

뇌

인간의 신체 중에서 뉴런에 가장 집중하는 것은 그것이 뇌 안에 있으며 대부분의 학습이 뇌에서 일어나기 때문이라는 것을 가정했을 때, 다양한 뇌 기능에 대한 연구는 학습장애 분야에 적합하다. [그림 2-2]는 뇌의 영역을 보여 주고 있다.

뇌는 크게 뇌간(brain stem), 소뇌(*cerebellum*), 대뇌(*cerebrum*)의 세 부분으로 나뉜다. 물론 각 영역은 다른 부분이나 영역으로 나뉠 수 있는데, 이러한 영역들 중 일부는 [그림 2-3]에 제시되어 있다. 그러나 뇌의 미세한 세부 영역 각각이 가진 복잡한 기능에 대해 이해하는 것은 여기에서는 필요치 않다. 다만 학습장애 분야 초

기에 나타났던 일부 이론을 이해하기 위해서는 뇌의 주요 부위에 대한 이해가 있어야 한다.

뇌간은 [그림 2-2]에서 보는 바와 같이 뇌의 가장 하단부에 해당된다. 이 부분은 발생학적 측면에서 본다면 인간의 뇌에서 가장 오래된 부분으로 몸의 생명유지 기

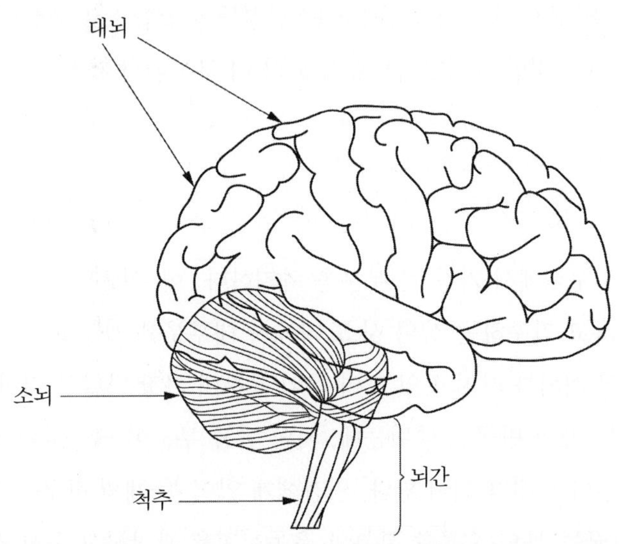

[그림 2-2] 인간의 두뇌

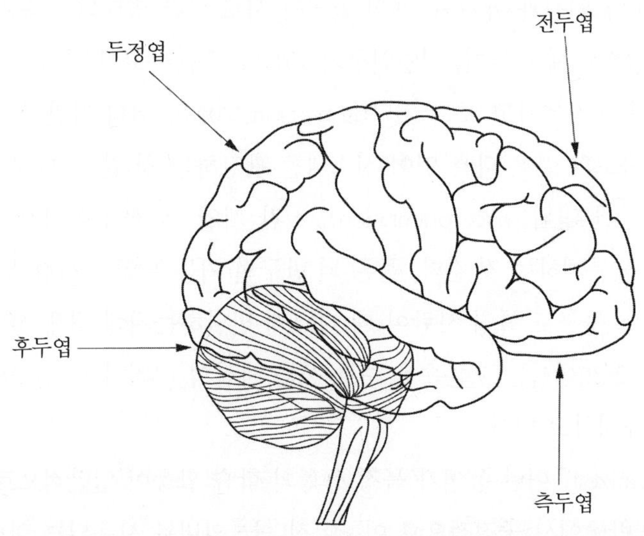

[그림 2-3] 뇌 반구

능을 담당한다. 뇌간의 다른 여러 부분은 심장박동과 호흡을 통제한다. 간혹 우연한 경우 측정 가능한 전기적인 두뇌 활동이 멈춰 뇌의 다른 부위가 '죽었다' 할지라도 이 부분은 계속해서 기능을 하여 사람이 숨쉬고 '살 수 있게' 해 준다. 얼굴로의 감각자극의 투입과 운동신경의 산출 역시 여기서 관장한다.

소뇌는 투입된 감각자극을 받아들이고 대부분의 운동 신경 시스템을 관장한다. 운동신경 시스템은 몸의 움직임을 관장하는 신경들의 집합으로 구성되어 있다. 그러므로 균형, 자세 움직임은 일반적으로 두뇌의 이 부분에서 관장한다.

대뇌

대뇌는 인간의 두뇌에서 가장 큰 부분을 차지한다. 이 부분은 우리가 인간의 주된 사고 기능이라고 간주하는 상위 사고 기능의 대부분을 관장한다. 모든 포유동물은 어떤 형태건 대뇌를 가지고 있고 이 두뇌 부분이 가장 발달한 것이 인간이다.

대뇌는 크게 두 개의 반구로 나뉘는데, 뇌의 위쪽 부분이 담당하는 활동은 학습장애의 여러 이론의 토대가 되어 왔다. 인간에게 있어 두 개의 반구는 서로 연결되어 있는데, 좌반구는 몸의 오른쪽 부분의 운동신경을 관장하고 우반구는 몸의 왼쪽 부분을 관장한다. 달리 말하면, 오른손을 움직이라는 두뇌의 신호는 대뇌의 좌반구에서 시작된다.

운동통제의 교차 연결과 함께 두 개의 반구는 서로 다른 형태의 학습과 두뇌 활동에 관련된 것 같다. 예를 들어, 성인인구의 90%의 경우 사고의 언어적 형태가 뇌의 좌반구로부터 시작된다고 보고 있다(Robertson, 2000). 뇌의 좌반구는 또한 수 읽기나 논리적 사고와 같은 다른 언어 시스템을 관장하는 것 같다. 대부분의 성인에게 우반구는 공간 정위(space orientation), 시간 계열, 시각적 이미징, 음악에서의 창의적 표현을 통제하는 것 같다. 물론 뇌 반구의 기능은 일부 사람에게는 반대로 나타나서 어느 누구도 특정 사람이 왜 다르게 발달하는지에 대해 설명하지 못한다. [도움상자 2-2]에서는 오른손을 주로 쓰는 사람의 대뇌의 두 반구와 관련된 기능의 유형을 제시하고 있다.

'국소화된(localized)' 이란 용어가 특정 유형의 학습 활동이 일반적으로 한 반구 혹은 그 반대편 반구에서 중점적으로 이루어진다는 의미로 사용되는 것을 들어본 적이 있을 것이다. 그래서 대부분의 사람에게 언어는 좌반구에서 국소화가 이루어

도움상자 2-2

▶두뇌 반구와 연관된 기능

좌반구	우반구
표현언어(말)	공간 정위
수용언어	간단한 언어이해
언어(일반적인)	비구어적 관념화
복잡한 운동 기능	그림과 패턴의 감지
경계	수행 관련 기능
연결성 학습	공간 통합
무의식과의 연결	창의적인 연합적 사고
관념화	얼굴 인지
개념적 유사성	소리 인지
시간적 분석	비구어적 연결성 학습
세부사항의 분석	촉각
수학	게슈탈트 지각
쓰기	그림처리
계산	직관적인 문제 해결
손가락 이름 말하기	정신적 경험
오른쪽-왼쪽의 방향 구분	유머
계열적 처리	동시적 처리

출처: 이 정보는 다양한 출처에서 수집된 것이나 주로 다음의 자료를 요약한 것이다. *Dyslexia: Neuropsychological Theory, Research, and Clinical Differentiation*, by G. W. Hynd & M. Cohen, 1983, New York: Grune & Stratton.

지는 반면에 공간 정위는 우반구에서 국소화되는 듯하다.

국소화(*localization*)의 과정은 생애 첫 2~3년 동안에 이루어진다. 7세 정도까지의 아동은 두 반구가 매우 비슷한 방식으로 반응하는 경향이 있고, 언어는 특정 연령이 지난 후에 한쪽 반구로 국소화된다. 만약 4세 아동이 뇌의 좌반구에 심각한 사고를 입어 고통받고 있다고 가정한다면 우반구는 어떤 측면에서 부담을 진 상태로 언어 사용을 학습한다. 그러나 성인(혹은 7세 이상의 아동)의 두뇌에 같은 종류의 사고가 생기게 되면 그 사람은 일생 동안 언어 결함으로 고통받을 수 있다.

학습장애 분야에서 초기 이론 중 최소 하나는 뇌의 특화 유형을 기초로 하고 있다. Orton(1937)은 인간이 원래 뇌 활동의 이러한 패턴이 이미 확립된 상태로 태어나지 않는다고 했다. Orton(1937)은 학습장애로 고통받는 아동들은 정상적인 대뇌 우세성 패턴이 발달하는 데 약간의 지체나 불완전성이 나타나기 때문에 읽기에서 어려움을 경험한다고 보았다. 예를 들어, 언어 기능이 10세가 되기까지 국소화가 되지 않는다면 두뇌 기능이 천천히 발달하는 아동은 읽기와 언어 문제로 고통받을 수 있다.

또한 편측성(laterality)의 개념은 방금 전에 설명한 뇌 반구 특성화(*hemispheric specialization*)에 기초하고 있다. 다양한 학습 영역에서 뇌 반구의 우세성이 발달되면서 이는 한때 쓰기에서 학생이 한 손만(주로 오른손)을 사용하는 선호도가 나타난다는 개념에 토대를 두고 상당한 영향력을 미치던 개념이었다. 만약 뇌 반구 우세성의 발달이 늦거나 지연된다면 어떤 손을 쓰기에 사용할 것인지를 결정하거나 한 페이지에서 다음 페이지로 넘어가면서 활자의 줄을 따라가는 데 어려움이 있는 학생들은 편측성의 혼란을 가져올 수 있다고 생각했다. 또한 편측성의 혼란은 읽기와 쓰기 관련 문제의 원인이 될 수 있다고 보았다. 그러나 이와 같은 초기 생각들은 신경생리학의 최근 연구결과와 상당 부분 대치되고 있다.

[그림 2-3]은 대뇌 반구의 한쪽 측면을 나타내고 있으며 네 개의 분리된 영역이 표시되어 있다. 두뇌의 각 반구는 이 영역들을 모두 포함하고 있다. 뇌의 앞쪽에서 뒤로 이동하면서 **측두엽**(temporal lobe)은 듣기와 청각적 기억을 관장한다. **전두엽**(frontal lobe)은 추상적 사고를 관장한다. **두정엽**(parietal lobe)은 다양한 신체 부위로부터 촉각적인 감각을 관장하며 **후두엽**(occipital lobe)은 시력과 시지각을 처리한다. 한 반구에서 엽(lobe) 영역 각각은 **뇌량**(corpus callosum)이라고 알려진 뇌의 중앙 부위 신경섬유 다발을 통해 반대쪽 뇌 반구의 유사한 엽과 소통한다. 어떤 측면에서는 두 반구가 서로 별개의 것으로 보이긴 하지만 실제로 대부분의 학습 과제에서 상호작용을 한다.

일반적인 대뇌 영역에 대하여 교사가 기본적인 수준이라도 이해를 하고 있으면 일부 학습문제를 이해하는 데 도움이 된다. 예를 들어, 두개골의 뒤쪽 아래 부분에 손상을 입은 아동은 후두엽에 부정적인 영향을 입을 수 있어 시지각 문제를 경험할 수 있다. 때때로 이는 학습장애로 이어질 수 있다. 또한 두뇌 스캔 관련 연구들을 통해 전두엽이 새로운 정보의 재생과 기억에 깊이 관여한다는 것이 알려져 있다(Sousa, 2001). 예를 들어, 새로운 사실이나 아이디어를 생각할 때 아동은 그것을 자주 고쳐 말하고 유사하지만 다른 사실이나 아이디어를 생각하려고 한다. 이러한 유

도움상자 2-3

▶ 학습장애의 하위 유형

Rourke와 동료들(Rourke, 2005; Rourke, Ahmad, Collins, Hayman-Abello, Hayman-Abello, & Warriner, 2002)은 새로이 개발된 두뇌 연구 기술을 사용하여 학습장애와 관련된 관점으로부터 다양한 두뇌 영상 기술이 진보되어 왔다고 설명하였다(Rourke, van der Vlugt, & Rourke, 2002). 역사적으로 학습장애가 판별하기 어려운 두뇌 기능장애에 기초한다는 가정이 있었고, 연구자들은 현대의 두뇌 연구 기술을 통해 비로소 이러한 미세뇌기능장애를 설명할 수 있다고 제안하고 있다(Rourke, 2005). 최근에 개발된 두뇌 스캔 기술은 이 장의 후반부에서 설명한다.

좀 더 자세히 말하면, 이 연구자들은 학습장애를 2개의 하위 유형인 비언어성 학습장애와 기초 음운처리장애로 분류한다.

비언어성 학습장애(nonverbal learning disabilities: NLD)

NLD는 다음과 같은 특징을 갖는다.

1. 단어 읽기/철자처리를 잘함
2. 사회적 상황에서 언어적 정보를 효율적으로 사용함
3. 4세 이후 장애 증상이 시작됨
4. 4세 이후 과도한 과잉행동이 나타남
5. 청소년기에 과잉행동이 감소함
6. 청소년기에 위축, 불안, 우울, 사회적 기술의 결함이 나타날 수 있음

기초 음운처리장애(basic phonological processing disabilities: BPPD)

BPPD는 다음과 같은 특징을 갖는다.

1. 단어 읽기/철자처리 기술이 미약함
2. 사회적 상황에서 언어적 정보보다 비언어적 정보를 더 효율적으로 사용함
3. 상대적으로 정상적인 사회성 발달과 행동을 보임

학습장애의 각 유형과 관련된 일반적인 특성은 학업 및 행동 수행에 있어 눈에 띨 만한 차이를 가져올 수도 있다. 예를 들어, NLD 학생의 철자 오류는 거의 항상 음성학적으로 정확하지만, BPPD 학생의 철자 오류는 종종 음성학적으로 부정확하다(Rourke, 2005). 이러한 결과에 기초해 보면 차별화된 교육적 중재가 필요하다고 볼 수 있다.

여기서 재미난 것은 다양한 장애(즉, 정신지체, 중도 정서장애) 중에서 학습장애만이 하위 유형으로 나뉘거나 묘사되어 있지 못하다. 예를 들어, 중도 정서장애는 교육적 상황에서 경도 행동장애와는 다르게 관리되어야 하고, 중도 정신지체는 경도 정신지체와는 다른 교육적 처치를 필요로 한다. 분명한 것은 학습장애 하위 유형과 관련된 연구는 학습장애에 대해 우리가 가진 이해의 지평을 확장시켜 주고 학습장애 분야의 교사들은 이 분야의 확장된 연구 결과를 읽는 데 있어 계속해서 주의를 기울이고 있어야 한다는 것이다.

형의 시연(rehearsal)에는 다양한 두뇌 영역이 개입되어 있지만 특히 전두엽이 깊이 관여하고 있다. 전두엽에서 행하는 작업 중 이상의 유형은 대개 유사한 방식으로 사실이나 아이디어를 시연하여 장기기억에서 향상을 이끈다. 분명한 것은 전두엽의 기능적 문제는 학습장애를 포함하여 다양한 학습문제를 이끌 수 있다는 것이다.

학습장애를 포함한 모든 학생과 관련된 대뇌 기능에 대한 연구는 계속 진행 중이고 대뇌 반구 간의 상호작용에 대해 좀 더 총체적인 사항이 알려지기 시작하고 있다(Galaburda, 2005; Plante, Ramage, & Magloire, 2006; Robertson, 2000; Shaywitz & Shaywitz, 2006). [도움상자 2-3]에는 두뇌 스캔 기술과 발전하는 의학 기술의 결과로 만들어진 읽기장애와 관련된 최신 이론이 제시되어 있다.

✻ 학습장애의 원인

앞서 이루어진 논의에서 우리는 몇 가지 의학적인 이론에 기초한 '병인론' 혹은 원인—즉, 학습장애를 일으키는 이유를 설명하려는 이론—에 대해 간단히 살펴보았다. 학습장애의 최초 연구 시기 이래로 의과학에 기초한 원인을 찾는 것은 이 분야 역사의 일부가 되었고, 이 분야의 관련 논쟁점을 이해하고자 하는 최근의 시도는 학습장애가 토대를 두고 있는 의학에 기초한 가정의 이해에서 시작되어야 한다. 여기에서는 학습장애의 의학적 원인이 될 만한 몇 가지를 다루고자 한다.

유전적 영향

학습장애를 일으킬 수 있는 유전적 영향에 대한 증거는 계속해서 늘어나고 있다(Galaburda, 2005; Wood & Grigorenko, 2001). Hallgren(1950)은 초창기 연구에서 276명의 아동을 살펴보고 그중 읽기와 언어 문제를 가진 아동을 판별하였다. 유전적 연계성이 읽기문제의 원인 중 하나로 제언되었다. Decker와 DeFries(1980, 1981)는 읽기장애를 가진 125명의 아동과 그 가족을 대상으로 일련의 연구를 시행하였고 읽기장애가 유전된다는 것을 밝혀내었다.

학습장애의 유전적 원인에 대한 증거는 '일란성 쌍생아 연구'에서 찾아볼 수 있다. 두 개의 난자에서 출현하여 서로 다른 유전적 정보를 가진 이란성 쌍생아와는 달리, 일란성 쌍생아는 동일한 난자에서 출현한다. 쌍생아 연구에서 보면 읽기문제는 두 명의 이란성 쌍생아보다는 일란성 쌍생아 두 명 모두에게서 나타날 가능성이 더 높다. 그러므로 이는 읽기문제의 유전적 원인을 보여 준다고 할 수 있다(Wood & Grigorenko, 2001).

2000년의 인간게놈 지도에서 살펴보면, 학습장애의 유전적 원인에 대한 연구는 증가 추세다(Wadsworth, Olson, Pennington, & DeFries, 2000; Wood & Grigorenko, 2001). 오늘날까지 유전자 중 일부는 특정 조건에서 난독증을 나타내는 유전적 표식을 찾는 데 사용되기도 한다. 특히 15번 유전자가 관련성을 가진 것으로 보고 있으나, 연구는 1, 2, 6, 13, 14번 유전자와 관련된 잠정적인 유전자 표식에 초점을 맞추고 있다(Raskind, 2001; Wood & Grigorenko, 2001).

또한 최근의 연구에 따르면 유전적 영향력은 읽기장애 사례의 약 50% 이상을 설명할 수 있으며, 정상 혹은 그 이상의 지능지수를 가지고 있는 학생만을 고려했을 때는 유전적 영향력이 사례의 75% 정도를 설명할 수 있다(Wadsworth et al., 2000). 이 연구는 의학적인 특성을 가지고 있지만 교사는 이러한 연구로부터 도출된 연구결과를 잘 알고 있어야 한다. 즉, 교사는 많은 학습장애를 설명하는 기초적인 유전 원인에 대한 설명, 유전자 지도에 의한 기초한 평가방법 혹은 일부 학습장애에 대한 예방적인 측정방법의 하나로 쓰일 수 있는 유전자 대체치료까지도 알고 있어야 한다(Wadsworth et al., 2000; Wood & Grigorenko, 2001).

기형 유발요인

기형 유발요인은 임신 중에 뇌와 중추신경계의 기형을 만들어 낼 가능성을 높인다. 다양한 기형 유발요인이 알려져 있다. 문헌에 언급된 기형 유발요인 중 일부는 특히 학습장애를 일으키는 출생 전 원인이 될 수 있음이 알려져 있기는 하지만 학습장애만을 유발한다고 알려진 것은 아직 없다.

알코올 임신 중 모체의 알코올 복용과 태아의 심각한 기형 사이의 관계는 분명하게 드러나 있다. 최근 언론이 임신 중에 알코올을 섭취한 어머니의 문제인 태아알코올증후군(fatal alcohol syndrom: FAS)에 대해 보도함으로써 관심이 높아져 있다. FAS 문제는 심각한 알코올의 사용과 관련이 있으며 FAS를 보이는 아동은 일반적으로 여러 형태의 신체적 기형과 함께 인지 능력에도 중도 이상의 제한을 보인다. 그러나 FAS의 경한 유형을 가정할 수 있는데, 이는 학습장애로 이어진다. 현재 아동이 FAS에 영향을 약하게 받을 수 있는지의 여부는 알려져 있지 않지만 임산부의 알코올 복용은 훗날 학습장애로 특징지을 수 있는 학습문제를 유발할 가능성이 있다.

흡연　여러 연구에 의하면 임신 중 모태의 흡연은 영아의 출생과 관련된 문제에 연관되는 것으로 알려져 있다. 일부 연구에서 어머니의 심각한 흡연은 훗날 아동의 읽기문제와 낮은 지능지수로 연결될 수 있음을 보여 주고 있다.

회고적 관점에서 본 기형 유발요인　학습장애에 있어 기형 유발요인에 대해 논의할 때는 여러 가지 논쟁점을 고려해야 한다. 첫째, 이러한 증거 모두는 그 특성상 상관관계가 있다. 이러한 문제를 일으키는 잠재요인으로 모체의 약물 복용과 관련된 확실한 결론을 내리기 위해서는 추후 연구가 필요하다. 둘째, 오늘날에는 너무 많은 불법 약물들이 팽배해 있다. 여기에서는 학습장애를 유발할 수 있는 원인으로 알코올과 흡연의 두 가지에 대한 정보를 제시하였는데, 이 두 가지가 가장 많이 연구되었기 때문이다. 그러나 그 밖의 약물도 학습장애를 유발할 수 있다. 예를 들어, 코카인과 코카인 파생물질—크랙(값싼 농축 코카인－역자 주)—의 사용이 급증하는 것은 모태의 크랙 복용이 태아에게 훗날 낮은 지능, 저체중, 출생 시 중독과 같은 심각한 손상을 가져온다고 알려져 있음에도 불구하고 아직 학습장애 분야에서 많은 관심을 받고 있지 않다.

알코올과 흡연이 아직 태어나지 않은 영아에게 미치는 영향은 가히 절망적일 수 있다. 관련 문헌에서 유일하게 희망이 보이는 부분은 출생 전 기형 유발요인은 예방될 여지가 있다는 사실이다. 그 반대편에 우리를 우울하게 하는 것은 기형 유발요인이 태아의 환경에 노출되고 한번 손상이 이루어지면 치료가 불가능하다는 점이다.

주산기의 원인

아동이 태어나는 과정에서 많은 사건들이 부정적인 영향을 미칠 수 있으며 일부 이론가들은 주산기의 문제를 학습장애와 연결시켜 왔다. 예를 들어, 조산은 훗날 학습문제와 관련이 있는 것 같다. 출산과정이 너무 길어지고 태아의 머리를 꺼내면서 겸자를 사용하게 되면 훗날 학습장애가 될 수 있는 잠재적인 위험이 될 수 있다. 앞에서 다른 원인에 대해 설명한 것처럼 주산기의 문제와 학습장애의 연계는 어디까지나 상관관계를 맺고 있는 것으로 보이나 아직까지 직접적인 인과관계는 성립되어 있지 않다.

출생 후 원인

학습문제를 유발하는 출생 후 원인은 끝이 없다. 예를 들어, 1장에서 논의한 것들과 뇌손상을 입은 병사들을 대상으로 한 Goldstein의 연구에서처럼 여러 유형의 뇌손상은 특정 유형의 학습장애로 이어질 수 있다.

현대의 기술적인 환경에서 찾아볼 수 있는 여러 종류의 화학물질도 학습장애를 일으킬 수 있다. 일부 연구에 의하면 납중독은 학습장애의 위험성을 증가시킨다. 예를 들어, Needleman(1980)은 두 집단의 아동을 대상으로 납중독 정도를 살펴보았는데 한쪽은 치아에 높은 수준의 납중독이 나타났고, 다른 한쪽은 좀 더 낮은 수준의 납중독이 나타났다. 몸에 더 높은 수준의 납중독을 보이는 아동들은 구어 수행, 언어처리, 주의집중 등의 여러 가지 주요 변인에서 다른 아동에 비해 낮은 점수를 받았다.

이 외에도 다양한 화학물질들이 학습장애와 잠재적인 관련성이 있는 것으로 판명되었다. 그러나 자주 언급되는 화학물질(식품첨가물, 정제 설탕, 계란, 우유) 중 상당수는 아직 임시적인 결과이지만 학습장애와 관련이 있는 것으로 알려져 있다. 이는 화학물질이 학습장애를 일으킨다는 것을 현재 지지하고 있지 않다는 것을 의미한다.

의학적 원인에 대한 탐구

바로 앞에서 읽었듯이, 아직도 여러 가지의 주장이 논의 중이란 사실을 감지했으리라 본다. 의과학 분야는 학습장애 분야의 초창기처럼 더 이상 이 분야의 우세한 파트너로서의 역할을 계속 하지는 않고 있는데, 의학적 접근법의 영향력이 감소하게 된 데는 몇 가지 이유가 있다.

첫째, 임신 중에 모태와 태아의 몸에 의학적인 문제를 일으키는 잠재적인 요소가 설사 학습문제를 유발할 수 있다 하더라도 특정 유형의 의학적 문제가 학습장애의 문제로 직접 이어진다는 증거는 없다. 사실 이 책에서 제시된 잠재적인 원인들 모두 다른 유형의 장애에도 함께 적용될 수 있는 원인이다.

둘째, 어떤 단일한 의학적 원인이 특정 유형의 학습장애와 관련이 있지 않다. 예를 들어, 21번 염색체의 기현상이 삼염색체21 혹은 다운증후군의 의학적 원인이라는 것은 이미 잘 알려진 사실이다. 또한 임신 중 알코올의 과도한 복용은 태아알코올증후군이라는 보통 정신지체에 연관되어 있는 장애를 유발한다. 그러나 유전적 증거의 출현에서 있을 수 있는 몇 가지 예외사항에서도 어떤 단일한 의학적 문제가 일관되게 태아나 아동에게 학습장애를 유발한다는 증거는 어디에서도 찾을 수 없다. 결과적으로 우리가 할 수 있는 최선의 것은 학습문제를 유발할 수 있는 의학적 문제의 유형에 대해 인식하고 그것을 예방할 수 있도록 하는 것이다. 교사는 학습문제가 있는 아동의 부모와 함께 음주에 대해 이야기할 기회를 가질 수 있으며, 이는 부모가 미래에 탄생할 자녀를 생각하며 더 조심할 수 있도록 한다.

의학적 원인을 탐색하는 것과 관련된 또 다른 논쟁점은 교실 상황에서 습득된 지식의 유용성과 관련이 있다. 만약 특정한 의학적 원인이 학습장애를 이끌어 낸다고 하더라도 교사는 그 지식을 사용할 수 없을 것이다. 예를 들어, 사고로 인한 뇌손상을 경험하는 아동이 있고 현재 그 아동이 경험하는 학습상의 어려움이 그 시기에 시작되었음을 안다 하더라도 이러한 지식은 교사가 아동의 학습에 도움이 될 것이 무엇인가를 결정하는 데 있어 큰 도움이 되지 못한다.

다음으로 의학적 처치가 (예를 들어, 문제행동을 통제하기 위하여) 학습장애 아동에게 사용될 때, 교사는 일반적으로 그 처치에 책임을 지지 않는다. 학생이 가지는 문제의 의학적인 원인은 의학적인 해결 방안을 요하게 되는데, 교사는 대부분의 의학적 처치를 시행하는 훈련을 받은 바 없다. 이 장의 후반부에서 논의되겠지만 교사는 약물처치 프로그램에서 중요한 역할을 담당하고 있지만 사실 이런 프로그램의 주된 책임은 의사에게 있다. 그러므로 교사는 이러한 처치법을 사용하는 결정을 내리고자 할 때 다소 멀리 떨어져 있게 된다.

이 시점에서 분명한 것은 의과학은 학습장애의 병인론을 이해하는 데 있어 그리 큰 기여를 하지 않고 있다는 점이다. 수많은 잠재적 문제가 알려져 있고 단일의 혹

 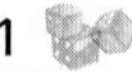

은 여러 가지의 문제가 독점적으로 학습장애와 관련되어 있지 않기 때문에, 오늘날 대부분의 이론은 학습장애 분야에 더 이상 병인론에 대한 의학적 관심을 연계시키려 하지 않는다. 그러나 의과학은 학습장애 연구에 있어 병인론 이외의 분야에 지대한 영향을 끼치고 있다. 또한 의과학은 새로운 진단 절차가 개발됨에 따라 학습장애 분야에 계속해서 영향을 미칠 것이며 미래에는 병인론에 대한 의학적 관심도 성공적으로 다루어지게 될 것이다.

✻ 학습장애를 위한 의학적 진단

평가 영역에서 의학은 상당한 진보를 이루어 내었다. 명명법이 발달되었고 드물기는 하지만 의학에 기초한 평가방법이 사용되어 왔다. 이러한 평가 관련 아이디어 중 일부는 고비용의 의학적 기구가 필요한 경우도 있고 그렇지 않은 진단방법도 있다. 여기에서는 평가 영역에서의 의학적인 기여에 대해 설명하고자 한다. 우선 평가 명명법을 살펴보고 그 후에 특정 평가방법에 대해 알아본다.

DSM-IV

아마도 근본적으로 의학에 기초한 진단체계는 미국정신의학협회(American Psychiatric Association)에 의해 개발되었다. 이 체계는 학업환경에서 보일 수 있는 아동의 주의집중과 행동 문제의 유형에 대한 일반적인 혼란의 맥락에서 개발되었다.

최근 몇 년간 비정상적이고 학습에 방해가 되는 주의집중 문제를 판별하기 위하여 수많은 용어가 사용되어 왔다. 여기에는 '주의집중 문제' '주의력결핍장애' '주의력결핍 과잉행동장애' '과잉행동' 등이 포함된다. 이러한 용어는 미국정신의학협회가 제시한 진단 준거의 용어가 달라졌음을 반영하고 있는데, 협회가 관련 문제에 대해 더 많이 이해함에 따라 용어가 꽤 주기적으로 변화되었다. 게다가 주의집중 문제를 가진 아동 모두가 주의력 결핍과 과잉행동을 보이는 것은 아니기 때문에 이 분야에서의 용어 사용에 혼동이 있었다.

McKinney, Montague와 Hocutt(1993)은 주의력결핍장애의 평가에 대한 문헌을 개관하고 세 가지 일차적인 특성—부주의/주의산만, 충동성과 탈억제(disinhibition),

과잉행동—을 기술했다. 여러 연구(McKinney와 동료들[1993]에 의한 개관) 결과, 일차적인 특성 이외에 이차적인 특성도 발견되었다. 여기에는 품행장애, 부적절한 사회적 행동, 관심을 구하는 행동 등이 포함된다. 현재로서는 일차적인 특성과 이차적인 특성 사이에 어떠한 관계가 있는지에 대해 알려진 바가 거의 없다. 분명한 것은 이 장애 유형에 대하여 더 많은 정보가 필요하다는 것이다.

1994년 미국정신의학협회는 아동에게 나타나는 여러 가지의 장애를 설명하는 분류체계를 개정하였다. 『정신장애의 진단 및 통계 편람(*Diagnostic and Statistical Manual of Mental Disorder*, 4판: DSM-IV)』(American Psychiatric Association, 1994)은 아동에게 나타나는 주의력 결핍 관련 장애를 다루는 여러 유형의 문제를 자세히 설명하고 있다. 1993년에 미국정신의학협회는 진단 준거의 가장 최신판을 출간하였고 이 준거에 근거하여 용어를 정리하였다. 현재 주의력결핍 과잉행동장애(attention deficit hyperactivity disorder: ADHD)는 이 유형의 모든 장애를 지칭하는 정확한 용어로 본다. [도움상자 2-4]는 부모들이 보고하는 ADHD와 관련된 주요 행

도움상자 2-4

▶ 부모에 의해 보고된 ADHD를 나타내 주는 행동지표

부주의 ADHD

- 책과 학습자료를 잃어버림
- 쉽게 주의산만해짐
- 지시사항을 무시함
- 주의집중 시간이 짧음
- 자세한 사항에 대해 주의집중을 잘 못함
- 정해진 시간 내에 숙제를 하지 못함

과잉행동-충동성 ADHD

- 안절부절못함
- 거실을 뛰어다님
- 일반적이지 않은 곳에 앉고 계속해서 움직임
- 저녁 식탁에서 자기 자리에서 일어남
- 충동적이고 자신의 차례를 기다리지 못함

혼합형 ADHD

아동이 ADHD의 혼합형을 보일 때는 위에서 설명한 행동 모두와 일부를 보일 수 있다.

동지표를 제시하고 있다. 또한 이 분류체계의 개정판은 계획 단계에 있으며 이와 관련된 여러 이슈 중 상당수를 다룰 수도 있다. 이 개정판은 DSM-V(www.dsm5.org)이다.

이 분류체계를 근거로 진단받기 위하여 아동은 7세 이하에 이러한 특성을 보여야만 한다. 또한 이 증상은 둘 이상의 장소(예: 학교와 가정)에서 보여야 한다. 그리고 이후 아동의 문제가 임상적으로 사회적, 학업적 혹은 직업적 기능에서 심각한 방해나 손상을 야기해야만 한다(American Psychiatric Association, 1994).

새로이 개정된 준거가 있다 하더라도 아직 답을 찾지 못한 질문들이 많이 남아 있다. 예를 들어, **공존성**(*comorbidity*)의 문제(즉, 얼마나 많은 아동이나 청소년들이 ADHD와 학습장애를 동시에 가지고 있는가)는 여전히 풀리지 않고 있다. 관련된 모든 유용한 증거를 살펴본 후, McKinney와 동료들(1993)은 ADHD 아동의 약 10% 정도가 학습장애를 함께 보이고, 학습장애 아동의 15~80%는 ADHD를 동시에 가지고 있다고 추정하였다. 아마도 새로이 개정된 분류체계는 이러한 의학적 조건에 대한 이해를 향상시킬 수 있는데, 이는 ADHD와 학습장애 사이의 관계를 더 명료화할 수 있게 한다.

신경학적 평가기법

의과학 분야의 여러 학자들이 평가에 도움을 줄 수 있는 뇌 기반의 인지적 과제를 제안하기는 하였으나 아직 학습장애를 가진 학생을 판별할 수 있는 평가는 개발하지 못했다. 예를 들어, Fawcett, Nicolson과 Maclagan(2001)은 음운론적 평가기법과 처방된 운동(구슬 꿰기 등)을 혼합한 것이 결국 학습장애 아동의 평가에 역할을 하게 될 것이라는 증거를 제시하였다. 그러나 현재 교육청에서는 의학에 기초한 평가기법을 사용하지 않고 있다.

의사가 비공식적인 신경학적 검사를 사용하는 것이 더 일반적일 수 있으며 때때로 학습장애 학생의 개인 자료철에서 이러한 보고서를 발견할 수 있을 것이다. Hynd와 Cohen(1983)은 [도움상자 2-5]에서처럼 신경학적 기능의 비공식적 평가에 사용할 수 있는 과제 목록을 제시하였다.

[도움상자 2-5]에 제시된 평가기법들은 비공식적이고, 의사는 특별한 진단기구를 사용하지 않고도 중추신경계 기능을 평가할 수 있다. 첫째, 임신기, 출생과정과

도움상자 2-5

▶ 신경학적 검사의 일반적인 방법

1. 두뇌 기능의 검사
언어 사용
각성 수준
지적 능력
정위
감정 상태

2. 뇌신경의 검사
일반적인 청력, 시력, 말
얼굴 근육의 운동
동공반사

3. 소뇌 기능의 평가
손가락-코-손가락
빠르게 움직임 바꾸기
발꿈치에서 발가락으로 걷기
눈 뜨고 서 있기
눈 감고 서 있기

4. 운동 기능
근육의 크기
근육 긴장도
협응
반사

5. 감각신경의 검사
표면 촉감각
표면 통감각

출처: *Dyslexia: Neuropsychological Theory, Research, and Clinical Differentiation* by G. W. Hynd & M. Cohen, 1983, NY: Grune & Stratton에서 수정 발췌함.

일상적이지 않은 아동기 질병에 특히 더 많은 관심을 기울이면서 의료력을 살핀다. 여기에는 일반적으로 아동이 처음 기어가고 처음 어딘가를 잡고 일어선 시기 혹은 걷기를 한 나이와 같은 발달지표가 포함된다. 어떤 것이든 간에 직계가족의 학습 문제는 기록된다.

이후 의사들은 운동기술을 평가할 것이다. 운동신경은 근육과 근육군의 움직임을 통제한다. 아동으로 하여금 의사가 잡은 물건을 잡아당기거나 그에 반하여 힘을 쓰도록 함으로써 강점을 평가한다. 대근육 협응과 함께 눈-손 협응이 평가된다. 의사는 아동에게 한 발로 서 있기, 발가락을 들고 걷기, 두 발로 위로 뛰기, 뛰면서 동시에 팔을 움직이기 등을 하게 할 수 있다.

심부건반사(deep-tendon reflex, 근육이 수축하는 힘을 살핌—역자 주)도 평가된다. 무릎과 팔꿈치 반사도 무릎과 팔꿈치의 힘줄을 가볍게 건드려 줌(보통 고무나 플라스틱으로 된 작은 망치를 사용)으로써 평가한다. 비정상적인 반사는 중추신경계의 어떤 손상을 의미할 수 있다.

다음으로는 뇌신경(*cranial nerves*)이 평가된다. 뇌신경은 얼굴 근육과 감각기관의 움직임을 관장한다. 뇌신경 기능의 검사는 눈을 쳐다보고 눈, 얼굴 근육, 혀와 입의 다양한 움직임을 관찰한다. 눈 근육의 운동 통제력을 평가하기 위해 아동이 고개를 돌리지 않으면서 작은 펜에서 나오는 불빛을 따라갈 수 있는지를 살펴본다. 또한 동공반사는 밝은 빛에 대한 반응으로 눈의 동공 변화 정도를 평가한다. 아동에게 어떤 냄새가 나는지를 묻고 이 영역에서 운동통제를 평가하기 위하여 턱을 이용하여 씹기를 하게 할 수 있다.

이러한 비공식적인 기법을 통하여 의사는 신경과 두뇌 기능의 잠재적인 이상을 감지할 수 있다. 의사는 이러한 움직임 중 특정 측면에서 나타나는 어려움을 통해 중추신경계 내 문제 영역의 위치를 찾을 수 있다.

신경학적 평가를 위한 의학 기술

EGG 두뇌와 중추신경계는 전기적인 시스템이므로 다양한 학습 과제를 하면서 전기의 흐름을 측정하여 한 개인의 두뇌의 사용 영역에 대한 정보를 제공해 줄 것이다. EEG(electoencephalogram) 혹은 뇌파검사는 두뇌의 전기적 활동을 기록할 수 있는 장치다. 전기 충격은 두개골의 여러 부위에 전극을 붙여서 측정한다. 전극은 서로 다른 전기 충격을 기록하고 후에 다시 살펴보고 해석할 수 있는 기록을 제공한다(Sousa, 1995).

CAT 스캔 CAT(*computerized axial tomography*) 스캔(컴퓨터 단층촬영)은 뇌 구조를 살펴보기 위해 방사성 물질을 이용하는 기법이다. 작은 두뇌 활동도 볼 수 있게 뇌에 X선을 다양한 각도로 투과시켜서 다양한 정보를 수집 · 종합하여 컴퓨터로 영상을 만들어 낸다.

PET 스캔 PET(*positron emission tomography*) 스캔(양전자 방사 단층촬영)은 혈류를 통해 두뇌로 방사능 동위원소를 집어넣는다. 환자는 특정 기능을 수행하고 있어야 하며, 이때 혈류는 방사능 동위원소의 움직임을 따라 기록된다. PET 스캔은 뇌의 서로 다른 영역을 영상으로 보여 주고 신진대사에 대한 정보를 제공해 준다. 만약 두뇌의 특정 부위가 활성화되어 있지 않다면 이 문제가 학습장애를 유발할 수도 있다(Sousa, 1999).

MRI MRI(*magnetic resonance imaging*, 자기공명영상)는 방사성 물질을 이용한 기법이 아니다. 자기장이 만들어지고 그 결과 두뇌세포의 측정 가능한 변화가 일어난다. 뇌의 다양한 부분의 영상을 얻기 위해 변화를 이후 무선 주파수와 컴퓨터화된 기법에 의해 측정한다. PET 스캔처럼, 이 기법은 학습문제를 유발할 수 있는 뇌 안의 어떤 차이를 보여 주는 데 사용된다. 그러나 이 기법은 뇌의 구조를 보여 줄 뿐 뇌의 활동은 알 수 없다.

기능적 MRI 기능적(*functional*) MRI(fMRI)는 두뇌의 모양이나 구조를 알기보다는 뇌로 흘러 들어가고 뇌를 통과하는 혈류를 측정하는 MRI다. PET 스캔처럼, 기능적 MRI는 사고를 요하는 과제 중에 두뇌의 어떤 부위가 활성화되는지를 보여 줄 수 있다. 또한 뇌로 방사성물질을 노출시키는 것이 아니므로(PET 스캔과 CAT 스캔과는 다름), 정상적인 두뇌를 가진 아동에게도 사용될 수 있다(Sousa, 1999). 이 기법의 관입적이지 않은 특성 때문에 기능적 MRI는 읽기, 수학 혹은 과학 활동을 하는 중에 실제 두뇌 활동을 보여 줄 수 있는 가능성이 매우 높다. 이는 오늘날 학습장애 아동을 연구하는 데 가장 빈번하게 사용되는 두뇌 매핑 기법이다(Joseph, Nobel, & Eden, 2001).

신기법의 활용

새로이 개발되는 기계들로 인해 의과학 연구가 활발해졌고 수많은 연구들이 여러 장애 아동 집단을 대상으로 수행되어 왔다. 최근의 한 연구에서 Molfese와 동료들(2006)은 EEG를 사용하여 평균 이상의 읽기를 하는 학생들이 낮은 수준을 보이는 독자들에 비해 두뇌의 영역이 다르게 활성화된다는 것을 보여 주었다. Shaywitz와 Shaywitz(2006)는 fMRI를 사용하여 단어 분석(즉, 소리 내어 단어 읽기)과 관련하여 2개의 특정 영역이 있음을 보여 주었다. 또한 읽기장애 학생들의 경우 읽기를 하는 중에 이 두 영역이 '과소 활성화' 되는 것처럼 보였다고 하였다. 상세히 설명하자면, 두뇌 뒤편에 위치한 이 두 영역은 후두측두 구역과 두정측두 구역으로, 읽기장애 학생들은 다른 학생들과 비교했을 때 읽기를 하는 중에 이 두 영역이 덜 활성화되는 것 같았다. 또한 Shaywitz와 동료들(2003)은 한 실험연구에서 읽기장애를 가진 학생들을 대상으로도 이러한 활성화되지 않은 두뇌 영역을 새로이 되살릴 수 있는 효과적인 교수법이 있을 수 있다는 것을 밝혀내었다. 연구자들은 1년 중 8개월 동안 하루 50분씩 음운론 기반의 읽기교수 프로그램—낱글자의 소리와 발음법을 강조한 프로그램—에서 집중적인 교수를 실시하였다. 따라서 실험집단은 총 105시간의 교수를 받았다. 이후 통제집단과 비교했을 때 활성화되지 않았던 뇌 영역은 상당한 수준으로 더 많이 활성화되고 글자-소리 관계에 집중한 효과적인 교수는 읽기를 어려워하는 학생들의 읽기문제를 경감시켜 줄 수 있음을 보여 주고 있다. 또한 이러한 효과는 실험을 마치고 1년 후에도 측정할 수 있었다.

이상의 결과는 다음을 설명해 준다. 첫째, 글자-소리 관계에 대한 효과적인 교수는 읽기문제를 가진 학생들에게 활용할 수 있다. 둘째, 오늘날의 뇌 친화적 연구는 인간 두뇌에 대한 과거 연구와는 달리 학업문제와 특정한 학업적 성과에 직접적인 관심을 보인다. 이러한 경향이 지속됨에 따라 교사는 관련 최근 연구와 교실에 주는 함의에 대해 이해하고 있어야 한다. 분명한 것은 신경학적 기능에 대한 구체적인 이해가 증가할수록 학습장애 분야는 더 많은 영향을 받게 된다는 점이다. 진단의 측면에서 읽기의 기능적 시스템은 1장에서 논의한 것처럼 학습장애 분야가 특정 아동이 (정보)처리의 문제를 가지고 있는지 혹은 미세뇌기능 이상을 보이는지의 여부에 따라 범주를 나누어 설명할 수 있는 여지를 만들어 준다.

일부 학자들은 언어 기반의 학습장애와 더불어 비언어성 학습장애도 뇌나 중추신경계의 특정한 기능이상과 연관될 수 있다고 한다(Gross-Tsur, Shalev, Manor, & Amir, 1995; Sousa, 2001). 예를 들어, 뇌의 우반구에 어떤 이상이 있으면 비언어성 학습장애(즉, 말이나 언어 기반의 학습장애가 아니라 시공간 통합, 기억문제 및 주의집중 문제가 있음)로 이어질 수 있다. Gross-Tsur와 동료들(1995)은 뇌 기반의 학습문제를 좀 더 정확하게 알아보기 위하여 새로이 개발된 과학기술을 이용하여 우반구에 이상이 있으면서 학습장애와 ADHD를 가진 20명의 아동(평균연령 9.5세)을 연구하였다. 이 연구에 참여한 아동은 정서 및 대인관계 문제, 의사소통 문제, 빈약한 시각/공간 기술, 혹은 미약한 수학성취나 뇌손상의 행동지표를 보임으로써 클리닉에 의뢰되었다. 예상과는 달리 연구에 참여한 20명의 아동 중에서 단 4명만이 뇌 기능의 비정상적인 조짐을 보였다.

실현되지 않은 약속

학습장애 분야의 학자들 사이에 낙관적인 시각이 존재함에도 불구하고 정신신경학자들이 제시한 기대와 약속은 아직 설익은 듯하다. 학습장애 분야가 신경 평가도구(검사도구나 의학적 기술)의 사용을 아직 폭넓게 받아들이고 있지 않으며, 오늘날 청소년들의 학습장애 관련 평가 보고서 중 단 두세 가지 정도만이 이러한 정보를 포함하고 있다. 결국 학습장애의 병인에 대한 의학적 탐구처럼, 정신신경학적 평가의 실제는 가능성은 크지만 아직 학습장애 학생들의 대부분을 판별하는 과정에 도움을 줄 만큼의 성과를 이루고 있지 못하다(Bigler, Lajiness-O' Neill, & Howes, 1998). 그러나 미국의 일부 지역에서는 이러한 특성을 가진 평가의 사용이 늘어나고 있는 중이다. 평가 영역에서 의과학의 약속이 실현될 수 있을지에 대해서는 아직 두고 봐야 한다.

✻ 학습문제를 위한 의학적 처치

현재 학습장애 분야에서 의과학의 영향력이 가장 큰 부분은 처치다. 특히 학습문제를 유발하는 과잉행동을 감소시키기 위하여 의학적으로 처방된 약물을 사용하는 것이 그 예다. 의과학 분야에서는 과잉행동과 주의력 문제를 경감시키기 위한 다양한 약물 처치법이 고안되었고 성공을 거두었다.

최근에는 학습장애 아동에게 약물 처치를 많이 하고 있다. Rosenberg(1988)는 모든 특수교사의 60%가 약물치료를 하고 있는 학생들과 어느 정도는 관련을 맺고 있다고 보고하였다. 그러므로 교사는 약물중재에서 자신의 지원적 역할을 인지하고 있어야 한다.

약물중재의 유형

학습장애를 가르치는 대부분의 교사는 메틸페니데이트(리탈린)나 아토목세틴(스트레테라)과 같은 약물을 비롯하여 아동의 행동문제를 통제하기 위한 약물을 자주 접한다고 한다. 일반적인 약물 중재법은 학습을 방해하는 주의력결핍장애와 과잉

행동을 감소시킴으로써 아동이 학습할 준비가 될 수 있도록 하는 것을 목적으로 한다. 다른 약물 중재법의 경우는 아동의 공격적인 행동이나 정신이상의 증상을 다루기 위해 적용된다. 모든 약물중재가 같은 목표를 갖는 것은 아니지만 일반적으로 특정 형태의 문제행동을 조작하고 통제하고자 한다.

학습장애 혹은 ADHD 아동에게 사용되는 약물중재의 유형은 매우 다양하다. 리탈린과 콘서타와 같은 일반적인 약물을 포함한 자극제가 가장 보편적으로 사용된다. 그러나 학생들 중 일부는 자극제를 활용한 약물치료에 잘 반응하지 않기 때문에 다른 종류의 약물치료법이 고안되었다. [도움상자 2-6]은 학습장애나 ADHD 아동에

●●●● 도움상자 2-6

▶ 학습장애나 ADHD 학생을 처치하는 데 일반적으로 사용되는 약물

자극제
(주의력결핍장애나 과잉행동에 사용)
- 약물: 리탈린, 콘서타(메틸페니데이트), 덱세드린(데스트로암페타민), 아데랄(암페타민과 덱스트로암페타민의 혼합)
- 부작용: 식욕저하, 불면증, 불쾌감, 발육지체, 두통, 복통, 신경과민, 사회적 위축
- 주의: 자극제 중에서 아데랄은 심장마비, 고혈압, 급사 등 극단적인 부작용이 있다. 미국 식약청은 2006년 2월 이 약물이 극단적인 부작용이 있음을 발표하였다.

항우울제
(우울, 갑작스러운 학교에 대한 거부, 주의집중 문제에 사용)
- 약물: 토프라닐(이미프라민), 웰부트레인(부프로피온 하이드로클로라이드), 아벤틸(노르)
- 부작용: 복용량과 관련된 입안 건조증, 시야가 흐려짐, 변비, 진정, 심장 중독, 발작

신경억제제
(주의력결핍장애와 행동문제에 사용)
- 약물: 스트라테라(아토목세틴)
- 부작용: 과도한 피로감, 불면증, 심장박동과 혈압 상승, 성적 부작용, 소변 시 통증, 자살충동

신경이완제
(외현적인 정신이상, 통제가 어려운 파괴적 행동, 심각한 공격성, 뚜렛증후군을 처치하는 데 사용)
- 약물: 할돌(할로페리돌), 메라릴(시오리다진)
- 부작용: 진정, 불쾌감

* 주의: 이 정보는 매우 일반적인 지식만을 제공하고 있으므로 약물을 복용하기 전에 의사로부터 약물에 대한 설명 및 부작용에 대해 듣고 신중한 의사결정을 해야 한다.

게 일반적으로 사용되는 약물에 대한 정보를 담고 있다. 그리고 부모와 교사는 여러 웹 사이트에서 약물치료에 대한 정보를 찾아볼 수 있다(www.pediatrics.about.com, www.strettera.com, www.adrugrecall.com, www.rxlist.com, www.chadd.org).

약물중재에서는 부작용을 잘 확인해야 한다. 모든 아동이 부작용을 보이는 것은 아니지만 약물 사용의 부작용 때문에 약물치료는 가장 마지막에 고려해야 할 중재 기법이다. 따라서 아동의 행동을 통제하기 위하여 약물에 기초한 중재를 시작하려면 반드시 이전에 다른 행동통제 방법을 고려해 보아야 한다.

효과성에 대한 연구

약 2.5만 명의 4~17세 아동은 ADHD 관련 약물을 복용하고 있으며 많은 수가 ADHD와 학습장애를 함께 진단받는다. 많은 부모들이 주의집중의 문제를 다루기 위하여 약물을 사용하는 것에 대해 우려를 표하기는 하지만 실증 연구의 결과 이러한 두려움은 그리 걱정할 만한 수준은 아닌 듯하다. 예를 들어, ADHD 아동의 약 80%는 자극제 처치에 긍정적으로 반응하고, 대부분의 경우 약물치료를 통해 학생의 주의집중과 학업성취는 향상되었다. 또한 약물 부작용이 보고되기는 하였으나 대부분의 경우 오래 지속되지 않는다는 연구결과가 있다.

일부 사례이기는 하지만 최근 매우 강력한 약물 부작용이 보고되고 있다. 미국 식약청(FDA)은 ADHD에 아데랄을 복용한 환자들이 갑작스럽게 사망한 사례 25개와 심장 관련 문제를 보인 사례 54개를 보고하였다(CHADD, 2006). 한 예로 스트레테라는 자살충동이나 자살과 관련이 깊다고 한다. 극단적인 약물 부작용의 부정적인 영향력을 생각해 볼 때 추후 연구가 지속적으로 이루어져야 할 것이다. 그러나 좀 더 오랜 기간 동안 사용되었고 연구의 제재로서 오랜 시간 관심을 받아온 자극제(예: 리탈린, 덱세드린)의 경우는 상대적으로 안전한 편이고 많은 학생들에게 상당히 긍정적인 혜택을 주었다는 점이 분명하다(Iannelli, 2006).

교사의 역할

약물중재가 의사에 의해 처방되지만 학급 교사는 이 중재계획에 있어 중요한 역할을 해야 한다. 이 역할은 성공적이지 못했던 비약물 중재(약물을 사용하지 않은 다

른 중재)에 대한 서류 작성, 교사가 시도한 교수 절차에 의해 관리할 수 없는 행동문제에 대한 보고, 중재와 그 효과의 모니터링, 그리고 비약물 전략에서의 계속적인 시도를 비롯해 다섯 가지 과업을 포함한다.

첫째, 학습장애 학생을 가르치는 교사로서 교사의 책임 중 일부는 측정 가능한 용어로 행동문제의 정도를 표현하는 것이다. 10장에서 제시되는 행동전략을 사용하여 행동문제를 문서화한다. 아동연구팀(위원회)에 제출하는 교사의 보고서에는 문제행동의 수, 문제의 특성과 심각도, 빈도가 제시되어야 한다.

다음으로 교사는 행동문제를 경감시키려고 했으나 실패한 중재에 대해 보고해야 한다. 또한 교사는 행동관리에 사용할 수 있는 여러 가지 중재방법을 시도해야 한다. 자기 모니터링(인지적 중재)과 행동강화 전략을 포함하여 여러 교육/처치 방안들은 이 장의 후반부에서 논의된다. 이러한 중재에 대해 의사 및 평가팀과 논의할 때 교사는 더 의미 있는 방식으로 기여하도록 준비해야 하는데, 이전에 시도했던 다른 중재방법을 요약하여 제공할 수도 있다. 이때 교사는 전문적인 중재들을 사용해 왔다는 것을 보여 준다.

여러 가지의 중재를 시도한 후, 교사는 아동연구팀에 도움을 요청해야만 하는 수도 있다. 아동연구팀은 교사가 제출한 정보를 살펴보고 의학적 평가를 요구할 수도 있다. 이때 약물중재가 한 방안으로 고려될 수도 있다. 서면으로 팀의 위원장에게 도움을 요청하고 서류 복사본은 교장과 특수교육 담당 대표자에게 전달해야 한다. 일부 교육청에서는 교사가 아동연구팀의 위원장에게 짧고 간단한 기록과 함께 교사가 이미 알고 있는 바에 대해 알리고, 위원장은 팀의 다른 구성원들에게 그 내용을 전달하도록 권고한다. [도움상자 2-7]은 아동연구팀의 위원장에게 보내는 추천서의 예시로 위의 권고사항에 맞는 정보의 유형을 포함하고 있다.

약물 프로그램이 시작되면 교사는 중재와 아동의 행동 및 학업성취에 대한 중재의 효과를 모니터링해야 한다. 교사는 약물 복용법에 대해 교육을 받아야 하며 복용시간 등에 대해서도 모니터링해야 한다. 대부분의 주에서는 교사가 약물 복용을 관리하지 못하게 하므로 일과 중에 아동을 보건교사에게 보내 약물을 복용할 수 있게 해야 한다. 교사는 해당 지역에서 약물중재의 법적 지침을 확인해야 한다.

중재의 효과를 모니터링하는 데 있어 학교에서는 오직 교사만이 의사와 지속적인 연락을 취하면서 유용한 정보를 제공한다. 결과적으로 교실에서 중재가 만들어내는 긍정적인 효과와 관련된 정보를 제공하기 위하여 자세하게 기록해야 한다.

도움상자 2-7

▶ 약물중재를 위한 평가 추천서

발신: 윌리엄 존스
바튼 초등학교 학습자료실 교사
Barton, MA 00572

수신: 에오랄 박스터 박사
바톤교육청 학교 심리 서비스
Barton, MA 00572

에오랄 박스터 박사께

최근 저는 우리 학교 5학년 교사인 코츠 선생님과 제이미 워커의 행동에 대해 이야기하였습니다. 제 학급과 코츠 선생님의 학급에서 제이미는 자주 자리를 이탈하고 교실을 돌아다닙니다. 그의 주의집중 시간은 매우 짧고 매우 낮은 수준의 과제 수행시간 때문에 상당수의 과제를 끝내지 못합니다. 코츠 선생님과 저는 교실에서 제이미의 행동에 어려움이 있으며 이러한 행동문제의 잠재적인 의학적 원인을 찾기 위해 의사에게 평가를 의뢰하고자 합니다.

제이미 워커는 지난 2년간 학습장애 학생들을 위한 특수학급에 배치되어 있었습니다. 그는 이번 가을에 다른 지역 교육청에서 우리에게 전학을 왔습니다. 그의 행동은 반복적으로 논의되었고 코츠 선생님과 저는 학급에서 과제를 끝내지 않는 경향을 비롯하여 잦은 자리이탈 행동을 처리하기 위해 행동중재 프로그램을 실시하였습니다. 코츠 선생님은 자리이탈 행동을 설명하는 일간 기초선 자료를 수집하였고 행동계약을 통해 중재를 실시하였습니다. 그러나 그리 놀랄 만한 효과를 가져오지 못했습니다. 그 후 저는 학급에서의 과제 완수율을 높이기 위하여 행동 프로젝트의 자기점검을 실시하였습니다. 이 또한 긍정적 결과를 나타내지 못했습니다.

박사님께서 필요하시다면 우리는 기초선과 중재 자료를 전해 드릴 수 있습니다. 그러나 박사님께서 보신 대로, 우리는 여러 중재법을 실시하였지만 제이미가 학교에서 하는 과제에 대한 주의집중을 오래 유지하는 데는 도움을 줄 수 없었습니다. 박사님이 허가해 주신다면 저는 평가 추천에 대해 제이미의 부모님께 연락을 드리고자 합니다. 괜찮으시다면 제게 알려 주시기 바랍니다. 시간 약속을 잡도록 하겠습니다.

이 사안에 대해 시간을 내주셔서 감사합니다. 만약 추가 정보가 필요하시다면 제게 연락 바랍니다.

William Johns

학습자료실 교사
윌리엄 존스 드림

이러한 상황에서는 매일의 자료 수집이 중요하기 때문에 교사가 새로운 기술을 보강하기 위한 행동평가나 행동관리 관련 교과목을 수강하고자 할 수 있다.

마지막으로 교사는 약물중재를 하는 동안에 행동 및 초인지 중재를 계속해서 진행할 준비를 하고 있어야 한다. 다음의 두 가지 이유로 이러한 비약물 중재는 계속 시도되어야 한다. 첫째, 미래의 어느 시점에서 약물 복용량이 줄어들 수 있도록 대안적인 중재가 충분히 성공적일 수 있다. 일부 사례에서 약물중재는 함께 제거될 수도 있다. 둘째, 많은 연구의 결과에 따르면 행동중재는 약물중재의 효과성을 향상시킬 수 있다. 이 두 가지는 행동문제의 분출을 통제하는 데 도움이 되므로 함께 사용될 수 있다. 이러한 특성을 가진 중재는 10장과 11장에서 설명된다.

약물중재의 개입 수준에서 교사는 지역 교육청에서 학습장애 아동의 교사에 의해 약물중재가 어떻게 관리되는지를 알고 싶어 할 것이다. 학생을 가르치기 전에 지역 교육청으로부터 교사가 약물중재 프로그램을 모니터링하는 것과 관련된 정책 자료집을 수집할 수 있다.

약물중재의 요약

처치 영역은 학습장애 분야에서 의과학이 큰 기여를 한 부분 중 하나다. 학습장애 초기 이론과 연구가 의과학에 기초한 것이긴 하지만 의과학은 병인론과 평가 영역에서 희망을 보여 줄 만큼 성공적이지 못했다. 하지만 그간 제공되었던 처치는 학습장애 분야 전체에서 자주 사용되었으며 거의 모든 현장 전문가들은 이러한 의학적 기여에 대해 접해 본 경험이 있다.

연구에 의하면 약물중재가 학습에 방해가 되는 행동문제를 감소시키는 데 효과적이라는 것은 분명하다. 또한 이러한 중재방법들은 학업적 성과를 향상시킬 수도 있다는 최근의 증거도 있다. 그러나 공립학교에서 특히 처음에 다른 중재가 시도되지 않았을 때는 약물 프로그램의 적용과 관련된 문제가 많이 나타난다. 학습장애 아동의 교사는 일군의 학생들을 약물중재의 일부 유형에 참여시켜야 할 것이다. 그러므로 교사는 이러한 약물중재를 받는 학생들에게 지원적 역할을 할 수 있도록 교사들이 시행해야 할 다섯 가지 과업 각각에 대한 지역 교육청의 정책에 대해 이해하고 있는 것이 중요하다.

✻ 요약

의과학은 학습장애 분야에서 역사적 기초를 제공했다. 이 장에서는 1장에 제시된 역사적 기초를 더 자세히 설명하고 병인론, 평가 그리고 처치 영역에서 의과학의 주요 기여사항에 대해 살펴보았다. 유전학에 대한 연구가 상당 수준 진척되었으나 현재로서 학습장애의 의학적 원인을 찾는 것은 그리 유용한 것 같지는 않다. 마찬가지로 의학적 패러다임에 의해 제안된 평가 관련 제언들도 그리 널리 시행되지 않고 있다. 학교 기반의 진단에서 'ADHD' 와 같은 용어 사용이 증가함에 대한 움직임도 있다.

그러나 처치 영역에서 의과학은 학습장애로 분류된 일부 아동의 행동관리를 돕는 데 여러 종류의 약물을 제시해 왔다. 오늘날 학습장애 아동을 가르치는 교사들의 대부분은 의학의 발전으로 병인론이나 평가와 관련된 우려에 영향을 받지 않는다. 여전히 대부분의 임상가들은 의학적 처치로 혜택을 볼 수 있는 아동을 만날 것이다. 이러한 이유로 약물처치 계획을 관리하는 데 있어 교사의 역할을 이해하는 것은 중요하다.

다음은 이 장의 주요 내용을 정리한 것이다.

- 의과학은 학습장애 연구의 기초가 되었으며, 이 분야의 초기 이론 중 상당수는 의학으로부터 도출되었다.
- 뇌 기반의 학습에 대한 연구는 계속 진화 중이고 특정 학습문제와 관련된 두뇌의 특정 영역을 판별하는 데 있어 희망을 보여 주고 있다.
- 의학에 기초를 둔 평가전략이 개발되었으나 어떤 임상가도 오늘날 이러한 전략을 사용하지 않는다.
- 어떤 행동문제의 통제와 관련된 의학적 처치는 학습장애 분야에 있어 의과학의 기여를 잘 보여 주고 있다.
- 학습장애 학생을 가르치는 사람으로서 교사는 유전학과 의학을 포함한 다양한 분야의 전문용어를 듣게 될 것이며 이러한 전문용어에 어느 정도는 익숙해져야 한다.
- 교사는 약물에 기초한 처치계획을 수행하기 위한 결정에 관여해야 한다. 그러

므로 이러한 처치 접근법의 시행에서 교육자의 역할에 대해 확실하게 이해하고 있어야 한다.

학습문제와 활동

1. 두뇌의 세 가지 주요 부분과 각각의 기능을 설명하라.
2. 대뇌의 엽과 각각의 기능에 대해 설명하라.
3. 정신적 활동의 평가에 사용되는 새로운 기법을 찾고, 각각의 기법에 기초한 기본 원칙을 설명하라.
4. 지역 교육청과 연락하고 지역 내에서 신경학적 문제를 판별하는 데 있어 학교와 함께 일하는 신경학자(의사)를 찾아라.
5. 약물에 기초한 중재전략에 있어 교사의 역할을 설명하라.
6. ADHD의 하위 유형을 설명하라.
7. 지역 교육청이 약물 중재법에 대해 작성한 정책을 구해서 살펴보라. 이러한 정책에 있어 규정된 교사의 역할은 무엇인가?

참고문헌

American Psychiatric Association (1994). *Diagnostic and statistical manual of mental disorders* (4th ed.). Washington, DC: Author.

Bigler, E. D., Laniness-O'Neill, R., & Howes, N. (1998). Technology in the assessment of learning disability. *Journal of Learning Disabilities, 31*, 67-82.

Booth, J. R., & Burman, D. D. (2001). Development and disorders of neurocognitive systems for oral language and reading. *Learning Disability Quarterly, 24,* 205-215.

CHADD (2006). *National AD/HD advocacy group urges that science drive further research and action on AD/HD medications.* National organization of Children and Adults with Attention Deficit Disorders. Retrieved from www.CHADD.org.

Commission on Excellence in Special Education (2001). *Revitalizing special education for children and their families.* Available from www.ed.gov/inits/commissions-boards/whspeicaleducation.

Decker, S. N., & DeFries, J. C. (1980). Cognitive abilities in families of reading disabled children. *Journal of Learning Disabilities, 13,* 517–522.

Decker, S. N., & DeFries, J. C. (1981). Cognitive ability profiles in families of reading disabled children. *Developmental Medicine and Child Neurology, 23,* 217–227.

Fawcett, A. J., Nicolson, R. I., & Maclagan, F. (2001). Cerebellor tests differentiate between groups of poor readers with and without IQ discrepancy. *Journal of Learning Disabilities, 34,* 119–135.

Galaburda, A. M. (2005). Neurology of learning disabilities: What will the future bring? The answer comes from the successes of the recent past. *Learning Disability Quarterly, 28*(2), 107–110.

Gross-Tsur, V., Shalev, R. S., Manor, O., & Amir, N. (1995). Developmental right-hemisphere syndrome: Clinical spectrum of the nonverbal learning disability. *Journal of Learning Disabilities, 28,* 80–86.

Hallgren, B. (1950). Specific dyslexia: A clinical and genetic study. *Acta Psychiatrica Neurologica, 65,* 1–287.

Hynd, G. W., & Cohen, M. (1983). *Dyslexia: Neuropsychological theory, research, and clinical differentiation.* New York: Grune & Stratton.

Iannelli, V. (2006). *ADHD treatment guidelines.* Retrieved from www.pediatrics.com.

Joseph, J., Noble, K., & Eden, G. (2001). The neurobiological basis of reading. *Journal of Learning Disabilities, 34,* 566–579.

Leonard, C. M. (2001). Imaging brain structure in children: Differentiating language disability and reading disability. *Learning Disability Quarterly, 24,* 158–176.

McKinney, J. D., Montague, M., & Hocutt, A. M. (1993). *A synthesis of research literature on the assessment and identification of attention deficit disorders.* Coral Gables, FL: Miami Center for Synthesis of Research on Attention Deficit Disorders.

Molfese, D. L., Key, A. F., Kelly, S., Cunningham, N., Terrell, S., Ferguson, M., Molfese, V. J., & Bonebright, T. (2006). Below-average, average, and above-average readers engage different and similar brain regions while reading. *Journal of Learning Disabilities, 39*(4), 352–363.

National Joint Committee on Learning Disabilities (NJCLD) (2005). Responsiveness to intervention and learning disabilities: A report prepared by the National Joint Committee on Learning Disabilities. *Learning Disability Quarterly, 28*(4), 249–260.

Needleman, H. L. (1980). Human lead exposure: Difficulties and strategies in the assessment of neuropsychological impact. In R. L. Singhal & J. A. Thomas (Eds.), *Lead toxicity.* Baltimore: Urban & Schwarzenberg.

Orton, S. (1937). *Reading, writing, and speech problems in children.* New York: Norton.

Plante, E., Ramage, A. E., & Maglorie, J. (2006). Processing narratives for verbatim and gist information by adults with language learning disabilities: A functional neuroimaging study. *Learning Disabilities Research and Practice, 21*(1), 61-76.

Raskind, W. H. (2001). Current understanding of the genetic basis of reading and spelling disability. *Learning Disability Quarterly, 24,* 141-158.

Richards, T. L. (2001). Functional magnetic resonance imaging and spectroscopic imaging of the brain: Application of fMRI and fMRS to reading disabilities and education. *Learning Disability Quarterly, 24,* 189-204.

Robertson, J. (2000). Neuropsychological intervention in dyslexia: Two studies on British pupils. *Journal of Learning Disabilities, 33,* 137-148.

Rosenburg, M. S. (1988). Review of Children on medication: Vol. II. Epilepsy, emotional disturbance, and adolescent disorders. *Behavior Disorders, 13,* 150-151.

Rourke, B. P. (2005). Neuropsychology of learning disabilities: Past and present. *Learning Disability Quarterly, 28*(2), 111-114.

Rourke, B. P., Ahmad, S. A., Collins, D. W., Hayman-Abello, B. A., Hayman-Abello, S. E., & Warriner, E. M. (2002). Child-clinical/pediatric neuropsychology: Some recent advances. *Annual Review of Psychology, 53,* 309-339.

Rourke, B. P., van der Vlugt, H., & Rourke, S. B. (2002). *Practice of child-clinical neuropsychology: An introduction.* Lisse, The Netherlands: Swets & Zeitlinger.

Shaywitz, B. A., Shaywitz, S., Blachman, B., Pugh, K., Fullbright, R., & Skudlarski, P. (2003). Development of left occipito-temporal systems for skilled reading following a phonologically-based intervention in children. Paper presented at the Organization for Human Brain Mapping, New York.

Shaywitz, S. E., & Shaywitz, B. A. (2006). Reading disability and the brain. In *Educating exceptional children: 2005/2006.* Dubuque, IA: McGraw-Hill.

Sousa, D. A. (1995). *How the brain learns: A classroom teacher's guide.* Reston, VA: National Association of Secondary School Principals.

Sousa, D. A. (1999). *How the brain learns* (video). Thousand Oaks, CA: Corwin Press.

Sousa, D. A. (2001). *How the special needs brain learns.* Thousand Oaks, CA: Corwin Press.

Wadsworth, S. J., Olson, R. K., Pennington, B. F., & DeFries, J. C. (2000). Differential genetic etiology of reading disability as a function of IQ. *Journal of Learning Disabilities, 33,* 192-199.

Wood, F. B., & Grigorenko, E. L. (2001). Emerging issues in the genetics of dyslexia: A methodological preview. *Journal of Learning Disabilities, 34,* 503-511.

학습목표

1. 학습장애 학생의 평균 IQ에 대해 설명할 수 있다.
2. 교육적 용어로 학습 능력(*learning aptitude*)을 정의 내릴 수 있다.
3. 작동기억을 설명할 수 있다.
4. 집중력의 세 가지 측면과 각 측면에서 보일 수 있는 학습장애 아동의 특성을 설명할 수 있다.
5. 학습장애 학생의 학습 유형상 특성에 대해 논할 수 있다.
6. ADHD와 학습장애의 관계를 설명할 수 있다.
7. 학습장애 학생이 보이는 의미론적, 구조론적 결합에 대해 설명할 수 있다.
8. 화용론을 정의하고 화용론이 나타내는 능력의 유형에 대해 논할 수 있다.
9. 학습장애 아동의 언어와 관련된 연구의 전반적 발전과정에 대해 논할 수 있다.
10. 학습장애 아동의 관계사 의사소통 기술을 설명할 수 있다.

핵심어

지능
영재형 학습장애
과제집중
주의집중
산만함
선택적 주의집중
우연적 회상
망상 활성화 체계
공존성
단기기억
장기기억
작동기억
부호화
저장
회상
외현적 기억
의미기억
일화기억
내재적 기억
기억전략
학습 양식
알파벳 원칙
음소
문자소
음소 조작
의미론
구문론
화용론
코드 전환
사고 단위
복잡성
기능적 의사소통
내러티브 담화
이야기 스키마
관계사 의사소통

제3장

학습장애 학생의 인지적 · 언어적 특성

이 장의 개관

✻ 서론

앞서 역사를 살펴보면서 확인한 것처럼, 학습장애 영역의 연구는 학습장애 학생은 다른 학생들과 다르게 학습한다는 가설을 기초로 하고 있다. 이 가설에 의해 학습장애 학생과 학습장애가 아닌 학생 간의 다양한 인지적 학업 특성상 차이를 밝히려는 많은 연구가 진행되었다(Commission on Excellence in Special Education, 2001). 초기 연구의 상당수는 임상적으로 다른 아동과 구분되는, 학습장애로 판별된 아동의 특성을 밝히는 데 집중하였다. 이러한 초기 연구를 기반으로 하여 좀 더 최근에는 공립학교에서 학습장애로 판별받은 아동에 관한 연구들이 진행되고 있다.

[그림 3-1]은 다양한 인지적 특성과 학습장애 학생의 인지처리 과정 간에 추정되는 관계를 보여 주고 있다. 예를 들면, 학생의 지능은 학생의 언어, 기억력, 집중력, 능력, 인지 유형이나 학습방법처럼 학생의 학습에 영향을 미칠 것으로 짐작된다.

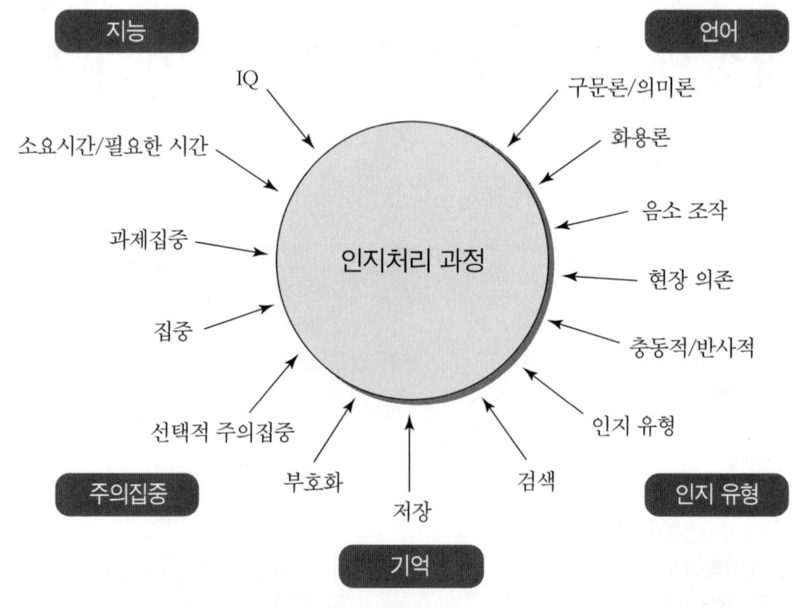

[그림 3-1] 학습장애 학생의 인지처리 과정

✻ 지능

지능의 수준

학습장애의 정의는 아동이 평균 혹은 평균 이상의 지능을 가졌음을 전제로 한다(평균 IQ 100 이상). 그러나 초기 연구들은 학습장애 학생의 예상 IQ 수준을 90~93 정도로 밝히고 있는데(Gajar, 1979), 이는 학습장애 학생을 평가할 때 IQ 검사를 사용하는 데 대한 문제점을 야기하였다(Commission, 2001; Council for Exceptional Children, 2002). 첫째, 오늘날 서구적 방식으로 측정되는 지능은 구어 능력에 좌우되는 부분이 많아 학습장애 학생의 평균 IQ 점수를 낮추게 된다. 둘째, 이러한 평균 점수는 공립학교에서 학습장애로 진단받은 아동을 표본으로 하여 측정된 것이고, 그들 중에는 학습장애 정의 준거에 미치지 못하는 아동에게 서비스를 제공하기 위해 장애로 진단하는 경우도 상당수 포함될 수 있다. 마지막으로 IQ 검사 점수는 초기 시기의 장애 학생 서비스를 반영한 것이므로 현재의 기준에 맞지 않을 수 있다.

학습장애 학생의 일부는 영재 수준의 지능을 보이기도 한다. 그들은 영재형 학습장애라 알려져 있다. 영재형 학습장애 학생들은 IQ 130 이상 혹은 평균보다 2표준편차 이상의 지능 수준을 보이며 또한 지능과 능력 간에 불일치를 보인다. 그들의 학업 성취가 평균 수준 혹은 평균 수준 이상으로 높을 수도 있지만 학업적 성취와 지능 간에 심각한 불일치를 보인다면 학습장애 혹은 영재형 학습장애로 진단받을 수 있다. 연구에 의하면 이렇게 특별한 아동의 경우는 극히 드물다. 현재까지의 자료를 근거로 영재형 학습장애 학생에게 적합한 교육 프로그램에서 데이터를 기반으로 하는 중재 방안에 대해 제시하는 학자는 없다. 그들은 다른 학습장애 아동과 동일하게 다루어져야 할 것인가? 또는 별도의 상급과정이나 심화 활동을 할 수 있도록 배치해야 하는가?

특수교육 특별위원회(Commission on Excellence in Special Education, 2001)는 학습장애 학생의 진단에 IQ 검사를 사용하는 문제에 관해 의문을 제기하였고 결과적으로 장애인교육법(IDEA 2004)에서 중재에 대한 반응(response to intervention: RTI)을 강조하게 되었다(NJCLD, 2005). 이 새로운 진단 절차는 영재형 학습장애 아동의 미래를 불분명하게 만들었다. 예를 들면, 비록 자신의 지능과 성취 사이에 심각한 차이가 있어도 IQ 130 이상의 아동은 적절하게 구성된 교수법에 긍정적인 반응을 보이기 쉽다. 따라서 새로 개발된 '중재에 대한 반응' 에 의한 진단 절차에 따르면 영재형 학습장애 아동의 존재는 사라질 수 있게 된다.

학습장애 학생을 지도하는 교사는 적어도 앞으로 몇 년간은 영재형 학습장애 학생의 교육을 책임져야 한다. 교사는 꾸준히 적절한 학술지를 읽고 전문가적 자기 개발을 통해 영재형 학습장애와 관련하여 시대에 뒤떨어지지 않도록 노력해야 한다. 현재로선 영재형 학습장애 영역의 존재 여부는 결정된 것이 없다.

지능의 의미

지능에 대한 정의는 다양하다. 그중 가장 잘 알려진 관점은 지능이 표준 IQ검사로 측정했을 때 개인의 모든 능력의 총점으로 나타나는 단일 구조라는 것이다. 이는 비교적 정적인 시각으로서 지능은 전적으로 아동 안에 내재하는 것이고 개인의 전체 능력은 단일 IQ 점수로 요약될 수 있다는 것이다. 그러나 이 정의에는 심각한 결함이 있다(Mather & Roberts, 1994). 구체적으로 IQ 자체는 아동이 학습할 수 있는 잠재성의 최상위 한계를 나타내는가? 교사는 IQ 점수를 통해 자신이 가르쳐야 할 특정 학생에 대한 교수적 정보를 얻을 수 있는가? 이러한 문제들 외에도 답할 수 없는 질문들이 지능에 대한 전통적 관점의 문제를 지적하고 있다. 하지만 이러한 문제에도 불구하고 여전히 전통적 관점들은 교육과 심리 연구 분야에 널리 퍼져 있고 IQ와 성취 간 불일치를 바탕으로 하는 모든 학습장애 정의는 IQ가 단일 구성체라는 사실을 전제로 하고 있다.

그러나 지난 몇 년간 다양한 이론가들이 지능을 단일 구조로 보는 시각에 대해 의문을 제기하였다. 1장에서 언급했던 것처럼, Howard Gardner(1983)는 다중지능이론에서 지능은 비교적 독립적으로 측정되는 다양한 능력의 연속체로 나타낼 수 있다고 밝히면서, 특정 학생이 한 영역에서 뛰어난 능력을 보이는 동시에 다른 영역에서는 상대적으로 약한 모습을 보일 수 있다고 주장하였다(Campbell, 1994; Campbell, Campbell, & Dee, 1996; Stanford, 2003). 다중지능이론이 학문적으로 어떤 영향을 미칠까를 결정하기는 아직 이르지만, 학습장애 학생을 지도하는 교사는 Gardner에 의해 제기된 지능에 대해 알고 이러한 다중지능이론에 의해 제안되는 교수적 활동방법들에 대해 파악하고 있어야 한다.

Gardner의 제안에 따르면 인간의 능력은 여덟 가지의 다소 독립적인 능력으로 최대한 이해될 수 있다. 그가 주장한 다중지능은 다음과 같다.

• 인간친화(interpersonal): 타인과 잘 지내는 능력을 갖춤
• 자기성찰(intrapersonal): 자신을 잘 알고 이해하는 능력이 뛰어남
• 논리-수학(logico-mathematical): 수학적 추론/논리적 사고에 강함
• 자연친화(naturalistic): 분류/자연적 가치를 이해함
• 신체-운동(bodily-kinesthetic): 공간적 감각, 효과적 동작에 대한 능력을 갖춤
• 언어(linguistic): 언어 능력이 뛰어남—전통적인 IQ 측정의 기준
• 음악/리듬(musical/rhythmic): 리듬/노래/음악적 능력이 뛰어남
• 시각-공간(visual-spatial): 시각적 예술/시각적 이해력이 뛰어남

이렇게 인간의 지능이 상대적으로 독립적인 강점/약점으로 구성되어 있다는 개념을 바탕으로 몇몇 연구자들은 다양한 지능을 밝히기 위한 교수적 방법을 개발하고 구성하여 제시하였다(Bender, 2002; 2005; Campbell, 1994; Sprenger, 2003; Tomlinson, 1999). 예를 들면, 1~2주 동안의 단원계획을 짤 때 교사는 하나 이상의 지능에 관한 강점을 강조하는 다양한 활동을 계획하여 강점이 있으나 부족한 부분이 있는 학습장애 학생에게 수업 중 자신의 특정한 강점을 보여 줄 기회를 제공할 수 있다. [도움상자 3-1]은 태양계를 배우는 5학년 통합학급에서 사용할 수 있는 활동의 예를 보여 주고 있다. 다양한 지능을 적용할 수 있는 활동의 형태에 주목하라.

또 다른 지능에 대한 대안적 관점으로는 John Carroll(1963)의 능력에 대한 정의가 있다. 그는 능력을 시간의 함수로 정의하였다.

$$\text{능력(aptitude)} = f(\text{과제 수행시간/학습에 필요한 시간})$$

능력에 대한 해당 정의는 교사가 과제 학습시간을 증가시킴으로써 특정 과제에 대한 아동의 능력을 향상시킬 수 있다고 제안하고 있다. Caroll은 능력을 학습에 사용하는 시간과 관련시켜 학생이 특정 과제를 학습하는 데 필요한 시간의 함수로 서술함으로써 능력에 대해 매우 낙관적인 견해를 형성하였다. 교사는 비록 유전적 구성이나 문화적 · 환경적 자극을 조절할 수 없더라도 학급에서 학습시간을 조절할

수 있으므로 그녀의 고전적 논문은 과제집중 혹은 학습 과제에 참여하는 시간의 양에 대한 연구의 기초가 되었다. 이처럼 능력을 시간의 함수로 보는 관점은 학습장애 아동 연구자들의 주목을 받았고(Kavale & Forness, 1986; Sousa, 2001) 학습장애 연구에 있어 새로운 관심사가 되었다. 요컨대, 연구자들은 학습장애 아동이 학습 과제에 참여하는 시간을 어떻게 사용하는가를 연구하기 시작했다.

●●●● 도움상자 3-1

▶ 교수 안내: 태양계 단원에서의 다중지능 교수 활동

태양계에 대한 6~10일간의 단원학습에서 다음 활동을 할 수 있다. 첫날은 학생 개인들의 강점을 고려해 지능별로 학급을 소집단으로 나눈다. 다음엔 각각 상대적으로 강점을 보이는 다중지능을 고려해 구성한 활동을 소집단에게 제시한다. 지능별 활동은 다음의 예와 같다. 2, 3, 4일에는 소집단이 과제를 수행할 시간을 주고, 5, 6, 7일에는 학급에서 발표를 하게 한다. 9일째 되는 날 복습을 하고 나면 10일째에 단원평가를 치른다.

다음은 다양한 소집단에게 적합한 활동들이다.

1. **인간친화**: 대인관계 능력이 뛰어난 학생들은 태양계의 한 부분이 다른 부분에 어떻게 영향을 미치는가에 대한 촌극을 꾸미도록 한다(예: 태양의 중력이 혜성의 비행을 결정한다.). 학급에서 촌극을 발표한다.
2. **자기성찰**: 자기성찰 지능은 해당 단원에 적용되기 어려운 영역이다. 몇 가지 활동으로 다음 단원의 교수에서 장점을 발휘하도록 한다.
3. **논리-수학**: 수학적 능력이 뛰어난 학생들은 행성의 안쪽과 바깥쪽에서의 태양 중력장의 상대적 쇠퇴를 계산해 보자.
4. **자연친화**: 자연친화 지능이 뛰어난 학생들은 태양계 내의 다양한 유형의 행성을 설명하도록 한다. 학급에서 행성들의 차이(예: 달과 소행성, 혜성 간의 차이)를 발표해 본다.
5. **신체-운동**: 해당 학생들은 다양한 학급 구성원들과 태양 주위의 행성, 달, 소행성의 궤도를 '걷는' 활동을 개발해 본다.
6. **언어**: 언어적 능력이 뛰어난 학생들은 태양계 물체의 정의에 대한 포스터를 제작한다.
7. **음악/리듬**: 해당 학생들은 학급 아동들이 태양계 행성을 기억하는 것을 도와줄 수 있는 운율을 이용한 노래를 만들어 본다. 그들은 학급을 이끌며 노래를 가르치기도 한다.
8. **시각-공간**: 시각-공간적 능력이 뛰어난 학생들은 태양계를 묘사한 그래픽이나 차트를 만들고 각 행성에 대한 다양한 사실을 적어 넣는다. 이를 학급에서 발표한 후 보관한다.

✻ 집중

대부분의 개념들처럼 집중도 보기보다 매우 복잡하다. 다수의 교사들은 학생들에게 집중하자고 자주 요구하지만 그것이 정확히 어떤 의미인가를 설명하는 교사는 거의 없다. 예를 들면, 집중하자는 것은 교사를 쳐다보라는 뜻인가? 교사에게 바로 답하라는 의미인가? 골똘히 교사의 말을 들으며 창밖을 바라보라는 것인가? 교사가 의미하는 것은 적극적인 집중을 말하는가? 이러한 질문에서 나타나듯 집중이라는 개념은 여러 관점에서 바라볼 수 있고, 이론가들은 다양한 관점에서 다른 의미로 집중이라는 개념을 사용하고 있다.

과제집중

과제집중은 빈도수, 백분율, 학생이 과제에 집중하는 시간 등으로 측정할 수 있다. 예를 들면, 활동지를 주어진 시간 내에 끝내지 못하는 아동의 경우 문제를 풀 수 있다 하더라도 과제집중 시간에 문제가 있는 것이다. 이와 유사한 개념으로 참여시간(*engaged time*), 집중기간(*attention span*) 등이 있다. [도움상자 3-2]는 과제집중을 측정하는 평가방법으로서 관찰 가능한 측정체계를 설명하고 있다.

●●●● 도움상자 3-2

▶ 과제집중 측정

Bender(1985)의 연구에 따르면 과제집중 행동을 측정하기 위해 일반적인 관찰법이 사용되어 왔다. 첫째, 몇 개의 칸으로 나누어진 기록지를 만든다. 빈칸에는 교실에서 발생할 수 있는 모든 가능한 종류의 행동 양식을 몇 가지 범주로 기록한다. 과제집중 시간은 보통 손에 가지고 있는 과제에 시선을 맞추는 것으로 정의한다. 이 정의가 몇 가지 문제—아동은 눈으로 과제를 보며 딴 생각을 할 수 있다—는 있지만, 아동들이 주로 교사의 말을 들으면서 창밖을 멍하니 바라보곤 하기 때문에 오류 발생은 거의 없다고 가정한다. Bender의 연구에서 관찰자는 학습장애 아동을 위해 10초간 벨소리가 날 때 발생되는 행동 양식을 암호화하여 기록한다. 아동과 짝이 되는 비장애 아동의 행동은 다음 10초간 벨소리가 날 때 암호화된다. 행동이 벨소리 사이에 발생하거나 관찰자가 다른 아동을 보고 있었다면 그 행동은 무시한다. 결과적으로 이러한 방식의 시간 표집법(time-sampling)으로는 특정 유형의 행동 발생 빈도만 기록하게 된다. 또한 행동은 며칠에 걸쳐 기록해서 특정 하루의 심적 동요로 인해 자료에 심한 치우침이 발생하지 않도록 한다. Bender의 연구에서는 3일에 걸쳐 매일 20분간 관찰하는 방식으로 관찰을 3회 실시하여 매일 각 행동 유형의 빈도수를 계산하였다. 학습장애 집단의 평균 빈도는 비교집단의 평균 빈도와 통계적으로 비교되었는데 학습장애 학생이 비교집단보다 과제집중 빈도가 낮게 나왔다.

비장애 학생의 과제집중 범위는 상대적으로 일정해서 다수의 연구들이 교수 활동시간의 60~85% 수준이라고 밝히고 있다. 반면 학습장애 아동은 30~60% 수준이다(Bender, 2002; McConnell, 1999).

주의집중

눈앞에 당면하고 있는 자극에 주의를 기울이며 집중하는 능력은 학습의 필수 조건이다. 전형적인 학급에 존재하는 수많은 자극을 고려할 때, 학생은 주의를 흐트러뜨리는 자극을 제어하지 못하면 눈앞의 과제를 학습하기 어렵다. 교사는 학습 과제에 집중해야 할 필요를 깨닫고 학생들의 집중을 돕기 위해 부산한 복도에 접한 문을 닫고 운동장 쪽에 커튼을 치고 필요한 경우 잔잔한 음악으로 주변 소음을 차단해야 한다. 이러한 일반적인 전략을 사용한다는 것은 교사들이 주의집중을 중요시한다는 증거다.

불행히도 학습장애 학생들의 주의집중 능력에 관한 초기 연구들은 일관된 결과를 보여 주지 못하였다(Zentall, 1986). 연구의 대부분은 주의집중 능력의 반대 개념인 학습장애 학생의 산만함을 연구하였다. 예를 들면, 많은 연구들은 학습장애 학생의 행동에 대한 교사의 평정(rating)을 사용했는데, 자료 수집 결과 교사들은 학습장애 아동이 비장애 아동보다 더 산만해지기 쉽다고 평가하고 있었다(Bender & Wall, 1994).

그러나 몇몇 연구자들은 산만함을 좀 더 직접적으로 연구하여 의도적인 방해물을 포함시키거나 과제를 지엽적으로 구성하였다. 연습용 과제는 주변의 방해물이 학습장애 아동의 학습을 저해하기보다 방해 요인이 학습을 활성화시키는 것으로 나타났다(Zentall, 1986). 즉, 방해 요건은 학생들이 더욱 적극적으로 주의집중을 하도록 하는 원동력이 되는 것 같았다.

또한 몇몇 교사들은 학습장애 학생이 환경 내 방해 요건에 높은 수준의 반응을 보이지 않는다고 지적하였다(Bender & Wall, 1994). 해당 결과는 초기 교사평정이 다른 학생보다 학습장애 학생이 쉽게 산만하게 된다고 했던 것과 정반대의 내용이다. 학습장애 학생의 주의집중 능력에 대한 확실한 결론은 후속 연구를 기다려야 할 것 같다. 교사로서 당신은 여기 언급되고 있는 전략을 사용하여 학습장애 학생의 주의집중을 지속적으로 도와주고 싶을 것이다. 분명히 교실 문을 닫는 것은 아동의 과제집중 능력을 향상시키고, 일부 연구는 이러한 유형의 전략들이 상위 수준의 집중을 도와준다고 설명하고 있다.

선택적 주의집중

선택적 주의집중(*selective attention*)은 주위의 모든 다른 자극들을 무시하고 자극의 중요한 면을 발견할 수 있는 능력이다. Hagen(1967)은 이러한 종류의 집중력을 측정하는 방법을 개발하였는데, 그것은 학생이 우연히 기억하는 사물의 수와 관련하여 특정 사물을 의도적으로 기억하는 능력을 평가하는 데 초점을 맞추고 있다. 학습장애 연구에서 선택적 주의집중의 중요성 때문에 여기에서 고전적인 연구를 하나 살펴보고자 한다.

Hallahan, Gajar, Cohen과 Tarver(1978)의 초기 연구는 선택적 주의집중에 관한 연구에서 핵심적이다. 그들은 Hagen(1967)의 연구를 응용하여 중추적 회상(central recall)과 우연적 회상(incidental recall)을 측정하였다. [그림 3-2]에 제시되어 있듯이 우연연구자들은 7개의 가정용품과 동물을 짝지어 놓은 그림 카드를 제시하였다.

자극 카드 한 장당 12초씩 학습장애 아동과 학습장애가 아닌 아동에게 보여 주었다. 여기서 사용된 카드는 모두 18장이다. 학생들은 오직 동물에만 주의를 기울이고 동물 그림이 나타난 순서를 기억하도록 요청받았다. 처음 4개의 카드는 연습용이고 나머지 14개의 카드는 실제 검사용이다. 아동에게 동물 그림에만 집중하도록 요청하였기 때문에 정확한 반응을 보인 비율은 중추적 회상을 나타낸다. 이 활동의 마지막에 학생들은 아래 칸에 동물이 그려져 있고 위 칸은 비어 있는 짝으로 된 7장의 카드를 받게 된다. 또한 학생은 가정용품이 그려진 7장의 카드를 받아 빈 칸에 알맞게 동물 그림과 짝을 맞추도록 요청받게 된다. 이 자극은 우연히 기억하게 되기 때문에 정확히 짝을 맞춘 점수는 우연적 회상이 된다. 연구결과, 학습장애

[그림 3-2] 선택적 주의집중 측정 카드의 예

아동은 우연적 회상에 있어 다른 아동과 유사한 수준을 보이지만 중추적 회상과 선택적 주의집중은 다른 아동들보다 낮은 점수를 보였다. Hallahan과 동료들은 학습장애 아동이 선택적 주의집중에서 문제를 보인다는 사실은 Torgesen이 그들을 수동적 학습자라고 개념화했던 것을 지지한다고 서술하였다.

최근의 뇌 기능 관련 연구들은 뇌가 어떻게 다양한 자극을 선택적으로 받아들이는가를 이해하는 데 많은 기여를 하였다(Bender, 2002; Sprenger, 2002, 2003; Sousa, 2005, 2006; Wolfe & Nevills, 2004). 해당 뇌 연구들은 선택적 주의집중 과정이 상당히 복잡하다고 밝히고 있다. 실제로 선택적 주의집중에는 다음에 언급하는 최소 3개의 각기 다른 신경계 조직이 관여하고 있다(Sousa, 2006, p. 46).

- 경계 조직(*alerting network*): 중요하지 않거나 배경적인 자극을 억누르기
- 방위 조직(*orienting network*): 감각적 자극을 처리하기 위한 준비하기
- 실행 감독(*executive control*): 기억이 처음 발생하는 대뇌 변연계를 연결하고 뇌의 다른 부분의 신경계 과정을 감독하기

그러나 뇌 기능에 관련된 계속되는 연구들로 위의 세 신경계 이외에 더 많은 부분이 뇌 기능과 관련되어 있음이 밝혀지고 있다. 예를 들면, 우리는 이제 뇌가 다

양한 감각적 자극에 어떻게 관여하는지를 알고 있다. 냄새 이외의 모든 감각을 통해 들어온 정보는 동일한 일반적 방식에 의해 뇌에 처음 받아들여지고 전달된다(Sprenger, 2003; Sousa, 2006). 첫째, 감각기관을 통해 정보가 들어오면 뇌로 전달되고 간뇌(thalamus)라고 불리는 뇌 부분으로 들어간다. 이 부분은 정보를 추리고 시각적 정보는 대뇌피질의 시각 부위로, 청각적 정보는 청각 대뇌피질로, 감각적 정보는 소뇌(cerebellum)와 운동 대뇌피질로 보낸다. 공포와 관련되거나 즉각적인 집중을 요하는 정보를 받게 되면 그물 모양의 활성화 체계라 불리는 두뇌체계에서 즉시 효과적으로 주의집중을 하도록 하는 화학적 신경전달물질을 내보낸다. 따라서 이러한 **망상 활성화 체계**(*reticular activating system*)는 뇌가 공포와 관련된 정보에 즉각적으로 반응하도록 하여 생존하게 하고 공포가 아닌 정보를 분류하여 다음 과정을 진행하게 한다(Sprenger, 2003).

선택적 주의집중은 학급에서 매우 중요한 기술이다. 예를 들면, 대통령, 부통령, 임기 등을 칸으로 나열하는 것과 같이 칠판에 정보가 가득한 경우 학생들은 정보의 폭탄을 맞는 격이다. 1862년 부통령의 이름을 기억하는 것은 선택적 주의집중의 절차다. 즉, 학생들은 필요한 정보를 선택적으로 하나하나 절차를 거쳐 찾아야 하고 그 외 모든 정보는 무시해야 한다. 학생은 대통령이 적힌 칸은 무시하고 날짜가 적힌 칸을 찾아 차례로 훑으면서 1862년이 포함된 임기의 부통령 이름을 찾아 읽어야 한다. 이는 매우 선택적인 과정이고 의도적인 일이다. 이러한 의도성은 수업 중 몇 초마다 마음이 수업내용을 벗어나려고 할 때도 발휘된다. 수업 중 강연자는 이전 수업이나 그날 있었던 학생들의 행동에 대해 상관없는 생각을 불러일으키는 말을 할 수도 있다. 성숙한 학습자는 마음이 벗어나 있음을 깨닫게 되면 의도적으로 자신을 수업 주제로 되돌리려 한다. 복도의 소리 대신 교사의 설명에 귀 기울이는 학생들도 같은 선택적 주의집중 능력을 발휘하고 있는 것이다.

주의력결핍 과잉행동장애

학습장애 학생의 집중문제를 논하면서 학습장애의 **공존성**과 주의력결핍 과잉행동장애(attention deficit hyperactivity disorder: ADHD)를 언급하지 않을 수 없다. 2장에 설명하였듯이 ADHD는 학습장애와 함께 나타나는 경우가 많다. Barkley(1990)는 ADHD 학생의 26% 정도가 학습장애 특성을 보이고 집중문제와 학습장애의 관계가 상대적으로 명확하게 정의되지 않는 이상 ADHD와 학습장애는 계속해서 혼동될 것이라 주장하였다.

McKinney, Montague와 Hocutt(1993)은 부주의한 것이 ADHD 학생의 특성 중 하나라고 설명하였다. 그러나 다른 연구자들은 학습장애의 공존성과 ADHD에 관해 논의하면서 이 두 유형은 같은 부류일 수도 있다고 주장하였다(Bender & Wall, 1994). 예를 들면, 1970년대와 1980년대에 교사는 아동이 집중에 문제가 있고 읽기 능력이 또래보다 몇 학년 뒤처지면 학습장애로 간주하곤 하였다. 당시에는 집중문제와 읽기 능력이 부족한 아동은 학습장애 학생을 위한 학급에 배치되었다. Stanford와 Hynd(1994)는 이러한 공존성 문제를 다루기 위해 세 집단의 학생을 비교하였다. 세 집단은 과잉행동을 보이는 주의력 결핍의 학생, 과잉행동을 보이지 않는 주의력 결핍 학생, 그리고 학습장애 학생이다. 부모와 교사의 평가에 따르면 과잉행동이 아닌 주의력 결핍 학생과 학습장애 학생은 매우 유사한 특징을 보였다. 그러나 해당 두 집단의 주의집중 능력에는 중요한 차이가 있었다. ADHD와 학습장애의 공존성에 관해서는 앞으로 계속 연구가 진행되겠지만 학습장애 학생에게 나타나는 수많은 주의집중 문제에 대해서 대비하고 있어야 할 것이다.

집중에 관한 연구 요약

수많은 증거들이 학습장애 학생이 집중에 관한 여러 문제를 가지고 있음을 보여준다. 그들은 다른 아동보다 과제집중 능력이 약하다. 대다수의 연구에서 학습장애 아동은 쉽게 산만해진다. 마지막으로 학습장애 아동은 선택적 주의집중 능력도 낮고 중요한 집중 능력의 개발에 차이를 보인다. 분명히 향후 이 분야에 관한 지속적인 연구를 통해 학습장애 아동의 주의력 결핍에 대해 밝혀야 한다.

덧붙여 학습장애 아동의 집중력을 향상시켜 학업성취를 높일 수 있는 교수법에 대해서 [도움상자 3-3]을 참조하라.

도움상자 3-3

▶ **집중 관련 연구에 따른 교수 안내**

1. 수업과 토론 중 과제에 집중하도록 다양한 단서를 제공한다. '다음 핵심은……' '3번 문제 ~를 찾아보라.' 또는 '여기에 4개의 예가 나와 있다. 첫째……' 등의 단서는 학생들이 집중할 수 있는 단서가 된다.
2. 항상 아동의 시선이 과제를 따라가고 있는지 확인한다. 학생들이 독립적으로 자리에서 과제를 하면 교사는 계속 교실을 돌아다니며 학생들이 과제를 하고 있는지 확인한다.
3. 외부 자극을 최소화한다. 창 밖에서 다른 학급이 야외 활동을 하고 있다면 커튼을 내리는 것이 좋다. 학급 내 일상 소음을 감출 수 있는 배경 음악을 사용하는 것도 고려해 볼 만한다.
4. 어떤 자극에 관심을 가질지 어떻게 아는가를 학생들에게 질문한다. 선택적 주의집중 전략에 대해 학급에서 토론한다.
5. 특별한 집중전략을 사용한다. 예를 들면, 집중에 문제를 보이는 학생을 위해 학습지마다 색깔펜으로 지시를 적는다.
6. 학생들과 '집중하기(*paying attention*)'의 의미를 토의한다. 좋은 집중 기술을 가진 학생은 과제를 빨리 끝내고 자습할 시간을 더 받을 수 있는 이점이 있음을 보여 준다.
7. 자기점검(self-monitoring)을 사용해 집중하는 법을 가르친다(11장 참조).

✻ 학습장애 아동과 기억

기억 모델

학업적 학습에서 기억력의 중요성은 아무리 강조해도 지나치지 않다(Liddell & Rasmussen, 2005). 연구들은 읽기, 언어, 철자, 그 외 영역의 문제를 지닌 학습장애 아동 간의 기억력 결함을 연계해 왔다(Bender, 2002; Swanson, 1994). 우리의 학창시절을 떠올려보더라도 대부분의 학교 과제는 기억력을 요구하고 있음을 알 수 있다.

역사적으로 기억과정은 단기기억과 장기기억의 두 단계로 나뉘어 인식되어 왔다(Swanson, 1994). **단기기억**(*short-term memory*)은 제한된 양의 정보(6~8비트)를 제한된 시간 동안(보통 15초 이내) 저장하는 것을 말한다. **장기기억**(*long-term memory*)은 오랜 기간의 기억으로 정의된다.

최근 들어 정교하고 확장된 단기기억을 설명하는 작동기억(working memory)이라는 개념이 사용되고 있다(Sprenger, 2002; Sousa, 2005, 2006; Swanson, 1994). 작동기억은 단기기억 내 소량의 정보를 기억하며 다른 정보와 통합하며 활용하는 능력을 뜻한다. Swanson(1994)은 학습장애와 비장애 학생의 단기기억과 작동기억 과제를 비교하여 두 집단 모두 단기기억보다 작동기억이 읽기 기술에 더 영향을 미친다는 것을 발견하였다. 다시 말하면, 별개 사실에 대한 단기기억은 사전 지식과 정보를 통합하는 데 필요한 단기기억 결합보다 덜 중요하다는 것이다.

기억력 또한 세 가지의 상대적으로 분리된 절차에 의한 개념으로 볼 수 있다. 암호화(*encoding*)는 받아들인 감각을 저장하기 위해 표상 양식으로 바꾸는 것을 뜻한다. 학생이 중요한 절을 기억하기 위해 핵심 단어를 고르는 것이 암호화 과정의 예다. 저장(*storage*)은 기억의 영속성을 뜻하고, 회상(*retrieval*)은 기억으로부터 암호화된 자극을 다시 떠올리는 것이다(Torgesen, 1984).

Sousa(2006)는 기억의 다양한 측면을 고려한 좀 더 최신의 기억과정에 관한 모델을 제시하였다. 이 모델은 인간의 기억이 어떻게 작동되는가를 밝히려는 연구에 의해 알려진 가장 최신의 사실들을 바탕으로 한 것으로 [그림 3-3]에 제시되어 있다. 그림에서 나타난 대로 정보는 감각(왼쪽의 5개 화살로 표시)을 통해 외부 환경으로부터 뇌로 전달된다. 이 정보는 즉각 빗살무늬 표시의 감각 등록기를 통과하게 된다. 과거의 경험을 통해 정보가 중요하다고 생각되면 자극은 감각 등록기를 지난다. 반대로 자극이 중요하지 않다고 판단되면 정보는 무시되고 기억에 저장되지 않는다. Sousa(2006)는 감각 등록기의 모든 활동은 무의식적으로 이루어지고 임시적으로 뇌에 등록된 많은 자극들은 결국 의식되지 않은 채 제거된다고 가정하였다.

일단 자극이 감각 등록기를 통과하면 단기기억 안에 짧은 시간(보통 3~7초) 동안 기록된다(Sousa, 2006). 클립보드로 나타낸 단기기억은 감각 등록기를 지나 저장의 연속으로서의 역할을 한다. Sousa의 모델에 따르면 단기기억은 무의식적 과정이다.

반면 작동기억은 의식적 과정으로, 인간은 감각을 통해 자극(혹은 새로운 지식)을 받아들여 이전 지식을 바탕으로 새로운 자극에 의미를 부여한다(Sousa, 2006). 예를 들면, 교실에서 학습을 하기 위해서는(즉, 장기기억에 저장하려면) 학생이 새로운 지식을 이해할 수 있어야 한다. 이때 새로운 지식은 학생이 이미 알고 있는 개념이나 내용에 비춰 이해할 수 있는 것이어야 한다. 또한 새로운 지식은 반드시 의미가

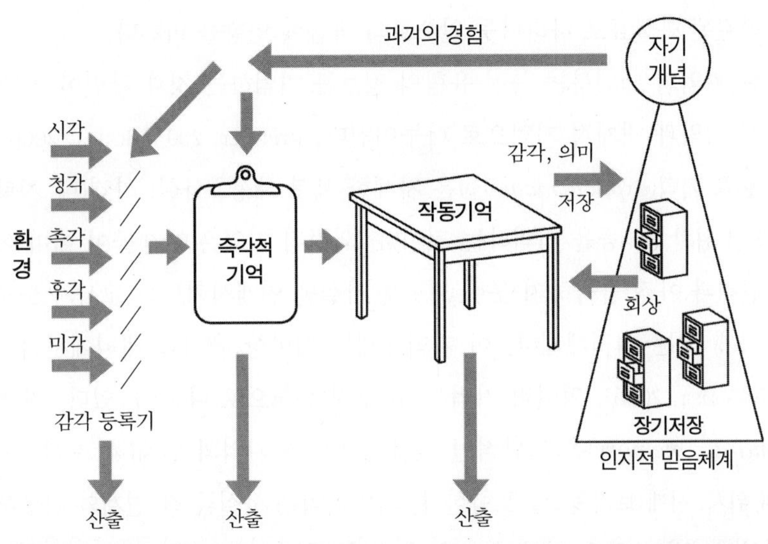

[그림 3-3] Sousa의 정보처리 모델

출처: *How the Brain Learns*, 3rd ed., by D. A. Sousa, 2006, Thousand Oaks, CA: Corwin Press에서 허락하에 전재.

있어야 한다. 학생의 질문에 답할 수 있거나 학생이 알고 있는 지식의 빈 공간을 채워 줄 수 있어 학생이 배우기 원하는 것이어야 한다. 그림에서 작업대는 자극을 이미 알고 있는 어떤 사실 안에 위치시키려는 개인의 의식적 노력을 나타낸다.

어찌 보면 이러한 작동기억의 구조는 모든 자극이 이미 학습하여 알고 있는 지식과 새로운 지식 사이의 의미 있는 관계를 바탕으로만 학습될 수 있다고 주장한다는 점에서 구조주의적 관점(1장 참조)을 간결하게 표현하고 있다고도 볼 수 있다(Sousa, 2006). 만일 감각과 의미가 새로운 지식과 연합한다면 장기기억에의 저장은 매우 성공적일 것이다. 그렇지 못하면 새로운 지식은 기억체계 밖으로 떨어져 버린다. 따라서 감각과 의미의 결합은 학습에 매우 결정적인 관건이다. Sousa의 모델(2006)에서는 부호화와 회상 모두를 작동기억의 기능으로 보고 있다. 이러한 뇌 중심의 기억 연구에 바탕을 둔 교수적 제안들은 주로 학생이 새로운 지식에 감각과 의미를 부여하는 것을 돕는 것을 강조한다.

장기저장은 Sousa의 모델에서 서랍을 채우는 것으로 표현되고 있음을 주목하라(Sousa, 2006). 이는 지식이 다른 연관된 지식들과 연계되어 통제되는 체계이고 즉각적으로 회상하는 것이 가능함을 의미한다. 또한 장기기억 저장은 개인의 인지적 체계, 자기개념, 과거 경험의 일부이고, 장기저장으로부터 감각 등록기와 단기기억으로 연결된 화살표로 나타나듯 앞으로의 학습에 영향을 미친다.

또 다른 기억의 개념화는 특정 유형의 정보를 기억하는 것과 관련이 있는데, 이는 외현적 기억과 내재적 기억으로 나누어진다(Sprenger, 2003; Sousa, 2006). 예를 들면, 외현적 기억(*explicit memory*)은 자세한 세부 내용, 사실, 사건(예: 사람 이름, 친구네 집의 위치 등) 등을 기억하는 것이다. 외현적 기억은 학생들이 이미 아는 사실이나 원칙과 아직 습득하지 못한 새로운 사실을 연계시키도록 교사가 도움을 줄 때 자극하게 되는 기억체계다. 이 기억체계는 해마상 융기와 대뇌에서의 과정을 포함한다(Sousa, 2006). 외현적 기억은 두 가지 유형으로 나눌 수 있다. 첫째, 의미기억(*semantic memory*)은 일반적인 사실적 기억과 기억의 연계(예: 오리건 주의 지도에서의 위치, 시계 보기 등)를 포함한다. 의미기억은 사실들 간 연계와 관련되기 때문에 연상기억법과 같은 전략이 도움이 된다. 둘째, 일화기억(*episodic memory*)은 위치 및 환경과 관련된 기억이다. 예를 들면, 어제 오후 1시에 무엇을 했는지 질문하면 우선 어디 있었는가를 떠올리고 그곳에서 했던 활동이 무엇인지 생각할 것이다(Sprenger, 2003).

내재적 기억(*implicit memory*)은 비사실적 정보(예: 야구공을 어떻게 치는가)에 대한 기억으로서 기억의 종류에 따라 다양한 영역의 뇌를 사용하게 된다. 즉, 야구공을 어떻게 치는가에 관한 내재적 기억은 운동 피질과 대뇌에서 작용하여 나타나지만, 다른 유형의 내재적 기억은 뇌의 다른 부위를 통해 이루어진다. 오늘날 연구자들은 내재적 기억을 세분하여 다음과 같은 다양한 영역으로 나누고 있다(Sousa, 2005).

- 절차상의 기억(*procedural memory*): 운동 기술을 학습하는 것과 관련(예: 공치기, 운전하기)
- 지각적 등록기억(*perceptual register memory*): 이전 경험에 의해 촉진될 수 있는 단어와 사물의 구조와 형태와 관련. 또한 단어를 완전히 단편적으로 쪼개는 능력과도 관련
- 연합적 학습(*associative learning*): Pavlov의 조건(예: 조건자극과 무조건자극이 짝을 이루어 제시되는 경우)으로부터 기인한 기억과 관련
- 비연합적 학습(*nonassociative learning*): 대략적으로 기억하고 정보를 선별하는 뇌의 경향과 관련(예: 도시의 소음)

학습장애 학생의 기억에 관한 연구

몇몇 연구들은 기억에 관한 연구를 요약하면서 학습장애 아동은 장기기억에서 눈에 띠는 어려움은 없다고 제안하였다(Cutting, Koth, Mahone, & Denckla, 2005; Swanson, 1994; Sousa, 2001). 이는 동기, 선택적 주의집중 혹은 기억을 위한 부호화 능력 등을 조작하면 학습장애 아동의 기억력이 향상되어 장애가 없는 아동과 동등한 수준을 보인다는 다수의 연구결과로 입증되었다(Swanson, 1994).

물론 학습장애 아동의 기억문제는 양면적이다. 학습장애 아동은 기억 저장을 위해 정보를 부호화하는 작동기억에 문제가 있어 이러한 의도적인 정신적 노력을 하려는 동기가 감소하는 듯 보인다(O'Shaughnessy & Swanson, 1998). 예를 들면, 몇몇 연구들은 기억전략을 사용하면 학습장애 아동이 장애가 없는 아동만큼 기억 과제를 수행할 수 있다고 주장하였다(Swanson, 1999). 이 연구들은 기억 부호화 전략이 학습장애 학생에게 특히 효과적이라고 설명하였다. 다시 말하면, 학습장애가 없는 학생은 말해 주지 않아도 정보를 부호화하는 방법을 사용하지만 학습장애 아동은 그렇지 못하다. 결론적으로 기억전략을 가르쳐 사용하게 하면 학습장애 아동의 기억력은 향상되지만 일반 아동은 일정 수준을 유지하게 된다. 따라서 기억력을 필요로 하는 과제를 수행할 때 전략을 가르쳐 학생을 돕는 것은 확실히 학습장애 학생에게 유용한 교수법이다.

이러한 기억과 관련된 연구는 1장에서 논의했던 학습장애의 초인지적 관점과 관련이 있기도 하다. 그런데 초인지적 관점은 기억전략의 제공으로 아동의 기억을 향상시킨다고 제안하고 있으므로 본질적으로 낙관론적 관점이라 할 수 있다.

Torgesen(1994)의 학습장애 아동들의 기억 기술에 관한 연구는 이러한 낙관론적 관점의 훌륭한 예다. 초기 연구에서 Torgesen과 동료들(1979)은 학습장애 아동과 일반 아동 간의 암기력의 차이는 두 집단의 아동이 모두 일반적인 기억전략(*memory strategy*)을 사용하면 제거될 수 있다고 주장하였다. 각 집단은 19명의 아동으로 구성되고 두 개의 과제가 주어졌다. 하나는 24개의 일반적 사물 그림이다. 각 사물은 6개의 큰 부류 중 하나에 속하는 것들이다. 연습한 다음 아동이 자극 카드를 보고 각 그림의 이름을 말하도록 한 뒤 3분간 시간을 주고 나중에 기억할 수 있게 카드를 익히라고 주문한다. 그 결과, 학습장애 아동은 일반 아동보다 부적절하게 수행하였고 기억력에 문제를 보였다. 그러나 절차는 다시 반복된다. 이번에

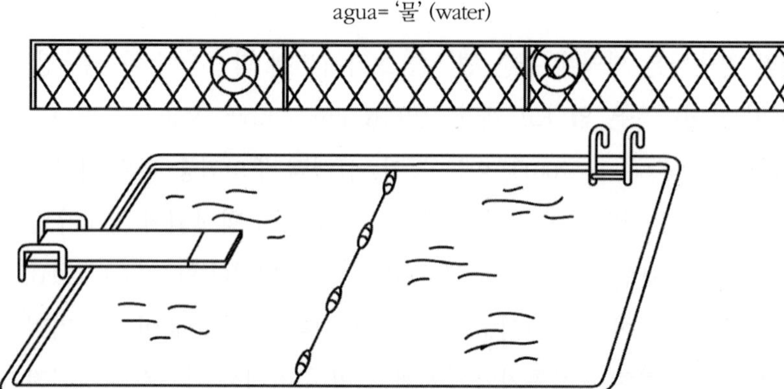

[그림 3-4] agua= '물' 을 나타내는 기억연상 핵심단어법

는 학생들에게 카드를 비슷한 것끼리 묶어 집단화하도록 한다. 그리고 즉각적 회상 정도를 측정한다. 결과적으로 학습장애 아동은 카드를 분류하는 등의 기억전략을 제공하면 같은 수준으로 카드를 회상하는 것으로 나타났다. 이 연구와 그 후속 연구들(Torgesen, 1984)은 학습장애의 초인지적 관점을 지지하고 학습장애에 대한 낙관적 예측을 가능케 했다. 이러한 연구들은 학습장애 학생에 대한 기억전략과 다른 관리전략 사용의 기초가 되었다. 기억전략의 제공은 대부분의 학습장애 아동의 적절한 기억 활동을 촉진하는 것으로 보인다.

Scruggs, Mastropieri, Sullivan과 Hesser(1993)는 학습장애 학생이 해설적 이야기에서 얻은 사실적 정보를 회상하는 것을 돕기 위해 말뚝어(pegword)와 핵심단어법(keyword method)과 같은 전략을 사용하였다. '핵심단어' 또는 '말뚝어' 는 기억해야 하는 단어 혹은 사실적 내용과 같은 소리가 나는 단어다. 예를 들면, 스페인어 'agua' 는 물이라는 뜻이다. 이 단어를 기억하기 위해 학생은 'aqua' 라는 말뚝어(기억할 단어와 비슷한 소리를 가짐)를 사용해 [그림 3-4]와 같은 파란 물이 담긴 수영장 그림을 형상화하여 기억하게 된다.

유사한 연구들에서 Scruggs와 동료들은 이 방법의 효과를 입증하였다. 공룡에 관한 글을 읽고 회상하는 실험에서 가장 훌륭한 성적을 거둔 집단은 사실적 정보의 내용과 연관된 그림과 짝을 이룬 말뚝어를 사용한 집단이었다. 이 연구들은

Torgesen의 초기 기억에 관련된 연구와 마찬가지로 학습장애 학생의 작동기억은 적절한 교수적 방법에 의해 의미 있는 향상을 할 수 있음을 보여 주고 있다.

교수적 고려

이러한 기억 모델을 염두에 두면 학습장애 아동을 가르치는 데 도움이 되는 교수적으로 고려할 만한 방법이 많이 있다. 예를 들면, 최근 떠오르는 뇌 기반의 학습 연구는 학습의 최고의/최근의 효과에 대해 보고하고 있다(Sousa, 2006). 일반적으로 아동은 수업 중 처음에 배운 정보를 가장 잘 기억하고(즉, 최고의 효과), 수업의 마지막에 가르쳐진 정보를 그다음으로 기억하며(최근의 효과), 수업의 중간에 지도된 정보는 잘 기억하지 못한다고 한다. 이러한 지식을 바탕으로 성공적인 교사는 의도적으로 기억을 향상시킬 수 있도록 시간을 최대한 활용할 수 있게 수업을 구성할 것이다. 가장 중요한 새로운 정보는 수업의 초반에 토의, 시각적 전시 그리고 다양한 기술을 활용하여 가르친다. 수업의 중간 비가동시간(downtime)에는 새로운 지식에 대해 서로 토의하도록 하여 이해를 촉진시키는 방법을 사용한다. 마지막으로 새로운 정보는 수업이 끝나가는 마지막에 직접적으로 가르쳐 두 번째 학습 기회(즉, 최근의 효과)를 활용한다. 뇌 기반의 기억 관련 연구들은 그 외에 다수의 교수적 제안을 하고 있는데 그중 몇 가지가 [도움상자 3-4]에 제시되어 있다.

●●●● 도움상자 3-4

▶ 기억 연구에 따른 교수 안내

뇌 기반의 학습 연구는 학급에서의 학습을 최대화하기 위한 특별한 방법을 제안하고 있다(Sousa, 2006). 교사는 학급에서 이러한 방법을 활용하도록 노력해야 한다.

I. 감각과 의미를 증대시키는 데 수업의 마지막 시간을 활용하라.

A. 마무리는 학생이 배운 내용을 요약하기 위한 작동기억의 과정이다. 학생들은 마무리 활동을 통해 새로운 내용을 느끼고 의미를 부여하려는 노력을 해야 한다.

B. 마무리를 시작하기 위해 교사는 학생들에게 새로 학습한 내용에 집중하도록 지시한다. 예를 들면, 교사는 "지금부터 2분 동안 오늘 배운 행성에 관한 네 가지 사실을 떠올려 보렴. 그리고 그것에 대해 토의해 보자."라고 말할 수 있다. 이는 학생들에게 특정 지시를 하는 것이고 마지막에 토의할 것임을 언급함으로써 학생들이 자신의 학습에 책

임을 지도록 하고 있다.

C. Sousa(2005)는 마무리가 복습과 다르다고 지적하였다. 마무리에서 학생은 스스로 공부하지만 복습은 교사가 토론을 이끌게 된다.

D. 교사는 수업의 중간에 마무리 활동을 다양하게 활용할 수 있다. 교사는 하나의 개념에서 다음 개념으로 넘어가며 수업 중 마무리 활동을 사용할 수 있다. 교사는 학생들에게 "계속하기 전에 처음 세 가지 지침을 떠올려보자."라고 말할 수 있다. 마무리는 수업의 마지막 시점에서 모든 개념을 연결시켜 전체적 의미를 부여하기 위해 활용될 수도 있다.

II. **최고의/최근의 효과를 사용하라.**

A. 교사는 항상 새로운 것을 처음에(학생들을 집중시킨 후) 가르치도록 노력해야 한다.

B. 교사는 수업 도중 비가동시간에 새로운 개념에 대해 학생들이 연습할 수 있도록 수업을 구성해야 한다(Sousa, 2006).

C. 교사는 수업의 마지막에 이르면 다시 한 번 새로 배운 내용을 다루어야 한다. 이 시간에 각 학습자들은 새로 학습한 내용을 터득하고 의미를 발견한다.

D. Sousa(2005)는 최적의 수업시간은 약 20분이라고 하였다. 이 시간 동안 학생들은 최고의 효과를 수업 처음 10~12분 사이에 경험하게 되고, 다음 2~3분은 비가동시간이며, 나머지 3~5분은 최근의 효과를 경험할 수 있는 시간이다. 수업이 더 긴 시간 지속되면 교사는 40분 수업을 20분씩 나누어 사용할 수 있다.

III. **기억 유지를 위한 반복연습의 사용이 필요하다.**

A. 간단한 사실적 내용은 단순한 반복으로 기억된다(전화번호, 날짜 등).

B. 축적적 반복은 처음 몇 줄(노래, 시 등)을 연습하고 다음으로 넘어가는 방식으로 한다(Sousa, 2005). 이는 정교하게 구성된 내용을 암기하는 데 효과적이다.

C. 정교한 시연은 학습내용 중 특정 부분에 영향을 미친다. 여기에는 바꾸어 쓰기(말하기), 예측하기, 질문하기, 요약하기 등이 포함된다(Sousa, 2005). 이러한 방식의 시연과 11장에서 설명하고 있는 상보적 교수법(reciprocal teaching technique)의 유사점을 인식하라.

D. 교사는 필요하면 학생들에게 이러한 특정 전략을 상기시키고 시간을 제공하여 학생들이 새로운 개념에 적용하도록 해야 한다.

✻ 학습 양식

거의 모든 교육자들은 학생들마다 학습하는 방법이 다르다는 것을 알고 있고 지난 20년간 학생이 개념적 내용을 습득하는 데 선호하는 방식이 있음을 설명하기 위해 학습 양식(*learning style*)이라는 용어를 사용해 왔다(Sousa, 2006; Sprenger, 2003). 학습장애 분야의 많은 사람들은 교사가 학습장애 학생의 학습 선호도를 아

는 것이 더 좋은 교육적 프로그램을 계획하는 데 도움이 된다고 믿어 왔다. 그러나 어떤 학습 양식이 존재하는가에 대해서와 장애 학생의 전반적 교육에 있어 학습 양식의 중요성에 대해서는 논란이 있어 왔다. 더구나 학습 양식의 묘사에는 광범위하고 다양한 아이디어, 즉 학생의 색깔 선호도(즉, 특정 색깔이 더 진정 효과가 있어 기억력을 증진시킨다는 제안; Springer, 2003), 학생의 방 불빛의 색깔에 대한 선호도, 학급에서 편안한 음악을 듣는 것, 학습과정에서 다양한 아동이 사용하는 감각 등이 포함된다. 게다가 다양한 학습 양식을 설명하기 위해 과거에 사용되었던 다수의 개념이 이 분야에서 더 이상 사용되지 않는다. 여기서 다양한 학습 양식에 대한 접근 방식을 논의하는 것은 불가능하지만 학습장애 분야의 교사로서 이러한 개념을 알고 학습 양식에 대한 최근의 이론을 아는 것은 필요하다. 학습 양식을 설명하는 초기의 용어 중 일부는 [도움상자 3-5]에 설명되어 있는데, 주위에서 학습장애 학생을 언급하며 이러한 용어를 사용하는 것을 들을 수 있을 것이다.

도움상자 3-5

▶ 학습 양식에 대한 역사적 개념

1. 장 독립적/장 의존적

- 정의: 자극의 지각적 영역(또는 지각적 환경)으로부터 독립적 혹은 의존적으로 정보를 정리하는 능력
- 연구: 초기 연구들은 학습장애 학생이 더 장 의존적이라고 주장하였으나 최근에는 학습장애 학생들의 학습 양식을 검토하는 연구가 거의 없다.

2. 충동적/반성적

- 정의: 행동의 결과를 고려하면서 주변 환경의 자극에 즉각적으로 반응하는 경향
- 연구: 초기 연구들은 학습장애 학생이 반성적이기보다 충동적인 경향이 있다고 주장하였고, 이것이 학교에서 학습장애 학생의 시기적으로 나쁜 상황에서의 상호작용을 설명한다고 보았다. 그러나 이 변인에 대해서는 최근 연구가 이루어지지 않고 있다.

3. 인지적 양식

- 정의: 특정 사고방식에 의해 정보를 부호화하는 경향(예: 모르는 장소를 찾아가는 방법을 기억하려고 할 때 지나갈 모든 길을 차례대로 되뇌이며 청각적 사고를 하는가, 아니면 지도를 그려 공간적 사고를 하는가?)
- 연구: 이 변인에 대한 초기 연구는 단순히 학습장애 학생을 하나의 '인지적 양식' 내에 포함시키려 하였다. 그러나 앞선 학습 양식들과는 달리 이 분야의 연구는 계속 진행 중이다.

최근 들어 학습 양식에 대한 다른 개념들이 뇌 기능에 관한 연구와 관련하여 나타나고 있다. 학습장애 학생을 위한 가장 효과적인 학습 양식적 접근은 아마도 Sprenger(2003)에 의해 설명되는 선호적 학습 경로에 대한 고찰일 것이다. Sprenger는 다양한 감각적 체계에 의한 특정 학습 선호도를 묘사함으로써 단순하고 직접적으로 학습 양식에 접근하고 있다. 예를 들면, 어떤 학생은 시각적 기억 선호를 통해 더 잘 배우는 것처럼 보인다. 그들에게는 글 중심의 학습(즉, 학교에서 강조되는 이해를 위한 읽기) 또는 그래픽/차트 중심의 학습(그래픽 조직자 사용과 같이 학교에서 더 강조되기 시작한 것들)이 학습을 활성화하는 데 최상으로 여겨진다. 일부 연구자들은 학습장애 학생이 글로만 배우는 것보다 그래픽/차트로 된 학습을 선호한다고 하였고(Boon, Ayers, & Spencer, 출판 중), 학습장애 학생에게 그래픽 조직자를 사용한 최근의 연구는 이러한 학습 양식에 대한 관점을 지지하고 있다.

Sprenger(2003)가 또 다른 선호되는 학습 양식으로 지적한 것은 청각적/구두적 기억 선호다. 이는 사실적 내용과 개념을 학습할 때 주제에 대해 듣고 말하는 두 가지 활동을 포함한다. 이러한 학습 양식을 선호하는 학생들은 다른 학생들과 두려움 없이 해당 주제에 관해 듣고 말할 기회를 얻었을 때 가장 잘 습득하는 것처럼 보인다. 이러한 학생들은 전형적으로 꽤 풍부한 어휘력을 갖고 있고 적절한 높낮이, 음색, 리듬에 맞추어 말을 한다(Sprenger, 2003). 그러나 이러한 학습 양식을 선호하는 학생들은 다양한 소리에 지나치게 민감하고, 따라서 학급의 일반적인 소음이 방해가 될 수 있다.

Sprenger(2003)가 지적한 세 번째 학습 양식은 운동감각적/촉각적 기억 선호다. 이러한 양식을 선호하는 학생들은 움직임과 연관시켜 지식을 제시하는 것을 선호한다. Sprenger(2003, p. 38)는 이를 “몸 전체로 학습하기”라고 언급하였다. 역사적으로 과잉행동의 일정 수준이 학습장애 학생과 연관되어 있다고 인식되었기 때문에 많은 교사들은 학습장애 학생에게 학습내용이 움직임으로 제시될 때 가장 잘 학습한다고 믿어 왔다. 예를 들면, 교사들은 음수와 양수의 더하기를 가르칠 때 학생의 책상에 숫자가 적힌 줄을 사용한다. 운동감각적/촉각적 양식을 선호하는 학습장애 학생을 위해 바닥에 크게 숫자가 적힌 테이프를 사용하게 되면 학생들이 실제로 +3과 -4를 움직여 더하는 활동을 할 수 있어 더 좋다. 이러한 학습 양식을 선호하는 다른 학생들은 그림이나 그리기로 개념을 나타낼 때 가장 잘 학습한다.

뇌 연구의 발달로 많은 연구자들이 학습 양식 선호에 대한 교수적 제안을 제시

하였는데(Sprenger, 2003; Sousa, 2006) 이는 [도움상자 3-6]에 서술되어 있다. 그러나 학습 양식에 대한 연구가 지금도 계속되고 있고 교사들은 다양한 학습 양식의 연구가 원하는 만큼 확실한 것은 아니라는 것을 인식할 필요가 있다. 사실은 학습장애 학생들의 학습 양식 선호에 대한 다수의 제안들은 수시로 바뀌는 이 분야의 개념을 바탕으로 한 아직 완성되지 않은 것들이다. 의심할 여지없이 이 분야의 학습장애 학생에 대한 더 많은 연구가 진행될 필요가 있고, 계속되는 뇌 기능에 관한 연구는 앞으로 학습 양식에 관한 주제를 분명히 밝히는 데 도움을 줄 것이다.

●●●● 도움상자 3-6

▶ **학습 양식 연구에 의한 교수 안내**

비록 학습 양식에 대한 연구가 결론지어지지는 않았지만, 이 연구를 바탕으로 몇몇 이론가들은 교수적 전략을 제안하고 있다(Sousa, 2006; Sprenger, 2003). 다음은 이러한 제안을 적용한 종합체다.

1. 뇌의 양반구가 지닌 학습적 잠재성을 존중하기 위해 모든 교사는 강의식 설명에만 의존하기보다 초기 교수에서 시각적이고 언어적인 두 가지 방법을 모두 적용해서 문제의 예를 설명해야 한다.
2. 읽기훈련에서 모든 학습장애의 학습 양식을 진단하여 수용한다. 오랫동안 과제를 지속할 수 없는 충동적인 아동을 위해 짧은 시간 동안의 과제도 계획한다.
3. 아동의 선호도를 바탕으로 다양한 사회적·교수적 집단을 구성하여 읽기와 다른 과제활동에 활용한다.
4. 우뇌 중심의 아동을 위해 언어-경험적 접근과 촉감-운동적 자원을 활용한 총체적 읽기전략을 사용한다.
5. 학습 양식적 선호도의 약점과 강점 모두를 확장시키고 강화하기 위한 노력으로 각 학습 양식을 위한 교수적 활동을 구성한다.
6. 아동이 다른 가능한 해결책과 선택적인 다른 대안을 찾는 것을 격려하는 동안 충동적인 답은 무시하는 것을 배워라.
7. 아동의 교수적 요구를 인식하기 위한 노력으로 비공식적인 학습 양식 선호 진단을 반복하라.
8. 교사가 자신의 학습 양식에 따라 가르치려는 경향이 있음을 알고 다양한 다른 학습 양식도 포함시킬 수 있도록 의도적으로 노력하라.
9. 기회가 있을 때마다 내용(content)을 의미하는 행동을 사용하라.
10. 학생들이 짝을 지어 서로에게 어려운 개념을 설명하도록 하라.

✻ 언어 연구

학습장애 학생을 가르치는 교사로서 확장된 시각을 가지고 바라보아야 하는 인지적 특성의 한 분야는 언어다(Sousa, 2006). 비록 모든 학습장애 아동이 언어적 결함을 보이는 것은 아니지만 역사적으로 언어지체와 언어의 부적절한 사용은 학습장애 분야의 관심사였고 많은 학생이 이 부분에 문제를 보이고 있다(Silliman & Scott, 2006).

1장에서 살펴보았듯이 학습장애 아동에게 관심을 보인 초기 집단의 하나는 언어적 발달에 관심이 있었던 전문가들이었다. 그들은 Kirk와 Osgood으로 대표되는데 학습장애 아동의 학업 문제의 주요 원인으로 언어적 지체를 지목하였다. 이러한 관점은 학습장애 분야에서 언어의 중요성을 강조하였고 이와 같은 주장을 지지하는 증거들도 제시되었다. 예를 들면, Sousa(2001)는 철자를 거꾸로 뒤집어쓰는 문제는 아동이 소리 내어 읽지 않더라도 아동의 뇌가 글자를 해석할 때 어떤 글자들은 소리가 비슷하게 들린다는 사실에서 기인할 수 있음을 지적하였다. 이는 일부 읽기장애의 경우에 해당하는 것이다. 다른 연구자들은 대부분 학습장애의 토대가 되는 언어적 해석에서의 다양한 문제들을 지적하였다(Abrahamsen & Sprouse, 1995; Mather & Roberts, 1994; Silliman & Scott, 2006; Ward-Lonergan, Liles, & Anderson, 1999). 분명히 언어는 학습장애 연구 분야에서 주목받아 왔고 또 앞으로도 계속 주목받을 특성 중 하나다.

우선 언어 연구에 사용되어 왔던 다양한 용어의 정의를 순서대로 살펴보자. 첫째, 의미를 가진 최소 단위는 음소(phoneme)라고 한다(Bender & Larkin, 2003; National Reading Panel, 2001). 음소는 인쇄용 활자가 아니고 특정 철자와 연관된 말소리를 적은 것이다. 예를 들면, c/a/t이라는 단어는 3개의 음소를 가지고 있는 반면 c/o/m/e이라는 단어도 마찬가지로 3개의 음소를 갖게 된다. 더 나아가 단어 c/a/t에 포함된 c는 at이라는 단어를 cat이라는 단어로 바꾸는 역할을 하고, 따라서 단어의 뜻도 달라진다. 이와 마찬가지로 영어 단어에서 복수형을 만들기 위해 붙이는 s도 하나의 음소로 간주된다. 모두 합치면 세상의 모든 언어는 약 90개의 음소를 가지고 있고 그중 단지 44개 음소만이 영어에서 사용된다(Sousa, 2001). 다른 연구자들은 영어의 음소 개수를 다르게 주장하기도 하는데, 예를 들면 전국읽기위원회(National Reading Panel, 2001)는 41개 음소가 있다고 설명하고 있다.

언어 문해와 읽기장애

학습장애 학생의 음소와 음운론적 인식에 대한 최근의 관심은 중요한 연구 노력의 다양성과 읽기 기술의 발달에 있어서 초기 문해력(early literacy)의 중요성을 이해하는 데 영향을 미쳤다(Bos, Mather, Silver-Pacuilla, & Nar, 2000; Kame'enui, Carnine, Dixon, Simmons, & Coyne, 2002; Silliman & Scott, 2006; Wolfe & Nevills, 2004). 초기 문해력은 언어와 초기 읽기 기술(early reading skills) 간의 관계에 의해 결정된다고 생각되었고, 연구를 통해 특히 언어적 지체를 보이는 어린 아동들의 경우 아동이 어렸을 때 노출된 언어환경과 그 이후에 보이는 읽기 기술 간에 처음 생각했던 것보다 더욱 밀접한 관계가 있음을 증명하였다(Silliman & Scott, 2006). 우선 예전보다 뇌에서 어떻게 언어적 절차가 활성화되는가에 대해서나 이러한 과정이 읽기와 어떤 연관이 있는지에 관해 더욱 확실히 이해하고 있다(Sousa, 2006; Wolfe & Nevills, 2004). 실제로 학생의 읽기 능력을 활성화시키는 뇌 부분과 구어 능력을 결정짓는 부분이 동일하다는 것을 알고 있다(Shaywitz & Shaywitz, 2006). 더구나 학생이 구어를 학습하는 과정에서 음소적 활용 기술을 완전히 발달시키지 못하면 읽기 문제를 보일 수 있고, 따라서 3, 4학년 때 학습장애로 진단받을 가능성도 높아진다. 이러한 사실을 알고 난 후 학생들의 음소적 활용 기술을 발달시키기 위한 다양한 평가와 교수적 기술이 개발되었고, 이러한 교수적 지원은 학습장애 학생에게 도움이 되었음이 연구결과 밝혀졌다(Kame'enui et al., 2002).

그러나 이러한 연구로 다른 시각들도 나타나게 되었다. 우선 연구자들은 효과적인 독자들의 읽기 방식에 관심을 갖게 되었다. 독자들이 문맥적 단서(context clues)를 중요하게 인식하기도 하지만 대부분의 거의 모든 독자들은 소리(sound)와 상징(symbol)의 관계(즉, 소리와 글자)를 바탕으로 단어의 글자를 해석하여 단어를 인식한다(Chard & Osborn, 1999). 즉, 음소의 차이를 구분하는 법을 배운 적이 없는 학생의 경우 읽기는 거의 불가능한 과제다. 다음으로 음소(*phonemes*: 단어의 말소리)와 문자소(*graphemes*: 소리를 나타내는 글자와 철자) 사이에 특정 규칙이 있음을 의미하는 알파벳 원칙(*alphabetic principle*)은 언어학습에 매우 중요한 요소다. 일반적으로 대부분의 어린 아동들은 정규 읽기훈련을 시작하기 전인 초기 문해 단계에서 알파벳 규칙의 기본 원리를 이해하기 시작한다. 그렇지 못한 아동의 경우 단어 인식의 초기 훈련 시 지체가 있을 수 있고 결국 학습장애를 초래할 수 있다. 이러한 이유로 지난 10년간 어린 학생들의 초기 언어와 언어발달에 관한 연구의 중요성이 증가되어 왔다.

음소적 문제

지난 10년간 학습장애 학생의 음소적 분석과 이용의 어려움에 대한 연구가 활발히 진행되어 왔다(Bender & Larkin, 2003; National Reading Panel, 2001). 이러한 방향의 연구들은 음소적 인식과 음소적 조작 기술의 어려움이 거의 모든 학습장애의 근본적 원인이라고 제안함으로써 학습장애 연구에 대한 궁극적 추진력을 제공하고 있다(Bender & Larkin, 2003; Chard & Dickson, 1999; Kame'enui, Carnine, Dixon, Simmons, & Coyne, 2002; Lyon & Moats, 1997). 연구들은 읽기장애를 가진 대다수의 아동이 음소적 구분과 조작 능력에 심각한 문제를 가지고 있다고 밝혔다(National Reading Panel, 2001; Sousa, 2005). 명백히 학습장애 아동은 말소리의 차이를 구분할 수 없는데, 이처럼 소리의 차이를 조작할 수 없다면 서로 다른 단어들이 다른 소리가 나는 것을 구분하려고 할 때 심각한 문제를 경험할 수밖에 없다. 이러한 단어 해석의 어려움은 심각한 읽기장애로 나타날 수밖에 없다.

학습장애 연구자들은 음소 인식(*phonemic awareness*) 혹은 음소 조작(*phonemic manipulation*)이라는 용어로 단어의 조작과는 다른, 말소리를 구분하고 조작하는 능력을 나타내고 있다. 비록 연구자마다 조금씩 다른 음소 조작 기술의 유형을 언급하고 있긴 하지만, Bender와 Larkin(2003)은 음소 조작의 기본이 되는 열 가지 기술을 다음과 같이 언급하고 있다.

1. 운율적 소리를 파악하기
2. 단어의 첫소리가 같음을 인식하기
3. 첫소리 분리하기
4. 두운과 각운 분리하기(두운은 단어의 첫소리이고 각운은 음절의 끝소리)
5. 중간/끝소리 분리하기
6. 단어 안에서 소리 섞기
7. 단어 안에서 소리 분절하거나 나누기
8. 음소 첨가(phoneme addition)

9. 음소 제거(phoneme deletion)

10. 음소 대체(phoneme substitution)

많은 연구들이 학습장애의 주요 원인으로 음소적 문제를 연구해 왔다. 음소적 교수에 관한 대표적인 연구에는 Kame'enui와 동료들(2002)의 연구가 있다. 음소에 기초한 교수는 읽기의 필수 기술이며 다수의 학습장애 학생이 갖고 있는 주요

도움상자 3-7

▶ 교수 안내: 음소 조작 교수 활동

음운 감지 전략(*A tactic for detecting rhyming sounds*)
학생들을 둘씩 짝짓는다. 한 명이 단어를 말하면 그 파트너는 음운을 말한다. 그다음엔 두 번째 학생이 단어를 고르고 상대 학생이 음운을 말해야 한다.

초성이 같은 단어 찾기 전략(*A tactic for recognizing the same initial sound in words*)
교실에서 한 줄로 앉은 학생이 한 팀이 되도록 학생들을 나눈다. 교사가 문장을 읽고 각 단어의 순서대로 첫소리를 말하도록 한다. 예를 들면, 'The ball rolled under the large truck on the highway.'라는 문장을 읽은 후 각 팀의 첫 번째 학생은 *The* 혹은 t/h 혼성자음의 첫소리를 말해야 한다. 두 번째 줄에 앉은 학생은 단어 *ball*의 첫소리를 말하고 이런 식으로 반복한다. 각 첫소리를 바르게 찾아내면 팀은 1점을 얻는다. 다음으로 두 번째 팀에는 다른 문장을 제시한다. 학년 수준에 따라 학생들이 문장을 기억하기 어려운 경우엔 칠판에 문장을 적어 줄 수 있다.

초성분리 전략(*A tactic for isolating initial sounds*)
학생들은 특히 음절이나 단어의 첫 부분에서 음소를 분리할 수 있어야 한다. 예를 들면, 음소 소리에 대한 질문을 통해 간단한 읽기 부분에서 글자 소리를 강조하도록 한다.

"단어 b/a/l/l에서 첫소리는 무엇이지?"
"같은 첫소리를 갖는 단어에 무엇이 있는지 말해 주겠니?"

음소대치 교수전략(*A tactic for teaching phoneme substitution*)
학급을 두 팀으로 나눠 팀 구성원에게 번호를 매긴다. 단어 목록을 사용해 단어를 말하고 첫 자음 소리를 대치하도록 한다. 그리고 첫 번째 팀의 1번 학생에게 "단어를 합쳐서 전체 단어를 읽어라." 하고 지시한다. 학생이 단어를 정확히 읽으면 그 팀은 2점을 얻는다. 만약 실패하면 팀의 도움을 받을 수 있다. 팀이 정확히 단어를 말하면 1점을 받는다. 그 다음 단어를 말하고 자음 소리를 대치해 두 번째 팀의 1번 학생에게 제시한다. 그러고 나서 첫 번째 팀은 다음 단어로 계속한다.

문제라는 것을 강하게 강조하고 있다.

이러한 합의에 의해 연구자들은 음소적 기술을 향상시키기 위한 다양한 교수적 전략을 제시하고 있다(Bos, Mather, Silver-Pacuilla, & Narr, 2000; Chard & Dickson, 1999; Chard & Osborn, 1999; National Reading Panel, 2001). 학습장애 학생을 위한 음소적 교수가 무엇인가를 이해하는 것을 돕기 위해 [도움상자 3-7]에서 몇 가지 학습 활동의 예를 설명하고 있다.

구문론과 의미론

의미론(*semantics*)은 단어에 대한 지식과 이해를 뜻한다. 의미론적 기술은 다양한 단어 이해력 평가로 측정될 수 있다. 그러나 의미론은 [그림 3-5]의 간단한 예에서 보는 것처럼 문장 내 단순한 단어 이상의 넓은 개념이다. 다음 문장을 비교해 보자.

> 나는 파티가 끝난 후 집에 가서 머리를 염색하였다(died).
> 그녀의 아버지는 지난주에 돌아가셨다(died).

여기서 단어 *died*의 의미는 내용에 따라 달라진다. 이 예에서 보이듯 의미론은 언어의 다음 단계인 구문론(*syntax*)과 완전히 별개로 구분하기 어려운 경우가 종종 있다. 구문론은 어절 내 단어나 문장 간 공식적 관계를 의미한다. 예로는 주어/동사 관계와 동사와 목적어의 관계 등이 있다.

Wiig는 구문론과 의미론을 연구한 초기 연구자 중 한 명이다(Wiig, Lapointe, & Semel, 1977). 그들의 연구는 학습장애 아동들에게 보이는 다양한 의미론적, 구문론적 능력의 결함을 지속적으로 입증하였다. 예를 들면, 학습장애 아동들은 형태론적 규칙(예: 복수형의 구성, 동사시제, 수동태 등)을 적용하는 능력에 문제가 있다. 또한 구문론적 구조의 이해와 표현력에 있어 문제를 보이기도 한다. 구문론적 구조에는 문장과 어절 내 단어의 관계가 포함된다. 대명사가 지칭하는 것이 누구인지, 직접목적어와 간접목적어의 기능이 무엇인지 등을 이해하는 것이 구문론적 기술의 예다. 이러한 부분에서의 결함은 아동이 다른 사람의 언어를 이해하거나 혹은 적절한 말을 사용하는 데 영향을 미치게 된다. 마지막으로 하나 이상의 연구에

[그림 3-5] 문맥 안에서의 의미

서 학습장애 학생의 경우 구어산출 능력이 다른 학생들과 달리 나이를 먹는다고 자동적으로 발전하지 않는다는 것이 밝혀졌다(Wiig et al., 1977). 이는 언어적 교수가 효과를 거두려면 결정적 시기에 언어적 교수가 지원되어야 함을 의미한다.

최근의 연구는 학습장애 학생들이 특정 유형의 정보에 대한 언어적 이해에 문제가 있음을 주장하고 있다. Abrahamsen과 Sprouse(1995)는 우화를 읽어 주고 그에 담겨 있는 정확한 윤리적 교훈을 찾도록 하여 학습장애 아동의 우화 이해 능력을 조사하였다. 평균적으로 학생들이 4, 5학년 정도 되면 비유적 언어(즉, 은유, 직유, 관용구, 격언)를 이해할 수 있다는 초기 연구결과에 기초하여, 연구자들은 14명의 일반 아동과 14명의 학습장애 학생에게 우화를 들려주었다. 학습장애 학생들은 일반 아동보다 4개의 보기 중 선택하라는 지시에서 우화에 맞는 교훈을 찾는 데 낮은 능력을 보였고, 자신의 선택에 대한 설명도 잘하지 못하였다. 따라서 학습장애 아동은 모호한 표현과 난해한 의미를 잘 이해하지 못하는 것으로 보인다.

학급의 예를 들어 보자. 통합학급에서 대부분의 교사들은 특히 수업 주제가 바뀔 때면 학생들에게 여러 방향을 제시하게 된다. 그러나 학습장애 학생은 교사의 뜻을 이해하기 어려울 수 있다. 교사가 다음과 같이 말했다고 가정해 보자. "좋아요, 오늘의 철자공부는 여기까지입니다. 책을 치우고 역사 숙제를 제출하세요. 역사책과 공책을 꺼내고 그것들을 책상 위에 펼쳐놓으세요."

여기에는 네 가지의 각기 다른 지시가 포함되어 있음을 상기하라. 아동은 철자책, 역사 숙제, 역사책, 역사공책을 가지고 뭔가를 해야 한다. 학습장애 아동은 교사가 숙제를 앞으로 전달하라고 했을 때 숙제물을 역사책, 역사공책과 함께 책상 위에 꺼내어 놓고 있기 쉽다. 학습장애 아동은 '교사'가 마지막 문장에서 '그것'을 펼쳐 놓으라고 언급한 것을 오해하여 역사 숙제까지 포함하는 것으로 생각할 수 있다. 이와 같이 지시를 잘못 이해하는 것은 학습장애 학생에 대해 교사가 논의할 때 자주 지적하는 문제이고, 이러한 문제는 언어 사용의 비효율성과 관련이 있다.

이 분야의 대부분의 연구는 장애 아동 집단과 비장애 아동 집단을 다양한 관심 영역에서 비교하는 집단비교 방법을 택하고 있다. 이러한 연구는 특정 연구 분야의 초기 발달 단계에서는 유용하지만 그 이후에는 다른 유형의 연구들로 발전되어야 한다. 어느 분야에서건 연구자들은 해당 분야의 다양한 변인들과 학문적 요인 간 관계를 밝혀 그 분야가 왜 중요한가를 밝혀낼 의무가 있다. 의미론과 구문론적 요인의 일부가 학업성취와 연관이 있음을 보여 주고 있긴 하지만, 이 분야의 연구는 이러한 언어적 결함이 학습장애 아동의 학교 실패의 주요 원인임을 밝히는 데는 실패하였다(Feagans, 1983). 또한 단어를 해독하고 정확히 말하는 것과는 대조되게 복잡한 상징적 조작(문장, 구절, 은유적 규칙을 이해하기)은 성취와 관련된 요인인 것으로 짐작되고 있다. 그 결과로 1980년과 1990년대 들어 연구의 초점은 개별 단어와 문장에 대한 연구에서 언어 연구로 중심이 옮겨졌다.

✻ 화용론: 문맥에서의 언어

화용론(*pragmatics*), 즉 사회적 문맥 안에서의 언어적 사용은 최종적이고 가장 상위 수준의 구어다. 언어의 화용론적 관점은 대화에 참여하는 사람의 사회적, 문화적 역할을 포함한다. 언어의 화용론적 측면을 연구하는 이론가들은 진정한 대화 기술을 나타내지 못하는 시험 점수보다 실제 대화 상황 속에서 언어를 연구하는 생태학적 관점을 강조한다. 연구자들은 아동이 또래 아동이나 성인들과 대화를 할 때 사용하는 실제 발음을 측정하는 데 관심이 있다. 결과적으로 구문론이나 의미론적 연구가 평가 점수를 변인으로 사용하는 데 반해 화용론적 연구는 장애 학생이 대화하는 방식에 대한 인위적 상황에 관심이 있다.

학습장애 아동의 사회적 상황에서의 언어에 관한 연구는 1980년대와 1990년대 들어 시작되었다(Feagans, 1983; Roth, Spekman, & Fye, 1995; Ward-Lonergan, Liles, & Anderson, 1999). 화용론적 언어는 구어와 문어적 형태의 언어 사용 능력을 포함하지만 그 외의 다른 능력도 포함한다. 화용론적 언어의 정의에는 사회적 인식, 대화 기술, 대화에 영향을 주는 비구어적 단서를 해석하는 능력, 그 외 단어적 지식과 구문에 관한 단순한 연구에서 밝혀지지 않는 막연한 것들이 포함된다(Boucher, 1984, 1986; Feagans, 1983; Roth et al., 1995). 이 분야의 연구들은 지속적으로 학습장애 아동이 대화 전달능력과 화용론적 언어에 관련된 부분에 결함이 있음을 증명해 왔다(Bender & Golden, 1988; Boucher, 1984, 1986; Feagans, 1983).

코드 전환

화용론적 언어의 중요한 견해 중 하나는 대화를 촉진하기 위해 상대에 따라 언어를 변화시키는 능력이다. 예를 들면, 우리는 성인과 대화할 때보다 어린아이들과 대화할 때 더 단순한 언어를 사용하게 된다. 언어적 각색을 코드 전환(code switching)이라 일컫는다. 이러한 각색은 더욱 단순한 문장을 사용하거나 각각의 완전한 생각에 대해 거의 수정을 하지 않는 등 다양한 방식으로 이루어질 수 있다.

초기 연구는 학습장애 아동이 일반 아동에 비해 코드 전환을 자주 하지 않는다고 주장하였다(Boucher, 1984; Bryan, Donahue, & Pearl, 1981). 이 연구에서 질문하기, 부적당한 메시지에 답하기, 설득하기 등이 학습장애 아동이 습득하기 어려운 기술로 밝혀졌다(Boucher, 1986). 마지막으로 이러한 기술들은 학습장애 아동의 부적절한 사회적 기술에 대한 원인으로 짐작되었다(Bryan et al., 1981). 그러나 몇몇 연구들은 해당 증거에 의문을 제기하였다(Boucher, 1986). 예를 들면, Boucher는 학습장애 아동의 화용론적 언어 측면에 대한 일련의 연구를 실시하였는데 [도움상자 3-8]에서 볼 수 있는 몇 가지 흥미로운 언어 측정이 사용되었다.

도움상자 3-8

▶ 언어의 실험적 측정

Boucher(1984, 1986)는 흥미로운 언어와 대화 기술을 측정하기 위해 다양한 방법을 사용하였다. 때에 따라 아동연구팀의 언어 전문가는 실행 측정법에 의해 정보를 제공하게 되는데, 그중 몇 가지는 다음과 같다.

- **문장의 복잡성**(*sentence complexity*)은 종종 문장의 중류에 따라 단문장(하나의 기본 구절), 중문장(두 개의 독립구가 접속사로 이어진 것), 복문장(전치사구와 같이 각각 독립구로 쓰일 수 없는 주절과 종속절이 함께 쓰인 것) 등으로 구분된다. 문장 도표(diagramming)나 종속절에 대한 교수활동을 진행하는 교사는 다른 것들과 함께 문장의 복잡성을 강조해야 한다.
- **T단위**(*t-unit*) 혹은 사고의 단위는 언어 표본이 문장 조각을 남기지 않고 나뉠 수 있는 최소 단위다. 다음 문장을 주목하라 – 옆집에 한 아가씨가 산다. 그리고 그녀는 아주 시끄러운 가수다(The lady lived next door, and she was a loud singer). 이 문장은 두 개의 생각 단위를 포함하고 있고 5개와 6개의 단어로 구성되어 있어 T단위의 길이는 5.5가 된다. 대략적인 잘 짜인 문장에 의미를 담아내기 위해서는 일정 수준 이상의 언어적 이해에 대한 성숙이 필요하므로 이와 같은 평균 수치는 언어적 성숙도(language maturity)를 나타낸다고 볼 수 있다.
- **의미발화 길이**(*mean utterance length*)는 발성의 평균 길이를 바탕으로 언어를 측정하는 것이다. 아동이 계속하기 전에 몇 초 동안 정지하면 새로운 발화의 시작이 된다.
- **실제 단어 수**(*real word count*)는 어떤 주제를 제시했을 때 아동이 만들어 낼 수 있는 이해 가능한 단어의 개수다. 의미가 통하지 않는 단어와 이해할 수 없는 단어는 제외된다.

사고 단위와 복잡성

일부 이러한 연구의 문제점은 비교집단의 크기가 제한적이라는 사실이다. 예를 들어, 5명의 학습장애 아동과 5명의 일반 아동을 비교하는 경우라면 한 명의 사례가 전체 집단의 결과에 쉽게 영향을 미치게 된다. 그러나 Boucher(1986)는 각 집단의 아동 수가 적을수록 각 아동이 만들어 내는 상태에 대해 더욱 집중적인 분석이 가능하다고 주장하였다. 그 결과, 학습장애 학생은 또래 학생보다 덜 정교한 수준의 언어를 사용한다고 밝혔다. 특히 학습장애 아동은 비장애 학생들보다 복문장을 덜 사용하였고, 자신들의 완전한 사고(사고 단위, *thought units*) 안에서 적은 수의 단어를 사용하고 있었다.

그러나 초기 연구들과 달리 Boucher(1984, 1986)의 연구는 학습장애 학생이 코드 전환을 사용하고 있다고 주장하였다. Boucher의 연구에서 학습장애 학생들은 또래들에 비해 단순한 문장을 사용하였고 성인들과의 대화에서는 좀 더 복잡한 문장을 사용하였다. 그들은 또한 또래보다 성인들과 더 긴 사고 단위를 사용하였다.

연구들 간에 일부 불일치가 있음을 감안해서 학습장애 아동의 화용론적 문제의 정확한 특성을 파악하려면 좀 더 명확한 결과가 나올 때까지 기다려야 한다. 아울러 이러한 언어적 기술과 복잡성(*complexity*)에 대한 앞으로의 연구결과에 주의를 기울여야 한다. 이러한 연구들은 화용론적 문제들이 읽기이해, 역사, 과학 등의 교과 영역과 관련된 학업 결함을 초래한다는 사실을 밝혀낼 수 있을 것이다.

교수적 적용

Ward-Lonergan과 동료들(1999)은 교육에 적용할 만한 화용론적 연구의 예를 제시하였다. 그들은 49명의 남자 청소년(29명이 학습장애)을 대상으로 사회교과서의 내용을 기억해 말하는 능력에 영향을 미치는 교수법의 효과에 대한 연구를 시행하였다. 연구자들은 5분 30초간 두 사회 수업 강의를 녹화하였다. 첫 번째 강의는 비교토의(comparison discussion: 강의의 기본 내용을 비교하는 형식의 토의) 형식이었고, 두 번째 강의는 원인 분석의 방식이 주된 강의였다. 각각의 강의를 학생들에게 보여 주고 그 내용을 말로 설명하라고 요청하였다. 학생들의 다시 말하기 시간은 얼마나 많은 T단위가 사용되었는지로 평가되었다. 예상대로 29명의 학습장애 학생이 일반 학생보다 현저히 적은 수의 T단위를 사용하였다. 그러나 두 집단의 학생 모두 원인 중심의 강의보다 비교토의 형식의 강의에서 더 많은 T단위를 산출하였다. 이것은 학습장애 학생의 교육 시 기본 개념을 더욱 명확하게 인식시켜 주는 비교 형태의 수업 방식이 기본적인 주 교수법으로 사용되어야 한다는 사실을 의미한다. 해당 예는 학급 상황에서 화용론적 연구가 학습장애 학생을 위한 교수적 노력에 영향을 미칠 수 있다는 사실을 잘 보여 주고 있다.

기능적 의사소통

몇몇 이론가들은 일반 학생과 비교하여 학습장애 학생이 사용하는 언어나 말의 기능적 의도(기능적 의사소통, *functional communication*)의 역할을 밝히려는 시도를 해 왔다(Boucher, 1984, 1986). 예를 들면, Boucher(1984)는 말의 기능적 의도에 따라 장애 아동과 비장애 아동의 말을 범주화하였다. 이 범주화는 Halliday(1975)에 의해 제안된 것으로 [도움상자 3-9]에 설명되어 있다.

비교 결과, 학습장애 학생은 언어의 기능적 의도에서 다른 학생들과 차이를 보였다. 특히 학습장애 아동은 일반 아동에 비해 또래와 상호작용을 할 때 더 조절적이고 더 상상적인 말을 사용하는 것으로 나타났다. 또한 학습장애 학생은 다른 학생들보다 또래나 성인들과 대화 시 더 비형식적이고 더 부적절한 말을 사용하기도 하는 것으로 나타났다.

기능적 의사소통에 관한 연구

내러티브 담화(*narrative discourse*)는 다양한 형태의 사건중심 이야기를 포함하는 것으로 일반학교 학급에서 매우 일반적이다(Feagans, 1983). 역사시간, 읽기이해 연습 그리고 그 밖의 다양한 학교 활동에는 이야기 이해 능력이 요구되는데, 여기에는 일반적으로 줄거리상의 요소들, 다양한 별개 사건들 간의 관계 파악, 적절

●●●● 도움상자 3-9

▶ 기능적 언어 코드

Halliday(1975)는 기능에 따라 문장을 범주화함으로써 언어의 기능적 사용에 대한 코드 체계를 고안하였다. 기본적으로 문장은 다음과 같은 기준으로 분류된다. 각 분류에 따른 예시 문장도 제시되어 있다(Boucher, 1984).

기능적 코드	예시 문장
기구적	나는 저 연필을 원해.
감독적	제발 내가 제안한 대로 해줘.
상상적	보라색 소를 상상해 봐!
상호작용적	우리도 그 말에 동의할 수 있어.
개인적	자, 내가 간다.
발견적	하늘이 왜 파란지 설명해 줘.
지식적	너한테 할 말이 있어.
기타	(쉽게 코드화할 수 없는 문장들)

한 문장을 정확한 순서로 배치하여 이야기 의미를 파악하는 능력 등이 포함된다. 내러티브 담화는 아동이 말이나 기록의 형태로 된 이야기의 요지를 이해하는 능력을 담고 있다.

일반 아동을 대상으로 한 몇몇 연구들이 이야기 스키마(schema)의 이해에 관해 설명하고 있다. 이야기 스키마(*story schema*)는 주관적 개념 혹은 다양한 이야기 속 사건들의 연계를 뜻한다. 어떤 학생들은 이야기의 본질을 형성하는 위계적 구조를 이해하지 못할 수도 있다. 장애 아동을 가르치는 교사라면 이야기 속의 다른 사건들이 시간적 혹은 인과적 관계를 형성하여 논리적으로 연결되어 있다는 사실을 알아차리지 못하는 아동을 가르쳐 본 경험이 있을 것이다. 이는 이야기 스키마에 대한 이해 부족을 보여 주는 것이다. 이야기 스키마에 관한 인식이 없거나 부족한 경우 독자는 이야기 속 사건들의 관계를 적극적으로 파악할 수 없다.

Roth와 동료들(1995)은 학습장애 학생과 일반 학생이 지은 이야기체 글의 연계성을 연구하였다. 학생들은 첫 번째에는 자연스러운 상태에서 글을 쓰고 두 번째에는 제시된 그림에 관한 글을 쓰도록 요청받았다. 두 글을 기록하여 비교한 결과, 학습장애 학생들은 일반 학생들에 비해 글 속에 다양한 요소를 연결시키는 능력이 현저히 떨어졌다. 또한 이야기 안에서 사고 단위와 관련하여 연결어의 사용 횟수도 적었다.

학습장애 학생에 관한 다른 연구에서 학습장애 아동과 청소년이 글이나 말로 제시된 이야기의 숨은 뜻을 이해하지 못한다고 주장하고 있다(Feagans, 1983). 문제는 결정적 내용을 기억하거나(이 장의 기억에 관한 논의 참조) 필요시 사건을 조직화하는 능력에 모두 이상이 있는 것처럼 보인다는 점이다(Feagans, 1983).

Feagans(1983)는 학습장애 아동이 관계사 의사소통에 문제가 있다고 보고하였다. 관계사 의사소통(*referential communication*)은 아동이 타인과 특정 정보에 대해 대화하거나 상대방 대화의 적절성을 평가하는 능력을 뜻한다. 명령을 하거나 듣는 것은 관계사 의사소통의 한 예다. 따라서 관계사 의사소통은 메시지의 정확성에 대한 파악과 의사소통을 바탕으로 한 선택을 포함한다.

일부 연구는 학습장애 아동이 충분한 정보를 제공하지 않으면 대화를 이해하거나 그에 반응하는 데 어려움이 있다고 보고하였다. 예를 들면, Spekman(1981)의 연구에서 학습장애 아동을 포함하여 아동들을 둘씩 짝짓도록 하였다. 짝지은 아동들은 서로 대화를 하게 되고 한 아동이 상대 아동의 설명을 듣고 그에 따라 행동하게 하였다. 이 연구는 관계사 의사소통 기술과 이러한 유형의 의사소통에서 듣기 이해력을 비교할 수 있도록 꾸며져 있다. 설명을 들은 아동은 잘 이해하지 못한 경우 질문을 할 수 있다. 지시를 따르거나 과제를 완수하거나 적절한 질문을 하는 능력의 차이는 없어 보였으나 짝지은 학습장애 아동은 과제와 연관된 정보를 적게 제공하였다. 결과적으로 학습장애 아동이 포함된 짝들은 일반 아동들보다 과제 성공률이 낮았다.

Spekman(1981)의 연구결과에 영향을 미친 요인 중 하나는 학습장애 학생이 자기 짝이 보내는 다양한 비언어적 표정 단서를 읽는 능력이 떨어진다는 것이다. 관계사 의사소통은 반드시 청자가 필요한데, 청자에 따라 다른 표정과 비언어적 단서를 사용한다는 사실은 이러한 연구를 진행하는 데 걸림돌이 되었다. Feagans와 McKinney(Feagans, 1983 참조)는 독특한 방법으로 이 문제를 해결하였다. 그들은 꼭두각시 인형을 청자로 하여 학습장애 아동과 일반 아동의 관계사 의사소통 능력을 비교하였다. 인형의 표정 단서는 두 집단에 똑같은 영향을 미쳤고, 미리 녹음한 음성반응을 사용하여 두 집단의 아동들은 인형과 의사소통을 할 수 있었다.

Feagans와 McKinney의 연구에서 제시된 과제는 나무상자 안에 숨겨진 장소에서 사탕을 찾는 것이었다. 상자는 특별한 순서에 따라 몇 번의 얽힌 것과 움직이는 옆면을 당겨야 하도록 구조화되어 있어 정확한 방법에 의해서만 뚜껑이 열리고 사탕을 꺼낼 수 있었다. 우선 각 학생들은 상자를 어떻게 여는지 배운다. 아동이 직접 상자를 열어 보도록 함으로써 완전히 이해했는지를 확인한다. 그다음 아동은 꼭두각시 인형에게 말로서 이 과제를 설명한다. 이는 학습장애 아동이 교사의 역할을 하고 인형이 상자를 열게끔 지시하도록 하는 것이다. 결과는 두 가지 사실을 보여 준다. 첫째, 학습장애 아동은 과제를 배우는 데 더 많은 시간이 걸린다. 둘째, 학습장애 아동은 해당 지식을 인형에게 전달하는 능력이 일반 아동보다 부족하다.

이 연구결과는 학급에서 발생될 수 있는 매우 실질적인 우려를 예측하게 한다. 학습장애 아동이 관계사 의사소통 기술에서 화용론적 장애가 있다면 학급 또래에게 지시를 내리는 능력이 부족할 것이다. 이러한 장애는 모든 종류의 집단 구성원과 구어적 참여가 필요한 집단 활동에서의 학생의 활동에 영향을 주게 된다. 분명히 관계사 의사소통의 장애는 전형적인 초등학교 학급에서 심각한 실질적 문제다.

교사는 이 분야의 연구뿐 아니라 언어적 결함에 따른 다양한 유형의 교과목에서

의 실패에 관한 연구에 관심을 가져야 한다. 그러나 이러한 언어적 실패의 결과를 통해 교사를 위한 제안을 하는 연구는 아직 없다. 연구들은 몇몇 일반학급의 과제를 위한 제안만 내놓고 있는데, 이는 [도움상자 3-10]에 설명되어 있다.

●●●● 도움상자 3-10

▶ 언어 연구에 따른 교수 안내

언어와 학습에서 언어적 사용의 중요성에 대해서는 이제 막 이해하기 시작한 단계이고 이를 바탕으로 확실한 교수적 제안을 하고 있는 연구는 많지 않다. 그러나 학급 교사들을 위해 연구자들은 다음과 같은 몇 가지 일반적인 지침을 제시하고 있다(Feagans, 1983).

1. 제시된 활동에서 요구하는 언어적 수준을 파악하라. 언어 전문가가 제안하는 연구나 추천에 관심을 가져라.
2. 특별하거나 정확하지 않은 문장을 찾아 학급에서 토의하라. 맞는 해석과 틀린 해석을 모두 예를 들어 보여라.
3. 학생들과 대화 시 정확한 문법, 통사, 단어 선택을 강조하라. 표준어를 사용하지 않는 문화적 배경을 가진 학생을 배려하면서도 교사는 학생들이 정확한 언어로 효과적인 대화를 할 수 있도록 가르칠 의무가 있다. 학생의 잘못을 부드럽게 지적하고 교사의 바른 언어를 따라 하도록 이끌어라.
4. 사회적으로 성공한 소수민족의 모습을 녹화하여 보여 주고 대인관계, 직업적 성공의 과정에서의 정확한 언어 사용에 대해 토의하라.
5. 별도의 도움을 필요로 하는 학습장애 학생을 위해 문법, 통사론, 의미론에 관련된 부가 수업을 제공하고 항상 쓰기와 말하기를 병행하라.
6. 필요하면 언제든지 언어 전문가의 도움을 요청하고 그들의 교수 관련 조언에 귀 기울여라.
7. 아동의 발화를 확장시켜라. 아동이 "저건 집이야."라고 말한다면 교사는 아동의 말을 따라 하면서 확장시켜 "그래, 맞아. 저건 갈색 지붕 집이구나."라고 대답한다. 확장은 아동이 더욱 발달된 문장을 말하는 것을 도울 수 있다.
8. 아동이 말하는 것을 칭찬하는 동시에 질문을 해서 아동이 계속 말하도록 이끌어라.
9. 학급에서 민화나 다른 이야기를 소리 내어 읽고 관용구, 은유, 직유 등 사용된 다양한 표현방법 등에 대해 토론하라.
10. 학생들이 주말에 있었던 일에 대해 대화할 수 있는 시간을 마련해 주어라.
11. 모든 읽기 과제를 하는 동안 인과관계를 강조하여 교재의 연관성에 대해 토론하고 이야기의 결말을 예측하도록 하라.

✻ 요약

이 장에서 설명하고 있는 대부분의 인지적 특성들은 학습장애 학생의 다양한 문제에 대한 원인을 지적하고 있다. 예를 들면, 대부분의 전인구적 연구들은 학습장애 아동의 인지 수준이 낮다고 보고하였다. 그러나 IQ 측정의 대부분이 언어적 능력에 의존하고 있어 이 부분은 의문시되고 있다. Gardner의 다중지능이론은 학생의 전체적인 능력을 바라보는 좀 더 공정하고 논리적인 방법이다. 과제관련 행동과 선택적 주의집중에 대한 연구는 학습장애 아동이 해당 영역에 결함을 보인다고 설명하고 있다. 또한 작동기억의 문제도 꾸준히 제시되고 있다. 이러한 연구들은 학습장애의 초인지적 관점의 발달에 두드러진 역할을 하고 있다.

다양한 인지 유형 지표(cognitive style indicator)에 관한 연구는 다른 인지적 특성에 대한 연구보다 덜 인상적이긴 하지만 학습장애 아동이 다양한 인지 유형 측정에 문제가 있음을 보이고 있다. 학습장애 학생들은 일반 학생들보다 상황 의존적이고 충동적이며 이러한 충동성이 낮은 학업성취를 초래한다. 교사는 교육 활동을 구성하는 데 있어 학습장애 아동의 해당 특성에 대해 잘 알고 있을 필요가 있다.

이 장에서는 학습장애 아동의 음소조작 기술과 의미론적, 구문론적, 화용론적 언어 사용의 문제에 대해서도 설명하였다. 학습장애 아동의 대부분은 음소적 해석이나 조작을 하는 데 어려움을 보이고 이러한 문제들은 학습장애의 주요 원인이 된다. 또한 다수의 학습장애 학생들은 언어 사용을 촉진시키는 문법적 규칙을 이해하지 못하고 문장과 구절 내 단어의 관계를 이해하지 못한다. 그러나 해당 문제들이 실제로 학교에서 읽기나 다른 교과목의 실패에 영향을 미치는가는 의문시되고 있다(Feagans, 1983). 이 문제에 대한 연구는 앞으로도 계속 진행될 것이다.

학습장애 아동의 화용론적 언어에 관련된 연구는 화용론적 문제가 사회적 상황에서 어려움을 초래할 수 있다고 보고하고 있다(Ward-Lonergan et al., 1999). 비록 최근의 연구에서 학습장애 아동들이 상대의 연령과 상황에 따라 언어를 수정한다고 밝히고 있긴 하지만 그들은 다른 아동들보다 덜 복잡한 문장을 사용하고 있다. 이는 다른 아동들보다 학습장애 아동이 언어에 대한 이해력이 덜 정교하다는 것을 입증하는 것이다. 최근의 몇몇 연구들은 학습장애 아동들이 반복적인 언어 사용으로 인해 부자연스러운 과제를 제출한 것을 증거 삼아 이러한 문제를 지적하였다. 끝으로 연구자들은 특정 아동을 위한 특별한 교수적 치료법을 찾기 위한 노력을 통해 학습장애 아동들에게 나타나는 다양한 언어적 유형들을 밝혀내기 시작하였다.

교사는 학급 내 학습장애 학생의 언어발달에 대한 책임을 갖는다. 비록 대다수의 전형적인 언어교수 수업은 쓰기 활동에 많은 시간을 보내고 있지만, 구어적 문제로 인해 읽기이해, 언어적 활동, 교과목에 대한 이해 등 학교 과제의 실패를 초래할 수 있기 때문에 아동의 구어적 사용에 대해서도 관심을 갖고 지도해야 한다. 방법론 수업은 언어적 기술 향상을 위한 다양한 교수적 프로그램, 즉 역할극, 토론, 대체언어와 그 밖의 활동들로 구성될 것이다. 또한 교사는 심각한 언어적 문제를 가진 학생을 위해 말하기 교사(speech teacher)와 그 밖의 언어 전문가들과 협력해야 한다.

다음은 이 장의 주요 내용을 정리한 것이다.

- 학습장애 학생들은 일반적으로 평균 이하의 지능 수준(90~95)을 보이고 있다.
- 학습장애 학생들은 집중의 세 영역, 즉 과제집중, 주의집중 그리고 선택적 주의집중에 모두 문제를 보인다.
- 학습장애 학생들은 일반적으로 작동기억과 정보를 기억하기 위한 암호화 과정 등 특정 기억에 문제를 보인다. 일반적으로 학습장애 학생들은 장기기억에는 문제가 없다.
- 학습장애 학생들은 일반 학생들보다 충동적인 경향이 있다.
- 학습장애 학생들은 음소 조작에 문제를 보이는데 이러한 언어적 해석의 문제는 후에 읽기장애의 원인이 된다고 여겨진다.
- 학습장애 학생들은 일반 학생들보다 덜 복잡한 문장을 사용한다.
- 학습장애 학생들은 사회적 상황에 따라 언어적 코드를 바꾸기는 하나 상황에 대한 이해가 완전하지 않다.

학습문제와 활동

1. 대학의 교육심리학 전공자에게 인지적 상황을 측정하는 검사도구를 얻어 학급에서 실시해 보라. 각자의 학습 경향에 대한 어떤 사실을 알 수 있는가? 결과가 정확하다고 생각되는가?
2. 지역 심리학자를 인터뷰하고 지역 아동연구팀 구성원의 입장에서 학습장애 아동의 평균 IQ 점수를 몇 점으로 인식하고 있는지 알아보라.
3. 다양한 학습 양식과 지능의 관계는 무엇인가? 학급을 연구팀으로 나누어 관계를 파악하기 위한 상관 연구를 찾아보라.
4. 학습 양식에 관한 워크숍을 찾아 학급 대표를 뽑아 참석시켜 정보를 얻어오게 하라.
5. 선택적 주의집중과 기억전략 간의 관계는 무엇인가? 교사가 사용하는 기억 전략의 예를 찾아보라.
6. 학습장애 학생이 일반 학생보다 산만하지 않다는 연구논문을 찾아 학급에서 검토해 보자. 연구들의 차이를 설명할 수 있는가?
7. 언어치료사를 인터뷰하고 학습장애 아동과 청소년에게 흔한 언어적 문제에는 어떤 것이 있는지 물어보라.
8. 학습장애 아동의 음소 조작에 관한 최근 연구를 찾아보고, 참고문헌을 확인하여 해당 연구들과 1940년대와 1950년대 언어적 이론가 간의 관계를 확인해 보라.
9. 지역 아동의 구어 표본을 수집하여 학급에서 분석하고 의미론적, 구문론적, 대화상 실수를 찾아보라. 이 장에서 설명한 다양한 코드를 사용해 보자.
10. 학습장애 아동들 간에 코드 전환 능력에 대한 모순되는 증거를 찾아보자. 하위 유형(subtype) 가설은 이러한 모순에 대해 어떻게 설명할 수 있겠는가?
11. 특수교육 특별위원회의 보고서(2001)를 검토하고 지능평가에 대한 이 보고서의 입장을 학급에서 설명하라.

참고문헌

Abrahamsen, E. P., & Sprouse, P. T. (1995). Fable comprehension by children with learning disabilities. *Journal of Learning Disabilities, 28*, 302-308.

Barkley, R. A. (1990). *Attention deficit hyperactivity disorders: A handbook for diagnosis and treatment*. New York: Guilford.

Bender, W. N. (1985). Differences between learning disabled and non-learning disabled children in temperament and behavior. *Learning Disability Quarterly, 8*, 11-18.

Bender, W. N. (2002). *Differentiating instruction for students with learning disabilities.*

Thousand Oaks, CA: Corwin.

Bender, W. N. (2005). *Differentiating math instruction: Strategies that work for K-8 classrooms.* Thousand Oaks, CA: Corwin Press.

Bender, W. N., & Golden, L. B. (1988). Adaptive behavior of learning disabled and non-learning disabled children. *Learning Disability Quarterly, 11*, 55-61.

Bender, W. N., & Larkin, M. (2003). *Reading strategies for students with learning disabilities.* Thousand Oaks, CA: Corwin Press.

Bender, W. N., & Wall, M. (1994). Social-emotional development of students with learning disabilities. *Learning Disability Quarterly, 17.*

Boon, R., Ayers, K., & Spencer, V. (in press). The effects of cognitive organizers to facilitate content-area learning for students with mild disabilities. A pilot study. *Journal of Instructional Practice.*

Bos, C. S., Mather, N., Silver-Pacuilla, H., & Narr, R. F. (2000). Learning to teach early literacy skills—collaboratively. *Teaching Exceptional Children, 32*(5), 38-45.

Boucher, C. R. (1984). Pragmatics: The verbal language of learning disabled and nondisabled boys. *Learning Disability Quarterly, 7,* 271-286.

Boucher, C. R. (1986). Pragmatics: The meaning of verbal language in learning disabled and nondisabled boys. *Learning Disability Quarterly, 9,* 285-295.

Bryan, T., Donahue, M., & Pearl, R. (1981). Learning disabled children's peer interactions during a small-group problem solving task. *Learning Disability Quarterly, 4,* 13-22.

Campbell, B. (1994). *The multiple intelligences handbook: Lesson plans and more.* Stanwood, WA: Campbell & Associates.

Campbell, L., Campbell, B., & Dee, D. (1996). *Teaching & learning through multiple intelligences.* Needham Heights, MA: Allyn and Bacon.

Chard, D. J., & Dickson, S. V. (1999). Phonological awareness: Instructional and assessment guidelines. *Intervention in School and Clinic, 34*(5), 261-270.

Chard, D. J., & Osborn, J. (1999). Word recognition instruction: Paving the road to successful reading. *Intervention in School and Clinic, 34*(5), 271-282.

Commission on Excellence in Special Education (2001). *Revitalizing special education for children and their families.* Available from www.ed.gov/inits/commissionsb-oards/whspecialeducation.

Council for Exceptional Children (2002). Commission report calls for special education reform. *Today, 9*(3), 6-15.

Cutting, L. E., Koth, C. W., Mahone, E. M., & Denckla, M. B. (2005). Evidence for unexpected weaknesses in learning in children with attention-deficit/hyperactivity disorder without reading disabilities. *Journal of Learning Disabilities, 36*(3),

259-269.

Feagans, L. (1983). Discourse processes in learning disabled children. In J. D. McKinney & L. Feagans (Eds.), *Current topics in learning disabilities, Vol. 1.* Norwood, NJ: Ablex.

Gajar, A. (1979). Educable mentally retarded, learning disabled, emotionally disturbed: Similarities and differences. *Exceptional Children, 45,* 470-472.

Gardner, H. (1983). *Frames of mind: The theory of multiple intelligences.* New York: Basic Books.

Hagen, J. W. (1967). The effect of distraction on selective attention. *Child Development, 38,* 685-694.

Hallahan, D. P., Gajar, A. H., Cohen, S. G., & Tarver, S. G. (1978). Selective attention and locus of control in learning disabled and normal children. *Journal of Learning Disabilities, 11,* 231-236.

Halliday, M. A. K. (1975). Learning how to mean. In E. Lenneberg (Ed.), *Foundation of language development: A multidisciplinary approach, Vol. 1.* New York: Academic Press.

Kame'enui, E. J., Carnine, D. W., Dixon, R. C., Simmons, D. C., & Coyne, M. D. (2002). *Effective teaching strategies that accommodate diverse learners* (2nd ed.). Upper Saddle River, NJ: Merrill-Prentice Hall.

Kavale, K. A., & Forness, S. R. (1986). School learning, time and learning disabilities: The disassociated learner. *Journal of Learning Disabilities, 19,* 30-138.

Liddell, G. A., & Rasmussen, C. (2005). Memory profile of children with nonverbal learning disability. *Learning Disabilities Research and Practice, 20*(3), 137-141.

Lyon, G. R., & Moats, L. C. (1997). Critical conceptual and methodological considerations in reading intervention research. *Journal of Learning disabilities, 30*(6), 578-588.

Mather, N., & Roberts, R. (1994). Learning disabilities: A field in danger of extinction? *Learning Disabilities Research and Practice, 9*(1), 49-58.

McConnell, M. E. (1999). Self-monitoring, cueing, recording, and managing: Teaching students to manage their own behavior. *Teaching Exceptional Children, 32*(3), 14-23.

McKinney, J. D., Montague, M., & Hocutt, A. M. (1993). *A synthesis of research literature on the assessment and identification of attention deficit disorders.* Coral Gables, FL: Miami Center for Synthesis of Research on Attention Deficit Disorders.

National Reading Panel (2001). Put reading first: The research building blocks for teaching children to read. Available from www.nationalreadingpanel.org/publications.

National Joint Committee on Learning Disabilities (NJCLD) (2005). Responsiveness to intervention and learning disabilities: A report prepared by the National Joint Committee on Learning Disabilities. *Learning Disability Quarterly, 28*(4), 249-260.

O'Shaughnessy, T. E., & Swanson, H. L. (1998). Do immediate memory deficit in students with learning disabilities in reading reflect a developmental lag or deficit? A selective meta-analysis of the literature. *Learning Disability Quarterly, 21,* 123-148.

Roth, F. P., Spekman, N. J., & Fye, E. C. (1995). Reference cohension in the oral narratives of students with learning disabilities and normally achieving students. *Learning Disability Quarterly, 18,* 25-40.

Scruggs, T. E., Mastropieri, M. A., Sullivan, G. S., & Hesser, L. S. (1993). Improving reasoning and recall: The differential effects of elaborative interrogation and mnemonic elaboration. *Learning Disability Quarterly, 16,* 233-240.

Shaywitz, S. E., & Shaywitz, B. A. (2006). Reading disability and the brain. *Educating Exceptional Children: 2005/2006.* Dubuque, IA: McGraw Hill.

Silliman, E. R., & Scott, C. M. (2006). Language impairment and reading disability: Connects and complexities. *Learning Disabilities Research and Practice, 21*(1), 1-7.

Sousa, D. A. (2006). *How the brain learns* (3rd ed.). Thousand Oaks, CA: Corwin.

Sousa, D. A. (2005). *How the brain learns to read.* Thousand Oaks, CA: Corwin.

Sousa, D. A. (2001). *How the special needs brain learns.* Thousand Oaks, CA: Corwin.

Spekman, N. (1981). Dyadic verbal communication abilities of learning disabled and normally achieving fourth and fifth grade boys. *Learning Disability Quarterly, 4,* 193-201.

Sprenger, M. (2003). *Differentiation through learning styles and memory.* Thousand Oaks, CA: Corwin.

Sprenger, M. (2002). *Becoming a "wiz" at brain-based teaching: How to make every year your best year.* Thousand Oaks, CA: Corwin.

Stanford, D. L., & Hynd, G. W. (1994). Congruence of behavioral symptomatology in children with ADD/H, ADD/WO, and learning disabilities. *Journal of Learning Disabilities, 27,* 243-253.

Stanford, P. (2003). Multiple intelligence for every classroom. *Intervention in School and Clinic, 39* (2), 80-85.

Swanson, H. L. (1994). Short-term memory and working memory: Do both contribute to our understanding of academic achievement in children and adults with learning disabilities? *Journal of Learning Disabilities, 27,* 34-50.

Swanson, H. L. (1999). Cognition and learning disabilities. In W. N. Bender (Ed.), *Professional issues in learning disabilities* (pp. 415–460). Austin, TX: ProEd.

Tomlinson, C. (1999). *The differentiated classroom: Responding to the needs of all learners*. Alexandria, VA: Association for Supervision and Curriculum Development.

Torgesen, J. K. (1984). Memory processes in reading disabled children. *Journal of Learning Disabilities, 18,* 350–357.

Torgesen, J. K., Murphy, H., & Ivey, C. (1979). The effects of orienting task on memory performance of reading disabled children. *Journal of Learning Disabilities, 12,* 396–401.

Ward-Lonergan, J. M., Liles, B. Z., & Anderson, A. M. (1999). Verbal retelling abilities in adolescents with and without language-learning disabilities for social studies lectures. *Journal of Learning Disabilities, 32,* 213–223.

Wiig, E. H., Lapointe, C., & Semel, E. M. (1977). Relationships among language processing and production abilities of learning disabled adolescents. *Journal of Learning Disabilities, 9,* 292–299.

Wolfe, P., & Nevills, P. (2004). *Building the reading brain, preK-3*. Thousand Oaks, CA: Corwin.

Zentall, S. S. (1986). Effects of color stimulation on performance and activity of hyperactive and nonhyperactive children. *Journal of Educational Psychology, 78,* 159–165.

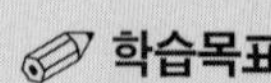

학습목표

1. 성격발달 영역 내의 주요한 특성을 정리 내릴 수 있다.
2. 각 성격 영역의 주요 연구결과를 제시할 수 있다.
3. 사회적 수용과 사회성 기술을 구별한다.
4. 학습장애 학생들의 높은 수준의 외로움, 스트레스, 우울 그리고 자살에 대한 증거를 제시할 수 있다.
5. 학습장애 학생들의 자기결정과 자기옹호에 관한 관심의 증가 추세를 안다.
6. 학습장애 학생의 가족에 대한 연구결과를 논의한다.

핵심어

성격변인	기질	사회적 수용
자아개념	불안	사회적 고립
전반적 자아개념	상태불안	사회적 거부
통제소재	특성불안	사회적 관계망 평정
내적 통제소	자살 상상	사회적 능력
외적 통제소	자살극	또래지명
학습된 무기력	자기옹호	명부평정
귀인	자기결정	사회성 기술

학습장애 학생의 성격적 · 사회적 특성

이 장의 개관

✳ 서론

일반적으로 교사를 위한 교육심리학 과정에는 인지적 특성에 관한 많은 정보를 포함하는 반면 아동의 성격과 사회성 발달과 관련해서는 제한된 정보만을 다루고 있다. 왜냐하면 학교교육에서는 학업적 성장에 중점을 두기 때문에, 기억, 지능, 언어, 주의력과 같은 성취도의 향상과 관련된 인지적 특성에 집중하는 것이 타당해 보인다. 학습장애 학생들에 대한 연구 또한 이러한 패턴을 따라왔고, 지난 최근에 이르러서야 학습장애 학생들의 사회적, 성격적 특성에 관한 연구가 나타나고 있다(Bender, Rosenkrans, & Crane, 1999; Eisenman & Chamberlin, 2001; Elksnin & Elksnin, 2004; Handwerk & Marshall, 1998; Maag, Irvin, Reid, & Vasa, 1994; Sharma, 2004).

이러한 흐름에도 불구하고 학습장애 학생들의 사회적, 성격적 특성을 조사하는 데는 몇 가지 이유가 있다. 첫째, 사회성과 성격의 성장은 장애학생들을 교육시키기 위한 필요를 정당화해 왔다. 많은 장애학생의 부모들은 그들의 자녀가 결코 일반적인 학업성장을 보이지 못할 것임을 깨닫지만, 자녀가 자아개념과 사회성 발달의 성장이 촉진될 것이라는 희망에서 역할 모델을 접하기를 진정으로 원한다. 경도장애 학생의 통합의 근거는 부분적으로 적절한 역할 모델의 필요에 근거하고 있다.

둘째, 많은 사회적, 성격적 변인은 학업성취에 영향을 준다(Rothman & Cosden, 1995). 예를 들어, 자아개념의 향상은 학업성취의 향상을 야기할 수 있다는 몇몇 증거가 있다(Rothman & Cosden, 1995). 그러나 자아개념과 학업성취 사이의 직접적인 인과관계는 여전히 논쟁의 주제다. 인과관계에 대한 질문들이 주어졌을 때, 오늘날 최선의 대답은 학습장애 아동과 청소년들 사이에서 특정 성격변인이 이 장을 통해 제시되는 교수방법에 대한 제안, 교수에 대한 다양한 제안을 이끌어 낼 수도 있다는 것이다.

셋째, 특정 성격변인은 특수교사나 일반교사가 학습장애 학생에게 기대하는 과제의 양과 질에 관련될 수 있다. 교사의 기대는 결국 학생에게 제공되는 교수의 질과 관련될 수 있다. 이것은 성격변인이 간접적인 의미에서 학업성취의 향상을 이끌어 낼 수 있음을 의미한다. 만약 성격변인이 장애학생에게 주어지는 숙제의 유형을 결정한다면, 교사는 반드시 교사 내면에 있는 잠재적 편견을 인식하도록 훈련받아야 하며 장애를 가진 각 학생에게 공정한 기회를 보장하기 위해 노력해야 한다.

다음으로 성격변인이 아동의 학습장애를 판별하는 역할을 할 수 있다는 증거가 있다. 예를 들어, Handwerk와 Marshall(1998)은 행동의 기능을 평가하는 것으로 학습장애 학생과 정서장애 학생을 구별할 수 있다는 것을 증명하였다. 현재 판별 절차에서의 어려움과 함께(5장에서 논의된), 이 점과 관련하여 도움을 제공하는 모든 변인들은 주목받을 만하다.

마지막으로 이러한 성격과 사회적 능력 변인은 학습장애 학생들의 전 생애에 영향을 미칠 것이다(Elias, 2004; Elksnin & Elksnin, 2004). 학생들이 성장하고 성인 세계에서 기능하기 시작함에 따라, 이러한 변인들은 그들의 직업적인 성공과 다른 사람과의 관계에서 점점 더 중요한 역할을 한다. 자기결정의 개념은 성격변인과 연관성이 매우 높다. 사실 학습장애 성인들이 직장이나 매일의 성인 세계에서 스스로를 옹호하는 능력은 성격이나 사회적 능력 요소에서의 최상의 결과를 내지 못함으로써 부정적인 영향을 받을 수 있다. 그래서 최근 연구의 많은 부분은 성격과 사회적 능력 논쟁점의 연구를 기반으로 학습장애 학생의 자기옹호 또는 자기결정

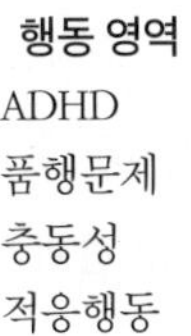

[그림 4-1] 학습장애 학생의 주요 발달 영역

에 초점을 맞춘다.

[그림 4-1]은 학습장애 아동의 학업 수행과 전반적인 안녕감에 영향을 미칠 수 있는 성격과 사회-정서적 변인을 묘사하고 있다(Bender & Wall, 1994). 네 가지 일반적인 영역은 행동발달, 사회성 발달, 정서발달 그리고 인지발달이며 각각의 영역별로 학습장애 아동과 청소년을 대상으로 광범위하게 연구되어 온 변인들을 포함시켜 제시하였다. 비록 영역에 속한 변인들이 해당 영역에 주요한 영향을 끼치지만 다른 영역에서 학습장애 학생에게 영향을 미칠 가능성도 있다. 예를 들어, 낮은 자아개념은 사회성 발달에 영향을 미칠 수 있을 것이고 정서발달 영역에 포함시킬 수도 있다. 그러나 낮은 자아개념은 또한 낮은 학업성취를 이끌 수도 있다(Bender & Wall, 1994; Rothman & Cosden, 1995). 이러한 관계는 뒤에서 좀 더 자세히 논의될 것이지만, 당신은 그림에서 제시된 모든 변수들이 어떤 영역에든지 학습장애 학생의 성공적인 발달에 긍정적 혹은 부정적으로 주요한 영향을 줄 수 있다는 것을 기억해야 한다.

✻ 성격, 위험행동 및 자기결정

성격변인(*personality variables*, 정서적인 변인라고도 불림)은 자아개념, 통제소재, 기질, 불안, 외로움, 우울, 자살 상상 그리고 위험행동을 자진해서 하는 것과 같은 변인을 포함한다. 여기서 논의되는 변인들의 순서는 역사적으로 연구의 관심의 받은 순서다. 즉, 학습장애 학생들의 자아개념과 관련해 더 오랜 기간 동안 더 많은 연구가 이루어졌기 때문에 자아개념 영역에 대한 연구결과는 불안 또는 외로움, 우울, 자살에 대한 연구보다 더욱 신뢰할 만하다.

자아개념

자아개념(*self-concept*)은 전체 혹은 특정한 상황이나 환경과 관련하여 스스로를 바라보는 관점으로 정의할 수 있다. 자아개념의 첫 번째 유형인 전반적 자아개념(*global self-conecpt*)과 특정한 환경에서의 자기인식으로 제한되는 자아개념의 두 번째 유형을 구별하는 것은 때때로 중요하다. 대부분의 대학생들은 전반적으로 좋은 자아개념을 가지고 있지만, 만약 당신이 자신의 능력이 두드러지게 나타나지 않는 상황이나 특정 수업에 있다면 그 상황과 관련하여 낮은 자아개념을 갖게 될 것이다.

많은 학습장애 학생들이 학교에서 학업 과제를 직면했을 때 잘할 수 없을 것이라고 느낄지라도, 그 상황의 요구가 적당하다고 여기는 수많은 상황이 있을 수 있다. 이러한 이유로 전반적 자아개념과 학교 특성의 자아개념을 구별하는 것은 중요하다.

상업적으로 이용 가능한 몇몇 자아개념 측정도구는 이런 차이를 확인할 수 있도록 도와준다. 예를 들어, 자아개념 측정에 가장 빈번히 사용되는 도구 중 하나인 피어스-해리스 아동용 자아개념척도(Self-Concept Scale; Piers, 1984)는 총점과 더불어 6개의 다른 하위척도에 관한 정보를 포함하고 있다. 이것은 행동, 지적 수준, 불안, 인기, 행복 그리고 인간적인 매력에 대한 자기인식을 포함한다. 이 척도는 2~3학년의 읽기 수준이며, 고등학교까지 이용할 수 있도록 표준화되었다. 이 도구는 학교 중심 측정의 필수 요소인 지적 수준 정수를 포함해 전반적 점수와 학교 특성의 점수를 비교할 수 있도록 구성되어 있다.

자아개념 사정은 아동연구팀이나 교사에 의해 실시될 수 있다. 일반적으로 장애가 없으며 같은 학급의 같은 인종 및 성별에서 무작위로 선정된 학생의 자아개념을 사정하는 것이 정상적인 자아개념의 지표로서 적절하다.

어린 학습장애 학생들이 다른 학생에 비해 더 낮은 전반적 자아개념을 가지고 있다는 연구결과가 상당히 일관적으로 제시되어 왔다(Bryan & Burstein, & Ergul, 2004; Gans, Kenny, & Ghany, 2004). 그러나 나이 많은 학습장애 학생들의 전반적 자아개념에 관한 연구들의 결과는 다소 모호하다(Meltzer, Roditi, Houser, & Perlman, 1998). 나이가 많은 학습장애 학생들은 낮은 전반적 자아개념보다도 읽기, 수학, 언어와 같은 그들의 장애와 관련된 특정 학교 과제에서 더 낮은 자아개념을 보인다는 것이 일반적으로 일치된 의견이다(Gans, Kenny, & Ghany, 2004; Rothman & Cosden, 1995). 특히 학습장애를 가진 청소년들을 대상으로 한 연구에서는 학교와 관련된 자아개념 점수가 더 낮은 것으로 나타났다. Bender와 Wall(1994)은 학습장애를 가진 어린 아동들은 낮은 전반적 자아개념을 보이고, 나이 든 학생들은 성숙함에 따라 일반적으로 그들 자신을 더 높게 생각하는 것을 배우지만 학업 과제와 관련해서는 낮은 자아개념을 유지하는 발달 경향이 있을 수 있다고 시사했다. 이러한 발달적 경향은 학습장애 학생을 위한 자아개념의 영향을 설명할 수 있을 것이다.

이 연구에서 흥미로운 변화로 Rothman과 Cosden(1995)은 장애로 판별된 학생들 사이에서 자아개념과 학습장애의 자기인식 관계를 조사하였다. 아동은 점점 나이를 먹어감에 따라 자신의 장애가 무엇이고 그에 어떻게 대처하는지에 대해 더 많이 알게 될 수 있다. 초기의 연구문제로 Rothman과 Cosden(1995)은 자신의 장애를 이해하는 것이 어떻게 일반적 자아개념에 영향을 미치는지 밝혀내길 원했다. 그래서 56명의 3~6학년 학습장애 아동들에게 그들의 장애가 불변하고, 낙인된 것이라기보다는 가변적이고, 낙인되지 않은 것으로 믿는 정도에 따라 자아개념 정도를 측정하는 실험을 실시하였다. 그 결과 자신의 학습장애에 대해 보다 긍정적인 인식을 가진 학생들은 더 높은 자아개념 점수와 학업 수행 점수를 나타내었다. 이 연구는 비록 전반적 자아개념의 긍정적인 발달에서의 발달지체를 직접적으로 언급하지는 않지만 자신의 장애를 아는 것이 자기인식에 긍정적인 영향을 줄 수 있음을 보여 준다.

통제소재

통제소재(*locus of control*)는 자아개념보다는 더 최근에 확인된 교육적인 변인이다. 통제소재는 자신의 환경에 대한 통제를 스스로 인식하는 것으로 정의될 수 있다. 어떤 경우 연구의 이 부분이 '귀인' 연구로 언급되는데, 왜냐하면 원인에 대한 학생의 귀인에 대해 말하고 있기 때문이다(Ring & Reetz, 2000). 이러한 인식은 **내적 통제소**(스스로가 환경에서 주요한 영향력을 가지고 있다고 믿는 것) 또는 **외적 통제소**(운명이 환경에 의해 외부적으로 통제된다고 믿는 것)로 나눌 수 있다. 간단한 예를 들어 설명하면, 만약 당신이 시험을 위해 매일 밤 공부했지만 시험에서 낙제했다면 높은 외적 통제소와 낮은 내적 통제소가 발달할 것이다. 이에 당신은 교사의 비효과적인 교수 또는 정확한 학습 안내의 부족과 같은 외부적 환경에서 실패의 원인을 찾을 것이다. 간단히 말해, 학교 과제에서 계속된 시도에도 불구하고 연이은 실패는 외적 통제소를 야기한다. 더 나아가 높은 외적 통제소는 결국 일반적으로 학습과 학교에 대한 동기 부족을 초래한다. 높은 통제소재는 일반적으로 개인들로 하여금 거의 노력을 하지 않게 만드는데, 이는 **학습된 무기력**(*learned helplessness*)이라고 일컬어진다(Palladino, Poli, Masi, & Marcheschi, 2000).

다음은 통제소재를 사정하는 데 사용될 수 있는 여러 가지 측정방법이다. 첫째, 학생들에게 특정 상황에서 스스로를 상상하도록 수많은 지필 과제를 요구한 후 통제소재를 사정한다. 다음은 이러한 유형과 관련된 측정의 예시 문항이다.

만약 당신이 다음번 성적표가 정말로 훌륭하게 나왔다면 아마도 ~때문일 것이다.

a. 당신이 매우 열심히 공부해서

b. 교사가 성적을 매우 너그럽게 줘서

c. 당신이 준비를 잘했고 교사가 너그러워서

답안 'a'는 내적 통제소를 나타낸다. 그리고 답안 'b'는 외적 통제소를 나타내고, 답안 'c'는 내적/외적 시각이 통합된 것을 나타낸다. 이러한 측정방법의 한 가지 문제점은 학생이 문항의 설명된 역할을 어떻게 받아들이는지 이해한다고 가정한다는 점이다. 예를 들어, 보기의 문항에서 학생은 훌륭한 성적표가 나왔다는 것을 가정할 수 있어야 한다. 이것은 학습장애 학생들에게는 어려운 기술일 수 있다.

두 번째는 직접적으로 성공 및 실패와 관련된 학생의 귀인(*attributions*)을 사정하는 방법이다. 이것은 그들에게 해야 할 과제를 주고 후에 그들이 어떻게 했고, 그들이 왜 성공이나 실패를 했는지를 물어보는 것을 수반한다. 학생들의 응답은 내적 혹은 외적인 것으로 부호화되어야 한다. 이는 강력한 측정방법으로, 학습장애 아동과 청소년에게 이 방법을 사용한 결과 학습장애 학생들이 다른 학생들보다 더욱 외적 통제소의 경향이 있다는 것을 제시하고 있다.

자아개념과 마찬가지로, 통제소재는 총체적 양식이나 학교 특성의 변인과 관련해 측정할 수 있다. 연구는 학습장애 학생들이 더 높은 외적 통제소를 가지고 있으며 학교 과제에 대하여 다른 학생에 비해 학습된 무기력을 더 많이 보인다고 시사해 왔다(Bender & Wall, 1994; Palladino et al., 2000). 이 연구 영역은 상호작용의 효과를 제시하고 있기 때문에 미래 교사의 관점에서는 흥미로울 것이다. 구체적으로 학습장애 학생들 가운데 학교 과제에 대해 높은 외적 통제소를 가진 학생들은 학급의 더욱 높은 수준의 구조에 더욱 긍정적으로 반응할 수 있다. 예전의 사례 중 한 가지에 따르면 Schunk(1985)는 세 가지 전략을 사용한 뺄셈의 교수가 포함된 치료 연구에서 학습장애를 가진 6학년 학생 30명을 관찰하였다. 학생들은 무작위로 세 집단 중 한 집단에 배정되었다. 집단 1은 그들 자신의 목표를 세웠고, 집단 2는 그들을 위한 목표가 부과되었으며, 집단 3은 정해진 교수목표가 없었다. 결과적으로 학생의 성취가 목표 설정과 직접적인 연관이 있는 것으로 나타났다. 집단 1은 다른 집단보다 높은 수준으로 성취하였고, 집단 2는 목표가 없는 집단보다 높게 성취하였다. 교사는 수행되는 각각의 주요 과제를 위한 현실적인 목표를 분명하게 설정하여 학생을 독려해야 한다.

기질

연구에서 특정 성격적 특성은 어린 아동의 삶에서 비교적 매우 초기에 안정될 수 있다는 것을 보여 준다. 구체적으로 과제의 지속성이나 환경에서 다양한 자극에 대한 상호작용 수준과 같은 특성은 빨라도 유아기 말기쯤 확립될 수 있다(Teglasi, Cohn, & Meshbesher, 2004). 이러한 기질(*temperament*)변인의 측정은 보통 교사 또는 부모에 의해 특정한 상황과 관련된 아동의 가장 전형적인 반응을 평정 기록하면서 행해진다. 이러한 평정은 아동이 어떻게 행동할 것인가에 초점을 맞추게 된다.

Keogh(2003)는 학습장애 아동들의 기질을 사정하는 데 가장 빈번하게 사용되어 온 측정도구를 제공하고 이러한 학생들의 기질변인을 평가해 왔다(Keogh, 1983). 초기 연구는 일반적으로 학습장애 학생들과 다른 학생들 사이의 몇 가지 차이점을 보였고, 이러한 차이는 일반적으로 비장애 아동들에게 우호적이었다. 최근 결과는 학습장애 아동들의 과제 지속 능력이 떨어지고, 다른 아동들에 비해 사회적 유연성이 낮은 것으로 제시되었다.

최근의 논의에서 Teglasi, Cohn과 Meshbesher(2004)는 기질이라는 광의의 용어 아래 어떤 차원이 존재하는지에 대한 합의가 거의 없다는 것을 지적하였다. 사실 연구자들은 다양한 기질 구조를 확인했다. 연구자들은 기질의 다섯 가지 차원을 확인하였는데, 이는 일반적으로 반응성과 자기규제의 두 개의 큰 영역으로 나뉜다. 반응성은 개인이 환경에 어떻게 반응하는지의 경향으로 정의될 수 있고 [도움상자 4-1]에 정의되어 있는 것처럼 일반적으로 다섯 가지 차원에서 논의된다. 자기규제는 자동적인 자기규제부터 매우 노력을 요하는 자기규제에 이르기까지 감정을 조절하거나 누그러뜨리는 능력을 포함한다. 예를 들어, 높은 반응성과 자동적인 자기규제가 없는 개개인은 환경 내 사건에 대한 그들의 감정적인 반응을 조절하는 데 상당한 노력을 기울여야 한다. 더 나아가 이런 의도적인 노력은 학업환경에서 요구되는 것과 같은 다른 과제로 인해 주의집중에 어려움을 줄 수 있다. 이것이 많은 연구자들이 기질을 학습장애 아동과 청소년을 이해하는 데 매우 중요한 변인으로 여기는 이유다(Bender & Wall, 1994; Teglasi, Cohn, & Meshbecher, 2004).

●●●● 도움상자 4-1

▶ **기질의 차원**

활동 수준

운동 근육 활동의 속도와 힘 그리고/또는 크거나 작은 강도의 운동 활동에 대한 선호도다. 높은 수준의 활동은 특정 유형의 행동문제와 연관되어 있다(Teglasi, Cohn, & Meshbesher, 2004).

정서

정서 상태의 확장과 강도(긍정적 또는 부정적). 긍정적이고 부정적인 감정 상태는 고도로 독립되고 다른 신경생물학적 체계와 연관되어 있다. 게다가 연구에서는 학습장애 학생들이 다른 학생들에 비해 부정적인 감정을 경험할 가능성이 높다는 것이 나타났다(Bryan, & Burstein, & Ergul, 2004).

주의력 수준

노력하는 태도를 가지고 과제를 지향하거나 그에 집중하는 능력을 포함한다. 산만함과는 반대되는 개념이다. 관련 요소는 억제력(상황에 부적절할 수 있는 반응을 삼가는 능력)이다. 전통적으로 학습장애는 높은 산만함과 낮은 억제력을 보인다(Bender & Wall, 1994).

접근/기피

다른 사람 그리고/또는 사회적 상황에 다가가거나 기피하는 경향을 포함한다.

적응성/유연성

환경에서 종종 예상치 못한 변화에 적응하는 능력을 포함한다. 일부 학습장애 학생들은 그들 또래에 비해 낮은 적응성을 나타낸다.

연구는 학습장애 학생들이 비장애 학생들과 기질적으로 확연한 차이가 있음을 보여 준다(Bender & Wall, 1994; Pullis, 1985). 나아가 연구자들은 학생의 기질과 학생이 교실에서 받는 교수 사이의 상호작용에 관심을 갖기 시작했다(Pullis, 1985; Teglasi, Cohn, & Meshbecher, 2004). 예를 들어, Pullis(1985)는 교사가 아동의 기질에 대해 어떻게 인식하느냐에 따라 교수적 방법을 다르게 적용할 수 있고 이는 아동의 성취에 영향을 미칠 것이라고 지적하였다. 당연하게 교사는 과제 지속성에서 다른 학생들에게 다른 종류의 과제를 부여하는 경향이 있다. 만약 아동이 대략 10분 정도만 과제에 집중할 수 있다면, 교사는 아동에게 온종일 걸리는 과제보다는 10분간 하는 과제를 연속적으로 제공해야 한다. 이러한 유형의 연구(성격변인과 교사 주도적 교수 절차의 관계를 확인하는)는 교사가 그들 학급에서 학습장애 아동들이 보이는 기질의 종류와 다른 관련된 성격변인에 대해 보다 많이 인지하고 있을 필요가 있음을 시사한다.

불안

불안(*anxiety*)은 상황의 두려움이나 더 포괄적이고 만연된 불안감을 나타내는 행동을 말한다. 특정한 상황에서의 두려움은 **상태불안**(*state anxiety*)이라고 불리는데, 그것이 특정한 상황에만 나타나기 때문이다. 만약 사람이 더욱 만연된 불안행동을 보인다면 **특성불안**(*trait anxiety*)이라 하고 전자보다 더 안정적인 성격 특성을 나타내는 것으로 추정된다(Lufi, Okasha, & Cohen, 2004; Margalit & Shulman, 1986). 분명히 이 개념은 이전에 논의된 특성들과 겹치는 부분이 있다. 예를 들어, 피어스-해리스 아동용 자아개념척도(Piers, 1984)의 하위 점수 중 하나로 불안에 대한 자기인식 점수가 산출된다. 또한 앞서 논의된 학교 특성의 자아개념과 상태불안은 유사한데 둘 다 특정 상황과 관련이 있기 때문이다.

몇몇 연구들은 학습장애 학생들이 다른 학생들보다 전반적으로 더 불안(특성불안)해한다는 것을 지적하고 있다(Margalit & Shulman, 1986; Margalit & Zak, 1984). 예를 들어, Margalit와 Shulman(1986)은 특수학교에 다니는 사춘기 이전의 학습장애 남학생(12~14세) 40명의 불안에 대해 연구하였다. 지역의 공립학교에서 같은 나이의 남학생 40명을 비교집단으로 선정했다. 두 집단 모두 상태불안과 특성불안에 대해 측정하였다. 점수는 장애학생들이 더 높은 수준의 특성불안을 가지고 있는 반면 상태불안은 두 집단 간에 차이가 없는 것으로 나타났다. 이 연구는 우리가 매우 필요로 하는 영역에서의 가치 있는 연구이나 연구설계에 한 가지 문제가 있다. 당신은 그것을 찾을 수 있는가?

비교된 아동들의 두 집단은 여러 가지 이유에서 다르다는 것을 주목하라. 첫째, 한 집단은 학습장애를 가지고 있고, 연구 뒤에 숨은 가정은 장애가 불안에 대한 집단 간의 어떠한 차이에 대한 이유를 설명한다는 것이다. 그러나 집단들은 그들이 다니는 학교의 지역적인 측면에서 차이를 보인다. 이러한 통제되지 않은 요인이 특성불안에서 차이를 만들 수 있지 않을까? 위험한 지역에 위치한 학교에 다니는 학생이 불안을 더 나타내지 않을까? 당신은 측정된 불안의 차이가 진정 학습장애

로부터 온 결과인지 추정할 수 없다. 교사와 전문가로서 당신은 당신의 분야에서 증거를 사용하는 것에 보다 능숙해지기 위해서 당신이 읽은 자료에서 연구의 문제점을 찾는 방법을 배워야 한다. 우리는 오직 연구를 통해서 학습장애 아동의 불안에 대한 정확한 그림을 발전시킬 수 있다.

이것이 관련 연구 및 이 분야의 수많은 연구와 관련된 또 하나의 주의점이다. 몇몇 연구들은 상태 또는 특성 불안의 주제에 대한 확실한 결론을 도출하는 데 충분하지 않다. 이전에 소개된 자아개념과 통제소재에 대한 연구들과 달리, 이러한 영역에는 단지 소수의 연구만 존재하기 때문에 모호해 보일 수 있다.

비록 상태불안이 다수의 원인들과 관련되어 있을지라도, 학교와 직접적으로 관련이 있는 잠재적인 중요한 원인은 시험불안이다(Lufi, Okasha, & Cohen, 2004). 예를 들어, 학습장애 학생이 고도의 시험불안을 보인다면 이것이 그들이 보이는 많은 학업문제를 설명할 수 있다. 이 영역은 최근 주목받기 시작하였고, 학습장애 학생들이 학교환경에서 시험에 대해 불안해하는 정도와 관련해서는 확고한 결론을 내릴 수 없다. Swanson과 Howell(1996)은 혼합된 학생 집단(즉, 학습장애 학생들, 행동장애 학생들, 주의력결핍장애 학생들, 다양한 중복장애 학생들)의 시험불안을 조사했다. 그 결과 낮은 시험불안은 과제/시험의 수행 동안 효과적인 공부 습관과 효과적이면서 과제와 관련된 자기교수와 상관이 있는 것으로 나타났다. 따라서 효과적인 자기교수와 공부 기술은 어느 정도까지 시험불안을 경감시키는 데 도움을 줄 수 있지만 보다 많은 연구가 요구된다 하였다.

이런 결과에 앞서 성격변인에 기초한 교수전략에 관해 구체적으로 권고하는 이론가는 없었다. 그러나 장애학생들의 성격에 대한 연구의 증가와 초기 결과들의 특성 때문에 해당 연구 영역은 향후 확대될 것이고 예비교사들은 이런 영역을 인지해야 할 것이다. 또한 관련 결과의 제시는 학습장애 아동과 청소년들의 특정한 특성들에 대해 우리가 얼마나 모르고 있었는지를 보여 준다.

외로움, 우울 및 자살

자아개념, 통제소재, 불안과 같은 변인들에서 학습장애 학생들과 비학습장애 학생들 사이의 차이에 대한 인식의 증가와 함께 수많은 연구자들은 외로움, 우울, 자살을 포함하여 기분 상태를 측정하는 다른 지표들을 연구하기 시작했다(Bender et al., 1999; Palladino et al., 2000; Pavri & Monda-Amaya, 2000, 2001). 자아개념, 통제 소재와 같은 변인들에 대한 연구는 상당히 많지만 학습장애 학생들의 외로움, 우울 그리고 자살에 대한 연구는 소수에 불과하다(Huntington & Bender, 1993). 그럼에도 이러한 연구는 주제의 중대한 성질 때문에 중요하다. 부족한 자아개념이 심각한 문제일 수도 그렇지 않을 수도 있는 반면, 외로움이나 임상적인 우울증에서의 학생의 자살 시도는 자동적으로 중대한 문제가 된다.

현장 전문가로서 당신은 당신 학생의 임상적인 우울증, 만성적인 외로움, 그리고 자살이나 자살 시도를 직면해야 할 수도 있다. 자살을 시도한 학생을 가르친 적이 있다면 당신은 이런 중요한 문제를 다루는 연구의 가치를 알게 될 것이다.

연구는 학습장애 학생들이 비장애 학생보다 더 많이 외로움, 우울증, 자살을 경험하기 쉽다고 제시해 왔다(Bender & Wall, 1994; Margalit & Levin-Alyagon, 1994; Palladino et al., 2000; Saborinie, 1994). 그러나 최근까지 시행된 연구는 해당 연구에 관하여 명확한 내용을 제시하고 있지는 못하다. 예를 들어, 우울증에 대한 대부분의 연구는 일반적으로 학습장애 학생이 다른 학생보다 더 우울해질 가능성이 있다고 증명하고 있다(Newcomer, Barenbaum, & Pearson, 1995; Palladino et al., 2000; Wright-Stawderman, Lindsey, Navarette, & Flippo, 1996; Wright-Stawderman & Watson, 1992). 그러나 다른 연구는 이 집단들 간의 우울증에 관해 어떤 차이점도 확인하지 못했다(Maag & Reid, 1994). Newcomer와 동료들의 연구는 이런 모호한 결과에 대해 한 가지 가능한 이유를 제시하고 있다. Newcomer와 동료들(1995)의 연구는 방법론적으로 강점을 보이고 있는데, 85명의 학습장애 학생 집단을 학습장애가 없는 학생 집단과 직접적으로 비교했기 때문이다(단순히 장애학생들을 일반 학생들을 위한 규준표에 있는 자료와 비교한 연구들과는 다르다.). 또한 Newcomer와 동료들이 사용한 우울증에 대한 다양한 측정은 연구의 전반적인 타당성을 더한다. 우울증의 측정은 학습장애 학생에 의한 완성된 자기평가와 과목별 교사평가가 포함되었다. 학습장애 학생들은 스스로를 비교집단보다 더 우울한 것처럼 평가하지는 않았지만, 교사들은 학습장애 학생들의 더 높은 우울증을 지적하였다. 우울증 측정에 관한 다른 접근은 특별히 연구자들뿐만 아니라 교사들의 관심사와 관련해 다른 결과를 산출한다.

학습장애 아동이나 청소년들에 의한 자살이나 자살 시도에 대한 연구결과는 특히나 우려스럽다(Bender et al., 1999; McBride & Siegel, 1997; Peck, 1985). 예를 들

▶ **교수 안내: 학생이 자살을 언급한 경우**

1. 자살 사고의 몇몇 경고 신호를 기록하라. 학생들은 "우리 가족은 내가 없는 것이 더 좋을 거야!" 혹은 "사람이 죽으려면 얼마나 많은 수면제를 복용해야 하지?"와 같은 말을 할 수 있다. 나중을 위해 기록(날짜, 시간, 말한 내용)을 유지하라.
2. 관찰된 어떠한 위험한 신호도 확인하라. 위험 신호가 나타났을 때, "종종 너 자신을 해롭게 하는 것에 대해 생각하니? 혹은 "너 자신을 다치게 시도한 적이 있니?"와 같은 질문을 하라. 또한 자살 시도에 대한 명확한 계획을 가지고 있는지 알 수 있는 질문을 하라. 그런 계획은 자살 가능성의 심각성을 시사할 것이다. 또한 이런 형태의 질문이 학생들을 실제로 자살하도록 '촉진'한다는 증거는 없음을 기억하라.
3. 학생의 우려를 지지함과 동시에 생활의 개입을 확인하라.
4. 공포와 공황으로 반응하지 말라. 대담하게 계속하게 함으로써 학생에게 충격을 주지 말고, 학생의 걱정에 대한 심각성을 경시하지 말라. 당신에게 해결할 수 있는 문제처럼 보이는 것이 학생에게는 그렇게 보이지 않을 수 있다.
5. 당신의 질문이 학생을 심각하게 만들었다고 보이면 학생과 함께하거나 같이 있을 누군가를 찾아라. 학생 혼자 있게 만들지 말라.
6. 전문적인 도움을 구하라. 학교지도 상담가, 학교심리학자에게 사건을 보고하고 그들의 즉각적인 도움을 요구하라. 대부분의 주와 학교 지역청은 교사에게 학생의 자살 징후를 보고할 것을 요구한다.

어, Peck(1985)의 연구에서 LA 자살예방센터(Los Angeles Suicide Prevention Center)에 의해 보고된 자살은 1년 동안 총 14건으로 조사되었다. 학습장애 학생들이 청소년 인구의 5%도 안 되지만 자살한 학생의 절반은 학습장애 학생들이었다. 다른 연구들은 **자살 상상**(*suicide ideation*, 또는 자살 사고)와 **자살극**(*parasuicide*: 성공하지 못한 실제 자살 시도)은 학습장애 학생들 사이에서 좀 더 흔히 나타날 수 있다고 지적한다(Huntington & Bender, 1993). 이런 결과는 확실치는 않지만 학습장애 학생들이 즉각적인 상담의 도움이 필요할 수 있다는 것을 제시한다.

물론 이런 변인들에 대한 더 많은 연구가 수년 내 문헌에서 제시될 것이고 당신은 현재의 이해 수준을 유지해야 할 것이다. 그러나 한 학생이 자살을 고려하거나 학군 내의 지난 며칠 동안 지나치게 우울한 모습을 보인다는 의심이 들면 생활지도 상담가나 학교심리학자에게 알려야 한다. 우울과 자살 사고는 무시되어서는 안 된다. [도움상자 4-2]는 이런 문제에 직면한 교사들을 위한 추가적인 제언이다.

위험행동

청소년으로 성숙하면서 그들은 자신의 정체성을 찾기 시작하는데, 많은 경우 이 문제는 어느 정도의 위험도와 결합한다. 비록 청소년기에 몇몇 위험행동은 정상적이더라도, 극도로 몰고 가는 행동(예: 불법 약물의 복용과 무방비의 성행위)은 상당히 위험하게 될 수 있으므로, 청소년기에 관한 연구는 위험행동을 조사하기 시작하고 있다. 따라서 연구자들은 마찬가지로 학습장애 청소년들의 위험행동에 관심을 갖기 시작했다.

약물 남용/혹은 위험한 성적인 행동은 자아개념, 불안, 우울증과 같은 차원의 '성격' 그리고 변인들로 고려되지 않지만, 학습장애 학생 간의 성격 특징인 결핍과 이러한 행동에 자진해서 참여하려는 것은 명확한 관계가 있다(Beitchman, Wilson, Douglas, Young, & Adlaf, 2001; Cosden, 2001). 최근 연구에서는 일부 학습장애 학생들의 경우 청소년기 동안 혹은 그전에 위험한 성적인 행동에 매력을 느끼고, 코카인과 알코올을 사용하고, 담배나 마리화나의 흡연과 같은 고위험 행동들이 확실히 발달되는 것으로 나타났다(Beitchman et al., 2001; Blanchett, 2000; Lambert & Hartsough, 1998; Magg et al., 1994; Meltzer et al., 1998; Molina & Pelham, 2001). 이 연구는 아직까지는 상당히 불확실하며 진행 중이지만, 위험행동과 관련된 심각하게 부정적인 결과 때문에 이런 성장자료는 조사되어야만 한다.

Magg와 동료들(1994)은 학습장애 청소년기의 자아개념과 약물 남용의 관계의 초기 연구를 수행하였다. 청소년기의 비장애 집단과 123명의 학습장애 집단의 두 집단은 알코올, 담배, 마리화나의 사용 형태에 따라 비교되었다. 자기보고의 측정을 통해 학습장애 학생은 비장애 학생보다 담배, 마리화나를 더욱 많이 사용한다고 나타났다. 두 집단 간의 알코올 사용에서는 차이가 없었다. 기대와는 달리, 자아개념의 점수는 학생들이 불법 약물을 더 자주 사용하는지에 대한 예측을 도와주진 못했다.

더 최근의 연구에서 Beitchman과 동료들(2001)은 103명의 아동 중 59명이 19세에 학습장애로 판명되었다고 했다. 연구는 학생에게 처음 학습장애로 판별해 준 구체적인 기록을 조사하였다. 연구에 의하면 12세와 19세 모두 학습장애로 판명된 학생들은 일반 아동보다 19세 때 동시에 약물 사용문제를 나타내는 경향을 보였다.

이러한 초기 결과가 우려스럽다 하더라도, 학습장애 아동과 관련된 약물 남용에

대한 모든 조사에서는 남용과 장애의 유의미한 관련성을 보여 주지 않았다(Molina & Pelham, 2001; Weinberg, 2001). 또한 연구들은 많은 학습장애 학생들이 일반 학생보다 더 높은 수준에서 위험행동을 보이는 것은 아니라고 제시하였다. 따라서 이 문제에 관한 더 많은 연구가 필요하다.

학습장애 학생들 사이에서의 위험한 성적인 행동에 관해 사용 가능한 정보는 상당이 적다. Blanchett(2000)의 연구에서는 88명의 젊은 학습장애 성인 집단에게 자기보고 설문지를 사용하여 집단에서의 위험한 성적인 행동을 조사하였다. 이 자료는 성적인 행동을 보인 학습장애 청소년의 51%가 고등학교 재학 동안 HIV의 위험에 빠질 수 있음을 제시하였다. 성적인 행동을 보이는 학생들이 성 경험을 시작하는 나이는 15.9세다. 게다가 다양한 형태의 성행동을 보이는 학생의 71%는 어느 정도의 알코올과 약물 사용이 성관계 전에 이루어진다고 보고하였다.

이 자료는 결론에 이르지 못하였고, 많은 연구들은 보다 최근에 이루어진 것이다. 하지만 연구는 학습장애 학생이 다른 학생보다 더 빈번히 위험행동을 보일 가능성이 있다고 보고했다. 이러한 이유로 조사들은 꽤 지속될 수 있다. 또한 향후 연구에서 다른 학생들과 비교하여 학습장애 학생들은 더 많이 위험행동을 보인다면 교실에서 적용될 수 있는 다양한 예방-처치의 교수적 교육과정이 개발될 수 있다. 관심을 갖는 교사로서 학습장애 학생의 건강과 안녕을 위한 이러한 관심의 증가를 알고 있어야 한다.

자기결정과 자기옹호

기술된 성격과 위험행동의 측면에서 어떤 학습장애 학생은 인생 전반에 있어 부정적인 영향을 미칠 수 있는 성격적인 논쟁점을 보여 주고 있다. 이러한 논쟁점을 염두하여 많은 연구자들은 학습장애 학생 자신을 위해 성공적인 미래를 구상하는 능력과 학교 재학 동안 및 졸업 후의 전환기간 혹은 성인의 삶으로 움직이는 미래를 향해 자신을 옹호하는 것에 관심을 갖게 되었다(Eisenman & Chamberlin, 2001; Malian & Nevin, 2002; Price, Wolensky, & Mulligan, 2002; Whitney-Thomas & Moloney, 2001). 이 능력은 **자기결정**(*self-determination*)과 **자기옹호**(*self-advocacy*)라 불린다. Whitney-Thomas와 Moloney(2001)는 고등학교 장애학생과 비장애 학생의 자신에 대한 정의를 알기 위해 연속적으로 심층적이고 반복적인 인터뷰를 실시하였다. 물론 자신에 대한 정의는(즉, 자기상) 삶의 중요한 전환점에서 어떤 선택을 하는가를 결정할 것이다. 이 연구에서 나타난 장애학생의 약한 자기정의는 이 분야에 몇 가지 흥미로운 도전을 나타내 주고 있다. 학습장애 학생들은 장애를 그들의 어려움의 원인으로 보고 자신의 미래에 대해 불확실한 견해를 갖고 있을 수 있고, 교사는 이러한 부적절한 자기정의를 즉시 다루어 줄 필요가 있다.

연구마다 자기결정에 대한 정의는 매우 다양하다(Malian & Nevin, 2002). 하지만 일반적으로 자기결정은 학생이 궁극적으로 그들 자신의 목표를 달성하기 위해 학생에게 능력을 부여하는 태도, 능력, 기술의 발달로 개념화할 수 있을 것이다

●●●● 도움상자 4-3

▶ **자기결정 요소**

행동적 자율성

의존성으로부터 벗어나 자기관리와 자기 주도로의 발전 과정

- 선택 기술: 선호에 근거하여 대안 중 하나를 선택하기
- 결정 기술: 다양한 해결 방안의 적절성을 숙고하기
- 문제해결 기술: 환경에서 효과적으로 기능하기 위해 반응하기
- 목표 설정/도달 기술: 목표를 개발하고 필요한 행동을 취하기
- 독립, 위험 감수 및 안전 기술: 도움 없이 과제를 수행하기

자기조절 행동

계획, 행동 평가하기 및 필요에 따라 계획 수정하기

- 목표 설정/도달 기술: 목표를 개발하고 필요한 행동을 취하기
- 자기 관찰, 평가 및 강화 기술: 발견한 것에 접근 · 관찰 · 기록하기
- 자기교수 기술: 문제 해결 촉진을 위해 자기대화를 하기
- 자기옹호 기술: 자신, 원인 혹은 사람을 변호하기 위한 발언하기

심리적 역량강화

내적 통제, 자기효능감 및 결과 예측

- 내적 통제소: 결정적인 결과를 통제하는 믿음
- 효능감/결과 예측에 대한 긍정적 속성/행동은 기대를 이끌어 냄

자기실현

자신의 장점과 필요에 대한 정확한 지식과 이러한 지식을 이용하는 방법을 아는 능력

- 자기인식: 자신의 강점, 필요, 능력에 대한 기본적인 이해하기
- 자기평가: 현실 세계에서 개인이 통찰력을 사용/적용하는 능력

(Malian, & Nevin, 2002; Price et al., 2002). 물론 궁극적인 발달 최후에는 성공적인 교육의 결과를 원하고, 교육자들은 모든 학습장애 학생이 높은 목표를 이룰 수 있도록 도와줄 책임이 있다. Price와 동료들(2002)은 [도움상자 4-3]처럼 전체 목표의 분류들을 제시하고 있다. 자기결정의 개별적 요소의 검토는 당신이 전반적인 개념을 이해하는 데 도움을 줄 것이다. 이들 요소를 보면서 이전에 기술된 성격변인과 자기결정의 개별적 요소와 관련이 있는지를 주목하라.

분명하게 학습장애 학생들이 자기옹호 기술을 배운다면 좋은 대우를 받을 것이고 IEP 개발을 위한 교육 모임은 이러한 훈련을 위한 장소의 하나가 될 수 있다. IEP 모임은 자기결정에 대한 광범위한 강조를 할 수 있는 첫번째 기회가 될 수 있다(Martin et al., 2006; Test, Fowler, Brewer, & Wood, 2005; Test et al., 2004;

●●●● 도움상자 4-4

▶ 자기결정력을 증가시키기 위한 교수 안내

다양한 교수적 권고사항은 이 장에서 논의된 특성들에 기초한 것들이다. 신임교사는 학습장애 아동과 청소년의 성격과 근본적인 자기결정력을 강화하기 위해 이러한 전략의 실행을 고려해야만 한다.

1. 학생의 학습문제와 인격적인 문제를 분리하라. 학습문제에 대해 교정적인 피드백을 주고 성공을 칭찬하지만 학생을 인격적으로 비난하지 말라.
2. 학생이 아는 것들과 학급에서 수행할 수 있는 것들을 찾아라. 이것은 새로운 춤, 취미, 방과 후 활동 또는 학급 도우미일 수 있는데, 수업내용과 관련될 때는 그 발표를 포함하라. 학생들이 스스로에 대해 자랑스러워할 기회를 제공하라.
3. 학생의 요구에 따라 매우 구조화된 과제를 제공하라. 외향적인 학생은 일반적으로 구조화된 과제에 잘 반응하므로 어떻게 장이나 단원을 읽는지에 관한 분명한 과제교수를 제공하라. 예를 들어, 우선 마지막 질문을 재검토하고, 다음은 작은 표제, 그다음은 답을 읽게 하라.
4. 학생이 하는 모든 성공에 대해 보상(토큰이나 칭찬)하라. 정답이 쓰인 과제를 칠판에 부착하고, 교장선생님이 방문하여 학생의 과제에 대해 언급할 것을 요구하라. 이러한 '밖으로부터의' 칭찬은 많은 학습장애 아동에게 실제로 격려가 된다.
5. 학생이 그들의 학습을 위한 목표를 설정하도록 독려하라. 참여와 내적 통제소를 독려하기 위해 당신이 할 수 있는 모든 것을 하라.
6. 모든 IEP 모임에서 학생의 출석과 적극적인 참여 활동을 독려하라. 모임 전에 학생과 모임이 어떻게 진행될 것이고 학생의 참여가 중요함을 미리 이야기하라.
7. 각 학생들과 삶의 목표와 그것을 위해 학급에서의 관련 일을 논의하라.

Wehmeyer, Field, Doren, Jobes, & Mason, 2004). 연구에 따르면 많은 학습장애 학생들은 IEP 모임뿐 아니라 전환계획 모임, 훈육 모임 등 자신들의 교육과 관련된 여러 모임들에 의미 있는 참여가 가능하다(Carter, Lane, Pierson, & Glaeser, 2006; Martin et al., 2006). IEP 모임 이전 훈련이 학생에게 제공됐을 때 학생 참여의 질과 수준은 크게 향상될 수 있다(Hammer, 2004). 게다가 교사는 단지 IEP 모임 동안 자기옹호 기술을 향상시키는 것에만 만족해서는 안 되고 학생들의 전반적인 자기결정능력을 증가시키는 것을 목표로 해야만 한다. [도움상자 4-4]에는 학습장애 학생의 일반적 자기결정력 증가를 위한 일반적인 지침이 제시되어 있다.

성격, 위험행동과 자기결정의 요약

비록 많은 다른 성격적 특성이 향후 연구에서 주목받게 될지라도, 학습장애 아동과 청소년들의 성격발달에 대하여 이전에 연구된 특성들도 계속 주목해야 한다. 이러한 연구들에서 분명한 것은 학습장애 학생들은 인지적 무능력보다 더 많은 것을 경험한다는 것이다. 분명히 학교 관련 과제의 계속적인 실패는 다양한 성격문제로 인해 전반적으로 불행해지는 것을 경험하게 한다. 그러나 우리는 이러한 다양한 변인들의 장기적인 영향을 어떻게 설명해야 하는지 알지 못한다. 예를 들어, 우울한 자아개념의 결과는 더욱 심각한 임상적 우울증이나 위험행동을 증가시키는가? 아마도 자아개념에 대한 문헌이 증가하여 일부 학습장애 학생들 간의 이러한 성격적 특성과 위험행동 패턴의 영향을 밝힐 수 있을 것이다.

✻ 학습장애 학생의 사회성 발달

수년간 연구자들은 학습장애 학생들의 약 75% 정도가 명백하게 몇몇 사회성 기술 유형의 결함을 나타냄을 증명하였다(Kavale & Mostert, 2002). 게다가 학습장애 아동이 일반학급에 통합되기 위한 한 가지 근본적인 이유는 주류 학급에 있는 아동들이 비장애 학생을 역할 모델로 삼아 사회성을 향상시킬 것이라는 가정에서다. 이 가정은 학습장애 학생의 사회적 수용, 사회성 기술, 사회적 능력 그리고 가정 맥락에서의 사회적 발달을 포함한 다양한 연구에 나타나 있다.

사회적 수용

사회적 수용(*social acceptance*) 문제는 학습장애 학생들이 통합학급에서 경험할 수 있는 사회적 관계를 다룬 것이다. 예를 들어, 이러한 사회적 관계는 남자 혹은 여자 아동들이 쉬는 시간에 야구 게임에서 제외되는 경우에 나타날 수 있을 것이다. 만일 아동들이 지속적으로 이러한 활동에서 제외되고 또 이러한 배제가 특정 영역에서의 아동의 능력과 연관성이 없을 경우, 사회적 고립(*social isolation*)은 자아개념에 대한 문제나 전반적 불행을 유발할 수 있다(Sabornie, 1994; Vaughn & Hagger, 1994).

낮은 사회적 수용에서의 두 번째 문제점은 그것이 학업 수행 능력에 부정적인 영향을 미칠 수 있다는 것이다. 많은 초등학교에서 다양한 교육적 활동들은 최소한의 사회적 수용 정도가 요구되는 집단 활동, 집단학습 그리고 다른 학습적 과제에 기반을 두고 있다. 소프트볼 팀에 거의 선택되지 않고 사회적으로 낮게 수용된 장애 아동들은 아마도 학급 내에서도 토론학습에서 가장 마지막 학생으로 선택될 가능성이 높다.

학습장애 학생들의 낮은 사회적 수용의 우려에 대한 또 다른 원인은 이러한 낮은 사회적 수용이 장기적으로 부정적인 결과를 내포하고 있다는 것이다(Kavale & Mostert, 2004). Vaughn, La Greca와 Kuttler(1999)는 낮은 사회적 수용으로 인해 고통받고 있는 학습장애 학생들이 정규학교 과정을 중도 탈락하는 경향이 있다고 주장하였다. 사실 중퇴한 학습장애 학생들은 학교에 남아 있는 장애학생들에 비해서 훨씬 더 낮게 사회적으로 수용되고 있다. 이러한 원인들 때문에 학습장애 학생을 지도하는 모든 교사들은 반드시 낮은 사회적 수용문제에 주의를 기울이고 고려하여야만 한다.

사회적 고립과 사회적 거부(*social rejection*)의 차이는 반드시 다루어져야 한다. 두 개념은 매우 유사하게 보이나 엄연히 다른 측면이 있다. 예를 들어, 많은 학생들이 낮은 사회적 수용이나 사회적 고립으로 인해 고통받고 있더라도(아마도 인기 있는 학생들이 자신을 몰라 봐 주거나 자신이 아닌 다른 아이들하고만 어울리는 경우) 이것은 적극적으로 거부당하는 경우와는 다르다. 적극적으로 거부당하는 학생은 분명하게 부적절한 사회적 행동을 하거나 유해한 행동 성향을 가지는 경향이 있다. 어떤 학생들은 정기적으로 목욕을 하지 않을 수 있고, 그들의 악취는 적극적인 사회적 거부를 초래하기에 충분하다. 이러한 사회적 거부는 범주상으로도 사회적 고립과는 분명히 다르다.

여기에 사회적 수용을 측정하는 몇 가지 방법이 있다. 사회적 수용에 대한 자기평정(self-ratings)이 활용될 수 있다. 사회적으로 인기 있는 학생(social stars)과 사회적으로 고립된 학생들을 규정하기 위한 교사평정(teacher ratings) 역시 활용될 수 있다.

가장 빈번하게 사용되는 방법은 '또래평정'(peer ratings, 사회적 관계망 평정[sociometric rating]으로도 불림)이다. 또래평정은 사회적 수용을 측정하는 가장 정확한 방법인데 학생들이 정규 학습시간과 그 이외의 시간에 얼마나 자주 장애 또래를 수용하는지에 대한 실제 자료를 제공하기 때문이다. 사회적 관계망 평정은 대상 아동들의 또래가 대상 아동의 사회적 능력(social competence), 수용 또는 행동 성향을 평정하도록 조장하는 전략을 가지고 있다. 기본적으로는 두 가지 전략이 사용된다.

첫 번째 전략은 또래지명(*peer nomination*) 전략이다(Vaughn et al., 1999). 예를 들어, 통합학급에 속한 학생들에게 쉬는 시간 동안 함께 어울리고 싶은 친구 3명을 지명하도록 한다. 이러한 결과들을 나타낸 도표는 학급 내에서 사회적으로 인기 있는 학생(social stars)과 사회적으로 거부되는 학생들을 규정하게 된다. 그러나 이 방법은 교사나 특정 아동에 대한 정보를 얻고자 하는 아동연구팀에게는 그다지 유용하지 않을 것이다. 아동이 인기 있는 학생도, 사회적으로 거부되는 학생도 아닐 수 있기 때문이다.

사회적 관계망 전략의 두 번째 유형은 각각의 학급 구성원에 대한 정보를 만들어 내도록 구성된다. 이것을 명부평정(*roster rating*) 또는 또래평정(peer rating)이라고 한다. 그리고 학급의 모든 학생들은 학급 내의 자신을 제외한 모든 학생의 순위를 매긴다. 예를 들어, 각 학생은 리커트(Likert) 척도가 쓰인 반 친구들의 이름 명단을 받게 된다. 학생들은 이 친구와 얼마나 자주 어울립니까라는 질문을 받고 모든 반 친구들의 사회적 수용 정도를 평가하게 된다.

통합학급에서 학습장애 학생들의 사회적 수용 정도에 대한 많은 연구가 진행되어 왔다. 대부분의 연구들은 비장애 아동들은 학습장애 아동들과 잘 어울리지 않음을 밝혔다(Bender et al., 1984; Sabornie & Kauffman, 1986). 그리고 낮은 사회적 수용은 학습장애 아동들에게 외로움을 유발하는 것으로 나타났다(Al-Yagon &

Mikulincer, 2004; Sabornie & Kauffman, 1986; Vaughn & Hagger, 1994; Wiener, 2004). 낮은 사회적 수용은 사회적 관계망 평정 기반의 연구에서 명백하게 나타나고 있다. 하지만 몇몇 연구에서는 학습장애와 낮은 사회적 수용 간의 직접적 관련성은 없다고 주장하고 있다. 비장애 학생들만큼이나 사회적으로 잘 수용되고 있는 학습장애 학생들의 집단이 보이기도 한다. 예를 들어, Ochoa와 Palmer(1991)는 60명의 히스패닉 학습장애 학생들의 사회적 관계망에서의 지위를 학습장애가 없는 아동들의 지위와 비교하였다. 연구자들은 자료가 모든 아동들에게 적용 가능하다는 것을 밝히기 위해서 지명과 명부평정 체계 모두를 활용하였다. 결과는 학습장애를 가진 히스패닉 아동들이 비교집단의 아동들에 비해 더욱 사회적으로 고립되고 있음이 나타났다. 하지만 모든 학습장애 아동들이 사회적으로 고립되어 있는 것은 아니었다. 이 연구에서 학습장애 아동들 중 30%는 낮은 사회적 수용을 나타내고 있는 반면 50%는 사회적 관계망 평정에서 평균치를 나타내고 있었다. 이러한 결과는 일부 학습장애 아동은 비학습장애 아동과 동일한 정도의 사회적 수용을 경험하고 있음을 의미한다.

학습장애 아동의 낮은 사회적 수용에 대한 몇 가지 원인은 연구에 의해 제시되고 있다(Bender et al., 1984; Vaughn & Haager, 1994). 예를 들어, Bender와 동료들(1984)은 그의 통합학급의 학습장애 아동들은 평균 아동들만큼 수용되고 있지는 않다고 주장하였다. 하지만 학습장애 아동들은 기초읽기 프로그램에 속한 아동들만큼은 수용되고 있었다. 이것은 낮은 사회적 수용은 낮은 학업성취나 장애 그 자체로 인한 사회적 고립보다는 특수교육적 지원을 위해 학급을 떠나게 되는 이유와 연관된 낙인을 초래할 수 있음을 나타낸다.

학습장애 학생들의 낮은 사회적 수용과 부적합한 사회적 행동 성향의 원인들을 규명하기 위한 노력들은 계속되고 있다(Vaughn et al., 1999). 예를 들어, Kravets, Fraust, Lipshitz와 Shalhav(1999)는 대인관계 이해에 대한 측정을 기반으로 학습장애 아동 22명과 비학습장애 아동 22명을 비교하였다. 임상적 인터뷰가 각 학생들을 대상으로 이루어졌다. 학생들에게 사회적 문제를 다룬 짧은 글을 읽게 하고, 이야기 속의 다양한 등장인물들에게 무엇이 가장 적절한 대처방법일 것인지를 물었다. 그리고 학습장애 아동과 비학습장애 아동들의 답변들은 그 내용에서 밝혀진 사회적 이해의 정도에 따라 평가되었다. 또한 교사들은 교실에서 학생들의 사회적 행동 성향에 대해 평가하였다. 결과적으로 학습장애 학생들의 사회적 행동 성향은 비학습장애 아동에 비해 유의미하게 부적절한 것으로 나타났다. 이 연구에서는 더욱이 학습장애 아동들은 대인관계적 상황에 대한 이해가 부족한 것으로 나타났다. 학습장애 학생들의 어느 정도의 사회적 행동 성향이 대인관계 이해의 상대적 결핍에 영향을 미치는가에 대해서는 밝히고 있지 않다. 하지만 연구에서 대인관계에 대한 이해의 영향을 통계적으로 통제하였을 때 학습장애 학생들은 여전히 학급 내 사회적 행동에서 결핍을 보이고 있었다. 이는 일부 학습장애 아동들의 사회적 상황에 대한 이해 부족이 학습장애와 관련된 낮은 사회적 수용에 대한 주된 원인이 아닐 수 있다는 것을 시사한다.

또 다른 연구에서 Vaughn, Elbaum, Schumm과 Hughes(1998)는 학습장애 학생들의 사회적 수용이 교육 장소에 영향을 받는다고 주장하였다. 이 연구에서는 185명의 초등학생들의 사회적 관계를 실험하였는데, 그중 59명은 학습장애 학생이었다. 이 학생들은 각기 다른 학교에서 수업을 받고 있었다. 한 학교에서는 완전통합학급을 운영하였다. 특수교육과 일반교육 교사는 하루 종일 한 학급에서 공동으로 수업을 가르쳤다. 또 다른 학교에서는 특수교사가 하루에 한두 시간만 학급에 존재하는 협력교수 모델이 활용되었다. 협력교수 모델이 적용된 학급의 학습장애 아동들은 보다 높은 동료 수용 정도를 보였고, 일반적으로 완전통합 모델에서의 학습장애 아동들에 비해 훨씬 더 사회적으로 공평한 정도를 보였다.

명백하게 이러한 연구는 학습장애 아동들의 낮은 사회적 수용에 대한 몇 가지 원인들을 밝혀 주고 있다. 그리고 이러한 논쟁점은 모든 학급에서 다루어질 필요성이 있다. 근원적인 원인이 무엇이든 간에, 통합학급의 혜택을 받기 위해 학습장애 아동들은 단지 교실에서 학급의 구성원으로 받아들여지지 않는 채 앉아 있는 것보다 반드시 교실 활동에서 의미 있는 방식으로 포함되어야 한다.

사회성 기술과 행동

1980년대와 1990년대의 연구자들은 특정한 사회성 기술에서 학습장애 아동과 청소년기의 수행 능력을 연구하기 시작했다(Most & Greenbank, 2000; Vaughn & Haager, 1994). 이 영역의 연구들은 학생들이 결함을 보이는 특정 **사회성 기술**과 행동에 초점을 두고 있기 때문에 초기 사회적 수용의 연구와는 차별성을 보일 수 있다. Tanis Bryan과 동료들에 의해 이 영역의 연구가 시작되었고, 학습장애 학생의 특정 행동상의 결함이 낮은 사회적 수용성의 결과로 나타났다. 그것은 사회적 상황에서 언어 사용의 무능력, 사회적 단서에 대한 둔감성, 자신의 사회적 위치에 대한 정확한 인식의 부족, 사회적 상황에 적응하기 위한 능력의 부족을 포함한다(Bryan & Bryan, 1983).

Bryan의 대화하기 능력에 관한 연구는 중요한 내용에 대해 다루고 있고 연구설계가 흥미롭고 독특하다. 그녀와 동료들은 학습장애 아동의 대화하기 능력을 조사하였다(Bryan, Donahue, Pearl, & Sturm, 1981). 이 연구에는 2~4학년의 장애 아동 20명이(남아 12명과 여아 8명) 참여하였다. 비교집단으로서 통합학급에서 평균 수준의 성취 학생을 임의로 선택하여 구성하였다. Bryan은 TV 스튜디오처럼 카메라가 설치된 방을 구성하였고 두 집단의 학생들과 함께 TV 토크쇼 호스트의 역할에 대해 토론하였다. 그리고 학생들은 이 쇼의 호스트처럼 초대손님을 인터뷰하였다. 3분의 인터뷰는 비디오테이프로 녹화된 후 대화내용이 분석되었다.

대화를 위해 학습장애 아동이 사용한 전략은 비교집단 학생들이 사용한 전략과 달랐다. 예를 들어, 장애 아동은 대화를 지속할 수 있는 자유대답 형식의 대화를 덜 사용하였다. 결과적으로 학습장애 학생의 파트너는 정교한 응답을 산출하지 못하였다. 대화하기 능력의 결함은 학습장애 아동의 사회적 관계를 방해할지도 모른다.

대화하기 기술만 사회적 발달을 방해하는 것이 아니라 대화에서 다른 사람의 비언어적인 신호를 해석하는 능력도 사회적 문제로 이어질 수 있다(Dimitrovsky, Spector, & Levy-Shiff, 2000; Kravetz et al., 199; Most & Greenbank, 2000). 한 연구에서 Most와 Greenbank(2000)는 다른 사람의 감정의 구어적이고 얼굴에 나타나는 단서를 해석하는 학습장애 학생의 능력을 연구하였다. 30명의 학습장애 학생과 30명의 비학습장애 학생인 총 60명의 청소년은 연기자가 표현하는 여섯 가지 다른 감정(행복, 화, 놀라움, 슬픔, 역겨움, 공포)과 감정적으로 중립적인 표현을 해석하도록 요구되었다. 연기자는 시각, 청각 그리고 시청각 결합의 세 가지 방법으로 감정 신호를 표현하였다. 학습장애 학생들은 모든 세 가지 방법의 감정표현을 비학습장애 학생보다 덜 정확하게 지각하였다. 물론 교사는 학습장애 학생들의 사회성 기술이 일반 또래들보다 적절치 않다고 평가하였다.

초기 연구 이후로 수많은 구체적 사회성 기술이 특수교육 문헌에서 확인되었다. 예를 들어, 다양한 교육과정 자료들은 아동과 청소년의 사회적 수용을 증가시키기 위한 많은 기술교수에 이용될 수 있다(Vaughn & La Greca, 1933). 많은 사회성 기

●●●● 도움상자 4-5

▶ 사회성 기술과 관련된 상업용 자료

대화의 시작	자신 스스로의 표현
인사 기술	공격성에 대한 반응
분노의 조절	교제 기술
그룹 내에서의 활동	성 역할의 기대
어떻게 듣는 것인가를 배움	화가남
다른 사람에 대한 반응	따돌림
다른 이와 생각을 공유하기 위한 격려	슬픔을 느낌
협력적으로 일하는 것	좌절에 대한 대처

술 프로그램은 수업을 촉진하는 교수 스크립트를 활용하고 있다(스크립트는 10장에서 직접교수 전략으로서 설명된다.) 다른 사회성 기술훈련 프로그램은 역할놀이 활동과 다른 사람의 감정을 고려하는 것을 강조하고 상황을 설명하기 위해 인형을 활용한다(Vaughn & La Greca, 1933).

많은 사회성 기술훈련 프로그램이 발달된 반면 사회성 기술교수의 효능에 관한 연구는 상대적으로 부족하다(Kavale & Forness, 1996; Kavale & Mostert, 2004). 대다수의 연구는 사회성 기술의 훈련으로부터 최소한의 긍정적 결과를 주장한다. 학습장애 학생은 [도움상자 4-5]에 기술된 것과 같은 많은 개별적 사회성 기술을 배울 수 있지만, 연구들은 개별적 사회성 기술의 학습 결과가 다른 환경에서 그것을 사용하는 것이나(Bryan et al., 2004) 혹은 높은 수준의 사회적 수용으로 이끌 수 있음을 제시하고 있지 못하다.

그러나 이러한 의문들에도 불구하고 대다수의 교사는 사회성 결함을 지닌 학습장애 학생을 위한 사회적 기술훈련 프로그램의 몇몇 유형들을 이행하는 중이다. 현장에 있는 교사로서 당신은 이용 가능한 교과과정의 한 가지를 사용하여 이러한 훈련의 적용을 고려하고 있을 것이다. 앞으로 이 논쟁점에 관한 연구자문뿐만 아니라 교과과정에 대한 많은 검토가 이루어지길 기대한다(Kavale & Mostert, 2004; Vaughn et al., 1999).

사회적 능력

사회적 능력의 개념은 성격발달과 사회적 상호작용 간의 상호 영향으로 표현된다. 성격과 사회성 발달 영역 모두의 연구에서 이러한 변인들은 상당히 복잡한 방법으로 상호작용하고 있다고 제시된다(Malian & Nevin, 2002; Most & Greenbank, 2000; Rosenthal, 1992; Vaughn, McIntosh, & Spencer-Rowe, 1991). Rosenthal(1992)은 정신분석학적 자기의 발달이 타인과의 성공적인 상호작용에 주요하게 의존하며 학습장애 학생에게 나타나는 많은 성격적 결함이 그들의 환경에서의 주요한 사람들과의 관계에 관련된다고 설명하였다.

성격적 특성과 사회성 발달 간의 상호작용은 자아개념과 외로움에서 설명된 정보에 의해 쉽게 이해될 수 있을 것이다. 아마도 학습장애 학생이 다른 학생보다 낮은 자아개념을 지니고 있다면 자주 사회적으로 상호작용하지 못하는 경향이 있을 것이다. 이러한 상황은 외로움의 증가와 의사소통과 인사하기 기술처럼 사회적 기술을 연습하기 위한 기회의 부족을 초래할 수 있다. 더구나 연습의 부족은 더 깊은 외로움과 낮은 자아개념으로 나타난다. 그러므로 이 이론은 학습장애 학생이 일반 학생보다 더 약한 성격적 구조를 지닐 경향이 있음을 제안하고 있다.

학습장애 아동 및 청소년의 성격발달과 개인들의 사회적 상호작용에 대한 몇몇 증거들이 있다. 예를 들어, Pearl과 Bryan(1992)은 학습장애 청소년들이 비행에 참여하라는 또래의 압력을 거부하는 능력에 관한 조사하였다. 구체적으로 74명의 학습장애 학생과 85명의 일반 학생들이 짝을 지어 또래가 누군가에게 비행에 참여하라고 권유한 상황에 대해 의견을 말하였다. 학습장애 학생은 지지를 이끌어 내는 사람들의 미묘한 의사소통보다는 단순하고 직접적인 요청을 더 잘 알아차렸다. 학습장애 학생들은 비행에 연루되지 않기 위한 요구 사용의 예측을 잘 못하였다. 물론 친구가 말하는 의도를 정확히 '읽는' 능력의 부족은 학습장애 학생이 또래들로부터 비행 참여의 유혹을 더 많이 받게 할 수 있다고 말할 수 있다. 그러나 이에 관한 정확한 결론을 내리기 위해서는 더 많은 연구들이 필요하다. 최소한 이 결과는 학습장애 학생이 전반적으로 부족한 성격적 특성으로 인해 부적절한 행동을 더 많이 보일 수 있음을 의미한다.

Vaughn과 동료들은 사회적 능력의 논의에서 매우 훌륭한 상호작용적 효과의 개념화를 제시하였다(Vaughn & Haager, 1994; Vaughn & La Greca, 1993; Vaughn et al., 1991, 1999). Vaughn은 이 장에서 논의된 변인들의 개별적인 고려는 생산적인 연구방법이 아닐 수 있다고 주장하였다. 구체적으로 그녀는 측정들 간의 복잡한 상호관계를 이해하기 위해서 성격과 사회적 수용성 변인 모두를 포함한 통합적 개념으로서 사회적 능력을 구성해야 함을 제안하였다. 사회적 능력의 모델에 따르면 학습장애 개인의 전반적인 사회적 능력을 개발하기 위한 네 가지 요소들이 서로 상호작용한다. 네 가지 요소에는 자아개념, 타인과의 긍정적 관계(사회적 수용성으로 측정되는), 부적응 행동의 부재, 효과적인 사회성 기술의 요소다. Vaughn은 또한 이러한 각기 다른 요소들을 위한 교육적 중재를 개발하였고, 연구결과 학습장애 학생의 사회적 수용성 향상에 어느 정도의 효과가 나타났다(Vaughn & Hagger, 1994; Vaughn et al., 1991).

사회적 능력의 종합적인 변인 연구는 여러 가지 방법으로 당신에게 영향을 줄 것이다. 첫째, 현장 전문가로서 이러한 복잡한 현상을 더욱 잘 이해하기 시작할 것이고 보다 효과적인 중재를 개발할 수 있다. 현장에서 교사는 이러한 교수전략을 활용하기 위한 기회 향상을 경험할 것이다. 학습장애 학생이 속한 교실에서 사회적 기술과 능력 교수를 위한 교수시간이 할당되면 당신은 이 영역에서 어느 정도의 교수적 책무성을 예상해야만 한다.

학습장애 학생의 가족

지난 20년에 걸쳐 학습장애 학생 가족의 삶에 관한 연구들이 증가해 왔다(Dyson, 1996; Falik, 1995; Johnson, 1993; Sharma, 2004; Voltz, 1994). 이러한 관심의 증가에는 몇 가지 요인들이 작용하고 있다. 우선 가족 구성원 중 한 명이 경험한 학습장애가 전체 가족체계에 영향을 미칠 수 있고 종종 부정적으로 영향을 미친다(Dyson, 1996; Falik, 1995; Knight, 1996). 예를 들어, Dyson(1996)은 학습장애 아동이 부모의 스트레스를 증가시키고, 이는 학습장애 아동과 부모 간의 관계 그리고 다른 자녀와 부모 간의 관계에도 부정적인 영향을 끼치게 되었음을 제시하였다.

두 번째로 부모와 교사 모두는 초기에 가정에서 부모가, 학교에서는 교사가 함께 참여하는 노력이 형성된다면 더 효과적인 중재가 이루어짐을 언급하였다(Bjorck-Akesson & Granlund, 1995). 그러므로 연구자들은 초기의 더욱 효과적인 중재를 위한 노력으로 학습장애 학생이 포함된 가정의 역동에 더 많은 관심을 갖게 된다.

세 번째로 학습장애 학생의 학교 이후 성인기 삶으로의 전환에 관한 연구 노력들은 전환 단계 동안 가족이 제공해야 하는 지원에 초점을 두고 있다(Morningstar, Turnbull, & Turnbull, 1995). 일반적으로 가족지원은 학습장애 학생이 학교에서 직장까지 얼마나 잘 적응하는가의 중요한 지표 중의 하나이고, 장애학생의 가족에게 직접적인 관심을 집중하게 된다(Knight, 1999).

마지막으로 최근 특수교육에서 소수 학생의 요구에 더욱 민감하게 되었고 소수 학생의 학교 프로그램 계획에의 부모 참여에 관한 많은 우려가 나타났다(Harry, Allen, & McLaughlin, 1995). 이러한 모든 요인들은 학습장애 학생의 삶에 있어 가족의 중요성에 관련해 연구자와 교사의 노력에 똑같이 집중하고 있음을 의미한다.

가족 연구　학습장애 아동 가족의 삶의 연구는 중도장애 아동 가족의 연구보다는 많지 않고 학습장애 학생과 형제자매의 관계에 관련된 연구는 거의 없다. 그러나 장애 아동에 대한 부모의 태도와 관련해 도출된 몇 가지 확실한 결론이 있다. 첫째, 부모들은 비장애 형제자매보다 장애 아동에게 낮은 학업적 기대를 가지고 있다(Bryan & Bryan, 1983). 또한 부모는 다른 자녀보다 장애 아동에게 덜 바람직한 행동들을 기대하는 경향이 있다. 가족에서 장애학생의 출현은 부모의 사회적 삶을 방해할 수 있다는 몇몇 증거가 제시되었다(Martin, Brady, & Kotarba, 1992). 부모들은 장애 아동이 포함된 가족 구성에서 낮은 수준의 활력을 경험할 수 있다. Waggoner와 Wilgosh(1990)는 가족 삶의 스트레스를 알기 위해 학습장애 아동이 포함된 여덟 가족과 인터뷰를 실시하였다. 인터뷰에서 가족 삶의 스트레스들이 나타났다. 어떤 연구들에서 부모들은 일반 아동보다 학습장애 아동에게 더 지시적인 경향을 보이는 것으로 나타났다(Bryan & Bryan, 1983).

몇몇 연구자들은 특정 유형의 가족 상호작용이 이러한 상황의 장애 측면을 실제적으로 지원하고 향상시킬 수 있음을 제시하고 있다(Feagans, Merriwether, & Haldane, 1991; Green, 1990; Margalit & Almough, 1991). 예를 들어, 학습장애 아동이 있는 많은 가정들은 다른 가정과는 달리 가족 구성원 간에 다소 체계가 없는 형태의 의사소통을 보이고 아동과 다른 구성원을 위한 불분명한 행동 기대로 연결되는 경향이 있다(Green, 1990). Margalit과 Almough(1991)는 학습장애 아동이 있는 이스라엘 가정이 일반 아동의 가정보다 다소 덜 지원적이라고 하였다. 다시 말해서, 어떤 가정들은 적절한 사회적 상호작용 행동의 분명한 모습을 제시하지 못하고 있는데 이는 어떤 아동, 특히 장애 아동에게는 빈약한 학습환경이 될 수 있다. 다소 체계적이지 못한 행동 기대의 형태는 학습장애를 증가시키고 악화시킬 수 있을 것이다(Green, 1990; Knight, 1999).

가족 중 학습장애가 있는 자녀의 출현과 형제자매가 갖고 있는 자기존중감 간의 관계를 조사한 몇몇 연구들이 있다(Dayson, 1996). 학습장애 아동의 형제자매들은 자신들은 제외되고 학습장애 아동을 중심으로 한 가족의 상호작용과 장애 아동에게만 관심이 집중된다고 생각할 수 있다. 더욱이 초기 연구에서는 학습장애 아동의 형제와 자매들이 낮은 자아개념을 보이고 있다고 하였다. 그러나 Dayson(1996)은 이와는 다른 결과를 제시하였다. Dyson(1996)은 19명의 학습장애 아동의 형제자매의 자아개념을 조사하였는데 통제집단과 비교하여 다르게 나타나지 않았다. 앞으로 가족에서 학습장애가 어떻게 형제자매와 가족 전체 시스템에 영향을 주는지에 관한 더 많은 연구가 진행되어야 할 것이다.

학교에서의 가족 참여 이상적으로 가족들은 교사와 심리학자와 다른 교육 전문가들과 함께 가정과 학교 이외의 사회적 환경에서 아동의 능력에 관한 정보를 공유하고 학습장애 학생을 위한 효과적인 학습 프로그램을 개발해야 한다(Voltz, 1994). 부모들은 교사보다 아동과 일상적인 시간을 더 많이 보내고 아동이 다른 다양한 환경에서 타인과 상호작용하는 것을 더 많이 보기 때문에 아동에 대해 더 잘 알 수 있다. 그러므로 부모는 아동의 교육적 · 사회적 발달에 크게 기여할 수 있고, 이러한 지식은 학습장애 학생을 위한 개별화교육 프로그램에서 매우 적절하게 사용될 수 있다.

불행하게도 이러한 잠재력은 대부분의 교육자의 바람에 비해 실현화되지 못하고 있고(Bjorck-Akesson & Granlund, 1995), 연구들은 학교-가정 연계가 잘 이루어지지 않을 때 학교 관계자와 가족 구성원 모두의 책임이 있다고 하고 있다. 학교는 조직 내 전문성의 벽이 부모들로 하여금 특수교육 교사와의 계획에 적극적으로 참여하는 것을 방해하는 정도를 경감시킬 책임이 있다(Falik, 1995; Harry et al., 1995). 조직의 벽은 일정 잡기와 같은 단순한 상황에서 발생된다. 예를 들면, 교사는 방과 후에 계획회의 일정을 잡고 싶으나 다섯 시까지 일하는 대부분의 부모들은 3시 30분에 학교에 오는 것이 큰 문제일 수 있고, 특히 편부모의 경우는 더욱 그

렇다. 전문성의 벽은 기술적 용어의 과용과 관련될 수 있는데, 부모들은 이해하기 어려울 수 있고 전문가인 교사, 심리학자, 학교 관리자 등으로 둘러싸인 교실에 있을 때 의도하지 않은 위협을 느낄 수 있다.

최근 자연주의적 연구에서 Harry와 동료들(1995)은 장애유아 24명의 소수민족 부모의 참여를 통해 자료를 수집하였다. 자연주의적 연구는 가족의 역동을 깊이 있고 체계적으로 관찰하는 것으로 구성된다. 연구와 관련된 변인이나 미리 개발된 측정도구가 아니라 자연적 환경에서 참여자들을 관찰하는 것으로 연구의 변인들을 성립시키고, 연구자들은 무엇이 발견될 것인가에 대한 그들의 선입견에 제한받지 않는다. 이 연구에서 연구자들은 3년 넘게 부모들과 인터뷰하였고 학교의 다양한 회의에서 부모와 교사를 관찰하였다. 연구자들은 소수민족 부모의 참여와 관련하여 다섯 가지 방해물을 확인하였다. 그것은 늦은 통지, 유동성 없는 회의 일정, 부모 협의회의 제한적인 시간, 부모의 실질적 참여보다 문서가 강조됨, 전문용어의 사용 그리고 힘의 구조(즉, 전문가가 보고서를 읽는 동안 부모는 듣고만 있거나 교사는 지식이 있는 전문가로 참여하고 부모는 수동적인 경청자인 경우)다. 연구자들은 시간이 흐름에 따라 이러한 방해물들이 부모가 자신의 아동들을 옹호하려는 의지를 감소시킨다는 것을 확인하였다.

효과적인 협력에서의 이러한 학교 기반의 방해물들에 더하여, 학습장애 학생의 가정은 학교 관계자와 효과적으로 협력을 하기 위한 책임을 떠안게 되고, 몇몇 가정들은 이러한 역경들에 적절히 대처하기 위한 효과적인 의사소통 체계를 형성하지 못하고 있다. 학습장애 학생의 가정이 무엇이 잘못되어 가고 있는지를 더 잘 이해하기 위해서 Falik(1995)은 학습장애에 대한 네 가지 전형적인 형태의 부정적 가족반응을 제시하였다. Falik에 따르면 어떤 가정들은 반대적인 가정의 자세를 취하고 가족 역동에서 교사나 다른 전문가의 제한적인 참여만을 허용한다. 이런 경우 부모들은 매일 밤 숙제 확인시간과 같은 교수적 노력을 꺼릴 수 있다.

두 번째는 부모 중 한 명만이 학교 시스템과 관련하여 아동을 위해 거리낌 없이 옹호하는 경우다. 옹호 중심의 부모는 아동을 옹호할 수는 있으나 학교 관계자나 배우자와의 효과적인 의사소통을 이끌지 못한다. 이것은 다른 부모가 학습장애와 관련된 모든 제안들을 반대하도록 한다. 이러한 가정에서 한 부모는 학습장애 아동을 옹호하고 다른 부모는 학습장애의 존재를 부정하는 것으로 조직화될 수 있다(Falik, 1995).

세 번째는 가족이 학습의 어려움을 기꺼이 받아들이나 교사의 제안들은 수동적으로 거부하는 경우다(Falik, 1995). 이런 부모들의 태도는 심각하게 잘못된 것은 없으나 모든 것이 좋다는 태도로 전해질 수 있다.

마지막으로 어떤 가족들은 전문가의 교수적 중재 권고를 확실하게 순응하는 것처럼 행동하나 사실은 지원을 위한 제안이나 요구 수행에 실패하게 된다(Falik, 1995). 물론 시간이 지남에 따라 이런 숨겨진 거부의 형태는 위에서 언급한 반대하는 가족과 같이 더 명백한 거부로 전환된다.

●●●● 도움상자 4-6

▶ 부모와의 협력을 향상시키기 위한 교사 안내

1. 아동이 완수한 성공적인 과제나 높은 시험 점수에 관해 학기 초에 가능한 한 빨리 부모와 의사소통을 하라. 이는 특히 소수민족 부모에게 중요하다(Voltz, 1994).
2. 부모에게 자주 학생의 활동에 관한 칭찬을 쓴 쪽지를 보내어라. 부모들에게 매주 최소 10개의 짧은 쪽지를 쓰고 그것을 학생의 알림장에 붙이는 것을 목표로 하라.
3. 학부모상담 일정을 정할 때는 부모의 요구를 고려하라. 직장문제로 방과 후 학교에 올 수 없는 부모를 위해 저녁시간도 계획하라(Harry et al., 1995). 개별적으로 전화하여 교사-부모 운영회의에 초대하고, 당신이 부모를 만나서 이야기하기를 원한다는 것을 알려 주어라.
4. 가능하다면 부모 모두를 참여시켜라. 한 부모와만 일하는 것은 피하라. 특히 이런 상황에서 다른 부모는 장애 존재와 그와 관련된 문제를 거부할 수 있다.
5. 대가족 구성원도 부모회의에 참여할 수 있음을 항상 언급하라. 특히 소수민족 가족의 경우 대가족은 가족의 역동에서 중요한 역할을 한다.
6. 부모가 가능할 때 교실에 '잠깐 들러서' 아동을 보고 갈 수 있게 하라. 교실 문을 여는 것은 의사소통의 시작으로 이끌 수 있다.
7. 부모와 아동의 적절한 행동에 관한 교실의 기대 수준에 대해 논의하라. 가정에서 다른 기대를 가지고 있는지 확인하라. 주요한 차이가 존재하고 아동에 대한 요구가 문화적으로 민감하다면 교사의 기대치에 변화를 주는 것이 필요하다.
8. 학습장애의 출현이 가족의 역동에 영향을 주고 있는지(예: 부모의 스트레스 증가, 형제자매와의 관계)를 위협적이지 않은 방식으로 확인하라. 어려움이 존재한다면 가족에게 지역 내 가족지원 집단에 가입을 권유할 수 있다([도움상자 4-7] 참조).
9. 부모와의 만남에서는 전문용어의 사용에 주의하라. 기술적인 용어 사용이 요구되는 경우 부모에게 항상 용어를 정의해 주고 다른 전문가들에게도 그렇게 하도록 요구하라.
10. 부모와의 협력적 노력에서 어려움이 발생할 경우 다른 전문가에게 상황을 개선할 수 있는 적절한 전략을 물을 수 있다.

가족 참여를 증가시키기 위한 전략 마음속에 이러한 부정적인 경우를 생각하면서 특수교사는 부모들이 자녀를 위한 교육계획에 참여하는 것을 막는 방해물들을 무너뜨리려는 노력을 해야만 한다. 많은 저자들이 부모 참여의 향상을 촉진하기

도움상자 4-7

▶ 학습장애 관련 조직과 웹 사이트

- Learning Disabilities Association of America (LDA), 4156 Library Road, Pittsburgh, PA 15234. www.ldanatl.org
  이 조직은 1963년에 구성되었으며 약 5만 명의 구성원이 있고 전반적으로 부모의 우려들에 대해 관심을 갖고 있다. 이는 학습장애 아동을 위한 매우 효과적인 옹호집단이다(Hammill, 1993).

- Division for Learning Disabilities (DLD), 1920 Association Drive, Reston, VA 22091. www.teachingld.org
  이 그룹은 1982년 구성되었으며 약 1만 3,000명의 구성원이 있다. 학습장애 관련 교육자와 연구자로 대부분 구성되어 있다(Hammill, 1993).

- Council for Learning Disabilities (CLD), P.O. Box 40303, Overland Park, KS 66204. www.cldinternational.org
  이 조직은 4,000명의 구성원이 있고 부모, 심리학자, 교육자 등의 다학문적 구성원으로 조직된 것이 특이사항이다(Hammill, 1993).

- International Dyslexia Association, 724 York Road, Baltimore, MD 21204. www.interdys.org
  구체적으로 학습장애와 관련된 조직으로 가장 오래되었다. 의학과 교육적 특성을 강조한다(Hammill, 1993).

- Children and Adults with Attention Deficit Disorders (CAADD), 499 NW 70th Ave., Suite 101, Plantation, PL 33317. www.chadd.org
  ADHD와 공존장애 학생을 위한 옹호집단이다. 1980년 후반에 조직되었기에 구성원이 2만 명이 넘는다.

- Research Websites
  LD Online: www.idonline.org
  National Center for Learning Disabilities: www.ncld.org
  www.brainconnection.com

위해 교사들이 사용할 수 있는 전략들을 제안해 왔다(Harry et al., 1995; Johnson, 1993; Knight, 1999; Voltz, 1994). [도움상자 4-6]에는 이러한 전략들이 제시되어 있다. 우려하는 교사로서 당신은 자신이 지도하는 학생들의 부모와 강한 협력적 관계 형성을 지원하기 위한 전략들을 시도할 수 있다.

마지막 우려 중 하나는 학습장애 아동을 위한 가족 옹호와 관련된 문제다. 부모 참여에 대한 학습장애 아동과 가족의 옹호를 위한 많은 조직들이 구성되어 있다(Hammill, 1993). 이러한 조직의 대부분은 꽤 새로운 것이고 다른 이들보다 부모문제에 더 초점을 두고 있다. [도움상자 4-7]에는 학습장애 관련 조직에 관한 정보와 웹 사이트가 제시되어 있다.

요약

이 장에서는 학습장애 학생을 위해 학교의 학업적 혹은 사회적 결과와 관련된 다양한 변인들을 확인하였다. 이 모든 변인들이 학습장애 학생의 통합의 이유가 된다. 왜냐하면 사회적 성장은 통합의 증가를 주장하는 교사나 부모의 주요한 목적 중 하나이기 때문이다.

성격변인 중 하나인 자아개념은 가장 자주 측정된다. 교사는 장애학생의 개별화 교육 계획과 보고서에서 빈도수를 가지고 자아개념을 측정할 것이다. 통제소재, 기질, 불안, 외로움, 우울, 자살에 대해 연구의 관심이 증대되고 있지만 오늘날의 판별 절차의 측정은 불안의 경우(자아개념의 하위척도 중 하나로 측정되는)를 제외하고는 거의 없다. 그러나 이 영역의 연구는 계속 증가할 것이고, 향후 판별 보고서에서 이러한 측정 결과를 찾을 수 있을 것이다. 또한 당신은 이러한 성격변인들이 학습장애 학생들의 자기결정능력의 발달을 가져온다는 것을 알 수 있을 것이다.

통합학급에서 사회적 적응성의 측정은 오늘날 판별 절차에서 때때로 사용된다. 초반에 제시된 정보는 제공될 수 있는 정보의 유형에 대한 이해를 도울 것이다. 또한 행동평정은 또래 위치에 관한 정보를 제시할 수 있다. 그러나 이러한 측정들이 판별 절차에서 일반적이지 않고 특정 아동과 관련하여 그 정보를 원한다면 학급에서 당신 스스로 사회적 관계망 평정을 실시해야 할 것이다.

성격적 · 사회적 변인들에 관한 어떤 학생들은 학습하고 어떤 학생들은 확실히

학습하지 못하는 이유에 대해 설명해 준다. 교사가 활동을 위한 집단이나 교수 집단을 어떻게 구성하는가와 관련이 있기 때문이다. 많은 교사들은 이러한 정보들을 비형식적으로 찾는다. 성격적 · 사회적 변인들에 관한 정보는 학습장애 아동의 교육적 목표와 관련된 지원을 요청하는 가족에게 접근하기 위한 방법 또한 제시할 수 있다. 이러한 이유들에서 학습장애 학생의 모든 변인들에 관한 정보는 곧 제시될 것이다.

다음은 이 장의 주요 내용을 정리한 것이다.

- 많은 학습장애 학생들은 일반 학생들보다 학업적 상황에서 낮은 자아개념을 지니고 있고 어린 장애학생들 또한 낮은 전반적 자아개념을 가지고 있다.
- 학습장애 학생은 일반 학생들보다 외적 통제소가 더 강한 경향이 있다.
- 몇몇 초기 연구는 학습장애 학생들이 다른 학생들과는 전반적으로 다른 기질을 보일 수 있다고 제시하고 있다. 또한 학습장애 학생들은 다른 학생들보다 더 불안해하고 우울함을 보일 수 있다.
- 학습장애 학생은 자기옹호 기술의 발달에 자주 도움을 필요로 한다.
- 학습장애 학생은 개별적으로 다를 수 있지만 다른 학생들로부터 사회적으로 수용되지 않는 경향이 있다.
- 학습장애 학생들이 사회적으로 수용되지 못하는 이유에 대해서는 낮은 성취부터 부적절한 사회적 행동까지 제시되고 있지만 현재로서는 불분명하다.
- 학습장애 아동의 부모들은 다른 아동의 부모들보다 학업성취와 행동 모두에서 낮은 기대 수준을 보인다.

학습문제와 활동

1. 교실에서 소수집단을 구성하고 학습장애 학술지에서 Sharon Vaughn의 연구를 살펴보라. 사회적 능력의 개념을 교실에서 검토하라.
2. 교육과정 센터를 통해 몇몇 자아개념 측정도구를 구해서 점수의 유형들과 하위척도 점수들을 비교하라. 교사가 학습장애 학생의 정보를 수집하기 위해 이러한 도구들을 어떻게 사용해야 하는지 토의하라.

3. 교실에 지역 학교심리학자를 초대하여 성격적 · 사회적 변인들의 측정에 대해 논의하라. 지역에서는 학습장애 학생들을 위해 이러한 변인들을 얼마나 자주 측정하는지 알아내라.
4. 장애학생의 형제자매에 관한 정보가 부족한 이유는 무엇인가? 현재 관련 연구를 찾을 수 있는가?
5. 학생의 자살 우려에 대한 교사의 적절한 반응을 기술하라.
6. 자기결정의 요소를 확인하고 학생들의 이러한 기술을 발달시킬 수 있는 방법을 논의하라.

참고문헌

Al-Yagon, M., & Mikulincer, M. (2004). Patterns of close relationships and socio-emotional and academic adjustment among school-age children with learning disabilities. *Learning Disabilities Research and Practice, 19,* 12-20.

Beitchman, J. H., Wilson, B., Douglas, L., Young, A., & Adlaf, E. (2001). Substance use disorders in young adults with and without LD: Predictive and concurrent relationships. *Journal of Learning Disabilities, 34*(4), 317-332.

Bender, W. N., Bailey, D. B., Stuck, G. B., & Wyne, M. D. (1984). Relative peer status of learning disabled, educable mentally handicapped, low achieving, and normally achieving children. *Child Study Journal, 13*, 209-216.

Bender, W. N., Rosenkrans, C. B., & Crane, M. K. (1999). Stress, depression, and suicide among students with learning disabilities: Assessing the risk. *Learning Disability Quarterly, 22*, 143-156.

Bender, W. N., & Wall, M. E. (1994). Social-emotional development of students with learning disabilities. *Learning Disability Quarterly, 17,* 323-341.

Bjorck-Akesson, E., & Granlund, M. (1995). Family involvement in assessment and intervention: Perceptions of professionals and parents in Sweden. *Exceptional Children, 61,* 520-535.

Blanchett, W. J. (2000). Sexual risk behaviors of young adults with LD and the need for HIV/AIDS education. *Remedial and Special Education, 21*(6), 336-346.

Bryan, J. H., & Bryan, T. S. (1983). The social life of the learning disabled youngster. In J. D. McKinney & L. Feagans (Eds.), *Current topics in learning disabilities, Vol. 1.* Norwood, NJ: Ablex.

Bryan, T. S., Donahue, M., Pearl, R., & Sturm, C. (1981). Learning disabled children's conversational skills—The "TV talk show." *Learning Disability Quarterly, 4,* 250-259.

Bryan, T., Burstine, K., & Ergul, C. (2004). The social-emotional side of learning

disabilities: A science-based presentation of the state of the art. *Learning Disability Quarterly, 27*(1), 45-52.

Carter, E. W., Lane, K. L., Pierson, M. R., & Glaeser, B. (2006). Self-determination skills and opportunities of transition-age youth with emotional disturbance and learning disabilities. *Exceptional Children, 72*(3), 333-346.

Cosden, M. (2001). Risk and resilience for substance abuse among adolescents and adults with LD. *Journal of Learning Disabilities, 34*(4), 352-358.

Dimitrovsky, L., Spector, H., & Levy-Shiff, R. (2000). Stimulus gender and emotional difficulty level: Their effect on recognition of facial expressions of affect in children with and without LD. *Journal of Learning Disabilities, 33*(5), 410-416.

Dyson, L. L. (1996). The experiences of families of children with learning disabilities: Parental stress, family functioning, and sibling self-concept. *Journal of Learning Disabilities, 29,* 280-286.

Eisenman, L. T., & Chamberlin, M. (2001). Implementing self-determination activities. *Remedial and Special Education, 22* (3), 138-148.

Elisa, M. J. (2004). The connection between social-emotional learning and learning disabilities: Implications for intervention. *Learning Disability Quarterly, 27*(1), 53-63.

Elksnin, L. K., & Elsknin, N. (2004). The social-emotional side of learning disabilities. *Learning Disability Quarterly, 27* (1), 3-8.

Falik, L. H. (1995). Family patterns of reaction to a child with a learning disability: A mediational perspective. *Journal of Learning Disabilities, 28,* 335-341.

Feagans, L. V., Merriwether, A. M., & Haldane, D. (1991). Goodness of fit in the home: Its relationship to school behavior and achievement in children with learning disabilities. *Journal of Learning Disabilities, 24,* 413-419.

Gans, A. M., Kenny, M. C., & Ghany, D. L. (2004). Comparing the self-concept of students with and without learning disabilities. *Journal of Learning Disabilities, 36* (3), 287-295.

Green, R. J. (1990). Family communication and children's learning disabilities: Evidence for Cole's theory of interactivity. *Journal of Learning Disabilities, 23,* 145-147.

Hammer, M. R. (2004). Using the self-advocacy strategy to increase student participation in IEP conferences. *Intervention in School and Clinic, 39,* 295-300.

Hammill, D. D. (1993). A brief look at the learning disabilities movement in the United States. *Journal of Learning Disabilities, 26,* 295-310.

Handwerk, M. L., & Marshall, R. M. (1998). Behavioral and emotional problems of students with learning disabilities, serious emotional disturbance, or both conditions. *Journal of Learning Disabilities, 31,* 327-338.

Harry, B., Allen, N., & McLaughlin, M. (1995). Communication versus compliance: African-American parents' involvement in special education. *Exceptional Children, 61,* 364-377.

Huntington, D. D., & Bender, W. N. (1993). Adolescents with learning disabilities at risk? Emotional well-being, depression, suicide. *Journal of Learning Disabilities, 26,* 159-166.

Johnson, H. L. (1993). Stressful family experiences and young children: How the classroom teacher and help. *Intervention in School and Clinic, 28*(3), 165-171.

Kavale, K. A., & Forness, S. R. (1996). Social skill deficits and learning disabilities: A meta-analysis. *Journal of Learning Disabilities, 29,* 226-237.

Kavale, K. A., & Mostert, M. P. (2004). Social skills intervention for individuals with learning disabilities. *Learning Disability Quarterly, 27*(1), 31-44.

Keogh, B. K. (2003). *Temperament in the classroom: Understanding individual differences.* Baltimore: Brookes.

Keogh, B. K. (1983). Individual differences in temperament: A contributor to the personal-social and educational competence of learning disabled children. In J. D. McKinney & L. Feagans (Eds.), *Current topics in learning disabilities, Vol. 1.* Norwood, NJ: Ablex.

Knight, D. (1999). Families of students with learning disabilities. In W. N. Bender (Ed.), *Professional issues in learning disabilities* (pp. 263-306). Austin, TX: ProEd.

Kravetz, S., Faust, M., Lipshitz, S., & Shalhav, S. (1999). LD, interpersonal understanding, and social behavior in the classroom. *Journal of Learning Disabilities, 32*(3), 248-255.

Lambert, N. M., & Hartsough, C. S. (1998). Prospective study of tobacco smoking and substance dependencies among samples of ADHD and non-ADHD participants. *Journal of Learning Disabilities, 31*(6), 533-544.

Lufi, D., Okasha, S., & Cohen, A. (2004). Test anxiety and its effect on the personality of students with learning disabilities. *Learning Disability Quarterly, 27*(3), 176-184.

Maag, J. W., Irvin, D. M., Reid, R., & Vasa, S. F. (1994). Prevalence and predictors of substance use: A comparison between adolescents with and without learning disabilities. *Journal of Learning Disabilities, 27,* 223-234.

Maag, J. W., & Reid, R. (1994). The phenomenology of depression among students with and without learning disabilities: More similar than different. *Learning Disabilities Research and Practice, 9*(2), 91-103.

Malian, I., & Nevin, A. (2002). A review of self-determination literature. *Remedial and Special Education, 23*(2), 68-75.

Margalit, M., & Almough, K. (1991). Classroom behavior and family climate in students with learning disabilities and hyperactive behavior. *Journal of Learning Disabilities, 24,* 406–412.

Margalit, M., & Levin-Alyagon, M. (1994). Learning disability subtyping, loneliness, and classroom adjustment. *Learning Disability Quarterly, 17,* 297–310.

Margalit, M., & Shulman, S. (1986). Autonomy perceptions and anxiety expressions of learning disabled adolescents. *Journal of Learning Disabilities, 19,* 291–293.

Margalit, M., & Zak, I. (1984). Anxiety and self-concept of learning disabled children. *Journal of Learning Disabilities, 17,* 537–539.

Martin, S. S., Brady, M. P., & Kotarba, J. A. (1992). Families with chronically ill young children: The unsinkable family. *Remedial and Special Education, 13*(2), 6–15.

Martin, J. E., Van Dycke, J. L., Christensen, W. R., Greene, B. A., Gardner, J. E., & Lovett, D. L. (2006). Increasing student participation in IEP meetings: Establishing the self-directed IEP as an evidence-based practice. *Exceptional Children, 72* (3), 299–316.

Martin, J. E., Van Ducke, J. L., Greene, B. A., Gardner, J. E., Christensen, W. R., Woods, L. L., & Lovett, D. L. (2006). Direct observation of teacher-directed IEP meetings: Establishing the need for student IEP meeting instruction. *Exceptional Children, 72* (2), 187–200.

McBride, H. E. A., & Siegel, L. S. (1997). Learning disabilities and adolescent suicide. *Journal of Learning Disabilities, 30* (6), 652–659.

Meltzer, L., Roditi, B., Houser, R. F., & Perlman, M. (1998). Perceptions of academic strategies and competence in students with learning disabilities. *Journal of Learning Disabilities, 31,* 437–451.

Molina, B. S. G., & Pelham, W. E. (2001). Substance use, substance abuse, and LD among adolescents with a childhood history of ADHD. *Journal of Learning Disabilities, 34* (4), 333–342.

Morningstar, M. E., Turnbull, A. P., & Turnbull, H. R. (1995). What do students with disabilities tell us about the importance of family involvement in the transition from school to adult life? *Exceptional Children, 62,* 249–260.

Most, T., & Greenbank, A. (2000). Auditory, visual, and auditory-visual perception of emotions by adolescents with and without learning disabilities and their relationship to social skills. *Learning Disabilities Research and Practice, 15*(1), 171–178.

Newcomer, P. L., Barenbaum, E., & Pearson, N. (1995). Depression and anxiety in children and adolescents with learning disabilities, conduct disorders, and no disabilities. *Journal of Emotional and Behavioral Disorders, 3* (1), 27–39.

Ochoa, S. H., & Palmer, D. J. (1991). A sociometric analysis of between-group differences and within-group status variability of Hispanic learning disabled and nonhandicapped pupils in academic and play contexts. *Learning Disability Quarterly, 14,* 208-218.

Palladino, P., Poli, P., Masi, G., & Marcheschi, M. (2000). The relation between metacognition and depressive symptoms in preadolescents with learning disabilities: Support of Borkowski's model. *Learning Disabilities Research and Practice, 15*(3), 142-148.

Pavri, S., & Monda-Amaya, L. M. (2000). Loneliness and students with learning disabilities in inclusive classroom: Self-perceptions, coping strategies, and preferred interventions. *Learning Disabilities Research and Practice, 15*(1), 22-33.

Pavri, S., & Monda-Amaya, L. M. (2001). Social support in inclusive schools: Student and teacher perspectives. *Exceptional Children, 67*(3), 391-411.

Pearl, R., & Bryan, T. (1992). Students' expectations about peer pressure to engage in misconduct. *Journal of Learning Disabilities, 25,* 582-597.

Peck, M. L. (1985). Crisis intervention treatment with chronically and acutely suicidal adolescents. In M. Peck, N. Farbelow, & R. Litman (Eds.), *Youth suicide* (pp. 1-33). New York: Springer-Verlag.

Piers, E. V. (1984). *Piers-Harris Children's Self-Concept Scale, revised manual.* Los Angeles: Western Psychological Services.

Price, L. A., Solensky, D., & Mulligan, R. (2002). Self-determination in action in the classroom. *Remedial and Special Education, 23*(2), 109-116.

Pullis, M. E. (1985). LD students' temperament characteristics and their impact on decisions by resource and mainstream teachers. *Learning Disability Quarterly, 8,* 109-121.

Ring, M. M., & Reetz, L. (2000). Modification effects on attributions of middle school students with learning disabilities. *Learning Disabilities Research and Practice, 15*(1), 34-42.

Rosenthal, I. (1992). Counseling the learning disabled late adolescents and adult: A self-psychology perspective. *Learning Disabilities Research and Practice, 7,* 217-225.

Rothman, H. W., & Cosden, M. (1995). The relationship between self-perception of a learning disability and achievement, self-concept, and social support. *Learning Disability Quarterly, 18,* 203-212.

Sabornie, E. J. (1994). Social-affective characteristics in early adolescents identified as learning disabled and nondisabled. *Learning Disability Quarterly, 17,* 268-279.

Sabornie, E. J., & Kauffman, J. M. (1986). Social acceptance of learning disabled adolescents. *Learning Disability Quarterly, 9*, 55-60.

Schunk, D. H. (1985). Participation in goal setting: Effects on self-efficacy and skills of learning disabled children. *Journal of Special Education, 19,* 307-316.

Settle, S. A., & Milich, R. (1999). Social persistence following failure in boys and girls with LD. *Journal of Learning Disabilities, 32,* 201-212.

Sharma, G. (2004). A comparative study of the personality characteristics of primary-school students with learning disabilities and their non-learning disabled peers. *Learning Disability Quarterly, 27*(3), 127-140.

Swanson, S., & Howell, C. (1996). Test anxiety in adolescents with learning disabilities and behavioral disorders. *Exceptional Children, 62,* 389-397.

Teglasi, H., Cohn, A., & Meshbesher, N. (2004). Temperament and learning disability. *Learning Disability Quarterly, 27*(1), 9-20.

Test, D. W., Fowler, C. H., Brewer, D. M., & Wood, W. M. (2005). A content and methodological review of self-advocacy intervention studies. *Exceptional Children, 72*(1), 101-125.

Test, D. W., Mason, C., Hughes, C., Konrad, M., Neale, M., & Wood, W. M. (2004). Students involvement in individualized education programs meetings. *Exceptional Children, 70*(4), 391-412.

Vaughn, S., Elbaum, B. E., Schumm, J. S., & Hughes, M. T. (1998). Social outcomes for students with and without learning disabilities in inclusive classrooms. *Journal of Learning Disabilities, 31,* 428-436.

Vaughn, S., & Haager, D. (1994). Social competence as a multifaceted construct: How do students with learning disabilities fare? *Learning Disability Quarterly, 17,* 253-267.

Vaughn, S., & La Greca, A. (1993). Social skills training: Why, sho, what, how? In W. N. Bender (Ed.), *Learning disabilities: Best practices for professionals.* Boston: Andover Medical Publishers.

Vaughn, S., La Greca, A. M., & Kuttler, A. F. (1999). The why, who, and how of social skills. In W. N. Bender (Ed.), *Professional issues in learning disabilities* (pp. 187-218). Austin, TX: ProEd.

Vaughn, S., McIntosh, R., & Spencer-Rowe, J. (1991). Peer rejection is a stubborn thing: Increasing peer acceptance of rejected students with learning disabilities. *Learning Disabilities Research and Practice, 6,* 83-88.

Voltz, D. L. (1994). Developing collaborative parent-teacher relationships with culturally diverse parents. *Intervention in School and Clinic, 29*(5), 288-291.

Waggoner, K., & Wilgosh, L. (1990). Concerns of families of children with learning disabilities. *Journal of Learning Disabilities, 23,* 97–98.

Wehmeyer, M. L., Field, S., Doren, B., Jones, B., & Mason, C. (2004). Self-determination and student involvement in standards-based reform. *Exceptional Children, 70*(4), 413–425.

Weinberg, N. Z. (2001). Risk factors for adolescent substance abuse. *Journal of Learning Disabilities, 34*(4), 243–251.

Wiener, J. (2004). Do peer relationships foster behavioral adjustment in children with learning disabilities? *Learning Disability Quarterly, 27*(1), 21–30.

Whitney-Thomas, J., & Moloney, M. (2001). "Who I Am and What I Want": Adolescents' self-definition and struggles. *Exceptional Children, 67*(3), 375–390.

Wright-Stawderman, C., Lindsey, P., Navarette, L., & Flippo, J. R. (1996). Depression in students with disabilities: Recognition and intervention strategies. *Intervention in School and Clinic, 31*(5), 261–275.

Wright-Stawderman, C., & Watson, B. (1992). The prevalence of depressive symptoms in children with learning disabilities. *Journal of Learning Disabilities, 25,* 258–264.

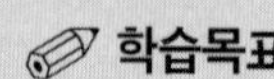

학습목표

1. 능력-성취 불일치에 근거한 평가 적격성 보고에 대해 설명할 수 있다.
2. 중재에 대한 반응(RTI) 평가 절차에 대해 설명할 수 있다.
3. 평가의 기초가 되는 관점의 유형을 결정하기 위해 아동연구팀의 기록을 검토할 수 있다.
4. 적격성 결정 및 교수적 결정을 위해 유용한 평가 정보의 유형을 알 수 있다.
5. 수업에서 사용되는 평가도구로 간단한 과제 분석을 할 수 있다.
6. 아동연구팀 회의에서 비공식적 평가로 사용하는 하루 일과의 유형을 목록으로 작성할 수 있다.
7. 적격성 결정의 근거로서 중재에 대한 반응(RTI)과 더불어 능력-성취 불일치의 계산을 할 수 있다.

핵심어

지능검사	불일치	과제분석
적격성	표준점수 불일치	오류분석
IEP	회기기반 불일치	참사정
교육과정중심평가	중재에 대한 반응(RTI)	포트폴리오평가
준거참조검사	교육상담가	역동적 평가
WISC-III	규준참조검사	강점중심평가
하위검사 분포	의뢰 전 보고	최소능력검사

학습장애 학생의 평가*

이 장의 개관

* assessment는 '사정' 으로 해석될 수 있으며, 이 책에서는 '평가' 로 해석하였음.

✻ 서론

이 장의 목적은 사례연구 보고, 역사, 학습장애에 대한 관점에서 이미 제시된 바 있는 정보의 맥락에서 현재 학습장애 아동들에게 적용되는 다양한 평가의 유형을 제시하는 것이다. 이 장에서는 1장에서 다루어진 학습장애에 관한 여러 사례연구와 다양한 관점, 그리고 부록에서 제시되는 개별화교육계획에 대한 많은 참조가 요구된다. 따라서 평가에 관한 이 장은 학습장애 분야에 대한 이해와 의미 있는 종합적 평가 절차와 다양한 관점을 인식할 수 있도록 형태적(gestalt) 경험을 제공하기 위해 쓰였다. 또한 앞 장에서 다루어진 정보를 재검토하는 것도 유용할 것이다.

✻ 평가의 목적

특수교육에서 평가는 여러 가지 이유로 권고된다. 먼저 역사적으로 평가는 한 아동의 이익을 보장하기 위한 방법으로 여겨져 왔다(Commission for Excellence in Special Education, 2001; NJCLD, 2005). 예를 들어, 정신지체 학생들을 위한 학급이 포함된 초기 학교 시스템에서 학생이 과제를 수행하지 못하거나 수업에 지장을 주게 된다면 교사는 대상학생을 학급으로부터 배제시키려고 했다. 그렇기 하게 위한 가장 쉬운 방법 중 하나는 학생이 비록 지체되지 않았더라도 대상 학생을 특수학급으로 이동시키는 것이다. 개별적으로 실시되는 **지능검사**(intelligence testing)는 아동에 대한 이러한 유형의 부적절한 서비스를 막기 위해 고안되었다.

두 번째로, 학교에서는 조기에 도움을 필요로 하는 학생들을 확인하고자 하는 요구가 있었다(Fuchs & Fuchs, 2006). 많은 아동들이 때때로 학기 또는 학년 중에 실패를 하지만 실패하는 모든 아동이 장애를 가진 것은 아니다(Commission, 2001). 실패는 가정에서의 문제부터 숙제 미완성까지 여러 가지 이유로 발생할 수 있다. 분명한 것은 학교가 학습장애로 인해 실패를 경험하는 학생들을 선별하기 위하여 어떠한 장치를 필요로 한다는 것이다. 그러므로 개별화된 평가를 하는 주된 이유는 학교에서 제공되는 특수교육 서비스의 특정 유형에 대한 특정 아동들의 **적격성**(*eligibility*)을 입증하기 위한 것이다.

평가의 또 다른 목적으로는 **개별화교육계획**(individualized education plan: IEP)을 제공하기 위해 다양한 수업 과제의 실제 수행 수준을 문서화할 필요에서 온다(Commission, 2001). 이러한 요구는 최근 **교육과정중심평가**(*curriculum-based assessment*)에 대한 강조를 야기하였다. 평가에 대한 최근의 많은 연구들은 교수를 위한 평가에 초점을 맞추어 왔고(Bryant, 1999; Jones, 2001), 이러한 연구들의 대부분은 교사에 의해 실시되는 매주, 격주, 매일의 정기적 평가의 효과성을 입증하였다(Fuchs & Fuchs, 2005; Jones, 2001). 연구자들은 완벽하게 개별화된 특수교육 평가는 특정 검사에서 규준집단에 의해 산출되는 임의의 점수보다는 오히려 대상학생이 획득해야만 하는 행동목표 또는 기준 목록과 실제 학생의 수행 수준을 비교해야만 한다고 주장한다(NJCLD, 2005). 결과적으로 **준거참조검사**(*criterion-referenced testing*), 과제분석, 교육과정중심평가, 중재에 대한 반응과 같은 개념은 점차 연구를 통해 강조되어 왔다. 하지만 이러한 혁신에 대한 논의에 앞서 학습장애 학생의 판별을 위한 신경측정학적 평가의 사용을 이해하는 것이 필요하다.

✻ 적격성 결정을 위한 평가

정의에 대한 논의와 IDEA 2004의 최근 조항에서 다루어진 것처럼, 현재로서는 아동이 학습장애를 가졌는지의 여부 결정하는 것에 관한 합의가 이루어지지 않았다(Commission, 2001; Gersten & Dimino, 2006; NJCLD, 2005). 결과적으로 학습장애 아동 또는 청소년을 판별하기 위한 최선의 방법을 제시하는 것은 어려운 상황이다. 향후 몇 년간 어떻게 학습장애 학생을 정의하는가에 대해 지속적인 변화가 기대되므로 가장 적절한 접근방법은 새로운 적격성 절차뿐만 아니라 최근에 학습장애 판별을 위해 적용되는 적격성 절차에 대해 이해하는 것이다.

이 분야의 신규교사들은 아마도 학습장애 판별을 위한 전통적인 적격성 결정 절차와 최근에 개발된 중재에 대한 반응 모델에 관해 많이 들었을 것이다. 〈표 5-1〉에는 전통적인 적격성 평가 절차와 중재에 대한 반응 절차에 대해 설명되어 있다.

〈표 5-1〉 적격성 결정을 위한 평가

학습장애 정의 요소	일반적인 평가도구
Ⅰ. 심리과정상의 문제	
지능검사	WISC-Ⅲ
(하위검사/구어)	스탠퍼드-비네
성취결함/하위검사 모으기	우드콕-존슨
	카우프만 아동용 평가 검사(K-ABC)
	벤터 게슈탈트
시지각/시운동	우드콕-존슨
	WISC-Ⅲ
	언어발달검사
청지각/언어	우드콕-존슨
	WISC-Ⅲ
Ⅱ. 불일치	
개인내적 차이	우드콕-존슨
	WISC-Ⅲ
능력-성취 불일치	WISC-Ⅲ
	우드콕-존슨
	피바디 개별 성취검사-개정판(PIATr)
	문어검사
	K-ABC
Ⅲ. 배제요소	
정신지체	IQ검사
행동장애	교실 관찰
	교사의 행동평정
	사회성 평정
정신장애	의사 진단
문화적/환경적/경제적	학교기록 검사
	언어발달 개인사력

심리과정

정의에 제시된 심리과정적 요소는 학습을 방해하는 능력 결함의 유형에 초점을 맞추기 위한 것이다. 결과적으로 많은 청지각, 시지각, 운동통제 검사가 이 요소에 포함될 수 있다. 심리과정에서의 결함 또는 발달적 불균형을 확인하기 위해 지능검사를 사용하는 것 또한 정의에 명시된 심리과정요소를 효과적으로 수량화하는 시도를 의미한다.

지능검사　현재 웩슬러 아동용 지능검사 제3판(*Wechsler Intelligence Scale for Children*, 3rd ed.: WISC-III)은 학습장애 학생들의 지능을 측정하는 데 가장 일반적으로 사용되는 평가도구다. 일반적으로 사용되는 다른 검사도구에는 우드콕-존슨 심리교육적 검사(Woodcock-Johnson Psychoeducational Battery) 중 인지 영역, 스탠퍼드-비네 지능검사(Stanford-Binet Intelligence Scale), 카우프만 아동용 평가검사(Kaufman Assessment Battery for Children) 등이 있다.

기본 심리과정에서의 결함을 확인하기 위해 지능검사를 사용하는 것이 반복적으로 시도되어 왔고, 이러한 노력은 '발달적 불균형'의 개념에서 기원한다. 발달적 불균형은 한 학생이 수학에서는 학년 수준에 도달하지만 읽기에서는 학년 수준에 현저하게 못 미치는 것과 같이 균등하지 못한 발달 패턴으로 이해될 수 있다. 즉, 불균형은 두 영역에서의 학생의 학업 점수가 서로 비교될 때 나타난다.

발달적 불균형에 관한 대부분의 제안은 위의 표준화된 IQ 측정도구 중 하나를 사용해 왔다. 예를 들어, WISC-III(Wechsler, 1991)의 하위검사들은 일반지능의 단일 점수를 계산하기 위해 사용되지만, 이는 언어성 지능과 동작성 지능 두 가지의 점수를 계산하기 위해 사용될 수도 있다. 언어성 지능은 언어기반 학습을, 동작성 지능은 시각이해, 통합, 디자인 모방 능력 등을 나타낸다. 이 두 점수 간에 큰 차이가 있다면 아마도 발달적 불균형이 있다고 볼 수 있으며 학습장애라 여겨질 수 있다. 언어성 지능과 동작성 지능 사이의 이러한 차이가 때때로 평가 보고서에서 다루어지겠지만, 현재 이러한 개념은 신뢰하기 어려운 것으로 여겨진다(Commission, 2001; Siegel, 1999).

발달적 불균형의 다른 개념은 하위검사의 분포를 분석하거나 IQ 검사에서 점수가 어떻게 합산되는가를 다룬다. 개별 하위검사의 점수가 비정상적으로 높은 것은 보통 인지발달에서의 불균형을 나타낸다. 하지만 많은 이론가들은 이러한 유형의 채점 방식이 적절한지 대해 의문을 제기해 왔고(Watkins, 1996), 앞서 제시된 발달적 불균형 접근과 같은 하위검사의 분산 개념은 신뢰를 잃게 되었다. 그러나 이 분야의 많은 현장 전문가들은 학습장애를 설명하는 데 여전히 발달적 불균형의 개념을 바탕으로 한 접근법을 사용하고 있으며, 최근의 다양한 평가 보고서에서 이러한 접근법을 찾을 수 있을 것이다. 따라서 이상의 논리와 그 기반이 되는 증명되지 않은 이론적 접근법에 대해 알아야만 한다.

시지각과 시운동 검사 현재 가장 일반적으로 사용되는 시지각과 시운동 검사는 벤더 시운동 게슈탈트 검사(Bender Visual Motor Gestalt Test)와 시운동 통합발달검사(Developmental Tests of Visual Motor Integration)다. 대부분의 지능검사에서 기본적인 시각 능력과 관련된 몇 가지 하위검사를 포함하고 있지만, 지능검사는 시지각과 시운동 수행 능력 이외에도 다른 많은 능력을 평가하기 때문에 일반적인 시지각 및 시운동 검사 영역에 포함되지 않는다. 기본적으로 위에 제시된 검사들은 시지각과 이러한 지각을 위한 운동 반응에 대해서만 측정한다. 검사 문항들로는 전경-배경 구별과 반전을 물어보는 문항이 있을 수 있지만, 일반적으로는 주어진 정보를 충분히 인식하고 재생하는 능력을 측정하기 위해 다양한 기하학적 모양을 모방하는 것이 포함된다. [도움상자 5-1]은 시운동 통합발달검사에 제시된 두 문항을 보여 준다. 이러한 검사들은 보통 매우 낮은 신뢰도를 가지며, 이 때문에

●●●● 도움상자 5-1

▶ 지각-운동 검사의 문항 예시

많은 시지각 검사는 기하학적 모양을 시각적으로 인식하고 그 모양을 모방하는 학생의 능력을 평가한다. 벤더 시각운동 게슈탈트 검사와 시운동 통합발달검사 모두는 이러한 평가 절차를 적용한다. 이 검사의 초기 가정은 문자와 단어의 반전문제들이 검사를 통해 판별될 수 있다는 것이었다. 아래의 과제와 공통적으로 반전된 시각적 자극의 유사성을 적는다. 아래 문항들은 시지각 검사에서 제시되는 과제 유형을 대표한다. 일반적으로 학생은 이러한 모양을 따라 그리고, 검사자는 그 결과물에 점수를 부여한다(평행선, 교차점, 정확한 각두 등).

어떤 전문가들은 그 사용이 더 이상 이루어지지 않아야 한다고 제안한다(Council for Learning Disabilities, 1987). 결과적으로, 위의 검사들은 현재 거의 사용되지 않고 있으며 장애 아동에게도 거의 사용되지 않는다.

청각과 언어처리 평가 역사적으로 일리노이 심리언어능력검사(Illinois Test of Psycholinguistic Ability), 피바디 그림어휘력검사(Peabody Picture Vocabulary Test), 웹맨 청각구별검사(Wepman Auditory Discrimination Test)는 청력과 언어처리를 평가하는 데 가장 널리 사용되는 도구였다. 하지만 초기 연구에서는 이러한 영역의 많은 검사도구들이 시지각 검사도구들과 마찬가지로 신뢰성 문제를 보인다고 지적하였다(Council for Learning Disabilities, 1987). 또한 오늘날 많은 전문가들은 이러한 평가도구의 유용성에 대해 의문을 제기함에 따라 시지각 검사에 관한 우려가 여기에서도 적용될 수 있다. 하지만 많은 언어치료사와 학습장애 아동의 교사들은 언어 사용에 대한 평가와 학생의 언어 산출 예시기록 또는 교실 관찰의 추가적인 평가자료로 해당 검사도구의 다양한 영역을 활용하고 있다.

최근에 개발된 많은 검사도구는 언어 기능을 평가하기 위해 고안되었다. 예를 들어, 언어발달검사(Tests of Language Development, 초급이나 중급판)는 오늘날 가장 널리 사용되는 언어 평가도구다. 마찬가지로 Wiig의 최근 검사도구(Let' s Talk Inventory for Children of Adolescent)는 언어평가를 위해 잘 만들어진 검사도구다. 이러한 검사도구는 기술적 평가의 관점에서 볼 때 이전에 사용되던 도구에 비해 수용 가능성이 더 크다.

많은 지능검사에는 구어 능력과 수용언어 또는 표현언어에 대한 정보를 제공할 수 있는 영역 또는 하위검사가 포함되어 있다. 결과적으로 이러한 정보를 필요로 하는 대부분의 전문가들은 가장 많이 사용되는 지능검사로부터 나온 구어 점수를 활용하고 있다.

과정검사 기본 심리학적 처리과정 또는 능력 결함에 대한 평가는 초기 의학적 가정을 기초로 이루어지기 시작하였다. 지각-운동 이론가들과 언어 이론가들은 교육적 목적을 위해 기술적으로 불충분한 평가도구를 개발하였다(Ysseldyke, 1983). 최근에 이러한 심리처리과정을 기록하기 위하여 표준화된 IQ 평가도구를 사용하는 것(Commission, 2001)이 일반화되었다. 하지만 일부 영역에서 기술적으로 더 나아진 새로운 평가도구가 개발되고 있다.

전문가로서 교사는 심리처리과정과 결함 능력에 대한 평가 결정에 대한 책임을 가질 것이다. 예를 들어, 학생으로서 이러한 검사도구 사용에 관한 논쟁을 인식해야 하며, 교사로서(또는 예비교사로서) 당신은 이러한 검사의 가능성에 관한 다양한 관점에 대해 파악해야만 할 것이다. 교육적 결정을 내리기 위해 해당 검사도구를 사용하는 팀의 구성원으로서 검사도구를 사용할 것인가? 해당 영역에서의 평가 결과를 보충하는 데 필요한 추가적인 자료는 무엇인가? 현재 모든 질문에 대해 답을 제시할 수는 없다. 아마도 최선의 방법은 관련된 검사도구의 사용에 대한 주와 지역의 관점을 파악하기 위해 지역 내 특수교육 전문가와 토론하는 것이다. 하지만 대부분의 검사도구가 지닌 낮은 신뢰도와 타당도로 인해 기본 심리과정을 측정하는 기술적 평가는 정신측정학상 가능하지 않다는 것을 정확히 언급해야 한다(CLD, 1987).

불일치 준거

학습장애 아동들은 학교 과목에서 문제를 가질 것이라는 믿음이 불일치(*discrepancy*) 개념을 촉진하였다. 매우 기본적인 관점에서 어떠한 수정도 제공되지 않는 일반학급 내에서 자신의 잠재적 능력에 도달할 수 있는 능력을 가진 아동들에게 보다 특별한(즉, 더욱 값비싼) 교육 프로그램을 제공하길 원하겠는가? 본래 불일치 개념은 여러 가지 유형의 추가적인 도움을 필요로 하는 아동을 설명하기 위한 단순한 시도였다.

하지만 심리과정 평가의 실패로 불일치 요소는 정의에서 유일하게 옹호할 수 있는 조작적 측면이 되었다. 결과적으로 많은 주에서 이 개념을 적용하고 있으며, 현장 전문가들은 평가의 적격성 결정 단계에서 심리과정의 측정보다는 불일치 측면에 의존한다.

능력-성취 불일치는 학생이 그의 잠재적 능력과 비교했을 때 학업성취의 특정 영역에서 주된 결함을 가짐을 의미한다. 이 개념은 지난 20년에 걸쳐 최소 네 가지의 주요 변화를 가져왔고 최근 이 중 두 가지 측면은 오늘날의 관점과 직접 관련되어 있다(Commission, 2001). [도움상자 5-2]는 불일치 준거 개념의 역사적 발전과정에 대해 제시한다.

●●●● 도움상자 5-2

▶ **불일치 공식**

능력-성취 불일치 계산에는 다음의 네 가지 주요 유형이 있다.

1. 일부 현장 전문가들은 단순히 학년 배치에서 성취 수준을 빼서 두 점수 간의 불일치를 계산하기 시작하였다. 이 절차는 2학년 수준의 읽기 능력을 가진 5학년 아동은 장애를 가진다고 판단하도록 하였다.
2. 그다음으로 '공식' 계산이 개발되었다. 위의 절차에서는 아동의 지적 수준을 고려하지 않았기 때문에 수많은 이론가들이 지적 수준을 고려할 수 있는 공식을 개발하였다. 이러한 공식들에는 보통 지능과 학년 배치에 근거한 기대 성취 수준의 계산이 포함되며, 불일치 정도를 나타내기 위해 이를 실제 성취 수준과 비교한다.
3. 다음으로는 표준점수 계산이 개발되었다. 위에 설명된 공식들은 일방적으로 학년 등가점수의 수학적 처리에 기초한다(예: 읽기에서 3.5학년). 다른 학년 간의 등가점수의 표준편차가 다르기 때문에 이러한 계산은 수학적으로 부적절하다. 결과적으로 표준점수 비교의 개념이 개발되었다. 현장 전문가들은 동일한 평균과 표준편차를 가지는 검사에 근거하여 성취 점수와 지능 점수를 획득할 수 있게 되었다. 이러한 점수는 수학적으로 비교가 가능하다.
4. 표준점수 절차로부터 회귀점수표가 개발되었다. 통계학 전공 학생들이 아는 것처럼, 매우 높거나 매우 낮은 점수를 산출하는 반복적인 검사는 평균으로 회귀하는(또는 평균으로 감소하는) 점수를 산출하는 경향이 있으며, 이는 오류를 발생시킬 수 있다. 일부 주에서는 회귀방법을 적용하는데, 이는 기본적으로 회귀를 고려한 표준점수 비교 방식이라 할 수 있다.

표준점수 불일치 많은 주와 지역 학군에서는 학습장애 판별을 위해 표준점수 불일치 절차를 적용한다(Commission, 2001; NJCLD, 2005). 이 절차에서 동일한 평균과 표준편차를 갖는 지능검사와 성취도검사—일반적으로 읽기성취도검사—로부터 점수를 얻게 된다. 그러고 나서 지능검사 점수에서 성취 점수를 빼고, 그 불일치가 충분히 크게 나타나면 학습장애라 기록된다.

많은 검사들은 평균이 100, 표준편차가 15인 점수를 산출한다. 따라서 이 절차는 상대적으로 교사와 아동연구팀 구성원들이 활용하기에 쉬운 절차다. 예를 들어, 노스캐롤라이나 주의 학군들은 일반적으로 이 방법을 적용한다. 웩슬러 아동용 지능검사 제3판과 개정판 우드콕-존슨 인지검사 모두 이러한 특성의 지능검수를 산출한다. 개정판 우드콕-존슨 인지검사의 읽기 영역과 피바디 개별성취도검사는 표준검사 측정방법을 적용한 읽기와 수학 성취 점수를 제공한다.

하지만 연방정부는 학생이 장애를 가졌다고 판단하기 전에 능력과 성취 간에 얼마나 큰 불일치를 보여야 되는지에 대한 지침을 제공하지는 못하였다. 주와 지역 교육청은 다양한 수준에서 불일치를 정의하기로 결정하였다. 예를 들어, 학습장애 학생들이 학급에 배치되기에 적합하려면 노스캐롤라이나 주에서는 15점의 불일치(또는 1표준편차)를 사용하는 반면 조지아 주에서는 20점의 불일치가 있어야 한다고 명시한다. 어떤 이론가들은 학생들을 학습장애로 명명하기 전에 2표준편차의

도움상자 5-3

▶ 적격성 결정을 위한 불일치 계산의 예시

알론조 생커는 학습장애 가능성의 평가를 위해 의뢰된 조지아 주 애틀랜타에 거주하는 10세 학생이다. 조지아 주에서는 학습장애 서비스 제공의 적격성 결정을 위한 기준으로 20점 불일치를 사용하며, 이러한 불일치는 적어도 두 가지 평가에서 나타나야만 한다. 심리학자들은 의학적 인터뷰, 교사들의 행동평정, 다른 평가와 더불어 IQ 검사와 몇 가지 읽기검사를 실시하였는데, 알론조의 점수는 다음과 같다.

- 스탠퍼드-비네 지능검사-제4판
  - 구어 유추 92
  - 추상/시각 유추 94
  - 양적 유추 90
  - 단기기억 108
  - 검사 합산 점수 95
- 웩슬러 개인성취도검사
  - 기본 읽기 76
  - 읽기이해 64
  - 전체 읽기 69
- 우드콕-존슨 읽기이해 점수 67

전체 IQ 합산 점수(95점)와 전체 읽기 점수(각각 69점과 67점) 간의 불일치는 20점 이상(각각 26점과 28점)의 차이를 나타낸다. 이것은 1표준편차를 훨씬 넘는 점수이며 조지아 주에서 학습장애로 판별하기 위해 사용되는 20점 불일치 준거를 초과한다. 다시 말해, 알론조의 불일치가 입증되었다. 또한 이 증거는 알론조가 평균 지능을 가졌음에도 모든 읽기 영역에서 매우 낮은 성취를 보임을 증명한다.

물론 IQ와 성취 사이의 불일치를 기록하는 것은 학습장애 판별과정 중 한 부분에 불과하며, 절차상의 이의가 제기되었다(Council for Exceptional Children, 2002; Commission, 2001). 아울러 IQ와 다른 학업 영역(예: 쓰기, 수학 또는 철자쓰기)에서의 20점 이상의 차이도 적격성을 결정하기 위한 불일치로 기록되는 데 사용될 수 있다.

불일치를 보여야 한다고 권고한다. 명백히 표준화 점수의 특성에 의해 모든 공립학교 학생들의 17%가 IQ와 성취 간에 1표준편차의 불일치를 나타내기 때문에 적은 정도의 불일치가 학습장애를 판별하는 유일한 단서가 될 수 없다. 하지만 더 적은 정도의 불일치가 요구될수록 학습장애 학생들의 학급 편성에 있어서 지역 담당자들에게 더 많은 융통성이 주어지며, 이러한 융통성이 요구되는 절차가 계속적으로 적용되는 이유가 된다. 불일치 계산의 예시는 [도움상자 5-3]에 제시되어 있다.

회귀기반 불일치 표준점수 불일치 절차상의 수학적 문제는 곧 확인되었다. 한 학생이 일련의 검사를 받고 그 점수들이 연관되었을 때, 그 학생의 점수들은 평균점을 향해 회귀할 것이고, 특히 그 점수가 평균보다 눈에 현저하게 낮을 때 그러하다. 결과적으로 표준점수 불일치 절차는 IQ가 유독 높거나 낮은 학생에게는 부정확하다. 이러한 수학적 현상의 결과로 일부 주에서는 표준점수 불일치 개념에 근거하고 이런 회귀현상을 고려한 정보표를 제작하였는데 **회귀기반 불일치**(regression-based discrepancy)라 알려져 있다. 예를 들어, 아이오와 주에서는 회귀표를 사용한다. 회귀표를 사용하는 주에서 평가 전문가들은 지능검사와 성취도검사를 실시하고 특정 지능 수준에서 학습장애로 판별되기 위한 최소한의 불일치 정도를 확인한다.

배제 조항

위에서 논의된 불일치 공식들이 연구 관심을 받아 왔지만, 배제 조항이 작용하는 방법에 대해서 활용할 수 있는 정보는 거의 없다. 예를 들어, 학습장애 및 이차적인 행동문제를 가진 아동과 학업성취에 결함을 보이는 행동장애 아동을 구별 짓는 데는 어떠한 유형의 정보가 사용될 수 있는가? 문화적으로 어려움을 겪는 아동은 학습장애 아동들과 어떻게 구별될 수 있으며, 평가 전문가팀(이 팀에는 교사인 당신이 포함될 것이다.)은 언어적 결함에 근거한 학습문제로 수업에서 특별한 서비스를 필요로 하는 아동과 언어치료사의 도움을 필요로 하는 아동을 어떻게 구별할 것인가? 이는 간단한 답이 없는 질문들이다.

이 문제는 배제 조항의 특성에 의해 더욱 복잡해졌다. 연방정부 정의에서는 학습장애 학생들이 다른 장애를 나타낼 수 없다고 명시하고 있지는 않다. 오히려 정의에서는 다른 장애 조건들은 이차적인 특징이며 학습장애의 주된 원인은 아니라고 규정한다. 따라서 학습장애 학생들은 이차적으로 나타내는 정서적 또는 행동적 문제 역시 가질 것이며 환경적으로 불리한 배경을 가진다.

현재의 관행과 연방정부의 지침은 이러한 차이에 대한 몇 가지 생각을 제시한다. 정의의 마지막 부분에 학습장애의 주요 원인으로 제외되는 조건들이 명시되고 있기 때문에, 학생들의 잠재적 학습장애를 결정하기 위한 평가 절차는 다른 장애 조건의 유무와 정도를 나타내는 특성의 확인 절차다.

구분: 정신지체 정신지체 학생들은 문자반전의 문제, 언어문제, 지각문제, 과잉행동과 같은 학습장애의 특성이라 볼 수 있는 특성을 보이므로 학습장애라 여겨질 수 있지만, 기술적으로 이 학생들은 학습장애가 될 수 없다. 만약 IQ 점수와 적응행동이 정신지체 학생들을 위한 학급에 배치되도록 보장된다면 아동은 학습장애라 여겨지지 않을 것이다. 문제는 아동의 IQ 점수는 평균보다 낮지만(예: 74~85) 정신지체 학급에 배치될 만큼 충분히 낮지 않을 경우에 발생된다. 이러한 많은 아동들은 그들의 IQ 점수가 평균 범주에 속하지 않음에도 불구하고 학습장애(지능지수 85 이상)라 명명된다. 아동평가팀은 학습장애로 판별하는 것이 만약 판별되지 않았다면 제공되지 못할 서비스의 이용을 가능하게 할 것이라 한다. 이러한 관행은 용납될 수 없는 것이지만 전통적인 일반학급 내에서 학업에 실패하는 아동을 위한 팀의 구성원이었다면 쉽게 이해될 수 있는 부분이다. 많은 학자들은 이러한 유형의 아동을 학급 인원수가 적고 보다 개별화된 교수를 제공하며 교정에 초점을 두는 특수학급이 아닌 다른 서비스 유형으로의 배치를 요구해 왔다. 하지만 이와 같은 추가적인 서비스가 지원될 때까지 어떠한 확인되지 않은 장애를 가진 많은 학생들은 계속해서 학습장애 학생들의 학급에 배치될 것이다.

구분: 정서 · 행동장애 불행히도 정서적 문제와 학습장애 사이의 구별은 불분명하다. 이는 정서 · 행동장애가 종종 학업성취에 부정적인 영향을 미치기 때문이며, 지능이 높은 학생의 낮은 학업성취 점수는 학습장애의 특성과 유사하다. 더욱이 학습장애 학생들은 정서 · 행동장애 학생들과 유사하게 부정적인 정서 또는 행동 문제를 보이고 이 두 영역을 구별 짓는 핵심 질문 또는 일반적인 규칙은 다음과 같다. 정서적인 문제가 학업상의 결함을 야기하는가 아니면 학업상의 문제가 정서적 문제를 야기하는가? 이에 대한 증거자료를 수집하는 데 있어 몇 가지 유형의 정

보가 발견될 수 있다. 우선 아동을 의뢰한 교사로부터 얻을 수 있는 아동의 행동, 또래관계, 학업 동기에 대한 정보는 아동의 문제가 기본적으로 학업적인 데 있음을 나타낸다. 만약 수집한 자료에 근거하여 아동이 정서적으로 건강하다면 아마도 정서적 문제 또는 행동장애를 가진 것이 아닐 것이다. 교사들은 일반적으로 학급 내 행동에 대한 훌륭한 관찰자이며, 일반교사들이 실시한 수많은 행동평정들은 관련 정보를 제공할 수 있다.

다음으로 학급의 또래들 또한 대상 학생의 행동 및 사회적 기술에 대한 정보를 제공할 수 있다. 다양한 비공식적 또래관계 평가기법들은 해당 학생의 사회적 수용 정도에 대한 명확한 정보를 얻기 위해 사용될 수 있다. 이러한 장치들은 학급의 모든 아동에게 다른 모든 친구들의 사회적 수용 수준을 나타내도록 한다. 결과가 기록되면 총점은 학급 내에서 해당 학생의 수용 수준을 보여 줄 것이다. 만약 교사의 평정과 사회측정학적 정보 모두에서 주로 행동문제 또는 매우 낮은 사회적 수용도를 보인다면 학습장애보다는 정서장애로의 배치가 더욱 적합할 것이다. 이러한 상황에서 아동연구팀은 보다 완벽한 정보를 얻길 원할 것이며, 정서문제의 정도를 결정하기 위해 대상 학생과 숙련된 상담가 간의 치료적 인터뷰가 이루어진다.

교사교육 프로그램에서 사회측정학적 명부 평정(roaster-rating) 절차를 수행하는 데 교사들이 숙련되지 않았다는 점을 주목해야만 한다. 결과적으로 교우관계 정보가 필요한 경우 아동연구팀 구성원들이 해당 유형의 평가을 실시해야만 한다. 평가 정보를 포함한 대부분의 경우와 마찬가지로, 숙련되지 않은 교사에 의해 실시된 사회측정학적 평가 정보는 오히려 좋지 않은 영향을 미칠 수 있다.

구분: 의학적 장애 학습장애의 정의는 명백히 시각, 청각, 운동 결함을 가진 개인을 배제한다. 지각문제 또는 기본 심리처리과정상의 문제와는 달리, 정의에서 이 구절은 시각, 운동, 청각 선별검사와 사후 절차에 의해 확인될 수 있는 문제를 의미한다. 일반적으로 아동연구 평가팀에는 의사가 포함되지 않지만, 의학적인 문제에 근거한 장애 조건을 평가하기 위해서는 포함될 수 있다. 어떤 경우에는 보건교사, 언어치료사 또는 청각사들이 각 영역에서 초기 선별검사를 실시할 수 있다. 학습문제의 의학적 원인은 간단한 듣기 또는 시력검사 절차 이상의 것을 다루지는 않지만 초기 절차에서 간과되어서는 안 된다.

구분: 문화 · 환경 · 경제적 불이익 구분하기 어려운 영역 중 하나는 장애학생과 침체되거나 언어적으로 열악한 환경에서 자란 학생을 구별하는 것이다. 가난하고 경제적 또는 환경적으로 불리한 조건에서 자란 아동은 학습장애를 가지지만, 배치팀은 그 장애의 주된 원인이 환경적 불이익 때문이라고 결정해서는 안 된다. 일부 현장 전문가들은 문화적으로 박탈된 학생들이 학습장애 학생들과 마찬가지로 동일한 교수적 수정을 필요로 하기 때문에 이러한 구별이 전혀 의미 없는 것이라 주장한다. 그러나 현재 연방정부의 정의에서는 이러한 구별을 위한 지침은 없지만 구별이 이루어져야 한다고 규정하고 있다.

구분: 저성취 학생 종종 학습장애 학생들과 저성취 학생들을 구별하는 것은 여러 가지 이유로 매우 어렵다(Commission, 2001; Fuchs & Fuchs, 2006). 첫 번째 이유는 사실 최근에 중재에 대한 반응을 강조함으로 인해 현재 사용되는 절차는 이러한 구분을 전혀 가능하게 하지 않는다는 것이다. 몇몇의 개별 연구결과에서 학습장애와 저성취 학생들 간의 차이를 제시하고 있지만, 교육청 수준에서는 이러한 구별을 짓기 위한 체계적 시도는 실시하지 않는다. 하지만 역사적으로 학습장애의 다양한 법적 정의의 목적은 그들이 앞서 다룬 것처럼 기본 심리처리과정상의 장애를 지속적으로 보이지 않는 한 저성취 학생들을 특수교육 서비스로부터 배제하고자 하는 것이었다.

구분: ADHD 최근 주의력결핍 과잉행동장애(ADHD)를 보이는 것으로 확인된 학생들의 증가와 함께, ADHD 학생들과 학습장애 학생들을 어떻게 구분하는지에 관한 관심이 증가하였다. 특수교육 특별위원회(2001)는 ADHD와 학습장애 간의 공통점을 설명하였다. 두 집단 모두 주의력 문제를 보이며 과잉행동, 충동성을 나타내고 조직화 기술의 결함을 보인다. 사실 많은 ADHD 학생들은 수년간 '학습장애'로 여겨져 왔고, 이것은 이 두 집단의 특성을 구분하는 것이 어려움을 입증한다. 더욱이 Barkley(1990)는 학습장애 학생 중 40%가 주의력결핍장애를 보인다고 지적하였다.

주의력결핍장애 학생들의 평가와 판별에 대한 보고에서 Montague, McKinney와 Hocutt(1994)은 교사평정, 관찰기법, 면담 등 다양한 절차가 진단을 위해 사용될 수 있다고 제안한다. 물론 이러한 기법들은 학습장애가 의심될 때도 적용될 수

있다. 이처럼 이 두 집단을 구분하기 위해 동일한 기법을 사용하는 것은 판별과정을 혼란스럽게 한다.

이 두 집단을 구분하는 데 어려움이 있다면 교사들은 능력과 성취 간의 문서화된 불일치가 판별의 기본이 될 수 있음을 인식해야만 한다. 학습장애를 판별하기 위해 요구되는 불일치의 정도는 주마다 다르지만, 큰 불일치가 나타난다면 아동은 일반적으로 학습장애를 가진 것으로 판별될 것이다. 반대로 아동이 주의력 문제, 과잉행동, 충동성을 가지지만 능력과 성취 사이에 큰 불일치를 보이지 않는다면 ADHD로 판별될 것이다. 일단 ADHD로 판별되면, 아동은 일반교육 프로그램 내에서 특별한 서비스를 지원받거나 또는 '기타 건강장애'의 범주하에 특수학급에 배치될 것이다.

중재에 대한 반응(RTI)

앞 장에서 논의되었던 것처럼, 현재 연방법에서는 학생의 학습장애 여부를 기록하기 위해 중재에 대한 반응(response to intervention: RTI)(역자주- '반응중심중재' 라고 하기도 한다.)의 사용을 허용하고 있다(Batsche et al., 2004; Marston, 2005; Scruggs & Mastropieri, 2002; Mastropieri & Scruggs, 2005). 이는 적격성 절차상의 가장 최근의 변화이며, 많은 방법들 중 가장 혁신적일 것이(Fuchs & Fuchs, 2005, 2006; Gersten & Dimino, 2006). 중재에 대한 반응 접근법은 학습장애 판별을 위한 이전 접근법들에 대한 불만족, 특히 1장에서 다루어진 불일치 준거에 대한 불만족에서 시작되었다. 간단히 요약하면, 많은 정책 결정자들은 불일치 근거가 학습장애 학생들의 과잉판별을 야기하며 그로 인해 전반적인 특수교육 비용이 증가한다고 믿는다(Fuchs & Fuchs, 2006). 현재의 적격성 절차상 불만족의 또 다른 이유는 학습장애 정의에서 주마다의 비일관성과 단순히 비효율적 교수를 받아온 학생들을 학습장애로 판별하는 불일치 절차상의 경향성이다(Fuchs & Fuchs, 2006).

중재에 대한 반응 절차에는 학업 향상이 이루어질 수 있는 일반적인 조건하에 몇 가지 중재 절차를 실제적으로 실행하는 것이 포함된다. 이러한 조건에서 학업 향상이 이루어지지 않을 때는 학습장애가 존재한다고 추정한다(Batsche et al., 2004; Fuchs & Fuchs, 2006). 개념적으로 어떤 이들은 새로운 절차에 대한 의문을 제기하지만 중재에 대한 반응은 학습장애의 존재를 파악하기 위한 가장 효과적인 방법이며(NJCLD, 2005), 현재 중재에 대한 반응 적격성 절차는 많은 지지를 받고 있다(Fuchs & Fuchs, 2005, 2006; Gersten & Dimino, 2006; Marston, 2005; Scruggs & Mastropieri, 2002; Mastropieri & Scruggs, 2005).

전문서적에서 제시되는 논의에서 여러 가지 중재를 포함한 '단계적 체계'는 아동이 학습장애를 가졌는지를 '검증'하기 위해 보편적으로 추천되는 방법이다(Batsche et al., 2004). 예를 들어, 국가학습장애연합위원회(National Joint Committee on Learning Disabilities)에서는 중재의 3중 시스템을 제안한다(NJCLD, 2005). 아마 다음에 제시된 중재에 대한 반응접근의 예시는 이 절차를 가장 잘 설명할 것이다. 다음의 설명은 다양한 연구기반 중재에 대한 반응 모델을 통합한 내용이다(Fuchs & Fuchs, 2005, 2006; Marston, 2005; Vaughn, Linan-Thompson, & Hickman, 2003; Vellutino et al., 1996).

학급 인원수가 22명인 1학년 학급의 모습을 상상해 보라. 중재에 대한 반응 절차에서 교사는 읽기에 어려움을 보이는 아동을 확인하기 위해 학기 시작 후 두세 달 안에 읽기 영역—단어 판별 유창성 측정—의 선별검사를 시행해야 할 것이다. 1학년 초에 학생들은 10～15개의 단어(a, the, he, she 등)를 알고 있을 것이라 기대되는데, 일부 단어는 이미 유치원에서 배웠던 것이고 다른 단어들은 1학년 초 수업에서 배우는 것이기 때문이다. 모든 아동을 대상으로 선별검사를 실시한 후, 교사는 학급의 하위 25%의 아동을 확인한다. 그들은 일반학급 내에서 과학적으로 타당화된 몇 가지 유형의 교수 절차의 대상이 된다. 하위 25%보다 높은 점수를 획득한 학생들은 학습장애 서비스에 적합하다고 여겨지지 않는다. 하위 그룹 학생들을 위해 사용되는 중재는 학생들의 잠재적인 읽기문제를 개선하기 위해 학교에 의해 시도되는 중재에 대한 반응 과정의 첫 단계가 될 것이다.

대부분의 연구자들은 이 중재의 첫 단계가 일반교사의 책무가 되어야 한다고 권고한다(Fuchs & Fuchs, 2005; Gersten & Dimino, 2006). 연방법은 교사들에게 과학적 연구에 근거한 읽기교육과정을 사용하도록 요구한다. 놀랍게도 상업적으로 출판된 많은 읽기교육과정들은 독립적인 과학 연구에 근거하지 않았다.

1단계 중재 동안, 일반교사는 다양한 읽기변인과 관련하여 대상 학생의 진보 정도를 정기적으로 점검해야 한다. Fuchs와 Fuchs(2005)는 8～10주 동안 적어도 일주일에 한 번은 진보 점검이 이루어져야 한다고 제안한다. 매주 점수를 통해 읽기 기술 향상을 보이는 학생들은 더 이상 학습장애 서비스 대상으로 고려되지 않는다. 하

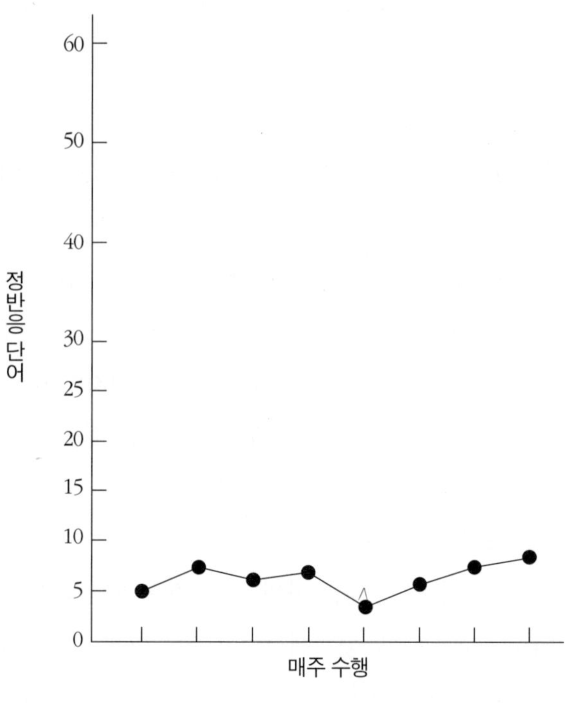

학생이름: 에르난데스
날짜: 6/9/24~06/11/14

[그림 5-1] 진보 점검/1단계 중재

지만 적절한 향상을 나타내지 못한 학생들은 두 번째 중재 단계로 이동하게 된다.

앞서 제시한 학급의 예시를 계속하여, [그림 5-1]에는 첫 번째 중재 단계의 진보 점검표다. 에르난데스라는 학생은 8주의 중재기간 동안 매주 단어판별 능력에 대한 점검을 받았다. 점수에서 나타나는 것처럼, 에르난데스는 새로운 단어를 잘 학습하지 못했다. 일반교사는 가장 공통적인 200개의 단어(예: 미리 학습한 단어들) 중 50개를 무작위로 선택하고 에르난데스에게 1분 동안 단어를 많이 읽도록 하였다. 교사는 1분 동안 정확하게 읽은 단어의 수를 세고 매주 적어도 한 번씩 그 점수를 도표화하였다. Fuchs와 Fuchs(2005)는 1학년 단어 수준에서 매주 5개 정도의 단어 학습 비율을 제시하였다. 이 기준에 근거하여 에르난데스는 그의 읽기중재에 긍정적 반응을 나타내기에 적절한 속도로 학습하지 못하는 것이 드러났다. 자료는 그가 매주 한두 개의 새로운 단어만을 학습함을 보여 준다. 이에 에르난데스는 두 번째 중재 단계에 적용 대상으로 고려된다.

중재에 대한 반응에 대한 초기 연구는 학습장애로 의뢰된 학생들의 약 33%가 일반학급 내의 첫 번째 중재 단계에서 학습에 성공하지 못하며(Vellutino et al., 1996) 학습장애를 지닐 수 있다고 제시한다. 이 수치에 근거해 이 학급 22명의 학생 중 2명이 1단계 중재에서 반응을 보이지 않은 것으로 판단되었으며, 에르난데스는 그중 한 학생이다.

Fuchs와 Fuchs(2005)는 두 번째 중재 단계에서는 보다 집중적인 읽기교수가 제공되어야 하며 교사-학생 비율이 적어야 한다고 제안한다. 그들은 이 단계의 중재에서 교사 또는 특수교육 보조원에 의한 교수가 이루어져야 하며 학급에 두 명 또는 세 명 이하의 학생이 배치되어야 한다고 제안한다. 적절하다고 여겨지는 교수는 음운해독 기술, 유창성, 읽기 이해력 등 다양한 읽기 영역에서 연구 기반의 직접교수 교육과정을 포함한다. 예시에서 에르난데스는 단어의 숙달을 나타내지 못했다. 그러므로 그가 받게 될 중재는 아마 단어 해독과 음운에 관한 것이 될 것이다. 대부분의 연구자들은 2단계 중재에서는 1단계 중재보다 수행 점검 절차가 더 자주 이루어져야 한다고 제안한다(Batsche et al., 2004; Marston, 2005). 예를 들어, Fuchs와 Fuchs(2005)는 매주 진보 점검을 제안하는 반면, Vaughn, Linan-Thompson과 Hickman(2003)은 한 달에 두 번의 점검을 제안한다. 하지만 또 다른 가능성이 매일 점검되며, 현재 많은 컴퓨터 기반 교육과정들은 그렇게 설정되어 있다. 따라서 교사는 훨씬 더 짧은 시간 안에 학생의 진보 또는 결함 정도에 대해 보다 종합적으로 이해할 수 있다.

많은 연구자들은 2단계 중재에서 읽기문제를 가진 학생들을 위한 중재의 계획과 실행 과정에 일반교사와 특수교사가 함께 참여해야 한다고 제안한다. 물론 이는 참여하는 교사들의 시간 책무성과 시간에 대한 많은 의문을 일으키며, 연구자들뿐만 아니라 정책 결정자들도 아직 이런 문제들을 해결하지 못하였다. 주별로 2단계 중재의 책임이 누구에게 있는지에 대한 서로 다른 지침을 개발하겠지만, 대부분의 연구자들은 이 중재 단계에서 특수교육 전문가의 참여를 제안한다. 특수교육을 위한 연방기금의 일부분은 아동을 대상으로 특수교육적 평가의 의뢰가 이루어지기 전에 특수교육에 어느 정도는 참여할 수 있도록 할당되고 있다.

이러한 중재 단계를 통한 향상과정에서 학생들은 집중적인 중재를 통해 성공적으로 학업적인 향상을 보일 것이라 예상된다. 하지만 주지하다시피 중재에 대한 반응을 실행하는 전반적인 목적은 특정 학습장애를 가진 학생을 판별하는 것이다.

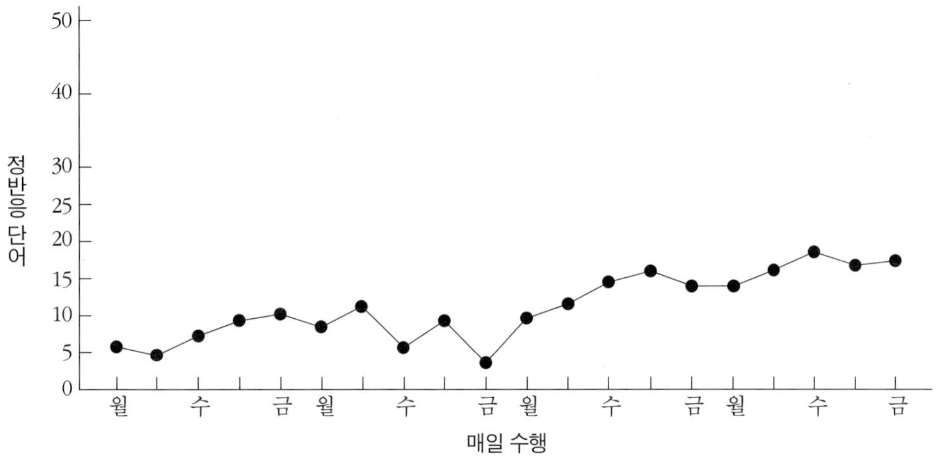

학생이름: 에르난데스
날짜: 06/11/15~06/12/18

[그림 5-2] 진보 점검/2단계 중재

이 경우 반대되는 결과를 예상할 수 있는데, 각 진보 단계에서 제시된 교수에 더 적은 수의 학생이 성공한다는 것이다. 사실 현존 연구에서는 2단계의 집중적 교수 단계에 배치된 학생은 그들이 집중적인 교수를 받고 있다 하더라도 학생의 24~50%는 적절한 학업향상을 보이지 않을 것이라고 제시되고 있다(Vaughn et al., 2003; O'Connor, 2003). 학습에 성공한 학생들에게 진보 점검기록은 그들의 학업성장을 나타낼 것이며, 그래서 학습장애로 여겨지지 않을 것이다. 하지만 2단계 중재에서 성공하지 못한 학생들의 24~50%는 3단계로 이동할 것이다.

우리의 예시로 돌아와서, 에르난데스를 위한 2단계 중재에서는 문자 재인, 단어해독, 어휘 향상을 위해 고안된 집중적인 음운교수 프로그램에 그를 배치하였다. 즉, 2단계 중재에서 동일한 단어 목록에서 새로운 단어를 학습하는 것에 대한 그의 향상 정도를 점검하였으며, 단어 재인은 4주 동안 매일 점검되었다. 이러한 자료들은 [그림 5-2]에 제시되어 있다. 음운과 단어해독 기술에 대한 집중적인 중재가 제공되었음에도 에르난데스는 여전히 충분한 진보를 보이지 못했다. 그러므로 그는 교수에 대한 반응이 없었던 것이다. 이에 그는 중재에 대한 반응 과정의 3단계로 이동할 것이다.

에르난데스가 중재에 대한 반응 과정의 3단계에 이르기까지 적격성 결정팀이 소집될 것이며, 학생은 학습장애를 갖고 있으므로 서비스에 적합하다고 보일 것이다. 분명히 계속해서 집중적인 읽기교수로부터 효과를 보지 못하는 학생들에게는 몇 가지 유형의 학습문제를 가졌다는 증거가 된다. 이 방법에서 중재에 대한 반응 과정은 적격성을 결정하는 데 유용한 도구가 될 것이다.

✻ 적격성 보고 예시

아래 논의된 보고는 현재 현장에서 가장 일반적인 유형이다. 두 개의 보고서는 학습장애 학생들을 위한 특수학급 서비스 제공과 관련하여 학생의 적격성 여부를 결정하기 위해 사용될 수 있는 정보를 제시한다. 이 보고서를 읽으면서 아동이 실제 학습장애를 보이고 있는지를 나타내는 적격성 주장의 유형을 주목하라.

심리교육팀 평가 보고

학습장애의 진단을 포함한 대부분의 경우에 전문가팀이 참여한다. 이 팀에는 학교심리학자, 특수교사, 일반교사, 학교관리자, 학생의 부모, 의료진 그리고 대상학생 자신이 포함된다. [도움상자 5-4]에 제시된 보고서는 심리교육팀이 수집한 정보를 요약하고 있다.

심리교육팀의 보고에는 발달적 불균형 관점에 근거한 적격성 주장의 많은 예시가 포함된다. 예를 들어, 신경학자의 보고서에는 학생의 연령 수준에 비교하여 시각적 검사 점수가 낮다는 것이 나타난다. 이것은 전문가들로 하여금 대상학생이 학습장애를 지녔다고 결론짓도록 한다. 하지만 심리학자는 다른 시각운동 검사를 사용하며 시지각 문제가 없다고 결론짓는다. 교육상담가의 보고는 신경학자의 해석에 동의하며 시지각 문제의 증거가 있는 것으로 보고, 그러므로 학습장애를 지닌 것으로 결론짓는다. 전체 팀의 보고서는 시지각 문제의 존재와 부재에 대한 모순된 증거에 대해 강조한다는 점을 주목하라. 마침내 교육상담가들은 IQ와 성취의 두 영역 간 불일치에 대해 논의하였다.

●●●● 도움상자 5-4

▶ 심리교육팀 보고서

이름: 헤더 드미트리 **생년월일:** 1998년 4월 24일 **나이:** 7세 10개월
학교: 앤더슨 초등학교 **학년:** 2학년 **기록일:** 2006년 3월 6일

팀 구성원 학교심리학자 윌리엄 존슨 박사, 교육상담가 안젤라 브라운 박사, 신경학자 타일러 그레그슨 박사, 특수교사 앤 더들리, 2학년 교사 존 프랭스

의뢰 이유
헤더는 2학년 일반교사의 수업시간 동안 읽기에 어려움을 보인다. 교사는 부모님과 연락을 하였고 헤더를 아동연구팀에 의뢰하였다.

신경학자의 보고
실시된 검사 뇌파검사, 시각운동 통합검사, 임상관찰

검사와 관찰 결과 헤더는 함께 검사하기에 어려움이 없었다. 내가 헤더에게 게임같이 재미있는 활동을 하도록 요구할 것이라 설명함으로써 라포가 형성되었다. 헤더에게 최선을 다하도록 격려하였다.
헤더의 걸음걸이는 정상적이었고, 대근육운동 관찰 결과 이 영역에서 문제가 나타나지 않았다. 마찬가지로 헤더가 종이에 이름과 몇 가지 단어를 쓸 때 소근육 통제에서도 눈에 띌 만한 문제를 보이지 않았다. 비형식적 점검(헤더에게 연필의 끝을 보라고 요구함) 결과 공간을 따라 시각적으로 사물을 추적하는 것에, 머리를 고정시키고 눈동자만 움직이도록 했을 때에도 어려움을 보이지 않았다. 결과적으로 헤더의 뇌파는 전기적 활동의 정상적 패턴을 보였다.
칠판에 있는 몇 가지 모형을 따라 그리도록 요구받았을 때, 헤더는 거듭해서 내가 그린 그림을 참고하였고, 이 경우에도 실수가 나타났다. 실수는 선을 빼먹는다거나 각도가 부정확하거나 동심원을 그리는 데 어려움을 보이는 것 등으로 나타났다.
위에 제시된 비형식적 검사와 유사하게, 시각운동 통합검사에서의 헤더 점수는 예상 연령 범위보다 낮은 수준으로 나타났다. 헤더는 종이에 일련의 도형을 모방하는 데 어려움을 보였으며, 이것은 그녀의 읽기 능력에 영향을 미칠 수 있는 지각-운통 통합에 특정한 문제가 있음을 의미한다.

신경학자의 결과 요약
다양한 과제와 검사 결과의 면밀한 조사는 헤더가 미세중추신경계 기능장애로 어려움을 겪고 있으며, 이는 이러한 학교에서의 문제를 일으킬 수 있음을 의미한다. 시각운동 통합검사 결과에 의하면 헤더의 학업이 지필 과제로 인해 악화될 것이며, 읽기시간에는 학습장애 학생들을 위한 학급에 배치되는 것이 적절할 것이라 제안할 수 있다.

심리학자의 보고
헤더는 우호적으로 검사자와 대화를 나누었으며 함께 검사 장소로 갔다. 라포는 빠르게 형성되었다. 헤더는 검사를 귀찮아하지 않는 것처럼 보였다. 그리고 검사 내내 협력적이었으며 문항에

대해 빠르게 응답하였다. 이러한 결과는 아마 헤더가 최선을 다해 산출하는 것일 것이다.

실시된 검사 웩슬러 아동용 지능검사 제3판, 벤더 시각운동 게슈탈트 검사, 임상면담

검사 결과 웩슬러 지능검사에서 헤더는 언어성 지능 114, 동작성 지능 105, 전체지능 111을 받았다. 이것은 헤더가 백분위 75에 위치하며 현재 높은 지능 범주에 속함을 나타낸다.
몇 가지 하위검사 간 변동성이 있지만 언어성 점수와 비언어성 점수 간에 의미 있는 차이가 존재하지 않는다. 언어 영역에서의 헤더의 점수는 우수(실제적 판단을 측정하는 하위검사)에서 평균 이하(추상적 개념 형성을 측정하는 하위검사)의 범위에 속한다. 그녀의 일반적인 정보, 연산 추론, 어휘력은 모두 평균 범주에 속한다.
동작성 영역에서 헤더의 점수는 우수(사회적 상황에서 원인과 결과를 인식하는 능력)에서 낮은 평균(글자 쓰기 속도) 정도의 범위에 속한다. 비언어성 추상적 사고와 시각적 조작은 평균 범주에 속한다.
벤더 검사에서 헤더의 기능은 현재 시각운동 조절 영역에서 연령에 적절한 수준으로 기능하고 있음을 보여 준다.

심리학자의 결과 요약

헤더는 학습장애를 전혀 가지지 않은 똑똑하고 어린 여학생이다. 그녀는 친절하고 외향적인 아동이므로 일반학급 내에서 읽기문제에 대한 중재를 받아야 한다. 일반교사는 헤더를 위해 사용할 수 있는 보조적인 자료들에 대한 지원을 받아야 하며, 팀은 아이에게 이 문제가 다음 해에도 계속될지에 대해 재고해 봐야 한다.

교육상담가의 보고

검사 결과	학년등가	표준점수
스페이시 읽기진단척도		
단어 재인	1.1	
학년 수준 문단	1.2	
운동배제 시지각검사		
지각 연령	5~6	
우드콕-존슨 성취도검사		
읽기		71
쓰기		87
문어		80
작문이 포함된 비형식적 과제		

해석 운동 배제 시지각검사(Motor Fress Visual Perception Test)에서 헤더의 연령등가 점수는 5~6세로, 이 영역에서의 평균 이하의 능력을 나타낸다. 이러한 약점은 초기 학년에서 읽기 기술 습득의 지체를 야기할 수 있다.

읽기에서 헤더의 표준점수 71은 그녀가 학년 수준을 기준으로 평균 이하의 읽기 수준임을 나타낸다. 헤더는 무의미 단어의 해독을 포함한 단어읽기 하위검사에서 가장 높은 점수를 나타냈으며, 단어재인 하위검사에서는 가장 낮은 점수를 보였다. 스페이시(Spache) 검사에서 읽기기술에 대한 더 자세한 분석 결과는 비슷한 프로파일이 제시되었다. 단어재인에서 헤더의 수행은 학년 수준의 문단 읽기 점수보다 낮았다. 소리 내어 읽기 속도는 매우 느리며 감정 없이 한 단어씩 읽는 경향이 있다. 하지만 문단 내에서 맥락 단서를 사용하는 것처럼 보였다.

헤더는 표현언어에서 표준점수 80점을 획득하였는데, 이것은 평균 이하의 능력을 의미한다. 이 검사에는 교정과 받아쓰기가 포함되며 구두법, 철자, 대문자 사용 능력이 평가된다. 헤더는 이 모든 영역에서 예상 학년 수준보다 낮은 점수를 얻었다. 자신이 가장 좋아하는 TV 쇼에 대해 문장을 쓰도록 요구했을 때는 네 문장을 썼고, 그중 한 문장에는 동사가 없었다. 헤더는 한 문장에서 I를 대문자로 표기하긴 하였지만 문장의 첫 글자를 대문자로 쓰지 않았다. 비공식적인 검사에서 2학년 공책을 사용함에도 쓰기가 줄을 넘어가는 경우가 있었다. 대문자와 소문자가 기본적으로 같은 크기로 표기되었고, 한 경우에서만이 적절한 간격으로 띄어 썼다. 이러한 유형의 문제들은 이전에 다루어진 지각검사에서 나타난 것처럼 시지각의 약점을 의미한다. 또한 비공식적인 평가는 표현언어 점수를 뒷받침하며 이 영역에서 평균 이하의 성취를 나타낸다.

수학에서 헤더의 표준점수 87은 낮은 평균 수준의 능력을 의미한다. 헤더의 지필계산 수행과 적용문제 사이에는 근소한 차이가 있었다. 헤더는 모으기를 하지 않고 덧셈과 뺄셈 문제를 해결할 수 있었지만 수학문제에서 기호 몇 가지를 잘못 읽는 경우가 있었다. 헤더는 항상 손가락을 사용해 수를 세고 계산을 하였다.

교육상담가의 결과 요약

헤더의 시각운동 수행 능력은 읽기 결함을 야기할 수 있는 영역에서의 문제를 의미한다. 그녀의 읽기와 쓰기 표준점수는 IQ 111보다 2표준편차 이상 낮으며, 이것은 두 영역에서 IQ와 성취도 간에 유의미한 차이가 있음을 의미한다. 읽기와 쓰기에서 학습장애를 보고하고, 이 문제를 개선하여 또래 학년 수준을 따라잡을 수 있도록 도와주기 위해 특별한 교육적 배치가 요구될 것이다. 특수교사 통합학급 상황에서 헤더의 학업 진보를 보조하기 위해 일반교사와 협력해야 한다.

권고사항

분명히 심리학자와 교육상담가의 권고사항처럼 검사 결과가 일관되지 않다. 적어도 하나의 시지각 검사결과 읽기 영역에서의 잠재적인 문제를 가진다고 하지만, 헤더는 분명히 정신지체가 아니다. 더욱이 현재 니타나는 학업문제들이 행동 또는 동기적 문제에 인한 것이라도 교사 또는 임상면담을 통한 증거도 없다. 결과적으로 2학년인 올해 헤더에게 예상되는 실패에 관해 어떠한 조치가 취해져야 한다는 증거가 제공되었다. 그러므로 우리는 학습장애 학생들을 위한 학급으로 배치가 즉시 이루어져야 하며 이에 대해서 학년 말에 재검토되어야 한다고 권고한다. 뿐만 아니라 특수교사와 일반교사는 이후 몇 달 동안의 읽기와 언어 완성을 위한 통합학급 IEP를 고안해야 한다. 마지막으로 아동연구팀은 진급 또는 학년유예에 대한 결정을 도울 것이다.

날짜: ____________________ 학교: ____________________ 서명: ____________________

심리학자: ____________________ 학부모: ____________________

교육상담가: ____________________ 교사: ____________________

신경학자: ____________________ 학교장: ____________________

특수교사: ____________________

교육상담가의 평가

종종 부모와 학교가 학습장애 진단에 대해 동의하지 않을 때, 사설 교육상담가가 대상 학생을 평가한다. 또는 경우에 따라 평가자료를 검토한다. 학생의 서비스 적격성에 대한 의사결정을 내린다. [도움상자 5-5]의 보고서는 교육상담가가 제시하는 유형의 보고를 나타내고 있다.

●●●● 도움상자 5-5

▶ **교육상담 보고서**

이름: 애덤 아터 **생년월일:** 1996년 5월 12일 **나이:** 10년 3개월 **학년:** 4학년
검사자: 존 C. 롱거튼, Ph.D. **검사일:** 2006년 8월 5일

개인사 애덤은 학교에서 계속 문제를 보였으며, 올해 4학년 첫 학기에 사회와 과학 과목에서 낙제를 하였다. 그는 4학년 교사 주니퍼에 의해 평가를 의뢰받았으며, 선생님은 애덤이 독립 읽기 과목에서 숙제와 수업 과제를 완성하는 데 어려움을 겪는다고 보고하였다. 애덤은 수학에서는 문제가 없었다. 주니퍼는 애덤을 가장 느린 읽기 집단에 배치하였으나, 그 집단에서도 여전히 어려움을 겪었다. 애덤의 어머니는 애덤이 매일 밤 1~2시간 공부를 하며 어머니가 그의 숙제를 자주 도와준다고 이야기하였다. 애덤 어머니의 말에 따르면 가장 최근에 실시한 의학 검사에서 시각적 또는 청각적 문제는 발견되지 않았다.

실시된검사 우드콕-존슨 인지능력검사와 읽기성취도검사가 실시되었다. 점수는 지각속도 영역과 청각적 기억 영역으로 계산되었다. 다른 검사로는 브리건스 검사의 영역과 피어스-해리스 아동용 자아개념척도가 실시되었다. 또한 쓰기 표본이 수집되었고 분석되었다.

	표준점수	학년 등가점수	백분위
우드콕-존슨			
인지 능력 총합	124	8.8	95
지각 속도	93	3.7	32
기억	108	6.4	71
읽기	91	3.9	28
피어스-해리스 자기개념	48		41

브리건스 읽기이해검사에서 2학년을 제외(2학년은 한 영역만 읽음)한 각 학년 수준에서 두 개의 짧은 읽기구문을 읽게 된다. 각 영역마다 5개의 읽기 이해력 문제가 제시된다.
읽기 이해력은 30%(또는 10문제 중 3개 정반응), 70%, 100%이며 각각 4학년, 3학년 2학년

수준이 된다. 이 점수는 애덤의 인지 능력과 정서적 기능을 비교적 유사하게 묘사해 준다. 표준점수 열에서 피어스-해리스 검사 표준점수를 제외한 나머지는 모두 평균 100과 표준편차 15를 가진다. 피어스-해리스 검사는 평균 50에 표준편차 10을 가진다. 백분위 점수는 각 검사에서 애덤의 점수 이하를 받은 학생들의 백분위를 나타낸다. 모든 검사에서 점수가 높을수록 긍정적인 수행을 의미한다.

인지능력 현재 인지능력 점수는 애덤이 원래 연령의 평균 이상 능력을 가짐을 의미한다. 124점의 척도 점수는 애덤이 평균 이상의 지능을 가짐을 나타내는 좋은 징표다. 하지만 시간 제한이 있는 일련의 시각 과제에서 대한 정보습득 기술을 측정하는 지각속도 점수를 면밀히 검토한 결과, 시각적 정보획득 능력에서 약점을 보인다. 애덤이 청각을 통해 정보를 획득하는 기술과 비교해 볼 때, 척도화된 점수(각각 93과 108) 간에 15점의 차이를 보이며, 시지각과 청지각 사이에 전체 1표준편차의 차이가 나타난다. 비록 많은 현장 전문가들은 한 아동에게 장애라는 표찰을 붙이기 전에 2표준편차의 차이를 나타내는 것을 선호하지만, 1표준편차의 불일치는 학습장애의 징표가 될 수 있다.

장애의 또 다른 조짐은 애덤의 표준화된 지능 점수와 읽기 점수 사이의 불일치다. 이러한 비교는 애덤의 성취와 잠재적 능력을 비교한다. 인지적 능력 점수와 읽기 점수(각각 124와 91) 사이의 비교는 명백히 애덤이 그의 잠재적 능력을 지각하지 못함을 나타낸다. 이 점수들 간의 차이는 2표준편차 이상이며, 이 차이는 학습장애의 강력한 증거가 된다.

학업기술의 분석 애덤의 읽기 이해력 점수는 2~4학년 범주에 속한다. 전반적으로 그의 교수적 읽기 범주는 3학년 수준으로 나타난다. 브리건스와 우드콕-존슨 읽기 점수 모두는 학년 수준을 나타내었다. 우드콕-존슨의 하위검사 결과, 애덤의 읽기자료 이해 능력은 단어를 인식하고 친숙하지 않은 단어를 해독하는 능력보다 낮은 수준이다. 결과적으로 애덤은 그가 읽기 이해력에서 높은 점수를 받기 전에 2학년 수준으로 돌아가야 한다.

애덤의 쓰기 표본에는 철자에서 계속된 실수(until을 'in till'로 2번, supposed를 'aspost'로)와 구두점 문제 등 많은 쓰기문제를 나타난다. 문장은 정확했으나 문단 구조는 조직적이지 않았고 들여쓰기가 되지 않았다. 쓰기는 거의 알아볼 수 없었으며, 애덤은 줄에 맞춰 쓰지 않는 경우가 많았다. 이러한 기술들은 분명히 4학년 수준에 미치지 못하는 것이다.

정서 · 행동 발달 전체적인 자아개념 점수는 거의 완벽히 평균수준이다. 교사는 애덤이 수업에 주의집중하는 데 어려움을 겪고 쉽게 주의가 산만해지긴 하지만 약간의 친구가 있으며 쉬는 시간에 친구들과 놀이를 한다고 이야기한다. 또한 애덤은 학급에서 심각한 행동문제를 보이지 않는다. 이러한 정보에 근거하여 정서 또는 행동 영역에 문제가 없다고 할 수 있다.

권고사항

애덤은 그의 특정 읽기문제를 확인하고 교정하기 위한 노력으로 매일 55분씩 학습장애 학생들을 위한 프로그램에 배치되어야 한다. 또한 쓰기영역에서 약점을 보이며 쓰기기술은 학업에서 과제 실패의 한 이유가 되므로 쓰기기술 또한 주목해야 한다. 특수교사는 국어 과목에서 일반학급 수업 일정에 맞추어 교수에 협력해야 하며 쓰기 과제에 대한 개별지도를 제공해야 한다.

John C. Longerton, Ph. D.

존 C. 롱거튼, Ph.D.

교육상담가

이 보고서에서 볼 수 있듯이, 교육상담가는 애덤의 시각적 입력과 비교하여 듣기 기술의 발달적 불균형을 제시함으로써 발달적 불균형의 관점을 강조하고 있다. 이것은 앞서 다룬 발달적 불균형에 의한 적격성 주장의 또 다른 예시다. 또한 교육상담가가 학습장애 진단의 주요 요인으로 IQ와 성취의 불일치를 보고했다는 점을 주목하라. 마침내 당신은 이 보고서에서 교육적 제안점이 상대적으로 부족하다는 데 주목할 것이다. 배치 및 읽기기술과 관련된 몇 가지 과제에 대한 제안 이외에도, 이 보고서에는 애덤을 위한 교육적 활동계획을 도와줄 수 있는 유용한 정보가 거의 없다.

문화적 다양성과 적격성의 결정

검사자와 교육 전문가들이 보이는 최선의 노력에도 불구하고 연구는 학습장애 서비스의 적격성 여부를 결정하기 위해 사용되는 많은 검사도구에 일정 정도의 편견이 작용한다는 점을 보고해 왔다(Commission, 2001; Olivarez, Palmer, & Guillemard, 1992). 이런 잠재적 편견은 학습장애 학생들이 다양한 문화권에서 온다고 생각할 때 특히 문제가 된다(Lerner & Chen, 1992). 학습장애 평가 수행과 관련 지어 제기되는 한 가지 문제는 평가과정에서 문화적 민감성이 상대적으로 제한되어 있다는 것이다(Hyun & Fowler, 1995; Leung, 1996). 적격성을 결정하는 데 사용되는 대부분의 평가도구는 다양한 소수집단의 아동들의 대표성을 적절히 포함하지 않은 규준표본을 가진다(Leung 1996). 또한 점차 다양성이 증가하는 사회에서 전체 인구에서 충분히 표기되지 못한 소수집단의 수가 증가하고 있다.

특수교육법 시행에 대한 일부 보고서는 자주 사용되는 적격성의 결정을 위한 평가과정에 이러한 편견이 작용할 것이라 지적한다(Alexander, 1992; Commission, 2001). 특히 이러한 보고서들은 소수민족 아동들이 특수교육에 의뢰되는 비율이 예상 수준보다 높다는 점을 지적하며, 이러한 문제가 검사 수행에 영향을 미치는 문화적 차이에 민감해지기 위한 노력이 더 필요함을 시사한다.

대부분의 권위자들이 현재 IQ 평가 절차의 일반적 타당성에 대해 이야기함에도 불구하고 여전히 소수민족 출신의 아동들이 보이는 수행을 타당화할 필요가 있다(Leung, 1996). 현장 전문가들은 검사 결과에 전적으로 의존하기보다 아동의 능력에 대한 부모면담 또는 아동의 학교생활과 가정생활을 직접 관찰하는 등 다른 정보를 수집해야 한다. 이러한 자료들은 평가 결과를 영역 간에 타당화시키는 데 사용될 수 있으며 적격성 결정과정에서 나타날 수 있는 미묘한 편견으로부터 아동을 보호한다. Leung(1996)은 또한 '대상 학생의 배경이 되는 문화적 집단에 대해 나는 어떤 가정을 세웠는가?" 또는 '나의 태도가 대상 아동의 수행에 어떤 영향을 미칠 것인가?'와 같은 질문을 통해 교사들이 특정한 소수집단에 대한 자기가 가진 상대적 가정에 대해 재고해 볼 것을 권고한다. 이러한 자기검토를 통해 이 분야의 모든 사람들이 보다 타당하고 공정한 평가와 의사결정이 실현할 수 있도록 한다.

대부분의 서구 민주주의 국가들은 문화적 다양성에 가치를 두며, 문화적 다양성의 강점에 대한 인식도 향상되고 있다. 특정 소수집단을 위한 평가 실행의 수정 지침이 있지만, 그러한 수정은 오늘날 환경의 규범과 거리가 멀다. 물론 편견의 증거가 발견되었을 때 교사들은 평가에서 편견을 재고하기 위한 모든 노력을 해야 할 도덕적 의무가 있다. 몇 가지 증거는 판별과정에서 남학생들에 대해 편견이 있음

도움상자 5-6

▶ 민족적으로 다양한 학생들을 지도하기 위한 지도 안내

1. 당신의 학급에서 다른 민족 집단에 대해, 즉 그들의 특성과 학습 양식에 대해 잘 알고 있어라.
2. 학생들로 하여금 그들의 문화를 공유하도록 장려하라. 교사 자신의 문화적 전통을 공유하면서 자연스럽게 시작하라.
3. 문화적 전형이 제시되어 있거나 또는 문화적 다양성에 대해 부정적으로 제시되어 있는 교과서 또는 자료들은 피하라.
4. 소수민족 출신 학생의 가정 및 지역사회 관심사, 재능, 기술, 잠재적 능력에 대해 알고 있어라. 이러한 긍정적인 문화적 측면을 강조하는 교수적 프로그램을 개발하라.
5. 학급 내 인종적 또는 민족적 소수집단 출신 학생들이 자신이 어떻게 불리길 원하는지에 대해 파악하고 그 용어를 사용하라.
6. 교육과정에 민족적 주제를 통합하라. 이러한 수업을 통해 소수민족 출신 학생들이 보다 긍정적인 자아상을 형성할 수 있도록 도와줘라.
7. 소수민족 출신 부모가 그들의 자녀교육에서 교사의 파트너가 되도록 만들어라.
8. 모든 학생을 동등하게 대하라. 어떠한 집단에게도 역차별을 하지 말라.
9. 당신이 사용하는 평가기법이 문화적 차이를 다루는 데 적절한지 확인하라.
10. 소수민족 출신 학생들의 방언 또는 다른 언어 형태를 모방하지 말라.

출처: "Cultural Diversity and Exceptionality" by P. C. Chin & L. McCormick, 1986, in N. G. Haring & L. McCormick (Eds.), *Exceptional Children and Youth*, 4th ed., Columbus, OH: Merrill.

을 암시한다(Clarizio & Phillips, 1986; Leinhardt, Seewald, & Zigmond, 1982). 게다가 Olivarez와 동료들(1992)은 적격성 결정을 위해 일반적으로 사용되는 평가도구들이 아프리카계 미국인들과 히스패닉 학생들의 성취도를 과대평가하는 경향이 있다고 지적한다.

현재 나타난 편견의 증거만으로도, 연구자들과 현장 전문가들은 적격성의 결정 과정에서 편견의 영향을 경감시키기 위한 모든 노력을 해야만 한다. 편견의 부정적 결과를 완화하기 위한 일반적 지침들이 있다. Chin과 McCormick(1986)은 일련의 지침을 제안하고 있는데, 이는 [도움상자 5-6]에 제시되어 있다.

✻ 교수를 위한 평가

아동연구팀 구성원들이 함께 적격성 문제에 대해 고심하는 동안, 교사는 홀로 교수계획을 위한 평가 정보가 필요함을 느끼게 될 것이다. 심리학자, 사회복지사, 보건교사, 교육평가 상담가들은 몇 가지 기본적인 성취도검사를 실시하며, 이를 통해 다른 아동 집단과 비교한 점수를 산출할 것이다. 그러나 이러한 정보는 개별화된 교수를 계획하는 데 필수적이거나 유용한 것은 아니다(Bryant, 1999). 많은 주에서의 현재 실행에 근거하여, 교사인 당신은 부모를 제외한 평가팀의 어느 누구보다 대상 학생에 대해 잘 알고 있을 것이다. 결과적으로 교수를 위한 교육평가는 교사의 책무다. 교사는 평가를 위해 많은 준비를 해야 하며, 대부분의 교사교육 프로그램에는 장애학생들의 개별화된 평가에 대해 다루는 교과가 포함되어 있다.

[도움상자 5-7]에는 교수를 위한 다양한 개별화된 평가 접근법들이 간단히 소개되어 있다. 많은 평가의 예들뿐만 아니라 평가도구가 개발된 시기를 주목하라. 여기에서 시기는 개략적인 추정자료다. 평가 개념이 형성되면서 상업적으로 이용가능한 도구들이 계속 출판되었다. 여전히 시기는 부실한 평가 접근이 개발되어 온 개략적인 순서를 나타내고 평가의 실제가 변화되고 있음을 나타낸다. 이 분야는 학습장애 학생들을 위한 평가 실행에서 나타내는 끊임없는 변화를 입증해 줄 것이다.

도움상자 5.7

▶ **교수를 위한 평가**

평가 유형	평가도구	개념발달 시기
1. 규준참조검사	카우프만 평가도구 문어검사 언어발달검사 피바디 개인성취검사-개정판 우드콕-존슨검사	1900년대 초~1930년대
2. 비형식적 관찰기록		1960년대
3. 준거참조검사	브리건스 검사 Key Math-개정판 비공식적인 CRTs	1970년대
4. 학급 내 평가	과제분석 오류분석 매일 학습과제 분석	1970년대
5. 교육과정중심평가	정밀교수 비형식적 CBA	1980년대
6. 대안적 평가	참평가 포트폴리오평가 역동적 평가	1990년대

규준참조 성취도검사

최근 교수적 목적을 위한 평가는 몇 차례 개정되어 왔다. 처음에는 개별적으로 실시된 규준참조 학업성취도 검사가 사용되었다. **규준참조검사**(*norm-referenced tests*)는 학생의 수행을 다른 학생들의 수행과 비교하며, 이는 연령 또는 학년 등가 점수나 표준점수를 산출한다.

역사적으로 이러한 검사들은 교수 집단으로부터 개인을 분리하기 위한 목적에서 실시되었다. 하지만 이 검사들이 각각의 분리된 학년 수준에 대해 제한된 질문만을 다루고 있으므로 교수적으로 가치 있는 정보를 거의 제공하지 못한다. 결과적으로 오늘날 규준참조검사들의 대부분은 능력-성취 불일치 절차에서 적격성을 판별하기 위해 사용되고 있지만, 많은 전문가들은 그 결과가 교수를 위한 실제적 근거를 제공한다고 믿지 않는다. 하지만 교사는 이 분야의 전문가로서 학습장애를 보이는 학생들을 위한 평가도구 패키지의 일부분으로 규준참조의 특성을 가진 검사도구를 접하게 될 것이다.

관찰기록

많은 비형식적 관찰기록은 학습장애 아동과 청소년들을 평가하는 데 사용된다. 예를 들어, 한 학생이 학습장애를 가지고 있다고 의심될 때, 교사는 학생이 일반학급 내에서 보이는 특정한 문제를 기록하기 위한 목적으로 비형식적 관찰평가를 실시해야 할 것이다. 이러한 유형의 기록은 특수교육 서비스를 위해 공식적으로 의뢰하기 전에 수집된 정보이기에 **의뢰 전 보고**(prereferral report)라 불린다.

하지만 비형식적 관찰 체크리스트와 관찰기록은 의뢰 전 또는 의뢰된 이후에도 언제든지 사용될 수 있다. 많은 경우, 표준화되고 상업적으로 출판된 행동 체크리스트의 기록이 요구되지만, 비형식적 관찰기록 또한 수집될 수 있다.

준거참조검사

학생 수행에 대한 보다 완벽한 정보를 얻기 위해 다른 학생들의 수행보다는 매우 자세하게 구분된 기술 영역에서의 행동목표 목록에 학생 수행을 비교하는 검사도구들이 개발되었다. 예를 들어, 준거참조검사는 덧셈 유형별로 5문항의 문제를 통해 정수 덧셈 능력을 평가한다. 이 검사 각각의 목표는 특정 문항의 답을 입력하도록 하는 것이며, 학생이 어떤 문항을 풀지 못한다면 해당된 개별기술은 학생의 IEP에 추가된다. 준거참조검사에서 관련된 영역에서의 수행 수준을 각각 기록하는 것은 교수 정보를 제공한다. 이러한 검사 절차에 대한 이론적 근거는 1장에 제시된 행동주의적 관점이다.

교육과정중심평가

최근의 교육과정중심평가에서 요지는 준거참조검사와 매우 유사하지만 훨씬 더 자주 많이 이루어진다는 것이다. 학생의 수행 수준은 시간이 지남에 따라 크게 달라지기 때문에, 많은 이론가들은 학생이 수업시간에 학습한 내용에 근거한 평가를 추천하며 이는 매일 또는 격주로 실시되어야 한다고 권고한다(Jones, 2001; King-Sears, Burgess, & Lawson, 1999; Phillips, Fuchs, & Fuchs, 1994). 잦은 평가는 교사들이 학생의 수행을 점검할 수 있도록 도와준다.

예를 들어, 한 정밀교수 절차에서는 매일 특정 유형의 문제에 대한 학생의 완수율 정보를 필요로 한다(Bender, 2002). 이와 같은 정보는 시간의 흐름에 따라 특정 기술에 대한 학생의 성취를 도표화하는 데 사용될 수 있다. 일일 학습을 검토함으로써 교사는 언제 그 학생이 과제를 숙달하였는지 빨리 판단할 수 있다. 또한 교사는 언제 교수 활동이 학생의 이해와 성공률을 증가시키지 못했는지도 판단할 수 있다. 즉, 교사는 교육 프로그램을 결정할 때 기본이 되는 학생 수행에 대한 매일의 그림을 얻을 수 있다(King-Sears et al., 1999).

교육과정중심평가를 실행하는 것이 효과적임에도 불구하고, 많은 교사들은 이 방법이 특수학급에서 활용하기에는 지나친 시간낭비를 요하는 절차라고 생각한다. 하지만 다행히도 이러한 매일의 자료 수집은 지나치게 많은 시간을 소비하지 않는 방법으로 활용될 수 있다(Jones, 2001). 예를 들어, 교사는 학생의 수행을 평가하기 위해 여러 학생을 동시에 평가함으로써 매 수업에서 마지막 몇 분을 활용할 수 있을 것이다. 또한 학생들은 자신의 진보 정도를 알아보기 위해 2~3주에 걸쳐 자신의 행동을 도표에 누가 기록하도록 훈련받을 수 있다.

일부 학자들은 학습장애 아동을 위한 적격성 결정은 교육과정중심평가에 근거하여 이루어져야 한다고 제안하며(Bender, 2002; Commission, 2001; Fuchs & Fuchs, 2005), 새로운 접근인 중재에 대한 반응에서 교육과정중심측정의 활용을 제안한다. [도움상자 5-8]에 제시된 교육과정중심평가 보고서는 며칠의 교육과정중심측정이 어떻게 교수적으로 또는 적격성 결정에 활용될 수 있는지에 대해 보여 준다. 정밀교수 도표와 중재에 대한 반응 절차를 위해 위에 설명된 자료 간의 공통점에 주목하라. 중재에 대한 반응 계획은 지난 20년에 걸쳐 이루어진 교육과정중심평가 연구를 바탕으로 함이 명백하다(Bender, 2002; Marston, 2005).

교육과정중심평가 도표의 해석 교육과정중심평가 도표는 몇 주 동안 토머스가 보여 준 성취도 진보를 나타낸다. 이것은 학업 성취도를 측정하는 가장 정확한 방

도움상자 5-8

▶교육과정중심평가 보고서

관련 정보

이름: 토머스 화이트헤드 **학생 연령**: 13세 8개월 **학년 배치**: 5학년
주 검사 프로그램 결과: 2006년 4월 16일~4월 18일 캘리포니아 성취검사 실시
읽기 학년 수준: 3.7 **수학 학년 수준**: 4.9 **국어 학년 수준**: 3.2

학력 토머스는 우드베리 초등학교 5학년에 재학 중이다. 그는 2학년에 유예를 했으며, 그 후 2년 동안 해당 학년 수준의 학업을 거의 통과하지 못했다. 5학년에, 통합학급 교사는 토머스를 특수교육 서비스를 위해 의뢰하였다.

교육과정중심평가 정보 지난 몇 달 동안 토머스의 학습지원과 교정적 읽기 수업에 교육과정중심평가와 매일의 교육과정 목표 평가를 위한 학습전략 절차가 포함되었다. 토머스는 모든 읽기와 국어 수업시간에 특수학습과 학습지원실에 배치되었다. 학기 중 실시된 성적 채점기간 동안 국어 영역별 진보 정도를 나타내는 도표는 [그림 5-3]에서 [그림 5-5]까지 제시되어 있다. 이 정보는 다음 해의 읽기 프로그램을 위한 교수계획에 사용될 것이다.

교사면담 심리학자와의 면담에서 특수교사와 학습지원교사 모두는 토머스가 읽기와 국어에서 학년 수준에 크게 뒤처져 있다고 말하였다. 위의 집단검사 결과는 이 사실을 뒷받침해 준다. 교사들은 올 한 해 동안 토머스를 각 프로그램에 계속해서 배치할 것을 제안하였다. 특수교사는 토머스에게 유익한 특정 학습전략을 선택하는 데 있어 일반교사와 긴밀하게 협력했다고 이야기한다. 이 시점에서 토머스는 일반학급 수업에서 활용하기 위한 시험보기 전략, 문단이해 전략, 단원이해 전략을 학습보조 수업시간에 연습하였다. 또한 토머스는 문장 내의 완전한 주어와 서술어 판별을 위해 학습하였다. 토머스와 교사들의 전략 선택에 근거하여 이러한 교수전략은 지속되어야 한다.

교정적 읽기교사는 3학년 기본 읽기자료와 국어기술의 읽기 이해력 향상을 위해 토머스와 함께 수업을 하였다. 이러한 국어기술에는 품사의 확인, 직접목적어와 간접목적어의 확인, 동음이의어 선택 등이 포함되었다. 그녀는 토머스의 향상을 보여 주기 위한 교육과정중심평가 전략을 적용하였고, 그녀는 초기 설정된 목표에 도달하기 위한 토머스의 노력에 의해 스스로 동기화되었다고 보고하였다. 그녀는 이러한 전략을 계속하기로 생각하였다.

일반교사는 토머스가 작년 일반학급 수업에서 모든 과목을 통과하였으나 가장 어려움을 겪었던 과목은 역사와 사회의 독립적 읽기 과목이었다고 이야기하였다. 이 과목의 읽기자료들은 대체로 각각 6학년과 8학년 수준으로 쓰인 것들이다. 유감스럽게도 이것은 많은 내용 교과의 교과서에서 일반적이다. 하지만 일반교사가 토머스에게 3/4학년 수준의 추가적인 교과자료들을 제공했을 때는 훨씬 더 열심히 공부하였고 과제를 성공적으로 완성하였다. 일반교사는 이 두 과목에서 계속해서 적절한 읽기자료를 제시할 것이라 이야기하였다. 그녀는 또한 학급행동과 다른 과목 에서는 문제가 나타나지 않는다는 점을 보고하였다.

점수 산출기간 지속

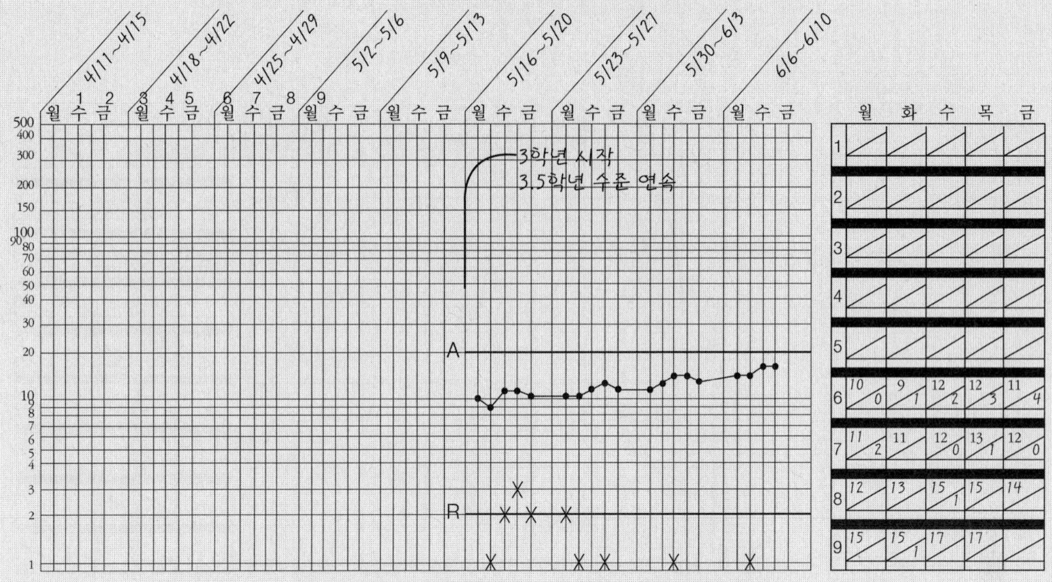

이름: 토머스 화이트헤드 학년: 5

행동: 읽기 빈칸 채우기 3학년 수준 목표: 정답 20/2분

[그림 5-3] 빈칸 채우기 수행 정도

점수 산출기간 지속

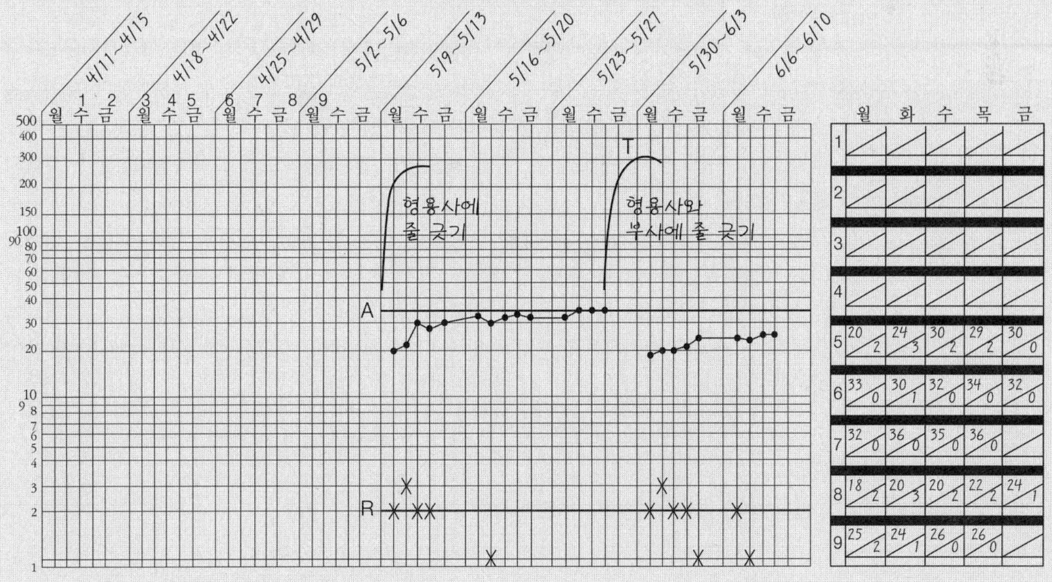

이름: 토머스 화이트헤드 학년: 5

행동: 품사 판별하여 줄 긋기 목표: 정답 35/2분

[그림 5-4] 품사 판별 수행 정도

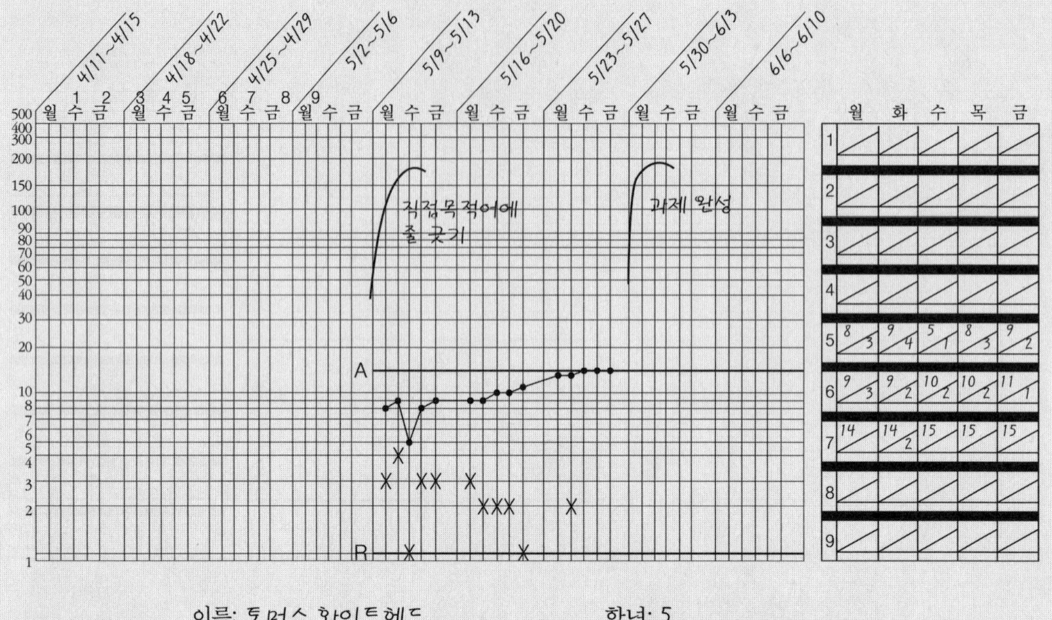

이름: 토머스 화이트헤드 학년: 5

행동: 직접목적어에 줄 긋기 목표: 정답 5/1분

[그림 5-5] 직접목적어 판별 수행정도

권고사항

수행 도표와 교사평가를 검토하였을 때, 아동연구팀은 이 시점에서 더 이상의 평가가 유용하지 않다고 하였다. 팀은 공동으로 교사들의 제언을 수용하며 학년의 첫 학기 동안 토머스를 하루에 한 시간씩 학습자료실과 교정적 읽기 프로그램에 배치하도록 제안한다. 교사들은 부모님과의 다음 회의 전, 승인을 얻기 위해 제출해야 할 학습목표와 교육과정중심평가 계획의 목록을 작성할 것이다.

하지만 전략교수는 12월까지 마무리될 것이므로, 팀은 11월에 토머스의 진보 정도를 점검할 것이며 학습자료실에서의 특수교육적 배치의 감소 또는 제거 여부에 대해 고려할 것이다. 이것은 토머스를 읽기/국어 수업에서 일반학급 수업에 배치하는 것을 의미하며, 팀은 토머스가 12월까지 그 배치에 적절하게끔 준비가 될 것이라 판단한다. 점검은 2006년 11월 30일에 이루어진다.

서명 ____________________

법이다. 도표에서 당신은 토머스가 그의 IEP에 제시된 행동목표에 대해서 학기 마지막 몇 주 동안 학업적인 성취를 거두었음을 파악할 수 있다. 예를 들어, [그림 5-3]은 3학년 수준의 읽기이해 빈칸 채우기 문항(즉, 학생이 빈칸을 채우기 위해 필요한 지문의 내용을 이해해야만 하는 '빈칸 채우기' 문제)에서의 정반응(점)과 오반응(×)을 나타낸다. 도표에 나타난 것처럼, 토머스는 학기가 끝나는 6월 10일에 오류가 나타나지 않는 20개의 정반응 목표를 향해 발전하고 있다. [그림 5-4]는 5월 말 토머스가 형용사 판별 목표를 달성하였으며, 형용사와 부사 구별의 과제를 시작하였다는 것을 보여 주고 있다. 그리고 [그림 5-5]는 토머스가 직접목적어 판별에 대한 자신의 목표점을 향해 발전하고 있음을 보여 준다. 이 프로젝트는 그가 목표에 도달한 5월에 종결되었다.

이러한 도표들은 다음 학기가 시작될 때 강조되어야 할 국어영역에 관해 보여 준다. 명백히 3.5학년 수준의 읽기 이해력에 관한 교육과정중심평가 연습은 반드시 시작되어야 한다. 또한 주어와 서술어의 완전한 판별, 형용사와 부사의 구분, 동음이의어 판별과 같은 한두 가지의 다른 기술들에 대한 교수도 시작되어야 한다.

학급 내 평가의 실제

교사에 의해 수행되는 평가의 유형을 점검하는 것 이외에, 수업마다 교수를 계획하기 위해 교사들이 자주 활용하는 몇 가지 평가 유형이 있다. 여기에는 과제분석과 오류분석이 포함된다. 매일 학생들과 함께하는 교사에 의해 수행되는 학급 내 평가자료는 교수설계를 위한 가장 가치 있는 평가 정보 중 하나가 될 수 있다.

과제분석(*task analysis*)은 1970년대 행동주의자들에 의해 개발되었고 교사들로 하여금 학생들이 완수해야 할 과제에 대해 충분히 설명할 수 있도록 하기 위한 기법이다. 이는 학생의 이해 수준을 정확하게 진단하기 위해서 숙달되어야 할 기술의 특정 단계 또는 측면 등을 제시한다. 두 자릿수의 덧셈과 관련된 수학문제의 완전한 과제분석은 [도움상자 5-9]에 제시되어 있다.

각 수준에서 과제의 단계를 구체화하는 것은 교사들로 하여금 첫 교수활동에서 학생에게 과제에 대해 보다 완벽하게 설명하고 소개할 수 있도록 도와줄 것이다. 또한 과제분석은 다음에서 다루어질 두 번째 기법인 오류분석의 사용을 촉진한다.

학생이 몇 가지 문제를 끝마친 후, 교사는 학생의 과제물에서 실수를 발견할 수 있다. 오류를 분석하는 것은 교사로 하여금 과제 활동에서 활용될 규칙 또는 지침을 마련할 수 있도록 한다. 교사들은 이를 통해 학생이 어떤 유형의 실수를 하였는지 구체적으로 판단할 수 있으며, 이러한 정밀한 영역에서의 교수를 제공할 수 있다. 오류분석의 예시는 [도움상자 5-10]에 제시되어 있다.

●●●● 도움상자 5-9

▶ 교수 안내: 과제분석의 예시

과제분석은 학습장애 학생이 이해한 것과 이해하지 못한 것을 기록하기 위해 과제의 특정 단계를 묘사한 것이다. 이 기법은 행동주의에서 기원하였다. 받아올림이 있는 두 자릿수 덧셈문제를 풀기 위해 학생이 수행해야 하는 특정 단계의 예시 문항은 다음과 같다.

$$\begin{array}{r} {\scriptstyle 1} \\ 2\ 8 \\ +3\ 5 \\ \hline 6\ 3 \end{array}$$

문제 필요 요건

1. 1의 자리의 숫자들을 더하라(8+5).
2. 1의 자리 아래에 합한 값의 첫 자릿값을 써라.
3. 10의 자리 위에 합한 값의 둘째 자릿값을 써라.
4. 10의 자리의 세 가지 값을 모두 더하라.
5. 10의 자리 아래에 답을 써라.

종종 교육적 과제 또는 문제의 특정 단계분석은 교사들이 학생에게 설명하기 위해 단계를 이해하는 과정에 도움을 준다. 예를 들어, 받아올림이 없는 두 자릿수 덧셈을 이미 학습한 학생이 위의 문제를 접했을 때, 과제분석을 통한 단계의 구체화는 분명히 이 문제에서 어려움을 겪는 부분을 나타내 줄 것이다. 그러고 나서 교사는 위의 3단계부터 교수를 시작하게 된다.

●●●● 도움상자 5-10

▶ 오류분석 예시

[도움상자 5-9]의 과제분석 예시와 동일한 문제가 제시되었으며 학생은 이 문제를 풀려고 시도하였다.

```
  2 8
+ 3 5
-----
 5 13
```

문제를 해결하기 위한 학생의 시도에서 나타나듯, 장애학생은 첫 단계를 정확하게 수행하였으며, 이것은 문제의 시작점에 대해 바르게 이해하고 있음을 의미한다. 하지만 학생의 이해는 이 부분에서 문제를 보인다. 학생은 두 자릿수의 답을 어디에 써야 할지 모르고 있었다. 그러므로 이 부분이 올바른 교수의 시작점이 된다.

이와 같은 오류분석은 검사 문항뿐만 아니라 모든 교과 영역에서 매일 다른 수업에서의 과제 예시, 숙제를 통해 이루어질 수 있다. 분석될 수 있는 학생의 결과물이 많을수록 오류분석의 결과는 더욱 정확하다. 또한 오류분석이 완료되었을 때 유사한 형태의 오류가 계속해서 나타나는 것은 학생이 그 부분에 대해 잘못 이해하고 있다는 것을 의미한다. 이러한 유형의 정보는 학습장애 학생을 위한 매일의 교수를 설계할 때 가장 유용한 정보다. 효과적인 교사들은 각각의 관련 교과 영역에서 오류분석을 수행하고, 오류의 예시 목록을 작성하며, 이러한 오류가 나타나는 일일 학습 결과물을 수집함으로써 아동연구팀과의 평가 결과 회의를 준비할 것이다.

혁신적인 평가의 실제

지난 10년에 걸쳐 교육계에서는 아동들이 다양한 교육과제들을 실제로 어떻게 수행하는지에 대해 더 많은 관심을 기울이는 평가를 지향하는 노력이 있어 왔다 (Bryant, 199; Commission, 2001; Fuchs & Fuchs, 2006; Jones, 2001; King-Sears et al., 1999). 이러한 대안에는 참평가(수행평가라고도 불림), 포트폴리오평가, 역동적 평가, 강점중심평가 등이 포함된다.

참평가(*authentic assessment*)라는 용어는 이러한 유형의 평가 실행이 일상생활에서 요구되는 과제와 실제적으로 관련되어 있음을 나타내기 위해 사용된다. 참평가의 개념에서 개인은 실제 일상생활 환경에서 요구되는 과제를 수행해야만 한다. 그래서 수행평가라는 용어가 때때로 사용된다. [도움상자 5-11]에서의 지도 예시는 참평가의 실행을 기술해 준다.

아동들이 앞서 설명된 참과제—생태학적 연구와 같은 실제 생활에서 성인에게 요구되는 과제들—를 수행할 수 있다면 해당 개념을 이해했다고 할 수 있을 것이다. 간단히 말해서, 그들은 학급 내에서 동일한 주제에 대해 지필검사를 받는 대신 보다 실제적인 상황에서 '평가'되는 것이다. 이러한 유형의 평가는 실생활 문제에서의 교육의 적용 가능성을 강조하기 때문에 많은 교육자들에게 지지를 받고 있다.

●●●● 도움상자 5-11

▶ 참평가의 예시

전통적인 방식으로 지도받은 6학년 지구과학 수업에서 학생들은 생태학, 습지의 보존, 특정 생태계 내 생명체의 상호의존 등의 개념에 대해 학습했을 것이다. 이 수업은 학생들의 지식을 확인하기 위해 이후 지필검사—선다형 또는 서술형 질문—를 실시한다. 대조적으로 참평가 모델을 사용하였을 때 학생들은 그들의 지식을 실생활 문제에 적용함으로써 평가받는다. 예를 들어, 학생들은 지역의 습지환경 견학을 다녀오고 생태학자들이 실생활에서 생태계 연구를 수행하는 것과 유사한 많은 과제들을 수행함으로써 그들의 개념이해 정도를 나타낼 수 있도록 한다. 이러한 평가에는 다음이 포함될 수 있다.

- 해당 환경의 수원이 되는 시냇물의 혼탁도(즉, 투명도)에 대한 실험을 수행한다.
- 습지를 활용하여 야생동물들의 발자국을 확인한다.
- 물 표본을 채취하고, 현미경을 통해 그 안의 미생물 수를 세어 보고 판별한다.
- 이전에 수행했던 동일한 습지 내 미생물 기록과 미생물의 종류와 수를 비교한다.
- 습지환경의 질을 결정하기 위한 다른 실험을 수행한다.

예를 들어, 영어나 영문학 수업을 받는 학생들이 학교 신문을 만드는 것, 다양한 쓰기와 편집 작업 등은 참평가의 예다. 이 외에 학생들은 매주 지역 신문에 공동으로 기사를 쓸 수도 있다. 다른 예로서 매체제작 수업을 수강하는 고등학생들은 종종 학교 TV 스튜디오를 운영하거나 아침마다 학교에 방송되는 '아침 뉴스'를 제작하는 데 참여할 수 있다. 이러한 것들은 참평가의 많은 예들이다. 참평가 또는 수행평가를 구성할 때의 유일한 제한점은 교사의 상상력이다. 일반적으로 전통적인 교수와 평가보다 이러한 평가방법이 훨씬 더 학생들에게 흥미롭고 동기화할 수 있다.

포트폴리오평가(*portfolio assessemnt*)는 실생활 과제의 수행평가와 더불어 참평가의 한 유형이다. 포트폴리오평가는 시간이 지남에 따른 특정 영역에서의 학생 기술을 나타내기 위해 개발되고 고안된 많은 프로젝트 파일 또는 포트폴리오 제작과정에 학생을 참여시킨다(Swicegood, 1994). 포트폴리오평가 방법은 초등교육에서 시작되었으며 최근 특수교육 환경에 적용되었다. 포트폴리오평가를 활용하여 교사들은 학생의 학습지 또는 숙제 포트폴리오를 제작하고, 포트폴리오에는 학생의 수많은 학습 결과물의 예시—학생이 선택한 주제에 대한 글 또는 곱셈 단원의 학습지—가 포함된다. 교사들은 각각의 과제물의 완성에 주목하며, 수집된 학습 결과물에 근거하여 학생의 강점과 약점을 확인한다.

어떤 의미에서 포트폴리오 또는 학생의 결과물의 수집은 한 학기 동안에 심층적인 오류분석의 기초가 된다. 포트폴리오를 활용하여 교사와 학부모들은 학생의 수준이 어느 정도인지, 그리고 학생이 한 해 동안 교육과정의 목표를 향해 어떻게 진보하였는지에 대한 매우 정확한 정보를 얻을 수 있다(Swicegood, 1994). 또한 많은 교사들은 이 지속적인 평가 양식이 앞서 다루어진 교육과정중심평가 도표보다 관리하기에 더 용이하다는 점을 발견하였다.

포트폴리오는 매우 다양하며, 다양한 영역에서의 프로젝트와 관련한 완성된 작품의 수집 또는 시간 경과에 따른 한 가지 특정 영역에서의 결과물 표본 등을 포함할 수 있다. 예를 들어, 많은 쓰기교사들은 한 학년의 처음, 중간, 끝 부분에서 학생의 쓰기 결과물을 수집한다. 따라서 이러한 쓰기 예시들은 학생의 지속적인 쓰기 기술 향상 정도를 보여 주는 데 사용될 것이다.

역동적 평가(*dynamic assessment*)는 아마 학습장애 분야에서 가장 흥미로운 평가의 개념일 것이다. 역동적 평가에서는 특정 과제에서 학생의 수행 결과를 고려할 뿐만 아니라 학생이 과제를 수행하는 동안에 사용하는 사고과정도 함께 고려한다(Bryant, 1999). 예를 들어, 교사는 십의 자리의 받아올림을 포함한 일련의 수학문제를 해결하는 동안 학생이 오류를 나타내는 것을 관찰하며, 실제 문제를 해결하는 동안 왜 그러한 답을 쓰게 되었는지에 대해 알아보기 위해 수행을 중지시키기도 한다. 이 전략을 활용하여 교사는 문제를 해결하는 동안 학생이 생각하는 것의 역동적인 관계에 대해 이해할 수 있게 되었다(Bryant, 1999).

학습장애와 관련된 매우 특이한 사고과정을 고려할 때, 역동적 평가의 개발은 매우 흥미로울 수 있다. 특정 평가과정에서 교사가 학생의 문제해결 과정을 중단시키고 그 해결책에 대해 즉시 이야기를 나눌 수 있다면 교사는 대상 학생이 왜 해당 유형의 문제를 완성하는 데 실패하는지에 대해 보다 많은 정보를 얻을 수 있을 것이다.

강점중심평가(*strength-based assessment*)은 학생의 약점보다는 강점을 기록하는 데 더 중점을 두는 평가의 개념이다(Epstein, 1999; Epstein, Rudolph, & Epstein, 2000). Michael Epstein은 장애학생들을 위한 대안적 평가방법을 구체화하기 위한 노력으로 이 개념을 개발하였다. 그는 학생이 학습장애로 판별되었을 때 교사들과 전문가들이 일반적으로 그들을 '결함이 있는' 이라는 용어로 표현하거나 교과목 영역 또는 다양한 학업적·행동적 영역에서 '문제가 있는' 이라는 말로 표현하기 시작한다고 지적하였다(Epstein & Sharma, 1998). 아동에 대해 부정적인 영역에 초점을 맞추기보다, Epstein(1999)은 아동이 할 수 있는 교수 활동을 구성하기 위해 교육적으로 관련된 방법을 찾는 노력으로 학생의 강점을 평가하기 위한 방법의 개발을 제안하였다.

강점중심평가는 개인능력의 감각을 형성하거나 대인관계를 만족시키는 특성 또는 개인적 · 학업적 발전을 촉진하기 위한 능력과 특성의 평가로 정의될 수 있다(Epstein, 1999; Epstein et al., 2000). 강점에 근거한 평가의 개념은 대상 학생과 적격성 결정위원회가 목표에 도달할 수 있도록 도와주는 다양한 요소에 집중하도록 하기 때문에 더 매력적이다. 강점중심평가는 아직 널리 사용되는 것은 아니지만 특수교육 분야에서 장애학생들을 위해 그 실행의 증가가 강조될 것을 기대할 수 있다.

평가에 관한 다른 논쟁점

몇 가지 다른 평가 쟁점들은 교사들에게 혼란을 야기한다. 먼저, 교사가 IEP 회의에 참여한다면 어떤 종류의 평가자료를 회의에 가져가야 할지에 대해 의문을 가질 것이다. 분명히 교사가 교육계획회의에 정확하고 완벽한 자료를 가져갈수록 그 정보는 유용할 것이다. 학업 수행과 행동 문제 또는 사회적 문제 모두에 대한 정보는 프로그램 계획에 유용하다. [도움상자 5-12]는 교사들이 일반적으로 회의에 지참해야 할 정보의 종류를 제시하고 있다. 일반적 정보 이외에도, 전국적으로 지역 학군 내에서 중재에 대한 반응 절차가 실행될 때, 교사들은 회의에 1단계 중재와 2단계 중재 결과를 나타내는 자료들을 지참해야 한다. 앞의 [그림 5-1]과 [그림 5-2]에 제시된 자료처럼 학생수행에 대해 도표화된 자료들은 대상 학생이 교수적 중재에 얼마나 잘 반응하는지에 대한 최상의 증거를 제공한다(Bender, 2002; Gersten & Dimino, 2006). 이에 교사들은 학생의 중재반응을 결정하기 위해 회의 전에 이러한 자료들을 미리 수집해야 하며 회의에서 논의할 자료표를 준비해야 한다.

기록카드에 점수를 부여하기 위한 몇 가지 필수 요건들은 교사들에게 난제가 될 수 있다. 예를 들어, 대상 학생의 특수교사가 읽기와 국어 수업의 전체적인 책임을 가진다면 그 영역들에 대해 학생에게 점수를 부여하도록 요구받을 것이다. 5학년 학생이 특수학급에서 3학년 수준의 읽기와 국어 수업에서 평균 'A' 학점을 받은 상황을 상상해 보라. 해당 학생은 성적표에서 이 과목들에 대해 'A' 학점을 받아야 하

●●●● 도움상자 5-12

▶ 교수 안내: 팀 회의를 위한 평가 체크리스트

팀 회의를 위한 효율적인 준비를 함으로써 교사는 전문가 팀의 동료들로부터 존경을 얻을 수 있다. 일부 교사들은 대상학생의 능력에 대한 정보를 팀 구성원과 교환할 기회를 놓치겠지만, 당신은 회의를 통해 유용한 정보를 많이 획득해야만 한다. 다음은 당신이 회의 전에 완수할 수 있는 평가 체크리스트다. 경우에 따라 모든 항목이 적절하거나 필요한 것은 아니지만, 당신은 이 표를 유용하게 활용할 수 있을 것이다.

__________ 학생 행동에 대한 교사의 평정
__________ 기초기술 영역에서 준거참조평가
__________ 읽기/국어 관련 영역에서의 오류분석
__________ 수학 관련 영역에서의 오류분석
__________ 일견단어 그리고/또는 필수기술 단어 목록
__________ 다양한 오류 유형을 보여 주는 결과물 예시
__________ 2주에 걸친 중요한 행동문제 기록
__________ 부모에게 준 모든 형태의 기록 복사본
__________ 사회적 수용 정도 평가를 위한 교우관계 정보
__________ 다른 교사들로부터의 기록 사본
__________ 특정 기술 영역에서의 정밀교수 결과표
__________ 학생이 수행하고 있는 교수자료
__________ 학생의 자아개념에 대한 자기평정
__________ 1단계와 2단계 중재에 대한 반응 보고서/도표

는가? 이것은 학부모를 혼란스럽게 하며 학부모로 하여금 자녀가 학업을 성공적으로 완수했다고 믿도록 만드는가? 이러한 채점하기가 다른 학생들에게도 공정한가?

Bender(1984)는 학생이 'A' 학점을 얻기 위해 노력한 것을 강화하기 위해서 가능한 한 최고의 점수를 받아야 한다고 제안한다. 또한 성적표와 함께 학부모로 하여금 학생의 수행성적이 학년 수준에 미치지 못하는 것임을 나타내는 서면 진술이 함께 제시되어야 한다. 이러한 상황에 직면하게 되었을 때, 당신은 특수교육 장학사에게 지역의 성적부여 정책에 대해 질문하고 싶을 것이다.

마지막으로 학습장애의 평가 분야에서 추가적인 문제가 된 문제는 주 단위 평가 프로그램의 실행에 관한 것이다(Commission, 2001; CEC, 2002; Gronna, Jenkins, & Chin-Chance, 1998; Manset & Washburn, 2000; Thurlow, Ysseldyke, & Reid, 1997). 일반교육에서 최근 몇십 년에 걸쳐 교육을 향상시키고 개선하기 위한 움직임이 있

어 왔으며, 이것은 여러 주에서 특정 학년 수준을 위해 지시한 집단평가, 규준참조 검사의 사용을 증가시켰다.

이러한 움직임과 함께 많은 주에서 고등학교의 졸업 기준을 높게 설정하려는 노력으로 **최소능력검사**(*minimum competency tests*)를 실행하도록 유도하였다. 일반적으로 특정 학년 수준의 모든 중등학교 학생들이 보이는 국어, 수학 그리고 경우에 따라 쓰기 영역의 최소 능력을 파악하기 위한 검사가 있다. 이러한 최소능력검사를 실행하는 많은 주에서는 학생들 모두가 고등학교를 졸업하기 전에 해당 기준을 통과해야 한다. 물론 이것은 표준화 검사에서 특정한 어려움을 나타내는 학습장애 학생들에게 몇 가지 문제를 야기한다.

최소능력검사를 지향하는 움직임으로 인해, 연구자들은 학습장애 학생들에 대한 이러한 주 단위 평가의 영향을 연구하기 시작하였다(Commission, 2001; Gronna et al., 1998; Manset & Washburn, 2000; Thurlow et al., 1997). 1997년에 Thurlow와 동료들은 17개 주에서 최소능력검사 또는 기타 다른 졸업시험이 필수조건을 가지고 있다고 보고하였다. 최근 그 수는 증가하였고 관련 문제들도 함께 증가하였다. 특수교육 특별위원회(2001)는 많은 경우 학습장애 학생들에게 수정이 허락되지 않는 이러한 평가도구의 적용에 대하여 한 몇 가지 문제점에 주목하였다. 위원회는 다음과 같이 지적하고 있다.

> IDEA에서 주 단위 평가에 장애학생들을 참여시키도록 요구하고 있음에도 불구하고, 장애학생들은 학교의 진보와 책무를 정당화하기 위한 평가로부터 배제되고 있다. 이러한 평가도구들은 일반적으로 장애학생들이 주 단위 평가에 참여하기 위해 필요한 어떠한 수정 또는 조정에 대해 고려하지 않고 고안되었다는 것이 주요 문제다(Commission, 2001).

위원회는 검사도구 제작자들로 하여금 교사들이 검사의 정확성과 진실성을 손상시키지 않고 학습장애 학생들에게 적용할 수 있도록 하는 보편적 설계의 원칙을 적용하도록 함으로써 이 문제를 해결하였다. 뿐만 아니라 많은 연구자들은 주 단위 검사 프로그램과 높은 기준을 위한 책무성 지향 움직임이 학교 교육과정을 부적절한 수준으로 이끌 수 있다는 데 우려를 표하였다. 이런 논쟁은 계속되고 있지만, 많은 일반교사들은 높은 기준이 일반학급 내 학습장애 학생들에게 부적절하다

는 것이 명백하다 하더라도 교육과정 안에서 주 단위 평가에서 설정된 기준에 맞게 지도해야만 한다고 믿는다. 당신은 이 분야의 전문가로서 학습장애 분야에서 계속되고 있는 논쟁에 대해 알고 있어야만 한다. 당신은 아마 스스로 교육 활동을 시작/지속하면서 제시된 평가도구 중 하나 이상을 적용하는 자신의 모습을 발견할 것이다.

✻ 요약

이 장에서는 학습장애 학생들을 위한 평가 절차에 대한 정보를 제시하였다. 적격성의 결정은 학습장애에 관한 연방정부 정의의 다양한 측면에서 검토되어야 한다. 기본 심리과정 또는 능력 결함을 측정하기 위해 고안된 검사들이 기술적으로는 충분하다고 입증되지는 않았지만, 지능검사의 특정 영역들은 심리처리과정상의 손상을 의미하는 발달적 불균형에 대한 정보를 제공한다. 능력-성취 불일치의 존재는 단지 필요요소일 뿐 학습장애 판별의 충분한 증거가 아니다. 그런데도 불일치 준거는 학습장애를 나타내는 가장 영향력 있는 하나의 지표로 여겨진다. 또한 불일치 준거의 사용은 중재에 대한 반응 절차가 적용되면서 몇 년 안에 중단될 것이다.

교수를 위한 평가는 학습장애 학생들을 위한 평가에서 보다 최근에 강조되는 것이다. 준거참조평가, 교육과정중심평가, 다양한 학급 내 평가, 대안적 평가의 몇 가지 예시들이 제시되었다. 교수계획을 위한 평가는 여러 아동연구팀의 도움을 받겠지만 많은 경우에 이는 교사의 책임이다.

다음은 이 장의 주요 내용을 정리한 것이다.

- 일반적으로 심리과정은 해당 목적을 가진 검사도구 또는 지능검사를 사용하여 평가된다. 지능검사는 심리과정적 검사보다 기술적 기준의 측면에서 더욱 방어적이다.
- 불일치 준거는 일반적으로 지능과 성취 사이의 불일치를 보임으로써 다루어진다. 일반적으로 이것은 표준점수 불일치 또는 회귀기반 불일치표를 사용하여 이루어진다.
- 새롭게 제안된 중재에 대한 반응 절차는 전문가들이 학습장애를 판별하는 방

법에 영향을 미칠 것이며, 특수교사와 일반교사 모두가 중재에 대한 반응에서 역할을 수행할 것이다.

- 학습장애 정의의 배제 조항에 대해 이 장에서는 학습장애와 다른 장애를 구분 짓는 개략적인 지침을 제시하고 있지만 학자들에 의해 충분히 설명되지 않았다.
- 교수를 위한 평가에는 규준참조평가, 관찰기록, 준거참조평가, 교육과정중심평가, 학급 내 평가, 대안적 평가이 포함된다. 모든 방법이 유용하지만, 마지막의 2~3가지 방법이 교수적 목적에 더 적합하다.

학습문제와 활동

1. 지역 아동연구팀의 어떤 구성원들이 교수를 위한 평가에 도움을 주는가? 교육과정중심평가에 대한 원탁토의에 지역 아동연구팀 구성원들과 특수교사를 참여시켜라.
2. 교육과정중심평가의 배경이 되는 이론적 관점은 무엇인가? 과제분석의 이론적 배경은? 지능검사의 이론적 배경은? 규준참조 성취도검사의 이론적 배경은 무엇인가?
3. [그림 5-1]과 [그림 5-2]를 활용하여 중재에 대한 반응 절차를 설명하라. 이는 이 장의 뒤에 제시되는 도표와 공통점이 있는가? 어떠한 공통점이 있는가?
4. 평가의 서로 다른 목적에 대해 토의해 보자. 적격성 결정을 위한 평가와 교수를 위한 평가는 어떤 관련이 있는가?
5. 특수교육 특별위원회의 보고서를 읽고 평가에 대한 권고사항을 함께 토의하라.
6. 교육과정중심평가를 지지하는 이론가와 심리처리과정을 지지하는 전문가들 간의 논쟁을 제시하라.

참고문헌

Alexander, L. (1992). To assure the free appropriate public education of all children with disabilities. *Fourteenth annual report to Congress on the implementation of the Individuals with Disabilities Act*. Washington, DC: U.S. Office of Special Education and Rehabilitative Services.

Barkely, R. A. (1990). *Attention deficit hyperactivity disorder: A handbook for diagnosis and treatment*. New York: Guilford.

Batsche, G., Elliott, J., Garden, J. L., Grimes, J., Kovaleski, J. F., Prasse, D., Reschly, D. J., Schrag, J., & Tilly, W. D. (2004). *Response to intervention: Policy considerations and implementation*. Alexandria, VA: National Association of State Directors of Special Education.

Bender, W. N. (2002). *Differentiating instruction for students with learning disabilities*. Thousand Oaks, CA: Corwin.

Bender, W. N. (1984). Daily grading in mainstream classes. *The Directive Teacher, 6*(2), 4–5.

Bryant, B. R. (1999). The dynamics of assessment. In W. N. Bender (Ed.), *Professional issues in learning disabilities* (pp. 385–414). Austin, TX: ProEd.

Chin, P. C., & McCormick, L. (1986). Cultural diversity and exceptionality. In N. G. Haring and and L. McCormick (Eds.), *Exceptional children and youth* (4th ed., p. 117). Columbus, OH: Merrill.

Clarizio, H. F., & Phillips, S. E. (1986). Sex bias in the diagnosis of learning disabled students. *Psychology in the Schools, 23,* 44–52.

Commission on Excellence in Special Education (2001). *Revitalizing special education for children and their families*. Available from www.ed.gov/inits/commissions-boards/whspecialeducation.

Council for Exceptional Children (CEC) (2002). Commission report calls for special education reform. *Today, 9*(3), 1–6.

Council for Learning Disabilities (CLD) (1987). The CLD position statement. *Journal of Learning Disabilities, 20,* 349–350.

Epstein, M. H. (1999). Development and validation of a scale to assess the emotional and behavioral strengths of children and adolescents. *Remedial and Special Education, 20,* 258–262.

Epstein, M. H., Rudolph, S., & Epstein, A. A. (2000). Using strength-based assessment in transition planning. *Teaching Exceptional Children, 32*(6), 50–55.

Epstein, M. H., & Sharma, J. M. (1998). *Behavioral and emotional rating scale: A strength-based approach to assessment.* Austin, TX: ProEd.

Fuchs, D., & Fuchs, L. S. (2006). Introduction to response to intervention: What, why, and how valid is it? *Reading Research Quarterly, 41*(1), 93–98.

Fuchs, D., & Fuchs, L. S. (2005). Responsiveness-to-intervention: A blueprint for practitioners, policymakers, and parents. *Teaching Exceptional Children, 38*(1), 57–61.

Gersten, R., & Dimino, J. A. (2006). RTI (response to intervention): Rethinking special education for students with reading difficulties (yet again). *Reading Research Quarterly, 41*(1), 99–108.

Gronna, S. S., Jenkins, A. A., & Chin-Chance, S. A. (1998). The performance of students with disabilities in a norm-referenced, statewide standardized testing program. *Journal of Learning Disabilities, 31,* 482–493.

Hyun, J. K., & Fowler, S. A. (1995). Respect, cultural sensitivity, and communication: Promoting participation by Asian families in the individualized family service plan. *Teaching Exceptional Children, 28*(1), 25–28.

Jones, C. J. (2001). CBAs that work: Assessment of students' math content-reading levels. *Teaching Exceptional Children, 34*(1), 24–29.

King-Sears, M. E., Burgess, M., & Lawson, T. L. (1999). Applying curriculum-based assessment in inclusive settings. *Teaching Exceptional Children, 32*(1), 30–39.

Leinhardt, G., Seewald, A. M., & Zigmond, N. (1982). Sex and race differences in learning disabilities classrooms. *Journal of Educational Psychology, 74,* 835–843.

Lerner, J., & Chen, A. (1992). Critical issues in learning disabilities: The cross-cultural nature of learning disabilities: A profile in perseverance. *Learning Disabilities Research and Practice, 7,* 147–149.

Leung, B. P. (1996). Quality assessment practices in a diverse society. *Teaching Exceptional Children, 28*(3), 42–45.

Manset, G., & Washburn, S. J. (2000). Equity through accountability? Mandating minimum competency exit examinations for secondary students with learning disabilities. *Learning Disabilities Research and Practice, 15,* 160–167.

Marston, D. (2005). Tiers of intervention in responsiveness to intervention: Prevention outcomes and learning disabilities identification patterns. *Journal of Learning Disabilities, 38*(6), 539–544.

Mastropieri, M. A., & Scruggs, T. W. (2005). Feasibility and consequences of response to intervention: Examination of the issues and scientific evidence as a model for the identification of individuals with learning disabilities, *Journal of Learning Disabilities, 38*(6), 525–531.

Montague, M., McKinney, J. D., & Hocutt, A. (1994). Assessing students for attention

deficit disorder. *Intervention in School and Clinic, 29*(4), 212–218.

National Joint Committee on Learning Disabilities (NJCLD) (2005). Responsiveness to intervention and learning disabilities: A report prepared by the National Joint Committee on Learning Disabilities. *Learning Disability Quarterly, 28*(4), 249–260.

O'Connor, R. (2003, December). *Tiers of intervention in kindergarten through third grade.* Paper presented at the national research center on learning disabilities responsiveness-to-intervention symposium, Kansas City, MO. (See the discussion of this paper in Marston, 2005.)

Olivarez, A., Palmer, D. J., & Guillemard, L. (1992). Predictive bias with referred and nonreferred black, Hispanic, and white pupils. *Learning Disability Quarterly, 15,* 175–186.

Phillips, N. B., Fuchs, L. S., & Fuchs, D. (1994). Effects of classwide curriculum-based measurement and peer tutoring: A collaborative researcher-practioner interview study. *Journal of Learning Disabilities, 27*(7), 420–434.

Scruggs, T. W., & Mastropieri, M. A. (2002). On babies and bathwater: Addressing the problems of identification of learning disabilities. *Learning Disability Quarterly, 25*(2), 155–168.

Siegel, L. S. (1999). Issues in the definition and diagnosis of learning disabilities: A perspective on *Guckenberger v. Boston University*. *Journal of Learning Disabilities, 32,* 304–319.

Swicegood, P. (1994). Portfolio-based assessment practices. *Intervention in School and Clinic, 30*(1), 7–16.

Thurlow, M. L., Ysseldyke, J. E., & Reid, C. L. (1997). High school graduation requirements for students with disabilities. *Journal of Learning Disabilities, 30,* 608–616.

Watkins, M. W. (1996). Diagnostic utility of the WISC-III development index as a predictor of learning disabilities. *Journal of Learning Disabilities, 29,* 305–312.

Wechsler, D. (1991). *Wechsler Intelligence Scale for Children* (3rd ed.). San Antonio, TX: Psychological Corporation.

Vaughn, S., Linan-Thompson, S., & Hickman, P. (2003). Response to treatment as a means of identifying students with reading/learning disabilities. *Exceptional Children, 69*(4), 391–409.

Vellutino, F. R., Pratt, A., & Denckla, D. M., Sipay, E. R., Small, S., Chen, R., Pratt, A., & Denckla, M. B. (1996). Cognitive profiles of difficult to remediate and readily remediated poor readers: Early intervention as a vehicle for distinguishing between cognition and experiential deficits as basic cause of specific reading disability. *Journal of Educational Psychology, 88,* 601–638.

제2부

학습장애 학생의 특성

2부에서는 학습장애 학생의 특성에 대한 정보를 제시한다. 읽기, 쓰기 및 수학적 특성에 대한 정보는 6장과 7장에서 다루고 있으며 3부에서 논의될 교육처치의 기초가 된다. 많은 책이 위 영역에서의 특성에 대한 정보를 제시하고 있지만, 이 책에서는 특히 학교에서의 특성에 대한 정보를 제시하고 있다. 8장은 해당 특성이 초등과 중등 학급에서 학습장애 학생의 수행에 어떠한 영향을 미치는지를 다루고 있다. 2부 전반에서 일반적으로 학습장애와 관련된 특성이 교실 내 특정 학생들에게 미치는 영향에 초점을 맞추고 있다.

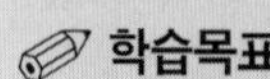

학습목표

1. 읽기 영역의 주요 기술을 찾을 수 있다.
2. 읽기에서 예상되는 학습장애 학생의 특성에 대해 토의할 수 있다.
3. 알파벳 원리와 음소중심 교수를 강화하기 위한 교수법을 설명할 수 있다.
4. 학습장애 학생의 읽기 기술 효과에 대한 연구를 제시할 수 있다.
5. 학습장애 학생의 읽기 기술을 향상시키기 위한 시각 및 청각/언어에 기초한 교수법에 대해 설명할 수 있다.
6. 학습장애 학생들이 보일 수 있는 구어 읽기 오류의 예시를 제시할 수 있다.
7. 쓰기 기술의 영역과 영역별로 나타나는 학습장애 학생들의 문제를 설명할 수 있다.

핵심어

음소
난독증
DIBELS
음소중심 교수
일견단어 접근법
발음법 접근

읽기 유창성
시험 보기
선다형
빈칸 채우기
사실적 이해
추론적 이해

시각적 심상
의미 지도
비계설정 교수
선행 조직자
이야기 다시 말하기
총체적 언어 교수법

읽기와 쓰기에서의 학습 특성

이 장의 개관

✻ 서론

읽기는 대부분의 학습장애 학생들이 어려워하는 주요 문제 영역이다(Commission on Excellence in Special Education, 2001; Silliman & Scott, 2006). 학습장애 학생의 90%는 읽기문제를 가지고 있다고 본다. 지난 10년간의 연구결과, 읽기에서의 학습장애는 학교에서 공식적인 읽기교수가 시작되기 훨씬 전부터 시작됨을 알 수 있다(Moats & Lyon, 1993; Padget, 1998). 3장에서 언급했듯이, 학습장애는 아주 어린 아동들이 개별 음소(*phonemes*)를 조작하지 못하는 것에서부터 시작될 수 있다(Council for Exceptional Children, 2002; Kame'enui, Carnine, Dixon, Simmons, & Coyne, 2002; Sousa, 2005). 음소를 인지하고 구별하며 재산출하지 못하는 것은 기초적인 읽기 기술을 배우거나 활용하는 데 어려움을 나타내는 원인 중 하나가 되는데, 이러한 어려움은 아동이 유치원이나 초등 1학년에서 낱글자의 소리를 배우기 시작할 즈음 더욱 분명해진다. 학생이 1학년 말쯤 활자로 제시된 낱글자나 간단한 단어를 재인하는 데 지체를 보인다면 심각한 학습장애를 보일 수 있다.

읽기교수를 강조한 아동낙오방지법(NCLB)은 학습장애 학생들에게 큰 영향을 미쳤다. 아동낙오방지법은 읽기에서 실패할 위험이 있는 학생들을 위해 주정부 주도로 읽기중재 계획을 강화할 뿐 아니라 읽기의 수업시간도 늘릴 것을 강조하였다. 이 법에서는 학습장애로 판별되지 않은 학생들도 포함하고 있다. 그리고 주 단위의 중재계획은 실증 연구에 기반하여 효과가 입증된 읽기교수 기법을 활용할 것을 강조하며, 이러한 법적 의무 조항은(3장에서 언급함) 음소교수, 발음법, 이해전략에 더 많은 관심을 갖게 되는 결과를 낳았다(Bos, Mather, Silver-Pacuila, & Narr, 2000; Chard & Dickson, 1999; Kame'enui et al., 2002; National Reading Panel: NRP, 2000; Sousa, 2006). 여기서 분명한 것은 아동낙오방지법이라는 새로운 연방법의 출현을 통해 많은 학습장애 아동들이 보이는 읽기 결함과 읽기에 대한 관심이 증대되었다는 것이다.

고학년 학습장애 학생들의 경우 그들의 학년 수준에 따라 달라지기는 하지만, 실제 읽기 기술과 배치된 학년 간의 격차가 최소 2~3개월에서 최대 5~6년까지로 범위가 넓다. 또한 수년간 지속된 읽기 결함으로 인해 학습장애 학생들은 여러 교과의 책을 읽기가 어려워 기대보다 수행 수준이 미비할 수 있다. 이러한 이유로 읽기문제는 학습장애 학생의 교육에 있어 중요한 문제로 간주되곤 한다. 그러나 읽기 기술은 학습장애 학생들의 국어과만의 문제는 아니다. 국어과의 문제는 읽기 활동과 관련이 깊다. 이 외에도 철자, 필기, 노트 필기와 작문이 포함된다. 이 중 어떤 영역에서라도 결함을 가지고 있으면 학생이 교실에서 학업을 수행하는 능력에 심각한 제약이 있을 수 있다.

이 장은 학습장애 학생들의 읽기를 비롯한 국어 관련 특성에 대한 정보를 제시한다. 먼저 국어 관련 문제를 논의하기 위한 기초로 읽기의 전반적인 특성을 보여 주는 읽기 기술에 초점을 맞출 것이다. 현재까지 학습장애 학생의 읽기에 대하여 알려진 연구결과에 기초한 정보를 제시할 것이다. 이후 학습장애 학생들이 속한 학급에서 사용되고 있는 다양한 읽기처치 접근법에 대해 논의할 것이다. 마지막으로 국어과의 각 영역에서 학습장애 학생들의 특성과 그들을 교수할 때 교사가 직면할 수 있는 국어과 관련 행동의 유형에 대해 논의할 예정이다.

✻ 학습장애 학생의 읽기문제

수년간의 연구를 통해 학습장애 학생들이 읽기에서 수많은 어려움을 가지고 있다는 것이 밝혀졌다(Commision on Excellence in Special Education, 2001; Padget, 1998). 여러 연구자들은 학습장애 학생들이 보이는 읽기문제의 유형을 좀 더 자세하게 묘사하고자 노력하였다(Kame'enui et al., 2002; MacInnis & Hemming, 1995; Mather & Roberts, 1994). 예를 들어, MacInnis와 Hemming(1995)은 많은 학습장애 학생들이 보이는 일곱 가지 학습 특성을 밝혀내었으며, 이는 [도움상자 6-1]에 제시되어 있다.

비장애 학생들의 경우 학령기 초 읽기 기술을 습득하면서 한두 가지 문제를 보일 수 있기는 하지만, 학습장애 학생들은 이러한 문제를 더 많이 보일 가능성이 높다. 그러므로 많은 학습장애 학생들에게 읽기 문제의 축적된 영향력은 감당하기 어려운 정도다. 그들은 읽기를 기초로 하는 국어과 기술에서 어려움을 보인다. 읽기 특성과 그에 적합한 다양한 교수 접근법을 이해하는 것은 해당 학생들을 가르치는 교사들에게 도움이 된다.

도움상자 6-1

▶ **학습장애 학생에게 나타나는 읽기문제**

- **과잉 의존성:** 학습장애 학생들은 학습에 있어서 타인에게 너무 의존적인 것처럼 보인다. 특히 개별로 제시되는 읽기 과제에서 더 심각한 양상을 보인다.
- **수행 점검의 문제:** 학습장애 학생들은 보통 읽기자료를 읽고 자신의 이해 정도를 점검하지 않는 경향이 있다.
- **전략 수정의 실패:** 성공적인 읽기에 필요한 전략은 과제마다 다르다. 교과서 읽기는 이야기를 읽는 것과는 다른 기술이 필요한데, 학습장애 학생들은 글의 종류에 따라 읽기 전략을 수정하지 못한다.
- **기억의 문제:** 학습장애 학생들은 기억 문제를 많이 보이고 읽기자료로부터 이해한 바를 계속 유지하지 못하는 경향이 있다.
- **낱자-소리의 관계, 어휘를 습득하는 데서의 어려움:** 학습장애 학생들은 글자의 소리, 소리의 합성 그리고 어휘를 배우는 데 더 많은 어려움을 갖는다.
- **일반화의 어려움:** 학습장애 학생들은 학습한 개념을 한 상황에서 다른 상황으로 전이하지 못한다.
- **과제에 긍정적으로 접근하는 데서의 어려움:** 학습장애 학생들은 종종 어려운 학습 과제에 대해 덜 긍정적인 태도를 보이는데, 이는 학령기 초기 동안 누적된 실패 경험과 관련이 깊다.

출처: "Linking the Needs of Students with Learning Disabilities to a Whole Language Curriculum" by C. MacInnis & H. Hemming, *Journal of Learning Disabilities, 28,* 1995, 535-544에서 수정 발췌함.

✻ 읽기 기술의 개념화

읽기는 일반적으로 활자로 표현된 단어의 의미를 정확하게 이해하는 것을 말하는데, 이 정의는 읽기를 가르치지 않는 사람들에게는 별 무리 없이 전달될 수 있다. 그러나 읽기 전문가들은 보통 대중이 사용하는 용어보다는 더욱 정확하고 특정한 전문용어를 통해 읽기를 설명하고자 하였다. 예를 들어, 음운론적 인식, 해독, 구조분석, 추론적 의미, 사실적 이해와 같은 용어 모두 읽기 전문가들이 소위 읽기 기술이라고 부르는 것들이다. 다음에 정의된 용어들은 학습장애 학생들의 읽기문제를 묘사하는 데 사용될 수 있다.

학자들은 읽기를 다양한 방식으로 묘사하지만, 이 책에서는 읽기를 해독, 단어

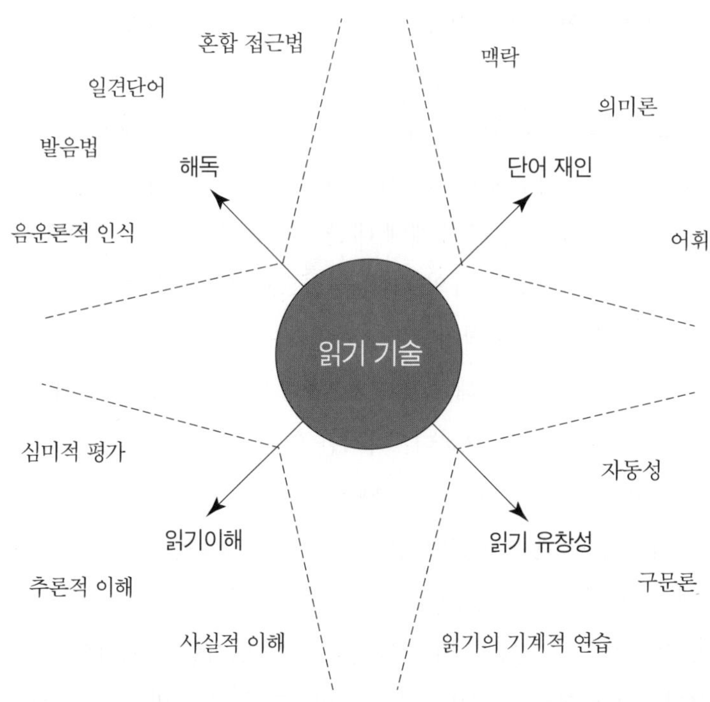

[그림 6-1] 읽기 기술

재인, 문장이해, 구문이해의 네 가지 영역으로 나눈다. [그림 6-1]은 영역별 읽기 기술을 제시하고 있다.

전통적으로 학습장애 연구와 난독증(*dyslexia*)은 이 위계에는 포함되지 않는다. 읽기 분야의 전문가들 사이에 난독증이란 용어의 정의와 관련하여 논란의 여지—심지어 이 용어 자체를 사용해야 할지 말지에 대한 논의도 있음—가 상당하다. 역사적으로 이 용어는 광범위하게 사용되어 왔다.

원래 난독증은 뇌나 중추신경계의 특정한 기능이상이 있어 글자나 단어의 지각에 혼란이 생기는 것으로 정의되었다. 지각의 혼란은 읽기의 어려움을 지속시킨다. 이 용어는 1장에서 논의된 학습장애의 시지각적 관점과 관련이 있다. 일반적으로 난독증을 가진 사람은 2~3학년 수준의 읽기성취를 보이며 최소한의 수준으로 읽기를 배운다. 난독증을 가진 사람은 읽기를 배우는 데 상당한 노력이 필요하므로 그들에게 더 효과적이라고 할 수 있는 단일의 교수방법은 없다고 본다.

하지만 읽기의 어려움을 적절히 측정할 수 있다 하더라도 교육심리학이나 의과학 분야 모두 뇌에 기초한 지각문제를 판별하기 위한 적절한 진단방법을 제공하지 못하고 있다. 2장에서 언급했던 기능적 MRI를 적용하면 곧 변화가 생기겠지만 읽기와 관련된 두뇌처리 과정 모두를 아직 완벽하게 이해하지 못하였다(Sousa, 2005). 결과적으로 많은 연구자들은 읽기문제가 있으면 난독증이란 용어를 사용한다. 그러나 이 시점에서 연구자나 이론가들 중 일부는 정의의 부정확성 때문에 두 용어를 함께 사용하지 않는다. 이 주제에 대한 연구는 계속 진행 중이다.

난독증을 일으키는 적어도 하나의 다른 원인으로는 학습장애를 가진 사람들의 언어 혹은 부호화(encoding) 능력이 있다. 어떤 아동이 단어에서 낱글자의 모양을 정확하게 인지한다고 하더라도 해당 단어가 갖는 의미를 전달하기 위해서는 여전히 어떤 유형의 언어 해독이 필요하다. 이러한 언어 기반의 기술 결함은 난독증의 원인이 될 수 있다(Shaywitz & Shaywitz, 2006). 이는 극적인 방향 전환이다. 난독증 연구가 시지각적 관점과 관련이 있었지만 이와 같은 새로운 입장이 소개되면서 난독증 학습장애의 청각/언어적 측면이 확고해졌다. 아직 새로운 입장을 평가하기에는 이른 감이 없지 않지만 많은 연구자들이 이러한 변화를 환영하며, 오래된 문제에 대한 관점의 변화로부터 곧 의미 있는 정의, 측정 기술 및 교육적 처치가 출현하길 기대하고 있다.

정리하자면, 많은 부모와 교사들은 모든 학습장애 학생을 난독증이라고 생각하였지만 실제 이러한 증상을 보이는 사람들은 현재 학습장애로 판별된 학생인구 중 1% 미만이다. 나에게 찾아온 학습장애 학생들 모두가 적절한 교수를 제공했을 때 2~3학년 수준을 넘어설 수 있을 만큼 읽기를 배울 수 있었다는 측면에서 난독증인 사람은 없었다. 교사는 많은 사람들이 난독증과 학습장애를 같이 쓰고 있다 하더라도 두 용어가 서로 동의어가 아님을 알고 있어야 한다.

음운 인식

초기 읽기 기술에 있어 이 분야의 연구는 상당히 진행되어 왔는데, 대부분은 음소 조작 기술에 집중되었다(Bender & Larkin, 2003; Edelen-Smith, 1997; Haager, 2002; Kame'euni et al., 2002; NRP, 2000; Sousa, 2005). 예를 들어, Kame'euni와 동료들(2002)은 학습장애 학생들 간의 읽기 결함을 연구하고 초기 읽기에서 다음의 사항을 포함하는 세 가지의 기본원칙을 밝혀내었다.

1. 음운론적 인식과 조작의 발달
2. 알파벳 원리의 이해(즉, 음소 소리가 낱글자로 표현된다. 낱글자 t는 혀가 윗니의 뒤에 위치하고 혀가 아래로 내려오면서 혀 위쪽으로 숨이 지나가면서 나오는 소리—/t/와 같은 소리—를 낸다).
3. 알파벳 코드의 자동성: 낱글자가 나타내는 소리를 빨리 만들 수 있는 능력

학생이 이러한 원칙을 완전히 습득하면 효과적인 읽기 기술을 갖게 되지만 만약 읽기를 배우는 첫 2~3년 동안에 이 원칙을 습득하지 못하면 읽기 결함을 경험하게 된다. 이 원칙을 보면 음소조작과 발음법(phonics)을 강조하는 것을 볼 수 있다. 그러나 일반적인 교수 원칙과 함께 실증 연구를 통하여 유치원과 초등학교 1학년 기간 동안에 효과적으로 읽기를 하는 아동이 보여 주는 '발달지표' 몇 가지를 찾아볼 수 있다(Haager, 2002). 특히 아동이 특정 시기 동안의 읽기 수업에서 다음의 발달지표나 기술을 성취했다면 앞으로 효과적인 읽기 기술이 따라올 가능성은 상당히 높다. 불행하게도 훗날 학습장애로 판별되는 많은 학생들은 다른 학생들만큼 빨리 발달지표에 도달하지 못한다. 발달지표는 다음과 같다.

- 유치원 입학 2개월 전까지: 온셋(onsets: 단어의 모음 이전 부분, 우리말에서는 초성)을 인식/조작함
- 유치원 마칠 때: 성공적으로 단어를 음소로 나눔
- 초등학교 1학년 중반까지: 무의미 단어에서 유창하게 음소를 조작함
- 초등학교 1학년 말까지: 구어 유창성에서 분당 40개의 단어를 읽음

초기 문해(early literacy)의 발달지표와 관련된 학생 수준을 평가하기 위하여 오리건 대학교의 연구진은 DIBELS라고 알려져 있는 Dynamic Indicators of Basic Early Literacy Skills(http://dibels.uoregon.edu/data/index.php)를 개발하였다. DIBELS는 짧은 시간 동안 첫소리, 글자 이름 말하기, 음소 분절, 무의미 단어, 구어 읽기, 다시 말하기 및 단어 사용의 유창성을 평가하는 선별검사다. 이 평가는 '1분' 평가로 음운론적 인식, 알파벳 원리의 이해, 구문 읽기의 정확성과 유창성, 어휘, 이해에서 학생의 진보를 자주 점검하기 위하여 만들어졌다. 초기 문해 측정의 개별 지표는 신뢰성 있으며 제안된 대로만 사용된다면 측정의 결과는 시간이

지남에 따라 학생의 초기 읽기 기술을 주 1회 혹은 2회씩 사용할 수 있다.

오늘날 유치원에서 초등 3학년을 가르치는 많은 교사들은 초성 자음의 인지, 낱글자 이름 빨리 말하기 등 단어재인 기술을 평가하기 위하여 DIBELS를 사용한다. 예를 들어, 유치원에 다니기 시작한 첫 두 달 이내로 8개의 첫 음소 소리를 인지하는 것이 목표가 될 수 있고, 유치원을 다니다가 중반쯤에서는 첫소리 25개를 인지하는 데 있어 유창해야 한다. 좀 더 나이 든 아동에게는 초등 1학년 말까지 구어 읽기 유창성에서 분당 40개의 단어를 읽는 것을 목표로 잡을 수 있다. 1학년 말에 분당 19개 미만의 단어를 읽는 학생은 읽기에서 문제를 가질 위험성이 높은 학생이다. DIBELS는 많은 주에서 주 단위로 재빠르게 시행할 수 있는 선별검사다. 읽기에서 학습장애를 가진 것으로 의심되는 학생들에게 DIBELS를 사용하는 초기 선별 및 주기적 선별 검사를 하게 되면 초기 문해의 음운 관련 문제를 판별하고 교정할 수 있는 시기를 앞당겨 준다.

3장에서 논의한 것처럼, 음운론적 인식을 강조하는 것은 학습장애 분야에서는 비교적 새로운 영역이다. 음소는 단어에서 의미의 변화를 이끄는 말소리로서 많은 음소가 낱글자로 표현된다. 글자를 말소리로 나타내는 것을 발음법(phonics)이라고 한다. 역사적으로 학습장애 학생들을 위한 읽기교수에서 발음법 교수가 강조되어 왔으나 연구자들은 최근에 들어서야 최소한 일부 아동에게 발음법을 가르치기 전에 말소리를 나타내는 낱글자를 보여 주지 않고 말소리 자체를 인지하는 것부터 가르쳐야 한다는 사실을 인식하기 시작하였다(Pullen & Justice, 2006). [도움상자 6-2]는 유치원생과 초등학교 1학년 학생들에게 음소조작 기술을 가르치기 위하여 사용할 수 있는 활동을 소개하고 있다. 또한 3장에서 제시된 교수 아이디어도 참조할 수도 있다. 이미 음소교수의 지침이 개발되어 있다(Bender & Larkin, 2003; Edelen-Smith, 1997; NRP, 2000). 읽기에서 심각한 문제를 보이는 아동을 가르칠 때, 교사는 음소중심 교수(*phoneme-based instruction*)를 고려해야 하며 다음의 일반적인 지침을 사용해야 한다.

1. 음소 기술의 위계를 고려하라. 3장에 제시된 음소 기술의 위계는 교수의 기초가 된다. 교사는 개별 아동의 읽기문제를 기술 목록과 연관시켜야 한다. 일부 학생들의 경우 서로 다른 온셋을 감지할 수 있지만 소리를 합치지 못할 수 있고, 다른 일부 학생들은 소리를 합칠 수 있지만 단어를 분절하는 데 있어 도움이

필요하기도 한다. 이 기술 모두는 학습장애 학생들이 추후에 읽기에서 성공을 경험하는 데서 중요하다.

2. 가르치고자 하는 기술을 한두 가지만 선정하라. 교사는 학생이 학습해야 할 기술을 기술 위계 중 한두 가지만 선정해야 한다. 학습장애 학생들을 위한 활동은 재미있어야 하고 학생들에게 훈련연습과 같은 느낌보다는 '놀이'처럼 보여야 한다(Edelen-Smith, 1997). 왜냐하면 학습장애 아동들은 아주 어리더라도 이미 읽기 기술에 대해 부정적인 태도를 가지고 있기 때문이다.
3. 음소 기술의 독립적인 연습을 고려하라. 일부 학생들은 특정 음소를 삭제하고 첫 온셋 소리를 판별하는 등에서 도움이 필요한 반면, 다른 학생들은 발음법과 함께 음소를 연습해야 한다. 교사는 학생을 위해 강조해야 할 적절한 수준을 결정해야 하지만 많은 학습장애 학생들이 읽기를 배우면서 실패를 경험해 왔다는 것도 인식하고 있어야 한다. 왜냐하면 교사 중 일부가 선수 기술로서 음소의 조작을 적절히 준비시키지 않은 채 바로 발음법으로 넘어가는 경우가 있기 때문이다.
4. 음소 소리를 사용하라. 교사는 음소교수를 하면서 소리보다 글자의 이름을 사용하는 경우가 있는데 이는 피해야 한다(Edelen-Smith, 1997). 대신 교사는 낱글자의 소리를 사용해서 가르쳐야 하고, 교수-학습과정 안에는 사선이나 괄호 표시 안에 글자를 집어넣어 소리를 표현해야 한다(예: 교사는 'hat'이라고 말하기보다는 /h/a/t/라고 말해야 한다.).

이러한 지침을 생각하면서 학습장애 학생을 가르치는 교사는 읽기교수를 시작하기 전에 음소 조작과 관련된 아동의 기술을 고려해야 한다. 물론 아직까지는 읽기교수와 관련된 여러 가지의 중요한 질문들에 대한 해답을 찾지 못했다. 예를 들어, 학습장애 아동에게 음소교수가 도움이 될 만한 나이는?

음소교수와 관련하여 출판된 대부분의 정보가 유아원에서 초등 2학년까지의 매우 어린 아동을 위한 전략을 묘사하고 있지만(Bos et al., 2000; Chard & Dickson, 1999; Kame'enui et al., 2002; NRP, 2000), 연구자들은 읽기를 어려워하는 3~6학년 학생들을 대상으로 음소교수를 실시한 것인가에 대한 질문에 적절한 답을 찾아내지 못하고 있다. 그러므로 음소중심 교수가 3학년 이상의 학생들에게 제시되어야 하는지에 대한 질문에는 아직 정답이 없다. 그러나 이 질문과 관련하여 Bhat,

●●●● 도움상자 6-2

▶ 음소 조작을 가르치기 위한 교수계획

I. 단어 합쳐 추측하기 게임

- 목표: 학생은 혼성음으로 확장될 수 있는 단어를 찾고 소리를 합칠 수 있다.
- 자료: 재인해야 하는 사물의 그림 카드(예: 해, 종, 선풍기, 깃발, 뱀, 나무, 책, 컵, 시계, 비행기)
- 활동: 아동 앞에 그림 카드를 몇 장 놓는다. 아동들에게 '뱀처럼 말하기(snail talk)'(단어를 천천히 말하는 방법, 예: fffff lllll aaaaa gggg)를 사용하여 단어를 말할 것이라고 말한다. 아동은 그림 카드를 보면서 뱀이 무엇을 말하는지를 추측해야 한다. 학생 개개인이 답을 추측하도록 하고 모든 사람에게 다른 사람이 말한 답을 듣기 전에 답을 찾아보는 시도를 하도록 하는 것이 중요하다. 아동 한 명에게 단어를 찾아보게 하거나 모든 학생들이 함께 답을 큰 소리로 말하게 하는 방식으로 학생들을 계속 참여시킬 수 있다.

II. 음소 분절 교수전략

- 목표: 학생은 구어의 다양한 부분을 분절할 수 있다.
- 자료: 아동이 알고 있는 짧은 구절이나 시의 목록(예: "내가 소리친다. 네가 소리친다. 우리 모두 아이스크림을 보고 소리친다.")
- 활동: (a) 초기 교수에서는 아동이 문장을 개별 단어로 나눌 수 있도록 가르친다. 개별 단어를 읽으면서 박수를 치도록 한다. (b) 아동이 진전을 보이면 개별 단어를 음절로 나누게 한다. 아동의 이름으로부터 교수를 시작할 수 있다(Al-ex-an-der, Ra-chel). (c) 아동이 단어에서 첫 음소를 없애는 것을 배우게 되면 단단어를 개별 음소로 나는 것을 가르친다(s-u-n, s-t-o-p).

III. 글자 바꾸기 게임

- 목표: 학생은 글자의 변화를 찾고 대치된 글자를 넣은 단어를 소리 낼 수 있다.
- 자료: 세 글자로 된 단순명사 목록과 그 단어에 맞는 그림 카드(자음-모음-자음으로 이루어진 단어, 예: bat, cup, hat, ham)
- 활동: 학생들에게 "소리 선생님이 여러분에게 단어를 보여 주고 그 단어의 첫 글자를 바꾸어 줄 거예요. (이때 bat—야구 방망이—의 그림을 보여 준다). 이 단어를 함께 말해 봐요." (학생들은 'bat'이라고 말한다.) 그리고 학생들에게 "소리 선생님께서 첫소리를 /h/로 바꾸었네요. (글자 이름 대신에 /h/를 나타내는 소리를 말한다.) 소리 선생님이 소리를 바꾸면 어떤 그림을 찾을 수 있을까요?" 학생 한 명에게 답을 말하라고 시키기 전에 학생들이 각자 답을 찾아볼 수 있도록 격려한다.

출처: "Phonological Awareness: Instructional and Assessment Guidelines" by D. J. Chard & S. V. Dickson, *Intervention in School and Clinic, 34,* 1999, 261-270에서 수정 발췌함.

Griffin과 Sindelar(2003)는 읽기장애 중학생 집단을 대상으로 음운론적 인식교수의 효과성에 대해 연구하였다. 시간지연 설계를 이용하여 읽기장애 학생 20명에게 음운론적 교수를 제공하고, 첫 집단이 읽기교수를 받는 동안 다른 20명의 학생 집단은 통제집단이 되었다. 실험이 끝나고 두 번째 집단에게 음운론적 교수가 제공되었다. 음운론적 인식에 대한 교수는 각 학생들에게 개별적으로 제공되었고 이 교수에는 운율하기, 첫소리나 끝소리가 같은 단어 찾기, 단어 분절하기, 음소 제거가 포함되었다. 음운론적 교수의 제공을 통해 단어재인 기술이 향상되는 결과를 얻었다.

음소 조작의 결함이 많은 학습장애의 근본적인 원인이 될 수 있다는 것에 대해 의견 일치가 이루어지고 있다(Kame'enui et al., 2002; Lyon & Moats, 1997; Moats & Lyon, 1993; Sousa, 2005). 여러 연구자들은 이러한 결함이 설사 초등 6학년이나 중학교 2학년 학생들에게 나타난다 하더라도 읽기에서의 진보를 촉진하기 위하여 음소 조작의 문제는 반드시 다루어져야 한다고 말하고 있다. 이는 읽기 영역에서 결함을 보이는 학생들에게는 그들이 고학년이라 하더라도 음운교수가 매우 적절함을 시사한다. 물론 계속해서 이에 관한 더 많은 연구가 진행되어야 할 것이다.

학습장애 학생들에게 사용할 수 있는 음운교수를 포함한 교육과정이 많이 개발되어 있다. 예를 들어, 린다무드 음소계열 프로그램(Lindamood Phoneme Sequencing Program; Lindamood & Lindamood, 1998)은 낱자-소리 판별을 세분화하여 글자 소리를 가르치기 위한 구조화된 수업의 위계를 제시하였다. 말소리 간의 유사점과 차이점을 구별하도록 배운 학생들은 말소리의 수와 순서 사이의 유사점과 차이점을 인지하고 음절 내 말소리의 작은 변화도 인지하며 말소리와 알파벳을 연결할 수 있다. 이 프로그램에서 낱글자 소리는 소리에 기초하여 묶을 수 있다. 예를 들어, 글자 p와 b는 교사와 학생들에게는 '입술을 부딪쳐 내는 소리(lip poppers)'로 불리는데, 이 글자들이 입술을 맞부딪쳐 나는 소리를 가지고 있기 때문이다. 글자 p는 무성음이고 글자 b는 유성음이다. 다른 글자들도 입과 혀의 움직임의 유사성으로 묶일 수 있다. 예를 들어, 낱글자 m과 n은 '콧소리'다. 소리를 구분하는 데 어려움이 있는 학생은 소리의 형성과 관련된 이러한 특성을 배울 때 음소 간의 차이를 더 잘 이해할 수 있을 것이다.

Torgesen과 Bryant(1994)는 읽기 프로그램에서 음운론적 인식훈련을 개발하였다. 프로그램에서 음소교수는 4개의 활동으로 나뉘는데 시작하기, 소리 합치기, 소리 나누기, 읽기/철자가 그것이다. 운율 활동은 학생이 낱글자의 소리에 집중하게 하고, 다음에 소리를 음성적으로 합치는 것을 강조한다(Bender, 1999). 교육과정에는 글자-소리 예시를 제공하는 다양한 종류의 게임판, 색 구분이 되는 카드, 글자-소리 카드, 그림 카드, 오디오테이프가 제공된다. 여러 연구를 통해 이 프로그램의 효과성이 증명되었다. Smith와 Simmons(1997)는 읽기 실패의 위험성이 높은 31명의 1학년 학생들을 대상으로 3개의 집단을 구성하였다. 10명의 학생들은 6주간 음운론적 인식훈련을 받았고, 다른 10명의 학생들은 교사가 교육과정을 상세한 복습을 덧붙여 가르쳐 주었으며, 마지막 10명의 학생은 통제집단으로서 전통적인 교수 방식으로 배웠다. 첫 두 집단의 학생들은 전통적인 방식(즉, 비음성적)으로 배운 통제집단의 학생들에 비해 실험 회기 이후 음운론적 인식에서 향상을 보였다. 연구결과와 기타 음운론적 인식 관련 연구에 기초하여 보면, 학습장애 학생을 가르치는 교사는 음운론적 인식을 가르치기 위해 만들어진 프로그램 중 하나 정도는 익숙해야 하며 교직 첫해에 이 교육과정을 실행할 준비가 되어 있어야 한다.

마지막으로 Scientific Learning Corporation에서 개발한 패스트 포워드 읽기 프로그램(Fast ForWord Reading Program, www.scientificlearning.com)에서는 학습장애 학생들에게 음운론 관련 문제를 제시하기 위하여 과학기술을 사용하여 소리를 합성하였다. 해당 읽기 프로그램은 인간의 두뇌가 여러 수준의 읽기를 통하여 어떻게 음소를 배우고 음소중심 교수에 초점을 맞추는지에 대한 최근의 연구결과에 기초하고 있다. 패스트 포워드 읽기 프로그램은 유치원에서 고등학교 수준에 이르는 읽기 기술을 포함하고 컴퓨터를 활용한 총체적인 프로그램 시리즈로 구성되어 있다. 초기 음소교수 프로그램에서 스크린에 자극이 되는 그림이 나오면 학생은 그림을 대표하는 일련의 음소 소리를 듣게 된다. 단어의 정확한 발음을 인지하기 위하여 소리를 합치는 과제도 있다. 또한 이 외에도 온셋과 라임(rhymes: 음절에서 모음 이후의 소리, 우리말에서는 중성과 종성)을 삭제하거나 음소 대치와 같은 기술이 요구되는 과제도 있다.

컴퓨터 프로그램은 학생의 진보를 추적하고 교사를 위해 진보 보고서를 만들어 준다. 다음의 프로그램은 주로 게임 형식을 활용하기는 하지만 다양한 방식으로 서로 다른 기술을 제시하고 있다. 패스트 포워드 읽기 프로그램은 다음의 교수 패키지로 구성되어 있다.

해당 프로그램의 효과성을 알아보기 위하여 Scientific Learning Corporation 후

원으로 여러 교육청에서 시범 연구가 진행되었는데, 통제가 잘된 연구가 그리 많지는 않지만 초기 연구결과는 매우 인상적이다. 시범 연구(위의 웹 사이트에 간단히 소개되어 있음)에 의하면 많은 학생들은 이 프로그램을 사용한 수업을 받은 지 두 달 정도 만에 읽기와 언어에서 1～3년 정도의 진전을 보였다. 만약 이러한 진전이 학습장애 학생들에게도 보인다면 이 프로그램은 학문적으로 상당한 관심을 끌 것이다.

- 기초: 음운론적 인식, 글자 이름 말하기, 글자-소리 기술과 같은 초기 읽기 기술을 발달시킬 필요가 있는 4～7세 아동이 대상이 됨
- 언어: 읽기에 기초가 되는 기본 언어 기술인 작동기억, 추론, 음소변별, 소리처리 등을 발달시켜야 하는 학생들이 대상이 됨
- 언어에서 읽기로: 해독, 어휘, 문법, 기본 단어 재인 등을 포함하여 구어와 문어를 연결해야 하는 학생들이 대상이 됨
- 읽기: 단어 재인, 유창성, 고급 해독, 철자, 어휘, 구문이해에 집중함
- 중 · 고등학교 읽기: 주의집중과 유지, 듣기이해, 계열, 조직 등이 강조됨

많은 교육자들은 효과적인 교수라면 어느 정도 효과적인 음소교수에 기초하여 만들어졌을 것으로 예상하므로 예시와 같은 읽기 프로그램은 읽기교수가 추구해야 할 접근법을 제시해 줄 수도 있다. 이는 현 세대가 학습장애 학생을 비롯한 읽기 결함을 가진 학생들을 위하여 학교에서 오랫동안 시행되어 오던 기초 읽기교수 프로그램이 앞으로는 사라지게 되는 것을 보게 됨을 의미한다.

일견단어 접근법

역사적으로 지난 세기의 첫 60년 동안 읽기를 처음 가르치기 위해 일견단어 접근법(*sight-word approaches*)이 사용되었다. 일견단어 접근법은 학생에게 단어를 보고 기억하도록 하는 것이다. 이 접근법에서는 단어의 의미를 강조하고 보통 알파벳을 소개하기 전에 전체 단어를 학습한다. 일견단어의 재인은 종종 단어의 외형(각 낱글자 주변에 상자를 그려 단어에서 낱글자의 모양을 강조)에 따라 이루어진다. 또한 녹음기를 사용하여 학생이 단어를 듣도록 하면서 일견단어를 가르칠 수 있다.

일부 연구에서는 200～300개의 단어로 구성된 기본 일견단어 목록을 제시하기도 하는데, 이는 1～8학년에서 사용하는 일반적인 읽기자료의 85%에 해당한다. 결과적으로 이 목록은 기본 일견단어의 재인을 완전히 습득해야 하는 모든 학생들에게 중요하다. 그러나 학습장애 학생의 읽기 관련 초기 연구결과, 그들은 다른 학생들과 비교하여 단어재인 검사에서 일관되게 낮은 점수를 받는 것으로 알려졌다(Bender, 1985a). 목록 중 일부 일견단어는 읽기 기술에서 제한요인이 되기도 한다. 결과적으로 많은 교사들은 학습장애 학생들이 다른 교수 접근법에 쉽게 반응하지 않을 때 교수도구로 일견단어 목록을 사용한다.

발음법 교수

오늘날에도 여전히 일견단어 목록을 자주 사용하기는 하지만 교사는 음운과 발음법에 기초한 접근법을 통해 읽기를 가르친다.

앞서 언급한 대로, **발음법 접근**(*phonics approach*)은 낱글자를 말소리에 연결하는 것이다. 말소리는 매우 복잡한 소리/상징 부호체계를 나타내고, 학생은 잘 모르는 단어를 '해독'하기 위하여 이 체계를 완전히 습득해야 한다. 서로 다른 모음과 자음 및 소리의 합성은 독립적으로 가르쳐지고 잘 모르는 단어를 발음하기 위한 핵심적인 단서로서 사용된다. 소리/상징 관계는 대개 단어를 구성하는 서로 다른 소리의 수를 나타내는 표준적인 음절 규칙을 보충하여 활용한다.

복잡한 소리/음절 관계는 많은 학습장애 학생들이 매우 어려워하는 내용 중 하나가 될 수 있다. 간혹 학습장애 학생들은 매우 쉬운 소리/상징 관계에 기초하여 단어의 일부만을 해독하고 나머지 부분은 추측한다. 그들이 보이는 다른 문제로는 여러 소리로 이루어진 자음(g, c), 모음(a, e, i, o, u) 혹은 자음 혼성(ch, pf)에 대한 이해 부족이 있다.

일부 연구자들은 학습장애 학생들이 학습장애의 가장 기본적인 측면인 음운론적 처리 기술을 사용하여 단어를 해독하는 데 무능력하다는 것을 지적하고 있다(Moats & Lyon, 1993; Padget, 1998). 이러한 주장에 근거하여 보면 음소를 조작하지 못하는 것은 단어를 해독하는 데 어려움을 나타내고 다른 읽기 문제를 일으킨다.

Ackerman, Anhalt와 Dykman(1986)은 읽기 결함을 가진 학생은 단순히 글자와 소리의 특성을 이해하는 것을 넘어 소리/상징 문제를 가질 수 있다고 하였다. 읽기장애를 가진 학생 집단과 통제집단이 코드가 단서가 되는 단어 2개에서부터 세 번째 목표 단어를 얼마나 잘 추론해 낼 수 있는지를 비교하였다. 연구자는 학생들마다 적절한 읽기교수 수준을 정한 후에 그들에게 목표 단어와 함께 그것의 해독에 도움을 줄 수 있는 단서 단어 2개를 보여 준다. 예를 들어, 코드 단어 shoe와 got은 아동이 목표 단어 shot을 해독하도록 도움을 줄 수 있다. 장애 아동은 통제집단 아동에 비해 낮은 수행을 보이는데, 코드 단어의 사용뿐 아니라 이러한 단서를 기억하는 것조차 어려움을 가지면 발음법의 사용에도 문제를 나타낼 수 있다.

일반적으로 발음법 교수는 학령기 초기에 주로 시행되지만 Idol-Maestas(1981)에 의하면 23가지 발음법 기술에 대한 교수는 심지어 성인의 읽기 능력에서도 놀랄 만한 성과를 가져올 수 있다고 하였다. 해당 연구의 대상자들은 r 통제 모음, 단모음, 장모음과 이중모음의 네 가지 기술에서 도움을 받았다. 3개월의 교수기간 동안 대상자들은 전체 읽기 점수가 3년 이상 상승하였다. 분명한 것은 발음법 교수가 많은 학습장애 학생들이 읽기에서 진보를 나타내는 데 도움을 줄 수 있다는 것이다.

＊ 단어재인과 읽기이해

단어를 발음하는 능력을 갖는 것은 항상 단어의 의미를 이해하는 능력의 소유를 의미하는 것은 아니다. 그러므로 단어의 이해는 단어재인 기술 이상의 것을 포함한다. 단어를 이해하기 위해서는 단어의 문맥(문장에서 단어의 사용)을 분석하는 것이 필요하다. 단어의 의미를 이해하는 것을 일반적으로 의미론이라고 한다.

여러 학자들은 대부분의 학습장애 학생들이 어휘 수준이 낮고 의미론의 이해가 부족하다고 말한다(NRP, 2000; Vogel, 1983). 이는 그들이 단어가 단독으로 제시되었을 때보다 문맥 안에서 제시되었을 때 더 잘 반응하고 있음을 시사한다. 왜냐하면 문맥은 장애 아동이 단어를 인지하는 데 도움을 주기 때문이다. 그러나 연구결과에서는 독립적인 단어전략(즉, 사전과 문맥 단서)만을 사용하는 것만으로 학습장애 학생들이 새로운 어휘를 익히는 데 도움을 주는 것은 아니다(Bryant, Goodwin, Bryant, & Higgins, 2003). 그러므로 교사는 학생들이 새로운 어휘 용어를 배우는 데 집중할 수 있는 추가적인 전략을 사용해야 한다. 이러한 관점에서 연구자들은 컴퓨터 보조교수, 기억술 교수, 직접교수, 지속적인 시간지연과 같은 수많은 어휘 향

도움상자 6-3

▶ 학습장애 학생에게 어휘를 가르치기 위한 교수 안내

기법	교수 절차와 효과
기억술 교수	일반적으로 새로운 어휘 단어(핵심어라고 불림)를 이미 알고 있는 단어와 짝지어 학습하게 한다. 이미 알고 있는 단어는 새로 배우는 단어와 비슷하거나 기억할 만한 행위 혹은 사건을 나타내야 한다. 연구결과, 기억술 교수는 효과적이다.
직접교수	보통 소집단으로 단어와 단어의 의미에 국한된 교수를 시행한다. 실증 연구결과, 이 방법은 매우 효과적이다.
지속적인 시간지연	학생들에게 단어 그리고/혹은 해당 의미를 제시하고 그들이 답을 안다면 문제의 답을 말할 것이라고 기대하는 무오류 학습방법이다. 만약 학생들이 답을 알지 못한다면 3~5초 후에 검사자가 답을 제공하고, 답이 맞을 때는 아동이 답을 반복할 것으로 기대된다(그래서 무오류 학습임). 이 방법은 어휘교수에서 효과적이다.
컴퓨터화된 교수	일반적으로 학생이 잘 모르는 단어 목록을 개별화하고 컴퓨터를 통해 다양한 교수 활동(예: 선다형 연습, 연결형)을 활용한다. 이 접근법의 효과에 대한 연구는 아직 확실한 결론을 이끌어 내지 못했다.

상 전략의 효과성을 연구하였다(Bryant, Goodwin, Bryant, & Higgins, 2003; Jitendra, Edwards, Sacks, & Jocobson, 2004; Terrill, Scruggs, & Mastropieri, 2004). 다양한 교수전략에 대한 개요는 [도움상자 6-3]에서 찾아볼 수 있다. 학습장애 학생을 가르치는 교사는 이들 전략 중 하나 이상을 사용해야 한다.

마지막으로 단어의 구조를 분석하는 것은 어근과 함께 접두사나 접미사를 판별하는 것이다. 접두사와 접미사는 단어의 의미를 바꾸어 주므로 단어의 의미를 정교화하는 것을 아는 것은 읽기이해에서 필수적이다. 구조분석은 또한 -s나 -es를 붙여 복수를 만들거나 소유격을 만드는 등 단어의 다른 부분에 집중하게 한다. 학습장애 학생들은 종종 단어의 의미를 결정하면서 해당 기술을 사용하는 능력의 결함을 보인다.

✻ 읽기 유창성

읽기 유창성(*reading fluency*)은 개별 단어의 빠른 재인, 구어 읽기, 전체 구절과 문장에 대한 학생의 이해와 관련이 있다. 또한 여기서는 학생이 적절한 표현을 빠르게 읽어내는 능력(즉, 구두점을 적절하게 사용하는 능력)이 중요하다. 학습장애 학생들은 구어 읽기의 유창성에서 더 많은 어려움을 경험한다(Archer, Gleason, & Vachon, 2003; NRP, 2000). 구어 읽기에서 학생이 보이는 오류의 유형은 단어의 생략, 오발음, 단어를 해독하면서 보이는 주저함, 이해의 부족 등이다.

구문론(통사론)은 읽기 유창성의 한 측면이다. 구문론은 문장에 사용되는 단어 사이의 관계를 의미한다. 예를 들어, 'John worked with Tom all summer, and he lived at the beach' 라는 문장에서 대명사인 he는 Tom이 아닌 John을 받는다. 복문에서 단어의 관계를 이해하는 것은 구문론의 한 측면이다. 대명사 관계, 직접목적어, 간접목적어 등과 같은 구문론적 관계는 간혹 학습장애 학생들이 헛갈려 하는 부분이기도 하다. 어떤 경우에는 구문론적 구조를 이해하는 것이 글의 구문이나 이야기 줄거리 전체를 파악하는 데 있어 중요한 역할을 한다. 또한 문장이해는 학령기 후반에 문제가 될 수 있는데, 교과서에 나오는 문장이 여러 개의 종속절로 구성된 더 복잡한 구조를 가질 가능성이 더 크기 때문이다. 그러므로 학습장애 학생을 가르치는 교사는 구문론적 관계의 이해를 강조해야 한다.

하지만 읽기 유창성은 단순히 구문론과 문장을 이해하는 것을 넘어 그 이상의 것을 필요로 한다. 초기 읽기 기술이 발달하면서 학생은 개별 낱글자의 소리와 단어를 해독하는 데 있어 에너지를 덜 소비하게 된다. 학생들은 오히려 전체 단어와 구절을 적절한 억양으로 구두점에 따라 적절한 표현을 넣어 하나의 단위로 함께 읽는다(Bender & Larkin, 2003; Chard, Vaughn, & Tyler, 2002). 학생이 재인과 해독에 너무 많은 에너지를 집중하지 않아도 되면 유창하게 읽기와 구문의 의미를 이해하는 데 더 많은 에너지를 투자할 수 있다. 그러므로 읽기 유창성은 단어 해독과 이해 사이의 가교 역할을 한다(Therrien & Kubina, 2006). 물론 학습장애 학생은 더 정교한 읽기 기술로 전환하는 데 있어 종종 실패를 경험하고, 이는 학령기 후반에도 계속해서 문제가 된다. 그러므로 학습장애 학생들의 교사는 학생들이 읽기 유창성을 발달시키는 데 도움을 줄 수 있는 방법을 이해하고 있어야 한다.

다행히도 읽기 유창성을 향상시키는 데 적절한 전략에 대한 연구가 많이 진행되어 왔다(Mastropieri, Leinart, & Scruggs, 1999; NRP, 2000). 읽기 유창성은 읽기연습을 점검하면서(즉, 학생들에게 상대적으로 쉬운 자료를 읽게 하고 실수를 점검하게 하면서) 발달된다. 미국의 전국읽기위원회(National Reading Panel: NRP, 2000)는 구문의 난이도 수준을 다음과 같이 제안하였다.

- 독립수준: 독자에게 상대적으로 쉬운 구문으로, 독자가 읽기 어려운 단어는 약 20개 중 1개 이하다(95% 성공률).
- 교수수준: 독자에게 도전적이지만 수용 가능하고 독자가 읽기 어려운 단어는 약 10개 중 1개 이하다(90% 성공률).
- 좌절수준: 독자에게 어려운 구문으로, 독자가 읽기 어려운 단어는 약 10개 중 1개 이상이다(90% 이하 성공률).

NRP(2000)는 학생이 읽기 유창성을 발달시키는 것을 도와주기 위하여 읽기 구문에서 단어의 95%를 정확하게 읽을 수 있어야 한다고 하였다(즉, 20개 단어 중 단 하나의 오류). 또한 읽기 유창성을 발달시키는 데 효과적이라고 제안된 전략에는 학습장애 학생들의 구어 읽기를 점검하는 사람이 포함되어 있다(Chard et al., 2002; NRP, 2000). 이러한 전략 중 일부는 [도움상자 6-4]에 제시되어 있다.

일반적으로 많이 사용되는 전략 중 하나는 사실상 더 이상 유창성 전략으로 추천되지 않는다. NRP(2000)는 학생이 개별적으로 소리 내어 읽기—과거에 사용되던 전략—를 지금은 더 이상 추천하지 않는다. 과거에 일반교사와 특수교사 모두 읽기 유창성을 점검하기 위하여 학생들에게 큰 소리로 읽기를 시켰다. 이것이 학생들에게 바람직한 목표라 하더라도 읽기문제를 가진 많은 학습장애 학생들은 한 명씩 소리 내어 읽는 것을 상당히 당황스럽게 생각한다. 따라서 NRP는 함께 소리 내어 읽기를 이 기법의 대안적인 방법으로 제안하였다. 대부분의 교사는 함께 읽기를 '학급의 전체 학생이 함께 읽기'로 시행하지만 소집단으로 시행해도 좋다(예: "모둠 1이 첫 번째 단락을 함께 읽어 보세요."). 4~6명의 학생이 함께 읽도록 함으로써 교사는 학생이 느낄 수 있는 잠재적인 당황스러움을 줄여 줄 수 있고, 학생들 개개인은 읽기를 좀 더 효과적으로 점검할 수 있다.

도움상자 6-4

▶ 읽기 유창성을 발달시키는 전략

학생-성인 읽기	학생은 일대일로 성인과 함께 읽기를 한다. 읽기가 유창해질 때까지 성인은 모델을 제공하고 이를 위하여 구문을 먼저 읽고 학생은 뒤따라 읽는다(약 3~4회 구문 전체 읽기).
함께 읽기	학생이 모둠으로 함께 읽는다.
테이프를 이용한 읽기	학생은 테이프에서 유창한 독자가 책을 읽는 것을 들으면서 글을 읽는다. 첫 번째 읽기에서 학생은 테이프의 읽기를 들으면서 단어 각각을 손으로 짚으면서 글을 따라간다. 후에 학생은 여러 번 테이프를 틀어놓고 함께 따라 읽는다.
짝과 읽기	두 명의 학생이 번갈아 가며 큰 소리로 읽기를 한다. 좀 더 유창한 독자를 좀 덜 유창한 독자와 짝지을 수 있다. 짝끼리 서로 도움을 주고받을 수 있다.

✻ 읽기이해

성공적인 읽기는 구문으로부터 의미를 이끌어 내는 것이다. 활자로 된 자료를 이해하는 것은 교육성취의 거의 모든 부분에 강력한 영향력을 끼치는 기본 기술이고, 학습장애 학생은 이 중요한 기술에서 결함을 보인다. 지능검사 점수를 통제한다고 하더라도 학습장애 학생의 읽기 수준은 일관되게 또래 수준에 비해 훨씬 낮다(Bender, 1999; Bender & Larkin, 2003). 또한 5장에서 제시한 능력-성취 불일치를 보더라도 읽기 결함은 학습장애 판별과정에서 주요한 요인이 되어 왔다. 그러므로 이해는 학습장애 아동들의 교사에게 큰 걱정거리 중 하나다.

이해는 상대적으로 2~3문장의 의미를 이해하는 간단한 것에서 단락의 구조와 단락의 중심 문장 혹은 이야기 구조(발단, 절정 등)를 이해하는 것과 같은 복잡한 것까지 포함되어 있다. 다양한 의미는 단순히 읽기자료에서 기대되는 구조를 이해하는 것에서 찾을 수 있다. 불행하게도 많은 학습장애 학생들은 구문 구조의 더 큰 단위를 이해하는 것에서 약점을 보인다.

읽기이해 측정

읽기이해 교수를 살펴보기 전에 교사는 읽기이해가 어떻게 측정되는지를 이해해야 한다. 학습장애 학생들의 교사는 다양한 검사로부터 도출된 이해 점수를 얻게 되고, 평가자료를 효과적으로 사용하기 위하여 평가를 구성하는 질문 유형에 대해 알아야 한다. 읽기이해의 가장 일반적인 측정은 구문을 읽은 후에 그에 대한 질문에 답하는 것이다. 이러한 유형의 검사에서 학생은 짧은 단락이나 여러 단락으로 구성된 글 모음을 읽고 2~3개의 선다형 질문에 답을 한다. 이러한 유형의 검사가 가진 문제점은 학생이 정답을 찾기 위하여 문항의 답을 정확하게 읽어야 한다는 것이다. 만약 학생이 답안을 구성하고 있는 단어 하나를 잘 모른다면 검사 구문의 이해가 부족해서라기보다 답안 자체를 잘 이해하지 못해서 부적절한 답을 선택할 수 있다.

또한 많은 학습장애 학생들에게는 검사 문항의 구조를 인식하지 못하는 것(즉, 시험 보기 기술, *testwiseness* skill)이 장애물이 되기도 한다. 예를 들어, 대부분의 선다형 검사는 하나의 답을 가진 4개의 답안으로 구성되어 있고, 그중 1개의 답안은 특정 측면에서 부분적으로 옳거나 그르고 나머지 2개는 분명하게 오답이 된다. 시험 보기 기술을 가진 학생은 2개의 정확한 오답을 빨리 찾아내고 나머지 2개의 답안을 면밀히 읽는 것에 집중한다. 이와같은 시험 기술 관련 지식이 부족한 것은 구문 읽기 및 이해 능력과 무관하게 학습장애 학생들의 점수를 낮추는 원인이 된다. Scruggs, Bennion과 Lifson(1984)는 학습장애 학생은 다른 학생들에 비해 저절한 시험 보기 기술을 가질 가능성이 더 낮다고 하였다.

현재 일부 검사는 그림으로 된 답안을 사용한다. 학생은 좀 긴 구문에서 2~3문장을 읽고 나서 여러 그림 답안 중에서 정답을 고른다. 이는 답안 중에서 단어를 몰라 실수를 할 가능성을 없애 주기는 하지만 여전히 시험 보기 기술이 부족한 것은 학생의 점수에 부정적인 영향을 미칠 수 있다.

이해 문항의 다른 유형으로는 선다형(*complex multiple-choice*) 문항이 있다. 다음은 선다형 문항의 예시다.

19세기 미국의 대통령은 누구인가?

ㄱ. 에이브러햄 링컨 ㄴ. U. S. 그랜트

ㄷ. 로버트 E. 리　　　　　　ㄹ. 제퍼슨 데이비스

(a) ㄱ, ㄴ　　　　　　(b) ㄱ, ㄷ

(c) ㄱ, ㄷ　　　　　　(d) ㄱ, ㄴ, ㄷ

(e) ㄱ, ㄴ, ㄷ, ㄹ

이러한 선다형의 문제는 문제 형식 때문에 높은 수준의 집중을 요한다. 학생은 이 유형의 문제를 풀기 위해 부가적인 정보에 집중하면서 특정 정보를 기억해야 하는데, 학습장애 학생들에게는 특히나 더 어려울 수 있다.

빈칸 채우기(*cloze procedure*)는 최근에 사용하기 시작한 평가 유형으로 학생이 빠진 단어나 구를 채워 넣는다. 학생은 짧은 단락을 읽고 뒷부분의 빈칸을 채워 넣는다. 이 방법을 사용할 때의 가정은 학생이 구문의 정확한 의미를 이해하고 정확한 단어나 동의어를 제공할 수 있다는 것이다.

학습장애 학생을 가르치는 교사는 종종 여러 읽기평가에서 점수 폭이 넓은 학생 집단을 만나게 된다. 부모 역시 자녀의 읽기 점수가 제각각이라 당황스러울 수 있다. 서로 다른 기술을 측정하는 읽기평가의 방법 때문에 교사는 전문가로서 다양한 읽기평가에 대해 이해하고 있어야 한다. 신임교사라 하더라도 부모에게 읽기이해 평가 및 결과에 대해 설명할 수 있어야 한다.

읽기이해 수준

교사는 이해를 측정하는 데 사용되는 문항의 유형을 이해하는 것과 함께, 문어 이해 수준에 대해 알고 있어야 한다. 읽기이해는 보통 낮은 수준의 이해 문항에서 높은 수준 혹은 좀 더 복잡한 이해 문항으로 이어지는 위계적인 조직이 있다. 예를 들어, 낮은 수준의 이해 문항은 **사실적 이해**(*literal comprehension*) 혹은 이야기에서 중심 생각과 세부사항을 직접 회상하는 것을 요구한다. 읽기이해의 문항 중 한 유형은 특성상 추론적인 성격을 가지고 있어 학생이 구문으로부터 결론을 이끌어내야 한다. 구문의 평가적 이해는 이보다 더 높은 수준의 이해 중 하나다. 평가적 이해에서 독자는 다른 유사한 구문과 관련하여 구문의 가치를 결정한다.

대부분의 읽기이해 검사는 사실적 이해와 **추론적 이해**(*inferential comprehension*)를 적절하게 포함시키기는 하지만, 평가적 이해는 읽기이해 검사에는 비교적 덜 포함되어 있다. 왜냐하면 글의 질을 평가할 수 있는 능력을 측정할 질문을 만들어 내는 것이 어렵기 때문이다. 결과적으로 좀 더 고차원 수준의 읽기이해는 읽기이해 검사에 자주 포함되지 않는다.

읽기이해 기술

연구결과, 학습장애 아동과 청소년들은 읽기이해에 어려움을 갖는다(MacInnis & Hemming, 1995). 그들은 글의 중심 생각과 세부사항을 회상하고 글에서 적절한 결론을 이끌어 내는 데 어려움이 있다. 또한 학습장애 학생들이 여러 문장으로 구성된 글을 완벽하게 이해하는 데 방해가 되는 요인들은 다양하다. 이 책을 비롯한 여러 교재에서 읽기 기술 위계상의 각 기술들은 별개의 구분된 기술로 논의되곤 하지만 실제로 서로 중복되어 있으며 상호 지원적이다. 문장의 의미를 이해하는 것은 종종 문장 내에서 모르는 단어를 해독하는 데 어느 정도의 단서를 준다. 또한 문장을 구성하는 구(phrase)의 일반적인 유형을 판별하는 능력은 구어 읽기 유창성에도 도움이 된다. '다리 위에(over the bridge)' 라는 구는 단어 각각을 따로 읽는 것보다 함께 읽을 때 더 쉽게 읽힌다. 실제로 능숙한 독자는 단어 단위로 읽는 것보다 구에 더 집중한다.

3장에서는 학습장애 학생이 화용론적 언어(이야기의 순서를 따라 하고 그 이야기에 대해 의사소통을 할 수 있음)에서 갖는 어려움에 대해 논의했다. 분명한 것은 언어 활용에서의 어려움은 글로 쓰인 정보를 이해하는 것을 더 복잡하게 하기도 한다. 누군가가 구어의 형식으로 제시된 이야기를 이해하지 못한다면 활자로 쓰인 이야기를 이해하는 데는 더 큰 어려움을 가질 수 있다.

또한 글로 된 자료를 이해하는 것은 다음에 올 단어가 무엇일지에 대한 단서가 된다. 이와 비슷하게 글자는 그 자체로 따로 제시될 때보다 단어 안에서 제시될 때 더 정확하게 판별된다. 간단히 말하면, 보통 학자들이 읽기이해를 읽기 기술의 위계 중 최상위의 것으로 보지만 읽기이해 기술은 읽기의 다른 기술 모두를 발달시키는 데 있어 지원적인 방식으로 읽기 기술의 위계에 전반적으로 스며들어 있다. 따라서 학습장애 학생들이 읽기이해에서 보이는 결함은 교사들에게 큰 걱정거리가 된다.

읽기이해에 대한 연구의 대부분이 초등학교에 다니는 기초 읽기교수 프로그램을 하는 학생들의 읽기이해와 관련이 있기는 하지만, 나이가 많은 학생 집단에서 보이는 특수한 읽기이해의 문제 중 하나는 교과서 읽기다. 학습장애 청소년들이 학령기 초기부터 가지는 읽기이해의 문제는 사라지지 않으며, 역사, 과학, 보건 등의 교과서를 읽고 이해하는 것은 그들의 대다수에게는 실질적인 문제가 된다. 또한 활자로 된 자료의 읽기이해는 개인적인 이야기를 읽는 것과는 다른 형태의 읽기연습을 필요로 한다. 예를 들어, 교과서 자료를 완전히 이해하기 위해서는 해당 장의 내용뿐 아니라 여러 장을 의미 있는 단위로 조직하는 것(예: 척추동물과 무척추동물에 관한 장들의 관계)도 이해해야 한다.

✻ 읽기이해를 향상시키기 위한 교수전략

지난 20년간 읽기이해를 향상시키기 위한 효과적인 교수 접근법에 대한 연구가 많이 시행되었다(Bender, 1999; Das, Mishra, & Pool, 1995; Englert, Tarrant, Mariage, & Oxer, 1994; Kame'enui et al., 2002; Mariage, 1995; NRP, 2000; Padget, 1998; Schmidt, Rozendal, & Greenman, 2002). 전략들 중 일부는 활동에서 그림이나 시각적 능력을 활용하여 읽기이해를 향상시키고자 하였다. 다른 전략은 이해에 도움을 주기 위하여 읽기 전 혹은 읽기 후 활동에서 언어를 활용한다. 이러한 전략은 공통적으로 학생을 적극적으로 참여하게 하거나 비판적 사고를 향상시키고자 한다. 따라서 대부분의 전략은 개념적으로 1장에서 논의한 초인지적 관점과 관련이 깊다.

시각에 기초한 전략

시각적 심상 상상하기를 사용하여 학생에게 읽기자료에 대한 시각적 이미지를 만들어 내는 것을 체계적으로 가르치면서 읽기를 향상시킬 수 있다(Bender & Larkin, 2003; Ellis & Sabornie, 1988). 시각적 심상(*visual imagery*)전략에서 학생은 눈을 감고 자신이 읽은 장면을 생각하고 이야기를 이해하는 데 필요한 장면의 여러 측면을 찾고 이러한 측면을 포함한 이미지를 만들어 내도록 배운다. 심상화의 연습은 특정 기간 동안은 낮은 읽기 수준을 요하는 단락을 활용하여 매일 시행해야 한다. 그러고 나서 학생이 적절한 읽기 수준에 올라설 때까지 일정 기간이 지나고 나면 단락의 읽기 수준을 체계적으로 상승시킬 수 있다.

의미 지도와 이야기 지도 의미 지도와 이야기 지도 연습 역시 시각에 기초한 읽기이해 향상 전략이다(Bender & Larkin, 2003; Boon, Ayres, & Spenver, 출판 중; Mariage, 1995). 연습에서는 학생에게 그래프, 도표 혹은 그림을 제시하고 자료를 읽고 차트 안에 빈칸을 채우라고 한다. 좀 더 높은 수준의 예시에서는 읽기 수업의 일부로 학생들과 함께 의미 지도(*semantic map*)나 차트를 개발하기도 한다. 예를 들어, 읽기 소집단에서 의미 지도를 연습하는 데 있어 학급 학생들은 주제 관련 핵심어를 선정하고 그것을 지도의 한가운데 적는다. 학생들은 핵심어와 관련된 다른 단어들을 브레인스토밍하여 목록으로 작성한다. 범주를 찾아내기 위하여 단어 목록을 다시 살펴보고, 범주는 핵심 개념을 중심으로 재배열된다. 의미 지도에서는 범주, 용어, 개념의 다양한 의미가 논의된다(Bourlineau, Fore, Hagan-Burke, & Burke, 2004). [그림 6-2]는 의미 지도의 예시다.

이야기 지도와 의미 지도 기법 모두 집단이나 개인 교수에서 사용 가능하고 실증연구를 통해 그 효과성도 밝혀진 상태다. 앞에서 설명한 심상전략과는 달리, 두 기법은 글의 내용을 파악하기 위하여 이후에 공부하는 데도 사용될 수 있는 글로

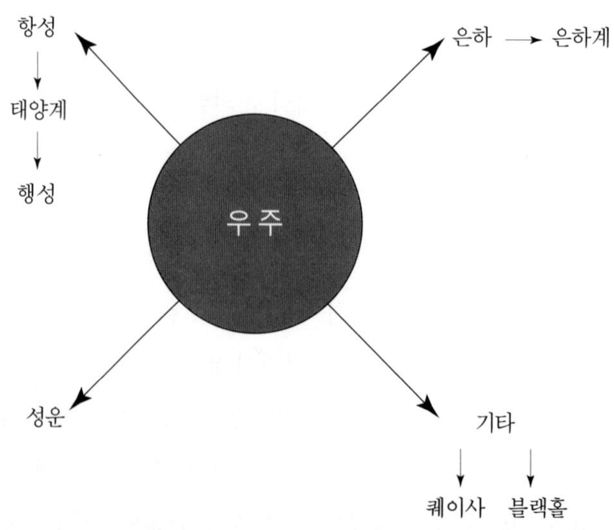

[그림 6-2] 의미지도

●●●● 도움상자 6-5

▶교수 안내: 의미 지도 사용하기

Scanlon, Duran, Reyes와 Gallego(1992)가 제안한 상호적인 의미지도 기법은 교사들에게 매우 유용하게 사용될 수 있다. 의미 지도 기법의 단계는 다음과 같다.

1. 교사를 위한 참고자료로 의미지도를 준비한다.
   a. 내용분석을 실시한다. 먼저 자료를 읽고 상위 개념, 동위 개념 및 하위 개념에 주의하면서 핵심 개념을 찾는다.
   b. 큰 종이의 중앙에 의미지도의 핵심으로 상위 개념을 쓴다.
   c. 글의 제목을 사용하여 동위 개념을 뽑아내어 상위 개념의 관계와 동위 개념 간의 관계를 그림으로 나타낸다.
   d. 하위 종속 개념을 그려 넣는다.
   e. 교사를 위한 의미지도가 완성되는데 이때 학생들에게는 보여 주지 않는다.
2. 학생들에게 개념을 브레인스토밍하도록 한다. 용어를 정의하고 그것이 무엇을 의미하는지를 토론하도록 한다.
3. 중요한 개념을 찾아내기 위하여 글을 대충 훑어 읽도록 함으로써 단서 목록을 만든다. 교사는 학생에게 핵심 개념을 찾기 위해 그림이나 사전 지식을 사용하도록 격려한다.
4. 핵심 개념과 덜 중요한 주제에 집중하도록 하고 모둠 단위로 지도를 그리게 한다.
5. 학생들에게 개념들 간의 관계를 찾도록 하고 지도의 한가운데에 들어갈 개념을 찾도록 한다. 학생들 간의 토론을 격려한다.
6. 학생들에게 글을 다시 참조하여 지도 위에 그려진 관계를 정당화하도록 한다. 지도를 다시 읽고 나서 필요하다면 수정을 할 수 있다.
7. 최종적으로 완성된 지도를 살펴본다. 학생이 개인적으로 공부를 하거나 시험 준비를 할 때 이 지도를 활용하도록 한다.

표현된 결과물을 만들어 낸다. 또한 이 기법('참여적 조직자' 혹은 '인지 조직자'로도 불림)은 읽기 과제뿐 아니라 수업 중에 제공되는 과제를 해야 하는 중등 학생들에게 매우 유용하다. 의미 지도를 사용하는 교수법은 [도움상자 6-5]에서 찾아볼 수 있다.

의미 지도의 개념을 좀 더 자세하게 살펴본 Hoover와 Rabideau(1995)는 다양한 유형의 공부 기술을 가르치기 위하여 의미 지도를 사용할 것을 제안하였다. 예를 들어, 시험 보기 기술(확실한 오답을 먼저 지우기 등)을 생각해 보자. [그림 6-3]은 시험 보기 기술과 결합시킨 의미 지도다. 선다형 시험에 대한 의미 지도의 주요 조직자로서 시험 보기 기술, 공부 기술 그리고 시험 검토 기술을 함께 제시하였다. 또한 각 영역과 관련된 몇 가지 하위 기술도 함께 제시하였다. 이러한 특성을 가진 의미 지도를 일상적으로 사용하는 것은 학습장애 학생들이 선다형 시험을 보는 데 큰 도움

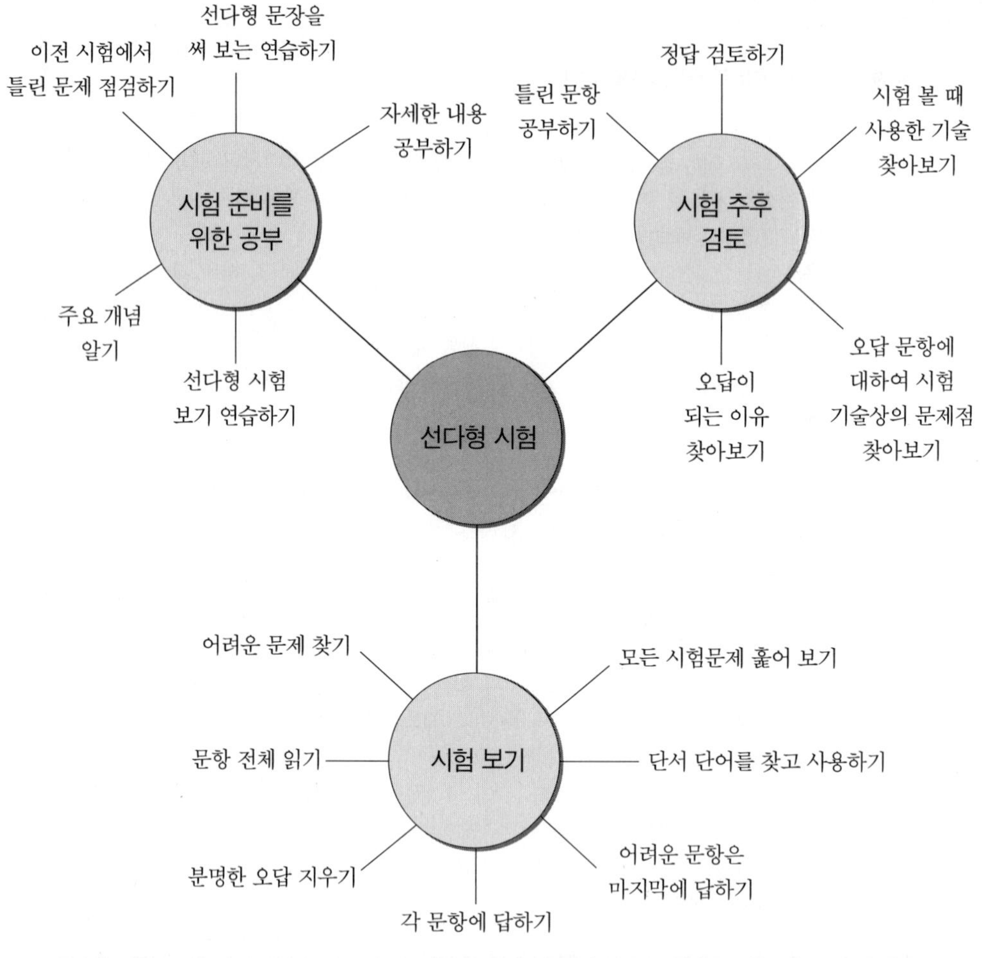

[그림 6-3] 선다형 시험의 공부기술을 위한 의미 지도

이 될 수 있고, 다른 유형의 의미 지도는 다른 공부 기술을 배우는 데 도움이 된다.

비계설정 교수 의미 지도와 관련된 읽기교수의 한 방법으로 비계설정 교수(*scaffolded instruction*)가 있다(Das et al., 1995; Echevarria, 1995; Larkin, 2001; Mariage, 1995; Stone, 1998). 종종 학습장애 학생들은 읽기에서 조직 기술이 부족하기 때문에 그들에게 구문을 읽고 이해하는 데 도움을 줄 수 있는 체계적인 방법을 제시하는 것이 학생들의 읽기 기술을 향상시키는 데 있어 매우 효과적이다(Englert et al., 1994; Mariage, 1995).

1978년 초에 Vygotsky는 학습이 특정 기술에 있어 보다 많은 능력을 가지고 있

P 이야기에 어떤 생각이 있는지를 예측하기

	질문
거미	
천적	왜 먹히지 않는가?
생물	다리는 얼마나 길까?
관절-몇 개?	어떻게 먹는가?
몸체	겨울에 어디에서 보내는가?
덫으로 먹이를 잡다	동면?
거미집	색을 볼 수 있나?
매달린 몸통	흑색을 볼 수 있나?
우스꽝스럽게 움직임	

O 내 생각 조직하기

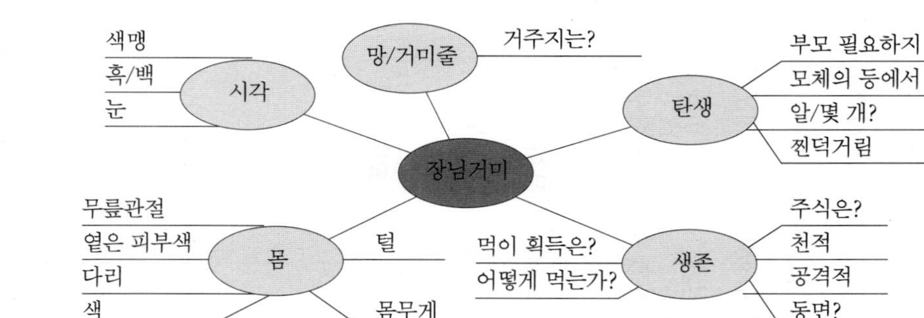

S 구조 탐색하기

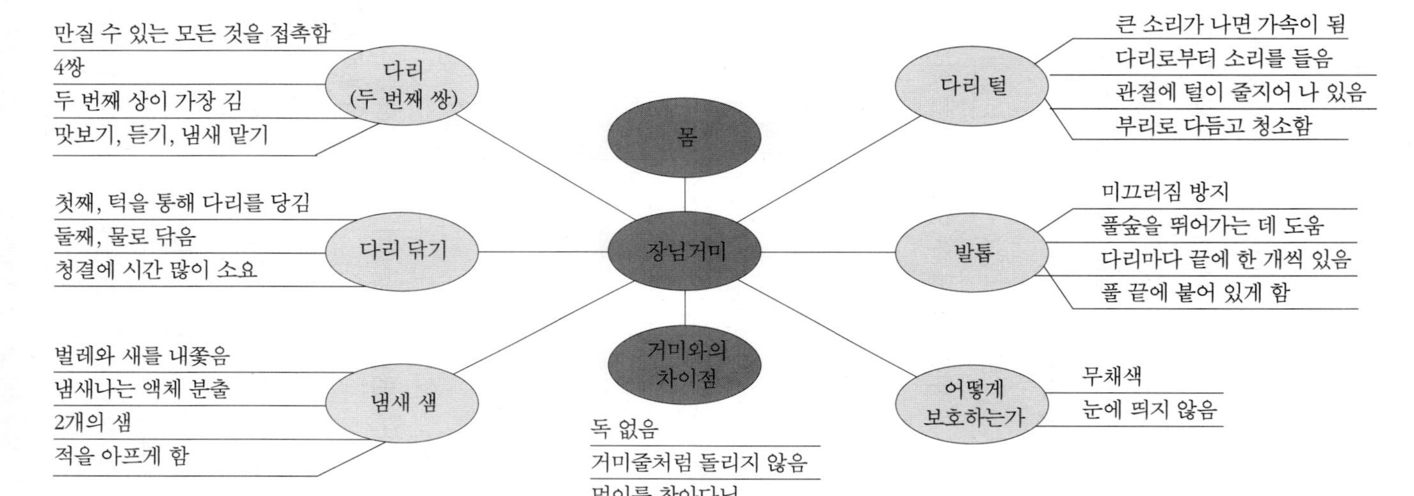

S 요약하기, 중심 생각 요약하기, 중심 생각에 대한 '교사'의 질문에 답하기
E 평가하기, 비교하기, 명료화하기, 예측하기

[그림 6-4] POSSE 전략지

출처: "Why Students Learn: The Nature of Teacher Talk During Reading" by T. V. Mariage, 1995, *Learning Disability Quarterly, 18,* 214-234 허락하에 전재.

는 사람에 의해 '비계가 이루어지거나' 구조화되거나 혹은 지원되어야 한다고 제안하였다(Echevarria, 1995). 이때 멘토(mentor)는 쉬운 개념에서 좀 더 복잡한 개념으로 점진적으로 이동시켜 최종적으로 배워야 할 개념에 근접하게 하는 질문이나 학습 과제를 사용한다. 이를 통해 학생이 현재 가지고 있는 이해력과 학습해야 할 개념 사이의 간극을 이어줄 수 있는 학습 과제로 구조화하는 역할을 한다. 또한 비계나 학습지원은 제안된 단계나 지침의 형태로 제공될 수 있다. 의미 지도를 그냥 공란으로 사용하기보다 학생의 이해를 점차 늘려갈 수 있게 지원하는 비계로써 연속적으로 조직화된 단계를 알려 주는 의미 지도를 사용하면 학습장애 학생들이 과제를 더 잘 수행할 수 있다.

Mariage(1995)는 [그림 6-4]와 같이 학생이 거미에 대한 읽기 구문의 의미를 파헤쳐 가는 과정에 사용될 수 있는 단계를 의미 지도로 제시하였다. 이 방법을 사용하

읽기과정	이해전략	자기진술	교수 비계
읽기 전	• 예견하기 - 아이디어를 어디서 찾았는가? - 질문에 답하기	• 내가 예상하길…… • 내가 기억하길…… • 질문은……	• POSSE 전략지 • 자기진술 카드 • 교사/학생 간 생각 큰 소리로 말하기 • 단어 도우미 • 상보적 교수 • 중심 생각과 세부사항을 나타낸 지도
	• 조직하기 - 범주 - 세부사항	• 범주 한 가지는…… • 이 범주에 대한 세부 사항은……	
읽기 중	• 탐색하기 - 중심 생각 찾기	• 내가 읽기를 하는 동안, 저자가 이야기하고 있는 것에 대한 중심 생각을 찾아야 한다.	
	• 요약하기 - 중심 생각 - 중심 생각에 대한 질문에 답하기	• 내 생각에 이 글의 중심 생각은…… • 중심 생각에 대한 질문은……	
읽기 후	• 평가하기 - 새로운 것을 이미 아는 것과 비교하기 - 명확하지 않은 단어나 지시어를 명료화하기 - 저자가 이후에 하고 싶은 이야기가 무엇인지를 예상하기	• 내 생각에는 우리가 중심 생각을 예측했어(하지 못했어). • 단어를 더 분명하게 해야 하지 않을까? • 내가 예상하기에는 저자가 다음에는 ~에 대해 이야기할 것 같아.	

[그림 6-5] POSSE에 사용되는 질문

출처: "Why Students Learn: The Nature of Teacher Talk during Reading" by T. V. Mariage, 1995, *Learning Disability Quarterly, 18,* 214-234에서 허락하에 전재.

여 학생들은 읽기 전, 중, 후에 맞는 특정 과제를 수행할 수 있다. 해당 과제에는 ① 이야기에서 어떤 사건이 일어날지를 예상하고, ② 예상을 조직하며, ③ 중심 생각을 찾고, ④ 생각을 요약하며, ⑤ 이야기를 평가한다. POSSE 전략은 학생들이 수행할 일련의 과제에 대한 비계 혹은 세부 단계를 제시하는 데 사용될 수 있다. 이 전략을 사용하는 동안 성인의 감독이 있으면 수행은 더욱 향상된다. [그림 6-5]는 학생이 과제를 완수하기 위하여 사용할 수 있는 질문의 유형을 제시하고 있다.

삽화 기초 읽기 구문에 삽화를 삽입하는 것이 비장애 아동의 읽기를 향상시킨다고 알고 있지만, 학습장애 학생들에게는 오히려 삽화가 그들의 읽기이해를 방해할 수도 있다는 증거가 있다(Rose & Robinson, 1994). 일부 전문가들은 그림을 제시하는 것이 학습장애 학생들을 더 산만하게 할 수 있다고 하였다. 또한 학습장애의 초인지적 관점(1장)을 고려하면, 학습장애 학생들은 글 속 그림과 읽기자료 사이의 관계를 찾는 활동에 인지적으로 참여하지 못할 수도 있다. 그러나 교사가 이러한 관계를 강조해 준다면 그림이 이해를 향상시켜 줄 수 있다(Mastropieri & Peters, 1987). 하지만 여전히 이는 이론적인 것이고 학습장애를 경험하는 학생들에게 읽기 구문에 그림을 사용하는 것과 관련된 논쟁은 계속적인 연구가 필요하다.

청각/언어에 기초한 전략

일부 읽기전략은 읽기이해를 향상시키기 위하여 읽기 전후에 언어 사용을 포함한다. 읽기 전에 준비하기 활동을 하면 학생들의 흥미를 불러일으킬 수 있고 실제 읽기를 하기 전에 이야기를 조직적으로 이해하는 데 도움을 준다. 읽기 후에 학생에게 이야기를 다시 말하도록 하는 활동 역시 읽기이해를 강화한다.

선행 조직자 기법 실증 연구에 의하면 학생이 읽기를 하기 전에 이야기에 대해 생각하도록 하는 활동은 읽기이해와 구어 읽기 수행을 향상시켜 줄 수 있다(Bender, 2002; Mariage, 1995; Mason, Meadan, Hedin, & Corso, 2006). 이야기에 등장하는 주요 인물의 계획과 목표 측면에서 이야기의 유형에 대해 토의하는 것은 이야기의 중심 생각을 더 오래 기억하게 해 준다. 읽기 전 활동의 유형을 선행 조직자(*advanced organizers*)라고 한다. "이 이야기는 자기 돈을 도둑맞은 은행 강도에 대한 이야기야. 이 사람은 어떤 느낌일 것 같니? 이 사람이 자기 돈을 훔쳐간 사람을 잡았을 때 무엇을 했을 것 같아?"와 같이 학생의 의견을 포함시킨 이야기에 대한 짧은 개요는 읽기이해를 향상시킨다. 이러한 질문은 학습장애 학생들의 이해를 향상시켜 준다.

이야기 다시 말하기와 자기 질문법 이야기 다시 말하기 기법(다시 말하기 혹은 자기 질문법이라고도 불림)에서 학생은 체계적으로 구문을 읽고 중심 생각과 세부사항에 대한 질문을 하도록 배운다. 그러고 나서 읽기이해 질문을 계속하기 전에 학생은 이야기의 주요 사건을 다시 말한다. 이와 같이 언어기반의 전략에 대한 연구에서 학생이 이야기 다시 말하기(*storg retelling*) 전략을 훈련받으면 읽기이해가 향상되었다.

TWA 전략 읽기이해를 향상시키기 위한 TWA 전략은 선행 조직자 기법을 포함하여 언어 기반의 다양한 인지기법과 함께 사용될 수 있으나 꼭 읽기 전 활동만으로 사용될 필요는 없다(Mason, Meadan, Hedin, & Corso, 2006). 학생들은 읽기내용의 다양한 측면에 대하여 스스로 생각하고 이야기할 수 있으면 좋다. 우선 학생들은 구문을 읽기 전, 중, 후 단계를 설명하고 있는 TWA라는 약어를 배워야 한다. TWA는 다음의 단계를 나타낸다.

- T(읽기 전에 생각하기, Think before reading): 저자의 목적과 글의 주제에 대해 내가 이미 알고 있는 것에 대해 생각한다.
- W(읽기 도중, While reading): 읽기 속도에 대해 생각하고 새로운 지식과 이미 알고 있는 바를 연결시키며 필요하다면 중요한 부분을 다시 읽는다.
- A(읽기 후, After reading): 중심 생각을 찾는다. 말로 학습한 정보를 요약한다.

위의 단계대로 해당 전략의 첫 부분은 학생이 구문의 제목을 생각하고 저자의 목적에 대한 판단을 내리도록 하는 선행 조직자를 생각해 볼 수 있다. 학생의 예견에 기초하여 학생은 읽기를 하는 동안 자신의 예견내용이 정확한지를 확인해 볼 수 있다. 연구결과, 이 방법은 효과적이라고 알려져 있다(Mason, Meadan, Hedin, & Corso, 2006). 특히 읽기내용을 요약하도록 하는 것은 예견사항을 확인하고 전체

구문에 대해 더 심도 깊이 이해하도록 강화할 수 있는 기회를 제공한다(Hedin, Mason, & Sukhram, 2006).

반복 읽기 학생에게 반복해서 읽기를 할 수 있는 기회를 제공하는 것은 매우 효과적인 읽기이해 전략으로, 읽기에 어려움이 있는 학생들에게 읽기 유창성을 향상시켜 줄 수도 있다(Knebel, Cartledge, & Kourea, 2006; NRP, 2000; Therrien & Kubina, 2006). 반복 읽기 기법을 사용할 때, 학생은 짧은 기간 동안 3~7회 정도 같은 읽기 구문에 노출된다. 많은 연구자들은 학생들에게 5~10개 단락으로 구성된 구문을 하루에 3~4회 읽도록 하면 읽기이해와 유창성이 함께 향상된다고 하였다. 다양한 유형의 교수 활동이 반복 읽기와 함께 제공될 수 있는데, 여기에는 특정 내용 영역에서 나오는 어휘의 교수, 짝과 함께 읽기, 구문내용 토의하기 등이 포함된다. 전국읽기위원회(NRP, 2000)의 보고서에서 의하면 반복 읽기는 학생이 이미 배운 구문의 읽기 유창성과 이해를 향상시킬 뿐 아니라 전혀 연습한 적이 없는 구문에서의 읽기 유창성과 이해도 향상시켜 준다. 그러므로 반복 읽기는 학습장애 학생들을 위한 교수전략으로 자주 추천되고 있다(Therrien & Kubina, 2006).

전략의 선정

특정한 한 아동에게 적절한 읽기이해 전략을 선정하는 것은 쉬운 일이 아니다. 게다가 이러한 결정을 위해 도움이 될 만한 특정한 지침도 없다. 일반적으로 학생이 시각적으로 제시된 자료에 더 잘 반응할 때, 교사는 시각에 기반한 교수전략을 시도해 보고자 할 것이다. 그러나 어떤 학생의 강점에 맞는 교수전략이 자동적으로 읽기이해를 향상시킨다는 연구결과는 아직 찾을 수 없다. 교사는 각 학생에게 가장 잘 맞는 기법을 시행착오의 과정을 통해 찾아내야 한다. 특정 학생에게 잘 맞는 기법을 찾았다고 한다면 동일한 교수 양식을 사용하여 각각의 읽기 과제를 제시해야 한다.

또 다른 방안으로는 앞에서 언급한 전략을 혼합하여 사용하는 것이 있다. 예를 들어, 학습장애 중학생을 위한 학습자료실에서 선행 조직자 기법과 이야기 다시 말하기 기법을 함께 사용할 수 있다. 한 해 동안 학생들은 선행 조직자를 이용하여 '5W' 질문(이야기에 누가 나오고, 어떤 사건이, 어떻게 일어났으며, 언제 그 사건이 발생하고, 왜 이야기가 그러한 방식으로 전개되었는지에 대한 질문)에 대한 답을 찾아볼 수 있다. 이 기법은 학생들이 조용히 읽기를 한 후에 교사에게 이야기를 다시 말하게 하고 위의 질문에 답하게 한다. 예시에서 볼 수 있는 것처럼, 다양한 읽기이해 기법은 여러 방식으로 함께 사용될 수 있다.

✻ 쓰기 기술

학습장애 학생을 위한 읽기가 다른 국어(문해) 영역에 비해 훨씬 더 많은 관심을 받아온 것은 사실이나, 지난 10년 동안 쓰기 영역에 대한 관심도 증가하고 있는 중이다. 특히 1997년 IDEA 재개정에서 학습장애 학생들을 일반교육과정에 참여시키는 것을 의무화하였고, IDEA 2004 개정에서도 해당 조항이 지속되었다(Schumaker & Deshler, 2003). 이러한 변화의 성과 중 하나는 학습장애 학생들이 주 단위 평가 프로그램에 참여하게 된 것이고, 거의 모든 주에서 읽기와 쓰기 평가를, 35개의 주는 쓰기평가를 의무화한 것이다(Council of Chief State School Officers, 1999). 그 결과, 쓰기교수는 연구 문헌뿐 아니라 학습장애 학생들을 위한 학급에서도 많은 관심을 받고 있다.

많은 학습장애 학생들은 쓰기의 일부 영역—글자 쓰기나 쓰기표현—에서 문제를 보인다(Schumaker & Deshler, 2003). 읽기 기술과 관련된 어려움과는 달리, 학습장애 학생들의 쓰기 기술은 최근에 들어서야 광범위하게 연구되었다. 그들의 상당수가 어린 나이부터 글자 쓰기에 어려움을 보이고, 아마도 이러한 문제는 언어 문제를 비롯하여 인지적 계획 능력을 포함한 다른 문제와 관계가 있다는 것이 알려져 있다. 그러나 장애 학생들이 경험하는 쓰기 기술의 문제 유형에 대해서는 더 많은 연구가 이루어져야 한다.

글자 쓰기

학습장애 학생들은 유치원에서 초등 1학년 동안 낱글자와 단어를 따라 쓰고 글자를 정확히 쓰는 것 등 기초 쓰기 과제에서 종종 어려움을 보인다. [도움상자 6-6]은 글자 쓰기 문제의 일부를 보여 주고 있다. 일부 학자들은 따라 쓰기와 손으로

도움상자 6-6

▶ 학습장애 학생이 쓴 문장

다음의 문장에서 대문자와 소문자의 높이를 확인한다. 여러 경우에 있어 학생은 종이의 여백에 쓴다. 그리고 학생이 페이지의 선을 따라 쓸 수 없다면 시지각의 문제가 있음을 의미할 수 있다.

The sky is blue.
I like water
The sun is hot.
It is summer.

쓰는 필기하기 문제가 신경학적이거나 시각처리 능력의 증상(1장의 시지각적 관점 참조)일 수 있다고 믿는 반면, 다른 학자들(주로 행동주의자)은 이러한 잠재적인 원인을 무시하고 정확한 글자 쓰기 행동에 집중해야 한다고 하였다. 학생들이 보이는 오류에는 잘못된 것을 그대로 따라 쓰거나 단어에서 낱글자의 높이와 글자의 공간, 선으로부터 글자의 근접성, 단어 사이 공간과 관련된 문제가 포함된다(Blandford & Lloyd, 1987).

지체장애가 아닌 사람에게서 보이는 부정확한 쓰기 기술이 단순히 정확한 글자 모양과 공간에 집중하는 것의 문제라면 글자 쓰기와 관련된 많은 문제는 정확한 쓰기 기술을 행동적으로 강화함으로써 관리될 수 있다. 심각한 문제를 가진 학생들을 위해 교사는 정확하게 글자 쓰기를 할 때마다(단어 하나하나마다) 강화를 해야 한다.

Blandford와 Lloyd(1987)은 학습장애 학생들을 위해 준비된 자기 확인용 질문 카드 7장을 통해 효과적인 자기교수 방법을 제시하였다. 일곱 가지 질문은 위에서 언급한 쓰기 오류의 유형에 대해 생각하도록 돕고, 학생 개개인은 쓰기 과제를 제출하기 전에 카드를 사용할 것을 훈련받았다. 쓰기는 상당히 향상되었고 시간이 지나도, 혹은 카드를 더 이상 사용하지 않더라도 향상은 지속되었다. 이 접근법은 글자 쓰기 문제가 지속되고 분명해질 때마다 사용되어야 한다.

철자하기

철자하기는 학급에서 쓰기 과제를 하는 데 있어서 필수적인 국어 기술 영역 중 하나다(Santoro, Coyne, & Simmons, 2006; Schumaker & Deshler, 2003). 학습장애 학생들의 철자 오류에 대한 초기 논의에서는 오류의 원인에 대해 다루었다. 학습장애 학생들이 가진 신경학적 문제와 언어문제 때문에 그들의 철자 오류는 비장애 학생의 글에서 찾아볼 수 있는 일반적인 철자 오류와는 다소 다르다고 본 학자들이 있었다. 만일 이것이 사실이라면 장애 학생들을 위해서는 일반 학생과는 다른 유형의 철자 활동을 제안할 필요가 있다. 그러나 학습장애 학생들의 철자 오류는 학습장애가 없는 더 어린 아동의 오류 유형과 크게 다르지 않다는 연구결과가 있다(Gerber & Hall, 1987). 보통 학습장애 학생들이 또래들보다 철자 오류를 더 많이 만들어 내기는 하지만 비장애 학생들의 철자교수에 사용되는 동일한 철자전략을 학습장애 학생들에게 철자를 가르칠 때 사용해도 역시 효과적일 가능성은 높다. 최근 학습장애 학생들에게 효과적인 철자교수의 기초로 음운론적 인식이 중요하다는 사실이 알려졌다(Berninger, Abbott, Rogan, Reed, Abbott, Brooks, Vaughn, & Graham, 1998; Chard & Dickson, 1999; Santoro, Coyne, & Simmons, 2006). 학생들은 글자의 소리를 이해해야 할 뿐 아니라 소리-상징 관계를 정신적으로 표상하며 다양한 철자하기 전략을 구사할 수 있어야 한다(Berninger et al., 1998). 초기 읽기에 대한 연구(Moats & Lyon, 1993)에서 지속되는 것과 같이, 음운론적 인식이 철자하기 기술의 기본이 되는 것은 더 분명해졌다.

학습장애 학생에게 효과적인 철자하기 전략은 많다(NRP, 2000; McNaughton & Hughes, 1999; Nulman & Gerber, 1984). 예를 들어, Nulman과 Gerber(1984)는 정확한 철자를 모델링하면서 아동의 철자 오류를 따라 하는 과정은 오류율을 줄일 수 있다는 것을 보여 주었다. 이 외에 사용 가능한 전략으로는 짧은 시간지연과 정확한 철자 모델링 그리고 단어 내에서 예견 가능한 글자 패턴에 초점을 맞춘 전략 훈련이 있다.

수많은 연구자들은 학습장애 학생들의 철자 기술을 향상시키기 위한 중재로서 오류 수정의 효과를 연구하였다(Kearney & Drabman, 1993; McNaughton, Hughes, & Ofiesh, 1997). 예를 들어, Kearney와 Drabman(1993)은 철자하기 수행을 향상시키기 위하여 사용될 수 있는 저렴한 방법을 제안하였다. 학생은 매일 단어 철자하

기의 시험을 보고 바로 오류에 대한 피드백을 제공받았다. 첫날 학생은 전형적인 철자시험을 보고 오류 글자를 5번씩 쓰며 단어를 쓸 때마다 글자를 말로 하도록 가르침을 받았다. 다음 날 학생은 철자시험을 다시 보고 글자 하나하나를 말하면서 오류 단어를 10번 썼다. 그다음 날도 학생은 철자시험을 보고 같은 방식으로 오류 단어를 15번 썼다. 이 방법은 매우 효과적이었는데, 다감각적 방법이 사용되었기 때문인 것으로 본다. 학생은 여러 번 정확한 철자를 쓰기도 하고 말하기도 했다. 그러므로 특별한 교육과정이나 도구의 구입 없이도 사용할 수 있는 효과적인 방법이 된다.

많은 교사들이 논쟁 중인 문제 중 하나는 학습장애 학생들이 철자의 자기확인 기술을 사용하는 것과 관련이 있다. McNaughton, Hughes와 Ofiesh(1997)는 학생이 철자를 자기 확인할 수 있도록 고안된 학습전략을 명시적으로 가르치면서 철자 확인도구(spell checkers)를 사용하는 것에 대해 연구하였다. 중다기초선 설계를 통해 시간이 지남에 따라 철자 오류를 추적하였다. 중재 이전에 평균적으로 학생의 작문에서 사용된 단어의 7.6%는 철자 오류를 보였다. 이 시점에서 철자 확인도구를 사용했음에도 불구하고 학습장애 학생들은 철자 오류의 단 41%만 수정하였다. 그러나 철자의 자기 확인하는 것을 강조하는 철자 확인도구와 전략을 사용하는 중재 이후에는 학생이 작문한 글에 포함된 단어의 단 3%만이 오류였고, 학생들은 철자 확인도구를 써서 오류 단어의 75%를 수정하였다. 연구자에 의하면 이 결과는 비장애 학생들이 보이는 철자의 자기 교정률과 비교할 만한 수준이었다. 그러므로 교사는 철자 확인도구의 사용을 격려하고 학습장애 학생에게 유효한 과학기술의 활용 이상의 것을 해야 한다. 교사는 철자 오류의 수정이 중요함을 강조하고 이를 성취하기 위한 한 방법으로써 학습전략의 활용을 고려해야 한다.

쓰기표현

활자로 의견이나 주장을 표현하는 능력은 학령기 후반에 필수적이다. 예를 들어, 시험에서 서술형 질문에 답을 하고 숙제나 쓰기 과제를 하기 위해서는 단순한 글자 쓰기와 문장 구성 기술을 넘어 쓰기표현(작문) 기술이 필요하다. 안타깝게도 학습장애 학생들이 가지고 있는 읽기이해와 구어의 문제는 효과적인 쓰기표현에서 어려움을 만들어 내는 것 같다. 3장에서 언급한 것과 같이, 학습장애 학생들은

도움상자 6-7

▶ 학습장애 학생의 쓰기표현

해당 과제에서 교사는 학습장애 학생에게 자기가 좋아하는 동물에 대하여 단락 하나를 쓰도록 하였다. 학생은 단락의 첫 줄은 들여쓰기를 하고 각 문장을 서로 다른 줄에서 시작하지 않는 등 단락의 일반적인 양식을 인지하고 있다. 그러나 구문의 내적 구조는 분명하지 않다. 주제문이 분명히 드러나 있지 않았고 부가적인 정보와 좀 더 복잡한 개념을 제시하기 위해 문장이 만들어진 것도 아니었다. 이 경우는 단락의 작성이라기보다는 단순하게 문장을 모아 놓은 것일 뿐이다.

I like dog. I have a big dog
at home. Some dogs are big. Some are
not. I like cats to. My sister have
a cat at home.

이야기식으로 제시된 정보를 따라가고 이야기를 만들어 내는 데 어려움이 있다. 분명히 이와 같은 구어의 문제는 학생이 이야기를 풀어 글의 형식으로 표현하는 능력에 영향을 미칠 것이다. 쓰기 과제의 유형 역시 학습장애 학생의 쓰기표현에 영향을 미친다. [도움상자 6-7]은 학습장애 학생의 쓰기표현의 예시다.

최근 연구자들은 학습장애 학생의 쓰기를 향상시킬 수 있는 쓰기전략을 추천하기 시작하였다. 이러한 전략의 일부는 최근에 출현한 컴퓨터 기술과 소프트웨어에 따라 달라진다(Montague & Fonseca, 1993; Williams, 2002). 예를 들어, Williams (2002)는 쓰기에서 학습장애 학생을 지원해 줄 수 있는 말-피드백 기술의 개발에 대한 사례 연구를 제시하였다. 미약한 쓰기 기술을 가진 학생은 쓰기를 향상시키기 위하여 두 가지의 컴퓨터 기반 소프트웨어 프로그램을 사용하였다. 우선 학생은 원하는 단어의 몇 자만 입력해도 단어가 예견되는 단어예측 프로그램(문법과 이전에 타이핑된 글자에 기초함)을 사용하였다. 이는 시간을 절약하고 학생 입장에서 철자 오류를 예방해 준다. 다음으로 학생은 짧은 구문을 쓴 후 선택된 구문을 '읽어 주는' 말-피드백 프로그램(음성합성 프로그램 혹은 화면 읽기 프로그램이라고도 함—역자 주)을 사용하였다. 교정을 목적으로 학생에게 작품을 큰 소리로 읽게 하였다.

Montague와 Fonseca(1993)는 장애 학생이 쓰기과정에 집중할 수 있고 학생의 쓰기와 관련하여 교사와의 의사소통을 촉진하는 프로그램을 사용하였다. 이 프로그램에서는 학생에게 전체 조직과 주요 사항의 목록을 포함한 쓰기 계획을 작성하도록 한다. 주요 사항은 쓰기표현을 위해 논리적인 순서로 계열화할 수 있다. 또한 컴퓨터에서 쓰기의 결과물을 교정하는 것은 전통적인 방식인 지필식에 비하면 훨씬 덜 힘들고 시간 소비도 덜하다. 쓰기과정 중에 학생을 도와줄 수 있는 컴퓨터 프로그램은 매우 많다(Montague & Fonseca, 1993).

Troia, Graham과 Harris(1999)는 학습장애 학생들이 이야기를 쓸 때 세심하게 계획하는 것이 중요함을 보여 주고 있다. 학습장애로 판별된 5학년 학생 3명은 목표를 세우고, 아이디어를 브레인스토밍하며 이를 계열화함으로써 쓰기를 계획하는 것을 배웠다. 중다기초선 설계에서 위의 계획전략을 훈련받고 난 후, 학생들이 쓴 이야기는 더 길어지고 전체 구조도 더 향상되었다. 분명한 것은 모든 국어 학급에서는 학습장애 학생들에게 이야기 계획하기의 세 가지 구성요소를 가르쳐야 한다는 것이다.

Grave와 Hauge(1993)는 쓰기에서 학습장애 학생들을 지원할 수 있는 자기 점검용 체크리스트를 제안하였다. [그림 6-6]에 제시된 체크리스트는 학생이 작문을 계획하고 실제로 쓰기를 하는 과정에서 고려해야 할 일련의 단서를 제시하고 있다. 학생은 미리 체크리스트에 제시된 요소 각각에 대하여 자신의 결정을 상세하게 기록하는 데 사용하게 될 카드에 대해 배웠다(Graves & Hauge, 1993). 또한 이 체크리스트(자기점검 카드)는 쓰기를 마친 후 과제를 제출하기 전에 마지막 점검을 하는 데 사용될 수 있다.

요소	자기 계획의 점검	쓰기 점검
등장인물		
배경		
문제		
계획		
종결		

[그림 6-6] 쓰기를 위한 자기 점검용 체크리스트

학령기 말 즈음 학생은 다양한 형태의 쓰기 과제를 수행해야 하고 간혹 연구 보고서를 준비해야 하기도 한다(Johnson & Bender, 1999). 대부분의 학생들에게는 이러한 유형의 쓰기 과제(대개 중학교에서 이러한 과제에 노출되기 시작함)가 비교적 새로운 것이기 때문에 학습장애 학생들은 이와 관련된 도움이 필요하다. 이러한 요구를 충족시키기 위하여 Korinek과 Bulls(1996)는 [도움상자 6-8]에 제시된 SCORE A라는 쓰기전략을 개발하였다. Korinek과 Bulls(1996)는 9주 동안 8학년 학습장애 학생 5명에게 해당 전략이 효과적인지의 여부를 살펴보았다. 그중 4명은 C등급 이상의 성적을 받고 과제를 끝마쳤다. 그러므로 이 전략은 연구 보고서를 쓰는 여러 단계에 도움을 주며, 단계들은 학생이 쓰기과정을 내면화할 때까지 동일한 유형의 과제에 일관되게 적용할 수 있도록 해야 한다.

이상의 전략은 장애 학생이 쓰기를 하는 데 도움이 된다. 교사는 문헌에 제시된 다른 쓰기 향상을 위한 전략에 대해 계속해서 공부해야 한다.

●●●● 도움상자 6-8

▶ SCORE A: 연구 보고서 쓰기전략

S	주제 선정하기
C	연구할 범주 찾기
O	개별 소주제나 범주에 대한 자료 구하기
R	소주제별로 읽고 기록하기
E	정보를 균등하게 조직화하기
A	쓰기 단계 과정을 적용하기 a. 계획하기 혹은 미리 쓰기 b. 초안 잡기 c. 교정하기

출처: "SCORE A: A student's Research Paper Writing Strategy" by L. Korinek & J. A. Bulls, *Teaching Exceptional Children, 28*(4), 1996, 60-63에서 수정 발췌함.

노트 필기하기

고학년 학생에게 필수적인 국어 기술 중 하나는 교사가 말할 때 노트를 필기하는 능력이다. 오늘날까지 학습장애 학생들의 노트 필기 기술에 대한 연구는 그리 많지 않다. 그러나 그들이 보여 주는 언어, 쓰기표현, 인지 조직 등의 어려움 때문에 노트 필기하기는 매우 어려운 과제다.

학습장애 학생들의 노트 필기에 대한 연구에 의하면 그들이 노트 필기에 인지적으로 더 많이 참여하면 할수록 정보를 더 많이 회상할 수 있었다(Igo, Bruning, McCrudden, & Kauffman, 2003). 예를 들어, 노트 필기를 할 때 텍스트에서 정보를 자기 말로 바꾸어 쓴 학생은 일반적으로 정보를 그대로 베껴 쓰거나 웹 기반 교과서에서 정보를 잘라 붙인 학생들에 비해 정보를 더 많이 기억한다. Bender(2004)는 중등교사가 학습장애 학생과 함께 수업을 할 때마다 참여 조직자를 제공함으로써 노트 필기 기술을 충족시킬 것을 제안하였다. 이 조직자는 수업 중 학생이 빈칸을 채워 넣을 수 있도록 하는 차트나 개요의 형식일 수도 있다. 의미 지도는 학생이 노트 필기를 하는 데 도움을 주는 조직자의 역할을 할 수도 있다. 또한 특수교사는 수업을 듣고 중요한 사항을 판별하여 노트 필기를 하는 데 도움이 되는 개요 형식으로 주요 사항을 정리할 수 있는 중요한 기술을 가르쳐야 한다.

학습장애 학생의 노트 필기에 대한 최근 연구에서 Igo와 동료들(2006)은 노트 필기에 컴퓨터를 활용하는 것의 효과성에 대해 살펴보았다. 물론 컴퓨터를 활용한 노트 필기는 강의나 토론과 같이 웹 기반이 아닌 학습에서 머릿속으로 내용을 구성하여 노트 필기를 하는 것에 비하여 노트를 만들기 위해 웹 기반의 글을 이용하여 내용을 잘라 붙일 수 있다. Igo와 동료들(2006)은 학습장애를 가진 7~8학년 학생과 비장애 또래를 대상으로 내용을 잘라 붙이는 노트 필기 방법과 수업 노트를 직접 정리하고 책을 자기 말로 바꾸는 노트 필기 방법의 효과성을 비교하였다. 연구자들은 수업 노트를 직접 정리하는 것이 이해를 향상시킬 것이라고 예상했지만 실제 연구결과로 그 효과를 한마디로 정리하기 어려웠다. 읽기자료에 쓰인 답을 기억하는 것은 노트를 직접 정리하는 것에 의해 더 좋아졌지만 기대와는 반대로 선다형 시험에서의 회상(단순한 사실적 회상이긴 하지만)은 내용을 잘라 붙이는 노트 필기에 의해 향상되었다. 이러한 결과는 추후 연구를 위한 함의를 제시한다. 우선 학습장애 중등학생에게 노트 필기는 중요한 기술이기 때문에 노트 필기에 대한 연구가 더 많이 진행되어야 한다. 또한 가까운 미래에는 학습장애 학생들의 전자식 노트 필기에 대한 연구가 더 많이 이루어져야 한다. 교사는 새로운 연구 분야에 대해 최신 정보를 쌓아가면서 학습장애 학생을 위해 컴퓨터 기반의 노트 필기를 활용해야 한다.

✻ 총체적 언어 교수법

1990년대 수많은 학자들은 **총체적 언어 교수법**(*whole-language instruction*)이라고 불리는 교수 접근법의 사용을 촉구하였다(Lerner, Cousin, & Richeck, 1992; MacInnis & Hemming, 1995). 읽기와 쓰기 교수에 대한 전통적인 접근법은 이 장에서의 구성과 같이 교수를 목적으로 읽기와 쓰기 기술을 별개의 영역으로 나누는 듯하다. 그러나 총체적 언어 교수법을 찬성하는 사람들은 사회적 맥락에서 의사소통의 활동으로 읽기와 쓰기를 별개의 기술로 보는 교수는 아동들에게 쓰도록 강요되는 기술의 유용성을 보지 못하는 다소 단조롭고 미약한 교수 분위기를 촉진할 뿐이라고 주장한다.

총체적 언어 교수의 맥락에서 학생들은 읽기, 쓰기, 철자하기 그리고 교실 내 사회적 관계 맥락에서의 다양한 의사소통 기술을 배운다(Bender, 1999). 여기서 읽기 자료의 핵심은 읽기교육과정을 인위적으로 구성하기보다는 실제 문학작품을 활용한다. 학생들은 개별 기술에 대한 추가적인 과제가 필요할 때만 해당 기술을 연습한다. 많은 교사들은 읽기와 쓰기 교수를 재구성하고 전통적인 접근법에 비하여 학생이 즐길 수 있는 교육과정적/교수적 접근법을 활용한다(Lerner et al., 1992).

그러나 많은 연구자들은 총체적 언어 접근법이 학습장애 학생들에게는 적절한 선택이 아닐 수도 있음을 제안하였다(Lerner et al., 1992; Mather & Roberts, 1994; Moats, 1991; NRP, 2000). 많은 교사들의 경험에 근거한 주장과는 달리, Stahl과 Miller(1989)는 이 방법이 전통적인 방법에 비해 비장애 학생의 읽기성취를 향상시키는 측면에서 더 효과적이라 볼 수 없다고 하였다. 게다가 Moats(1991)는 총체적 교수 방법이 음운론적 부호화와 소리 혼성에 연습이 필요한 학생들에게 효과적이지 않을 수 있으며 많은 학습장애 학생들에게는 음운론적인 유형의 교수가 필요하다고 주장하였다. 그리하여 학습장애 학생들에게 총체적 언어 교수법을 적용하는

것에 대한 심각한 수준의 문제 제기가 있어 왔다. 분명한 것은 이 문제에 대해 더 많은 연구가 진행되어야 하며 효과성에 대한 질문에 답을 찾을 때까지 교사는 학습장애 학생을 대상으로 해당 방법을 사용할 때 매우 제한적으로 시행해야만 한다는 것이다.

요약

이 장에서는 학습장애 학생이 보이는 읽기와 쓰기에서의 결함을 제시하였다. 음운론적 인식과 구어에서의 기초적인 문제 때문에 그들의 상당수는 읽기에서 어려움을 보인다. 읽기 기술의 위계는 설령 독립적이고 별개의 기술로 제시된다 하더라도 상호 독립적인 기술의 모음이다. 즉, 해독의 문제는 이해문제의 원인이 되기도 하고, 따라서 후에 읽기자료의 다른 단어를 해독하는 데 필요한 상황적 단서를 제거할 수도 있다. 읽기는 중등학교의 내용교과를 비롯하여 학교 교육과정의 거의 모든 측면에서 중요한 영역이다. 이러한 이유로 학습장애 아동을 가르치는 교사는 교육과정의 읽기 관련 요구에 대해 학생이 성공적으로 기능할 수 있도록 도와주는 전략을 선택해야 할 책임이 있다.

읽기의 어려움은 필기, 철자, 쓰기표현과 노트 필기하기를 포함한 여러 쓰기 활동에서 다른 문제를 야기한다. 여러 수업과 과제에서 이러한 쓰기 활동은 필수적이다. 보통 많은 시간과 연구가 읽기에 투입된다 하더라도 더 많은 연구자의 관심과 학교에서 교육적 시간이 읽기 관련 쓰기 영역에 할당되어야 할 것이다.

다음은 이 장의 주요 내용을 정리한 것이다.

- 거의 모든 학습장애 학생은 읽기에서 어려움을 가지며 이런 어려움은 대부분의 교과 영역에서 학생의 학교 수행에 영향을 미친다.
- 읽기는 네 가지 상호 의존적인 요소, 즉 해독, 단어 재인, 읽기 유창성과 읽기 이해로 구성되어 있다.
- 일견단어 접근법은 특정한 글자 소리에 대한 것을 몰라도 일견단어를 기억하는 것으로 음운론과 발음법 교수의 시행 후에 사용된다.
- 발음법 교수는 글자 소리에 기초하여 단어를 해독하는 것이다. 읽기를 가르치

는 데 있어 교사들이 선호하는 방법이다.

- 실증 연구결과, 발음법 교수는 대부분의 학생들에게 일견단어보다 전체적으로 읽기 기술이 더 나아지는 결과를 가져온다. 하지만 일부 학생들은 일견단어 접근법에만 성공적으로 반응한다.
- 음운론적 인식 교수는 많은 학습장애 학생들의 읽기문제를 경감시키는 데 상당히 유망한 기대를 하게 한다.
- 단어분석(어근, 접미사, 접두사에 대한 공부)은 단어이해를 향상시킨다.
- 읽기이해는 활자로 된 답안이나 그림으로 된 답안이 있는 선다형 문항, 빈칸 채우기와 같은 다양한 방법으로 측정된다.
- 읽기이해는 여러 수준의 기술로 구성되어 있다. 그 수준이 다양하나, 학자들은 최소한 사실적 이해, 추론적 이해, 평가적 이해 그리고 심미적 이해의 네 가지 수준으로 읽기이해를 나누는 데 동의한다.
- 학습장애 학생들은 서로 다른 교수 접근법을 통해 학습한다. 그 결과, 특수교사는 읽기이해 교수를 위해 시각에 기초한 전략과 청각/언어에 기초한 전략 모두를 알고 있어야 한다.
- 학습장애 학생은 종종 글자 쓰기, 철자하기 및 쓰기표현 등의 쓰기 영역에서 어려움을 보인다. 각 해당 영역에 대한 교수는 종종 특수교사의 책임이다.
- 총체적 언어 교수법은 사회적 의사소통 맥락에서 언어를 강조하는 것이나 학습장애 학생을 위한 효과성에 대해서는 아직 의문점이 남아 있다.

학습문제와 활동

1. 읽기이해 중재를 다룬 실험처치 연구 논문 한 편에 대한 비평을 학생들에게 제시해 보라.
2. 기초 읽기 접근법과 기본 철자 접근법을 사용한 교과서를 몇 부 구한 후 교과서에서 발음법 교수의 예시를 찾아보라. 일견단어 접근법을 사용한 예시를 찾을 수 있는가?
3. 음운론적 교수에 대한 연구를 살펴보고 이를 학급에서 발표해 보라.
4. 실증 연구에서 학습장애 학생이 보이는 철자 오류의 증거를 찾아보라. 어떠한 증거가 그들이 서로 다른 유형의 오류를 보인다는 주장을 지지 혹은 부정하는가?
5. 학급에서 읽기장애를 유발하는 원인 중 언어에 기초한 것은 무엇인지를 토의해 보라.

6. 학습장애 학생 2~3명으로부터 쓰기 표본을 구해 보고 이 책에 나온 예시와 비교해 보라. 유사성은 무엇인가?
7. 중등학급을 관찰해 보고 학습장애 학생들이 직면하고 있는 노트 필기의 문제를 찾아보자.

참고문헌

Ackerman, P. T., Anhalt, J. M., & Dukman, R. A. (1986). Inferential word-decoding weakness in reading disabled children. *Learning Disability Quarterly, 9,* 315-323.

Archer, A. L., Cleason, M. M., & Vachon, V. L. (2003). Decoding and fluency: Foundation skills for struggling older readers. *Learning Disability Quarterly, 26*(2), 89-102.

Bender, W. N. (1985). Differential diagnosis based on task-related behavior of learning disabled and lowe-achieving adolescents. *Learning Disability Quarterly, 8*, 261-266.

Bender, W. N. (1999). Innovative approaches to reading. In W. N. Bender (Ed.), *Professional issues in learning disabilities* (pp. 83-106). Austin, TX: ProEd.

Bender, W. N. (2002). *Differentiating instruction for students with learning disabilities: Best teaching practices for general and special educators.* Thousand Oaks, CA: Corwin Press.

Bender, W. N. (2004). *Learning disabilities: Characteristics, Identification, and teaching strategies* (5th ed.). Boston: Allyn and Bacon.

Bender, W. N., & Larkin, M. (2003). *Reading strategies for students with learning disabilities.* Thousand Oaks, CA: Corwin Press.

Berninger, V., Abbott, R., Rogan, L., Reed, E., Abbott, S., Brooks, A., Vaughan, K., & Graham, S. (1998). Teaching spelling to children with specific learning disabilities: The mind' s ear and eye beat the computer or pencil. *Learning Disability Quarterly, 21,* 106-122.

Bhat, P., Griffin, C. C., & Sindelar, P. T. (2003). Phonological awareness instruction for middle school students with learning disabilities. *Learning Disability Quarterly, 26*(2), 73-88.

Blandford, B. J., & Lloyd, J. W. (1987). Effects of a self-instructional procedure on handwriting. *Journal of Learning Disabilities, 20*, 342-346.

Boon, R., Ayres, K., & Spencer, V. (in press). The effects of cognitive organizers to facilitate content-area learning for students with mild disabilities. A pilot study. Journal of Instructional Practice.

Bos, C. S., Mather, N., Silver-Pacuilla, H., & Narr, R. F. (2000). Learning to teach early literacy skills-collaboratively. *Teaching Exceptional Children, 32*(5), 38-45.

Boulineau, T., Fore, C., Hagan-Burke, S., & Burke, M. D. (2004). Use of story-mapping to increase the story-grammar text comprehension of elementary students with learning disabilities. *Learning Disability Quarterly, 27,* 1-17.

Bryant, D. P., Goodwin, M., Bryant, B. R., & Higgins, K. (2003). Vocabulary instruction for students with learning disabilities: A review of the research. *Learning Disability Quarterly, 26* (2), 117-128.

Chard, D. J., & Dickson, S. V. (1999). Phonological awareness: Instructional and assessment guidelines. *Intervention in School and Clinic, 34* (5), 261-270.

Chard, D. J., Vaughn, S., & Tyler, B. J. (2002). A synthesis of research on effective interventions for building reading fluency with elementary students with learning disabilities. *Journal of Learning Disabilities, 35*(5), 386-406.

Commission on Excellence in Special Education (2001). *Revitalizing special education for children and their families.* Available from www.ed.gov/inits/commissionsboards/whspecialeducation.

Council for Exceptional Children (CEC) (2002). Commission report calls for special education reform. *Today, 9* (3), 1-6.

Council of Chief State School Officers (1999). *State students assessment programs: A summary report.* Washington, DC: Author.

Das, J. P., Mishra, R. K., & Pool, J. E. (1995). An experiment on cognitive remediation of word-reading difficulty. *Journal of Learning Disabilities, 28,* 66-79.

Echevarria, J. (1995). Interactive reading instruction: A comparison of proximal and distal effects of instructional conversations. *Exceptional Children, 61,* 536-552.

Edelen-Smith, P. J. (1997). How now brown cow: Phoneme awareness activities for collaborative classrooms. *Intervention in School and Clinic, 33,* 103-111.

Ellis, E. S., & Sabornie, E. J. (1988). Teaching learning strategies to learning disabled students win post-secondary settings. In W. N. Bender, D. Benson, & D. Burns (Eds.), *College programs for the learning disabled.* New Brunswick, NJ: Rutgers University Press.

Englert, C. S., Tarrant, K. L., Mariage, T. V., & Oxer, T. (1994). Lesson talk as the work of reading groups: The effectiveness of two interventions. *Journal of Learning Disabilities, 27,* 165-185.

Gerber, M. M., & Hall, R. J. (1987). Information processing approaches to studying spelling deficiencies. *Journal of Learning Disabilities, 20,* 34-42.

Graves, A., & Hauge, R. (1993). Using cues and prompts to improve story writing. *Teaching Exceptional Children, 25* (4), 38-40.

Haager, D. (2002). *The road to successful reading outcomes for English language learners in urban schools.* Paper presented at the annual meeting of the Council for Learning Disabilities (October 11). Denver, CO.

Hawk, P. P., & McLeod, N. P. (1984). Graphic organizers: A cognitive teaching method that works. *The Directive Teacher, 6* (1), 6-7.

Hedin, L., Mason, L. H., & Sukhram, D. (2006, April 9-12). *The effect of TWA plus prompts for discourse on reading comprehension.* Paper presented at the annual meeting of the Council for Exceptional Children, Salt Lake City, UT.

Hoover, J. J., & Rabideau, D. K. (1995). Semantic webs and study skills. *Intervention in School and Clinic, 30,* 292-296.

Idol-Maestas, L. (1981). Increasing the oral reading performance of a learning disabled adult. *Learning Disability Quarterly, 4,* 294-301.

Igo, L. B., Bruning, R., McCrudden, M., & Kauffman, D. F. (2003). InfoGather: A tool for gathering and organizing information form the web. In R. Bruning, C. Horn, & L. PytilZilling (Eds.), *Web-based learning: What do we know? Where do we go?* Greenwich, CT: Information Age.

Igo, L. B., Riccomini, P. J., Bruning, R. H., & Pope, G. G. (2006). How should middle school students with LD approach online note taking? A mixed methods study. *Learning Disability Quarterly, 29*(2), 89-100.

Jitendra, A. K., Edwards, L. L., Sacks, G., & Jocobson, L. A. (2004). What research says about vocabulary instruction for students with learning disabilities. *Exceptional Children, 70* (3), 299-322.

Johnson, S. E., & Bender, W. N. (1999). Language arts instructional approaches. In W. N. Bender (Ed.), *Professional issues in learning disabilities* (pp. 107-139). Austin, TX: ProEd.

Kame' enui, E. J., Carnine, D. W., Dixon, R. C., Simmons, D. C., & Coyne, M. D. (2002). *Effective teaching strategies that accommodate diverse learners* (2nd ed.). Upper Saddle River, NJ: Merrill/Prentice Hall.

Kearney, C. A., & Drabman, R. S. (1993). The write-say method for improving spelling accuracy in children with learning disabilities. *Journal of Learning Disabilities, 26,* 52-56.

Knebel, S., Cartledge, G., & Kourea, L. (2006, April 9-12). *Repeated reading: An evidence-based strategy to improve urban learners' reading skills.* Paper presented at the annual meeting of the Council for Exceptional Children, Salt Lake City, UT.

Korinek, L., & Bulls, J. A. (1996). SCOREA: A student' s research paper writing strategy. *Teaching Exceptional Children, 28* (4), 60-63.

Larkin, M. J. (2001). Providing support for student independence through scaffoled instruction. *Teaching Exceptional Children, 34* (1), 30-35.

Lerner, J. W., Cousin, P. T., & Richeck, M. (1992). Critical issues in learning disabilities: Whole language learning. *Learning Disabilities Research and Practice, 7,* 226-230.

Lindamood, P. C., & Lindamood, P. D. (1998). *Lindamood Phoneme Sequencing Program for Reading, Spelling, and Speech.* Austin, TX: ProEd.

Lyon, G. R., & Moats, L. C. (1997). Critical conceptual and methodological considerations in reading intervention research. *Journal of Learning Disabilities, 30* (6), 578-588.

MacInnis, C., & Hemming, H. (1995). Linking the needs of students with learning disabilities to a whole language curriculum. *Journal of Learning Disabilities, 28,* 535-544.

Mariage, T. V. (1995). Why student learn: The nature of teacher talk during reading. *Learning Disability Quarterly, 18,* 214-234.

Mason, L. H., Meadan, H., Hedin, L., & Corso, L. (2006). Self-regulated strategy development instruction for expository text comprehension. *Teaching Exceptional Children, 38* (4), 47-52.

Mastropieri, M. A., Leinart, A., & Scruggs, T. E. (1999). Strategies to increase reading fluency. *Intervention in School and Clinic, 34* (5), 278-292.

Mastropieri, M. A., & Peters, E. E. (1987). Increasing prose recall of learning disabled and reading disabled students via spatial organizers. *Journal of Educational Research, 80,* 272-276.

Mather, N., & Roberts, R. (1994). Learning disabilities: A field in danger of extinction. *Learning Disabilities Research and Practice, 9* (1), 49-58.

McNaughton, D. B., & Hughes, C. A. (1999). *InSPECT: A strategy for finding and correcting spelling errors: Instructor' s manual.* Lawrence, KS: Edge Enterprises.

McNaughton, D. B., Hughes, C. A., & Ofiesh, N. (1997). Proofreading for students with learning disabilities: Integrating computer and strategy use. *Learning Disabilities Research and Practice, 12* (1), 16-28.

Moats, L. C. (1991). Conclusion. In A. M. Bain, L. L. Bailet, & L. C. Moats (Eds.), *Written language disorders: Theory into practice* (pp. 189-191). Austin, TX: ProEd.

Moats, L. C., & Lyon, G. R. (1993). Learning disabilities in the United States: Advocacy, science, and the future of the field. *Journal of Learning Disabilities, 26,* 282-

294.

Montague, M., & Fonseca, F. (1993). Using computers to improve story writing. *Teaching Exceptional Children, 25* (4), 46–49.

National Reading Panel (NRP) (2000). *Teaching children to read: A report from the National Reading Panel.* Washington, DC: U.S. Government Printing Office.

Nulman, J. A. H., & Gerber, M. M. (1984). Improving spelling performance by imitating a child' s errors. *Journal of Learning Disabilities, 17,* 328–333.

Padget, S. Y. (1998). Lessons from research on dyslexia: Implications for a classification system for learning disabilities. *Learning Disability Quarterly, 21,* 167–178.

Pullen, P. C., & Justice, L. M. (2006). Enhancing phonological awareness, print awareness, and oral language skills in preschool children. *Intervention in School and Clinic, 39* (2), 87–98.

Rose, T. L., & Robinson, H. H. (1984). Effects of illustrations on learning disabled students' reading performance. *Learning Disability Quarterly, 7,* 165–171.

Santoro, L. E., Coyne, M. D., & Simmons, D. C. (2006). The reading-spelling connection: Developing and evaluating a beginning spelling intervention for children at risk of reading disability. *Learning Disabilities Research and Practice, 21* (2), 122–133.

Scanlon, D. J., Duran, G. Z., Reyes, E. I., & Gallego, M. A. (1992). Interactive semantic mapping: An interactive approach to enhancing LD students' content area comprehension. *Learning Disability Research and Practice, 7,* 142–146.

Schmidt, R. J., Rozendal, M. S., & Greenman, G. G. (2002). Reading instruction in the inclusion classroom: Research based practices. *Remedial and Special Education, 23*(3), 130–140.

Schumaker, J. B., & Deshler, D. D. (2003). Can students with LD become competent writers? *Learning Disability Quarterly, 26* (2), 129–141.

Scruggs, T. E., Bennion, K., & Lifson, S. (1984). Learning disabled students' spontaneous use of test-taking skills on reading achievement tests. *Learning Disability Quarterly, 7,* 205–210.

Shaywitz, S. E., & Shaywitz, B. A. (2006). Reading disability and the brain. In *Educating Exceptional Children: 2005/2006.* Dubuque, IA: McGraw Hill.

Silliman, E. R., & Scott, C. M. (2006). Language impairment and reading disability: Connects and complexities. *Learning Disabilities Research and Practice, 21*(1), 1–7.

Smith, S., & Simmons, D. C. (1997, April). *Project phonological awareness: Efficiency and efficacy in phonological awareness instruction for prereaders at-risk of reading failure*. Paper presented at the annual meeting of the Council for Exceptional Children, Salt Lake City.

Sousa, D. A. (2005). *How the brain learns to read*. Thousand Oaks, CA: Corwin.

Stahl, S. A., & Miller, P. D. (1989). Whole language and language experience approaches for beginning reading: A quantitative research synthesis. *Review of Educational Research, 59,* 87-116.

Stone, C. A. (1998). The metaphor of scaffolding: Its utility for the field of learning disabilities. *Journal of Learning Disabilities, 31,* 344-364.

Terrill, M. C., Scruggs, T. E., & Mastropieri, M. A. (2004). SAT vocabulary instruction for high school students with learning disabilities. *Intervention in School and Clinic, 39* (5), 288-294.

Therrien, W. J., & Kubina, R. M. (2006). Developing reading fluency with repeated reading. *Intervention in School and Clinic, 41*(3), 131-137.

Torgesen, J. K., & Brynat, B. R. (1994). *Phonological awareness training for reading*. Austin, TX: ProEd.

Troia, G. A., Graham, S., & Harris, K. R. (1999). Teaching students with learning disabilities to mindfully plan when writing. *Exceptional Children, 65*, 235-252.

Vogel, S. A. (1983). A qualitative analysis of morphological ability in learning disabled and achieving children. *Journal of Learning Disabilities, 16,* 416-420.

Vygotsky, L. S. (1978). *Mind in society: The development of higher psychological processes* (M. Cole, V. John-Steiner, S. Scribner, & E. Souberman, Eds. & Trans.). Cambridge, MA: Harvard University Press.

Williams, S. C. (2002). How speech-feedback and word-prediction software can help students write. *Teaching Exceptional Children, 34* (3), 72-78.

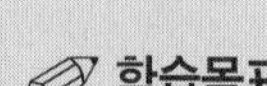

학습목표

1. 수학 결함의 원인을 언어와 시지각에 근거하여 설명할 수 있다.
2. 수학적 사실을 학습하는 데 있어 자동성과 관련된 요인들을 설명할 수 있다.
3. 읽기와 문장제 문제를 완성하기 위한 능력 간의 관계를 이해한다.
4. 구두로 제시되는 수학문제 해결을 위한 인지적 전략훈련을 안다.
5. 수학의 각 영역을 교수하기 위한 전략을 안다.
6. 비언어적 학습장애의 특성과 해당 특성이 수학성취에 어떠한 영향을 주는지 이해한다.

핵심어

수감각
공간 능력
비언어성 학습장애
숫자
모두 세기
수학 기준
기술 영역 및 계열 차트
서수(숫자 읽는 법)
일대일 대응
계열화
자릿값
자동성
연결하기
단위 세기 전략
다단계 연산
다시 모으기
복합 연산
단서 단어

수학에서의 학습 특성

이 장의 개관

- 서론
- 인지 능력과 수학 기술
  - 신경학적 결함
  - 기억 결함
  - 언어 능력
  - 공간 능력
  - 비언어적 학습장애
- 수학 학습장애의 유형
- 수학교육과정 기준
  - 초기 수학 기술
  - 수학적 사실 기술과 자동성
  - 자릿값과 다단계 연산
  - 복합 연산
  - 문장제 문제
  - 실제 상황에서의 수학 앵커드(정착) 교수
- 수학에서의 교육과정중심평가
- 수학에서의 예후
- 요약

✻ 서론

대부분의 학습장애 학생들은 읽기에 부정적인 영향을 초래하는 장애를 가지고 있다. 그러나 학습장애가 특정한 교육과정 영역에 더 영향을 미친다고 믿을 만한 이유는 없다. 그리고 현재는 수학성취에 부정적 영향을 보이는 학습장애 학생의 비율에 대한 정보도 거의 없다(Gersten, Chard, Baker, & Lee, 2002). 학습장애 학생들은 수학의 많은 영역에서 어려움을 보여 왔다(Babbitt & Miller, 1996; Bryant & Dix, 1999; Cawley, Parmar, Foley, Salmon, & Roy, 2001; Gersten et al., 2002; Grobecker, 1999; Maccini, McNaughton, & Ruhl, 1999; Miles & Forcht, 1995; Riccomini, 2005; Saunders, 2006). 모든 가능한 상황에서 어떤 학생들은 읽기에만 장애를 가지고 있고, 어떤 학생들은 수학에만 장애를 가지고 있으며, 또 어떤 학생들은 두 영역 모두에 장애를 가지고 있다(Robinson, Menchetti, & Torgesen, 2002). [그림 7-1]에는 서로 다른 교육적인 요구를 가진 세 그룹이 제시되어 있다.

학습장애 아동의 읽기 특성에 대한 광범위한 연구가 있었으나 그들의 수학 학습 특성은 완전히 연구되지 않았다(Gersten et al., 2002). 예를 들어, 광범위한 문헌 조사 후에 Maccini와 동료들(1999)은 대수학과 관련된 학습장애 학생들의 수행에 관한 연구를 여섯 편밖에 찾아내지 못했다. Gersten과 동료들(2002)은 문헌 조사를 하였고 학습장애 학생의 수학중재에 관한 지극히 제한된 수의 연구만을 발견하였다. 이러한 상황에는 몇 가지 가능한 이유들이 있다. 첫째, 이전의 연구에서는 읽기의 어려움이 주요한 요소가 되어 왔고 최근에 와서야 연구자들이 수학성취에 관한 연구를 시작하였다. 이전의 연구자들은 읽기문제가 더 깊이 잠재된 언어문제를 나타낸다는 가정 때문에 읽기에 집중하는 경향을 보였다. 오늘날 우리는 언어와 수학 사이에 수많은 가능한 관계를 알게 되었으나 이는 비교적 새로운 연구 분야다.

다음으로 모든 연구가 장애학생과 다른 학생들 사이에서 수학성취 결함을 증명한 것은 아니다(Cawley et al., 2001). 게다가 연구자들과 전문가들은 최근에서야 학습장애 아동의 수학성취에 주의를 기울이기 시작했다(Mastropieri, Scruggs, & Shiah, 1991).

이 분야에서 교사들과 전문가들은 수학을 배제할 만큼 읽기와 국어 과목을 강조하는 교수를 받아왔을지 모른다. 입장에 대한 솔직한 설명 없이, 학교장은 무의식

중에 읽기 결함이 수학 결함보다는 다른 교과에 더 영향을 미친다고 가정해 왔을지도 모른다.

마지막으로는 역사적으로 발전된 것처럼 판별과정이 무의식적으로 연구에 편견을 갖게 했는지 모른다. 읽기 점수가 능력과 성취의 불일치를 계산하는 데 빈번히 사용되었지만 대부분의 주가 그런 절차를 허용하고 있음에도 불구하고 수학점수를 사용해 불일치를 계산하는 경우는 드물다. 이런 사실은 읽기에 문제가 없는 수많은 수학 학습장애 학생들은 전혀 진단되지 않았을 가능성을 시사한다. 사실상 현재 학습장애로 진단되지 않은 많은 아동들은 수학에서 특별한 교육을 필요로 할 수 있다. 이런 가능성은 인정된 선발과 진단 절차의 사용이 무의식적으로 읽기가 아닌 수학에 장애가 있는 많은 학생들을 무시하고 있었을지도 모른다는 점 때문에 학습장애 학생들 사이에서 수학성취에 결함이 없음을 보고하는 연구를 해석하면서 주의할 것을 제안한다.

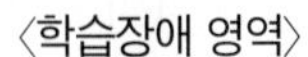

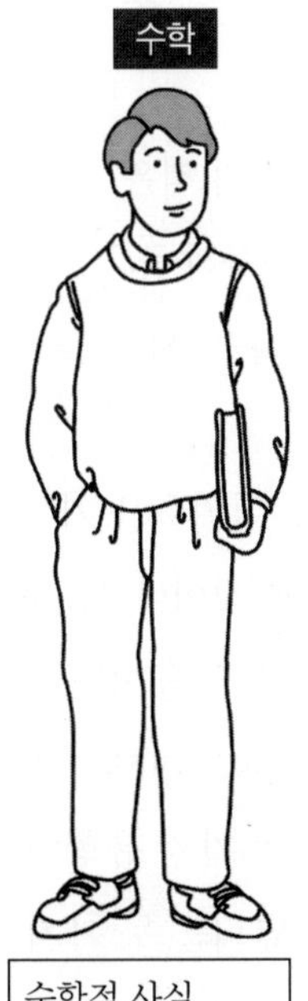

[그림 7-1] 학습장애 학생들 간의 다양성

학습장애 학생들이 수학적 문제를 지니고 있다는 연구결과들이 계속 발표되고 있고 특히 중재에 대한 반응(RTI) 절차의 실행과 함께 수학 학습장애 학생의 수는 증가할 것이다. 향후 5년 정도에 걸쳐 수학중재에 대한 학생의 반응에 따라 적격성을 결정하게 될 것이다(Kroeger & Kouche, 2006)

✻ 인지 능력과 수학 기술

학습장애 학생 중 수학 학습장애에 관한 최근 연구는 인지적 결함과 수학에서의 문제 간의 가능한 관계들을 제시해 왔다(Garrett, Mazzocco, & Baker, 2006; Kroeger & Kouche, 2006; Rourke, 1993, 2005; Robinson, Menchetti, & Torgesen, 2002). 많은 개념들 중 수감각(*number sense*) 개념은 중요한 영향을 끼치는 것처럼 보인다. 수감각의 문제는 아래의 예를 포함한 우리의 수체계 운영과 관련된 기본 개념에 대한 이해 부족으로 정의될 수 있다.

- 상대적인 양(즉, ~많은 또는 ~보다 적은, ~보다 적은 또는 ~보다 큰)
- 일대일 대응(즉, 하나의 숫자는 항목의 묶음에서 구체적인 숫자를 나타낸다.)
- 자릿값(즉, 다양한 순서에서의 숫자는 다른 것을 의미한다는 개념; 21은 12와 다르다.)

분명 이러한 개념을 이해하는 데 어려움을 가진 학생들은 기초적인 수학을 숙달하는 것에서도 큰 어려움을 겪게 될 것이다. 실제로 어떤 연구자들은 수학 학습장애가 수감각의 어려움에 근거하고 있을지도 모른다는 가능성을 가정해 왔다(Bender, 2005; Gersten & Chard, 1999; Rourke, 2005). 더 나아가 일부 연구자들은 수학 학습장애가 수학장애의 다른 두 가지 유형인 '수감각'에서의 어려움 혹은 '읽기에서의 음운론'의 어려움으로 구별되는 두 가지 다른 유형으로 분류될 수 있다고 제안해 왔다(Bender, 2005; Robinson, Menchetti, & Torgesen, 2002; Rourke, 2005).

예를 들어, Robinson, Menchetti와 Torgesen(2002)는 어떤 학생들은 수학에서만 어려움을 경험했고 음운론적 조작, 음운 혹은 읽기에는 장애가 없었다는 것을 지적했다. 연구자들은 수학문제의 이러한 특성들이 전반적으로 약한 수감각에 기초했을 것이라고 보고하였다. 수학에만 장애를 가진 학생들과 대조적으로, 다른

학습장애 학생들은 수학과 읽기 모두에서 장애를 경험한다. Robinson 등(2002)은 이러한 학생들은 수를 이해하고 조작하는 어려움과 함께 음운론적 처리의 부족으로 인해 장애를 가질 것이라고 제시하였다.

다른 연구자들은 수학적 능력과 다양한 인지과정 사이의 직접적인 관련성을 조사해 왔는데, 그 결과에 대해 지금부터 정리해 보기로 하겠다.

신경학적 결함

몇몇 연구자들은 특정 신경학적 결함이 수학 학습장애에 작용을 한다고 지적해 왔다(Geller & Smith, 2002; Rourke, 1993; Shalev & Gross-Tsur, 1993). 예를 들어, Rourke(1993)는 이용 가능한 증거를 재검토하였고 수학 학습장애를 가져올지 모르는 신경심리학적(전형적으로 지능검사의 특정 하위검사의 점수로 대표되는) 강점과 결함에 대한 최소 두 가지의 다른 분석표가 있다고 결론 내렸다. 유사한 영역에서 Shalev와 Gross-Tsur(1993)는 소규모 집단의 이스라엘 아동들의 수학 학습장애를 분석했다. 그들은 수학 학습장애를 가진 각 아동은 어떤 유형의 신경학적 장애가 명확히 나타날 수 있다고 결론지었다. 이는 신경학적 능력의 연구가 특정 수학 학습장애를 유도하는 특정한 요소들을 밝혀낼 수 있을 것을 의미한다.

대조적으로 수학 학습장애를 위한 교육적인 중재를 개발해 온 연구자들은 그들의 연구설계에서 인지적 결함의 특정한 유형을 열거하지 않았다. Mastropieri와 동료들(1991)은 학습장애 분야에서 이용 가능한 문헌들을 재검토했고 30개가 넘는 연구들이 학습장애 아동과 청소년들 중에서 수학문제에 대한 구체적인 교육적 중재 접근을 조사했다고 지적하였다. 연구자들은 이러한 연구들 중 어떤 것에서도 아동들에 의해 증명된 신경학적 문제의 구체적인 유형에 대해 주의를 기울이지 않았다는 사실을 비판했다. 이 분야에서 특정 인지적 결함에 대한 조사가 진행 중이지만, 지금까지는 학습장애 아동들 중에서 수학적 결함을 보이는 아동에 대한 교육 중재 연구에 대해 극히 적은 영향을 미쳐 왔다고 결론지어야 한다.

기억 결함

3장에서 설명된 것과 같이 학습장애 학생의 기억 결함은 충분히 입증되었고, 많은 연구자들과 전문가들은 이런 기억문제가 학습장애 학생의 수학성취 결함에 영향을 준다는 결과를 제시하였다(Geller & Smith, 2002; Jitendra, 2002). Geller와 Smith(2002)는 단기기억뿐 아니라 감각 등록기(3장의 Sousa의 기억 모델 참조)에서의 문제들은 학습장애 학생들의 수학성취에 부정적인 영향을 줄 수도 있다고 주장하였다. Wilson과 Swanson(2001)은 작동기억과 수학적인 계산 기술들 사이의 관계들을 조사하였고, 작동기억 체계에서의 특정 결함으로부터 수학장애가 초래된다고 결론지었다.

Jitendra(2002)은 다른 대안으로 학습장애 학생들의 기억 노력을 돕기 위해 수학문제에 그림과 도표를 사용할 것을 제안했다. 현재 연구의 많은 부분들이 진행 중이고, 앞으로 이런 연구를 통해 다양한 교수적 방법들이 제안될 수 있을 것이다.

언어 능력

문장제 문제가 사용되는 초등학교 수학교육에서 언어 능력은 수학성취에 잠재적으로 영향을 미치는 요소일 것이다(Jordan, Levine, & Huttenlocher, 1996). 그러나 언어 능력은 다음의 예와 같이 저학년에서 두 자릿수 덧셈을 하는 데 필요한 전략적 계획의 유형들에서도 요구될 수 있다. 다음 문제를 해결하는 데 필요한 초인지적 계획 단계를 생각해 보자.

$$\begin{array}{r} 3\ 9 \\ +2\ 6 \\ \hline \end{array}$$

이 덧셈문제를 풀기 위해서는 적어도 다섯 단계의 과정이 계획되고 수행되어야 한다. 첫째, 숫자 9와 6이 더해지고 15라는 답이 나와야 한다. 학생은 6 아래 1의 자리에 5를 쓰고, 10의 자리에 숫자 1을 올려 써야 한다. 그 숫자는 3 위에 써야 한다. 마지막으로 10의 자리에 있는 세 숫자를 모두 더해야 한다. 이러한 초인지 전략의 유형은 일부 학습장애 학생들에게는 복잡한 활동이다. 여러 단계의 문제를 푸는 능력은 분명 아동의 언어 능력을 포함하기 때문이다. 많은 단계를 포함한 더 복잡한 문제는 언어 능력과 따라야 할 정확한 단계를 열거하는 능력에 좌우된다.

Jordan과 동료들(1996)은 언어 능력과 특정 수학문제 사이의 관계를 증명했다. 그들은 유치원과 1학년 학생 108명을 인지적 강점과 약점에 따라 세분하였다. 개별화된 인지적 평가에 기초하여 결함이 없는 학생, 언어 능력이 지체된 학생, 공간지각 능력이 지체된 학생, 언어와 공간지각 모두가 지체된 학생의 네 집단으로 구성하였다. 이러한 집단이 확인된 후에 연구자들은 세 가지 유형의 수학문제—수학적 사실 문제, 문장제 문제, 비언어적 문제—가 포함된 광범위한 수학평가을 실시하였다. 수학적 사실 문제는 아동들에게 구어적으로 표현되었으나("3+4는 얼마입니까?") 문장제 문제("존은 장난감 4개를 가지고 있는데 두 친구와 함께 나누어 가지려고 합니다. 만약 각 친구가 장난감을 하나씩 갖는다면 존이 가지고 놀 수 있는 장난감은 몇 개 남을까요?")처럼 언어적으로 부담스럽지는 않았다. 비언어적 문제를 위해 아동들은 실험자가 매트 한쪽에 어떤 사물을 특정한 개수만큼 놓고 나머지 사물을 가린 것을 보았다. 실험자는 매트의 다른 쪽에 몇 개의 사물을 추가로 놓고 덧셈을 모의 수행하기 위해 덮개 아래로 사물들을 미끄러지게 한 후, 아동에게 "내 것처럼 네 것도 만들어 보렴." 하고 말했다. 교사는 아동이 자신의 매트에 정확한 개수의 사물을 놓을 것으로 기대하였다.

이 실험의 가치는 특정 인지 능력과 특정 유형의 수학문제 사이의 관계를 제시할 수 있다는 것이다. 위 연구에서 언어지체 학생들은 언어문제가 없는 집단보다 잘 수행할 수 없었지만 비언어적 문제는 비슷하게 수행하였다. 비록 언어적으로 문제가 제시되었지만 언어지체 학생들은 수학적 사실 문제에서 언어지체가 없는 학생만큼 수행하였다. 이것은 언어지체가 직접 언어적으로 제시되는 수학적 사실에 관한 문제가 아닌, 정보의 조작이 요구되는 언어 과제를 수행하는 데 영향을 준다는 사실을 시사한다. 최소한 이 연구는 언어지체가 다른 영역에는 영향을 미치지 않더라도 특정한 유형의 수학문제에는 부정적으로 영향을 미친다는 것을 증명한다.

수학 수행에 직접적으로 영향을 미치는 것처럼 보이는 언어에 따른 한 가지 메커니즘은 문제 해결 동안 다양한 알고리즘을 표현하기 위한 학생 언어의 내부적 사용이다(Van Luit & Naglieri, 1999). 예를 들면, 많은 학습장애 학생들은 수학문제를 푸는 데 매우 단순한 알고리즘(즉, 문제 수행을 위한 규칙들)을 사용한다. 3×6의 문제를 풀 때 어떤 학생들은 단순히 6을 세 번 더한다. 그래서 그들의 알고리즘은 문제를 6+6+6으로 재정의한다. 이 알고리즘은 교수의 초기 단계 동안 문제를 풀기 위한 언어의 기능적 사용을 나타낸다. 학습의 후반부에서 학생은 자신의 기억 기술을 향상시킬 것이고 여러 추가 단계들을 수행할 필요 없이 해당 지식에 접근할 수 있을 것이다(Van Luit & Naglieri, 1999). 명백하게 언어지체가 발달 그리고/또는 이러한 알고리즘의 사용을 방해한다면 수학 수행에 심각하게 영향을 줄 수 있다.

공간 능력

Ackerman, Anhalt와 Dykman(1986)은 공간 능력(*spatial ability*) 또한 초등학교 수학에서 요구될 수 있다고 하였다. 공간관계를 정확하게 인지하는 능력은 초등학교 교육과정의 기하학 이전 기술에 분명히 포함된다. 1장에서 논의된 것과 같이, 초기 이론가 집단 중 하나(시지각 이론가 집단)는 학습장애 아동들은 공간관계를 정확히 인지하는 능력이 부족한 것으로 특징지을 수 있다고 믿었다. 이러한 결함은 수학성취의 관점에서 매우 중대한 결과를 초래하게 된다.

그러나 이전에 설명된 Jordan과 동료들(1996)의 연구는 이미 명시된 공간 능력과 비언어적 수학장애 사이의 관계를 증명하지 않았다. 공간 능력 결함이 있는 학생들은 전반적으로 지체되어 있다 하더라도 세 가지 유형의 수학문제에서 일반아동과 같은 수행을 보였다. Jordan과 동료 연구자들은 언어지체가 없이 공간문제를 가진 학생들은 수학문제를 수행하는 데 있어 그들의 공간 능력 결함을 상쇄하는 데 상대적으로 강점인 언어를 사용할 수도 있다고 제안했다.

비언어성 학습장애

학습장애 학생의 인지적 기능에서 정보의 축적은 뇌와 중추신경계가 어떻게 학습하는지에 대한 최근 연구의 증가와 함께 보고되었고(Rourke, 1993; Sousa, 2001, 2006), 이는 학습장애의 특정 유형인 비언어성 학습장애에 대한 관심의 증가라는 결과를 낳았다. 게다가 수학에서의 특정 장애는 비언어성 학습장애와 연관되어 있는 것처럼 보인다. Rourke와 동료들(Rourke, 1993; Rourke, Young, & Leenaars, 1989)은 학습장애 학생의 인지 분석표를 연구하였고, 비교적 광범위하지만 비언어성 학습장애(*nonverbal learning disabilities*)와 관련된 특성의 구체적인 유형을 확인하였다.

이전 장에서 제시한 것처럼 대부분의 학습장애는 언어 기반의 문제들로 구성된 것처럼 보이고, 이러한 문제는 이해, 구별, 음운 조작에서의 무능력에 기인한 것처럼 보인다(Moats & Lyon, 1993). 그래서 이러한 학습장애는 뇌의 좌반구 및 언어중추와 더 연관된 것처럼 보인다(Sousa, 2001, 2006). 대조적으로 비언어성 학습장애는 공간지각 능력, 수학적 이해, 공간에서의 사물들 간 관계를 결정하는 능력과 같은 전형적으로 뇌의 우반구와 관계된 기능으로부터 유래된 것처럼 보인다. 비언어성 학습장애 학생들은 일반적으로 시각, 지각 그리고/또는 조직 능력의 약점과 함께 언어에 강점을 보이는 독특한 패턴을 가지고 있다(Robinson, Menchetti, & Torgesen, 2002; Silver, Pennett, Black, Fair, & Balise, 1999). 더 나아가 많은 연구자들은 비언어성 학습장애 학생들이 비언어적인 사회적 단서를 해석하는 심각한 무능력으로부터 발생한 정서적인 문제로 힘들어할 가능성이 있음을 제시하고 있다(Bender, Rosencrans, & Crane, 1999; Rourke et al., 1989).

많은 학생들이 언어 기반의 학습장애와 비언어성 학습장애 모두로부터 고통을 겪고 있는 것은 분명하지만, 비언어성 학습장애 학생들은 정서적인 문제와 함께 언어 또는 읽기보다 수학에서 더 심각한 결함을 보일 가능성이 높다(Rourke, 1993). 장애의 특정 유형에 대한 연구가 더 많이 이루어짐에 따라, 연구자들과 전문가들은 모두 상대적으로 독특한 해당 아동들을 위한 적절한 중재에 대한 이해를 높여갈 것이다.

그러나 지금까지로선 알려진 내용은 매우 적고 의문점들은 많다. 예를 들어, 수학적 기술은 청각기억과 얼마나 관련이 있는가? 만약 아동 자신이 들은 숫자를 기억할 수 없다면 그것이 성취에 영향을 줄 것인가? 인지 능력의 대부분이 수학적 기술과 관련되어 있을 것으로 짐작되지만 학습장애 학생들의 특성을 이해하기 위해서는 앞으로 더 많은 정보들이 밝혀져야 할 것이다.

수학 학습장애의 유형

연구가 인지적 결함과 함께 수학 학습장애의 수많은 특정 유형을 확인해 온 것은 놀라운 일이 아니다(Bryant & Dix, 1999; Garnett, 1992; Mastropieri et al., 1991; Sousa, 2006). 수학 학습장애 학생이 보이는 일반적인 장애 유형에 대해 [도움상자

7-1]에 제시하였다.

물론 수학 학습장애에 대한 연구의 진행과 더불어, [도움상자 7-1]에서 보이는 것과 같은 잠재적 장애 목록은 임의적인 것으로 고려되어야 한다. 의심할 여지없이, 연구가 진행됨에 따라 다른 수학 학습장애가 해당 목록에 추가될 것이다. 그럼에도 불구하고 우리는 수학 학습장애에 관한 몇 가지를 알고 있다. 첫째로 어떻게 수학 학습장애가 증명되는지에 대해서는 학생들마다 상당히 다양하다는 것이다. 어떤 수학 학습장애 학생들은 이러한 모든 문제들을 보이는 반면, 다른 수학 학습장애 학생들은 그것들 중 한두 개만을 보일 것이다. Garnett(1992)가 지적한 것처럼, 어떤 학생들은 개념적인 이해가 발달하지만 엉뚱한 계산 절차 같은 다른 문제들을 보인다. 반면 다른 학생들은 기초적인 숫자적 사실과 수 개념을 이해하는 데 실패한다.

다음으로 수학장애는 상당히 만연되어 있을 수 있다. 다양한 유형의 장애는 수학 학습장애 학생들의 수학성취에 큰 혼란을 가져올 수 있다. 예를 들어, 학생이 기본 수감각 개념의 이해에 장애를 갖는다면 이는 학창시절 내내 대부분의 수학 수행에 반영될 것이다. 어느 학생이 다른 문제는 전혀 없이 수감각 개념에서만 장애를 갖는다면 복잡한 언어문제, 심지어 대수학, 고급수학 기술은 가능할 수 있다. 그러나 수감각의 어려움은 확실히 분수, 12 이상 수의 나눗셈, 언어문제들에도 어려움을 가져올 것이다. 사실상 기초적인 수감각의 숙달에서의 수학장애는 구석구석까지 영향을 줄 것이고 학생은 아마 수학의 어떤 영역에서도 높은 수준에는 도달하지 못할 것이다.

도움상자 7-1

▶ 다양한 수학 학습장애

개념적 이해	수학 언어
숫자 기호체계 쓰기	기본적 수 개념
계산상 절차	문제 해결
수학적 기술의 적용	자동성 부족
부족한 계산전략	부족한 문장제 해결전략
수 세기	부족한 수감각

Baroody와 Kaufman(1993)은 어린 아동이 숫자를 베끼거나 쓰는 능력과 관련된 수학장애를 설명하였다. (숫자[*numeral*]는 문자로 된 숫자나 연속된 숫자를 말하는 반면, 수[number]는 개념이나 생각을 의미한다. 누군가 문자로 쓴 숫자로서 숫자를 말한다면 정확한 용어는 숫자다.). 연구자들에 따르면 숫자 쓰기는 숫자의 정확한 이미지와 해당 숫자를 쓰기 위한 운동계획을 포함한다. 그들은 가르칠 목적으로 비슷한 특성을 가진 문자와 함께 숫자의 짝을 이루도록 추천했다. 예를 들어, 2는 대문자 Z와, 5는 대문자 S와 짝을 이루도록 한다. 그러면 학생은 문자와 숫자 사이에 약간의 다른 점을 배우게 될 것이다.

다음으로 연구들은 장애 아동에 의해 사용된 전략들이 항상 위계적이지는 않다는 것을 제시하고 있다(Garnett, 1992). 초기에 연구자들은 학습장애 아동들이 수학에서 비교적 미숙하지만 초기 전략들을 배웠다고 믿었다. 손가락으로 세는 것('모두 세기' [*counting-all*] 전략이라고 불린다. 2+4를 계산할 때 학생은 1, 2를 말한 다음 1, 2, 3, 4를 말하는 것으로 숫자를 '모두 센다'. 학생은 각 숫자마다 손가락을 하나씩 올린 다음 다시 6까지 셀 것이다.)이 그 예다. 이 전략은 더 큰 수를 더함수(addend, 1+2=3에서 더함수는 2이고, 더해지는 수는 1이다-역자 주)로 세어 더 쉬워질 수 있다. 즉, 학생은 4를 가지고 시작하여 2를 더 셀 것이다(Garnett, 1992).

미숙한 전략을 더욱 성숙한 전략으로 일관되게 대체하는 것 대신 대부분의 학생들은 여러 가지 전략을 동시에 사용하는 모습을 보이는 반면 장애 아동은 다른 학생에 비해 초등학교 고학년에서 매우 미성숙한 전략에 의지하는 것을 알게 되었다. 예를 들면, 5학년 학습장애 학생들이 손가락 세기 전략을 사용함으로써 받아올림이 있는 두 자릿수 덧셈을 해결하도록 이끌 수 있다.

Jordan과 동료들(1996)은 중 · 고학년에서 손가락 세기는 우려되지만 교사들이 손가락 세기가 학생이 언어지체를 상쇄시키기 위해 사용하는 보상전략임을 깨닫도록 격려하였다. 그래서 저학년 교사들은 너무 일찍 손가락 세기 '습관을 버리도록' 시도해서는 안 된다. 물론 학습장애 학생들은 다른 학생들보다 더 긴 기간에 걸쳐 고학년 수준에서 위 전략에 의존할 수 있다. 손가락 세기의 사용은 특정 아동에게 적용되어야 한다.

다음으로 연구는 수학장애가 긴 기간에 걸쳐 상당히 더 나빠질 수 있다는 것을 보여 주었다(Garnett, 1992). 예를 들어, 많은 수학장애는 성인기까지 지속된다. 수학 학습장애를 가진 성인에게 잔돈을 거슬러 받거나, 수표책을 통해 계좌 거래관

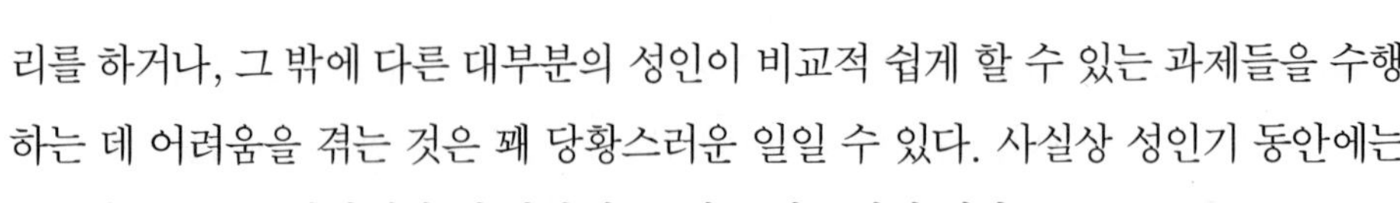

리를 하거나, 그 밖에 다른 대부분의 성인이 비교적 쉽게 할 수 있는 과제들을 수행하는 데 어려움을 겪는 것은 꽤 당황스러운 일일 수 있다. 사실상 성인기 동안에는 읽기장애보다 수학장애가 더 나빠질 수 있는 가능성이 있다.

마지막으로 최근 연구는 전반적으로 교육자들이 읽기, 언어와 같은 특정 과목보다 수학을 더 효율적으로 가르치지 못하는데, 이는 일반학생보다 학습장애 학생에게 더욱 부정적인 영향을 미칠 수 있다고 주장하였다(Bender, 2005; Riccomini, 2005; Maccini, McNaughton, & Ruhl, 1999; Sanders, 2006).

Bender(2005)는 수학이 공립학교 교육과정에서 특히나 학생들이 가장 싫어하는 과목이고 이것이 수학에서의 성공적인 성취에 정서적인 장벽이 될 수 있다는 것을 지적하였다. 교사들은 학생의 성취를 확실시하기 위해 수학에 편안함을 느끼도록 지원해야 할 것이다.

Sanders(2006)는 최근 고등학교 학생들 두 집단에 대한 수학교수의 영향을 연구하였다. 한 집단은 대수학에 등록했고 다른 한 집단은 기술적인 수학에 등록했다. 대수학에 등록했던 학생들은 중·저학년에서의 사전 기술을 훨씬 더 잘 습득할 가능성이 있어 보였으나 고등학교 기술수학에 등록했던 학생들의 40%는 기초적인 분수조차 습득하지 못했다. 이것은 분명 교사들이 초등학교와 중학교 학년 전반에서 수학을 잘 가르친다는 것을 시사하는 것은 아니다.

Riccomini(2005)는 다른 접근방법으로 교사들이 수학에서의 오류 패턴들을 얼마나 잘 해석할 수 있는지 조사했다. 5장에서 설명한 것처럼, 오류분석은 교사들로 하여금 수학에서의 특정 문제들을 아동들이 얼마나 잘 이해하고 있는지 결론 내릴 수 있도록 한다. 그렇기에 교사들은 아동이 어디서 오류를 범하는지, 그리고 아동을 어떻게 더 명확하게 가르칠 수 있는지를 알게 될 것이다. Riccomini의 연구는 교사들이 정확하게 특정 오류 유형을 확인할 수 있지만 아동이 보인 오류 유형에 자신의 교수를 집중시키기 위한 통찰력은 사용하지 않는다고 지적하였다.

물론 이러한 연구들은 수학을 가르치는 교사들의 기술을 비난하기 위해 의도된 것은 아니다. 많은 교사들이 수학에서 훌륭한 교사이고, 또 많은 고등학교 그리고/또는 대학 수학과 상위 교육과정에서의 학습장애 학생들의 성공이 이를 증명해 준다. 여전히 우리는 관련 전문가로서 수학 교수법에 더 집중해야 하고 매우 중요한 교육과정 영역에 있는 우리 학생들에게 불충분한 교수를 제공하지 말아야 한다.

✻ 수학교육과정 기준

연방정부와 거의 모든 주정부의 시도 덕분에 매 학년 성취해야 할 수학 기준(*math standards*)과 구체적 수학목표에 관한 수학교육과정이 제시되었다(Maccini & Gagnon, 2002). 이는 학교와 학생들이 교육과정 내에서 어느 정도의 기준에 책무성을 질 수 있도록 하고, 이 기준에 학교 진도 그리고/또는 졸업 조건을 맞추도록 하는 국가적 움직임의 한 일환이다(Lanford & Cary, 2000). 사실 학습장애 학생들은 일반교육 교육과정을 익혀야 하는 기회를 부여받기 때문에 많은 학군에서 학습장애 학생들을 위한 개별화교육계획에는 주 교육과정 기준으로부터 나온 교육과정 목표를 포함해야 한다(Cawley et al., 2001; Matlock, Fielder, & Walsh, 2001). 이런 요구사항에도 불구하고 Maccini와 Gagnon(2002)은 많은 특수교사들이 전국수학교사협의회(National Council of Teachers of Mathematics)에서 나온 수학의 새로운 기준들을 알지 못한다고 보고하였다. 수학교육에 있어서 예전의 '교육과정에 근거한 기준들'에 대한 이해는 당신이 일련의 수학 기술들을 이해하는 데 도움이 될 것이다.

몇십 년 전에 수학(그리고 다른 과목)에서 특정 학년 동안 배워야 하는 주제 목록을 개별적으로 개발하였다. 예를 들어, 초기 계획들에 근거하여 일반적으로 덧셈은 유치원과 1학년 때 배우고 곱셈, 나눗셈은 3학년 때 배운다. 이런 교수목표 목록은 교과 영역에서 교수목표 범위뿐만 아니라 어느 해까지 특정 목표를 배워야 한다는 일련의 목표와 권고들이 포함되기 때문에 초기 주제 목록들은 기술 영역 및 계열 차트(*scope and sequence charts*)로 불렀다. 그래서 기술 영역 및 계열 차트는 수학 기술의 위계를 나타내고 평균 아동의 인지 수준에 따라 차례대로 구성되어 있다. 이 장에서 수학이 우리의 관심임에도 불구하고, 기술 영역 및 계열 차트가 모든 과목(예: 수학, 읽기, 언어, 역사, 과학)에서 이용 가능하다는 것을 깨달아야 한다. 지난 10년간 교육에 대한 정치적 지원의 증가와 함께 많은 주들이 주에서 승인된 교육과정을 적용하기 시작하였다(Cawley et al., 2001). 더욱이 많은 전문기관들은 다양한 영역에서의 교수를 위한 일정 기준의 요구를 제안해 왔다(Maccini &

* 국내의 경우는 학습장애 학생의 지도를 위한 국민공통기본교육과정의 이해와 연결하여 생각할 필요가 있다.

도움상자 7-2

▶ 수학 기준 예시

유치원 기준

- 비슷한 사물끼리 분류
- 크기, 모양, 색깔에 따라 사물을 배열/차례대로 놓기
- 일대일 세트로 된 사물의 짝 맞추기
- 5까지 사물의 개수 알기/이름 말하기
- 10까지 사물의 개수 세기
- 주어진 특성에 따라 사물을 모으고 분류하기
- 10까지의 수에서 이름에 맞는 숫자 선택하기
- 크기에 따라 두 사물 비교하기
- 비표준화된 단위 세기에 의해 길이 측정하기
- 주어진 방향을 사용하여 한 지점에서 다른 지점으로 이동하거나 사물 이동시키기
- 기초적인 기하학 모양을 분류하고 확인하기
- 교환체계를 상징하는 동전과 지폐 알기
- 25센트까지 동전과 5달러까지 지폐 이름 말하기

1학년 기준

- 50센트까지의 돈의 양을 결정하고 25센트짜리로 바꾸기
- 측정 단위를 적용하기(30분의 시간 등)
- 전체 숫자 더하기: 받아올림 없는 한 자릿수 세 개까지
- 전체 숫자 빼기: 받아내림 없는 두 자릿수까지
- 숫자에 대한 다른 이름 알기: 100까지의 모든 숫자와 분수 1/2, 1/3, 1/4
- 숫자를 60까지의 숫자에 대한 모형과 연관시키기
- 주어진 수에서 10의 자리와 1의 자리 숫자 확인하기
- 동치 세트 알기
- 아홉 번째까지 서수 알기
- 숫자의 관계 알기: ~보다 더 큰, 더 적은, ~와 같은
- 기준이 되는 기하학 모양과 관계 알기
- 주어진 조건에 속하거나 속하지 않는 물건 고르기
- 수학적 기호(=, +, − , 〉, 〈) 알기
- 시간 측정하는 데 적절한 단위 선택하기
- 적절한 연산 선택하기: 덧셈 또는 뺄셈
- 주어진 문제의 특성에 따라 요소들 조직하기
- 일련의 숫자의 순서를 결정하고, 수직선에서 가리키고, 형태 만들기
- 1, 2, 5, 10씩 세기
- 간단한 그래프 자료 해석하기

Gagnon, 2002). 물론 예전의 기술 영역 및 계열 차트는 다양한 영역에서 기준에 근거한 교육과정의 기초가 되어 왔고, 수학도 예외는 아니다. [도움상자 7-2]는 수학에서의 기준에 근거한 교육과정의 비율을 나타낸다. 발달적 위계와 관련하여 수학 기술을 바라보는 것은 초임교사로 하여금 학습장애 학생들을 위한 수학교수의 기초를 이해하는 데 도움을 줄 것이다.

초기 수학 기술

사전 기술 대부분의 기준에 근거한 교육과정의 초기 수학 기술은 분류하기, 수감각의 이해, 순서의 이해, 일대일 대응관계의 확인과 같은 수학 이전의 목표를 포함한다. 예를 들어, 아동은 처음 수 세는 것을 배울 때 일반적으로 손가락을 사용하여 센다. 수 세기는 수학 기술의 다음 측면과 관련된 이해를 요구한다. 아동은 각 손가락으로 말하는 단어(서수: 숫자 읽는 법, *numeration*), 아동이 새로운 손가락을 들 때 다른 단어가 요구된다는 사실(일대일 대응, *one-to-one relationship*), 각 손가락(*numeration*)이 나타내는 수에 대한 정확한 순서(계열화, *sequencing*)를 알아야 한다. 모든 수학성취는 이러한 기초적인 기술에 바탕을 둔다.

학습장애 학생들이 직면하는 초기 수학문제의 유형에 대한 이용 가능한 정보는 매우 적다. 사실 Mastropieri와 동료들(1991)은 논문에서 이용 가능한 30개 중재 연구들 중에서 수학의 사전 기술을 위한 교육적 실제를 다룬 것은 없다고 지적하였다. 정보의 부족은 두 가지 방법으로 설명될 수 있다. 첫째, 진단과정의 성격상 특히 능력-성취 불일치의 계산에서 정보의 부족을 말할 수 있다. 진단과정은 일반적으로 아동이 읽기에 결함이 있다는 것을 증명하길 요구하고, 읽기가 학교에서의 성취 영역이기 때문에 학교 입학 전에 측정될 수 없다. 사실상 학습장애로 진단된 대다수의 학생들은 3, 4학년에 진단된다. 그러나 일반적으로 대부분 아동들의 초기 수학 기술은 공립학교 입학 이전에 발달한다. 이런 진단 연령은 수학 준비 기술에 대한 주의가 부족한 두 번째 이유다. 수학 준비 기술은 전형적으로 취학 전과 유치원에서 가르쳐지고, 매우 적은 학생들이 그 기간 동안 학습장애로 진단된다. 이는 많은 연구자들이 수학 준비 기술을 위한 중재의 개발보다 초등학교 시기의 수학문제에 집중하도록 유도해 왔다.

초기 수학 기술의 평가 교사로서 당신은 학급에서 학습장애 학생을 위해 수감각과 초기 수학 기술의 잠재적 결함을 검사하기 위한 준비가 되어 있어야 한다. 학생들의 대부분은 이러한 기술들을 가지고 있을 테지만 그렇지 않은 아동들을 발견할 수 있을지도 모른다. 분명히 교정 활동은 수학 기술 단계의 후기 목표를 숙달하기 전에 초기 기술들을 발달시키는 지도가 이루어져야 하고, 이는 정확한 평가에 의해 좌우된다.

비형식적 평가으로서 당신은 아동과 함께 앉아서 플라스틱 산가지 한 세트, 종이, 연필을 사용할 수 있다. 우선 아동에게 산가지를 세도록 하는데 적어도 21까지 세게 하라. 이를 통해 일의 자리와 십의 자리의 이해를 확인할 수 있다. 당신이 말하지 않는 숫자를 아동이 말하도록 요구하라. 그리고 각각을 가리키며 세어 보게 하라. 매 다섯 번째 산가지 또는 산가지를 가리키고 아동에게 무슨 숫자인지 물어보라.

아동에게 "68 다음에 오는 수는 무엇인가요? 어떤 숫자가 다음에 올까요? 그다음은?"과 같은 숫자 세기에 관련된 질문을 하라. 10의 자리와 100의 자리에 몇 번의 변화를 주어 질문하라. 당신은 또한 쓰기의 형식으로 '68, 69, __, 71, 72, __, …….' 와 같이 종이에 쓰고 아동이 빈칸을 채우도록 할 수도 있다.

아동의 자릿값(*place value*) 이해에 대한 평가을 위해 10개의 작은 상자와 10개 상자를 합친 길이와 거의 동등한 1개의 직사각형 상자를 그린다. 아동에게 10개의 작은 상자와 1개의 큰 상자가 같다는 사실을 말한다. 종이에 크게 14를 쓰고 1과 4를 조금 떨어뜨려 놓는다. 4 아래에는 작은 상자를 4개 그리고, 1 밑에는 하나의 큰 직사각형 상자를 그린다. 아동에게 숫자 1은 왜 큰 상자로 나타내어지는지, 작은 상자들은 어떻게 나타낼 수 있는지를 물어보라. 그리고 페이지에 27을 쓰고, 아동에게 숫자에 해당하는 상자를 그려 보도록 요구하라.

다른 활동 유형들 또한 사용될 수 있다. 예를 들어, 당신은 종이에 원을 그리고 학생에게 세트에 대한 몇 가지 질문을 하기 위해 원 안에 많은 수의 산가지를 놓는다. 학생은 원래 있던 세트에 포함된 사물을 가지고 다른 세트를 만들도록 한다. 이것은 일대일 대응 이해에 대한 통찰을 가능하게 한다.

주지하다시피, 주의 깊은 교사는 비교적 쉽게 초기 수학 기술을 평가할 수 있다. 이러한 활동들은 당신에게 아동의 초기 수학 기술에 대한 통찰력을 제공하고 더 나은 학습계획을 도와줄 수 있다. 예를 들어, 학급 교사가 아동이 두 자릿수 덧셈문제를 완성할 수 없는 것에 대해 불평한다면 아동의 자릿값 기술에 대해 알아보아야 한

다. 비형식적 평가에서 활동은 항상 완전하게 기술되어야 하고 성공률도 기록되어야 한다. 이러한 정보는 후반 진보를 나타내기 위해 비형식적 평가이 유용했다는 것을 증명해 줄 것이다. 날짜가 기록된 평가기록은 교사의 파일에 보관되어야 한다.

수학적 사실 기술과 자동성

수학 기준들은 일반적으로 1학년의 초기에 덧셈, 뺄셈이라는 두 계산에서의 수학적 사실을 교수하는 것으로 시작된다. 어떤 경우에는 수학적 사실들을 유치원에서 공부한다. 이러한 수학적 기술 수준과 관련하여 수학 기술에 관한 연구에서는 많은 학습장애 아동들이 기초적인 수학적 사실을 숙달하는 데 어려움이 있다는 것을 보여 주고 있다(Gersten & Chard, 1999). 초기 문제들은 다음 수학교육과정의 숙달에 연속적인 어려움을 야기한다. 사실 중등학교 장애 학생들은 대략 5, 6학년 성취 수준에서 수학 수행의 정체기에 도달하는 경향이 있다(Bryant & Dix, 1999). 이것은 부분적으로 기초 수학적 사실에서의 계속된 어려움에 의해 야기된다.

대부분의 학습장애 아동들이 덧셈과 뺄셈의 기초 수학적 사실이 포함된 학습지를 정확하게 완성할 수 있으나, 이러한 사실은 일반적으로 더 복합한 문제들에서 수학적 사실들을 적용할 수 있음을 의미하지는 않는다(Geller & Smith, 2002). 예를 들어, 초기 학년 동안 교사들은 종종 아동에게 손가락 또는 산가지를 사용하여 덧셈을 하도록 허락하고, 학습장애 아동은 이러한 기술에 어느 정도 익숙하게 된다. 그러나 간단한 수학 사실들의 계산은 여러 번의 계산을 포함하는 문제들에서는 방해가 된다. 예를 들어, 손을 이용한 수학 사실의 계산은 두 자릿수 덧셈과 받아올림 문제에서 매우 어려워질 수 있다. 그래서 초기 수학에서 다루게 되는 한 가지 논쟁점은 세는 방법을 사용하지 않고 어떻게 아동이 특정 수학적 사실을 생각해 낼 수 있는가다.

자동성(*automaticity*)의 개념은 아동들이 수학적 사실을 생각해 낼 수 있는 속도를 설명하기 위해 사용되어 왔다. 첫째, 아동은 초기의 덧셈과 뺄셈을 위해 손가락(또는 산가지) 세기를 필요로 할 수 있다. 그러나 반복적인 사용과 기계적 암기를 통한 수학적 사실 숙달에 따른 강화로, 대부분의 인지심리학자들은 수학적 사실들이 자동화되고 인지처리 과정이 덜 포함된다고 믿는다(Sousa, 2005). 명백하게 수학장애가 없는 3학년 아동의 약 50%는 자동성이 빠르게 발달해 왔다. Hasselbring과 동료들(1987)에 따르면 인지처리 과정 용량은 한정되어 있고 또 문제를 다루는 과정에서 수학적 사실들이 적게 사용된다면 이 용량의 많은 부분을 문제 해결의 다른 측면에서 사용할 수 있다. 즉, 초기 단계에서 수학적 사실은 어느 정도의 정신적 에너지를 차지하고 상대적으로 후에 자동화된다. 그러나 학습장애 아동들은 다른 아동들보다 훨씬 뒤에 자동성이 발달한다(Bender, 2005).

아동이 수학적 사실이나 다른 기계적인 암기자료를 배울 때 자료의 기억은 사용 횟수, 복잡성, 기억전략에서 연습의 유용성을 포함한 여러 가지 요소에 의존한다. 앞서 논의된 것과 같이, 학습장애 학생들은 자료를 기억하는 효과적인 방법을 고안하기 위해 수시로 고민하지 않고, 후에 자료들을 기억하기 위해 효과적인 방법들이 필요하다는 것을 깨닫는다. 결과적으로 학습장애 학생들의 기억 기술에 관한 많은 연구는 그들이 어떻게 수학적 사실을 배우는지에 관련된다. [도움상자 7-3]은 수학적 사실들을 숙달하는 데 사용될 수 있는 기억전략 유형의 몇 가지 예를 보여 준다.

많은 연구자들은 기초 수학 개념과 수학적 사실들을 가르치기 위한 추가적인 전략들을 개발해 왔다(Bender, 2005; Hasselbring et al., 1987; Kroeger & Kouche, 2006; Sousa, 2006; Lembke & Foegen, 2006). 이러한 전략들은 다양한 수정이 가능하고, 수학에서 학습장애 학생들의 요구를 만족시키기 위해 교사는 매우 창의적일 필요

●●●● 도움상자 7-3

▶ 교수 안내: 구구단을 위한 교수전략

곱셈과 다른 수학적 사실의 기억은 보통 대부분의 학생들에게 필수적으로 여겨진다. 물론 사실을 기억하는 것은 고급 곱셈, 나눗셈, 분수, 소수 계산을 포함한 더 고차원적인 수학적 기술들을 가능하게 한다. 다음의 전략들은 이런 곱셈 사실을 기억하는 데 도움이 된다고 입증된 것이다.

1. 학생은 세로로 된 구구단 3단의 목록을 작성하고 그것을 가리킨다. 연속적인 구구단의 답은 이전 답에 3을 더한 것을 나타낸다. 그러면 이 전략은 이전의 수학적 사실의 답에 3을 더하는 것을 포함한다.
2. 수 세기 도구로 연필 마크를 사용하고 문제를 나타내기 위한 세트에서 그것들을 배열하라. 각 세트에서의 숫자는 하나의 곱하는 수이고, 세트의 수는 다른 곱하는 수다.
3. 대부분의 사람들이 노래를 통해 알파벳을 암기하는 것과 같은 방식으로 학생으로 하여금 어려운 구구단의 답을 노래로 부르게 하라.
4. 학생들이 사용하도록 실제 게임과 훈련을 개발하라. 부모님에게 이것을 함께 시작하고, 아이와 함께 매일 저녁 구구단을 확인하도록 요청하라.

가 있다. 자동성 개발을 위한 여러 가지 전략들은 [도움상자 7-4]에 제시되어 있다.

연결하기(*linking*)는 초기 수학적 사실을 배우기 위해 하나의 문제를 다른 문제와 관련시키는 전략이다(Garnett, 1992). 예를 들어, 5+6의 덧셈을 하는 아동을 지원하기 위해 아동은 해당 문제를 이미 알고 있는 문제(예: 5+5)와 연결하고, 거기서부터 세어 나가도록 배워야 한다. Garnett(1992)은 이와 같은 전략들이 아동이 수학적 사실을 더 잘 알고 기억을 쉽게 하도록 돕는다고 제안했다.

곱셈을 위한 하나의 효과적인 전략은 McIntyre, Test, Cooke와 Beattie(1991)가 제안한 단위 세기(*count-by*) 전략이다. 이 전략은 덧셈에서 논의된 모두 세기 전략과 유사하지만, 학생들은 특정 수를 곱해진 수만큼 묶어 세도록 배운다. 첫째, 학생은 3, 4, 5, 6씩 묶어 세는 것을 배워야 한다. 그리고 3×4의 문제는 '3을 4번 묶어 세기'를 의미한다고 해석된다. 이 전략은 학습장애 학생들에게 효과적으로 사용되어 왔다(McIntyre et al., 1991).

Garnett(1992)은 비형식적 평가가 아동들과 청소년들이 문제를 완성하기 위해 사용하는 특정 전략에 대한 기술과 주의집중의 모든 평가에 포함되어야 한다고 지적

도움상자 7-4

▶교수 안내: 수학 개념에서의 자동성을 위한 전략

1. 학생에게 또래교사와 함께 플래시카드를 연습하게 한다.
2. 학생에게 녹음기로 수학적 개념을 듣게 한다.
3. 학생들이 한 그룹의 사실을 학습하는 데 있어 덩어리로 묶는 전략(chunking strategy)들을 가르쳐라(즉, 첫 번째 수에서 1을 가져와서 두 번째 수에 더했기 때문에 3+4는 2+5와 같다.).
4. 수학적 사실을 더디게 학습하는 학생들을 위해 다른 수준에서 학급 내 '수학연산대회'를 수행하라. 플래시카드는 난이도 수준에 의해 여러 다른 그룹으로 나뉠 수 있다.
5. '수학왕'을 위해 한 달에 한 번 경쟁하게 하라. 교장은 대회를 주관하고 매달 승자에게 상을 줄 수 있다.
6. 곡조를 개발해서 반복을 유용하게 만드는 데 음악을 사용하라.
7. 시간 전에 마치도록 학생들에게 속도연습을 지도하고, 자동성을 위해 학생들에게 보상을 하라. 학생은 2초 안에 수학적 사실 문제에 자동적으로 답해야 한다. 또한 분명한 세기 방법(손가락으로 세기)은 사용되지 않을 수 있다.
8. 학생에게 정답 카드를 주고 정답 카드를 드는 것으로 플래시카드에 반응하게 한다. 적절히 보상한다.

했다. 예를 들어, 교사는 학생이 기초 수학적 사실에 대한 자동성을 보여 주기보다 모두 세기와 같은 비교적 단순한 덧셈전략에 의존하고 있다고 판단할 수 있으며, 추가적인 교수가 하나 이상의 더 복잡한 전략에서 제공될 수 있다. Garnett(1992)에 따르면 교사는 비형식적 평가 동안, 아동이 문제를 완성하기 위해 어떤 전략을 사용하는지 질문해야 한다. 또한 주의 깊은 관찰은 아동들이 사용하는 전략에 대한 통찰력을 가져올 수 있다. 교사는 학생들이 모든 수학적 사실과 계산을 위해 점차 복잡하고 성숙한 전략으로 옮겨갈 수 있도록 시도해야 한다.

자릿값과 다단계 연산

일단 수학적 사실이 자동성의 적절한 수준까지 학습되면, 다음 기술로 자릿값과 다단계 연산이 대부분의 수학 기준 목록에 열거된다. 다단계 연산(*multistep operations*)은 문제를 풀기 위해 같은 계산을 여러 번 실행하는 것을 포함한다. 예를 들어, 덧셈에서 다시 모으기(*regrouping*)의 이해는 종종 학생들에게 여러 번의 덧셈연습의 수행을 요구한다. 이런 문제 유형은 또한 어느 정도의 자릿값 개념을 요구하기도 한다. 학생들은 10의 자리 숫자가 실제로 1의 자리 숫자의 모음을 나타낸다는 것을 이해해야 한다. 다음 단계로 나아가기 전에 학생들이 적절한 세로 칸 위에 '다시 모은' 숫자를 쓰도록 함으로써 교수가 진행된다. 해당 예제에는 복잡한 기술들이 필요하다. 우선 학생은 자릿값의 개념을 이해해야 한다. 그리고 덧셈을 완성하는 데 있어서 따라오는 일련의 단계들을 지시하는 학습전략 계획이 개발되어야 한다. Pellegrino와 Goldman(1987)에 따르면 학습장애 학생은 이런 유형의 다단계 문제를 완성하는 데 필요한 기억과 인지적 기술을 가지고 있지 않을 수도 있다. 이러한 유형의 문제는 많은 계산과 순차적인 단계들을 포함하는데, 이 둘은 인지적인 계획을 요구한다. 상당히 복잡한 기술임에도 불구하고 이와 같은 다단계 계산을 포함한 목표들은 초등학교 시절 초기(보통 2, 3학년)에 발견된다.

이러한 영역에서 학습장애 학생의 능력에 관한 연구는 전무한 실정이다. 그러나 몇몇 연구자들은 수학 학습장애 학생들은 더 많은 구체적인 예들을 요구할 것이라고 밝혀 왔다(Bender, 2005; Geller & Smith, 2002). 예를 들어, Bender(2005, pp. 47-67)는 CSA(구체적인[concrete], 반구체적인[semiconerete), 추상적인[abstract])로 알려진 수학 교육적 접근이 학습장애 학생을 위해 장기간 동안 사용되어야 한다고 권하였다. 이러한 접근에서 수학문제는 더 낮은 기능을 가진 학생들 그리고/또는 낮은 학년의 학생들을 위해 구체적으로 나타내야 한다(즉, 산가지나 손으로 셀 수 있는 사물들을 사용). 반구체적인 교수 절차(즉, 실제적인 구체물보다는 계수 표시를 사용)는 조금 더 정교해진 학습자를 위해 사용되어야 한다. 학생들은 수학적 계산이 숙달된 후에 추상적인 수학문제로 이동해야 한다. 유치원부터 2학년까지의 거의 모든 수학교육과정이 CSA 유형의 교육을 강조하는 반면, Bender(2005)는 그러한 교수는 수학에 어려움을 겪고 있는 학생들을 위해 중학교를 포함한 더 높은 학년 수준에서 계속되어야 한다고 권하였다.

Geller와 Smith(2002)는 여러 단계의 수학문제들을 돕기 위해 심상의 사용을 추천했다. [도움상자 7-5]에 제시된 개념은 6장에서 논의된 읽기이해를 위한 시각적 심상전략과 매우 비슷하다.

다단계 문제의 수학교수는 전통적인 교수와 최근 개발된 학습전략 접근들이 양립해 온 몇 안 되는 영역 중 하나라는 점이 흥미롭다. 40년 전에 초등학교 교사들은 오늘날 추천하는 학습전략 문헌에서 사용한 것과 같은 용어로 문제 완성의 단

●●●● 도움상자 7-5

▶ 교수 안내: 수학에서 정신적 표상의 사용

Geller와 Smith(2002)는 교사가 수학문제에 대한 해법을 나타내기 위해 심상을 사용하도록 제안했다. 유치원과 1학년 교사들이 수학적 사실을 나타내기 위해 종종 구체적인 사물과 사진을 사용하는데, 이러한 구체적인 자극의 사용은 학습장애 아동을 위해 초등학교 고학년에서도 계속되어야 한다.

아래 수학문제를 생각해 보자. 문제는 삽화처럼 산가지로 나타낼 수 있다. 두 번째 도표에서 자릿값의 개념(즉, 10개의 작은 것들은 1개의 큰 것과 교환된다).을 도식화하기 위해 산가지들을 중심으로 어떻게 한 세트가 확인되는지를 주목하라.

```
  36        |||    ▫▫▫▫▫▫
+ 47        ||||   ▫▫▫▫▫▫▫
----
  83

  1
  36
+ 47
----
  83
```

교환하라 → /

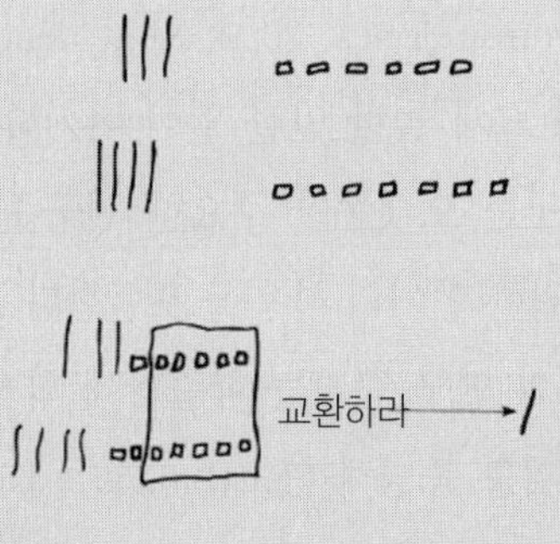

계를 칠판에 열거해 놓았다. 분명히 학습장애 학생들의 교사로서 당신 또한 이런 전략들의 사용을 바랄 것이다. 예를 들어, 많은 교사들은 10의 자리에서 받아올림이 포함된 두 자릿수 덧셈문제에 포함된 단계들을 표로 만든다. 학생이 문제를 완성할 때마다 문제를 해결하는 과정의 단계들을 조용히 말하도록 촉진되어야 한다.

복합 연산

복합 연산(*complex operation*)을 포함한 수학문제는 여러 번 같은 계산이 반복되는 것과 반대로 여러 번 다른 계산을 포함하는 문제들이다. 예를 들어, 두 자릿수 곱셈문제는 곱셈의 수학적 사실에 대한 지식, 받아올림에 대한 이해, 자릿수의 이해, 덧셈 지식을 포함한다. 덧셈과 곱셈 모두 포함되기 때문에 이런 유형의 문제는 초반에 논의된 덧셈문제보다 훨씬 더 복잡하다. 결국 학생이 이런 복합 연산을 완성할 수 있게 하는 속도가 관심사가 될 수 있다.

우리는 지금 학습장애 학생들이 복합 연산에 문제를 보인다는 것을 알고 있다(Bryant & Dix, 1999). 복합성의 증가와 함께, 학습장애 학생들은 그들의 기억과 학습전략에 대한 제한으로 수행에 있어 점점 불리해진다. 교사로서 당신은 초등교육 문헌에서 개발된 전략을 사용해야 하고 다양한 교수기법에 대한 연구에 관심을 가져야 한다.

문장제 문제

지난 몇 년 안에 수많은 연구자들은 문장제 문제에 관한 학습장애 학생들의 수행을 연구해 왔다(Bryant & Dix, 1999; Desoete, Roeyers, & Buysse, 2001; Jitendra, DiPipi, & Perron-Jones, 2002; Xin, Jitendra, Deatline-Buchman, Hickman, & Post, 2002). 이는 크게 놀랄 만한 일이 아니다. 학습장애 학생들 사이에서의 언어 사용에 관한 연구는 오랫동안 주요한 연구주제가 되어 왔고, 문장제 문제들은 수학문제를 풀기 위한 언어의 사용을 포함한다.

지금까지의 연구 증거는 학습장애 학생들이 그들의 어휘문제 해결 기술에 결함이 있다는 것을 증명해 왔고(Bryant & Dix, 1999; Miles & Forcht, 1995), 여러 연구들은 이런 결함을 읽기 결함과 관련시켜 왔다. 문장제 문제에서 구문론 또는 문장

의 구조는 어떤 학습장애 학생들에게는 이해하기 어려울 수 있는데, 만약 학생이 문제를 정확하게 읽을 수 없거나 문제의 언어를 이해하기 어렵다면 문제를 성공적으로 풀 수 없을 것이다.

수많은 교수전략들이 추천되어 왔고(Maccini et al., 1999; Xin et al., 2002; Jitendra, 2002; Jitendra et al., 2002), 연구자들의 대부분은 특정 유형의 인지훈련 또는 학습전략 중재를 추천한다. 예를 들어, 문장제 문제를 더 쉽게 만들어 줄 수 있는 한 가지 방법은 단서 단어(*cue words*)의 확인인데, 이것은 일반적으로 특정 연산을 지시한다. ('존은 인형 6개를 가져갔다.' 에서 '가져갔다' 라는 어휘가 일반적으로 빼기를 나타내기 때문에 빼기를 가리킨다.) 이러한 단서가 되는 어휘를 찾고 확인하는 훈련은 어떤 학습장애아동들에게는 효과적인 중재가 될 수 있다. Bender(2005, p. 78)는 다음과 같이 전형적으로 특정한 연산을 지시하는 단서 어휘 목록을 제공하였다.

- 덧셈: 다 합하여, 더하다, 얼마나 많이, 모으다, 모두 합쳐
- 뺄셈: 꺼내다, 가져가다, 떠나다, 주다
- 곱셈: 하나에 대해 말하고 전체를 묻는 문제
- 나눗셈: 많은 것에 대해 말하고 한 부분을 묻는 문제

Maccini와 동료들(1999)은 학습장애 학생들을 대상으로 한 대수학 교수기법들에 관한 여러 가지 연구들을 검토하였다. 다양한 논문들은 성공적인 중재가 일반적인 문제해결 접근과 자기조정(즉, 자기확인) 전략뿐만 아니라 문제와 관련된 특정 지식에 대한 교수를 포함하고 있다는 것을 지적하였다. 많은 연구들은 다양한 시각적 단서들(정확한 단계를 확인함에 있어 학생을 돕는 단서 카드와 같은 것)과 문제해결 단계의 순서를 포함하였다. Behrend(2003)는 한 예로 학생들이 문제를 시각화하기 위해 배울 수 있는 방법을 제시하였다. 그리고 [도움상자 7-6]과 같이 학생들이 문제에서 단계들을 시각화할 있도록 교사가 사용할 수 있는 일련의 인지적으로 안내된 질문들을 제안하였다. 이와 같은 전략들은 학생들이 문제에서의 다양한 단계들을 시각화하도록 도울 것이고, 교사가 학생들의 문제에 대한 인지적 해석을 이해하도록 도울 것이다. 이런 유형의 전략훈련은 문장제 문제 교수를 용이하게 한다.

도움상자 7-6

▶ 인지적으로 시각화를 안내하는 대화

문제

제시카는 5개의 사탕 주머니를 가지고 있다. 주머니에는 사탕이 4개씩 들어 있다. 제시카는 모두 몇 개의 사탕을 가지고 있을까?

대화

교 사: 제시카, 9라는 답을 어떻게 구했는지 말해 주겠니?
제시카: 확실하지 않아서 5와 4를 더했어요.
교 사: 그럼 몇 개의 사탕이 거기 있었는지 말해 주겠니? 다시 한 번 해 볼래?
제시카: 네. 저는 그것보다 더 많이 갖고 있을 것 같아요.
교 사: 5개의 주머니가 있고, 각각의 주머니에 몇 개가 있을지 머릿속에 그려 보아야 한단다. 머릿속으로 그려 볼 수 있겠니?
제시카: 저는 주머니마다 4개씩 가지고 있어요.
교 사: 와, 맞았어! 5개의 주머니를 그려 보고 네가 주머니 안을 볼 수 있다고 상상해 볼까? 각각의 주머니에 몇 개의 사탕이 있지?
제시카: 주머니에 4개씩 있어요. 그래서 저는 훨씬 더 많이 가지고 있어요. (학생은 이 시점에서 산가지를 사용하거나 또는 그림을 그리고 싶어 할 수 있다.)
교 사: 원을 그리고 그것을 주머니라고 생각해 보자. 그리고 주머니에 4개씩 넣어볼까?
제시카: 저는 그것을 머릿속에서 할 수 있어요!
교 사: 좋아! 주머니를 머릿속에 그려 보고 사탕을 모두 세어 보자.
제시카: 20개가 있어요. 저는 사탕을 많이 가졌어요!
교 사: 잘했구나! 정확히 맞았어. 넌 20개를 가지고 있는 거란다.

학습장애 학생들의 문장제 문제 영역에서 다양한 교수적 접근이 제안되어 오는 동안(Babbitt & Miller, 1996; Miles & Forcht, 1995) 수학 영역에서는 초인지적 또는 인지적 교수 관점에 대한 강조가 증가해 왔고, 이들은 다수의 학습전략 접근의 형태로 예시화되었다. [도움상자 7-7]에는 이러한 자료들의 공통적인 교수적 권장사항들이 언급되어 있다(Babbitt & Miller, 1996; Miles & Forcht, 1995).

실제 상황에서의 수학 앵커드(정착) 교수

학교 교과목에서 광범위하고 다양하게 사용되고 있는 기술인 읽기와 달리, 수학교육은 전통적으로 다른 과목들로부터 다소 분리되어 왔다. 읽기는 사회, 과학, 국

●●●● 도움상자 7-7

▶교수 안내: 문장제 문제 지도

1. 어떻게 문제를 푸는지 '계획하기'에서 학생을 지원하라. 문제에 있는 용어와 필요한 계산 모두에 초점을 맞춘 선행 조직자를 사용하라.
2. 학생에게 문제 해결법을 반복하여 보여 줘라. 당신이 이미 초기 교수를 마쳤다 하더라도 숙제를 내주기 전에 숙제의 첫 문제를 교실에서 완성하라.
3. '문제를 말하도록' 하기 위하여 학생이 지금 하고 있는 것을 말로 표현하도록 하라. 학생이 소리를 내어 스스로 구어적 교수를 하도록 가르쳐라.
4. 단서 어휘에 초점을 맞추도록 가르쳐라. 학생들이 문제에 있는 단서 어휘에 동그라미를 표시하도록 하라.
5. 학생이 문제의 중요한 면에 초점을 맞출 수 있도록 도와라. 처음에 문제 기술에서 학생이 알고 있는 것과 학생이 명확히 알 필요가 있는 것에 초점을 맞추어라. 그 후에는 학생으로 하여금 문제 해결을 도울 수 있는 수학적 문장을 쓰게 하라.
6. 가능하다면 언제든지 문제의 구체적 측면을 설명하기 위해 사물을 사용하라. 그것은 문제를 마음속으로 시각화하는 것을 도울 것이다.
7. 모든 문제를 점검할 필요가 있음을 강조하라. 학생의 답이 정말로 문제를 해결한 결과인지 스스로 생각해 보게 하라.

어에 필수적이지만, 수학 기술은 일반적으로 다른 과목의 영역에서 사용되지 않는다. 그래서 수학은 상대적으로 다른 학교 과목에서 지원받지 못하고 있는 실정이다. 최근 여러 연구자들과 현장 전문가들은 학습장애 학생을 위해 수학교육을 다른 학교 과목, 심지어 비디오를 통해 제시된 실생활 시나리오로부터 수학의 적용을 포함할 수 있도록 실제 생활환경과의 연관을 권고해 왔다(Bender, 2005; Bottge, Heinrichs, Chan, & Serlin, 2001; Cawley & Foley, 2002; Geller & Smith, 2002). 두뇌 친화적 교수에 관한 논문에 따르면(Sousa, 2006) 이러한 기법은 학습장애 학생들로 하여금 수학 기술 숙달의 필요성을 더 많이 느끼게 할 것이고 다양한 맥락에서 기술들을 자주 연습할 것이기에 학습장애 학생들의 기억을 향상시키고 수학성취를 증가시킬 가능성이 있다.

수학교육과정에서 제시되는 새로운 개념은 이미 배운 지식의 실제 적용 상황에서의 기초적인 교수를 포함하는 것이다. 만약 내용이 특정 적용 상황에 적용(정착)된다면 더 쉽게 지식이 숙달될 수 있기 때문에 앵커드(정착) 교수(anchored iastruction)라고 불린다(Bottge et al., 2001; Xin, Glaser, & Rieth, 1996). Bottge와 동료들(2001)은 수학에 어려움을 겪었던 14명의 청소년들(8명은 학습장애로 진단)을 대상으로 앵커드(정착) 교수를 제공하였다. 이 연구에서 수학 문장제 문제에서의 비디오 사례 사용은 학습장애 학생들이 문장제 문제해결 기술들을 배우는 데 도움을 주었다. 결과적으로 교정적 교수가 제공되는 대수학 이전 단계 교실에서 비디오 예시를 이용하여 배운 학생들은 문제해결 기술에서 장애 없는 비교집단 학생들과 유사하게 수행하였다.

수학이 실제 상황과 연관되는 다른 사례로, Cawley와 Foley(2002)는 과학교육과정 내에 다양한 측면으로 수학교육과정의 주입을 제안했고, 유, 초, 중등학교의 경도장애 학생을 위한 여러 가지 활동 중심 사례를 제시하였다. 이들은 과학적 개념을 설명하는 초등 수학 수준의 문장제 문제를 개발할 것을 제안하였다.

> 일의 양은 힘과 거리의 곱 또는 $W = FD$로 정의될 수 있다.
> 만약 티아마리가 한 개의 박스를 4m 옮기는 데 3뉴턴(힘의 단위)의 힘을 사용했다면 티아마리가 한 일의 양은 얼마인가?

이 예시에서 힘의 과학적 개념은 일을 결정하는 데 사용된 단순한 알고리즘에 기초한 어휘문제들을 가르치는 동안 탐구된다. 과학교육과정에서 특별한 지원이 될 수도 있는 다른 유형의 문제들은 비율 또는 측정을 포함할 것이다. 또한 창의적인 교사는 사회 수업에서 수학교육을 포함하기 위한 방법들을 생각해 낼 것이다(예: 특정 대륙의 인구 비율). 학습장애 학생들은 수학교수에 여러 가지 내용 영역을 포함시킴으로써 각 과목 영역에서 과제를 학습하는 데 있어 향상된 기억력을 보일 것이고, 그리하여 수학은 다른 교과 영역에서도 지원을 받게 될 것이다.

* 수학에서의 교육과정중심평가

지난 10년간 학습장애 학생을 포함한 모든 학생들의 수학평가 실행에 대한 재검토가 진행되어 왔다(Bryant, 1999; Grobecker, 1999). 특히 수학 영역에서 교육과정중심평가는 수많은 연구자들에 의해 지지받아 왔다(Fuchs & Fuchs, 1998; King-Sears, Burgess, & Lawson, 1999).

4장에서 설명한 것과 같이 교육과정중심평가는 교육과정 안에서 배운 특정 유형의 문제에 대한 반복되는 평가—많은 경우 매일의 평가—을 포함한다(King-Sears, Burgess, & Lawson, 1999). 이상적으로는 평가가 특정 기술에 대한 학생의 수행과 반응에 대한 직접적인 분석을 포함하기 때문에 교수와 평가 사이에는 차이가 거의 없다. 많은 교과 영역에서 유용하고 실제적인 평가 접근이 이루어지고 있는 반면, 교육과정중심평가는 교육과정 영역에서의 직접적인 특성 때문에 수학에서 특히 효과적이다. 예를 들어, 해당 영역에서 받아올림 있는 두 자릿수 덧셈의 학습은 항상 받아올림 없는 두 자릿수 덧셈의 학습에 뒤따른다. 교육과정중심평가는 수학에서의 이러한 체계적인 수준을 그대로 빌려온다.

교육과정중심평가는 확고하게 행동주의적 관점에 뿌리를 둔다. 교육과정중심평가의 개념을 확장할 때 행동주의적 사고의 환원주의적 측면이 내재되어 있어 부정적인 반응이 종종 나타날 수 있다. 특히 구성주의 관점(1장 참조)을 지지하는 사람들은 수학 활동이 서로 관련이 없어 보이고 문제해결 접근이 수학적 사실 그리고/또는 연산의 교수에 적용되지 않기 때문에 수학 기술의 교수와 평가가 대부분의 교실에서 적용되는 무계획적이고 상대적으로 고립된 방식으로 각각의 학습을 약화시킨다고 주장하고 있다(Grobecker, 1999). 분명히 교육과정중심 교수가 특정한 일련의 순서가 있는 사실 그리고/또는 문제에 대해 강조한 이후로 교육과정중심평가의 실행은 구성주의자의 관점에 위배될 수 있다. 이런 경고에도 불구하고 현장 전문가로서 당신은 최소한 두 가지 이유로 많은 학습장애 학생들을 위해 수학에서 교육과정중심평가에 대한 강조가 증가하고 있음을 기대할 수 있다. 첫째, 교육과정중심평가는 효과적인 교수와 평가의 실제로서 현장 전문가들의 인정을 얻었다. 둘째, 교육과정중심평가는 현재 상업적인 시장에서의 다양한 컴퓨터 기반 수학교수 프로그램으로 구조화되었다.

✻ 수학에서의 예후

학습장애 학생들이 학교를 졸업했을 때 수학성취의 전반적인 예후는 긍정적이지 않다(Cawley et al., 2001). 많은 예외가 있기는 하지만, 연구는 이런 많은 아동들이 또래들에 비해 상당히 낮은 수학적인 기능을 보일 것이라는 지적을 해 왔다

(Cawley et al., 2001). 이것은 주요한 기술 영역으로서 수학에 집중시켜야 할 전반적인 요구가 있다는 것을 의미한다. 교사인 당신에게는 많은 학습장애 학생들을 위해 수학 영역을 다루는 것이 요구될 것이다.

✻ 요약

이 장은 학습장애 학생의 수학 기술과 관련된 결과들을 보여 주었다. 읽기와 언어 영역은 수십 년에 걸쳐 연구되어 왔으나, 학습장애 학생들의 수학 기술과 관련된 정보는 미미한 실정이다. 특히 초기 수학 기술, 복잡한 수학 계산, 인지 능력과 수학성취 사이의 관계 등에 대한 정보가 부족하다. 그러나 다른 영역—수학적 사실, 자동성, 문장제 문제—에서 연구자들은 도움이 되는 교수적인 제안들을 제공하기 시작하였다.

학습장애 학생의 교사로서 당신은 많은 학생들에게 초등학교 수학 기술 내용을 지도할 것이다. 일반적으로 가장 좋은 방법은 초등학교 수학 교수과정에서의 제안을 사용하고, 교실에서 해당 전략을 수정 · 적용하는 것이다. 더 나아가 수학적 사실에 대한 교수와 문장제 문제해결 영역에 있어 학습전략 교수와 앵커드(정착) 교수의 사용에 대한 효과가 검증되었다. 수학교수 전반에 관한 더 많은 정보가 가까운 시일 내에 제공될 것이고, 이런 중요한 분야의 교수전략 자료에 계속 관심을 갖는 것이 바람직할 것이다.

다음은 이 장의 주요 내용을 정리한 것이다.

- 읽기와 언어보다 수학과 관련된 학습장애 아동의 학습 특성에 대하여 알려진 바가 거의 없음에도 불구하고, 우리는 대부분의 학습장애 학생들이 전체 수학 교육과정을 숙달하지 못한다는 것을 알고 있다.
- 수학 기술은 학생들이 전형적으로 배우는 순차적인 맥락에 근거를 두고 비형식적으로 평가되어야 한다.
- 많은 학습장애 아동은 수학적 사실을 기억하는 데 어려움을 가진다. 자동성의 문제는 앞 장에서 논의된 기억문제로부터 유발될 수 있다.
- 문제를 풀기 위해 필요한 읽기 기술과 추론 기술이 부족하기 때문에 문장제

문제는 학생들에게 특히 어려울 수 있다. 이 주제에 대한 현재 연구의 대부분은 학습문제 학생들이 문제를 위한 정확한 단계를 완성하도록 돕는 다양한 전략을 배워야 한다고 제시하고 있다.

학습문제와 활동

1. 수학교육과정에서 초기 수학 기술이나 복잡한 연산과 같은 일반적인 영역을 확인하고 해당 영역들을 교수하기 위한 교수전략을 열거하라. 학습장애 학생을 위해 이러한 전략들은 어떻게 수정될 수 있을까? 수정의 권고를 위한 그들의 특성은 무엇인가?
2. 지역 학교의 특수교사로부터 완성된 수학 학습지를 구하라. 제시된 수학문제의 유형을 설명하라.
3. 수학성취와 관련된 정보 문헌을 조사하라. 수학 기술과 IQ 검사의 어떤 기술들이 관련 있는가?
4. 문장제 문제 풀기에서 사용 가능한 전략을 수집하라.
5. 지역 학교의 학습장애 지도교사와 수학교수에 관해 논하라. 수학교수를 위해 얼마나 많은 시간을 투자하는가? 수학교수와 관련하여 대략의 학년 수준은 어떠한가?
6. 당신이 소속된 지역의 수학교육과정 기준을 얻어 검토하고 함께 공유하라.

참고문헌

Ackerman, P. T., Anhalt, J. M., & Dykman, R. A. (1986). Arithmetic automatization failure in children with attention and reading disorders: Associations and sequela. *Journal of Learning Disabilities, 19,* 222-232.

Babbitt, B. C., & Miller, S. P. (1996). Using hypermedia to improve the mathmatics problem-solving skills of students with learning disabilities. *Journal of Learning Disabilities, 29,* 391-401.

Baroody, A. J., & Kaufman, L. (1993). The case of Lee: Assessing and remedying a numeral-writing difficulty. *Teaching Exceptional Children, 25*(2), 14-16.

Behrend, J. (2003). Learning-disabled students make sense of mathematics. *Teaching Exceptional Children, 9* (5), 269-274.

Bender, W. N. (2005). *Differentiating math instruction.* Thousand Oaks, CA: Corwin.

Bender, W. N., Rosencrans, C., & Crane, M. K. (1999). Stress, depression, and suicide among students with learning disabilities: Assessing the risk. *Learning Disability Quarterly, 22,* 143–156.

Bottge, B. A., Heinrichs, M., Chan, S., & Serlin, R. C. (2001). Anchoring adolescents' understanding of math concepts in rich problem-solving environments. *Remedial and Special Education, 22* (5), 299–314.

Bryant, B. R. (1999). The dynamics of assessment. In W. N. Bender (Ed.), *Professional issues in learning disabilities* (pp. 385–413). Austin, TX: ProEd.

Bryant, D. P., & Dix, J. (1999). Mathematics interventions for students with learning disabilities. In W. N. Bender (Ed.), *Professional issues in learning disabilities* (pp. 219–259). Austin, TX: ProEd.

Bullock, J. (1989). *This is Touch Math.* Colorado Springs: Innovative Learning Concepts.

Cawley, J. F., & Foley, T. E. (2002). Connecting math and science for all students. *Teaching Exceptional Children, 34* (4), 14–19.

Cawley, J., Parmar, R., Foley, T. E., Salmon, S., & Roy, S. (2001). Arithmetic performance of students: Implications for standards and programming. *Exceptional Children, 67* (3), 311–330.

Desoete, A., Roeyers, H., & Buysse, A. (2001). Metacognition and mathematical problem solving in grade 3. *Journal of Learning Disabilities, 34* (5), 435–449.

Fuchs, L. S., & Fuchs, D. (1998). General educators' instructional adaptation for students with learning disabilities. *Learning Disability Quarterly, 21,* 23–33.

Garnett, K. (1992). Developing fluency with basic number facts: Intervention fro students with learning disabilities. *Learning Disability Research and Practice, 7,* 210–216.

Garrett, A. J., Mazzococo, M. M. M., & Baker, L. (2006). Development of the metacognitive skills of prediction and evaluation in children with or without math disability. *Learning Disabilities Research and Practice, 21* (2), 77–88.

Geller, C. H., & Smith, K. S. (2002). *Improving the teaching of math: From textbook concepts to real world applications.* Paper presented at the annual meeting of the Council for Learning Disabilities (October 11), Denver, CO.

Gersten, R., & Chard, D. (1999). Number sense: Rethinking arithmetic instruction for students with mathematical disabilities. *Journal of Special Education, 44,* 18–28.

Gersten, R., Chard, D., Baker, S., & Lee, D. S. (2002). *Instructional approaches for teaching mathematics to students with learning disabilities: Findings from a synthesis of experimental research.* Paper presented at the annual meeting of the Council for Learning Disabilities (October 11), Denver, Co.

Grobecker, B. (1999). Mathematics reform and learning disabilities. *Learning Disability Quarterly, 22*, 43–58.

Hasselbring, T. S., Goin, L. I., & Bransford, J. D. (1987). Developing automaticity. *Teaching Exceptional Children, 19* (3), 30–33.

Jitendra, A. (2002). Teaching students math problem-solving through graphic representations. *Teaching Exceptional Children, 34* (4), 34–39.

Jitendra, A., DiPipi, C. M., & Perron-Jones, N. (2002). An exploratory study of schema-based word-problem-solving instruction for middle school students with learning disabilities: An emphasis on conceptual and procedural understanding. *Journal of Special Education, 36* (1), 23–38.

Jordan, N. C., Levine, S. C., & Huttenlocher, J. (1996). Calculation abilities in young children with different patterns of cognitive functioning. *Journal of Learning Disabilities, 28*, 53–64.

King-Sears, M. E., Burgess, M., & Lawson, T. L. (1999). Applying curriculum-based assessment in inclusive settings. *Teaching Exceptional Children, 32*(1), 30–39.

Kroeger, S. D., & Kouche, B. (2006). Using peer-assisted learning strategies to increase response to intervention in inclusive math settings. *Teaching Exceptional Children, 38* (5), 6–13.

Lanford, A. D., & Cary, L. G. (2000). Graduate requirements for students with disabilities and practice considerations. *Remedial and Special Education, 21*(3), 152–161.

Lembke, E., & Foegen, A. (2006, April 9–12). *Monitoring your student' s early math performance using curriculum based measurement.* Paper presented at the annual meeting of the Council for Exceptional Children, Salt Lake City, UT.

Maccini, P., & Gagnon, J. C. (2002). Perceptions and application of NCTM standards by special and general education teachers. *Exceptional Children, 68* (3), 325–344.

Maccini, P., McNaughton, D., & Ruhl, K. L. (1999). Algebra instruction for students with learning disabilities: Implications form a research review. *Learning Disability Quarterly, 22,* 113–126.

Mastropieri, M. A., Scruggs, T. E., & Shiah, S. (1991). Mathematics instruction for learning disabled students: A review of research. *Learning Disabilities Research and Practice, 6,* 89–98.

Matlock, L., Fielder, K., & Walsh, D. (2001). Building the foundation for standards-based instruction for all students. *Teaching Exceptional Children, 33* (5), 60–67.

McIntyre, S. B., Test, D. W., Cooke, N. L., & Beattie, J. (1991). Using count-bys to increase multiplication facts fluency. *Learning Disability Quarterly, 14,* 82–85.

Miles, D. D., & Forcht, J. P. (1995). Mathematics strategies for secondary students with learning disabilities or mathematics deficiencies: A cognitive approach. *Intervention in School and Clinic, 31,* 91–96.

Moats, L. C., & Lyon, G. R. (1993). Learning disabilities in the United States: Advocacy, science, and the future of the field. *Journal of Learning Disabilities, 26,* 282–294.

Pellegrino, J. W., & Goldmans, S. R. (1987). Information processing and elementary mathematics. *Journal of Learning Disabilities, 20,* 23–32.

Riccomini, P. J. (2005). Identification and remediation of systematic error patterns in subtraction. *Learning Disability Quarterly, 28* (3), 233–242.

Robinson, S. C., Menchetti, B. M., & Torgesen, J. K. (2002). Toward a two-factor theory of one type of mathematics disabilities. *Learning Disabilities Research and Practice, 17* (2), 81–89.

Rourke, B. P. (2005). Neuropsychology of learning disabilities: Past and future. *Learning Disability Quarterly, 28*(2), 111–114.

Rourke, B. P. (1993). Arithmetic disabilities, specific and otherwise: A neuropsychological perspective. *Journal of Learning Disabilities, 26,* 214–226.

Rourke, B. P., Young, G. C., & Leenaars, A. A. (1989). A childhood learning disability that predisposes those afflicted to adolescent and adult depression and suicide risk. *Journal of Learning Disabilities, 22,* 169–175.

Saunders, S. (2006, April 9–12). *The algebra readiness of high school students in South Carolina: Implications for middle school math teachers.* Paper presented at the annual meeting of the Council for Exceptional Children, Salt Lake City, UT.

Shalev, R. S., & Gross-Tsur, V. (1993). Developmental dyscalculia and medical assessment. *Journal of Learning Disabilities, 26,* 134–137.

Silver, C. H., Pennett, H. D., Black, J. L., Fiar, G. W., & Balise, R. R. (1999). Stability of arithmetic disability subtypes. *Journal of Learning Disabilities, 32,* 108–119.

Sousa, D. (2006). *How the brain learns* (3rd ed.). Thousand Oaks, CA: Corwin.

Sousa, D. (2001). *How the special needs brain learns.* Thousand Oaks, CA: Corwin Press.

Van Luit, J. E. H., & Naglaieri, J. A. (1999). Effectiveness of the MASTER program for teaching special children multiplication and division. *Journal of Learning Disabilities, 32,* 98–107.

Wilson, K. M., & Swanson, H. L. (2001). Are mathematics disabilities due to a domain-general or a domain-specific working memory deficit? *Journal of Learning Disabilities, 34* (3), 237–248.

Xin, F., Glaser, C. W., & Reith, H. (1996). Multimedia reading: Using anchored

instruction and video technology in vocabulary lessons. *Teaching Exceptional Children, 29* (2), 45–49.

Xin, Y. P., Jitendra, A., Deatline-Buchman, A., Hickman, W., & Post, E. (2002). *Teach math word problem solving: Schema vs. traditional instruction.* Paper presented at the annual meeting of the Council for Learning Disabilities (October 11), Denver, CO.

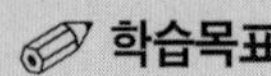

학습목표

1. 초등학교와 중등학교 통합학급의 과제 지향성에 대해 논의할 수 있다.
2. 장애 아동과 장애 청소년의 초등학교 시절의 방해행동에 관한 연구에 대해 알 수 있다.
3. 초등학교 학급에서의 교사와 학습장애 학생 간 상호작용에 관한 연구결과를 말할 수 있다.
4. 적응행동을 정의하고 적응행동의 하위 구성요소를 말할 수 있다.
5. 학령기 학습장애 아동과 교사 사이에 발생하는 교수적 상호작용의 유형을 설명할 수 있다.
6. 초등학교 학습장애 아동을 대상으로 한 적응행동에 대한 교수적 영향력을 밝힌 연구 사례를 나열할 수 있다.
7. 학습장애 아동과 교사 사이의 상호작용에 관한 연구를 바탕으로 몇 가지 교수적 제언을 할 수 있다.

핵심어

적응행동
과제 지향성
방해행동
과잉행동
교사 상호작용
교수적 상호작용
누적된 결손
학업적 정체기
동기
교과별 교육과정
개인교수 모델
기초기술 교정 모델
직업학습 모델
기능적 기술 모델
학습전략 모델
자문 모델
통합교육의 서비스 전달

학급에서의 학습장애 학생

이 장의 개관

✻ 서론

학습장애 학생에 관한 초기 연구의 대부분은 단순히 학습장애 인구에 대한 임상적 정의에 초점을 맞추고 있다. 특별한 교육적 지원을 필요로 하거나 진단을 의뢰할 정도로(보통 대학에 있는 연구기관에) 심각한 문제를 가진 학생들은 오늘날 일반학교에서 학습장애로 진단받는 학생들보다 더 심각한 문제를 보이는 경향이 있다. 또한 학습장애 학생의 특성에 대해 살펴본 초기 연구들은 인위적인 실험실 상황에서의 기억, 주의집중, 지능 혹은 사회적 기술 연구에 치중되어 있어 일반 공립학교의 학급에서 진행되는 전형적인 학습 활동과 관련된 특성을 탐구한 생태학적인 연구가 부족한 실정이다. 겨우 지난 30여 년에 걸쳐 초등학교 학급 내의 학습장애 아동에 대한 연구가 이루어졌기 때문에, 이러한 사실은 과거 연구결과를 일반학교 학급 상황과의 연관을 시키는 문제나 결과의 정확성에 대해 의문을 갖게 한다. 교사는 일반학교 학급에서 볼 수 있는 학습장애 학생의 특성에 관한 연구에 대해 잘 알고 있어야 한다(Bender, 2002).

이 장의 목적은 초등학교와 중등학교 학습장애 학생의 전형적인 행동양식과 상호작용에 대한 정보를 제공하는 것이다. 여기서 제시하는 정보는 통합학급에서 시행된 연구를 바탕으로 하고 있다. 앞서 언급했던 인지, 언어, 정서적 특성 중 일부가 다시 언급될 수 있으나, 이 장에서 초점을 두는 부분은 일반학교 통합학급에서의 특성을 파악하는 것이다.

학년에 상관없이 모든 학습장애 학생을 가르치는 교사는 학생들의 중등학교에서 보이는 교육적 특성뿐 아니라 이 학생들의 중등학교 환경과의 상호작용에 대한 정보를 가지고 있어야 한다. 학습장애 청소년들도 학습장애 아동과 유사한 학업성취의 문제를 보이긴 하지만 그들 대부분은 계속된 학교생활에서의 실패와 부담으로 정서적, 사회적인 문제를 갖게 된다. 장애청소년들의 우울과 자살 위험이 증가하고 있다는 증거들도 있다. 특정 학생이 아무리 성공적인 초등학교 프로그램을 거쳤다 하더라도 중학교, 고등학교에서 실패를 경험하게 되면 이 학생의 전체적인 학교 경험은 성공적이지 못하고 불행한 결과를 초래할 수 있다(Bryan, Burstein, & Ergul, 2004; Elksnin & Elksnin, 2004). 이 장에서는 우선 초등학교 수준의 학생들에 초점을 맞추어 설명한 다음 중등학교의 학습장애 학생에 대해 살펴보도록 하겠다.

✻ 학습장애 아동의 적응행동

적응행동(*adaptive behavior*)은 개인이 환경에 적응하는 능력이다. 애초에 이 용어는 정신지체 아동의 행동에 관한 논의 중에 생겨났지만, 일부 이론가들은 몇 년 전부터 이 개념이 학습장애에도 적합하다는 것을 깨달았다(Bender, 1999; Bryan et al., 2004; Leigh, 1987; McKinney & Feagans, 1983; Weller & Strawser, 1981). McKinney와 Feagans(1983)는 적응행동의 개념에 포함되는 다양한 특성에 대한 초기 관찰을 통해 과제 지향적 행동, 방해행동, 과잉행동, 교사나 또래와의 상호작용 등에 대해 연구하였다. Weller와 Strawser(1981)는 학습장애 아동의 적응행동에 관한 초기 이론적 기초를 제안하며 위에 언급한 특성 외에 학급에서의 화용론적 언어 사용을 포함하였다. 적응행동적 특성은 앞에서 설명한 바 있으므로 이러한 문제들이 어떻게 조화를 이루어 초등학교 학급에서 나타나는가를 정리해 보겠다. 주요 논쟁점은 학습장애 아동이 초등학교 학급에서 요구되는 역할에 적응하는 능력이다.

다양한 형태의 행동들이 부적절한 적응반응에 의해 나타날 수 있다. 예를 들면, 교사의 질문에 대한 정확한 답을 모르는 경우 부적절한 행동적 반응(예: 일어서서 교실을 가로질러 달리는 것)을 보이면 해당 질문에 대답해야 할 필요를 줄일 수 있다. 교사는 '과잉' 행동을 기억하고 짐작하여 아마 다른 학생에게 질문할 것이다. 이 예에서 부적절한 행동은 비록 교사의 승인을 받지 못했지만 아동의 관점에서는 적어도 적응행동적 반응이 될 수 있다. 이 경우 부적절한 행동은 아동이 질문에 틀린 답을 하지 않아도 되도록 한다.

학습장애 아동에 관한 여러 연구에서는 그들이 적응행동의 특정 영역에서 결함을 나타내는 것에 대해 우려를 표하고 있다. 여기에는 과제 지향성, 방해행동, 과잉행동 등이 포함된다(Elksnin & Elksnin, 2004; Teglasi, Cohn, & Meshbesher, 2004, [도움상자 8-1] 참조).

●●●● 도움상자 8-1

▶ **적응행동에 관한 역사적 관점**

학습장애 아동의 적응행동에 관한 연구적 관심이 증가하면서 적응행동에 관한 평가가 주요 관심사로 떠올랐다. 웰러-스트라우서 적응행동척도(Weller-Strawser Adaptive Behavior Scale; Weller & Strawser, 1981)는 학습장애 아동과 청소년의 적응행동 평가를 위해 특별히 고안된 검사다. 이것은 몇 가지 이유에서 역사적으로 매우 중요한 평가도구다. 첫째, 학습장애 인구에게 사용하기 위해 특별히 고안된 첫 번째 적응행동 도구다. 학습장애 인구에게 적절치 못하고 정신지체나 정서장애 인구를 위해 고안된(일부는 양치질, 자기관리, 그 밖에 정신지체나 정서장애의 문제 영역에 국한된) 적응행동 도구와 달리, 이 척도는 학습장애 아동을 위해 특별하게 만들어졌다.

둘째, 다른 측정도구들도 과제 지향성, 과잉행동, 학급에서의 방해행동을 측정할 수 있지만 이 척도는 학급에서의 화용론적 측면을 평가할 수 있다. 학습장애 아동들의 언어문제를 고려하면 이러한 측정 방식은 학습장애 아동을 위한 검사에 필수적인 방법이다.

측정도구 자체는 교사가 등급을 매기도록 되어 있다. 즉, 두 개의 상반된 문장 안에 같은 상황에서 보여지는 특정 행동이나 특성을 제시하고, 교사는 이 중에서 아동을 가장 잘 묘사한 것을 선택하게 된다. 교사는 총 34개의 선택을 하게 되는데, 이는 학급에서 적절한 활동을 하는 능력(과제 지향성에 속함), 실용적으로 언어를 사용하는 능력, 사회적으로 극복하는 능력, 그리고 원만한 관계를 형성하는 능력의 4가지 일반적인 영역으로 나뉜다. 설명서에는 이 측정도구가 적절한 신뢰도와 타당도를 확보했음을 밝히고 있어 일반적으로 사용할 만한 기준을 충족시켰음을 나타내고 있다.

몇몇 비교 연구에서는 학습장애 아동이 적응행동에 문제가 있음을 보여 준다(Bender & Golden, 1988; Leigh, 1987). Bender와 Golden(1988)은 웰러-스트라우서 검사를 사용하여 연구하였다. 54명의 학습장애 아동과 54명의 일반 아동의 적응행동 검사 결과를 비교하였다. 두 집단의 아동들은 인종, 성별, 학급에 대한 조건을 같게 하여 교사의 특이한 평가 가능성을 배제하였다. 학습장애 아동은 네 가지 행동 유형 모두에서 낮은 적응행동 능력을 보였다. 특히 학급 과제를 잘 못하고 실용적 의사소통 사용이 부족하였으며, 구조적인 관계 형성도 부족했으며, 통합학급의 상황에서는 사회적 극복 능력도 떨어졌다.

전체적으로 적응행동에 관한 연구의 수는 많지 않지만, 학습장애 아동에 대한 연구의 상당수는 특정 적응행동의 문제를 지적하고 있다. 여기에는 과제 지향성, 방해행동, 과잉행동에 관한 연구들이 포함된다. 그 상당수가 이 장에서 언급될 것이다.

과제 지향성

과제 지향성(*task orientation*)은 앞에서 논의했던 별개의 몇 가지 집중의 양상 간 상호작용으로 나타나는 특성이다. 앞서 살펴본 바에 의하면 초등학교의 학습장애

학생은 다른 학생들보다 과제집중 시간이 부족한 것으로 나타났다(McKinney & Feagans, 1983; Teglasi, Cohn, & Meshbesher, 2004). 일반 아동은 60~85% 수준으로 과제에 집중하는 반면, 학습장애 아동의 과제집중 수준은 단지 30~60%에 머무른다. 이는 학습장애 아동이 일반 아동에 비해 학급에서의 과제 수행에 두 배의 시간이 필요하다는 의미다. 이러한 시간 차이가 주의산만의 증가를 가져오고 비록 과제를 수행한다 하더라도 과제에 적절하게 선택적으로 집중하는 능력의 부족과 결합하게 되면 전체적인 과제 지향성의 결함은 매우 심각해진다.

교사의 관점에서 이것은 통합학급 일정상의 문제가 될 뿐 아니라 특정 활동을 이미 끝낸 다른 아동이 지루하게 시간을 낭비하게 할 걱정을 만드는 문제가 된다. 과제 지향성은 학습장애 아동의 특수학급에서도 다섯 명의 아동 모두가 각기다른 시간에 과제를 끝내는 문제를 초래할 수 있다.

상당수의 일반교사와 특수교사는 이러한 과제 지향성의 문제를 해결하려는 방안을 궁리하고 있다. 신체적 촉진은 일반적으로 과제집중 행동을 향상시킨다. 명백한 방해요인이 제거된 교수적 환경의 조성도 이러한 아동의 산만함을 감소시키게 된다. 그리고 특정 학습 과제를 위한 전략에 초점을 맞춘 교수방법은 학습장애 학생의 선택적 주의집중을 향상시킬 수 있다.

방해행동

학습장애 학생들 사이의 방해행동(disruptive behavior)의 출현율은 초기 연구에서부터 지적되어 온 사안이다. 1980년대와 1990년대의 연구들은 이를 보고하면서도 학습장애 학생들이 학급 내 다른 학생들보다 더 방해적인 것은 아니라고 주장하였다(Bender, 2002, 1985; McKinney & Feagans, 1983; Slate & Saudargas, 1986). 그러나 이러한 결과에도 불구하고 교사들은 종종 학급의 다른 학생들보다 학습장애 학생들이 방해행동을 더 많이 한다고 주장하였다(Bryan, Burstein, & Ergul, 2004). 이러한 견해의 차이는 '방해'의 정의에 의해 설명될 수 있다(즉, 방해를 '심각한 행동적 문제'로 정의하는 연구는 방해 수준을 상대적으로 낮게 보고하게 된다.). 이러한 일관되지 않은 연구결과가 있다 하더라도 교사에게는 중요한 의미를 갖게 된다. 즉, 일부 일반학급 교사들은 학급에서 장애 학생이 관리하기가 더 어렵다고 생각하고 있지만, 사실 이는 일부 학습장애 학생에게만 맞는 말이 될 수 있고 일반적인 학습장애 학생들에게는 사실이 아님을 인식해야 하기 때문이다.

과잉행동

비록 교사나 전문가들이 과잉행동(*hyperactivity*)을 학습장애 학생의 주요 특성 중 하나로 언급하고 있지만, 직접적으로 장애학생이 다른 학생들보다 과잉행동을 더 많이 한다고 보고하는 연구는 찾아보기 어렵다. 학습장애 학생의 과잉행동 수준에 영향을 미치는 변인 중 하나는 학습장애와 주의력결핍 과잉행동장애(ADHD)의 공존성이다. 공존성(comorbidity)이란 아동이 하나 이상의 장애나 질병을 결합한 특성을 보인다는 것이다. 학습장애 영역에서 ADHD와의 공존이 늘 문제가 되었고, 이는 학급에서 그들의 과제 지향성에 영향을 미치게 된다(APA, 1993). Smith와 Adams(2004)는 전국 가구 교육 실태조사(National Household Education Survey)를 통해 대규모의 아동 설문 연구를 실시하였다. 이 연구에서 다수의 부모 설문 결과를 얻어 통계적으로 분석한 결과, 전체 9,583명 아동의 3.7%(343명)는 ADHD와 학습장애를 동시에 가지고 있었다. 또한 3.6%는 ADHD만을 보였고 4.9%는 학습장애를 가지고 있는 것으로 나타났다. 명백하게 학습장애와 ADHD의 공존성이 상대적으로 높으므로 교사는 이러한 학생들이 전체적으로 과제 지향성에 문제를 보일 것임을 알고 있어야 할 것이다.

교사와의 상호작용

학습장애 학생들이 보이는 다양한 적응행동의 문제를 볼 때, 교사들은 이 학생들을 지도하기 힘든 대상이라고 느낄 것이다. Drame(2002)은 63명의 일반교사를 대상으로 행동과 학업 문제에 관한 교사 인식을 살펴보았다. 연구자들은 다양한 설문을 통해 학습장애 학생으로 특수교육에 의뢰하는 경향과 관련된 학업기술과 특정 적응행동의 문제에 관한 교사들의 인식을 측정하였다. 연구결과, 학문적인 문제와 더불어 학급에서 부적절한 적응행동을 보이는 학생은 학습장애로 서비스에 의뢰하는 경우가 더 많다는 것이 명백하게 밝혀졌다.

단일 연구로 확실한 결론을 내릴 수는 없지만, 과제 지향성, 방해행동, 과잉행동 등 학습장애 아동의 적응행동은 교사에게 걱정거리가 되는 것은 분명하다. 또한

●●●● 도움상자 8-2

▶ 교수 안내: 부적절한 행동 관리하기

1. 처음으로 과제를 끝내는 각 집단의 2~3명의 학생을 칭찬함으로써 과제집중 행동을 강화하는 학급 분위기를 조성하라.
2. 모든 학생의 행동을 점검하고 눈맞춤, 신체적 접근과 지속적인 언어적 단서로 과제에 집중하게 하라. 이러한 단서와 점검행동은 강압적이거나 처벌적인 형태가 아니라 부드럽게 과제가 중요하고 집중해서 완수해야 함을 일깨워 주는 형태여야 한다.
3. 학생들이 설득력 있는 논쟁이나 과제에 대해 서로 설명하는 과정에서 연습할 수 있는 교수적 상황을 조성하라.
4. 과제집중 능력을 떨어뜨리는 방해요인을 제거할 수 있도록 학습 열람석, 백색 소음(white noise), '정숙한 학습' 시간 등을 사용하라.
5. 말다툼을 하는 학습장애 학생에게는 역할극에 참여시켜 타인의 감정을 이해할 수 있도록 하라.
6. 각 집단의 구성원이 과제를 완수하는 데 필요한 필수 정보의 일부를 가지고 있으면서 집단의 수행에 참여해야 하는 방식의 교수적 집단활동을 제안하라. 이는 집단 내 개인들 간의 협동을 북돋워 사회적 기술의 향상을 가져올 수 있다.
7. 학급 과제에 소규모 집단활동을 더 많이 포함하여 교사가 점검하고 개개 학생이 앉아서 하는 활동이 줄어들도록 구조화하라.

이러한 연구는 초등학교 교사들에게 몇 가지 방안을 제안하고 있다. 교사가 사용하는 교수적 집단화의 유형에 대한 결정은 아동의 적응행동 기술을 어느 정도 고려해서 이루어져야 한다. 또한 평균적인 과제의 길이도 수정될 필요가 있고 연습문제도 제공하는 것이 좋다. [도움상자 8-2]에는 학급에서 학습장애 학생의 적응행동 관리를 위한 제안이 제시되어 있다.

지난 10년간의 연구들은 일반적으로 일반학급에서 교사가 다른 아동들보다 학습장애 학생과 상호작용을 더 자주 맺고 있다고 밝히고 있다(Alber, Heward, & Hippler, 1999; Bender, 2002; Bryan, Burstein, & Ergul, 2004). 그러나 교사 상호작용에서는 상호작용의 전체 횟수보다 그 질이 더 중요한데(Alber et al., 1999), 지난 20년간의 연구결과 학습장애 학생과 교사 상호작용의 질에 의문을 표하고 있다.

1980년대와 1990년대의 초기 연구에 의하면 교사들은 학습장애 학생의 행동문제를 더 자주 관리해야 했기 때문에 그들과의 상호작용을 자주 했다고 한다(Bender, 2002, p. 246 참조). 그러나 최근 연구에 의하면 중등 통합학급의 교사는 일반 학생과 비슷한 수준으로 학습장애 학생과 상호작용을 하고 있다고 한다(Wallace, Anderson, Bartholomay, & Hupp, 2002). 교사는 교수적으로 더욱 집중하고, 학생의 학습에 칭찬을 제공하는 데 초점을 맞출 수 있는 상호작용 방식에 대해 잘 알고 있어야 한다.

Alber, Heward와 Hippler(1999)는 일반학급 교사에게서 더 많은 칭찬을 이끌어 내기 위해 학습장애 학생을 훈련시키는 교수법에 대하여 매우 획기적인 연구를 실시하였다. 학습장애 학생 4명과 두 명의 일반교사가 참여한 중다기초선 설계의 연구에서 학생은 개별적으로 손들기, 교사가 볼 때까지 기다리기, 학습에 관한 질문 말하기(예: "이 문제는 어떻게 풀어야 돼요?")의 세 가지 행동을 연속적으로 완수하여 교사의 긍정적인 관심을 받을 수 있는 방법을 훈련받았다. 학생들은 이 행동을 특수학급에서 훈련하고 일반학급에 적용하였으며, 이 과정 동안 학생의 행동과 일반교사의 반응을 독립된 관찰자가 기록하였다. 결과적으로 학생이 적절한 훈련을 받고 나면 이러한 적절한 행동으로 인해 교사로부터 더 긍정적인 집중을 받을 수 있었다. 더구나 일반교사가 제공하는 칭찬의 양도 증가하였다. 결국 4명의 학습장애 학생 중 두 명은 연구가 끝난 후 유지기간 동안 적절한 행동을 지속하는 모습을 보여 절차를 학생 스스로도 지속 가능하다는 것을 보여 주었다. 일화적 증거는 더욱 놀라웠다. 일반교사들을 학생의 노력뿐 아니라 학업적인 향상도 확인할 수 있었다(Alber et al., 1999).

이러한 혁신적 중재의 긍정적인 측면은 중재 절차에서의 효과뿐 아니라 이 절차가 학습장애 학생에게 부여하는 힘에 있다는 것이다. 특히 적절한 도움이 있으면 학습장애 학생들도 일반학급에서 교사와의 상호관계에서 향상을 가져올 수 있다. 어떤 점에서는 특수교사도 마찬가지로 힘을 갖는다. 당신은 학습장애 학생에 관한 전문가로서 학생들이 어떤 통합교사에 대해 불만을 토로하는 것을 들은 경험이 있을 것이다. 이러한 경우 특수교사는 일반교사-학생 상호관계를 향상시킬 수 있도록 이러한 절차를 적용해 훈련시켜야 한다.

분명히 교수적 상호작용은 아동의 초기 교육적 성공에 직접적인 영향을 미치기 때문에 초등학교 통합학급의 교사와 학습장애 학생 간의 상호작용은 매우 중요하다. 교사는 학습장애 학생이 통합학급에서 적절하게 도전을 받고 개념을 이해하지 못해 창피당하고 부당하게 고통받지 않도록 학습장애 학생과의 교수적 상호작용을 조심스럽게 관찰해야 한다. 특히 교사가 학습장애 학생들에게 질문을 할 때는

도움상자 8-3

▶ 교수 안내: 질문하기

어떤 질문하기 형태가 가장 적절한가에 대해서는 논란이 있기도 하지만, 교사는 다음의 제안을 참고할 수 있다.

1. 다른 학생들을 고려한다면 교수적 내용에 어려운 질문과 쉬운 질문을 모두 포함하는 것이 현명할 것이다.
2. 항상 어려운 질문과 쉬운 질문의 비율을 학생들에게 합리적이고 적절한 수준으로 조절한다. 학생들의 답변을 잘 살펴서 각 질문 유형에 어떻게 답하는가를 보고 그에 따라 질문의 비율을 조절하라.
3. 읽은 내용 안의 주요 핵심사항과 사실을 기억해 낼수있도록 쉬운 수준의 다양한 읽기 이해 문제를 만들어라.
4. 기본 질문 양식에 따라 고난이도의 질문을 만들어라. 전형적으로 학습을 통해 얻어진 지식에 다른 정보를 통합해서 답해야 하는 질문도 있음을 기억하라. 예를 들면, '~과 ~을 비교하기' 혹은 '~의 입장을 지지하라'와 같은 질문은 이야기의 사실에 대한 단순 기억 이상의 수준을 요구하는 고난이도 이해 질문이다.
5. 교사는 단순하고 쉬운 수준의 문제만 제시하여 학습장애 아동의 학업 활동을 너무 쉽게 만들지 않도록 주의해야 한다.
6. 항상 사실적 정보를 고난이도 질문에 대한 정답에 포함될 수 있게 사용하라.

다른 학생들과의 교수적 상호작용 유형을 반영해야 한다. [도움상자 8-3]에는 학습장애 학생에게 질문할 때 고려해야 할 사항이 기술되어 있다.

✻ 학습장애 청소년의 인지적 특성

학습장애 학생의 기본적인 인지적 특성에 대해서는 앞에서 설명한 바 있다. 그러나 여기서 언급하는 인지적 특성은 수년간의 학교생활을 통해 변화된 청소년의 인지적 특성에 관한 것이다. 이 부분에서는 일반학교의 학습장애 청소년에게서 볼 수 있는 행동 유형을 설명함으로써 앞서 설명했던 특성들의 변화와 상호작용에 대해 논의하려는 의도로 서술된다.

누적된 결손과 학업적 정체기

일반학교 체계는 학령기를 거치며 전반적인 학업성취 수준이 증가된다는 가설을 바탕으로 한다. 그러나 연구자들은 이러한 가설이 학습장애 학생에게 지나치게 이상적이라고 주장한다(Bender, 2002; Deshler, Schumaker, & Lenz, 1984). 실제로 학습장애 학생들이 보이는 학업성취의 결손은 학년이 올라갈수록 누적되는 것처럼 보인다. 이러한 누적된 결손의 문제는 [그림 8-1]에서 볼 수 있듯 다수의 중등장애 학생들의 미래를 어둡게 만드는 예견된 문제요인이다.

기본적으로 누적된 결손(*cumulative deficit*)은 학습장애 학생이 학교에 오래 있으면 있을수록 더욱 뒤떨어진다는 개념이다. 예를 들면, 학습장애 아동이 처음 학교에 입학하면 1학년에서 읽기 수업의 3/4 정도만을 습득하게 된다. 그리고 1학년 말이면 1/4학년 뒤처지게 되고고 이는 읽기교수의 다양한 수준을 고려하면 대부분 1학년 교사들에게 수용 가능한 정도의 결손이다. 그러나 같은 아동이 2학년 때도 읽기의 3/4 정도만 습득한다고 하면 누적된 결손에 의해 2학년 말에는 1/2학년 수

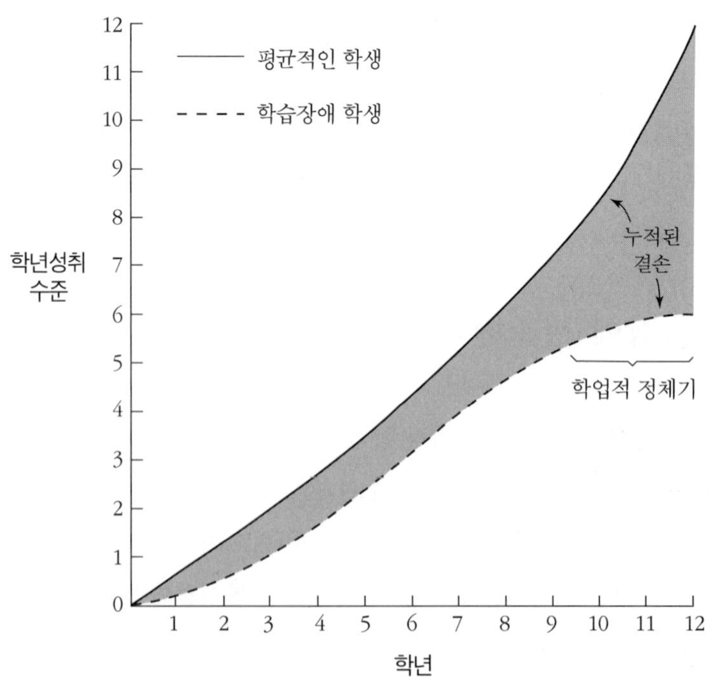

[그림 8-1] 누적된 결손

준이나 뒤처지게 된다. 이 역시 읽기에서 따라잡을 수 있을 수준의 결손이지만, 이런 식으로 결손이 지속된다면 고등학교 3학년 말에는 최고의 성취라 해도 중학교 3학년 수준의 읽기 실력이나 그 이하의 읽기 수준을 갖게 될 것이다. 1학년 교육과정의 3/4 수준만을 습득한다는 것은 2학년에도 같은 수준의 습득을 할 수 있음을 의미하지 않고, 실제로는 매년 습득하지 못하는 부분이 증가하게 된다. 따라서 매년 결손은 축적되고, 학습장애 학생에게는 학년이 진급함에 따라 지속적인 읽기 향상이 일어나리라 기대하기 어렵게 된다.

Deshler와 동료들의 초기 연구는 대부분의 학습장애 학생들의 학업성취가 결국은 멈추게 된다는 주장을 하고 있다(Deshler, Schmaker, & Lenz, 1984; Deshler, Schumaker, Lenz, & Ellis, 1984). 학습장애 청소년은 고등학교 1학년 정도 되면 학업적 정체기(*academic plateau*)(읽기성취 수준이 5학년 정도)를 맞게 된다. 게다가 이 학생들은 이후 읽기성취에서 전혀 진전을 보이지 않는다.

이는 학습장애 청소년들이 자신의 학년 수준으로 쓰인 교과서를 읽을 수 없음을 뜻하는 명백한 증거다. 실제로 전형적인 고등학교 2학년 학습장애 학생은 학년 수준보다 6, 7년 뒤처진 읽기 실력을 보인다. 비록 초등학교 1학년 아동에게 중학교 1학년 읽기 교재를 사용하는 교사는 없지만, 학습장애 학생은 중등학교에서 마치 이러한 입장의 초등 1학년 아동과 같은 처지에 놓이게 되는 것이다.

더 심각한 것은 읽기 능력과 같은 학업적 특성은 학교의 교수적 현실과 맞물리게 된다는 사실이다. 지나치게 어렵게 쓰인 내용교과 교과서의 수준은 누적된 읽기 결손을 배가시키는 결과를 초래하게 된다. 일반적으로 교과서는 적절한 내용수준의 정보를 포함하고 있긴 하지만 대부분은 읽기 수준을 고려하지 않고 쓰인다. 한 예로 의도했던 수준보다 몇 학년 위 수준으로 쓰인 사회 교과서를 찾는 것은 어려운 일이 아니다(Putnam, 1992b). 다음의 상황을 가정해 보자. 초등학교 4학년 수준의 읽기 이해력을 갖고 있는 중학교 3학년 학습장애 학생이 역사 수업에서 고등학교 3학년 수준으로 쓰인 교과서를 사용하고 있다. 학생은 분명 어떤 형식이든 대폭적인 수정을 하지 않는 한 이 수업에서 완전학습을 할 수 있는 기회를 갖기 어려울 것이다. [도움상자 8-4]에는 이 학생이 성공적으로 역사 수업을 마칠 수 있도록 도움을 줄 수 있는 몇 가지 수정 방안이 제시되어 있다(Bender, 2002).

●●●● 도움상자 8-4

▶교수 안내: 읽기 과제의 수정을 위한 10가지 방안

1. 역사 수업내용과 동일한 내용이지만 매우 흥미롭고 읽기 수준은 낮은 교재를 구해서 학급 내 읽기 수준이 낮은 몇몇 학생에게 사용한다.
2. 학생들이 과제를 읽으며 완성할 수 있는 부분의 개요와 차트(부분 조직자)를 사용한다.
3. 다른 학생이 각 문단의 중요한 사실과 핵심 문장에 밑줄을 그어 놓은(형광펜 등으로) 교과서를 사용할 수 있도록 한다.
4. 읽기 수준이 낮은 학생에게 교과서 내용과 삽화의 관계를 알려 준다. 삽화에 관해서만 토론하도록 계획을 세운다.
5. '또래교사'를 지정해서 읽기와 매일 보는 비공식 읽기평가 때 도움을 주게 한다.
6. 읽기 수준이 낮은 학생의 이해력을 검사하는 방법으로 지정된 평가 이외의 다른 전략(토론, 역할놀이, 토의와 예술작품 활동 전략 등)을 사용한다.
7. 학생의 과제 완수와 이해력 향상을 위해 특별한 학습전략(읽은 후 요약하기, 내용 바꿔 쓰기, 마무리하기)을 사용한다.
8. 이해력 향상을 위해 개별화된 과제와 소집단 활동을 하도록 한다. 교수법을 다양화한다.
9. 학생들이 각자의 학습에 책임을 질 수 있는 협력 교수적 집단화 방법을 활용한다.
10. 읽기 이해력 향상을 위해 큐빙(cubing) 기술(9장 참조)을 사용한다.

적응행동

학습장애 아동에 비해 학습장애 청소년의 집중행동에 대한 정보는 부족한 편이다. Russ와 동료들(2001)은 최근 교수적 집단의 크기와 주의집중 사이에 역상관 관계가 있음을 보고하였다. 교수적 집단의 크기가 크면 장애 학생들의 집중 수준은 낮아진다는 것이다. 그러나 이 연구결과만 가지고 학급 크기를 줄이면 학습장애 학생의 집중이 증가한다거나 학습장애 청소년의 과제 집중력이 중등 수준의 다른 학생들보다 낮다고 말할 수 없다.

Bender(1985b)는 일반학교 통합학급에 배치된 학습장애 고등학생 18명과 일반학생 18명의 주의집중 행동을 비교하였다. 학습장애 청소년의 다양한 적응행동 양식에 대한 가능한 한 많은 정보 수집을 위해 교사의 행동평정 결과도 참고하였다. 학습장애 청소년은 중등 수준에서 낮은 부류에 속하기 때문에 비교집단의 학생들도 낮은 반에서 선발하였다. 비교집단 학생들은 인종, 성별, 학급변인에서 학습장애 학생과 동등한 조건으로 구성되었다. 마지막으로 짝을 이룬 학생들을 학습장애

학생 10초, 일반 학생 10초, 다시 학습장애 학생 10초 동안 관찰하는 방식으로 동시에 관찰하여 학급에서 교수변인에 관한 정보를 수집하였다.

이러한 다중측정 연구결과, 학습장애 학생이 성취 수준이 낮은 일반 학생보다 짧은 과제 집중 시간을 보임이 밝혀졌다. 또한 학습장애 학생은 비교집단 학생들보다 더 수동적인 과제이탈 행동을 보였다. 예를 들면, 학습장애 학생은 과제에 집중하지 않을 때 방해적인 행동을 하기보다 연필을 가지고 장난을 치거나 허공을 바라보는 등 수동적인 행동을 보이는 경향이 있었다. 관찰이나 행동에 대한 교사의 평정 결과 모두에서 두 집단 간 방해적인 성향에는 차이가 없는 것으로 나타났다. 두 개의 다른 측정 방법(관찰과 교사평정)에서 같은 결과가 나왔다는 것은 하나의 측정방법을 사용한 연구의 결과보다 더 신뢰도가 높다고 할 수 있다. 결과적으로 이 연구는 학습장애 청소년이 중등 학급의 낮은 성취 수준을 보이는 일반 학생보다 과제 집중력은 부족하지만 방해행동을 더 많이 하는 것은 아니라고 주장한다.

학습장애 청소년의 기억전략에 관한 연구는 초등학교 학생들에게 일반적으로 나타나는 작동기억 전략 사용의 문제가 중학교에서도 마찬가지로 흔하게 나타날 것이라 제안하고 있다(Hughes, 1996; Torgesen, 1984). 특히 중등 수준의 학급에서 교사는 반드시 기억전략 교수를 포함해 수업을 해야 한다고 제안하고 있다.

✻ 학습장애 청소년의 사회적 · 정서적 특성

중등학교 교사들은 일반적으로 학업적인 문제는 통제 가능하지만 사회적이고 정서적인 문제들, 즉 낮은 자아개념, 빈약한 사회적 기술과 상호관계 기술, 동기 결여 그리고 전반적인 학교에 대한 흥미 부족 등이 더 심각한 문제라고 지적하고 있다(Bender, 1999; Gans, Kenny, & Ghany, 2003; Tur-Kaspa, 2002). Bender(1994, 1999)는 개인적, 정서적, 사회적 문제가 학습장애 청소년 사이에 학업적 문제를 뛰어넘는 심각한 문제라고 주장하였다. 예를 들면, 앞서 설명했던 읽기성취에서의 누적된 결손의 효과를 생각해 보자. 전형적인 초등학교 저학년 학습장애 남아는 자신의 읽기 능력과 학급의 다른 아이들의 읽기 능력 간 차이를 단지 어렴풋이 인식할 뿐이지만 학년이 높아질수록 이러한 차이를 더 잘 깨닫게 된다. 사춘기(보통 초등학교 5학년~중학교 2학년) 동안 이를 민감하게 인식하고 학습문제에 대해 창피하게 느끼게 된다. 이때 교사에게 무례하게 굴거나 부적절한 농담을 하는 것이 오답을 말하는 것보다는 덜 창피하게 느껴지곤 한다. 결과적으로 이해력의 어려움에 대해 교사의 관심을 돌리거나 학습문제를 숨기기 위한 행동문제들이 발생하게 된다. 고학년 학생의 상당수는 이러한 방식으로 학업적 결손을 숨기려는 시도를 매우 흔하게 보이게 된다.

이러한 사회적이고 개인적인 문제가 일부 학습장애 청소년에게 나타난다는 사실을 알아야 한다(Bender & Wall, 1994; Lackaye, Margalit, Ziv, & Ziman, 2006). 현재까지 어떤 아동이 나중에 이러한 문제를 나타낼지 예측할 수 있는 방법은 알려지지 않았다. 결론적으로 학습장애 아동을 가르치는 교사들은 일부 학생에게 이러한 문제가 나타날 가능성이 있다는 사실을 인식하는 것이 최선의 방법이다.

동기와 정서적 행복

교사는 학습장애 중등학생들이 전반적으로 **동기**(*motivation*)에 문제가 있음을 알고 있다. 비록 학교 활동에 관한 동기부여의 문제는 모든 교사들의 일반적인 관심사이긴 하지만, 특정 학습 과제를 성공적으로 완수하는 데 반복적으로 실패하는 학생들에게는 특히 더 심각한 문제다.

그러나 학습장애 학생을 대상으로 하는 연구 중 학생의 동기를 측정하는 보편적인 방법을 제시하는 연구는 존재하지 않는다. 일반교사들 사이에서 이 주제에 관해 논의되는 빈도를 고려해 볼 때, 동기부여에 대한 질문지나 평정척도가 없다는 것은 매우 놀라운 사실이다. 대신 동기부여라는 개념은 학습장애 청소년의 자아개념과 통제소재 지향성 간의 상호작용 등을 살펴보는 방법으로 연구되고 있다.

자아개념　학습장애 청소년의 자아개념에 관한 연구는 매우 제한적이고 또 일관된 결론을 제시하지 못하고 있다. 일부 연구에서는 학습장애 청소년과 일반 청소년 사이의 차이점이 드러나지 않았으나, 다른 연구에서는 차이가 발견되기도 하였다(Bender & Wall, 1994; Lackaye, Margalit, Ziv, & Ziman, 2006). 앞서 언급했던 것처럼, 자아개념은 일반적인 개념 혹은 특정 학교 상황과 연관된 개념으로 정의될 수 있다. 연구결과, 학습장애 청소년들이 일반적으로는 수용될 만한 자아개념을 갖고 있다고(일반적으로 자신을 괜찮은 사람이라 생각한다고) 밝히고 있지만 학업

상황과 연관된 경우엔 낮은 자아개념을 가지고 있다고 주장한다. 수학이나 직업 교과에서 뛰어나지만 읽기와 연관된 역사, 과학, 또는 중등 교육과정의 영어 교과에는 전혀 동기부여가 되지 않는 학생의 경우 이러한 결과가 나올 수 있다.

통제소재 통제소재는 자신의 운명에 대한 통제의 개념으로 정의될 수 있다. 내부 지향적 개인은 자신의 행동이 자기 운명에 결정적 영향을 미친다고 인식하는 반면, 외부 지향적 개인은 자신의 운명이 외부의 요인에 의해 영향을 받는다고 믿는다. 만약 학습장애 청소년이 학교에서의 학업적 운명(성적으로 나타나는)이 자신의 노력과 무관하다고 믿는다면 스스로 열심히 노력할 이유가 없게 된다. 학급에서 이러한 학생은 실제로는 시간을 들여 공부하고 수업 준비를 한다 하더라도 겉으로 보기에는 동기부여가 되지 않는 것처럼 보일 것이다. 그들은 자신의 노력이 성적과는 무관하다고 믿는다.

통제소재에 대한 학습장애 청소년들의 인식에 관한 연구들이 일관된 결과를 보여 주는 것은 아니다(Bender & Wall, 1994). 그러나 다수의 연구들이 학습장애 청소년과 일반청소년 간 비교에서 학습장애 청소년들이 외적 통제소 지향성을 더 띠고 있음을 지적하고 있다(Huntington & Bender, 1993).

연구 요약 자아개념과 통제소재에 관한 인식 모두가 학생이 학업 과제나 숙제 등에 들이는 노력에 영향을 주는 요인이다. 학습장애 학생들의 낮은 자아개념과 외적 통제소의 성향 때문에 중등학교 교사는 종종 숙제를 하지 않고 학급에서 수업에 참여하거나 노력을 하지 않고(적절한 학습 수준인 경우에도), 학업을 완수하려는 동기가 부여되지 않는 학생들과 대립하게 된다. 교사는 이러한 학생들이 학업에 집중하도록 하기 위해 개인적인 방법으로 다루어야 할 특별한 필요가 있음을 자주 느끼게 된다. 불행하게도 교사와 학습장애 청소년 사이에 라포가 형성된다 하더라도 학생은 여전히 과제를 완수하기 위해 노력하지 않는다. 학생을 변화시키려는 교사의 시도와 청소년의 외적 통제소 간의 잠재적 상호작용은 다양하고도 복잡한 관계를 보인다. 이러한 관계는 학생이 심각한 우울증을 겪고 있는 경우에는 더욱 복잡해진다. 중등교사가 학생의 정서적 안정에 민감한 편이더라도 다양한 문제는 발생할 수 있다.

학급 상황의 예를 들어 보자. 직업교육 시간에 수업을 받고 있는 고등학교 1학년 학습장애 남학생을 가정해 보자. 교사는 이 학생이 제초기 수리 일을 하는 아버지를 돕고 있고, 제초기 2 사이클 엔진에 대한 지식이 해박하다는 사실을 알고 있다. 이에 교사는 학생에게 2 사이클 엔진에 대해 질문함으로써(당황하지 않게 자연스러운 상황에서) 학생이 성공의 경험을 하게끔 시도할 것이다. 그러나 학생은 교사의 질문에 답을 하지 않거나 정확하지 않게 우물거리기만 한다. 학생은 정답을 알고 있고 교사도 학생이 정답을 알고 있다는 사실을 알고 있다. 교사는 다시 질문하지만 학생은 다시 답을 하지 않는다. 교사는 실망하고 충격을 받아 다른 학생에게 질문한다. 대다수의 교사들은 왜 답을 알고 있는 학생이 질문에 대답하지 않는가에 대해 완전히 이해하지 못한 채 이러한 상황에 처한 경험이 있을 것이다.

학생이 질문의 답을 알고 있다 하더라도 외적 통제소 지향성의 학생은 답을 하지 않는 경향이 있다. 그 학생은 자신이 질문에 대답하면 어떻게 해도 실패하게 된다고 인식하고 있는 매우 고통스러운 교육체계 속으로 자신을 끌어들이게 될 것이라 느끼고 있다. 즉, 답을 알고 있고 교사가 긍정적인 환경을 조성하긴 했으나 그렇다고 시도할 필요가 뭐 있겠느냐라는 인식을 하는 것이다. 교사 역시 성공적으로 학급에 참여시키려고 격려하는 시도에 혼란을 느끼게 된다. 따라서 통제소재 지향성은 동기관련 문제에 매우 복잡하게 작용한다. 더 말할 필요도 없이 매우 효과적인 관리 능력을 가진 다수의 일반교사들이라도 용기가 꺾이게 되고 더 이상 학습장애 청소년을 자극하지 않게 된다. 결국 이러한 장애 청소년을 계속해서 지도해야 한다면 극복해야 할 난점은 계속해서 그들이 수업에 참여하도록 격려하고 시도하는 것이 된다. 물론 이러한 시도는 위협적이지 않은 방식으로 이루어져야 한다.

일부 교사들이 경험하게 되는 탈진(burnout)을 예방하기 위해서는 학습장애 청소년들이 경험하는 고통을 기억할 필요가 있다. 그들은 사회적 존재이고 또래와 교사로부터 사회적으로 인정받길 원하지만 계속해서 학교에서 실패만 경험해 온 학생들이다. 종종 그들은 읽기 과제나 학업의 완수가 불가능한 상황에 놓일 수도 있다. 매우 현실적인 차원에서 학교 실패에 대한 외부 지향성은 학습장애 청소년에게는 생존 방식이 될 수 있다. 전체적인 학교환경 자체가 학생들에게 '너희는 최소 9년 이상 실패' 라고 말해 주고 있을 때 외적 통제소는 이 학생에게 이러한 메시지가 잘못된 것이라는 희망을 갖게 해 준다. 이런 무관심한 태도를 키우는 학교체계를 고려해 볼 때, 동기 부족에 대한 이해는 상대적으로 쉬운 문제다. 또한 다양한

도움상자 8-5

▶ 교수 안내: 학습장애 청소년의 동기부여

다수의 연구자들이 학습장애 중등학생들에게 성공적으로 사용할 수 있는 몇 가지 동기부여 전략을 소개하고 있다. 이 모든 전략이 모든 학생들에게 사용 가능한 것은 아니지만, 통합학급이나 특수학교 교사들은 자신의 학급에 적합한 전략을 선택하여 사용할 수 있다 (Bender, 2002; Deshler et al., 1984).

1. 과제를 정확히 완수했을 때 보상을 하는 방식으로 토큰경제를 활용한다. 특권을 주거나 학생이 선택한 활동을 할 수 있는 시간을 허락하는 등의 보상을 한다.
2. 낮은 동기부여 상황에서 개인지도 또한 활용할 수 있다. 개인지도 시에는 학습할 내용과 관계있는 정보를 포함해야 한다.
3. 학생의 과제 완수를 격려하기 위해 조건부 계약을 맺을 수 있다. 이는 기본적으로 교사와 학생 사이에 과제를 완수하면 학생이 선택한 보상을 받는다는 내용으로 서면 동의를 받는 것이다.
4. 적절한 행동에 대해 말로 칭찬을 해서 격려할 수 있다. 교사 혹은 또래의 인정을 받는 것이 그것이다.
5. 협동학습 교수법도 의미 있는 참여를 증대시킬 수 있다. 혼자서는 절대 못하던 학습장애 학생도 '우리 모둠을 위해' 과제를 완수하곤 한다.
6. 학생의 내적 통제소를 직접적으로 강조하는 속성훈련을 시키는 것도 효과적이다. 내적 동기부여에 초점을 맞춘다.
7. 연구결과는 아직 확정적이지 않지만, 자기점검 절차 또한 긍정적 동기부여 향상에 효과적이다.

학급환경의 재구조화를 통해 이러한 학생들을 동기 유발시킬 수 있다. 이러한 방법에 대해서는 [도움상자 8-5]에 간단히 정리해 놓았다.

우울과 자살　　불행히도 최근의 연구에서는 학습장애 청소년의 정서적 어려움이 동기적 문제에만 국한되지 않는다고 밝히고 있다. 예를 들면, 더 많은 수의 연구결과, 학습장애 학생이 일반 학생들보다 우울과 자살의 위험이 더 크다고 한다 (Bender, 1999; Bender, Rosencrans, & Crane, 1999; Bender & Wall, 1994; Huntington & Bender, 1993; Maag & Behrens, 1989; McBride & Siegel, 1997). 예를 들면, Maag와 Behrens(1989)는 465명의 중등학생의 우울증 출현율과 심각성에 대해 조사하였다. 여러 측정방법을 통해 우울 정도를 평가한 결과, 학습장애 중학생 중 20%의 남학생과 32%의 여학생은 심각한 우울 수준을 나타냈다.

여러 연구자들은 이러한 우울 위험의 증가가 자살 위험의 증가로 이어진다고 주장하였다(Hayes & Sloat, 1988; Pfeffer, 1986). 예를 들면, Hayes와 Sloat(1988)은 자살 상황에 대한 정보를 수집하기 위해 129명의 텍사스 주 고등학교 상담교사들을 대상으로 설문 조사를 실시하였다. 결과적으로 중등학생 인구의 4% 정도에 불과한 학습장애 학생이 전체 자살 사건의 14% 이상과 관련이 있다는 것이 밝혀졌다. 이는 지난 3년 동안 LA 자살방지센터에 보고된 전체 자살 사건의 50%가 학습장애 청소년과 연관된다는 Peck(1985)의 연구결과를 통해 다시 한 번 확인할 수 있다. 학습장애 학생을 가르치는 교사는 분명히 심각한 우울이나 자살을 생각하는 학생을 만날 가능성이 매우 높다.

학습장애 청소년의 사회생활

청소년기 동안 대부분의 개인은 친밀한 가족 이외에 의미 있는 타인과의 관계 형성을 통해 자신의 사회적 활동 범위를 넓혀 나가게 된다. 예를 들면, 대부분은 중학교나 고등학교 시기에 공식적인 데이트를 시작하게 된다. 또래 집단은 기준을 형성하게 되고 젊은이들은 가족보다 또래와 어울리는 시간이 더 많아지게 된다. 결과적으로 사회적 기술과 사회적 인정의 중요성과 또래 집단의 영향력은 이 시기에 점차 증가하게 된다.

4장에서 언급했듯이, 학습장애 아동의 사회적 인정 수준은 전반적으로 일반 아동의 그것보다 낮다. 그러나 청소년기에 사회적 인정은 그 중요성이 지나치게 강조된다. 따라서 학습장애 학생을 다루는 교사는 그들의 사회적 인정에 대한 가능한 모든 정보를 잘 파악하고 있어야 한다.

연구에 따르면 학습장애 청소년의 사회적 인정 수준은 일반 학생의 경우보다 상대적으로 낮은 편이다(Bender, 1987; Perlmutter, Crocker, Cordray, & Garstecki, 1983; Tur-Kaspa, 2002). 그러나 완전히 희망이 없는 것은 아니다. Perlmutter와 동료들(1983)은 고등학교의 사회적 환경에 매우 잘 적응하는 학습장애 학생들도 있다고 주장하였다. 또한 학습에 어려움을 보이는 다른 청소년들과 비교할 때 대부분의 학습장애 학생들은 '싫어하는' 쪽에 속하지 않고 '중간' 수준에 속하는 것으로 나타났다. 그러나 전반적인 학습장애 청소년의 사회적 인정 수준은 그리 긍정적이지 못하다.

연구자들은 이런 부정적인 사회적 행동의 원인에 관하여 고민하였다. 학습장애 청소년들이 특정한 사회적 민감성의 부족을 보이는 것이 사회적 인정을 받는 데 문제가 된다는 증거가 있다(Jackson, Enright, & Murdock, 1987). Leigh(1987)는 학습장애 아동과 청소년의 의사소통 기술과 사회성 기술 비교 연구에서 아동이 청소년기에 이르면서 이러한 기술이 감소되는 경향이 있음을 보여 주었다. 이런 여러 요인 중 일부 혹은 모두는 학습장애 청소년의 사회적 인정의 수준을 낮추는 원인이 된다.

✻ 학습장애 청소년의 학업적 특성

앞서 설명했듯이, 대부분의 학습장애 청소년이 나타내는 특성들은 성공적인 교육적 성취를 위한 최적의 조건은 아니다. 몇 년 동안의 학업적 실패 경험은 5~6학년 무렵이면 학업적 성취의 정체기를 맞아 더욱 심각한 학업 결손의 누적을 초래하게 된다. 이는 중등학교에서의 다수의 학업 과제에 의미 있게 참여하는 것을 방해하게 되고, 이러한 문제는 초등학교 때부터 지속된 집중, 기억, 언어 문제와 결합하게 된다. 마침내 타고난 실패가 축적된 학업적 문제와 결합하여 학교에서의 높은 동기 수준을 방해하는 낮은 자아개념과 외적 통제소를 형성하게 된다. 그리하여 심각한 우울증도 발생하게 되고 경우에 따라 자살을 생각하게 된다. 또한 사회적 기술과 인식의 발달지체는 사회적으로 인정받지 못하고 따돌림을 당하게 만든다.

이러한 문제들이 결합되면 특정 학습장애의 근본적 원인(즉, 선택적 주의집중의 부족, 조직화의 어려움, 언어지체)은 거의 문제가 아닌 듯 여겨지게 된다. 분명히 학습장애 학생을 지도하는 중등교사는 초등교사가 직면하지 않는 심각한 여러 가지 문제들을 접하게 된다. 학습장애 청소년의 교육적 특성과 관계없는 또 다른 문제들은 초등학교와 비교했을 때 중등학교에만 나타나는 학교의 구조적 문제 및 기대감과 관련이 있다. 다음에서는 중등학교의 구조와 교육과정과 관련된 몇 가지 문제점을 언급해 보겠다.

✻ 중등학교의 학습장애 청소년

학교 구조의 차이

교과별 교육과정 전형적인 초등학교 교실과 중등학교 교실 간에는 큰 차이가 있고, 그것은 학습장애 청소년의 교육적 기회에 영향을 미치게 된다. 우선 학교 일과의 구조가 다르다. 중등학교에서는 학생들이 교실을 옮겨 다니기 때문이다. 이 사실 하나만으로도 구조화의 정도에 영향을 주게 되는데, 학생이 쉬는 시간 동안 사물함에서 다음 수업에 필요한 준비물(책, 숙제, 과제 등)을 챙겨야 하는 경우 특히 그러하다. 사물함에서 준비물을 챙겨 교정을 가로질러 다른 학급으로 이동하기엔 쉬는 시간이 너무 부족하다.

학생-교사 관계 각 교과를 다른 교사가 담당하는 **교과별 교육과정**은 초등학교 일반교사만큼 학습장애 청소년에 대해 교사들이 잘 알지 못한다는 것을 의미한다. 초등학교 교사는 보통 하루 종일 25～30명의 학생을 상대하지만, 중등교사는 하루에 150명의 학생(25명씩 6학급)을 가르치게 된다. 따라서 중등교사는 특정 학생의 장애에 관해 잘 알지 못한다.

교사 양성의 차이 초등교사와 중등교사의 교사 양성에는 상당한 차이가 있다. 초등학교 교사는 자신의 학급을 소집단, 대집단, 개별 교수 방식으로 구성하도록 배운다. 또한 역할놀이, 시범 보이기, 토의하기, 시청각 교재의 활용, 수업, 현장학습 등 다양한 교수방법을 사용한다. 이에 비해 중등학교 교사는 교수기술을 덜 다양하게 사용하고 보통 교재/수업에서 대집단 교수만 사용하게 된다(Bender, 2002).

교사 양성의 차이는 역사적 이유 때문에 발생했다. 초기 아동발달의 이론의 대부분은 인간의 발달단계가 14세 무렵 완성된다고 제안하였다. 예를 들면, Freud와 Piaget는 모두 이 시기에 발달 단계가 끝난다고 주장하였고, 따라서 20세기 초 공립학교 교육과정이 구성되면서 이 이론의 영향을 받았다. 어린 아동을 가르치는 교사는 아동 발달과 심리에 관한 과목을 들어야 한다고 생각한 반면, 14세 이상의 학생을 가르치는 교사에게 자세히 구분된 교육과정에 관한 교육이 더 필요하다고 생각하였다. 요약하면, 14세 이상의 학생을 가르치는 교사는 대학교수(성인을 대상으로 한 교육자)에게 요구되는 것과 같은 수준으로 교과목에 대한 전문성이 필요하다고 짐작하게 되었다.

실제적으로 대부분의 초등학교 교사는 개별 학생을 성장하고 변화하는 개인으로 바라보라고 배운다. 교수적 집단은 개별화교육이나 대략적으로 같은 수준의 발달을 보이는 다양한 아동을 함께 교수하는 것을 활성화할 수 있도록 한다. 그리고 교사는 아동을 교사로 인식한다.

중등학교 교사는 자신을 학생을 가르치는 교사라기보다 역사, 과학, 수학 등의 교과목 교사로 인식한다. 그들은 학생에 대한 교수의 반대 개념인 교과목의 교수가 자신들의 기본 기능이라고 믿도록 훈련받아 왔다. 중등교사들은 자신의 학급을 특별한 교수적 요구를 가진 개인으로 구성된 집단이라기보다 하나의 단위(unit)로 인식하도록 훈련받았다. 더구나 중등교사의 교사양성 프로그램의 교육과정에는 일반적으로 소수의 아동과 청소년 발달 교과들이 포함되어 있다. 결과적으로 그들은 어떻게 학급 내 개인을 개별화할 것인지에 대해 배우지 않는다.

인간의 발달은 일생에 걸쳐 진행되므로 오늘날 우리는 모든 교사가 개인적 필요를 충족시키기 위해 교수법을 다양화해야 한다는 사실을 알고 있다. 중등교사들이 학습장애 청소년의 학습을 촉진시킬 수 있는 시험감독 절차와 교수법을 사용하지 않는다고 지적하는 연구들도 있다(Klingner & Vaughn, 1999; Putnam, 1992a, 1992c). 예를 들면, Putnam(1992c)은 학습장애 청소년이 시험이나 과제에 있어 충분한 서면 피드백을 받지 못하고 있다고 주장하였다. 중등교사들이 학급에서 사용하는 질문의 유형은 학습장애 청소년에게 더욱 불리하다(Putnam, 1992a).

최근의 일부 연구에서 중등학교에서 받는 교수의 유형에 대한 학습장애 청소년들의 인식을 조사하였다(Klingner & Vaughn, 1999). 연구자들은 현재의 학교 환경이 학습장애 학생의 효과적인 교육에 바람직하지 않다고 주장하며, 특히 장애학생들은 수정된 평가체계, 숙제와 관련된 학급 내 도움, 학습 시 특별한 예시 보이기, 학습과 과제에 관한 잦은 도움, 그 밖의 다양한 교수적 수정을 필요로 한다고 보고하였다(Klingner & Vaughn, 1999). 여러 연구에서 계속해서 중등학급의 학생에게 매우 다양한 수정방법이 가능하지만 이러한 교수적 수정이 일반적으로 적용되지 않고 있다고 주장한다(Baker & Zigmond, 1999; Klingner & Vaughn, 1999). 더구나 학습장애 학생을 위한 수정방법의 상당수는 종종 기본 개념에 관한 것이 아니고

도움상자 8-6

▶ 교수 안내: 자퇴 예방하기

일부 연구에 따르면 많게는 50%의 학습장애 학생이 졸업 전에 자퇴를 한다고 한다(Levin et al., 1985). 그러나 이러한 수치는 자퇴율을 낮추기 위해 특별히 고안된 프로그램 하에서 얻어진 것으로 상대적으로 보수적인 수치라 할 수 있다. 특별한 프로그램이 없는 중등학교에서는 자퇴율이 더 높게 나타날 것이다.

여전히 일부 요인은 자퇴율을 증가시키는 것으로 밝혀졌다(Scanlon & Mellard, 2002). 첫째, 분화된 구조와 일반학급의 수업별 이동 등 중등학교의 성향은 강력한 교사/학생 관계를 활성화하는 데는 적절한 방식이 아니다. 둘째, 누적된 학습결손 현상은 학습장애 청소년의 학업적 수준을 일정 수준 이상으로 끌어올리지 못하도록 방해한다. Levin과 동료들의 자퇴생과의 면담에서 자퇴생들은 자신들의 학업적이고 행동적인 이유 때문에 학교를 떠나게 되었다고 언급하였다. 마지막으로 Johnson(1984)이 지적한 것처럼 장애의 주요 특성에 대한 인식이 변하면서 근본적으로 학습장애의 특징으로 인식되던 집중이나 언어의 문제만큼이나 정서적 혹은 사회적 문제를 중요하게 생각하게 되었다. 따라서 장애청소년을 위한 적절한 프로그램을 선택하는 데 있어 전문가들이 더 큰 어려움을 겪게 되었다.

자퇴문제를 다루는 데 도움이 되는 일반적인 방법은 다음과 같다.

1. 가르치는 청소년의 정서적 필요에 민감하게 반응하라. 자아개념과 통제소재 문제의 현 수준은 여러 방면으로 알아볼 수 있다. 성적 저하, 수면 증가, 태도 변화, 그 밖의 막연한 변화의 소소한 차이를 살펴보라.
2. 감정의 변화가 느껴지는 학생 개인과 개방되고 솔직한 대화를 하라. 청소년은 비록 자신이 느끼고 있는 정서 혹은 자아개념의 혼란에 대해 완전히 이해하지 못하더라도 이러한 부분에 대해서는 성인으로 취급되어야 한다.
3. 교사의 걱정을 표현하기 위해 다른 수업에서의 학습에 대해 개별 학생과 상담한다.
4. 좋은 직장 얻기 등 학교를 졸업하는 것의 장점에 대해 알게 한다.
5. 개별 학생에게 의미 있는 강화물을 찾아 학업성취에 대한 보상을 할 수 있는 방법을 모색한다.
6. 개별 학생들이 자랑스러워할 수 있고 다른 학생보다 잘할 수 있는 것을 찾는다. 학생이 이러한 능력을 나타낼 수 있는 기회를 제공한다.

별로 상관이 없는 사실이나 의미 없는 몇 가지를 외우도록 교육과정을 축소하는 것이다(Ellis & Wortham, 1999). 이러한 교육과정에서는 학습이 사라지고 교실 안에서 이루어지는 교수는 자극이 되지 않는다.

중재를 제공하는 데 실패하거나 부적절한 중재를 하는 경우 중등학생의 학교 문제는 심각해지고 결국 자퇴를 하게 될 수 있다. 학습장애 학생에게 자퇴는 매우 심

각한 문제다(Levin, Zigmond, & Birch, 1985). [도움상자 8-6]은 중등교사가 자퇴를 예방할 수 있는 몇 가지 방법을 제안하고 있다.

초등학교 3학년 학급에서 교사가 읽기 수업 시 소집단 활동을 하는 것을 상상하기는 어렵지 않지만 대다수의 중등교사들은 이러한 종류의 교수방법을 중등학급에 적용하도록 훈련받지 못하였다. 학습장애 학생은 여전히 중등교사의 개별화 교수에 대한 지식으로부터 혜택을 받을 것이다. 차별화된 읽기 과제가 주어지고, 다른 평가를 받고, 수업에 대한 활동지나 참여적 개요 등을 제공받으면 중등수준의 학습장애 학생도 교과 영역 수업 시 의미 있는 학습이 가능하다. 집단 과제, 토론, 예술 과제 또한 교과내용의 이해 정도를 평가하는 방법으로 사용될 수 있다. 이러한 모든 전략은 학습장애 중등학생의 통합을 활성화할 수 있다(Bender, 2002).

이제 막 대학들은 중등교사 양성 시 교수법 수업에 대한 이러한 필요를 인식하기 시작하였다. 결과적으로 특수교사는 차별화된 교수방법을 더 자주 사용하도록 통합학급의 중등교사를 지원해야 한다.

교육과정 내 핵심의 변화 초등수준과 중등수준의 교육과정에서 강조하는 주요 영역은 다르다(Bender, 2002; De La Paz & MacArthur, 2003). 초등학교에서는 읽기, 수학, 언어와 같은 기초기술에 중점을 두고 교수하는 반면, 중등수준의 교육과정은 교과목별로 나뉘게 된다. 예를 들면, 초등수준에서 직업교육 프로그램을 포함하는 학군은 거의 없지만 중등수준에서는 매우 일반적이다. 또한 앞서 언급했던 교사 양성의 차이로 인해 교과전담 교사는 일반적으로 기초기술의 교수가 자신의 책임이 아니라고 생각한다. 중등교사는 자신을 역사, 보건, 과학 등 교과 전문가로 인식한다. 이러한 요인의 복합적인 결과와 학습장애 청소년의 기초기술 능력의 부족으로 학생들의 대부분은 중등 교육과정 내에서 성공할 기회를 박탈당하게 된다. 이러한 문제는 졸업 전 학교를 자퇴하는 학생 수가 증가하는 결과도 초래하게 된다.

최소 졸업 기준 기준중심 교육과정(standards-based curriculum)으로의 전환의 한 방법으로, 7장에서 언급하였듯이 대다수의 주정부는 중등학교 교육과정을 끝내고 고등학교를 졸업하기 전에 반드시 통과해야 하는 최소기준시험(minimum standards test)을 고안하였다(Cawley, Parmar, Foley, Salmon, & Roy, 2001; Johnson, Kimball, Olson-Brown, & Anderson, 2001; Lanford & Cary, 2000; Manset &

Washburn, 2000; Thurlow, Ysseldyke, & Reid, 1997). 이 시험은 우리 사회에서 성공하기 위해 필요한 최소한의 기본적인 능력이라고 믿어지는 것을 대표적으로 반영하고 대략 8학년 수준에서 성취할 수 있을 정도라고 설명한다. 어떤 경우 이 평가는 '졸업시험' 혹은 '졸업 기준'으로 불린다. 이 평가에서 실패하면 졸업을 할 수 없기 때문에 학습장애 학생의 관점에서 위험부담이 큰 결과를 초래한다는 의미로 다른 전문가들은 '고부담(high-stakes)' 평가라는 용어를 사용하기도 한다.

읽기, 수학, 언어에서 5, 6학년 수준(대부분의 학습장애 학생의 전형적인 고등학교 이후 성취 수준)에 도달해 있는 학습장애 학생에게 고등학교 기준을 통과하는 시험은 매우 도전적인 과제다. 그 대안책으로 여러 주에서는 학습장애 학생이 일정 햇수동안 학교에 다녔음을 명시한 비정규 학위(때론 출석증명서로 지칭됨)를 받아 졸업할 수 있는 방안을 제공하고 있다(Lanford & Cary, 2000). 다른 주에서는 다양한 장애를 가진 학생들을 위해 졸업평가 시 여러 유형과 수준의 수정방법을 허용하기도 한다. 이러한 방법은 학습장애 학생의 고등학교 졸업률을 향상시킬 수는 있으나 수정된 평가로 인해 다양한 문제를 초래하는 결과를 가져오기도 한다(Johnson et al., 2001; Zurcher & Bryant, 2001). 고등학교 졸업 시 준거평가의 문제를 어떻게 처리하는가에 관계없이, 고등학교 졸업을 위한 평가의 문제는 학습장애 청소년에게 또 다른 짐을 지우는 것이다. 학습장애 학생을 가르치는 교사는 주정부가 제시하는 학습장애 학생을 위한 졸업 조건을 확실히 파악하여 학생을 위한 IEP 작성 시 유념해야 할 것이다.

학습장애 청소년을 위한 대안적 교육 프로그램

학습장애 청소년의 필요를 충족시키기 위해서 중등학교 교사들이 지원할 수 있는 방안에 대해 여러 학자들이 연구를 해 왔다(Deshler, Schumaker, Lenz, & Ellis, 1984; Johnson, 1984; Zigmond & Sansone, 1986). 이러한 연구를 종합하여 학습장애 청소년을 위해 최근 몇 년간 사용해 왔던 일부 차별화된 프로그램을 개발하게 된다. 예비교사는 앞으로 자신의 학교에서 적용하는 프로그램이 무엇이냐에 따라 사용하게 될 교육과정 내 기본 결정이 달라지기 때문에 이러한 프로그램에 대해 잘 알고 있어야 한다.

첫 번째로 많은 학교에서 교과교수 모델 혹은 **개인교수 모델**이라고 불리는 교과

목 영역에 개인교수 프로그램을 적용하는 특수교육 프로그램을 사용하고 있다. 다시 말하면, 특정 학습장애 청소년을 위한 교육 프로그램은 통합학급에서의 2~3 개의 교과목의 수업시간과 매일 한두 시간의 교과목 영역에 대한 개인교수 시간으로 구성된다(Johnson, 1984; Zigmond & Sansone, 1986). 만약 학교가 이 프로그램을 사용한다면 역사나 과학과 같은 교과목의 교사 자격이 없더라도 특수교사는 교과목의 개인교수의 역할을 해야 된다(McKenzie, 1991).

다수의 학교체계에서 **기초기술 교정 모델**을 적용하여 통합학급의 교수와 별개로 특수교육 시간에는 읽기, 언어, 수학 수업을 하도록 하고 있다. 이러한 유형의 프로그램에서는 학습장애 교사와 읽기 개인교사 간에 차이가 거의 없다.

세 번째 유형은 **직업학습 모델**로 직업 기술과 직업 경험을 학교생활의 일부로서 강조한다. 학생들은 하루의 절반 이상을 학교 밖에 있는 직장에서 근무하게 된다(Zigmond & Sansone, 1986).

기능적 기술 모델 교육과정은 이력서 작성, 세금 관련 서류 작성과 같은 다양한 실존 기술을 가르치는 것을 포함하는 프로그램 옵션의 하나다(Johnson, 1984). 많은 경우 이 프로그램은 기초기술의 교정이나 직업학습 모델과 같은 다른 교육과정과 함께 사용된다.

학습장애 청소년은 초인지 결함을 보인다(이론적 관점에 관한 1장의 내용 참조)는 증거의 증가와 함께 상당수의 중등학교에서는 **학습전략 모델**을 적용하고 있다. 이 모델은 캔자스 대학교의 Deshler와 동료들(1984)에 의해 개발된 것으로 고등학교 교육과정 기준의 요구를 부합하도록 장애청소년을 지원하기 위한 여러 가지 학습 전략을 포함하고 있다(Bender, 2002).

Zigmond와 Sansone(1986)은 학습장애에 대한 특별한 지식을 가진 학습 상담가가 일반교사와 함께 전통적인 고등학교 교육과정을 재구조화하기 위해 함께 협력하는 **자문 모델**에 대해 논하였다. 상담가는 직접 학습장애 청소년을 가르치지 않지만 일반교사와 함께 청소년을 지원하기 위한 다양한 교수전략을 고안하는 데 시간을 보낸다.

마지막으로 다양한 교육적 배치의 기회가 확장되면서 많은 학군에서 **통합교육의 서비스 전달 옵션**을 제공하고 있다. 통합 프로그램에서는 특수교사와 일반교사가 통합학급에서 장애학생과 일반 학생을 함께 가르친다. 통합교육의 서비스 전달 모델은 전국적 관심이 증가되고 있는 교수적 접근방법인 차별화 교수법(differentiated instruction approach)에 의해 지지받고 있다(Bender, 2002; Tomlinson, 1999). 이 교수 절차는 더욱 다양한 학습 요구를 가진 학습자를 중재하기 위해 일반학급에서 교수적 전략과 방법을 적용하는 것을 포함한다. 차별화 교수는 전적으로 학습장애 학생을 위해 사용되는 것은 아니나 그들의 학업적 노력을 더욱 성공적으로 이끌 수 있다. 이 모델에 대한 자세한 설명은 9장에서 할 것이다.

학습장애 청소년을 위한 교육 프로그램의 선택

전문가들은 학습장애 청소년이 가진 학습문제의 유형과 중등학교 프로그램의 구조를 고려하여 개별 학생에게 적당한 교육 프로그램을 찾거나 개발해야 한다. 청소년 개인의 학업적 특성은 다양하고 중등학교 학습장애 청소년을 위한 프로그램 유형도 다양하다. 각각은 특정 전제, 장점, 단점을 포함하고 있어 특정 학생에게 적절하거나 부적절할 수 있다. [도움상자 8-7]에서는 일부 모델을 간략하게 소개하고 있다. 이 장의 마지막 참고문헌을 통해 더 자세한 정보를 얻을 수도 있다.

최상의 프로그램을 제공하기 위해 교사는 반드시 학생과 부모뿐 아니라 아동연구팀 전체와 협의해서 프로그램을 선택해야 한다. 특정 학생에게 필요한 서비스를 제공하기 위해 종종 다수의 프로그램을 통합하여 제공하기도 한다. 또한 부모와 학생은 직업과정, 직업교육, 교육과정 수정, 상담 그리고 다른 프로그램 관련 사항에 대해 선택하는 의사결정 과정에 반드시 참여해야 한다. Houck, Geller와 Engelhard(1988)는 고등학교 교사가 중학교 교사보다 학습장애 학생을 교육계획 회의에 더 많이 포함시킨다고 보고하였다. 학생은 성장함에 따라 교육적 선택과정에 더 많이 참여해야 한다. 이러한 참여는 일반학교의 마지막 학년에 더 적극적으로 참여하고 더 나은 행동을 보이도록 하는 효과가 있다.

●●●● 도움상자 8-7

▶ 학습장애 청소년을 위한 교수적 모델

접근	장점	단점
기초기술	• 성공을 위한 기본 읽기와 수학 기술을 강조함 • 학교에서 성공하는 데 필요한 기술만 강조함 • 초등 교육과정에서 쉽게 적용함	• 특수교사를 기초기술의 개인교사나 읽기교사로 전락시킴 • 중재적 교수에 의해 특별한 방법으로 교수가 대체됨
교과목 개인교수	• 단지 기초 기술뿐 아니라 전체 학교 교육과정을 끝냄 • 일반적으로 과목 교사가 도움에 감사하게 됨 • 주에서 적용하는 교육과정 기준에 일치함	• 특수교사가 자격이 없이 교과목을 가르쳐야 함 • 교과영역의 필수조건 충족을 위해 졸업 후 인생에서 필요한 기술을 간과할 수 있음
기능적	• 졸업 후 필요한 필수 기술 영역을 강조함 • 학생이 내용의 연관성 볼 수 있음	• 잠재력에 대해 비관적인 시각을 가짐 • 특정 기술을 놓칠 수 있음
직업학습	• 학교에서 직업을 배울 수 있음 • 직업 준비의 중요성은 연구로 입증됨	• 일반 교육과정을 배울 수 있는 학생의 잠재능력을 비관적인 시각으로 바라봄 • 학생의 지속적인 교육 가능성을 배제
자문	• 상담을 통해 새롭고 다양한 교수적 아이디어의 사용이 용이함	• 연구 기반의 지지가 약함 • 일반교사와 상담가 사이에 다툼이 있을 수 있음
통합	• 학생이 일반학급에 소속되어 유지됨	• 학급에서 방치되고 필요한 서비스를 받지 못할 수 있음
학습전략	• 이 접근의 효과가 연구로 검증되었음 • 교수전략에 일반교사가 포함됨 • 다른 분야에 일반화할 수 있는 아이디어 제공	• 자료의 배포가 제한되어 사용이 용이치 않음 • 원치 않을 수 있는 일반교사의 참여와 협조를 필요로 함

✻ 요약

이 장에서는 초등학교와 중등학교 학급에서의 학습장애 현황에 대한 연구를 소개하였다. 장애 아동의 인지, 집중, 언어, 행동적 특성에 대한 단순한 지식만으로 그들을 가르치기는 역부족이다. 학급에서의 이러한 특성의 상태에 대한 지식을 바탕으로 교사는 교수법과 행동관리에 대한 판단을 내려야 한다.

첫째, 학습장애 아동과 청소년에게서 나타나는 적응행동 양식은 통합학급에서 성공하기 위해 필요한 적응행동과 일치하지 않는다. 그들의 과제 지향성은 다양한 주의집중 문제로 인해 매우 낮은 편이다. 또한 일부 학습장애 아동은 학급에서 과잉행동이나 방해행동을 보여 교사가 반드시 극복해야 할 부가적인 문제를 초래한다.

학습장애 아동과 일반교사 간의 상호작용도 최적의 상황은 아니다. 학습장애 학생들은 교수내용보다 행동관리에 대해 더 많은 이야기를 듣게 된다. 또한 학습장애 아동이 받고 있는 교수적 질문의 형태는 이 학생들의 최상의 학업 및 학업성취를 달성하기 위한 인지적 수준에 적합하지 않은 것들이 많다. 따라서 교사용 지침서에 나와 있는 질문 방식을 그냥 사용한다고 교수적 책임을 회피할 수 있는 것은 아니다. 많은 교사들이 이미 그렇게 사용하고 있기는 하지만 적어도 정기적으로(매일이 아니라면) 어떤 유형의 교수적 질문을 할지를 결정해야 한다. 가장 효과적인 질문 유형을 선택하는 데 절대적인 규칙은 없지만 교사는 여러 가지 정보를 근거로 결정을 내려야 한다. 이는 전문적인 교육자로서의 도전, 책임 그리고 즐거움의 일부다.

최근 다수의 연구들이 중등 교육과정 프로그램에 속한 학습장애 학생에 대해 집중적으로 진행되고 있다. 이러한 연구로부터 일부 결론을 도출해 볼 수 있는데, 학습장애 청소년들은 대부분의 기초기술 분야에서 성취에 어려움을 보이고 있고, 이는 시간이 지날수록 증가되는 추세다. 이러한 문제점은 학습장애를 가진 전 연령의 학생 모두에게 흔하게 나타나는 주의집중, 언어, 기억의 문제와 연관이 있다. 그러나 중등학교는 전반적으로 학교의 구조, 교사 양성, 교과별 교육과정 등의 이유로 학습장애 학생의 요구를 충족시키는 데 초등학교보다 더 취약하다. 이러한 요인들이 복합적으로 작용하여 장애청소년의 자퇴율 증가를 초래한다.

연구자들은 중등학교에서 사용할 수 있는 몇 가지 차별화된 교육 프로그램 모델을 제시하고 있다. 이 모델들은 추천된 교육과정의 내용과 각 모델의 전제 조건에 따라 그 특성이 매우 다양하다. 학습장애 학생을 위한 교육자로서 교사는 다양한 모델과 그 조건에 대해 잘 알고 있어야 한다. 이러한 교수 프로그램 모델은 학급에서 가르치려는 교수자료에 강력한 영향을 미칠 것이다.

다음은 이 장의 주요 내용을 정리한 것이다.

- 학습장애 학생들은 초기에 나타나는 인지적 결함들—낮은 지능, 집중력 부족, 언어적 결함과 기억문제—로 인해 초등학교 학급에서 학업적 요구에 부응하는 데 어려움을 겪게 된다.
- 학습장애 학생의 집중력 문제는 초등학급에서 결과적으로 과제 지향성 부족의 원인이 된다.
- 학습장애 학생의 일부가 과잉행동이나 방해행동을 보일 수 있으나 모두가 그런 것은 아니다.
- 학습장애 학생은 초등학교 교사와의 상호작용이 긍정적이지 못하다. 그들은 교수적 질문보다 행동을 지적하는 질문을 더 많이 받는다.
- 학습장애 학생들의 느린 성취 속도는 시간이 지날수록 계속해서 누적되어 초등학교에서보다 고등학교에서 학급 또래에 비해 더 심각한 읽기 기술의 부족을 보이게 된다.
- 학습장애 학생은 대략 5, 6학년이면 학업성취의 정체기에 도달하게 되어 고등학교에 가도 더 이상 성취가 향상되지 않는다.
- 학습장애 중등학생은 학교 활동에서 계속해서 어려움을 겪게 되고, 이는 종종 학습장애 학생들의 동기문제를 초래한다. 학습장애 학생들은 심각한 우울과 자살 가능성의 위험이 있다.
- 학습장애 청소년의 대부분은 사회적 삶에 대한 만족이 낮은데, 이는 또래에게서 사회적으로 인정받지 못하기 때문이다. 그러나 그들 중에도 사회적으로 인정받는 경우도 있다.
- 중등학교의 교과별 교육과정은 구조적 부담으로 인해 학생의 장애를 강조하게 되는 결과를 초래한다.
- 학습장애 청소년을 위해 개인교수, 기초기술 교정, 직업학습, 기능적 기술, 학습전략 등 다양한 중등수준의 교수적 모델을 사용할 수 있다.
- 차별화된 교수는 일반학급에서 학습장애 학생을 지원해야 한다는 새로운 교

수적 모델을 대표하는 교수법이다.

학습문제와 활동

1. 초등학교 학습장애 학생들의 방해행동 수준에 대한 논쟁에 대해 어떤 이유를 댈 수 있는가?
2. 학습문제가 있는 아동의 적응행동에 대하여 초등학교의 일반교사와 특수교사를 따로 인터뷰하여 그들의 반응을 비교 · 대조해 보라. 행동관리에 사용하는 전략에 관해서도 질문해 보라.
3. 질문 형식과 질문 방식에 따른 초등학교 아동의 이해력 증가에 대해 공부해 보라. 비장애 아동을 대상으로 하는 적절한 질문 방식에 대해 어떤 시험적인 결론이 나올 수 있을까?
4. 교사의 상호작용 유형에 관해 이 장에서 설명하고 있는 연구를 읽어 보라. 교사들이 학급에서 학습장애 아동과 어떻게 관계를 형성하는가에 대해 스스로 관찰한 것(실습이나 현장 경험 등을 통해)이 연구에 의해 확인되었는가?
5. Tomlinson의 책 『차별화된 교실(*The Differentiated Classroom*)』(1999)을 읽고 학급에서 발표해 보자.
6. 당신이 졸업한 고등학교에서 사용하는 프로그램 유형은 어떤 것인가? 사용하는 교수자료의 종류와 직업학습 프로그램의 가능성에 대해 특수교사를 인터뷰해 보라.
7. 초등학교와 중등학교 학급에서 개별화 교수의 수준과 교사 양성 간의 관계는 무엇인가?
8. 집중행동의 발달에 대해 토론해 보자. 집중이란 시간에 따라 발달하는 현상인가? 이 장에서 참고한 연구 논문을 읽어 보고 학급에서 발표해 보라.
9. 학습장애 청소년을 위한 교수적 유형의 하나로 직업학습 모델의 효과에 대해 연구자들은 어떤 의견을 보이고 있는가?
10. 앞으로의 교육과 직업 기회라는 측면에서 학습장애 청소년을 위한 다양한 교수적 모델의 제한점을 논의해 보자.
11. 같은 수준의 장애를 가진 초등학생과 청소년 사이에 차이를 보이는 인지와 사회적 · 정서적 특성 부분을 나열해 보자. 이 목록으로부터 교육의 가능한 결과에 대해 무엇을 제안할 수 있을까?

참고문헌

Alber, S. R., Heward, W. L., & Hippler, B. J. (1999). Teaching middle school students with learning disabilities to recruit positive teacher attention. *Exceptional Children, 65,* 253–270.

American Psychiatric Association (APA) (1993). *DSM-IV draft criteria.* Washington, DC: Author.

Baker, J. M., & Zigmond, N. (1990). Are regular education classes equipped to accommodate students with learning disabilities? *Exceptional Children, 56,* 516–526.

Barkley, R. A. (1990). *Attention deficit hyperactivity disorders: A handbook for diagnosis and treatment.* New York: Guilford.

Bender, W. N. (1985a). Differences between learning disabled and non-learning disabled children in temperament and behavior. *Learning Disability Quarterly, 8,* 11–18.

Bender, W. N. (1985b). Differential diagnosis based on task-related behavior of learning disabled and low-achieving adolescents. *Learning Disability Quarterly, 8,* 261–266.

Bender, W. N. (1999). Learning disabilities in the classroom. In W. N. Bender (Ed.), *Professional issues in learning disabilities* (pp. 3–26). Austin, TX: ProEd.

Bender, W. N. (2002). *Differentiating instruction for students with learning disabilities.* Thousand Oaks, CA: Corwin Press.

Bender, W. N., & Golden, L. G. (1988). Adaptive behavior of learning disabled and non-learning disabled children. *Learning Disability Quarterly, 11,* 55–61.

Bender, W. N., Rosencrans, C. B., & Crane, M. K. (1999). Stress, depression, and suicide among adolescents with learning disabilities: Assessing the risk. *Learning Disability Quarterly, 22,* 143–156.

Bender, W. N., & Wall, M. E. (1994). Social-emotional development of students with learning disabilities. *Learning Disability Quarterly, 17,* 323–341.

Bryant, T. (2005). Science-based advances in the social domain of learning disabilities. *Learning Disability Quarterly, 28* (2), 119–121.

Bryant, T., Burstein, K., & Ergul, C. (2004). The social-emotional side of learning disabilities: A science-based presentation of the state of the art. *Learning Disability Quarterly, 27* (1), 45–52.

Bulgren, J. A., & Carta, J. J. (1992). Examining the instructional contexts of students with learning disabilities. *Exceptional Children, 59,* 182–191.

Cawley, J., Parmar, R.,. Foley, T. E., Salmon, S., & Roy, S. (2001). Arithmetic performance of students: Implications for standards and programming. *Exceptional Children, 67* (3), 311-330.

De La Paz, S., & MacArthur, C. (2003). Knowing the how and why of history: Expectations for secondary students with and without learning disabilities. *Learning Disability Quarterly, 26* (2), 142-154.

Deshler, D. D., Schumaker, J. B., & Lenz, B. K. (1984). Academic and cognitive interventions for LD adolescents: Part I. *Journal of Learning Disabilities, 17,* 108-117.

Deshler, D. D., Schumaker, J.B., Lenz, B. K., & Ellis, E. (1984). Academic and cognitive interventions for LD adolescents: Part II. *Journal of Learning Disabilities, 17,* 170-179.

Drame, E. R. (2002). Socio-cultural context effects on teachers' readiness to refer for learning disabilities. *Exceptional Children, 69* (1), 41-53.

Elias, M. J. (2004). The connection between social-emotional learning and learning disabilities: Implications for intervention. *Learning Disability Quarterly, 27*(1), 53-63.

Elksnin, L. K., & Elksnin, N. (2004). The social-emotional side of learning disabilities. *Learning Disability Quarterly, 27* (1), 3-8.

Ellis, E. S., & Wortham, J. F. (1999). "Watering up" content instruction. In W. N. Bender (Ed.), *Professional issues in learning disabilities* (pp. 141-186). Austin, TX: ProEd.

Gans, A. M., Kenny, M. C., & Ghany, D. L. (2003). Comparing the self-concept of students with and without learning disabilities. *Journal of Learning Disabilities, 36*(3), 287-295.

Gregory, G. H., & Chapman, C. (2001). *Differentiated instructional strategies: One size doesn' t fit all.* Thousand Oaks, CA: Corwin Press.

Hayes, M. L., & Sloat, R. S. (1988). Preventing suicide in learning disabled children and adolescents. *Academic Therapy, 24,* 221-230.

Houck, C. K., Geller, C. H., & Engelhard, J. (1988). Learning disabilities teachers; perceptions of educational programs for adolescents with learning disabilities. *Journal of Learning Disabilities, 20,* 90-97.

Hughes, C. A. (1996). Memory and test-talking strategies. In D. D. Deshler, E. S. Ellis, & B. K. Lenz (Eds.), *Teaching adolescent with learning disabilities* (2nd ed.). Denver: Love.

Huntington, D. D., & Bender, W. N. (1993). Adoelscednts with learning disabilities at risk? Emotional well-being, depression, suicide. *Journal of Learning Disabilities,*

26, 159-166.

Ivarie, J., Hogue, D., & Brulle, A. R. (1984). An investigation of mainstream teacher time spent with students labeled learning disabled. *Exceptional Children, 51,* 142-149.

Jackson, C. S., Enright, R. D., & Murdock, J. Y. (1987). Social perception problems in learning disabled youth: Developmental lag versus perceptual deficit. *Journal of Learning Disabilities, 20,* 361-364.

Johnson, C. L. (1984). The learning disabled adolescent and young adult: An overview and critique of current practices. *Journal of Learning Disabilities, 17,* 386-391.

Johnson, E., Kimball, K., Olson-Brown, S., & Anderson, D. (2001). A statewide review of use of accommodations in large-scale, high-stakes assessments. *Exceptional Children, 67* (2), 251-264.

Klingner, J. K., & Vaughn, S. (1999). Students' perceptions of instruction in inclusion classrooms: Implications for students with learning disabilities. *Exceptional Children, 66* (1), 23-37.

Lackaye, T., Margalit, M., Ziv, O., & Ziman, T. (2006). Comparisons of self-efficacy, mood, effort, and hope between students with learning disabilities and their non-LD peers. *Learning Disabilities Research and Practice, 21*(2), 111-121.

Lanford, A. D., & Cary, L. G. (2000). Graduation requirements for students with disabilities: Legal and practice considerations. *Remedial and Special Education, 21* (3), 152-161.

Leigh, J. (1987). Adaptive behavior of children with learning disabilities. *Journal of Learning Disabilities, 20,* 557-562.

Levin, E. K., Zigmond, N., & Birch, J. W. (1985). A follow-up study of 52 learning disabled adolescents. *Journal of Learning Disabilities, 18,* 2-7.

Maag, J. W., & Behrens, J. T. (1989). Depression and cognitive self-statements of learning disabled and seriously emotionally disturbed adolescents. *Journal of Special Education, 23,* 17-27.

Manset, G., & Washburn, S. J. (2000). Equity through accountability? Mandating minimum competency exit examinations for secondary students with learning disabilities. *Learning Disabilities Research and Practice, 15* (3), 160-167.

McBride, H. E. A., & Siegel, L. S. (1997). Learning disabilities and adolescent suicide. *Journal of Learning Disabilities, 30* (6), 652-659.

McKenzie, R. G. (1991). Content area instruction delivered by secondary learning disabilities teachers: A national survey. *Learning Disabilities Quarterly, 14,* 115-122.

McKinney, J. D., & Feagans, L. (1983). Adaptive classroom behavior of learning disabled students. *Journal of Learning Disabilities, 16,* 360–367.

Peck, M. L. (1985). Crisis intervention treatment with chronically and acutely suicide adolescents. In M. Peck, N. Farbelow, & R. Litman (Eds.), *Youth suicide* (pp. 1–33). New York: Springer–Verlag.

Perlmutter, B. F., Crocker, J., Cordary, D., & Garstecki, D. (1983). Sociometric status and related personality characteristics of mainstreamed learning disabled adolescents. *Learning Disability Quarterly, 6,* 20–30.

Pfeffer, C. R. (1986). *The suicide child.* New York: Guilford.

Putnam, M. L. (1992a). Characteristics of questions on tests administered by mainstream secondary classroom teachers. *Learning Disabilities Research and Practice, 7,* 129–136.

Putnam, M. L. (1992b). Readability estimates of content area textbooks used by students mainstreamed into secondary classrooms. *Learning Disabilities, 3,* 53–59.

Putnam, M. L. (1992c). Written feedback provided by mainstream secondary classroom teachers. *Learning Disabilities, 3,* 35–41.

Russ, S., Chiang, B., Rylance, B. J., & Bongers, J. (2001). Caseload in special education: An integration of research findings. *Exceptional Children, 67* (2), 161–172.

Scanlon, D., & Mellard, D. F. (2002). Academic and participation profiles of school-age dropouts with and without disabilities. *Exceptional Children, 68* (2), 239–258.

Slate, J. R., & Saudragas, R. A. (1986). Differences in learning disabled and average students' classroom behaviors. *Learning Disability Quarterly, 9,* 61–67.

Smith, T. J., & Adams, G. (2004). The effect of comorbid AD/HD and learning disabilities on parent-reported behavioral and academic outcomes of children. *Learning Disability Quarterly, 27* (2), 101–112.

Teglasi, H., Cohn, A., & Mashbesher, N. (2004). Temperament and learning disability. *Learning Disability Quarterly, 27* (1), 9–20.

Thurlow, M. L., Yessldyke, J. E., & Reid, C. L. (1997). High school graduation requirements for students with disabilities. *Journal of Learning Disabilities, 30* (6), 608–616.

Tomlinson, C. A. (1999). *The differentiated classroom: Responding to the needs of all learners.* Alexanderia, VA: Association for Supervision and Curriculum Development.

Torgesen, J. K. (1984). Memory processes in reading disabled children. *Journal of Learning Disabilities, 18,* 350–357.

Tur-Kaspa, H. (2002). The socio-emotional adjustment of adolescents with LD in the kibbutz during high school and transition periods. *Journal of Learning Disabilities, 35* (1), 87-96.

Wallace, T., Anderson, A. R., Bartholomay, T., & Hupp, S. (2002). An ecobehavioral examination of high school classrooms that include students with disabilities. *Exceptional Children, 68* (3), 345-359.

Weller, C., & Strawser, S. (1981). *Weller-Strawser Scales of Adaptive Behavior for the Learning Disabled.* Novato, CA: Academic Therapy.

Zigmond, N., & Sansone, J. (1986). Designing a program for the learning disabled adolescent. *Remedial and Special Education, 7* (5), 13-17.

Zurcher, R., & Bryant, D. P. (2001). The validity and comparability of entrance examination scores after accommodations are made for students with LD. *Journal of Learning Disabilities, 34* (5), 462-471.

제3부

배치, 서비스 및 교육처치

3부에서는 학습장애 아동과 청소년을 위해 일반적으로 사용되는 배치, 서비스 및 교육처치 접근법에 대한 정보를 제시한다. 9장은 교육적 배치와 서비스 전달 모형을 제시한다. 10장에서 논의되는 행동중재는 오늘날 사용되는 교육처치 중에서 가장 유력한 유형이다. 11장의 초인지적 교수 접근은 학습장애 분야의 연구자들에게 가장 많은 관심을 받고 있는 교수방법 중 하나로 최근에 널리 사용되고 있다. 컴퓨터 보조교수는 과학기술이 진보하면서 그 사용이 늘어나고 있으며, 12장에서는 과학 기술과 기구들에 대한 내용을 다루고 있다. 13장은 학습장애 청소년과 성인의 특성 및 그들의 직업과 대학 진학 기회에 관한 비전을 제시하고 있다. 마지막으로 14장에서는 학습장애 분야에서 향후 다루어져야 할 주요 문제 대해 논의한다.

학습목표

1. 연계적 서비스 전달체계에 대해 설명하고 연계적 서비스 모형의 중요성에 대해 언급할 수 있다.
2. 일반적으로 학습장애 학생이 배치되는 교육적 환경의 유형을 파악할 수 있다.
3. 특수학급의 다섯 가지 유형을 설명할 수 있다.
4. 학습장애 학생을 위해 특수교육에서 강조되는 네 가지 핵심 교육과정을 안다.
5. 일반교육 주도와 학습장애를 위한 적용을 설명할 수 있다.
6. 통합교육에서 사용되는 전략을 안다.
7. 프로젝트 RIDE를 설명할 수 있다.
8. 장애 범주 간 자격의 의미와 학습장애 학생을 위한 배치의 실제에 대해 설명할 수 있다.
9. 초등학급에서의 또래교수 효과에 대해 논할 수 있다.
10. 통합학급에서 사용되는 몇 가지 협동학습 계획을 설명할 수 있다.
11. 학습장애 아동의 귀인훈련에 사용되는 방법에 대해 설명할 수 있다.
12. 학습장애의 원인 혹은 치료제의 가능성을 가진 것으로 논의되고 있는 대표적인 생화학적 요인을 열거할 수 있다.
13. 차별화 교수에 대해 설명할 수 있다.

핵심어

Deno의 연계적 서비스 전달체계
전일제 특수학급
시간제 특수학급
장애 범주별 특수학급
통합운동
일반교육 주도
학습환경 조정 모델(ALEM)
차별화 교수
입방체
의뢰 전 수정
프로젝트 RIDE
SWAT 팀
범주 간 배치
또래교수
협동학습
지그소
지그소 II
STAD
팀 지원 개별화
집단 탐구
귀인훈련
암순응 민감성
얼렌 렌즈
메가비타민
미량원소

교육적 배치와 서비스

이 장의 개관

✻ 서론

학습장애 학생을 진단한 후 반드시 해야 할 가장 힘든 결정 중 하나는 그들을 어떤 교육적 환경에 배치하는가의 문제다. 학습장애 아동은 학습장애를 위한 특수교육 환경에서 하루 종일 지내야 할 것인가, 특수학급이나 어느 정도의 수정이 적용된 일반학급에 포함될 것인가, 혹은 통합학급에서 교육을 받아야 할 것인가? 학생이 보이는 다양한 특성과 각 학급의 유형에 대한 정보는 이러한 결정을 내리는 데 중요한 영향을 미친다.

Deno(1970)는 교육적 배치에 관한 모델을 제안하였다. 비록 이 모델은 오래전에 제안된 것이긴 하지만, 공법 94-142 개정 직전에 만들어져 최근까지 교육적 배치의 근간이 되었기 때문에 여전히 교육적 배치와 관련된 논의를 할 때 중요하게 언급되고 있다. 또한 미국 연방정부의 특수교육과 재활서비스국(Office of Special Education and Rehabilitation Services)에서도 Deno의 분류를 각색하여 배치 영역을 구분할 때 사용하고 있다(Danielson & Bellamy, 1989). [그림 9-1]에서는 Deno의 연계적 서비스 전달체계(*Deno's Cascade of Services*) 개정안을 보여 주고 있다.

해당 모델은 학생들이 상대적으로 변화 가능하고 자신의 필요한 교육적 요구에 따라 다른 수준에 배치될 수 있다는 가정을 바탕으로 한다. 예를 들면, 모델의 초기 지지자들은 학습장애 아동이 필기체를 배울 때 일반학급 내에서 도움을 필요로 한다면 이러한 문제를 해결하기 위해 몇 주 동안만 매일 일정 기간 특수학급에 배치될 수 있어야 한다고 가정하였다. 배치의 기간은 교육적 문제의 유형과 심각성에 따라 달라지고 매우 유연하게 계획되어 있다.

불행히도 교육적 배치는 1970년대 공법 94-142 발효 이래 지금까지 처음 기대했던 것만큼 유연하게 실행되지 못하였다(Kavale, 2000). 여러 자료에서 주정부들이 배치에 관한 법과 규정을 적용하는 데 매우 다양한 모습을 보이고 있음을 보여준다(Danielson & Bellamy, 1989; Reschly & Hosp, 2004). 예를 들면, Danielson과 Bellamy(1989)는 특수교육대상 학생을 어디에 배치해야 하는가가 주마다 매우 다름을 언급하였다. 어떤 주는 다른 주보다 더 자주 전일제 분리학급에 배치하였고, 어떤 주는 통합적 배치를 강조하고 있다. 마침내 대부분의 연구자들은 Deno의 모델에서 이상적으로 계획했던 이동성의 수준이 실현되기 힘들다는 데 동의하게 되

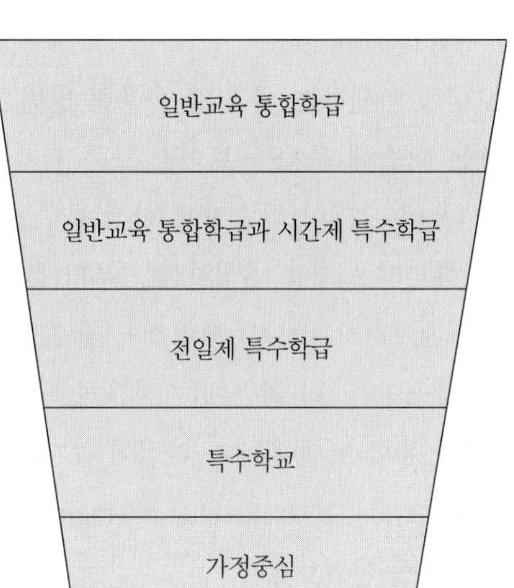

[그림 9-1] 연계적 서비스 전달체계

었다. 특수교육에 배치된 다수의 학생들은 처음 배치된 환경에서 벗어나는 것이 불가능하였다. 이는 Deno에 의해 계획된 배치체계 안에서 제안했던 이동성의 모습이 아니다. 다수의 연구자들은 통합 프로그램이 배치의 유연성을 증대시켜 주기를 기대하고 있다(Kavale, 2000).

학습장애 학생은 비교적 경도장애로 인식되기 때문에 상당수는 배치체계의 상위층에 속하게 된다. 예를 들면, 많은 수의 학습장애 학생의 사회적 기술, 언어 기술, 학습 기술은 덜 제한적인 환경에서도 상당히 잘 적응할 수 있는 수준이기 때문에 집 근처 시설에 수용되는 경우는 찾아보기 힘들다. 그러나 이것이 학습장애 학생을 위한 제한된 환경이 존재하지 않는다는 의미는 아니다. 전국에 걸쳐 학습장애 학생을 대상으로 하는 사설 기숙학교도 많이 있다. 그러나 대부분의 학습장애 학생은 모델의 상위층인 일반학교에서 교육을 받고 있다.

지난 십여 년간 전체적인 서비스 전달체계의 수정이 있어 왔고, 일반적으로 통합교육을 강조하는 추세로 진행되어 왔다. 넓은 의미에서 통합학교는 아동을 교육시키는 데 필요한 도움을 통합학급 교사에게 지원함으로써 일반학급에서 모든 수준의 장애 학생을 전부 포함시키려는 노력을 하고 있다(Kavale, 2000; National Association of State Boards of Education, 1992; Wallace, Anderson, Bartholomay, & Hupp, 2002; Zigmond, 2003). 많은 경우 특수교사와 일반교사는 팀 티칭 혹은 협력교수의 방식으로 실질적으로 같은 학급을 가르친다.

아마 배치에 관한 모델을 이해하는 데 가장 유용한 방법은 역사적 접근에 의한 방법일 것이다. 처음에는 학습에 문제를 보이는 모든 학생에게 가정중심과 병원 프로그램이 사용되었으나 이 모델이 학습장애 학생에게 널리 적용된 적은 없다. 학습장애가 정신지체와 다르다는 것을 인식한 초기부터(특히 연방법에 의해 장애 학생에 대한 교육적 서비스를 요구하기 전까지) 서비스 전달 모델에서 전일제 특수학급은 가장 대표적인 교육 장소였다. 더 최근에는 시간제 특수학급이 주로 사용되고 있다. 그러나 지난 몇 년간 통합 모델에 대한 관심이 증가하였고 많은 학교들이 통합 모델로 이동하고 있다(Kavale, 2000; Reschly & Hopp, 2004). 다음에서는 각 배치 모델에 관한 자세한 내용을 살펴보겠다.

✻ 전일제 특수학급

전일제 특수학급(*self-contained class*)은 일반적으로 학습장애 아동을 찾아볼 수 있는 가장 제한된 환경이다. 이러한 배치에서 학생은 일반학급에서 하루 중 대부분 혹은 전체 시간 동안 배제된다(Kavale, 2000). 전형적으로 학습장애 아동 중 극소수의 경우만 이러한 환경에 배치되게 된다. 또한 대부분의 경우 체육, 음악, 미술 등 하루 학교 일과의 일정 부분은 다른 학급에 포함되어 활동에 참여하게 된다.

교사의 책임

전일제 특수학급의 교사는 전일제 특수학급에 배치된 학습장애 학생을 위해 전 교육과정에 대한 교수를 책임지게 된다. 예를 들면, 교사는 일반적으로 읽기, 언어, 수학, 과학, 사회, 건강, 체육 그리고 예술 교과를 가르치게 된다. 다른 비교과 분야에 대한 교육도 책임지게 되므로 사회적 기술, 자아개념 강화, 혹은 다른 부분의 교수도 맡게 된다. 나타나는 바와 같이 이러한 유형의 교수역할은 매우 큰 교수적 요구를 포함한다.

이렇게 무거운 교수적 책임에도 불구하고 많은 교사들이 전일제 특수학급에서 일하기를 즐긴다. 또한 많은 주정부들이 교사들의 무거운 책임을 줄여 주려는 정책을 시행하려 하고 있다. 예를 들면, 여러 주에서 시간제 특수학급에서는 교사가 매일 20~25명의 학생을 맡는 것에 비해 전일제 특수학급의 경우 학생/교사 비율을 최대 교사 1명당 학습장애 학생 8명 수준, 또는 한 학급에 12명의 학생과 교사 그리고 보조교사를 배치하도록 하고 있다. 더구나 전일제 특수학급 교사는 일반적으로 시간제 특수학급 교사만큼 일반교사에 대한 지원을 제공할 책임도 없다. 결과적으로 전일제 특수학급 교사는 시간제 특수학급 교사나 특수교육 상담교사보다 다른 교사들과 상호작용하는 시간이 적다.

학생의 특성

전일제 특수학급에 배치된 학습장애 학생은 시간제 특수학급이나 통합학급의 학습장애 학생과 사뭇 다른 특성을 보인다. 예를 들면, 전일제 특수학급의 학생은 일반적으로 모든 수업을 전일제 특수학급에서 받게 된다. 즉, 아동연구팀이 학습장애에 의한 학습적 결함이 너무 심각하여 통합학급에서는 학문적으로 성공할 수 없다고 결정을 내린 것이다. 결과적으로 전일제 특수학급의 학습장애 학생의 학문적 능력은 상대적으로 낮은 편이다.

학습장애에 대한 대안적 배치에 관한 초기 연구에서 Olson과 Midgett(1984)는 전일제 특수학급 학생과 시간제 특수학급/통합학급 학생의 인지적 특성을 비교하였다. 두 집단의 학생은 지능, 학업적 동기, 기억의 빈도, 생활연령 그리고 성취 수준 측면에서 비교되었으며, 그 결과 전일제 특수학급 학생의 지능수준이 다른 학생보다 낮게 나타났다.

전일제 특수학급의 효과

Lloyd Dunn의 1968년 논문은 특수교육 역사상 가장 중요한 연구의 하나로 꼽히고 있다(Kavale, 2000). Dunn은 정신지체 아동의 특수교육 배치의 효과에 대해 대략적으로 살핀 후 학업과 사회적 성장을 위해 일반학급이 전일제 특수학급만큼 효과적임을 주장하였다. 이 연구는 공법 94-142(P.L. 94-142, the Education for All Handicapped Children Act)가 개정되기 단지 8년 앞서 발표되었기 때문에 주류화(mainstreaming) 개념을 받아들이는 데 매우 강력한 영향을 미쳤다.

그 후의 연구는 분리된 환경이 통합된 환경보다 유의미할 정도로 효과적이지 못하면서 비용이 많이 든다는 사실을 확인시켜 주었다(Kavale, 2000). 최근 들어 2004년에는 Zigmond가 다양한 환경에 대한 연구들을 검토하여 배치 유형에 대한 연구가 거의 없다고 결론지었다. 그러나 전일제 특수학급은 여전히 일부 지역에서 사용되고 있다. 이는 의심할 필요 없이 이러한 배치적 유형을 사용하는 것이 상대적으로 관리하기 쉽기 때문이다. 그러나 학습장애 학생은 다른 장애 학생, 특히 정신지체 학생만큼 자주 분리된 환경에 배치되지 않는다.

전일제 특수학급에 관한 내용 요약

전일제 특수학급은 학습장애 학생에 대한 가장 제한된 교육적 배치 장소 중 하나다. 이러한 학급의 학생은 상대적으로 특수학급이나 통합학급 학생보다 심각한 장애를 가진 것으로 여겨진다. 결과적으로 대부분의 주에서 전일제 특수학급의 아동 수가 특수학급보다 적고 교사의 업무도 가벼운 편이다. 그러나 이러한 학급에서의 수업은 학교 교육과정 내 모든 교과에 대한 교수에 더하여 개별화교육 프로그램(IEP)에 의한 목적 달성을 위한 부가적 책임까지 맡게 된다.

전일제 특수학급의 효과에 관한 연구결과도 살펴볼 필요가 있다. 현재까지 학습장애 아동을 위해 이러한 배치를 계속해서 사용할 필요가 있음을 지지하는 경험적인 증거는 거의 없다(Kavale, 2000). 전국적으로 극소수의 학습장애 학생이 전일제 특수학급에 배치되는데, 이는 장애의 특성상 그들이 덜 제한적인 배치에서도 성공적으로 적응할 수 있기 때문이다.

✻ 시간제 특수학급

시간제 특수학급은 가장 흔한 특수교육 배치 장소이기 때문에 관련 정보가 상당히 풍부하다. 시간제 특수학급(resource class)은 특수교육과 더딘 학습자를 위한 교정적 교육 모두에 역사적 근거를 두고 있다. 기본적으로 특수학급은 경도와 중등도 장애 아동을 대상으로 특수교사에 의해 제한된 특별한 훈련을 할 수 있는 장소의 필요로 인해 발달하였다. 이 환경에서 학생은 하루 일과의 대부분은 일반학급에서 수업을 받지만 하나 혹은 두 과목에 대한 수업은 일반학급이 아닌 특수학급에서 받게 된다. 이러한 이유로 시간제 특수학급은 '분리수업(pull-out)' 이라 불리기도 한다(Kavale, 2000).

시간제 특수학급의 교육은 특수교사와 일반교사가 반드시 긴밀하게 상호작용하여 적절한 교육적 프로그램을 제공해야 하는 특수교육 프로그램의 하나다. 특수교사가 특수학급의 기능과 역할을 잘 알고 있는 것은 매우 중요하다.

시간제 특수학급의 유형

장애 학생을 위한 다양한 유형의 특수학급이 [도움상자 9-1]에 소개되어 있다. 이 정의에서 알 수 있듯이, 특수학급 프로그램에 대한 이론적 개념은 다양하고 여러 주에서 다른 유형의 특수학급을 사용하고 있다. 예를 들면, 교육 가능한 정신지체, 학습장애, 행동장애 아동은 다른 주에서는 동일한 일반학급에 속하지만 일부 주에서는 장애 범주별 특수학급(*categorical resource rooms*)에 별도로 배치된다.

도움상자 9-1

▶ 다양한 유형의 특수학급들

- **장애 범주별 특수학급**(*categorical resource rooms*): 특정 장애 영역의 학생만 포함한다. 학습장애 학생을 위한 특수학급은 학습장애로 판별된 학생만 수용할 수 있고 정신지체로 판별된 학생은 정신지체 학생을 위한 특수학급에 가야 한다.
- **장애 범주 간 특수학급**(*cross-categorical resource rooms*): 같은 성취 수준을 보이는 몇몇 장애 영역의 학생을 위한 배치 유형이다. 이러한 유형의 특수학급에는 학습장애, 교육 가능한 정신지체, 행동장애 학생이 종종 함께 배치된다. 가장 일반적인 형태의 특수학급이다.
- **비장애 범주별 특수학급**(*noncategorical resource rooms*): 장애 영역별 차이를 두지 않고 모든 장애 아동을 포함하는 특수학급이다.
- **특정기술 특수학급**(*specific-skills resource rooms*): 한 가지 기본 기술 영역(보통 읽기 혹은 수학)에 대한 교육과정 내용을 가르치는 것을 목적으로 하는 특수학급을 말한다.
- **순회 특수 프로그램**(*itinerant resource programs*): 학생이 매일 규칙적으로 특수학급에서 교육을 받을 수 없는 곳에서의 프로그램이다. 멀리 떨어진 지방의 작은 학교에서는 한 특수학급 교사가 몇 학교를 이틀에 한 번꼴로 방문하여 진행한다.

시간제 특수학급의 교육과정

특수학급에서 어떤 교과목을 가르쳐야 하는가에 대한 질문은 지난 몇 년간 뜨거운 논란거리다. 일부 현장 전문가들은 일반학급의 교과내용(예: 역사, 언어)을 학습장애 학생에게 개인 교수해야 한다고 주장하는 반면 다른 학자들은 기본 기술(예: 읽기, 연산)에 대한 중재만을 강조한다. 다른 이들은 기능적 일상생활 기술 교육과정에 따라 장애 학생에게 이력서 작성, 은행 입출금 관리 등에 대한 것을 가르쳐야 한다고 생각한다. 각각의 교육과정적 접근에 대한 장점과 문제점은 [도움상자 9-2]에 제시되어 있다.

●●●● 도움상자 9-2

▶특수학급 내 다양한 교육과정적 접근의 장점과 문제점

접근방법	장점	문제점
기초기술 교정	1. 기본 읽기와 셈하기 강조 2. 학교와 생활에 필수적인 기술만 강조 3. 초등 교육과정에서 쉽게 모방 가능	1. 특수교사가 기초 기술 개인교사로 전락 2. 특수학급과 읽기/개인교수 프로그램 간에 차이 없음
교과목 개인교수	1. 단지 기초 기술이 아닌 일반학급 교육과정을 습득 2. 일반교사가 도움에 대해 감사	1. 특수교사가 자격도 없는 교과목을 가르쳐야 함 2. 아동의 필요보다 주정부의 졸업 조건 충족에 전념
기능적 기술	1. 생존에 필요한 기술 강조(가계부, 이력서 등) 2. 필수 기술에 대한 통달을 요구하고 충분한 시간 제공	1. 아동의 학습 잠재력에 대해 비관적임 2. 많은 중요한 주제에 대한 학습 기회를 제한함
학습전략	1. 모든 교과에 적용 가능한 인지전략을 가르침 2. 이 활동과 관련하여 연구를 통한 검증자료가 상당히 확보되어 있음	1. 전략을 가르치기 위한 시간이 소요됨 2. 사용하는 전략을 일반교사가 일반화시켜 주기 어려움 3. 학습장애 지도교사가 워크숍에 참여해야 사용 가능함

시간제 특수학급 교사의 역할

시간제 특수학급은 1980년대와 1990년대 학습장애 학생을 위한 가장 보편적인 교육 장소였고 일부 주에서는 전체 장애 학생의 90% 이상을 시간제 특수학급에 배치하기도 하였다. 시간제 특수학급 교사는 다양한 서비스를 제공하였다.

기본적으로 특수학급 교사는 장애 아동, 아동의 부모, 담임교사, 아동에 대해 관심을 갖고 있는 행정가, 아동을 평가하고 지원하는 심리학자와 교육상담가, 그 밖에 교육적으로 연관되어 아동과 관계를 맺게 되는 모든 사람들을 포함하는 전체 교육 공동체에 대한 자원으로서의 역할을 담당하게 된다. 예를 들어, 여기에는 주 2회씩 아동을 개인 지도하는 함께 사는 조부모까지 포함된다.

이러한 역할 책임의 다양성을 고려해 여러 연구자들은 특수학급 교사의 역할에 대한 연구를 진행하였다(Fore, Martin, & Bender, 2002). Evans(1981)는 특수학급 교사가 아홉 가지 기본 활동에 사용하는 시간의 비율을 조사하여 자료를 수집하였다. 교장, 학급교사, 특수교사 모두가 각 활동을 하는 데 필요한 이상적인 시간과 실제 특수교사가 각 활동에 사용하는 시간에 대한 정보를 분석한 결과, 특수학급 교사가 일반적으로 수행하는 몇 가지 역할은 일반교사와 일반학급의 장애 아동 교육에 영향을 미치고 있음이 밝혀졌다.

특수학급 교사의 가장 주 역할은 교육이다. Evans(1981)는 특수학급 교사가 자신의 시간 중 57%를 학생에게 직접교수를 하며 보낸다고 보고하였다. 특수학급 교사는 정기적으로 특수학급에 오는 다양한 학생에 대한 직접적인 교육적 책임을 맡고 있다.

특수학급 교사의 업무량은 주마다 차이를 보인다. 그러나 대부분의 주에서 한 특수학급당 20~25명의 학생을 수용하도록 하고 있다. 학생이 학교 일과의 대부분을 일반학급에서 보낸다고 하면 특수학급에서는 시간당 3~6명의 학생을 지도하는 것이 되는데, 이렇게 낮은 비율은 개별화 교수를 위해 특별히 유지되는 것이다. 학생의 수가 적음에도 불구하고 일부 특수학급 교사는 여전히 수업 시 소집단 활동을 하고 있다. 비록 일부 교육목표(예: 사회적 기술)를 위해 집단화가 허용되기도 하지만, 이러한 집단교수는 집단의 학생이 유사한 학업적 필요를 가지지 않는 한 특수학급 시간의 대부분을 차지하기엔 부적절한 방법이다. 특수교육 단체들은 개별화 교수를 요구하고 있고, 이러한 요구를 충족시키기 위해 교사/아동의 비율은 낮게 유지되고 있다. 또한 집단의 규모가 작은 경우 학습장애 학생의 학업성취가 더 낮다는 연구결과도 있다(Russ, Chiang, Rylance, & Bongers, 2001; Vaughn & Linan-Thompson, 2003).

특수학급 교사의 다른 역할에는 평가와 진단, 장애진단 팀 참여, 의뢰 전 수정 서비스 제공, 일반교사 상담, IEP 개발이나 부모에게 부모권리를 알리는 안내문 발송 등과 같은 잡무가 있다. 특히 증가하는 서류 업무는 많은 특수학급 교사를 힘들게 하고 있다(Commission on Excellence in Special Education, 2001; Fore, Martin, & Bender, 2002). 이러한 이유로 특수교육 특별위원회는 특수교사를 위한 불필요한 서류 업무의 감소를 시도하였다. 짐작하겠지만, 이 시도는 그다지 성공적이지 못하였다. 따라서 이러한 비교수적 역할은 지난 몇 년간 계속 확대되어 많은 수의 특수학급 교사들이 자신의 교수시간이 줄어들고 있다고 느끼게 되었다.

비록 다양한 영역에서 책임이 증가한다 하더라도 특수학급 교사는 계속해서 일반교사를 지원하고 자문의 역할도 해 줘야 한다. [도움상자 9-3]에서는 일반학급의 다양한 학습문제에 대해 시간제 특수학급 교사를 도울 수 있는 몇 가지 서비스에 대한 자료를 제공하고 있다.

●●●● 도움상자 9-3

▶ 교수 안내: 시간제 특수학급 교사가 제공하는 서비스

특수학급 교사의 주된 책임은 특수학급 학생을 가르치는 것이다. 그러나 일반교사를 위한 특정 서비스를 제공함으로써 학습장애 학생의 성공에 도움을 주게 되는 경우도 있다. 아래 설명하고 있는 서비스들이 그런 경우에 해당된다.

1. 통합학급의 시험을 특수학급에서 치르면서 교사가 질문을 읽는 것을 도와주는 상황과 같은 대안평가의 상황
2. 특수학급에서 숙제나 학급 과제를 도와주는 경우
3. 일반학급에서 사용할 수 있는 교재나 교수적 접근법에 대한 제안
4. 일반교사의 교수계획을 강화하기 위해 기본기술 교육과정 안에서 학생이 문제를 보이는 영역을 판별하기 위한 평가를 하는 시간
5. 아동의 문제를 진단하기 위한 일반학급 관찰
6. 일반학급과 특수학급에서 시기를 맞춰 같은 내용을 가르칠 수 있도록 계획하는 시간
7. 행동문제가 발생했을 경우 일반학급 교사를 지원하기 위한 위기중재 서비스
8. 특수학급 교사의 시간이 허락할 경우 필요에 따라 지원될 수 있는 그 외의 다른 서비스들

시간제 특수학급 수업의 효과

연구에 따르면 일반교육 교사와 특수학급 교사가 협력하여 제공하는 교육은 경도와 중등도 장애를 가진 학생에게 효과적이다(Kavale, 2000; Klingner & Vaughn, 1999). 연구자들은 특수학급 프로그램이 정신지체보다 학습장애나 행동장애를 가진 학생에게 더 성공적이라고 조심스레 제안하고 있으나 일반교육과 특수학급 프로그램의 접목은 모든 아동의 학업적 성취에 대해 대체로 긍정적 효과를 나타내었다. 이러한 이유로 학습장애 학생을 특수학급에 배치시키는 형태는 계속해서 선호되는 배치의 하나가 될 것이라 쉽게 예견할 수 있다.

✻ 통합

통합학교의 개념

전국주교육위원회협회(National Association of State Boards of Education: NASBE)은 1992년 보고서를 발표하면서 모든 장애 학생이 집에서 가장 가까운 학교(학년 수준을 고려하여)의 일반학급에 배치되어 적절한 교육을 받을 수 있도록 일반학급을 수정해야 한다고 요청하였다. 특히 몇몇 교육적 측면을 강조하였는데, ① 학업 ② 사회적 · 정서적 발달, ③ 개인적이고 공동체적인 책임과 시민의식에 중점을 두었다. 협회에서는 이 정책 성명을 통해 모든 장애 학생에 대한 일반학급에서의 교육을 지지하였고, 이는 **통합운동**(*inclusive movement*)의 출발점이 되었다(Kavale, 2000).

통합학급의 내부

전국의 여러 학군에서 다양한 통합교수적 모델을 사용하고 있다. 그중 하나는 특수교사와 일반교사가 같은 학급에서 함께 가르치는 협력교수(co-teaching)를 포함한 모델이다(Friend & Cook, 1992; Gately & Gately, 2001; Magiera & Zigmond, 2005). 이 모델에서는 협력교사 모두 학급의 모든 학생의 교육에 대한 책임을 진다.

예를 들어, 협력교수 모델을 적용한 3학년 학급을 가정해 보자. 두 명의 교사는 학교 일과의 대부분을 학급에서 지낸다. 특수교사 자격을 가진 교사가 언어 영역 수준이 낮은 아동—일부는 학습장애이고 일부는 아닌—을 대상으로 교육을 하는 동안 일반교사는 나머지 학생을 대상으로 소집단으로 수학을 가르치게 되는데, 그 중에는 학습장애 아동도 포함될 수 있다. 어느 교사도 다른 교사의 보조나 지원자 역할을 하지 않도록 각별히 주의를 기울여야 한다. 모든 수업을 함께 계획하는 것이 권장되고 학급의 모든 아동에 대해 각각의 교사가 공동 책임을 느끼게 된다 (Friend & Cook, 1992; Gately & Gately, 2001).

•••• 도움상자 9-4

▶ 교수 안내: 통합 활성화를 위한 열가지 방법

1. **계획**: 교사들은 수업 활동내용뿐 아니라 활동을 어떻게 진행할까에 관한 부분까지도 반드시 함께 참여해서 계획을 수립해야 한다.
2. **시간**: 계획에 필요한 시간은 협력교수 책임의 핵심이다. 교사는 충분한 계획, 평가, 수업시간의 확보를 위해 학교행정가(교장)와 협력해야 한다.
3. **의사소통**: 통합교사들 간의 개방적인 대화가 필수적이다. 두 교사 모두 대화를 위해 문제를 제기하고 전문가적 입장에서 개방적인 자세로 불편함 없이 대화가 진행되도록 해야 한다.
4. **유연성**: 통합학급의 두 교사는 자신들의 수업 방식을 수정할 필요가 있다. 이 교실에서는 끊임없이 변화가 진행된다.
5. **부모교육**: 교사는 부모에게 그들의 자녀가 필요로 하는 특별한 지원을 받을 것임을 확인시켜 줘야 한다. 부모가 통합교육을 특수교육의 책임 회피로 인식한다면 그 지역에서 통합은 성공할 수 없다.
6. **공동 주인의식**: 두 교사가 모두 통합학급을 자신의 학급이라고 느낄 필요가 있다. 만약 어느 한쪽만 혼자 주인의식을 느끼면 다른 한 교사는 학급에서 교육적 결정을 하는 데 밀릴 수밖에 없다.
7. **훈육방법**: 장애 아동은 다른 아이들보다 전체적으로 구조화될 필요가 있고 두 교사가 지원하고 적용하는 견고한 훈육계획에 의해 보살핌을 받아야 한다.
8. **교육과정의 선택**: 두 교사는 가능한 교육과정 중 하나를 선택하는 데 참여해야 한다. 각 교사는 교육과정과 다른 교사의 업무를 자세히 알아야 할 필요가 있다.
9. **시기적 적절성**: 교사는 지나치게 많은 변화를 너무 갑작스럽게 적용하지 않도록 주의해야 한다. 통합은 시행 첫해에는 매일 한두 시간 정도 시도할 수 있다. 또한 어떤 아동이 처음에 통합환경에 배치되어야 하는가는 개인적 필요에 따라 결정되어야 한다.
10. **다양한 교수법**: 교사는 학급의 모든 학생에게 유용한 차별화 교수적 옵션을 개발해야 한다.

일반교사와 특수교사 모두 학급의 모든 아동의 교육에 필요한 기술을 가지고 있기 때문에 그들은 자신들의 학급 내 문제해결 능력에 더욱 자신감을 갖게 된다. 일반적으로 일반교사는 교육과정에 대해 더 많은 지식을 가지고 있고, 특수교사는 문제 학습자를 지원하기 위한 교수자료의 수정에 더 뛰어난 기술을 가지고 있다. 이러한 다양한 기술 때문에 교사는 종종 학생뿐 아니라 서로에게 자원이 된다.

몇몇 학자들이 통합, 협력교수 그리고/혹은 일반교사와 특수교사 간의 협력을 활성화하기 위한 방법을 제안하였다(Bender, 2002; Friend & Cook, 1992; Gregory & Chapman, 2001; Tomlinson, 1999). 이러한 방법들은 [도움상자 9-4]에 제시되어 있다.

통합학급의 발전

통합학급에 관한 개념은 본래 정치와 연구의 서로 다른 두 가지 관점에서 시작되었다. 정치적 영역에서 일반교육 주도(Regular Education Initiative: REI)는 지속적으로 증가하는 특수교육 프로그램의 국가 재정문제를 해결하기 위한 정치적 해결책이었다(Kavale, 2000). 학습환경 조정 모델(Adaptive Learning Environmental Model: ALEM)은 특수교사와 일반교사 간 협력적 교수를 돕기 위해 개발된 연구 기반의 교수 모델이다.

1980년대 연방정부와 다수의 주정부들은 학습장애로 진단받는 아동의 수가 급격히 증가하는 결과를 초래한 학습장애 정의문제에 대해 우려를 나타내기 시작하였다. 더 많은 학생이 진단받을수록 특수교육에 더 많은 비용이 들어가는 것은 명백한 사실이다. 이러한 운영상의 고민은 특수학급 형태의 시간제 통합교육의 효과에 대한 불확실한 증거와 맞물려 연방정부가 경도장애 학생(학습장애 포함)을 일반교실에서 지원하는 방안을 발의하도록 이끌었다. 레이건 정부 시기에 특수교육과 재활서비스국 차관이었던 Madeleine Will은 1988년 연방 차원에서 이 정책을 수립하게 된다(Kavale, 2000; Will, 1988).

일반교육 주도(REI) 정책은 경도장애의 특수교육 대상학생을 일반학급에서 분리하는 모든 분리 프로그램의 제거를 요구하였다(Kavale, 2000). 이 정책은 또한 특수학급 없이 성공적인 통합을 지원하기 위해 일반교사에게 자문 서비스를 제공하도록 권장하고 있다. 통합(inclusion)은 REI의 바탕이 되는 개념이다.

연구적 관점에서 통합 옹호자들은 일반학급 내 다양한 적응을 지원하는 최근의 연구에 관심을 보이고 있다. 이는 모든 장애 학생을 하루 종일 일반학급에 포함시키는 완전통합을 제안하는 기본이 된다(Kavale, 2000). Wang과 Birch(1984)는 **학습 환경 조정 모델(ALEM)**을 처음 개발하였다. ALEM은 성공적인 학업성취를 이루기 위해 학생을 특수학급으로 분리시킬 필요 없이 통합학급에서 사용할 수 있는 수정체계를 제안하였다(Wang & Birch, 1984). 이 모델의 구성요소에는 학생의 학업성취에 대한 진단과 점검, 자기점검/자기관리 기술의 지도, 팀 티칭, 협동학습의 집단화, 다연령 집단화 등이 포함된다.

비록 다수의 연구들이 각각의 교육적 전략들의 효과를 입증하고 있지만, ALEM은 이러한 새로운 전략 모두를 함께 평가한 유일한 모델이다. 초기 연구들은 이 모델이 학업적 성취와 학급 내 적절한 행동 그리고 학생의 학교에 대한 인식을 향상시키는 효과가 있다고 보고하였다(Wang & Birch, 1984). 그러나 Fuchs와 Fuchs(1988)는 효과가 있다고 지지한 모든 연구들이 모델을 개발한 동일 연구자에 의해 행해졌음을 지적하였다. 더 나아가 ALEM 모델은 단지 그것이 개발된 지역에서만 평가를 받았다. 이 모델의 효과에 대한 연구결과들도 완전히 인정받지 못하고 시험대에 놓여 있는 실정이다(Kavale, 2000; Fuchs & Fuchs, 1988; Zigmond, 2003). 결과적으로 ALEM 모델의 효과는 아직도 확인되지 않고 있다.

통합학급에 대한 연구

통합학급에 대한 최근의 연구들은 통합을 강하게 지지하지도 않고 완전히 비난하지도 않는 중립적인 입장이다(Austin, 2001; Cawley, Hayden, Cade, & Baker-Kroczynski, 2002; Cook, Tankersley, Cook, & Landrum, 2000; Klingner, Vaughn, Schumm, Cohen, & Forgan, 1998; Salisbury & McGregor, 2002; Zigmond, 2003). 학습장애 학생의 통합에 대한 연구 배경을 고려해 볼 때 매우 다양한 연구 질문들이 제기될 수 있을 것이다. 그중에는 학생, 부모, 교사가 통합학급에 대해 어떻게 느끼는가, 통합교육을 위해 일반교사를 어떻게 준비시켜야 하는가, 전반적인 통합의 효과에 관한 내용 등이 포함될 수 있다. [도움상자 9-5]에는 다양한 연구 질문에 대해 간략한 개요가 정리되어 있다.

이러한 입장을 고려한다면, 왜 아직까지 통합적 교수법에 대한 요구가 증가 추세인지 의문을 갖게 될 것이다. 비록 재정적 요인과 교사의 가능성에 대한 우려가

▶ **통합학급에 관한 연구 개요**

1. **일반교사는 통합이나 협력교수에 대해 어떻게 느끼는가?** 다수의 일반교사는 통합에 대해 양면적인 생각을 갖고 있다(Austin, 2001; Conderman & Morin, 2006; DeSimone & Parmar, 2006). 예를 들면, DeSimone과 Parmar(2006)는 많은 교사가 통합을 지지하지만 단지 41%만이 학습장애 학생이 통합학급에서 수학을 배우는 것이 가장 좋다고 믿고 있다고 보고하였다. Conderman과 Morin(2006)은 다수의 특수교사 자격증이 있는 협력교사들이 자신들이 중등 통합학급에서 '충분히 활용되지 않는다.'(즉, 주로 보조교사나 개인교사로 취급된다.)고 느낀다고 밝혔다. Austin(2001)의 설문에 참여한 대다수의 교사들은 협력교수를 하지 않겠다고 했으나 일정 기간 통합학급에서 협력교수 모델을 접하고 난 후 이러한 교수적 경험이 유용하다는 것을 발견하였다. 그러나 학생의 관점에서는 일반교사의 통합에 대한 인식은 상당히 부정적이었다. 한 연구에서 학생들은 일반교사가 종종 학습량을 동등하게 하기 위해 교육과정을 수정하는 대신 부적절한 대체 과제를 제시한다고 주장하였다(Pavik, McComas, & Laflamme, 2002).
2. **일반교사는 통합학급의 장애 학생에 대해 어떻게 느끼는가?** 연구는 통합학급에서 가르치는 일반교사들이 평균적으로 일반 아동만큼 장애 학생과 자주 긍정적인 밀착관계를 형성하지 않고 있다고 지적하였다(Cook et al., 2000). 더구나 일반교사는 학습장애 학생을 위한 교수 프로그램의 성공에 대해 더 많은 우려를 보였다. 그들은 일반적으로 통합학급을 맡을 준비를 잘하지 못했다고 믿고 있었다(Kavale, 2000; DeSimone & Parmar, 2006). 학생의 관점에서 교사의 부정적 태도는 학교 경험에 있어 가장 유해한 것으로 보인다(Pavik et al., 2002).
3. **일반교사는 학습장애 학생의 효과적인 학습을 위해 통합학급에서 특별한 교수적 방법을 제공하고 있는가?** 일반적으로 연구들은 대부분의 일반교사들이 통합학급을 학습장애 학생에게 효과적인 학습환경으로 만들어 주기 위해 필요한 교수전략을 모르고 있다고 주장한다(Austin, 2001). 또한 대부분의 통합학급에서 사용되는 교수법이 정교하게 차별화되지 않고 학습장애 학생을 위한 수정이 정기적으로 이루어지지 않는다고 주장한다. 따라서 대부분의 통합학급에서는 다수의 학습장애 학생을 위한 효과적인 학습을 기대하기가 어렵다(Baker & Zigmond, 1990, 1995; Council for Exceptional Children, 1993; Ellis & Worthan, 1999; Kavale, 2000; Learning Disabilities Association, 1993; Pavik et al., 2002).
4. **학습장애 학생들은 어떤 학습환경을 선호하는가?** 일련의 연구 논문들은 학습장애 학생들이 일반학급과 전일제/시간제 특수학급에서 교육적 서비스를 제공받는 것을 선호한다고 밝히고 있다(Kavale, 2000; Klingner et al., 1998). 한 연구에서 상담지도자는 통합학급의 학생이 전일제 특수학급 학생보다 더 우울하다는 진단을 내리기도 했다(Howard & Tryon, 2002).
5. **성공적인 통합을 달성하는 데 영향을 주는 요인에는 어떤 것이 있나?** 몇 가지 요인이 통합에 영향을 미치는 것으로 보고되고 있으나 그중 두 가지가 폭넓게 논의되고 있다. 즉, 행정적 지원과 특별한 교수적 방법이다. 통합을 지지하는 행정가는 학교의 통합 프로그램의 성공에 결정적인 역할을 하게 된다. 학생들의 다양성을 인정하는 데 관심을 보이는 행정가는 학교의 향상과 개혁을 강조하는 사람으로서 성공적인 통합을 육성할 수 있다(Salisbury & McGregor, 2002). 또한 특별한 교수적 전략을 사용하는 데 적극적인 일반교사 역시 성공적인 통합을 이룰 수 있다(Baker & Zigmond, 1995; Bender, 2002). 마지막으로 성공적인 통합은 일반 학생과 장애 학생 모두가 높은 수준의 참여를 보이고 교사가 자기 시간의 75% 이상을 교수활동 참여에 소요하는 학급에서 이루어질 수 있다(Wallace et al., 2002).
6. **통합환경이 학습을 향상시킨다는 증거가 있는가?** 앞서 언급한 모든 것이 중요하지만, 궁극적인 질문은 단순하면서 결정적인 것이다. 즉, 통합은 학습장애 학생에게 유용한가? 불행히도 지금 현재로서는 연구의 대부분이 통합학급이 학습장애 학생을 위해 전일제 특수학급보다 효과적임을 입증하지 못하고 있다(Kavale, 2000; Zigmond, 2003). 비록 일부 통합 프로그램이 상당히 효과를 보이기도 했지만(Cawley et al., 2002; Rea, McLaughlin, & Walther-Thomas, 2002), 이러한 긍정적인 결과들은 앞서 ALEM 프로그램에 관한 연구에서 언급한 바와 마찬가지로 외부 연구자들에 의한 지지를 받지 못한 고립된 결과라는 한계를 갖는다.

있긴 해도(즉, 자격을 갖춘 교사의 공급 증가 없이 학생을 특수학급이나 전일제 특수학급에 배치할 수 없다; Commission, 2001), 이러한 현상을 가장 잘 이해하기 위해서는 모든 아동이 최소제한환경에서 교육받아야 한다는 역사적 공약을 떠올릴 필요가 있다(Kavale, 2000). 이는 1974년 최초의 연방 특수교육법의 제정 이래 특수교육에서의 결정적 약속이었고, 이러한 역사적 공약으로 인해 통합교육의 효과에 대한 의문에도 불구하고 앞으로 몇 년간 계속해서 통합이 증가 추세일 것으로 기대된다.

통합학급에서의 학업적 수정

비록 특수학급 교사의 역할이 통합학급 내 특수교사의 주된 역할과 동등한 것으로 간주되기는 하지만, 통합학급 특수교사의 추가된 한 가지 역할은 통합학급 내 교육과정의 수정을 지원하는 것이다(Bender, 2002). 일반교사들이 일반학급에 있는 학습장애 학생을 지원하기 위해 사용할 수 있는 교육과정 수정의 유형에 대한 여러 정보들이 제공되고 있다(Bender, 2002; Ellis & Wortham, 1999). 교육과정 수정을 위한 몇 가지 제안은 [도움상자 9-6]에서 제시하였는데, 아동 개별적으로 각기 다른 요구가 있으므로 특정 학생의 필요를 위해서는 이를 바탕으로 차별화하여 적용해야 한다.

통합학급을 위한 차별화 교수

앞서 언급한 것처럼 통합학급은 연방법에 의해 강력하게 추진되고 있는 모델이고, 따라서 통합학급을 위한 교수적 개혁, 즉 **차별화 교수**(*differentiated instruction*)에 대한 관심이 전국적으로 증대되고 있다(Bender, 2002; Gartin, Murdick, & Rhomberg, 2006; Gregory & Chapman, 2001; Stanford, 2003; Tomlinson, 1999). Carol Tomlinson(1999)은 일반적으로 오늘날 통합학급의 특성인 다양한 학습 요구의 증대에 부응하여 광범위하고 다양한 교수적 선택을 포함하는 일반학급을 '차별화된 교실'이라고 처음 기술한 학자다.

전형적인 통합학급을 생각해 보자. 학급당 22명의 학생 중 일반교사는 2명의 학습장애 학생, 2명의 말하기 문제를 가진 학생, 1명의 정신지체 학생, 2명의 행동장애 학생, 2명의 ADHD 그리고 3명의 영재아동을 가르쳐야 한다. 따라서 22명 학

●●●● Interest Box 9-6

▶ 교수 안내: 교육과정 수정

많은 일반교사들이 자신의 학급에서 학습장애 아동에게 도움을 줄 수 있길 희망하고 있다. 만약 특수교사가 학생의 학업성취를 향상시킬 수 있는 수정방법에 대한 안내를 해 준다면 일반교사들에게 도움이 될 것이다. 다음은 학습장애 아동과 청소년의 통합을 지원하기 위한 수정방법의 일부다.

1. 선행 조직자를 활용해 수업내용을 먼저 소개하라.
2. 수업과 읽기 과제의 핵심 내용을 묘사하는 시청각자료를 활용하라.
3. 분명한 훈육 절차를 사용하라. 잘한 행동과 잘못한 행동의 결과를 확실히 깨닫도록 가르쳐라.
4. 과제를 완수할 수 있도록 인지적 계획을 수립하는 데 관심을 기울여라.
5. 항상 아동의 과제행동을 확인하라.
6. 또래교사, 팀 티칭, 협동학습 집단화와 같은 다양한 교수적 집단방법을 활용하라.
7. 정기적으로 필수 과제를 제시하고 과제의 장점과 단점을 지적하여 충분한 피드백을 제공하라.
8. 읽기 수준이 낮은 아동에게는 같은 내용을 포함하는 다른 교수자료를 사용하라.
9. 훌륭한 과제나 좋은 행동 등에 대해서는 비구조화된 시간, 컴퓨터 보상시간, 학급 내 특권부여 등의 보상을 자주 사용하라.
10. 정밀교수, 자기 점검 등 개별 학생의 학습문제에 맞춘 특별한 교수전략을 사용하라.
11. 대안적 평가방법(말로 표현하기 등)을 사용하라.

생의 절반 이상이 어느 정도 특별한 교수적 지원을 필요로 하고 있다. 물론 연구는 경도장애 학생은 학급 규모가 작을수록 학업성취가 향상된다는 사실을 고려하여 학급의 크기에 비례하여 역으로 경도장애 학생의 학업성취를 예측하였다(Russ, Chiang, Rylance, & Bongers, 2001). 그러나 이러한 증거들에도 불구하고 오늘날 대규모 일반학급에 포함되는 다수의 학습장애 학생 비율이 증가하고 있다. 이 사례는 약간 과장된 면도 있지만, 오늘날 모든 일반교사는 고도의 다양화된 학습자 필요를 충족시키기 위해 자신들의 교수법을 차별화할 필요가 있다. 분명히 앞에서 언급한 것처럼 질문의 복잡성을 다양화하는 것은 이러한 다양한 필요를 충족시키는 한 방법이 될 수 있고, 다수의 연구자들이 차별화된 학급의 학습장애 학생을 위한 교수적 아이디어를 제공하고 있다(Bender, 2005; Gartin, Murdick, & Rhomberg, 2006).

몇몇 연구자들은 학습장애 학생의 교수적 요구에 따라 차별화된 교수적 옵션인 큐빙(*cubing*)이라는 기술에 대해 설명하고 있다(Bender, 2002, 2005; Gregory & Chapman, 2001). 입방체는 여섯 가지 관점에서 학생을 지원하는 기술이다. 정육면체의 6면을 복잡성의 6단계로 봄으로써 학급 내 학생들을 '입방체 면'에 배치하여 주어진 면에 따라 다른 수준의 상호작용을 하게 한다. 어떤 경우에는 교사가 실제로 15~20cm 정육면체를 제작하여 각 면에 표시하고, 다양한 학생 집단에게 이를 던져 다양한 수준의 과제를 제시하게 된다. 각 면은 다음과 같이 표시될 수 있다.

입방체 면	기능	과제로 제시할 수 있는 활동의 예
1면	설명하기	기억하기, 이름 대기, 위치 찾기, 명단 만들기
2면	비교하기	시합하기, 예를 들기, 설명하기, 쓰기
3면	조합하기	연결하기, 만들기, 구성하기
4면	분석하기	복습하기, 토의하기, 도해하기
5면	적용하기	제안하기, 제시하기, 묘사하기
6면	논쟁하기	토론하기, 조직화하기, 지지하기

입방체를 사용함으로써 학생들은 같은 개념을 여섯 가지 다른 관점에서 바라볼 수 있고, 여러 학생들의 다양한 지식 수준도 드러나게 된다. 예를 들면, 어떤 학생이 개념에 대한 기본 설명을 하는 동안 다른 학생은 그것을 분석하거나 개념에 반대하거나 개념에 대한 논쟁을 위한 역할극을 하게 된다. 따라서 이것은 교사를 위해 통합학급 내 모든 학생의 다양한 지적 필요를 충족시키는 한 방법이 되고, 학습장애 학생을 포함하여 다양한 장애 학생을 위한 차별화 교수를 제공하는 것도 된다. 실제로 입방체 기술이나 이와 유사한 방법(질문의 수준을 다양화하는 것 등)을 사용하는 것은 의도적으로 학생에 대한 요구와 기대를 다양화하는 것이다. 이 책에 설명된 것보다 더 풍부하고 다양한 관점에서 더욱 다양한 학생을 고려한 차별화된 교수는 Bender(2002)의 연구에서 찾아볼 수 있을 것이다(Stanford, 2003).

통합학급에 관한 내용 요약

통합학급 배치 모델에 대해서는 앞으로도 많은 논란이 지속될 것이다. 교사가 초기에는 통합에 찬성하는 것처럼 보여도 연구결과는 이를 지지하지 않고 있다(Zigmond,

2003). 더구나 다수의 전문가 협회들은 통합에 대해 명백한 우려를 표명하고 있다(Kavale, 2000). 이러한 염려에도 불구하고 통합 모델의 가능성은 전반적으로 확산되고 있는 추세다. 따라서 통합에 대한 새로운 연구를 찾아보고 지속적으로 최근의 논쟁에 관심을 가질 필요가 있다.

✻ 배치에 관한 논쟁점

학습장애 아동과 그 밖의 경도 및 중등도 장애 아동에게 적합한 배치에 대해서는 통합에 관한 논쟁 이외에도 여러 가지 우려들이 논의되고 있다(Commission, 2001). 이는 포괄적인 것으로서 학습장애에 한정되지 않는 것들이다. 그에 대한 논의는 학습장애뿐 아니라 정신지체나 행동장애 관련 교재에서 다루어지는 것이 적절해 보인다. 그럼에도 불구하고 이러한 복잡한 배치에 관한 내용을 이해하고 있는 것이 앞으로 교사로서의 역할을 잘 수행하려면 필요하다고 판단되므로 여기서 간단히 소개하기로 한다.

의뢰 전 수정

학습장애로 진단받는 학생의 수가 증가함에 따라 더 심각한 장애를 가진 학생만 의뢰하도록 하려는 압력이 증가하고 있다. 결과적으로 다수의 학교들은 반드시 일반교사가 아동을 특수교육 대상자로 의뢰하기 전에 문제를 완화하기 위한 전략을 사용하고 기록하도록 하는 체계를 수행하고 있다. 이러한 **의뢰 전 수정**(*prereferral modification*) 전략은 학생의 과제참여 행동을 증가시키기 위한 단일 대상 보상 프로젝트처럼 단순한 것이다. 좀 더 복잡한 다른 방법으로는 교사가 학생과 일대일 상황에서 활동하도록 하는 팀 티칭 접근법을 사용하는 것 등이 있다. 여기서는 의뢰 전 전략으로 사용할 수 있는 몇 가지를 설명한다.

프로젝트 RIDE **프로젝트 RIDE**(Project RIDE)에서 RIDE는 Responding to Individual Differences in Education의 약자다(Beck & Weast, 1989). 몇몇 연구자들은 일반학급에서 개별 학생들과 교사가 직면하는 문제를 해결하기 위해 팀 접근

법을 개발하기 시작하였다(Beck & Weast, 1989). Beck은 일반학급에서의 교육과정 수정을 위해 교사가 효과적인 교수전략에 대한 정보를 제공받아야 한다는 사실을 깨달았다. Beck과 동료들은 한 교사집단을 통해 해결할 필요가 있다고 느끼는 문제들에 대한 정보를 수집하였고, 그 결과 40개의 일반적인 문제 목록이 작성되었다. 여기에 20가지 학업적 문제(시간 내 과제 완수, 구두적 지시 따르기, 학습자료의 정리 등)와 20가지 사회-행동적 문제(떠들기, 훔치기, 불순종 등)가 포함되어 있다. 그리고 각 문제에 대해 연구로 입증된 전술들이 제시된다. 예를 들면, 자리 이탈의 문제를 보이는 학생이 있는 교사는 프로젝트 RIDE에서 제공하는 전술은행에서 자신의 학급에 적합한 자리 이탈 문제의 해결을 위한 전술을 선택하도록 하였다. 40가지 문제에 대해 각각 3~6개의 전술을 제공하고 있으므로 교사들이 어느 정도 자신에게 맞는 해결책을 구할 수 있을 것으로 생각된다. 교사는 선택된 전술을 사용해 일반학급을 수정하여 문제를 해결하게 된다.

RIDE 접근법에서 교사는 행동을 측정 가능한 용어로 묘사하고, 팀 결정을 내리고, RIDE 전술은행을 사용하고, 선택된 전술을 단일 대상에게 적용하는 방법 등을 훈련받는다. 프로젝트 RIDE의 사용을 위해서는 일반적으로 어느 정도 연수가 필요하다.

프로젝트 RIDE의 효과에 대한 연구는 하나뿐이다(Beck & Weast, 1989). 프로젝트 RIDE는 3년간 6개 학교에서 시행되었다. 이 의뢰 전 프로그램을 실행하기 전에는 전체 학생의 3.6%가 특수교육에 의뢰되었으나 프로젝트 RIDE 사용 후에는 1.6%까지 의뢰 비율이 낮아졌다. 더구나 의뢰의 정확도가 향상되었다. 프로젝트 RIDE 사용 전에는 의뢰 대상의 54%가 특수교육 비자격자로 판별되었다. 이는 일반학급에서 해결 가능한 문제를 가진 학생을 위해 상당한 평가시간과 돈이 낭비되었음을 의미한다. 그러나 프로젝트 RIDE 이후에는 단지 20%의 의뢰 대상만이 적합하지 않은 경우였다. 당연히 교사는 의뢰 위험이 있는 아동의 성공을 위해 더 열심히 학급을 수정하려는 노력을 하게 된다.

ALEM 접근에서와 마찬가지로 여기서도 주의해야 할 부분이 있다. 프로젝트 RIDE는 단지 한 번만 시도되고 평가받았을뿐더러 처음 개발자에 의해서만 이루어졌다. 그러나 적절한 수정전략을 판별하려는 일반교사들에게 도움이 될 수 있는 잠재력이 있다.

학교 단위 지원팀 몇몇 주에서 시행하고 있는 또 다른 유형의 의뢰 전 수정에는 학교 단위 지원팀(Schoolwide Assistance Team: SWAT) 방법이 있다(Chalfant, Van Dusen-Pysh, & Moutrie, 1979). 특수교사와 일반교사로 구성된 이 지원팀은 부가적 도움이 필요한 학급의 아동에 대해 함께 설명을 듣는다. 기본 생각은 자원, 아이디어 그리고 전문가의 경험을 모아 학교 수준에서 문제를 완화시키고자 하는 것이다. 팀은 문제에 대해 논의하고 통합학급 교사가 사용할 수 있는 방법이나 수정안을 제시한다.

이 절차에 대해 주마다 다른 용어를 사용하기도 한다(학생/행정 지원팀, 학교자원팀, 학교중심팀 등). 또한 ALEM과 프로젝트 RIDE를 수행하며 지원팀 방법을 함께 사용할 수도 있다.

의뢰 전 수정으로서의 중재에 대한 반응 앞서 설명한 것처럼 학습장애 학생의 존재를 판단하기 위해서는 과학적으로 검증된 교수중재에 반응을 보이는 데 실패하였음을 입증해야 한다. 이 자료가 학습장애 학생판별의 선행 조건이기 때문에 중재에 대한 반응 절차는 전체적인 의뢰 전 절차에 영향을 미친다. 중재에 대한 반응은 일반적으로 두 단계로 적용되고, 단계별로 학생이 교육중재에 어떻게 반응하였는가에 대해 보고해야 한다. 어느 수준에서는 이 과정이 유일한 의뢰 전 절차가 될 수도 있겠지만 확신할 수는 없다. 따라서 앞으로도 지속적으로 해당 주제에 대한 연구 동향을 살필 필요가 있다.

범주 간 배치

여러 주에서 서로 다른 장애 유형의 아동을 같은 특수학급에 배치하기 시작하였다. 어떤 주에서는 여전히 전통적인 장애진단 방식에 의해 아동을 학습장애, 정신지체, 행동장애 등으로 판별하지만 이러한 구분에 상관없이 **범주 간 배치**(*cross-categorical placement*)를 하고 있는 주들도 있다. 이런 경우에는 같은 시간에 각각의 다른 장애를 가진 학생이 함께 특수학급에서 수업을 받게 된다.

어떤 주에서는 위의 세 장애 영역 아동의 학습 특성이 유사하다고 판단하고 그들을 별도로 분리하는 것을 의무화하지 않는다. 이러한 주에서는 학생들을 장애별로 명명하지 않고 '교육적 장애(*educationally handicapped*)' 등과 같은 포괄적인 용어를 사용하고 그들을 같은 학급에 포함시킨다. Reschly와 Hosp(2004)는 약 20% 정도의 주에서 장애 범주 간 진단을 허용하고 있다고 보고하였다. 또한 특수교육특별위원회(2001)도 이러한 일반적인 범주적 통합을 추천하는 듯하다(Council for Exceptional Children, 2002).

세 번째 배치방법은 전통적인 장애별 배치로서 학습장애 아동은 학습장애 특수학급에 배치되고 학습이 가능한 정신지체 아동, 행동장애 아동은 각각 정신지체 특수학급과 행동장애 특수학급에 배치되는 방식이다. 작은 규모의 학교나 지방에 있는 학교의 행정가 입장에서 볼 때, 이러한 범주별 배치는 각각 다른 훈련을 받고 별개의 자격을 갖춘 세 명의 교사를 채용하기에는 각 학급의 학생 수가 충분치 못하므로 문제가 될 수 있다.

더구나 일부 초기 연구결과들은 장애별로 다른 훈련을 받은 교사들이 학생의 교육적 성취를 향상시키지 못한다고 주장하고 있다(Algozzine, Morsink, & Algozzine, 1988). 예를 들면, Algozzine과 동료들(1988)은 세 가지 장애 영역별 자격을 가진 교사들 간의 실제 학급에서의 수업의 차이를 검증하였다. 연구결과 교사들의 수업에는 차이가 있어도 학급 운영에서는 차이가 발견되지 않았다. 이러한 결과로 볼 때 특수학급을 장애 영역별로 구분하는 것은 근거가 희박하다.

범주별/전통적 배치의 문제는 계속해서 연구의 관심 대상이 될 것이다. 지금으로서는 대부분의 주에서 학습장애를 정신지체나 행동장애와는 차별화된 장애로 판별하고 있다. 또한 특수교육협회와 같은 전문가 단체들이 이러한 범주별 배치의 사용을 권장하고 있다. 그럼에도 불구하고 주마다 다른 배치의 원칙은 교사들에게도 영향을 미칠 것이므로 앞으로 배치에 관한 문제에 지속적인 관심이 필요할 것이다.

✻ 특별한 교수전략

다양한 교수 배치와 관련하여 학습장애 학생들은 다른 학생들과 달리 특별한 교수 요구에 대한 지원을 받을 수 있어야 한다. 예를 들면, 학습장애 학생은 교수 배치에 상관없이 종종 집중, 행동, 사회적 상호작용들에 문제를 보이고, 따라서 다른 학생들에게 적용되는 교수훈련과 다른 특별한 교수적 전략을 필요로 한다. 여기에는 또래교수, 협동학습, 귀인훈련 등이 포함된다. 다른 연구들은 생태 피드백, 이

완훈련 등과 같은 좀 더 난해한 교수적 처치의 사용을 제안하고 있다. 교사는 이러한 교수적 처치에 대해 잘 알고 있을 필요가 있다.

그러나 학습장애 분야에는 늘 연구에 의해 검증되지 않은 교수적 처치가 권장되어 왔고, 부모들은 그에 대해 질문을 할 수 있다. 부모들이 이러한 처치법에 대해 언론에서 접하고 문의를 할 수 있기 때문에 교사는 검증되지 않은 이런 처치법에 대해서도 잘 알고 있어야 한다. 아동의 필요에 상관없이 교사는 검증되지 않은 교수법을 피하면서 가장 효과적인 교수계획을 세우기를 희망한다. 다음에서는 학습장애 학생에게 사용할 수 있는 특별한 전략들과 현재 권장되지 않고 있는 몇 가지 전략을 설명한다.

또래교수

연구의 관심이 증가되고 있는 교수법의 하나인 **또래교수**(*peer tutoring*)는 학생들에게 서로 개인교사의 역할을 하도록 하는 방법이다(Bucks, 2004; Mortweet, Utley, Walker, Dawson, Delquadri, Reedy, Greenwood, Hamilton, & Ledford, 1999; Saenz, Fuchs, & Fuchs, 2005). 또래교수는 일반학급이나 특수학급 모두에서 사용할 수 있다. 개인교수의 본래 목적은 장애 아동의 학업과 사회적 수용을 향상시키려는 것이다. 학생이 짝을 지어 첫날에는 한 학생이 교사가 되고 다른 학생이 학생 역할을 하고 다음 날에는 서로 반대의 역할을 하는 식이다(Mortweet et al., 1999). 다수의 특수교사는 비장애 학생이 하루 중 일정 시간 동안 교사로서 특수학급에 배치되는 기회를 제공하기도 한다. 나는 교육실습 당시 교사를 돕고 싶어 하는 두 명의 '자습실(study hall)' 학생을 특수학급에 배치하도록 요청한 바 있다. 다수의 연구 논문들에서 교실 안팎에서 이루어지는 다양한 또래교수 방법에 대해 찾아볼 수 있을 것이다.

또래교수의 실행 또래교수를 실행할 때는 몇 가지 요인들을 고려해야 한다. 우선 가장 중요하게 고려할 것은 또래교사를 구하는 문제다. 학급 내 학생을 또래교사로 사용한다면 상대적으로 쉬울 것이다. 그러나 학교 내 다른 학급(혹은 자료실)에서 또래교사를 구한다면 학교 책임자나 다른 교사들과 시간을 조정할 필요가 있다.

두 번째로 고려해야 할 사항은 또래교사가 받게 될 훈련의 수준이다. 훈련의 수준은 교사가 또래교사에게 맡기려는 역할에 따라 달라진다. 예를 들면, 또래교사가 객관식 시험지 채점이나 학생의 자기확인 퀴즈를 도와주는 정도라면 거의 훈련이 필요 없고 교사가 하는 것을 하루 정도 옆에서 보고 배우면 될 것이다. 그러나 또래교사가 복잡한 교수적 방법(예: 학습 전략 교수)을 사용하는 것을 돕기 원한다면 좀 더 광범위한 훈련이 필요하다. 여기에는 전략 사용의 주의사항을 읽기, 전체적인 전략훈련뿐 아니라 교사가 중요한 핵심을 가르치는 동안 연습을 이끌고 며칠 동안 관찰하는 일 등이 포함된다. 교수적 과제의 복잡성이 증대될수록 또래교사의 훈련도 더욱 복잡해진다.

통합학급에서 효과를 보이는 몇 가지 또래교수 방법들이 있다(Burks, 2004; Mortweet et al., 1999; Sanez, Fuchs, & Fuchs, 2005). 학급 단위 또래교수 모델을 예를 들면, 각 학급의 구성원은 자기 짝을 위해 또래교사가 되고 같은 짝에게 교수를 받기도 한다. 따라서 이러한 상보적 교수는 통합학급 내 학습장애 학생의 상호작용을 증진시킨다. 더욱이 연구들은 이러한 형태의 또래교수 활동이 학습장애 학생과 비장애 학생의 학습을 향상시킨다고 계속해서 증명하고 있다(Burks, 2004; Mortweet et al., 1999).

또래교수의 요약 또래교수는 학습장애 아동의 학습과 사회적 기술 모두의 발달을 지원하기 위한 교수적 방법이다. 연구에 따르면 이 두 가지 목적은 다양한 또래교수 상황, 즉 통합학급이나 특수학급 모두에서 달성될 수 있다(Saenz, Fuchs, & Fuchs, 2005). 또래교수의 긍정적 효과로는 학업성취의 향상, 비장애 학생과의 상호작용 수준의 증가, 자아개념의 향상 그리고 또래교사들 간의 학업적 · 사회적 기술 향상이다. 마지막으로 또래교수는 다른 복잡한 중재법과 달리 상대적으로 쉽게 실행할 수 있다. 일반적으로 특별한 과정이 필요 없이 연구 논문을 몇 개 읽어 보면 사용할 교수법에 대한 방향을 잡을 수 있다. 학급 내 학습장애 학생을 위해 또래교수 방법을 사용해 보는 것도 좋을 것이다.

협동학습

협동학습(*cooperative instruction*)은 일반학급 내 특수교육 대상자들의 통합을 촉진시키기 위한 방법이다(Johnson, Johnson, Warring, & Maruyama, 1986). 공법

94-142의 개정 이후 일반학급에 특수교육 학생을 포함시키는 이유의 하나는 장애 아동에게 비장애 역할 모델을 제공하여 사회적 기술을 습득하도록 하기 위함이다. 그러나 얼마 되지 않아 특수교사들은 비장애 학생들이 학습장애 학생이나 다른 장애 학생들을 학급이나 야외 활동에 참여시키지 않음을 발견하였다. 이는 장애 아동을 위한 효과적인 역할 모델의 부재를 초래하였다. 결과적으로 일반학급에서 장애 학생과 비장애 학생 사이의 벽을 허물기 위해 협동학습 활동이 계획되었다.

이러한 형태의 교수 활동은 정기적으로 일반학급에서 시행되었고, 특수교사는 학습장애 학생들을 협동학습 활동에 참여하도록 준비시키는 역할을 맡았다. 또한 통합학급에서 다양한 협동학습 과정에 참여하여 일반교사를 지원하기도 한다.

협동학습의 실행 가장 광범위하게 사용되는 **지그소**(*Jigsaw*) 방법 외에도 다양한 협동학습 방법들이 있다(Aronson, Blaney, Stephan, Sikes, & Snapp, 1978). 지그소 방법에서는 학급을 3~5명의 소집단으로 나누게 된다. 각 학생은 다른 학생들이 갖지 못한 특정 정보를 받게 되고, 각 학생의 역할은 제공받은 모든 정보를 학습하여 집단의 다른 학생들에게 가르치는 것이다. 지그소 집단은 5~10일 동안 매일 45분씩 함께 모임을 갖는다. 어떤 날에는 같은 정보를 가진 여러 지그소 집단의 학생끼리 '전문가 집단' 모임을 갖고 다른 학생들에게 자신이 가진 정보를 전달하는 최상의 방법에 대해 토의한다. 10~15일이 지난 후, 각 학생들은 시험을 치른다. 시험은 개인별로 학생의 이해력과 기억력을 측정하는 방식이다.

협동학습을 실행하는 데 하나의 문제는 어떤 형식으로(개인별로 혹은 집단으로) 보상을 제공할 것인가 하는 문제다. 학생들이 개별 성적을 받는 지그소 방식 이외에 같은 집단의 학생들이 모두 같은 점수를 받는 방식의 협동학습도 있다. [도움상자 9-7]에서 **지그소 2**(*Jigsaw II*), **학생팀별 성취 향상도 인정방식**(Student Team Achievement Division: STAD), **팀 지원 개별화**(*Team-Assisted Individualization*), **집단 탐구**(*Group Investigation*) 등과 같은 협동학습 방법을 소개하며 각 집단화 방법과 보상방법에 대해 정리하였다.

협동학습의 효과 협동학습의 효과는 매우 긍정적으로 나타나고 있다(Bender, 2002; Johnson et al., 1986). 예를 들면, 협동학습에 참여한 학생의 학업성취는 전통적인 수업을 받은 학생보다 높게 나타난다. 또한 일반적으로 협동학습에 참여한

▶ 교수 안내: 협동학습

지그소 2(*Jigsaw II*): 원조 지그소우 방법과 다른 점은 각 학생이 사전, 사후 시험을 치러 각 아동의 점수 차이를 비교한다는 것이다. 집단의 평균 향상 점수가 집단 구성원의 점수가 된다.

학생팀별 성취 향상도 인정방식(*Student Team Achievement Division: STAD*): 5~6명의 학생이 이질적 학습 집단을 형성하게 된다. 첫째, 각 학생은 새로운 수업내용에 대해 사전 평가를 받는다. 그리고 팀원들에게 학습지를 제공한다. 팀은 함께 공부하고 개별적으로 다른 시험을 치른다. 각 학생의 사전, 사후 검사의 차이를 평균 하면 팀의 점수가 된다. 높은 점수를 얻은 팀이 보상을 받는다.

팀 지원 개별화(*Team-Assisted Individualization*): 4~5명의 이질적 학생이 팀을 이룬다. 진단평가 결과를 토대로 각 학생은 특별한 과제를 받는다. 각 과제는 교수지, 학습지, 체크리스트, 다른 활동지 그리고 최종 평가로 구성된다. 짝을 지어 공부하고 학생들은 서로 학습지를 확인하여 80% 이상의 점수를 받으면 그 단원에 대한 최종 평가를 받을 수 있다. 팀은 미리 제시된 기준을 넘어 단원을 끝낼 수 있도록 서로 격려하고 돕게 된다.

집단 탐구(*Group Investigation*): 학생들은 스스로 2~5명씩 집단을 구성한 후 학습해야 할 주제 목록에서 자신들이 원하는 주제를 선택한다. 집단은 소주제로 나누어 누가 어떤 부분을 맡을지 결정하고 학급에서 발표하기 위한 최종 과제, 발표, 보고서를 준비한다.

장애 학생의 경우 참여하지 않은 학생들보다 더 쉽게 사회적으로 인정받곤 한다 (Anderson, 1985; Johnson et al., 1986).

협동학습 연구의 요약 협동학습은 일반학급 내 학습장애 학생들에게 효과적인 교육방법이다. 이 방법의 효과에 대해서는 학업성취와 사회적 수용 측면 모두에서 연구를 통해 검증되었다. 의도하는 사회적 효과를 얻기 위해 일반학급에서 실행되어야 하지만, 특수학급의 수업시간을 이용해 협동학습 수업내용을 완전히 습득하도록 학습시간을 할애함으로써 특수교사가 이 과정을 지원할 수도 있다. 특수교사는 일반학급에서 어려움을 겪는 학습장애 아동을 가르치는 일반교사에게 협동학습 방법을 제안할 수 있다.

귀인훈련

학습장애의 초인지적 관점에서 보면 학습장애 아동은 정서적으로나 인지적으로 학습 과제에 관심이 없다. 그들은 내적 통제소가 부족해 학업적 노력에 방해를 받는다(Bender, 2002). 게다가 그들은 비장애 학생들보다 학문적 성공 귀인으로 외부의 영향을 더 크게 인식하고 있어 외적 통제소가 학업적 과제에 덜 참여하도록 만든다.

이러한 통제소재 문제를 해결하기 위해 일부 학자들은 학습장애 학생에게 학습 시간이나 노력과 같은 내적 통제요인들이 학교에서의 성공에 영향을 미친다는 사실을 가르치는 귀인훈련(*attribution training*)을 하도록 제안하고 있다(Shelton, Anastopoulos, & Linden, 1985; Tollefson, Tracy, Johnson, & Chapman, 1986). 지속적으로 자신의 학업 능력에 대해 부정적인 인식을 하는 장애 학생에게는 이러한 유형의 중재가 필수적이다. 귀인훈련은 통제에 대한 내적 인식의 향상뿐 아니라 과제 완수의 노력을 향상시키는 데도 효과적이다.

귀인훈련의 실행　　대부분의 귀인훈련 프로그램의 실행에 관한 연구들은 학생들이 사용하는 자기 교수적 표현 양식을 활용하고 있다(Shelton et al., 1985). 예를 들면, Shelton과 동료들의 연구에서 학생들은 과제를 하면서 자신에게 긍정적인 말을 하는 훈련을 받았다. 예를 들면, “난 이 문제를 정말 잘 풀었어.” 혹은 “이건 정말 어려웠지만 그만큼 보람 있어.” 등이다. 학생들은 처음에 이러한 표현을 소리 내어 말하도록 훈련받지만, 그 후에는 속삭이듯, 그리고 마지막에는 침묵하며 머릿속으로 이런 긍정적인 표현을 하게 된다.

이와 유사한 프로그램을 학습장애 학생에게 적용하려면 우선 5～10일간 학생들이 하는 부정적인 표현의 수를 세어 기초선을 확인해 볼 필요가 있다. 그다음에는 중재과정을 시작하게 된다. 첫 번째로 학생과 공부할 때 ‘긍정적 사고’의 긍정적 효과에 대해 토의한다. 학생에게 성공을 위한 내적 귀인을 격려하는 몇 가지 다양한 긍정적 표현의 모델을 보여 줄 수 있다. 학생이 과제를 하며 긍정적인 표현의 하나를 소리 내어 말하도록 한다. 다음 과제를 하면서 긍정적인 표현을 속삭이며 하도록 하고, 마지막으로 세 번째 과제를 할 때는 조용하게 긍정적인 것을 말하도록 한다. 중재는 며칠 동안 계속 하도록 하고 꾸준히 매일 학생이 말하는 부정적

표현의 수를 세어간다. 중재가 효과를 거두고 긍정적인 표현이 습관화되면 부정적 표현은 줄어들게 된다.

귀인훈련의 효과　　귀인훈련의 효과에 관한 연구들은 최소한 일부 학습장애 학생의 경우 귀인훈련을 통해 내적 통제소가 증가되었다고 보고하고 있다(Shelton et al., 1985; Tollefson, Tracy, Johnson, Farmer, & Buenning, 1984). 또한, 몇몇 연구들은 귀인훈련이 과제 지속성도 향상시켰다고 주장한다. 예를 들면, Shelton과 동료들은 32명의 학생(16명의 학습장애 학생과 16명의 비장애 학생)을 대상으로 연구를 실시하였다. 그리고 모든 학생의 통제소재와 자아개념을 측정하였다. 얼마 후 두 집단의 학생을 무작위로 뽑아 귀인훈련을 받은 집단과 그렇지 않는 통제집단으로 나누었다. 통제집단은 어떤 훈련도 받지 않고 사후검사만 받았다. 두 집단의 훈련 전 측정 결과는 자아개념이나 통제소재 모두에서 아무런 차이도 보이지 않았다. 귀인훈련 집단은 3주간 매주 6시간 반씩 훈련을 받았다. 훈련기간 동안 학생들은 문장을 소리 내어 읽고는 읽으면서 자신에게 긍정적인 표현을 하도록 교육받았다(예: "내가 열심히 하니까 잘할 수 있었어.")

결과적으로 귀인훈련은 장애 학생의 통제소재에 대한 인식을 향상시켰다. 자아개념에서는 별다른 향상을 찾아볼 수 없었다. 그러나 귀인훈련의 결과 읽기 지속성이 향상되었다. 마지막으로 후속 평가 결과 실험집단의 내적 귀인이 유지되고 있음을 알 수 있었다.

귀인훈련과 관련된 연구에서는 주의해야 할 사항들이 있다. 교재에서 언급했던 다른 중재법과 비교해 볼 때, 귀인훈련의 효과에 대한 연구는 많지 않다. 따라서 밝혀지지 않은 의문점들이 남아 있다. 예를 들면, 모든 학습장애 아동에게 규칙적으로 귀인훈련을 시켜야 할 것인가, 아니면 그것이 특정 대상에게만 효과적인가? 귀인훈련이 효과를 볼 수 있는 특정 연령대가 있는가? 이 외에 답을 얻지 못한 질문들이 현재까지 남아 있는 상태다.

귀인훈련의 요약　　귀인훈련은 학생의 통제소재와 과제 지속성 모두를 향상시키는 데 효과적일 수 있다. 특정 학습장애 학생에게 이러한 유형의 중재는 전체적인 학습 노력에 중요한 영향을 미칠 수 있다. 더구나 귀인훈련은 상대적으로 실행하기 용이하고 특별한 도구를 필요로 하지도 않으며, 몇몇 연구 논문을 통해 학급

에 적용하는 데 필요한 충분한 정보를 얻을 수 있다. 이 기법에 의해 도움을 받을 수 있는 학생이 있으므로 교사는 이에 대해 잘 알고 있을 필요가 있다.

얼렌 렌즈

시지각 결함이 학습장애의 잠재적 원인이라고 짐작했던 다수의 초기 이론들이 연구에 의해 지지받지는 못했으나(1장 참조), 최근의 시각과 관련된 이론적 바탕을 가진 연구들은 초기 연구의 지원을 받고 있다. Irlen은 1983년 일부 읽기장애 학생이 백색 빛 스펙트럼의 특정 빈도와 파장에 지나치게 민감하다고 주장하였다(O'Connor, Sofo, Kendall, & Olsen, 1990). Irlen(1983)은 읽기장애와 관련된 일련의 증상을 밝히고 자신이 암순응 민감성(*scotopic sensitivity*)이라고 명명한 이러한 과민반응은 특정 색 렌즈(얼렌 렌즈, *Irlen lenses*)를 착용함으로써 교정할 수 있다고 보고하였다. 따라서 얼렌 렌즈의 사용 혹은 읽을 자료를 투명색 필름으로 덮고 읽음으로써 이러한 학생들의 읽기와 학업 성적을 향상시킬 수 있다는 것이다.

시각적 훈련에 대한 초기 이론과는 달리, 얼렌 렌즈는 연구에 의해 지지를 받았다(O'Connor et al., 1990; Robinson & Miles, 1987; Whiting & Robinson, 1988). 예를 들면, O'Connor와 동료들(1990)은 특정 읽기장애 아동 92명에 대해 Irlen이 개발한 평가법으로 암순응 민감성을 측정하였다. 그들 중 67명의 아동은 암순응 민감성으로, 25명은 아닌 것으로 판별되었다. 그 후 아동을 무작위로 다양한 처치 집단으로 나누어, 일부에게는 암순응 민감성 측정 결과 해당 아동에게 '맞는' 것으로 나타난 색깔의 투명 필름을 나누어 주고 다른 아동들에게는 무작위로 선택된 색 필름이나 무색 필름을 주었다. 아동들은 자신들이 읽는 모든 자료를 제공받은 투명 필름으로 덮고 읽도록 안내받았다. 몇 달 후 투명색 필름을 받았던 아동들은 읽기 성적이 향상되었다. 연구자들은 이러한 성적 향상이 대부분 처치가 시작되고 일주일 안에 나타났다고 보고하였다. 연구결과는 분명히 고무적이다. 그러나 학습장애 아동에게 이 처치가 일반적으로 사용되도록 권장할 수 있으려면 관련 효과에 대해 더 많은 연구들이 필요하다. 혹시 부모나 주변의 교사가 이 처치법을 사용할 것을 요청한다면 교사는 연구결과들에 대해 알려 주고 지나친 기대를 하지 않도록 주의를 줄 필요가 있다.

식이요법과 생의학적 접근

2장에서 논의했던 약물중재 이외에도 학습장애 영역에서 권장되고 있는 대체 생화학적 접근법들이 몇 가지 있다(Kavale & Forness, 1983; Silver, 1987; Thatcher & Lester, 1985). 이러한 중재의 일부는 다양한 행동과 집중 문제와 싸우기 위해 신체에 특정 유형의 화학약품 사용량을 증가시킬 것을 권장한다(Thatcher & Lester, 1985). 그 밖의 처치법들은 학습장애 아동의 식이요법을 통해 특정 물질의 제한이나 제거를 목적으로 한다(Silver, 1987).

위의 처치들은 교사가 아동의 다이어트를 조절하지 못한다는 측면을 고려할 때 명백히 '교육적'이지 않다. 예를 들면, 부모가 아동의 식습관을 변화시킬 가능성이 없다면 교사가 잘못된 식이요법이 학습문제의 원인임을 이해하는 것은 아무 도움도 되지 못한다. 그러나 교사는 결국 처방에 의한 약물중재 시와 유사하게 관찰자의 역할을 할 것이므로 앞으로의 연구는 식이요법 처치가 학습장애 아동에게 효과적인 중재임을 밝혀야 한다. 현재로서는 모든 교사는 가장 광범위하게 보급된 식이요법 처치에 대해 잘 알고 있어야 한다.

여러 임상 보고들에서 정제된 설탕의 섭취가 과잉행동과 연관이 있다고 주장하고 있다(Silver, 1987; Thatcher & Lester, 1985). 그러나 다수의 연구들이 과잉행동이나 다른 문제행동의 증가를 판별하기 위해 아동의 설탕 섭취를 증가시키는 방식으로 실행되었다. 연구는 설탕 섭취와 관련된 측정 가능한 행동의 변화를 밝히지 못했고, 해당 결과에 영향을 줄 수 있는 여러 다른 변인을 통제하지 못하였다. 예를 들면, 아침에 어떤 식사를 했는가에 따라 설탕 섭취의 효과가 방해받거나 촉진될 수 있다. 지금까지는 설탕이 대부분의 학습장애 학생의 행동에 영향을 미친다는 증거는 거의 없다.

특정 정신지체 환자에게 **메가비타민**(*megavitamins*)을 사용하는 것이 몇 년간 일반화되어 있었다(Silver, 1987). 몇몇 연구자들이 비타민을 이용한 특정 치료법을 제안하였다. 현재까지 학습장애 혹은 다른 장애 아동의 행동문제를 통제하는 데 메가비타민을 사용하는 것을 지지하는 연구결과는 없다(Silver, 1987).

일부 이론가들은 아연, 마그네슘, 크롬, 구리 등과 같은 **미량원소**(*trace elements*)의 결함이 학습장애의 원인과 관련이 있다고 주장한다(Fishbein & Meduski, 1987; Struempler, Larson, & Rimland, 1985). 이러한 원소들은 일반적으로 학습장애 학생

의 머리카락의 화학적 분석에 의해 측정할 수 있다(Struempler et al., 1985). 현재로서는 이러한 미량원소의 결함이 학습장애의 원인이라거나 그것을 보충하는 처치로 학습적 잠재력이나 행동의 향상을 초래한다는 이론을 지지할 수 있는 공식적인 자료는 없다.

✻ 요약

학습장애를 위한 가장 보편적인 교육적 배치의 유형에 대해 설명하였다. 비록 통합 배치가 연방정부의 추천을 받는 배치 형태이지만 실제로는 시간제 특수학급이 가장 흔히 사용되는 배치환경이다. 통합 배치 또한 증가 추세다. 지금으로선 통합의 효과에 대한 전문가들의 논쟁이 어떻게 결정 날지 알 수 없다.

살펴본 바와 같이 특별한 교육적 도움이 필요한 학습장애 아동의 판별은 5장에서 설명한 시점의 경우보다 더 복잡한 문제다. 아동이 의뢰되기 전에는 다양한 중재를 실행하여 아동이 일반학급에서 성공할 수 있을까를 결정해야 한다. 또한 아동이 의뢰되고 학습장애로서 서비스를 받을 자격이 있다고 결정된 후에도 자동적으로 선택하기 전에 다양한 배치 옵션을 고려해야 한다. 더구나 공법 94-142의 법적 규정도 항상 고려해야 한다. 학습장애 아동은 자신의 개인적 필요를 성공적으로 충족시켜 줄 수 있는 최소제한환경에서 교육받아야 한다. 잘 고안된 차별화된 일반학급은 대다수 학습장애 학생의 필요를 충족시켜 줄 수 있다.

학습장애 학생을 가르치는 교사의 역할 중 하나는 아동의 권리를 옹호하는 것이다. 행정가나 일반교사로부터 부딪히게 될 초기 반대에도 불구하고 각 아동의 최소제한환경 보장을 위해 빈틈없이 주장하는 것도 특수교사의 책임이다. 장애 아동의 최소제한환경에서의 성공과 일반교사의 긍정적 인식 변화를 통해 장애 아동을 보다 적극적으로 일반학급 활동에 참여시키는 것 모두를 실행하기 위해 지원을 아끼지 않아야 한다.

다음은 이 장의 주요 내용을 정리한 것이다.

- 학습장애 학생에게 전일제 특수학급이 효과적이라는 연구는 거의 없다.
- 다수의 장애 학생은 시간제 특수학급에서 교육을 받는다. 이러한 시간제 특수

학급의 교육과정에는 다양하고 개인교수 서비스, 기초기술 교수, 생존 교육과정 혹은 학습전략 접근 등이 포함된다.

- 특수학급 교사의 역할은 학교 내 모두—장애 학생, 다른 교사들, 행정가 그리고 부모—에게 자원이 되는 것이다.
- 통합 모델적 배치는 최근 연구의 비판에도 불구하고 증가 추세다. 이는 학습장애 학생에게 가장 자주 사용되는 모델이다.
- 더 많은 경도장애 아동을 일반학급에 포함시키기 위해 의뢰 전에 교수적 수정을 하는 것이 최근 들어 더욱 권장되고 있다. 프로젝트 RIDE와 SWAT 팀은 의뢰 전 수정의 두 접근 방식이다.
- 범주 간 배치는 다양한 장애—정신지체, 행동장애, 학습장애—아동을 같은 학급에 배치하는 것이다. 일부 주에서는 이러한 교육적 배치 서비스를 시작하였다.
- 협동학습은 일반학급에서 학습장애 아동의 사회적 적응을 향상시키는 효과적인 중재방법이다.
- 또래교수는 일반적으로 교사와 학습자 모두의 학업성취와 긍정적 정서를 향상시킨다.
- 귀인훈련은 일반적으로 성공에 대한 아동의 귀인을 긍정적으로 바꾸는 효과를 가진 초인지 모델 교수법이다.
- 설탕 섭취를 줄이기, 미량원소의 섭취를 늘리기, 메가비타민 섭취하기 등 다양한 생화학적 접근법이 전국적으로 논의되어 왔다. 이러한 처치들은 증거에 의해 강력한 지지를 받지는 못하고 있다.

학습문제와 활동

1. ALEM과 일반교육 주도 사이의 관계를 설명하라. 이 장의 참고문헌을 참고해 자료를 준비하여 학급에서 간략하게 발표해 보라.
2. 전일제 특수학급 교사, 시간제 특수학급 교사, 그리고 통합학급 담당교사의 역할 차이를 설명하라.
3. 학습장애 아동이 정신지체나 행동장애 아동과 다른 유형의 교육적 배치가 필요하다고 제안

할 수 있는 근거는 어떤 교육적 특성 때문인가?

4. 인근 학교를 조사하여 교사들이 소지하고 있는 자격증의 종류를 확인해 보라. 범주 간 자격을 가진 교사가 있는가?
5. 프로젝트 RIDE에 대해 설명하고 이 교육중재가 어떻게 의뢰 전 수정으로 사용되고 있는지 설명하라.
6. 지역의 학교중심 지원팀의 모임에 참석해 보고 그들이 어떤 활동을 하고 있는지 학급에서 발표하라.
7. 학습장애 아동이 각 배치 유형별로 포함되어 있는 현황을 조사해 보라. 전일제 특수학급이나 시간제 특수학급에 비해 통합환경에 배치된 비율은 얼마나 되는가?
8. 협력교수 경험이 있는 교사를 인터뷰해 보자. 협력교수 경험이 즐거웠는지 혹은 고생스러웠는지, 그 이유는 무엇인지 설명해 보라.
9. 연구 논문에서 또래교사 체제 내에서 교사 역할을 맡은 아동에 대한 학업적, 사회-정서적 장점으로 주장되는 것으로는 어떤 것이 있는가?
10. 또래교사가 수행해야 하는 과제의 유형과 필요한 교사 훈련의 수준 간 상호작용에 대해 논의해 보라.
11. 협동학습에 관한 연구를 살펴보기 위한 스터디 그룹을 만들어라. 학급에서 협동학습 전략을 사용해 수업 시연을 해 보라.
12. 각기 다른 협동학습 전략에 관한 연구를 살펴보고 각 방법의 예를 학급에서 발표하라.
13. 통제소재와 학습과제 지속성에 대한 귀인훈련의 효과를 논의해 보라.
14. 차별화 수업과 전통적인 직접교수 수업을 비교하라.

참고문헌

Algozzine, B., Morsink, C. V., & Algozzine, K. M. (1988). What' s happening in self-contained special education classrooms? *Exceptional Children, 55,* 259-265.

Anderson, M. A. (1985). Cooperative groups tasks and their relationships to peer acceptance and cooperation. *Journal of Learning Disabilities, 18,* 83-86.

Aronson, R., Blaney, N., Stephan, C., Sikes, B., & Snapp, M. (1978). *The jigsaw classroom.* Beverly Hills, CA: Sage.

Austin, V. L. (2001). Teachers' beliefs about co-teaching. *Remedial and Special Education, 22* (4), 245-256.

Baker, J. M., & Zigmond, N. (1990). Are regular education classes equipped to accommodate students with learning disabilities? *Exceptional Children, 56,* 516-526.

Baker, J. M., & Zigmond, N. (1995). The meaning and practice of inclusion for students with learning disabilities: Themes and implications from the five cases. *Journal of Special Education, 29* (2), 163–180.

Beck, R., & Weast, J. D. (1989). Project RIDE: A staff development model for accommodating "at risk" students. Manuscript in preparation.

Bender, W. N. (2002). *Differentiating instruction for students with learning disabilities,* Thousand Oaks, CA: Corwin Press.

Bender, W. N. (2005). *Differentiating math instruction.* Thousand Oaks: Corwin Press.

Burks, M. (2004). Effects of classwide peer tutoring on the number of words spelled correctly by students with LD. *Intervention in School and Clinic, 39* (5), 301–304.

Cawley, J., Hayden, S., Cade, E., & Baker-Kroczynski, S. (2002). Including students with disabilities into the general education science classroom. *Exceptional Children, 68* (4), 423–436.

Chalfant, J. C., Van Dusen-Pysh, M., & Moutrie, R. (1979). Teacher assistance teams: A model for within-building problem solving. *Learning Disability Quarterly, 2,* 85–96.

Commission on Excellence in Special Education (2001). *Revitalizing special education for children and their families.* Available from www.ed.gov/inits/commissions-boards/whspecialeducation.

Conderman, G., & Morin, J. (2006, April 9–12). *Secondary co-teaching: More than just the helper.* Paper presented at the annual meeting of the Council for Exceptional Children, Salt Lake City, UT.

Cook, B. G., Tankersley, M., Cook, L., & Landrum, T. J. (2000). Teachers' attitudes toward their included students with disabilities. *Exceptional Children, 67*(1), 115–135.

Council for Exceptional Children (CEC) (1993). *Council for Exceptional Children policy on inclusive schools and community settings.* Reston, VA: Author.

Council for Exceptional Children (CEC) (2002). Commission report calls for special education reform. *Today, 9* (3), 6–15.

Danielson, L. C., & Bellamy, G. T. (1989). State variation in placement of children with handicaps in segregated environments. *Exceptional Children, 55,* 448–455.

Deno, E. (1970). Special education as developmental capital. *Exceptional Children, 37,* 229–237.

DeSimone, J. R., & Parmar, R. S. (2006). Middle school mathematics teachers' beliefs about inclusion of students with learning disabilities. *Learning Disabilities Research and Practice, 21* (2), 98–110.

Dunn, L. M. (1968). Special education for the mildly retarded: Is much of it justified?

Exceptional Children, 35, 5–22.

Ellis, E. S., & Wortham, J. F. (1999). "Watering up" content instruction. In W. N. Bender (Ed.), *Professional issues in learning disabilities* (pp. 141–186). Austin, TX: ProEd.

Evans, S. (1981). Perceptions of classroom teachers, principals, and resource room teachers of the actual and desired roles of the resource teacher. *Journal of Learning Disabilities, 14,* 600–603.

Fishbein, D., & Neduski, J. (1987). Nutritional biochemistry and behavioral disabilities. *Journal of Learning Disabilities, 20,* 505–512.

Fore, C., Martin, C., & Bender, W. N. (2002). Teacher burnout in special education: The causes and the recommended solutions. *High School Journal, 86*(1), 36–44.

Friend, M., & Cook, L. (1992). The new mainstreaming. *Instructor* (March).

Fuchs, D., & Fuchs, L. S. (1988). Evaluation of the adaptive learning environments model. *Exceptional Children, 55,* 115–127.

Gartin, B.C., Murdick, N. L., & Rhomberg, M. A. (2006, April 9–12). *Differentiation of instruction in secondary classrooms.* Paper presented at the annual meeting of the Council for Exceptional Children, Salt Lake City, UT.

Gately, S. E., & Gately, F. J. (2001). understanding coteaching components. *Teaching Exceptional Children, 33* (4), 40–47.

Gregory, G. H., & Chapman, C. (2001). *Differentiated instructional strategies: One size doesn' t fit all.* Thousand Oaks, CA: Corwin Press.

Howard, K. A., & Tryon, G. S. (2002). Depressive symptoms and type of classroom placement for adolescents with LD. *Journal of Learning Disabilities, 35*(2), 185–190.

Irlen, H. (1983, August). *Successful treatment of learning disabilities.* Paper presented at the meeting of the 91st Annual Convention of the American Psychological Association, Anaheim, CA.

Jacobsen, B., Lowery, B., & DuCette, U. (1986). Attributions of earning disabled children. *Journal of Educational Psychology, 78,* 59–64.

Johnson, D. W., Johnson, R., Warring, D., & Maruyama, G. (1986). Different cooperative learning procedures and cross-handicap relationships. *Exceptional Children, 53,* 247–252.

Kavale, K. A. (2000). History, rhetoric, and reality. *Remedial and Special Education, 21* (5), 279–297.

Kavale, K. A., & Forness, S. R. (1983). Hyperactivity and the diet treatment: A meta-analysis of the Feingold hypothesis. *Journal of Learning Disabilities, 16,* 324–330.

Klingner, J. K., & Vaughn, S. (1999). Students' perceptions of instruction in inclusion classrooms: Implications for students with learning disabilities. *Exceptional Children, 66* (1), 23-37.

Klingner, J. K., Vaughn, S., Schumm, J. S., Cohen, P., & Forgan, J. W. (1998). Inclusion or pull-out? Which do students prefer? *Journal of Learning Disabilities, 31*(2), 148-159.

Learning Disabilities Association (LDA) (1993). Position paper on "Full Inclusion of All" students with learning disabilities in the regular education classroom. *LDA Newsbriefs, 28* (2), 1.

Magiera, K., & Zigmond, N. (2005). Co-teaching in middle school classrooms under routine conditions: Does the instructional experience differ for students with disabilities in co-taught and solo-taught classes? *Learning Disabilities Research and Practice, 20* (2), 79-85.

Mortweet, S. L., Utley, C. A., Walker, D., Dawson, H. L., Delquadri, J. C., Reedy, S. S., Greenwood, C. R., Hamilton, S., & Ledford, D. (1999). Classwide peer tutoring: Teaching students with mild mental retardation in inclusive classes. *Exceptional Children, 65* (4), 524-536.

National Association of State Boards of Education (NASBE) (1992). *Winners all: A call for inclusive schools.* Alexandria, CA: Author.

O' Connor, P. D., Sofo, F., Kendall, L., & Olsen, G. (1990). Reading disabilities and the effects of colored filters. *Journal of Learning Disabilities, 23,* 597-620.

Olson, J., & Midgett, J. (1984). Alternative placements: Does a difference exist in the LD populations? *Journal of Learning Disabilities, 17,* 101-106.

Pavik, J., McComas, J., & Laflamme, M. (2002). Barriers and facilitators to inclusive education. *Exceptional Children, 69* (1), 97-108.

Rea, P. J., McLaughlin, V. L., & Walther-Thomas, C. (2002). Outcomes for students with learning disabilities in inclusive and pullout programs. *Exceptional Children, 68* (2), 203-224.

Reschly, D. J., & Hosp, J. L. (2004). State SLD identification policies and practices. *Learning Disabilities Quarterly, 27* (4), 197-213.

Robinson, G. L., & Miles, J. (1987). The use of colored overlays to improve visual processing: A preliminary survey. *The Exceptional Child, 34,* 65-70.

Russ, S., Chiang, B., Rylance, B. J., & Bongers, J. (2001). Caseload in special education: An integration of research findings. *Exceptional Children, 67*(2), 161-172.

Saenz, L. M., Fuchs, L. S., & Fuchs, D. (2005). Peer assisted learning strategies for English language learners with learning disabilities. *Exceptional Children, 71* (3),

231-247.

Salisbury, C. L., & McGregor, G. (2002). The administrative climate and context of inclusive elementary schools. *Exceptional Children, 68*(2), 259-281.

Shelton, T. L., Anastopoulos, A. D., & Linden, J. D. (1985). An attribution training programs with learning disabled children. *Journal of Learning Disabilities, 18,* 261-265.

Silver, L. B. (1987). The "magic cure": A review of the current controversial approaches for treating learning disabilities. *Journal of Learning Disabilities, 20,* 498-512.

Stanford, P. (2003). Multiple intelligence for every classroom. *Intervention in School and Clinic, 39*(2), 80-85.

Struempler, R. E., Larson, G. E., & Rimland, B. (1985). Hair mineral analysis and disruptive behavior in clinically normal young men. *Journal of Learning Disabilities, 18,* 609-612.

Thatcher, R. W., & Lester, M. L. (1985). Nutrition, environmental toxins and computerized EEG: A minimax approach to learning disabilities. *Journal of Learning Disabilities, 18,* 287-297.

Tollefson, N., Tracy, D. B., Johnson, E. P., & Chapman, J. (1986). Teaching learning disabled students goal-implementation skills. *Psychology in the Schools, 23,* 194-204.

Tollefson, N., Tracy, D. B., Johnson, E. P., Farmer, A. W., & Buenning, M. (1984). Goal setting and personal responsibility training for LD adolescents. *Psychology in the Schools, 21,* 223-224.

Tomlinson, C. A. (1999). *The differentiated classroom: Responding to the needs of all learners*. Alexandria, VA: Association for Supervision and Curriculum Development.

Wallace, T., Anderson, A. R., Bartholomay, T., & Hupp, S. (2002). An ecobehavioral examination of high school classroom that includes students with disabilities. *Exceptional Children, 68*(3), 345-359.

Wang, M. C., & Birch, J. W. (1984). Comparison of a full-time mainstreaming program and a resource room approach. *Exceptional Children, 51,* 33-40.

Whiting, P., & Robinson, G. R. (1988). Using Irlen colored lenses for reading: A clinical study. *Australian Educational and Developmental Psychologist, 5,* 7-10.

Will, M. (1988). Educating students with learning problems and the changing role of school psychologists. *School Psychology Review, 17,* 476-478.

Vaughn, S., & Linan-Thompson, S. (2003). What is special about special education for students with learning disabilities. *Journal of Special Education, 37*(3), 140-147.

Zigmond, N. (2003). Where should students with disabilities receive special education services? Is one place better than another? *Journal of Special Education, 37*(3), 193-199.

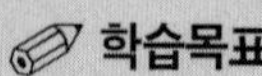

학습목표

1. 학습장애를 위한 다양한 행동중재들의 공통요소에 대해 설명할 수 있다.
2. 특수학급에서 토큰경제를 사용하는 근거를 제시할 수 있다.
3. 행동계약 중재를 설명할 수 있다.
4. 타임아웃 중재를 설명할 수 있다.
5. 타임아웃의 다섯 가지 유형을 설명할 수 있다.
6. 소거중재를 설명할 수 있다.
7. 혐오적 결과를 설명하고 그 예시를 제시할 수 있다.
8. 정밀교수 중재를 설명할 수 있다.
9. 직접교수 전략을 설명하고 그 다양한 구성요소를 찾을 수 있다.

핵심어

학습의 행동적 모델
행동계약
ABAB 중재
긍정적 행동지원
정적 강화
기초선
토큰경제
타임아웃
부정적인 후속결과
소거
정밀교수
선행사건
후속결과
행동목표
단계 변화선
학습률
직접교수
스크립트
Reading Mastery

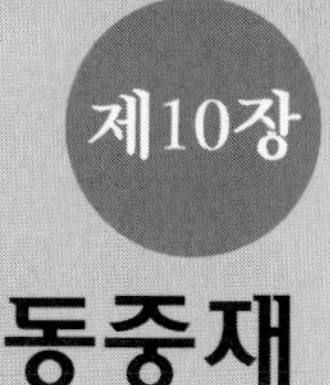

제10장 행동중재

이 장의 개관

✻ 서론

학습장애의 처치에서 행동적 접근법은 학습장애 역사 제3기 동안에 생겨났다. 1장에서 살펴본 바와 같이, 제3기인 통합기는 다양한 학습장애 이론이 하나로 통합되었던 1963년에 시작되었다. 이 시기에는 대안적 교육 중재법에 대한 새로운 관심이 생겨나기 시작했다. 1965~1978년 사이 특수교육의 장소가 병원이나 치료실에서 일반학교로 옮겨가면서 일반학급에 적용 가능한 교육적 처치를 찾고자 하였으며, 행동적 접근법은 교육심리학의 가장 우세한 접근법이었다.

또한 이 시기에는 학습장애 분야에서 시지각 결함 이론이 그 영향력을 잃어가고 있었고 행동주의적 관점이 발전되었다. 새로운 접근법은 학업 기술의 교정에 초점을 맞추었고 행동주의 철학에 기초하고 있었다. 결과적으로 오늘날 학급에서 학습장애 학생들을 위해 사용되는 수많은 기법들은 행동심리학에 그 뿌리를 두고 있다.

연구에 의하면 많은 특수교사들은 행동기법을 자주 사용하는 편이며(Anguiano, 2001; Bender, 2002), 행동적 중재를 바람직하지 않은 행동을 구속하기 위해 사용하고 있다(Burley & Waller, 2005; Graetz, Mastropieri, & Scruggs, 2006). 예를 들어, 특수교사의 90%는 그들의 학급에서 행동중재를 사용한다고 보고하고 있다(Maheady, Duncan, & Sainato, 1982). 가장 유력한 중재기법에는 행동계약, 토큰경제, 정적 강화, 타임아웃과 소거 기법과 같은 행동중재 전략이 포함된다. 행동중재는 너무 엄격하고 시간 소모가 너무 많다는 비판을 받고 있으나(Bender, 2003), 오늘날에도 여전히 특수학급에서 자주 사용되고 있다. 행동중재 기법은 간단하기 때문에 심지어 1년차 교사들에 의해서도 쉽게 활용되고 있다(Anguiano, 2001). 또한 정밀교수와 직접교수와 같은 일부 총체적 교수체계도 행동심리학을 기초로 하고 있다(Bender, 2002). [그림 10-1]에서 볼 수 있는 바와 같이 학생의 행동에 긍정적인 영향을 미치기 위하여 다양한 교수 아이디어를 사용할 수도 있다. 이 그림은 이 장에서 논의된 아이디어들만을 포함하고 있다.

이 장의 초반부에서는 이상의 교육적 기법이 가진 행동주의적 근거에 대해 간단히 논의하고자 한다. 먼저 교육심리학 과목에서 배운 행동주의에 대한 이론적 논의와 이후에 교사양성 과정에서 배우게 될 방법론 사이에 나타나는 간극을 줄이기 위한 의도로 쓰였다. 그다음에는 주요한 행동기법에 대해 논의하며 학급에서 볼 수 있

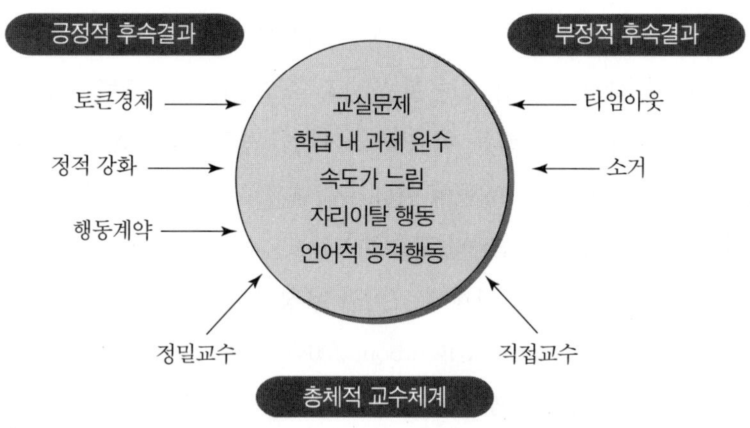

[그림 10-1] 교실문제에 영향을 미치는 행동적 교수 접근법

는 예시를 소개한다.

행동중재에 대한 일반적인 사항

행동심리학은 측정 가능한 행동, 그에 앞서는 선행사건과 뒤따르는 후속결과에 관심을 가진다. 행동심리학자는 학습의 행동적 모델(*behavioral model of learning*)을 다음과 같이 받아들이고 있다.

선행사건 → 행동 → 후속결과

행동은 특정 행동에 선행하거나 후속되는 선행사건과 후속결과를 조합함으로써 통제될 수 있다고 여겨진다. 결과적으로 교사는 ① 행동의 정확한 측정, ② 해당 행동의 선행사건과 후속결과의 조작을 통해 학생의 행동을 이끌어 내거나 통제할 수 있다. 좀 더 넓은 의미로 '행동수정 기법'은 행동의 변화를 측정하고 조작하기 위해 고안된 일련의 절차라고 볼 수 있다. 이러한 절차는 교사에 의해 통제될 수 있는 학습환경의 측면—행동의 선행사건과 후속결과—에 초점을 맞춤으로써 교사에게 힘을 실어 준다.

행동심리학자들은 특히 행동의 긍정적 후속결과에 더 많이 집중한다. 정적 강화는 목표행동을 증가시키는 후속결과로 상을 사용하는데, 학습장애 학생의 행동을 조작하는 데 정적 강화 전략이 자주 활용된다. 특수학급에서 토큰경제를 사용하는 것은 지속적인 강화를 제공하는 하나의 효과적인 방법이다. 행동계약(*behavioral contracts*)은 학생과 교사 간 행동의 변화와 그에 따른 보상을 명시하는 협약의 내용을 문서화하는 기법으로, 긍정적 후속결과의 또 다른 예가 된다.

학습장애 학생들의 교육적 처치에 있어서 부정적 후속결과도 상당히 많이 사용되고 있다(Bender, 2003; Carey & Bourbon, 2004). 일반적으로 행동에 대한 강화를 거부하는 방법은 앞으로 그 행동이 일어날 가능성을 낮춘다. 이런 방법에는 타임아웃, 소거, 부정적인 후속결과의 사용이 있다.

마지막으로 행동심리학은 행동변화의 정확한 측정을 강조한다. 결과적으로 여기에서 언급되는 방법의 대다수는 ABAB 중재 혹은 단일대상 연구로 불리는 중재 설계에 기초하고 있다. 기본적으로 A는 중재 없이 일정 기간 동안 측정된 목표행동이 위치하는 기초선 단계를 의미하고, B는 중재가 이루어지는 중재 단계를 의미한다. 이상의 중재를 사용한 예시는 이 장의 후반부에서 제시된다.

✻ 긍정적 행동지원

지난 10여 년 동안, 현장 전문가들은 장애 아동의 긍정적인 행동을 촉진하기 위하여 만들어진 하나 혹은 일련의 행동중재를 설명하기 위하여 긍정적 행동지원(*positive behavioral supports*)이란 용어를 사용하였다(Bender, 2003; Barbella & Lavong, 2006). 학습장애 학생의 행동을 통제하는 것은 여느 학생들의 행동을 통제하는 것에 비해 결코 쉬운 일이 아니다. 교사는 교실에서 학업적으로 어려움을 보이는 학생들을 관리하는 방법을 알아야 하고, 모든 교사는 학생의 측면에서 긍정적인 행동을 지원하고 확장할 수 있는 긍정적 행동지원이나 중재를 자주 사용해야 한다. 긍정적 행동지원은 한 명의 학생을 위하여 한 명의 학급 교사가 시행할 수도 있고 긍정적인 행동을 촉진하기 위해 만들어진 학교 단위의 행동중재 계획으로도 사용될 수 있다. 중재는 토큰경제를 사용하는 것과 같은 간단한 것에서부터 시작하여 책임감 전략이나 이완기법(relaxation tactics)과 같은 좀 더 복잡한 전략을 사용할 수 있다(Bender, 2003).

1990년대 후반, 미 연방정부는 일반학급 혹은 특수학급에서 긍정적 행동지원을 필요로 하는 학생들을 위한 행동개선 계획(behavioral improvement plans: BIPS)의 준비를 의무화하였다(Barbella & Lavong, 2006; Burley & Waller, 2005). 행동개선 계획은 보통 학습장애 학생들의 개별화교육계획(IEP)에 첨부된다. 모든 학습장애 학생들이 이러한 계획을 필요로 하는 것은 아니지만 많은 학생들이 그것을 필요로 한다(Bender, 2002; Kavale & Mostert, 2004). 예를 들어, Kavale과 Mostert(2004)는 학습장애 학생의 75%가 사회적 기술에서 결함을 보이고, 이에 따라 학급에서 부적절한 행동을 보인다고 하였다.

긍정적 행동지원에서 가장 자주 제공되는 전략으로서는 정적 강화, 토큰경제, 행동계약 그리고 책임감 전략이 있다.

정적 강화

정적 강화(*positive reinforcement*)는 행동의 증가를 위해 바람직한 결과를 적용하는 것이다. 다음의 상황을 상상해 보자. 어떤 학생은 수학문제를 정확하게 풀기는 하지만 문제풀이에 너무 많은 시간을 필요로 한다. 교사는 학생이 매일 모든 혹은 대부분의 문제를 끝마치는 것에 대해 강화를 주고자 할 수 있다. 교사는 완성된 문제의 수를 늘리기 위하여 간단한 강화 프로그램을 손쉽게 시작할 수 있다. [그림 10-2]는 이러한 프로그램에 사용되는 행동 차트의 예시다.

이 차트는 기본적인 ABAB 연구설계를 사용하고 있다. x축에는 날짜의 수(혹은 수업 일수, 훈련 회기 등; 사용한 시간 단위가 무엇이든 상관없음)가 쓰이고, y축에는 행동을 측정할 수 있는 단위가 쓰인다. 이러한 양식은 행동 차트에 표준적으로 사용된다. 그러므로 수직선 위 첫 2～3개의 점선은 프로그램을 시작한 처음 며칠 동안 행동의 수를 나타낸다.

여기서는 차트에 5일간 완료된 문제의 수를 표기하는 것으로부터 시작한다. 매일 차트에 표기된 수는 옳게 답을 쓴 문제의 수를 나타낸다. 이를 A 혹은 기초선(*baseline*) 단계라고 하는데, 이는 중재 전 행동의 측정 가능한 표시가 된다.

다음은 학생이 반응할 것으로 여겨지는 강화제를 찾아야 한다. 만약 학생이 컴퓨터 게임을 즐겨 한다면 정답을 쓴 문제 5개마다 1분 동안 컴퓨터 게임을 할 수

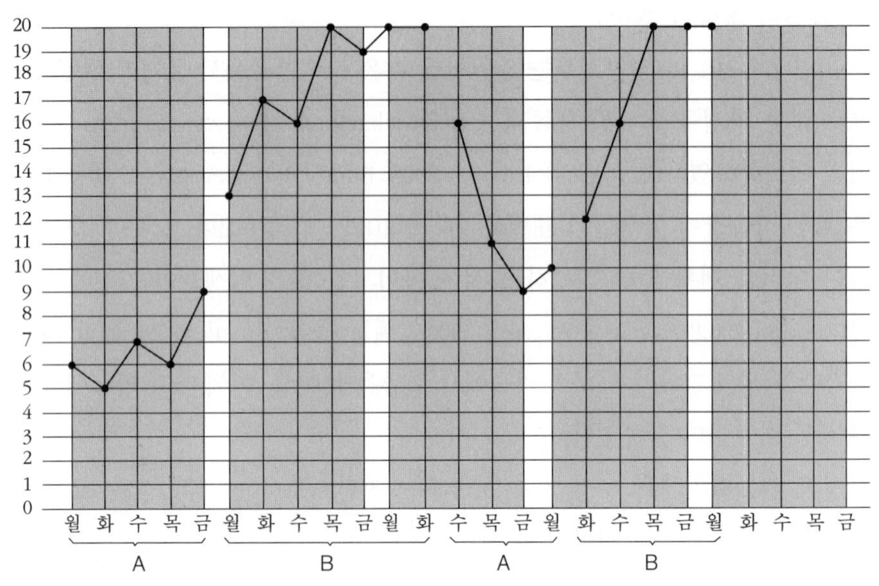

[그림 10-2] 완수된 수학문제의 수를 증가시키기 위한 ABAB 중재

있도록 하는 강화제를 사용할 수 있다. 강화제가 제공되었을 때, 학생은 6~12일에서처럼 더 많은 수학문제를 풀기 시작한다.

두 번째 A 혹은 기초선 단계는 프로그램의 중재가 일어나는 환경에서 다른 변화 없이 목표행동이 중재에 반응하는지의 여부를 확실히 하기 위하여 좀 더 정교화시킨 중재 프로그램에서 찾아볼 수 있다. 예를 들어, 중재가 시작되는 날 학생이 집에서 알레르기에 대한 약물을 먹기 시작했다면 약물이 행동에서의 긍정적 변화를 설명할 수 있고 교사가 이를 알아채지 못했을 수도 있다. 두 번째 기초선 단계는 이러한 가능성을 제거하는 데 사용된다.

두 번째 기초선(13~16일)에서 보는 것처럼, 정확히 푼 수학문제 수가 감소하기 시작한다. 이러한 이유로 두 번째 중재가 시작되고 학생이 완수한 문제의 수는 증가하기 시작하였다.

정적 강화 중재 프로그램은 대부분의 학급에서 학생들이 좋아하는 여러 가지 특권을 사용하기 때문에 교사들이 사용하기에 매우 유용한 행동중재의 하나다.

Burley와 Waller(2005)는 ADHD 학생의 부적절한 행동을 감소시키기 위해 정적 강화를 포함한 긍정적 행동지원의 예시를 제시하였다. 연구자들은 매일 55분짜리 수업 한 차시 동안 학급 방해행동의 수를 기록하였다. 방해행동의 기초선을 수립한 후, 교사는 아동에게 매일 5개 이하의 방해행동을 보이면(아동의 방해행동이 상당히 감소된 수준임) 강화를 제공할 것이라고 설명하였다. 40일 동안 이 학생의 방해행동은 상당 수준 감소하였고, 상대적으로 짧은 시간 동안 아주 간단한 행동개선 계획으로 행동을 향상시킬 수 있음을 나타내고 있다.

토큰경제

토큰경제(*token economy*)는 교실에서 과제를 완수하고 적절한 행동을 하는 것에 대한 보상체계다(Carbone, 2001). 첫 단계로 교사와 학생은 보상체계에 동의해야 한다. 토큰(예: 플라스틱 표식, 향기 스티커, 모형 돈)은 획득되고, 보상을 위해 교사와 학생 사이에 합의된 작업의 양에 따라 보상체계가 수립된다. 마지막으로 토큰은 그 자체로 가치를 갖는 것이 아니므로 훗날 토큰을 교환하여 보상물을 받을 수 있다. 일부 교사는 학생이 보통 5달러 이하로 살 수 있는 중고 혹은 새 물건을 파는 학급 내 상점을 운영하기도 한다. 교사는 적절한 행동과 옳게 푼 과제에 대해 강화를 하기 시작하고 학생은 일주일에 한 번 정도 보상물로 교환할 수 있는 기회를 얻게 된다.

다음의 예를 살펴보자. 특수학급에서 모형 돈을 이용한 토큰경제를 수립한다. 실제 동전과 유사한 돈을 사용함으로써 화폐 재인과 셈하기, 덧셈과 뺄셈, 거스름돈 구하기, 개인수표 쓰기 등을 함께 가르칠 수 있다.

학급의 모든 학생들은 일상적으로 정확하게 풀이한 과제에 대해 강화를 받는다. 그러나 학급에는 부적절한 이석 행동을 보이고 고집스러우며 다른 사람을 방해하는 학습장애 학생들이 있다. ABAB 중재 프로그램은 이석행동을 줄이기 위하여 시작되었다. [그림 10-3]은 이 중재 프로그램에 대한 측정 차트다.

우선 교사는 구체적으로 이석행동을 책상 의자로부터 엉덩이가 붙어 있지 않은 때로 정의하였다. 이 정의에 따라 측정이 이루어졌다. 예를 들어, 학생이 의자에서 일어날 때마다 이를 이석행동으로 보았다.

처음 5일간은 수업시간당 평균 14번의 이석행동이 있었다. 이는 학생들이 특수학급에서 하루에 55분 단위의 수업 한 차시만 왔다 가는 것을 생각한다면 꽤 높은 수치다. 분명하게 이석행동은 학생의 학습을 방해하고 있다.

중재기간 동안 학생은 자리에 앉아 있는 것에 대해 강화를 받았다. 학생은 이석

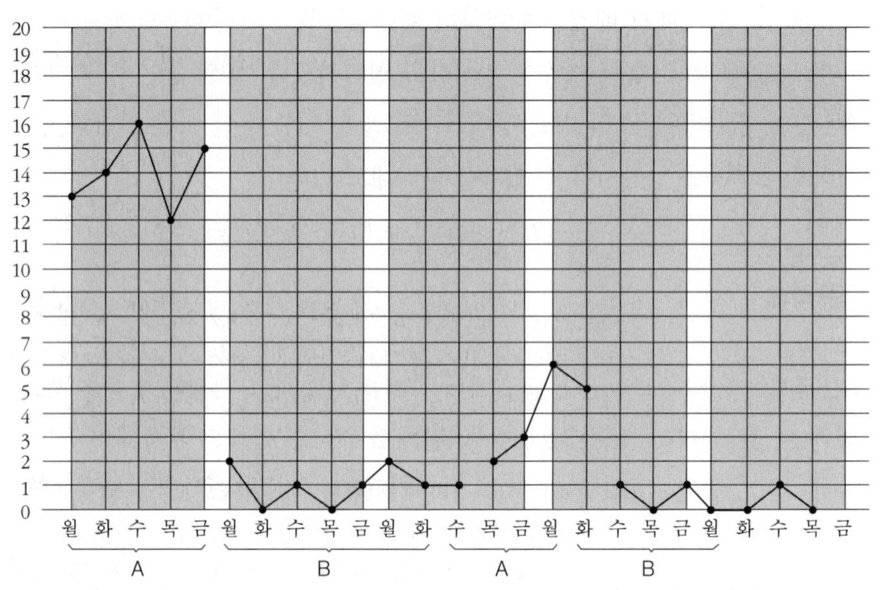

[그림 10-3] 이석행동을 감소시키기 위한 ABAB 중재

하지 않는 4분마다 토큰경제로 25센트를 받았다. 그리고 착석하여 받은 토큰은 학생이 일상적으로 과제를 끝마치면 받는 보상에 더해졌다. 교사는 학생의 책상 위에 초시계를 올려놓고 그것을 성공적으로 수행한 4분간을 상기시키는 데 사용하라고 말하였다. 만약 학생이 자리에서 일어날 것을 허락받았을 때는 부적절한 이석행동으로 계산되지 않는다. 그러나 교사의 허가 없이 이석을 할 경우에는 교사가 학생에게 제자리로 돌아갈 것을 말하고, 학생은 초시계의 시작 단추를 누른다. 이후 8일 동안(B, 중재 단계), 학생은 수업시간당 평균 1회의 이석행동을 보이는 것으로 나타났다.

중재 프로그램 시작 후 14~17일째에 두 번째 기초선이 시작되었다. 이 시기 동안 이석행동이 다시 증가하였으므로 초기 착석행동의 증가가 토큰경제 중재의 결과였음을 짐작할 수 있다. 중재가 효과적으로 보이기 때문에 마지막 B단계인 중재가 다시 시작되었다. 이석행동은 이 단계 동안에 다시 감소하기 시작하였다. 학생의 이석행동은 수업시간당 평균 14회에서 중재기간 동안 시간당 최저 1회로 감소했다. 이러한 특성을 가진 중재는 특정 행동을 통제하는 데 있어 효과가 있다(Bender, 2003).

학습장애 아동의 교사라면 어떤 형태건 학급에 토큰경제를 적용해 보고픈 생각이 들 수 있다. 이 기법은 다른 행동중재들처럼 특수학급이나 통합학급에서도 효과적으로 사용된다. 토큰경제는 플라스틱 표식을 토큰으로 사용하는 아주 간단한 방식으로 활용될 수도 있고, 자유시간 동안 교육용 게임을 선택하는 것과 같이 학급 내 특권과 토큰을 교환하도록 할 수도 있다. 이러한 체제는 교사가 학생이 학급 상점에서 구입할 수 있는 물건을 수집하는 시간과 수고를 절약할 수 있도록 한다.

앞에서 언급한 것처럼, 돈을 사용하는 토큰경제는 과도한 교수시간을 필요하지 않은 교수적 도구가 될 수도 있다. 예를 들어, 평상시에는 소수점의 덧셈과 뺄셈을 공부하는 데 관심이 없는 학생이라 하더라도 토큰경제를 통해 한 주간 모은 돈을 정확하게 더하고(뺄셈을 통해) 구입한 보상물에 대한 거스름돈을 계산하고 싶어 한다. 그들은 화폐 세기, 더하기와 빼기를 학습 과제의 일부라기보다 학급의 즐거운 활동의 일부로 본다. 이러한 기술에 있어 능력을 보이는 학생들에게는 한 주간 받은 용돈 등의 수입을 적고 구입한 물건에 대해 개인수표를 쓸 수 있도록 개인용 금전출납부를 제공할 수 있다. 학생들에게는 이러한 기능적 생활 기술이 단순히 완수해야 할 교육적 활동으로 보이기보다 특권으로 보일 것이다. 토큰경제의 효과성에 대한 실증 연구를 살펴보면 어떤 유형의 토큰경제 체제가 교사가 가르치는 학급에 적절한지를 결정할 수 있다(Carbone, 2001; Salend, 1987).

행동계약

행동계약은 학생이 일정 기간 동안 특정한 행동 혹은 행동군을 보이게 되면 그 결과로 어떠한 긍정적인 후속결과가 따라오게 될지를 규정하는 교사와 학생 간의 합의다. 일반적으로 계약은 학생이 보여야 할 행동이나 수행해야 할 과제, 그 행동이 측정될 시기 동안의 교실 내 활동이나 조건, 그리고 학생이 진술된 목표를 성취했을 때 받게 되는 보상을 규정한다.

토큰경제가 시행되는 학급에서조차 간혹 교사와 특정 학생 간에 특정한 행동계약을 해야 할 필요가 있다. 학습장애 학생들에게 어렵다고 여겨지는 기억 과제가 그 좋은 예인데, 구구단 암기와 같이 간단한 과제도 그들에게는 큰 장벽이 된다.

다음의 상황을 생각해 보자. 5학년 학습장애 학생인 로렌조(12세)는 구구단을 기억하는 데 어려움을 가지고 있다. 이러한 어려움이 그가 수학에서 다른 과제를 할 때도 방해가 되자, 수학교사는 특수교사에게 도움을 요청하였다. 우선 특수교사는 구구단 중 낮은 수와 관련된 내용을 기억하는 로렌조의 능력을 비공식적으로 측정하여 그가 가진 문제가 어느 정도 되는지를 평가한다. 다음 특수교사는 로렌조를 비롯하여 그의 수학교사와도 평가 결과를 공유함으로써 로렌조가 더 높은 수준의 성취를 위한 동기를 가지도록 하고자 했다. 특수교사는 로렌조에게 앞으로의 과제와 다른 일상생활 상황에서 구구단이 중요하다는 것에 대해 말해야 한다. 또한 어떤 강화제를 사용할 때 그가 공부를 더 열심히 하게 될 수 있을지를 물어보아야 한다. 마지막으로 로렌조에게 약간의 도전이 될 만한 수준의 과제를 계약서에 제시한다. [도움상자 10-1]은 이와 같은 상황에 대한 행동계약이다.

계약서에는 로렌조의 진보를 평가하기 위하여 그에게 구구단과 관련 일간 및 주간 시험에 통과할 것을 규정하고 있다. 로렌조가 시험 중 90%를 맞게 되면 학급 상점에서 그에게만 판매하도록 약속한 새 축구공을 받을 수 있게 된다.

행동계약은 특정한 학습문제에 초점을 맞추기 위한 우수한 방법 중 하나다. 그러나 계약서에는 학생이 요구하는 보상물은 그것을 구입하기 위한 돈이나 특권 수행에 필요한 시간의 측면에서 보면 좀 비싸게 책정될 수도 있다. 또한 다른 학생들은 계약서에 명시된 강화제를 위해 공부/행동할 수 있는 권리를 요구할 수도 있다. 계약서를 필요로 하는 학생들의 수와 이 교사의 시간 중 방법에 할당되는 정도에 따라 이러한 사항은 장점이 될 수도 있고 단점이 될 수도 있다. 하지만 간혹 특히 어려운

도움상자 10-1

▶교수 안내: 로렌조를 위한 행동계약

이것은 로렌조 와 피셔 선생님 간의 계약서다. 계약은 11/1 시작하여 6/1 에 종료된다. 재계약을 위한 협의는 11/30 에 이루어진다.

수학 및 학습자료실 시간 동안 우리는 구구단 문제를 정확하게 푸는 행동을 증가시키는 데 동의하였다. 이 행동은 일간 및 주간 시험 을 통해 측정한다. 이 프로젝트는 행동이 90% 정확도 로 증가했을 때까지 계속된다.

행동이 적정한 수준까지 도달하게 되면, 로렌조 는 새 축구공 을 얻을 것이다. 교사는 매일 과제연습 을 통해 도움을 줄 것이다.

학생 서명: ____________________

교사 서명: ____________________

날짜: ____________________

과제에 있어 계약서는 학습장애 학생들을 가르치는 교사들에 의해 활용될 수 있다.

책임감 전략

Bender(2003)는 아동에게 권한이나 기회를 제공하는 긍정적 행동지원을 찾아내었다. 많은 아동들은 학급에서 긍정적인 행위에 대해 긍정적인 관심을 받을 수 있다는 것을 인식하지 못하기 때문에 쉽게 부적절한 행동을 한다. 그러므로 교사는 부적절한 행동을 자주 하는 아동들이 좀 더 긍정적인 행동을 할 수 있도록 하기 위하여 그들을 위한 특권을 찾아야 한다. 특권에는 아동이 하고 싶은 생각이 넘치도록 하는 과제, 어느 정도는 다른 친구들 앞에서 긍정적인 인정을 받는 '자랑권' 등이 포함된다. 아동이 학급에 기여할 수 있는 과제나 특권을 수행하게 하면 동기는 더 강화될 것이다.

그러나 Bender(2003)는 좋은 행동에 대한 결과로 특권을 제안하는 전형적인 행동적 접근법을 사용하지 않는다. 이 기법은 많은 아동들에게 사용될 수 있는데, Bender는 아동이 가시적이고 다른 학생들에 의해 그 가치를 높게 인정받을 수 있도록 하거나 책임감을 갖게 해야 한다고 제안하였다. 그러므로 특권은 긍정적인 행동에 대한 강화제 이상의 역할을 수행해야 한다. 아동은 특권이 중요하며 자신이 학급에 긍정적으로 기여할 수 있다는 것을 이해해야 한다. 교사는 아동에게 "너의 기여(즉, 학급을 위해 이 과제를 수행하는 것)는 매우 중요하고 네가 오늘 나쁜 행동을 한다 하더라도 이 과제는 꼭 마쳐야 한다."와 같이 메시지를 전달해야 한다. 심각한 행동문제를 보이는 많은 학생들에게 이러한 책임감 전략은 경이로울 정도로 효과가 높다.

✻ 부정적 후속결과를 포함하는 기법

타임아웃 방법

타임아웃(*Time-out*) 방법은 부적절한 행동을 감소시키기 위하여 부정적인 후속결과(*negative consequences*)—특히 특정 기간 동안에 강화제를 제공하는 가능성을 제거—와 관련이 있다. 이는 학습장애 학생을 위한 학급에서 가장 자주 쓰이는 방법 중 하나다. 한 설문 연구에서는 학습장애 학생을 가르치는 교사의 45%가 그들의 학급에서 어떠한 형태라도 타임아웃 방법을 사용하고 있다고 하였다(Maheady et al., 1982).

타임아웃의 유형은 다양하다. 활동 타임아웃, 교사 타임아웃, 우발적 타임아웃, 리본 타임아웃, 배제 타임아웃, 격리 타임아웃 등이 그것이다. 각 방법에 대한 정의는 [도움상자 10-2]에 제시되어 있다. 이들 타임아웃 방법은 효과적인 것으로 알려져 있다. 그러나 타임아웃을 적용하던 초기에는 보통 교사가 타임아웃이란 용어를 사용할 때 배제 타임아웃이나 격리 타임아웃을 의미하였다는 것을 알고 있어야 한다. 통합학급에서는 배제 타임아웃이 가장 일반적으로 사용되는 유형이다.

한 예로 학습장애 학생들을 위한 특수학급에 계속된 행동문제를 보이는 토머스가 있다. 원래 토머스가 보인 문제는 그가 과제를 꺼내려고 할 때 그 옆을 걸어가던 친구에게 욕을 하면서부터 시작되었다. 교사는 토머스가 학급에서 과제를 끝마

●●●● 도움상자 10-2

▶ 타임아웃의 유형

- **활동 타임아웃:** 이 방법에서는 아동이 잘못된 행동을 보였을 때 주어진 활동이나 자료를 제거한다. 목표행동이 욕하기인데 아동이 장난감을 사용한다면 주어진 시간 동안에 그 장난감을 제거한다.
- **교사 타임아웃:** 이 방법은 교사가 어떤 행동을 제거하기 위한 결과로 아동으로부터 교사 자신을 제거하는 것을 말한다. 교사는 주어진 시간 동안 아동으로부터 멀리 떨어져 있을 수 있다.
- **우발적 타임아웃:** 이 방법에서는 아동이 집단 활동으로부터 배제되어 오로지 집단을 관찰하게만 하고, 강화에 참여하도록 해서는 안 된다.
- **리본 타임아웃:** 이 방법은 아동이 잇따른 강화를 받을 수 있도록 하는 신호로 리본, 단추와 같은 물건을 제시하는 것이다. 리본은 잘못된 행동에 대한 후속결과로 제거되며, 이에 아동은 일정 시간 동안 강화를 받지 못한다.
- **배제 타임아웃:** 이 방법은 환경으로부터 아동을 물리적으로 제외시키는 방법이다. 일반적으로 심각한 공격적 행동을 유보하며 별도의 타임아웃 공간이나 배제 장소를 필요로 한다.
- **격리 타임아웃:** 이 방법에서는 아동을 동일한 공간 내 다른 장소(대개 타임아웃) 코너로 보낸다. 그리고 지속적인 학급 활동의 참여로부터 아동을 배제시킨다.

친 것에 대하여 (토큰경제 체제를 통해) 강화를 제공하였다. 게다가 토머스는 그의 옆을 지나가는 다른 학생들에게 욕을 함으로써 교사와 또래들로부터 상당한 관심을 받고 있었다. 이 일이 있고 2주 동안 교사는 토머스를 자주 야단쳐야 하는 것 때문에 맘이 매우 불편하였다.

타임아웃 방법을 시작하면서 특수교사는 우선 기초선자료를 수집하였다. 토머스가 점심 전 두 시간 동안에만 특수학급에 있기 때문에 교사는 매일 토머스가 학생들에게 욕을 하는 횟수를 계산하였다. [그림 10-4]는 욕하기 행동의 일간 횟수를 그래프로 표시한 것이다.

첫 번째 A단계(기초선자료)에서는 토머스가 매일 평균 5번 학생들에게 욕을 한다는 것을 알 수 있다. 첫 기초선 단계의 마지막에 교사는 토머스에게 이 자료를 보여 주고 욕하기 행동을 그만할 것을 말하였다. 특수교사는 토머스에게 앞으로 욕하기 행동을 할 때마다 그를 학급의 타임아웃 코너로 보낼 것이라고 알려 주었다. 그리고 나서 타임아웃 코너를 다른 학생들이 있는 곳으로부터 멀리 떨어진 곳에 배치하고, 토머스가 그 어느 것으로부터도 강화를 받지 않도록 학생들이 볼 수 없도록 했다. 중재 단계 동안 교사는 그가 욕하기 행동을 보일 때마다 타임아웃 코너로 보내고 그것의 발생을 차트에 기록하였다.

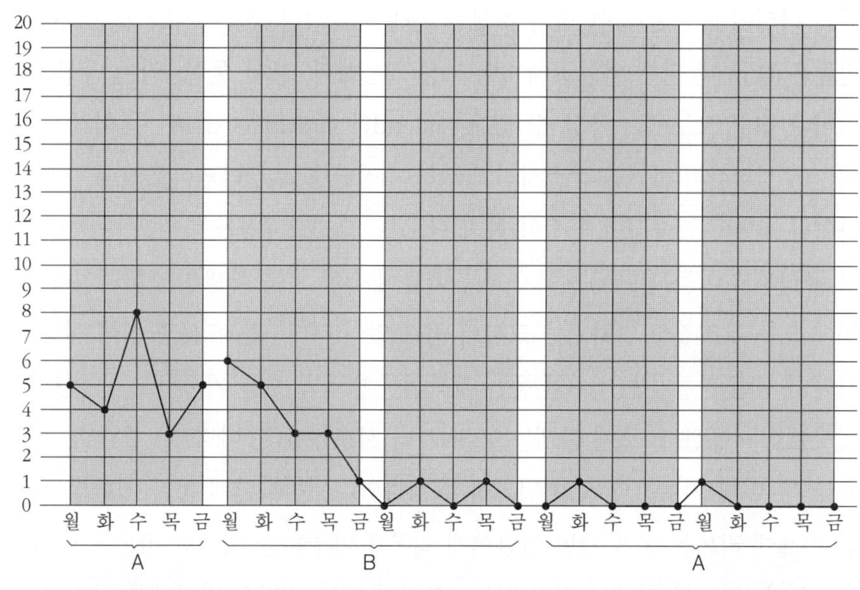

[그림 10-4] 토머스의 욕하는 행동에 대한 단일대상 중재

토머스의 욕하기 행동은 이상의 프로젝트의 결과로 변화되었다. 기초선 단계 5일 동안 토머스는 매일 평균 5회의 욕하기 행동을 보였다. 중재는 여섯째 날에 시작되고 15일까지 계속되었다. 토머스는 욕을 할 때마다 다른 학생들을 볼 수 없는 타임아웃 코너로 보내졌다. 교사는 학급 학생들에게 토머스가 욕을 할 때 낄낄거리거나 웃지 않고 그가 타임아웃 코너로 갔을 때 그의 행동에 대해 아는 척하지 않도록 당부했다. 토머스는 마지막 욕을 한 후 3분간 타임아웃 코너에 남아 있어야 했다. 만약 타임아웃 코너에서 욕을 계속한다면 멈출 때까지 남아 있어야 했고, 이후 그곳에서 3분을 더 기다려야 했다.

자료에서 볼 수 있듯이, 토머스의 욕하기는 학급 내 강화물을 제거하면서부터 감소하기 시작했다. 중재 마지막 주에 그는 하루에 평균 1회 이하의 욕하기 행동을 보였다. 실제로 그 주 동안에는 단 2회만 욕하기를 하였다.

세 번째 주 동안 기초선이 다시 이루어졌고, 매우 낮은 수준이기는 하지만 토머스의 욕하기 행동은 계속해서 발생했다. 이 경우 토머스는 중재기간 동안 분명하게 욕하는 습관을 깨트렸다. 이 프로젝트는 성공적이었기 때문에 두 번째 중재는 실시하지 않았다. 이 시점에서 다른 학생들은 토머스가 욕하는 것을 강화하지 않을 것이라는 것에 동의했고, 그 자체만으로도 그의 욕하기 행동을 더 감소시킬 수도 있었다. 결과적으로는 중재 조건으로 돌아갈 필요가 없었다.

격리 타임아웃은 원래 한 명의 학생을 위해 만들어진 중재이지만 일부 타임아웃 방법들은 학급 내 다른 아동들에게도 사용 가능하다. 예를 들어, 리본 타임아웃은 개인이나 집단 모두에 사용할 수 있다. Salend와 Gordon(1987)은 두 학생 집단이 보이는 부적절한 말하기를 감소시키기 위하여 집단형 리본 타임아웃의 효과성을 평가하였다. 5명의 학습장애 학생이 한 집단으로, 그리고 4명의 학생은 다른 한 집단으로 구성하고 이들 집단에는 특수교육 학급에 속한 모든 학생을 포함시킨다. 목표행동이 되는 부적절한 말하기는 교사의 허락 없이 나타나는 모든 발성이 해당된다. 교사와 훈련된 관찰자는 첫 8일 동안 부적절한 발성의 수를 기록하고 이 자료를 기초선자료로 사용한다. 중재 단계는 9일째부터 시작되었다. 이 후 두 집단 모두를 대상으로 두 번째 기초선과 중재 단계를 실시하였다. 중재 단계 동안 집단의 이름이 쓰인 이젤에 리본을 놓아 개별 집단에게 리본을 제공하는 것으로 리본 타임아웃을 실시하였다. 집단의 리본이 걸려 있는 2분마다 해당 집단은 강화제를 구입하는 데 사용할 수 있는 토큰 하나를 받았다. 집단의 구성원이 부적절한 발성을 보일 때마다

리본이 제거되고 집단은 토큰을 얻을 기회를 잃었다. 결과적으로 중재는 집단별로 부적절한 발화를 감소시켰다.

이 연구는 여러 가지 이유로 매우 흥미롭다. 첫째, 배제나 격리가 포함되지 않은 타임아웃도 매우 효과적이라는 것을 알려 준다. 둘째, 타임아웃이 개인보다는 집단에 대한 후속결과로도 사용될 수 있다. 셋째, 리본 타임아웃과 같은 집단중심 타임아웃은 통합학급에서 사용하기 매우 쉽다. 따라서 학급에서 이 방법을 사용하는 것에 대해 고려해 볼 수 있다.

소거방법

소거(*extinction*)는 이전에 강화된 행동의 빈도를 감소시키기 위하여 그 행동에 대한 강화를 보류하는 것이다. 아마도 소거는 여태까지 살펴보았던 기법 중에서 가장 덜 알려졌을 것이다. Maheady와 동료들(1982)은 설문 연구에 참여했던 특수교사의 20% 이상이 소거를 들어본 적이 없다는 것을 밝혔다. 하지만 소거방법은 매우 효과적이어서 이를 사용해 본 적이 있는 특수교사들 중 10% 미만만이 실패를 보고했다(Maheady et al., 1982).

다음의 상황을 상상해 보자. 학습장애를 가진 소녀 테레사는 철자와 쓰기 과제를 끝내려고 할 때쯤 자주 도움을 청한다. 특수교사는 테레사가 필요할 때마다 도움을 주고 싶었지만 그녀가 다른 친구들에게 도움을 요청하는 것이 친구들의 공부를 방해한다는 것을 알았다. 또한 다른 학생들이 그녀를 도와주려고 했을 때, 테레사가 자료를 학습할 수 있도록 도움을 주기 위해 또래로서 해야 할 일을 설명해 주는 데 시간을 소모할 이유도 없었다. 결과적으로 소거방법의 일부 유형은 순서에 따라 이루어질 수 있다. 테레사는 다른 학생들로부터 받는 도움을 강력한 강화로 여기지만, 만약 그녀가 잘못된 사람에게 도움을 요청한다면 그 행동을 멈추게 하기 위하여 강화를 제거해야 한다.

이 방법을 잘 수행하기 위하여 약 2주 동안 기초선 자료를 수집할 수 있다. [그림 10-5]의 행동 차트는 테레사가 55분간의 수업시간 중에 매일 평균 7번 도움을 요청하고 있음을 보여 준다.

기초선이 수립되면 소거방법을 시작할 수 있다. 첫 단계로 테레사에게 기초선자료를 보여 주고 부적적한 도움 요청 행동을 변화시키는 데 필요한 지원을 이끌어

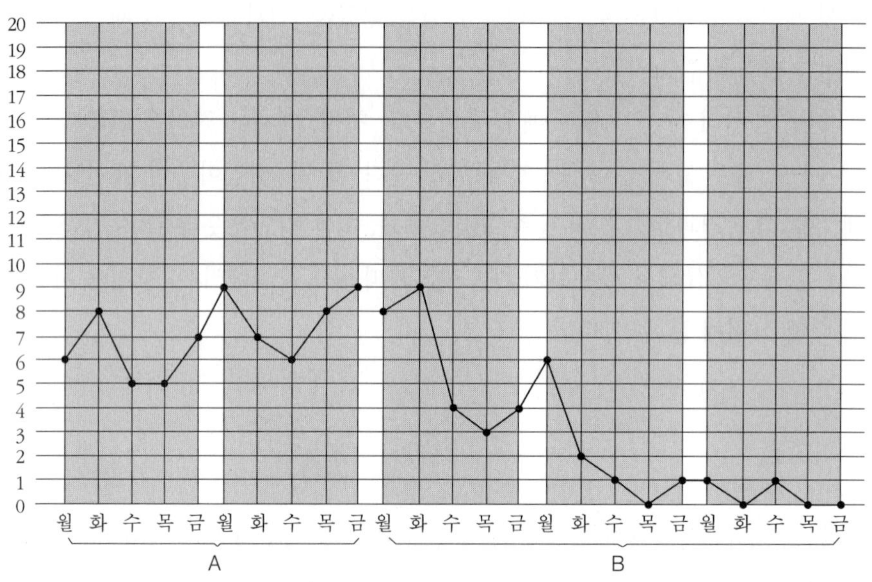

[그림 10-5] 테레사의 부적절한 도움 요청 행동 감소시키기

낸다. 그러고 나서 교사는 전체 학생에게 테레사가 '그녀 자신을 잊어버리고' 다른 친구들에게 도움을 요구했을 때 정중하게 거절하라고 당부하였다. 또한 교사는 학생들에게 테레사가 도움을 필요로 할 때 교사에게 도움을 요청하도록 제안하게 하였다.

자료에서 보는 것처럼 중재는 효과적이었다. 단 이틀 만에 테레사가 다른 학생들에게 도움을 요청하는 것이 감소되기 시작하였다. 또한 이 프로젝트에서 교사는 두 번째 기초선이나 처치 단계를 하지 않기로 결정했다. 이 프로젝트는 AB 설계 혹은 기초선/중재 설계다. 앞에서 논의했던 ABAB 설계보다 과학적으로는 좀 덜 유효하지만 많은 교사들은 이 유형의 방법을 선택한다. 그 이유는 첫 중재 단계의 마지막에 이미 중재의 목표가 성취되었기 때문이다. 현장 전문가로서 당신은 부가적인 과학적 중요성을 위해 마지막 두 단계를 포함시키기보다 이 시점에서 중재를 종료할 수 있다. 그러나 대부분의 행동심리학자들은 행동적 변화를 보여 주기 위하여 최소한 첫 번째 기초선과 중재 단계는 측정되어야 한다고 주장한다.

비디오 모니터링 중재

비디오 모니터링은 학습장애 아동의 행동에 영향을 미치기 위하여 여러 가지 방식으로 적용될 수 있는 전략이다(Bender, 2003; Graetz, Mastropieri, & Scruggs, 2006). 부적절한 행동의 비디오 모니터링은 부적절한 교실행동을 보이는 학생들에게 경미한 벌로 사용될 수도 있다. 이 접근법은 부적절한 행동을 비디오로 모니터링하는 데 사용된다(Bender, 2003). 많은 학습장애 학생들은 사회적 상황뿐 아니라 다른 학생들을 이해하지 못하고(Bryan, Burstein, & Ergul, 2004), 그들의 행동이 미치는 영향력을 인식하지 못할 수도 있다. Bender(2003)는 대상학생을 비디오로 촬영하고 그 학생의 부적절한 행동에 대한 다른 학생들의 반응을 캡처링할 것을 제안하였다. 많은 학습장애 학생들에게는 교사와 함께 이 비디오를 보면서 자신의 부적절한 행동에 대한 다른 학생들의 부정적인 반응을 보게 하는 것이 경미한 수준이긴 해도 벌이 된다. 따라서 학생은 학급에서 다른 사람들의 관심을 얻기 위해 하는 신랄한 말이 그들에게는 재미나지 않다는 것을 발견할 수도 있다. 이 비디오 중재법은 아동에게 특정 유형의 관심 얻기 행동을 줄여 줄 강력한 이유를 제공해 주기도 한다.

비디오 모니터링은 또한 적절한 행동을 증가시키는 데도 사용될 수 있다. 최근 Graetz, Mastropieri와 Scruggs(2006)는 바람직한 행동과 덜 바람직한 행동을 비교할 수 있도록 하는 데 비디오 모니터링을 사용할 수 있음을 제안하였다. 연구자는 '안 돼, 안 돼!' 라는 비디오를 제작하여 부적절한 행동을 보여 주고 '바로 이렇게 하는 거야!' 라는 비디오로 적절한 행동을 보여 주었다. 그들은 학생들과 함께 여러 번의 설명시간을 갖고 비디오를 통해 학생이 자신의 긍정적 행동을 스스로 모델링하고 이를 자신의 덜 바람직한 행동과 비교할 수 있게 해 준다. 이 연구에서 학생의 방해행동은 상당한 수준으로 감소되었다.

여러 교육행정 기관들은 교사가 학생과 함께 비디오를 이용하는 데 있어 해야 할 일과 하지 말아야 할 일에 대한 지침을 제공하고 있다. 우선은 초임교사로서 학급에서 학생을 비디오로 촬영하는 것에 대해 지역 교육청의 정책이 어떠한지를 살펴보아야 한다. 여전히 이 전략은 일부 학생들에게 행동을 개선하는 데 큰 도움이 되며, 교사는 학습장애 학생을 위하여 과학적으로 입증된 행동관리 전략기법 중 하나로 사용해야 한다.

혐오기법

혐오기법(aversive contionencies, 벌의 성격이 매우 강한 기법)은 주로 중도장애 학생들 중 일부에게 사용된다. 예를 들어, 중도 지적장애나 자폐성장애 아동에게 혐오적인 후속결과의 다양한 유형이 사용될 수 있다. 만약 아동이 교사에게 침을 뱉는다면 아동의 혀에 매운 소스 한 방울을 떨어뜨릴 수 있다. (의도적으로 벽에 머리를 심하게 치는) 머리 치기 행동과 같은 자기 파괴적 행동이나 의도적으로 위험한 자기상해 행동을 하는 아동의 얼굴 위에 물을 뿌리는 헬멧이나 머리 장식을 씌울 수도 있다. 이러한 혐오기법은 모든 다른 방식을 취한 이후에 극단적인 경우에만 사용해야 한다. 또한 어떤 전문가도 이 기법을 기초로 행동계획을 수립할 것을 허용하지 않는다. 대신 전문가들은 이러한 극단적인 후속결과는 자기 파괴적 행동을 제거할 때만 사용할 수 있는 방법이 되어야 한다는 데 의견을 함께하고 있다.

이러한 혐오기법을 학습장애 학생에게 사용하는 것은 매우 드물지만(사실 거의 들어본 적이 없지만), 어떠한 형태든 부정적인 후속결과를 사용하는 기법은 윤리적인 문제로 인해 극단적인 경우에만 적용될 수 있다. 혐오적 처치기법이 극단적으로 사용된 예가 전국적으로 언론의 조명을 받아왔기 때문에 부모나 다른 교사들 중 일부가 행동적 처치에 대해 부정적인 반응을 보일 수 있다. 이와 같은 이유로 여태까지 학습장애 학생을 대상으로 혐오적인 후속결과가 사용된 적이 거의 없다고 하더라도, 특수교사는 이 기법에 대한 최신 정보를 계속해서 수집해야 한다.

✻ 행동중재 요약

앞에서 논의한 행동지원 중재는 학습장애 학생들뿐 아니라 다른 장애를 가진 학생 그리고 비장애 학생들의 행동을 변화시키는 데 있어 효과적이다. 또한 이 전략의 상당수는 학습장애 학생이 포함된 특수학급이나 통합학급에서 일반적으로 사용되고 있다(Anguiano, 2001; Bender, 2003; Carbone, 2001). 특수학급 환경에서의 경험이 다양화됨에 따라 토큰경제, 행동계약, 타임아웃과 소거방법의 여러 사례를 볼 수 있을 것이다. 이러한 기회가 있을 때 우리는 행동중재에 대해 궁금해해야 하며 그 효과성에 대한 다른 교사들의 인식에 대해 논의해 보아야 한다. 또한 스스로

도 행동전략에 대한 평가를 해 보아야 한다. 어떤 중재가 특정 아동에게 효과적이지 않았다면 왜 그러했는지를 생각해 보아야 한다. 또한 이런 문제를 감소시키기 위하여 어떤 다른 중재방법이 사용될 수 있을지를 결정해야 한다. 이러한 생각에 대해 확신이 들면 교사에게 그 방법을 제안해 본다. 간단히 말해, 훗날 당신의 학급에 이러한 전략을 적용하기 위해서는 다른 교사와 자신의 경험을 바탕으로 행동전략에 대한 통찰력을 얻어야 한다.

마지막으로 교사는 행동심리학자들이 제안하고 학급에서 가장 일반적으로 사용되는 전략에 대해 이해하고 있어야 한다. 학급에서 사용될 수 있는 전략이 많이 있기는 하지만(Anguiano, 2001; Bender, 2003; Carbone, 2001), 이후에도 다른 여러 전략들을 탐색할 수 있어야 한다.

✻ 특정 행동전략

교육 분야에서 행동심리학의 영향력이 증가함에 따라 부분적으로라도 행동주의 원칙에 기초하여 개발된 교육적 처치가 많이 있다. 교육적 접근법 중 가장 보편적으로 논의되는 두 가지는 정밀교수와 직접교수다. 이 두 가지 전략은 앞서 논의한 행동전략에 비해 다소 정교하다. 일반적으로 이 두 전략은 교사교육 프로그램에서 처음 실시하는 교수방법 관련 수업을 뛰어넘는 추가적인 훈련 경험을 필요로 한다. 그럼에도 이 전략은 학습장애 아동에게 성공적으로 사용되어 왔으며 또 앞으로도 교육적 중재로서 전도 유망하다.

정밀교수

Lindsley(1990)는 매일 시행되는 교수평가 방법을 공식화하기 위하여 행동심리학의 선례를 사용하였다. 매일의 평가는 교수기법의 성공 혹은 실패를 문서화할 수 있게 한다(Beck, Conrad, & Anderson, 1999; Bender, 2002; White, 1986). 정밀교수는 매일의 평가로 학생의 진보를 촉진하기 위해 매일 진행되는 수업에서 특정한 교육적 향상을 가능케 해 주는 방법이다.

정밀교수(*precision teaching*)에서는 특정한 교수방법을 제안하지 않는다. 교사가 준비 활동(선행사건, *antecedent*)이나 진보를 촉진할 수 있는 강화(후속결과, *consequence*)를 어느 것이든 선택할 수 있다. 정밀교수는 교사가 선정한 방법의 효과성을 확인할 수 있는 방법을 제공한다. 이러한 개방성 때문에 정밀교수는 다양한 교실 상황에서도 적용 가능한 교수/평가 기법이다.

5장에서 논의했던 것처럼, 많은 학습장애 학생들은 과제수행 기술이 빈약한 편이다. 이 때문에 그들은 적절한 시간 동안에 과제나 학습지를 끝마치지 못한다. 정밀교수는 학습장애 학생들과 함께 사용할 수 있는 매우 효과적인 방법이 될 수 있는데 단순히 과제의 성공을 정확도로만 측정하는 것이 아니라 과제 수행률의 측면에서도 측정할 수 있다.

예를 들어, 특수학급에서 단순 주어와 술어에 밑줄을 치는 과제를 하고 있는 6학년 학습장애 학생인 알프레드를 생각해 보자. 교사는 마지막 며칠 동안은 알프레드와 함께 주어와 술어를 구분하는 지침을 살펴보고 끝마쳐야 할 학습지를 전달한다. 여태까지 알프레드는 자신이 학습지 전체를 끝마칠 수 있다고 믿고 있었지만 매일 학습지의 반만 끝내왔다. 이런 경우에 정밀교수 프로젝트가 필요하다.

이 프로젝트를 시작하기 위하여 과제 완성률의 측면에서 **행동목표**(*behavioral objective*)를 기술한다. 행동목표의 예는 다음과 같다.

> 7~12단어로 구성된 단문이 제시되었을 때, 알프레드는 3분 동안 25개 문장에서 단주어와 단술어에 정확하게 밑줄을 칠 것이다.

목표를 작성하고 나면 이 프로젝트의 초기 단계는 상대적으로 간단하다. 첫날 교사는 과제에 대한 지침을 살펴보고 이전에 했던 대로 알프레드에게 학습지를 제공하였다. 그러나 오늘 그의 작업시간을 측정하고 3분 후 학습지를 거두어 들였다. 교사는 알프레드에게 과제 수행시간을 잴 것이고 빨리 과제를 끝마치라고 말했다. 과제를 수행하고 첫 3분을 확인한 후 정답과 오답의 수를 차트로 작성했다. 교사는 수업 중 나머지 시간 동안에 알프레드가 과제를 수행하도록 학습지를 돌려줄 수 있다.

알프레드는 며칠 동안 위의 과정을 수행한 후 과제에 대해 호기심을 갖기 시작하였고, 교사는 그에게 차트를 보여 주었다. 차트를 보여 주면서 교사는 알프레드가 자신의 진보에 대해 주인의식을 가질 수 있도록 격려해야 한다. 가능하면 교사

는 학생이 과제와 이 프로젝트의 중요성을 이해할 수 있도록 하는 것이 좋다. 첫 4일 동안의 자료는 [그림 10-6]의 차트에서 살펴볼 수 있다.

알프레드는 첫 중재기 중 · 후반부에 매우 적지만 진보하고 있다. 이는 중재에 작은 변화가 필요함을 의미한다. 아마도 알프레드에게 지침을 설명하는 것만으로 충분하지 않고 주어와 술어를 변별하는 방법에 대한 예시가 제공되어야 할 것이다. **단계 변화선**(*phase change*, 네 번째 날 이후 차트의 윗부분에 있는 곡선)이 있다면 그날 프로젝트에 어느 정도 변화가 있음을 의미한다. 차트에는 두세 가지의 예시가 포함되었고, 그 후 며칠간 차트 작성이 계속되었다.

알프레드에게 예시를 제공한 이후에 그의 진보 상황은 극적으로 증가하였다. 이

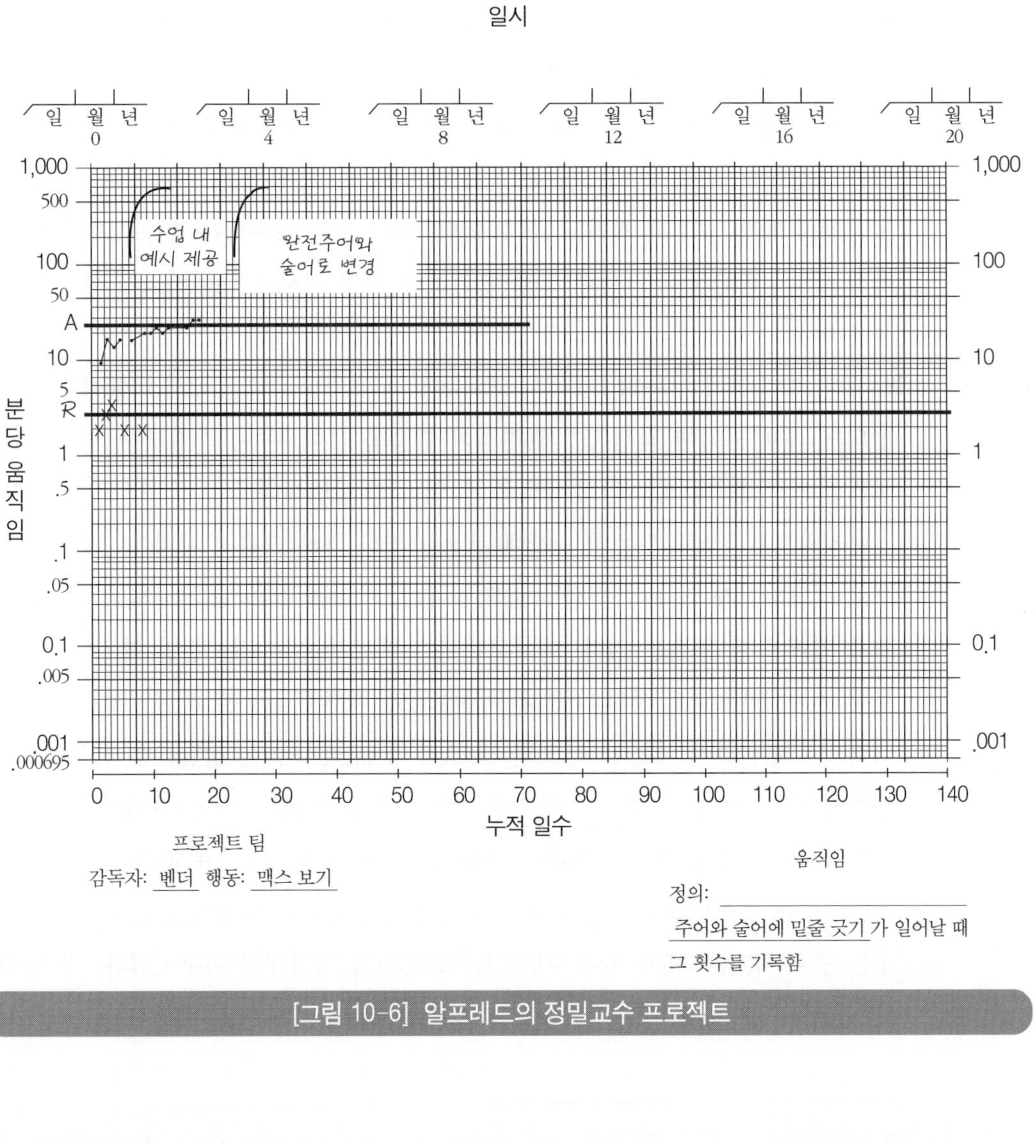

일시

일 월 년 0 | 일 월 년 4 | 일 월 년 8 | 일 월 년 12 | 일 월 년 16 | 일 월 년 20

1,000 500 100 50 A 10 5 R 1 .5 .1 .05 0.1 .005 .001 .000695

분당 움직임

수업 내 예시 제공

완전주어와 술어로 변경

0 10 20 30 40 50 60 70 80 90 100 110 120 130 140

누적 일수

프로젝트 팀

감독자: 벤더 행동: 맥스 보기

움직임

정의: 주어와 술어에 밑줄 긋기가 일어날 때 그 횟수를 기록함

[그림 10-6] 알프레드의 정밀교수 프로젝트

후 단 7일 만에 정확도 학습률(*learning rate*)이 3분 동안 25개의 정답을 맞히는 그의 목표를 훌쩍 뛰어넘었다. 이후 다른 목표가 설정되었고, 알프레드는 완전주어와 완전술어를 구분하는 것을 시작하였다.

정밀교수의 여러 장점은 이 예시에서 분명히 드러난다. 첫째, 교사는 프로젝트를 시작하고 첫 4일 동안 학생의 수행에 진보가 일어나지 않았음을 발견함으로써 학생에게 더 효과적인 교수방법으로의 변화를 모색할 수 있다. 효과가 없는 예시를 제공한다면 이후 며칠 동안도 같은 결과를 보게 될 것이고, 또 측정 가능한 진보가 있을 때까지 교수법을 변화시켜야 할 것이다. 이와 같은 교수의 수정 가능성으로 인해 정밀교수는 전통적인 교수법에 비해 학생에게 반응적인 교수가 된다. 많은 경우, 교사는 알프레드가 단순히 지침을 검토하는 것만으로는 효과적이지 않다는 것을 발견하기 전까지는 단원평가(4주차에 시행)가 있을 때까지 기다려야 한다. 따라서 정밀교수는 학생에게 매우 반응적이다.

둘째, 행동을 차트로 나타내는 것은 교사와 학생 간의 바람직한 의사소통 가능성을 향상시켜 준다. 둘 다 진술된 목표를 볼 수 있고, 목표를 향한 진보 및 목표에 도달할 때까지 가야 할 거리도 볼 수 있다. 측정에 대한 관심은 행동주의적 방법의 특징으로서 학습장애 학생과 그들의 진보에 대해 의사소통을 하고자 할 때 매우 유용하다.

셋째, 학습장애 아동의 IEP에서 교육목표와 매일 특수학급에서 아동에 의해 완성되는 과제 사이에 직접적인 관련성이 있음을 보여 준다. 정밀교수 프로젝트는 이러한 직접적인 관계를 강화시켜 줄 수 있는 한 방법이다.

마지막으로 정밀교수는 학습장애 학생을 위한 다른 교육적 처치와 달리 상대적으로 시작하기가 쉽다. 특별한 교육과정 관련 자료는 간혹 도움이 되긴 하지만 반드시 있어야 할 필요는 없다. 왜냐하면 프로젝트가 진행되는 동안 특정한 유형의 문제나 과제만으로 구성된 학습지가 사용되고, 정답률을 차트로 표시하는 것은 상대적으로 단순하기 때문이다. 또한 Beck과 동료들(1999)은 정밀교수 접근법을 사용하여 기초 기술을 교수하는 데 활용 가능한 학습지 세트를 출판하였다.

정밀교수 효과성 연구의 결과는 매우 긍정적이다(개관을 위해 White, 1986 참조). 정밀교수는 초등학교와 고등학교 모두에서 성공적으로 사용되었다. 대부분의 연구는 주로 국어, 수학과 같은 기초기술 교육과정 영역에서 이루어졌다. 마지막으로 정밀교수는 경도, 중도, 중등도 학습장애 학생들에게 모두 유용하다는 연구결

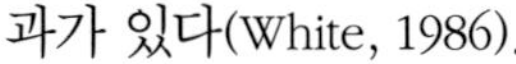
과가 있다(White, 1986).

직접교수

직접교수(*direct instruction*)는 학생의 성취 수준을 최대화하기 위하여 교사가 보여 주어야 하는 효과적인 교수행동을 기초로 한 교수 접근법을 말한다(Gersten & Baker, 1998). 일반적으로 직접교수의 교수행동에는 교사가 행동목표를 진술하고 문제를 모델링하는 초기 직접교수기에서부터 과제분석을 통해 과제 해결을 위한 결정적인 단계를 찾아내고 지도를 제공하는 명시적 교수기, 즉각적인 피드백을 제공하는 독립연습기, 마지막으로 높은 수준의 숙달을 위한 일상화된 평가가 포함된다(Gersten & Baker, 1998).

직접교수라는 용어는 이 단계의 일부 혹은 전체를 설명하는 서로 조금은 다른 여러 교수 접근법을 설명하는 데 사용되기도 한다. 하지만 가장 자주 사용되는 용어는 위에 제시한 행위가 교사와 학생 간 스크립트로 짜여진 대화를 포함한 특정 교육과정 자료를 의미한다(Polloway, Epstein, Polloway, Patton, & Ball, 1986). 스크립트는 교사가 수업을 시행하면서 학생들에게 읽히고 학생 반응의 정오(正誤)에 따라 활용할 수 있는 대안적 대화가 교육과정 자료 내에 포함되어 있는 것이다. [도움상자 10-3]은 스크립트(*script*) 예시의 일부다.

학습장애 학생을 위한 직접교수 프로그램에 대한 연구는 직접교수가 효과적이라는 것을 보여 주고 있다(Gersten & Baker, 1998; Polloway et al., 1986). 직접교수에 대한 연구에 의하면 직접교수는 읽기와 국어 그리고 읽기이해가 포함된 인지교수 전략의 기초 기술을 교수하는 데 효과적이다. 초기 연구의 상당수는 저성취 학생과 교정 기술에 초점을 맞추었다. 그러나 이후 연구에서는 비판적 읽기와 상위 수준의 수학문제와 같이 고차적 인지 기술에도 직접교수가 효과적임을 알 수 있었다(Darch & Kame'enui, 1987).

직접교수가 효과적인 것으로 알려진 수많은 행동주의 원칙에 기초하고 있기 때문에 이러한 연구결과는 예상되었을 수도 있다. 이러한 행동주의 원칙은 학습목표에서 목표가 되는 행동을 상술하고, 행동을 모델링하고, 학습자에게 피드백을 자주 제공하며, 높은 수준의 숙달을 성취하는 것이다.

학급에서 직접교수 기법을 적용하기에 앞서 몇 가지 단계—적절한 교육과정 자

●●●● 도움상자 10-3

▶ 직접교수 스트립트

교사: 자, 들어봅시다. 규칙 하나를 알려 줄게요. 한 분야에서 중요한 사람이 무언가가 좋다 혹은 나쁘다를 말했으면 여러분은 그것이 진실인지를 확신하기 어렵지요. (반복한다.)

교사: 한 분야에서 중요한 사람이 다른 분야의 무언가가 좋다 혹은 나쁘다고 말을 했다면 여러분은 그것이 진실인지 확신할 수 있을까요?

학생: 아니요.

교사: 네. 한 분야에서 중요한 사람이 다른 분야의 무언가가 좋다 혹은 나쁘다고 말을 했다면 여러분은 그것이 진실인지 확신할 수 없지요.

교사: 좋아요. 잘 들어봅시다. 조지 부시가 포드 자동차는 최고의 가족용 차량이라고 말했어요.

교사: 조지 부시에 대해 무엇을 알고 있나요?

학생: 대통령이요.

교사: 조지 부시는 어떤 분야에서 중요한 사람인가요?

학생: 정치요.

교사: 그가 무엇을 말했지요?

학생: 포드 자동차가 최고의 가족용 차량이라고 말했어요.

교사: 그렇다면 조지 부시가 말한 다른 영역은 무엇이지요?

학생: 자동차요.

교사: 우리는 다른 사람이 말한 것을 판단하는 것을 배우는 중이에요. 여러분은 정치인이 포드 자동차에 대해 말하는 것이 진실이라고 확신할 수 있나요?

학생: 아니요.

교사: 왜 아니라고 생각하지요?

(혹은 "한 분야에서 중요한 사람이 다른 분야의 무언가가 좋다 혹은 나쁘다고 말을 했다면 여러분은 그것이 진실인지 확신할 수 있나요?"라고 촉진한다.)

학생: (학생은 규칙을 말하거나 다음과 비슷하게 대답한다.) 그것이 진실인지 확신할 수 없어요. 정치인은 차에 대해 그리 많이 알고 있지 않을 것 같아요.

교사: 자, 만약 조지 부시 대통령이 선거에 이길 수 있는 좋은 방법 중 하나를 선거운동 자금을 많이 모으는 것이라고 했다면 그것이 진실인지 확신할 수 있을까요?

학생: 예.

(수정방법: 만약 학생이 "아니요."라고 답한다면 "여기서 중요한 사람에 대해 무엇을 알고 있어요?"라고 묻는다.)

교사: 그래요. 그것이 진실임을 확신할 수 있어요. 왜 그럴까요? (다양한 형태의 답을 수용한다.)

료를 준비하고, 교사 스스로가 그에 익숙해지고, 적절한 학생 집단을 선정하는 것—가 필수적이다. 예를 들면, 비슷한 수준의 읽기이해 수준을 보이는 학생 집단을 찾고자 할 것이다. 이 학생들은 읽기 소집단을 형성하고 매일 15~20분간 교사 주도적으로 학습을 하게 된다. 그러고 나서 교수-학습자료를 입수(대부분의 일반학교 자료실에는 이 자료를 비치하고 있다.)하고 미리 준비된 스크립트 없이 수업을 시행한다. 일상적으로 시행하는 평가는 진보를 보여 주기 위하여 사용하며, 대다수의 상업용 교육과정은 개별적으로 각 학생들의 진보를 점검하는 데 사용할 수 있는 진보 차트를 포함하고 있다. 제시된 활동 목록을 살펴보면 직접교수는 시간 소모적인 교수 활동으로 보일 수도 있다.

일부 교사들은 직접교수를 특징짓는 스크립트에 근거한 수업이 교수 지도자로서 교사의 역할을 제한한다고 생각하기도 한다. 궁금하다면 이 자료를 가지고 수업을 한 경험이 있는 교사들로부터 직접교수의 이러한 측면에 대하여 의견을 구해 보는 것도 좋다. 또한 직접교수의 개념을 배우기 위한 최선의 방법 중 하나는 상업용 자료를 자세히 공부해 보는 것이다. 그 예로 Reading Mastery (Engleman & Carnine, 1972)와 교정적 읽기 프로그램(Englemann, Becker, Hanner, & Johnson, 1980)이 있다.

요약

이 장에서는 과잉행동을 위한 중재에서부터 학업성취를 향상시키기 위해 고안된 교육적 중재까지 다양한 교육적 처치법을 소개하였다. 행동주의적 교수 원칙은 오늘날 일반학교에서 공부하는 학습장애 학생들을 위한 교수에 큰 영향을 미치고 있다. 토큰경제, 행동계약, 타임아웃과 소거의 효과성은 실증 연구뿐 아니라 교육현장에서도 충분히 드러나 있다. 이러한 중재 성과는 전략이 빈번하게 사용되어야 함을 설명해 준다(Bender, 2003; Maheady et al., 1982).

아마도 좀 더 알려진 것은 행동주의 원칙을 부분적으로 적용한 교수기법들인데, 정밀교수와 직접교수는 둘 다 일련의 교수과정을 거치는 교수방법이다. 교사들은 훗날 학급에서 이 전략을 사용하기 위한 준비를 철저히 하고 있어야 할 것이다.

다음은 이 장의 주요 내용을 정리한 것이다.

- 학습의 행동적 모델은 교수 과정을 개념화하는 데 있어서 매우 효과적인 도구다. 행동주의적 사고는 지난 20년간 학습장애 학생들을 위한 중재에 매우 큰 영향력을 발휘하였다.
- 학습장애 학생을 위한 많은 학급에서는 현재 토큰경제, 행동계약, 소거, 타임아웃과 같이 다양한 행동주의 전략을 채용하고 있다. 각각의 중재기법은 수많은 실증 연구에 의해 그 효과가 입증되었다.
- 정밀교수는 교수해야 할 특정 행동을 상술하는 것과 함께 매일 행동의 변화율을 측정하는 행동주의 전략이다.
- 직접교수는 행동주의 원칙에 근거한 교수 접근법이다. 일반적으로 교사용 스크립트는 미리 준비되어 있고, 교사는 학생으로부터 어떤 유형의 반응을 이끌어 내고 즉각적인 피드백을 제공한다.

학습문제와 활동

1. 학습자료실이나 대학 도서관을 확인하여 교정적 읽기 프로그램이 있는지를 살펴보라. 이를 수업시간에 발표하고 프로그램의 내용을 공유하라.
2. 주변에서 토큰경제를 사용하고 있는 교사들을 찾아보라. 그들이 사용하고 있는 토큰경제 체제를 설명해 보라.
3. 특수교육 관련 논문집을 살펴보고 단일대상연구 설계를 활용한 실험 연구의 예시를 찾아보라. 그것을 학급에서 발표하라.
4. 당신이 초등학생이었을 때 어떤 행동주의적인 활동이 사용되었는가?
5. 서로 다른 행동주의 중재전략을 조사할 수 있는 모둠을 만들어 보고 각 전략을 발표해 보라.
6. 토큰경제에서 사용될 수 있는 토큰의 서로 다른 유형과 그 장단점에 대해 토의해 보라.
7. 정밀교수 중재에서 더 효과적일 수 있는 활동의 유형은 무엇일까? 직접교수 중재법은 어떠한가?
8. 학생 유형에 대한 설명 및 성공을 촉진할 수 있는 과제 유형과 함께 행동중재 전략 하나씩을 제시하고 학급에 맞는 차트를 준비하라. 이 외에도 어떤 자료가 더 필요할까?

참고문헌

Anguiano, P. (2001). A first year teachers' plan to reduce misbehavior in the classroom. *Teaching Exceptional Children, 33* (3), 52–55.

Barbella, R., & Lavong, A. (2006, April 9–12). *Tailor-made positive behavior support systems and data-driven decision-making: What suits you?* Paper presented at the annual meeting of the Council for Exceptional Children, Salt Lake City, UT.

Beck, R., Conard, D., & Anderson, P. (1999). *Basic skill builders: Helping students become fluent in basic skills.* Longmont, CO: Sopris West.

Bender, W. N. (2003). *Relational discipline: Strategies for in-your-face kids.* Boston: Allyn & Bacon.

Bender, W. N. (2002). *Differentiating instruction for students with learning disabilities: Best practices for general and special educators.* Thousand Oaks, CA: Corwin Press.

Bryant, T., Burstein, K., & Ergul, C. (2004). The social-emotional side of learning disabilities: A science-based presentation of the state of the art. *Learning Disability Quarterly, 27* (1), 45–52.

Burley, R., & Waller, R. J. (2005). Effects of a collaborative behavior management plan on reducing disruptive behaviors of students with ADHD. *Teaching Exceptional Children Plus, 1* (4). Retrieved from http://escholarship.bc.edu/education/tecplus/vol1/iss4/2/

Carbone, E. (2001). Arranging the classroom with an eye (and ear) to students with ADHD. *Teaching Exceptional Children, 34* (2), 72–81.

Carey, T. A., & Bourbon, W. T. (2004). Countercontrol: A new look at some old problems. *Intervention in School and Clinic, 40* (1), 3–9.

Darch, C., & Kame' enui, E. J. (1987). Teaching LD students critical reading skills: A systematic replication. *Learning Disability Quarterly, 10,* 82–91.

Englemann, S., Becker, W. C., Hanner, S., & Johnson, G. (1980). *Corrective reading program.* Chicago: Science Research Associates.

Englemann, S., & Carnine, D. W. (1972). *DISTAR arithmetic III.* Chicago: Science Research Associates.

Gersten, R., & Baker, S. (1998). Real world use of scientific concepts: Integrating situated cognition with explicit instruction. *Exceptional Children, 65* (1), 23–36.

Graetz, J. E., Mastropieri, M. A., & Scuggs, T. E. (2006). Show time: Using video self-modeling to decrease inappropriate behavior. *Teaching Exceptional Children, 38* (5), 43–48.

Kavale, K. A., & Mostert, M. P. (2004). Social skills interventions for individuals with learning disabilities. *Learning Disability Quarterly, 27* (1), 31–44.

Lindsley, O. R. (1990). Precision teaching: By teachers for children. *Teaching Exceptional Children, 22* (3), 10–15.

Maheady, L., Duncan, D., & Sainato, D. (1982). A survey of use of behavior modification techniques by special education teachers. *Teacher Education and Special Education, 5* (4), 9–15.

Polloway, E. A., Epstein, M. H., Polloway, C. H., Patton, J. R., & Ball, D. W. (1986). Corrective reading program: An analysis of effectiveness with learning disabled and mentally retarded students. *Remedial and Special Education, 7* (4), 41–47.

Salend, S. J. (1987). Contingency management systems. *Academic Therapy, 22,* 245–253.

Salend, S. J., & Gordon, B. D. (1987). A group-oriented timeout ribbon procedure. *Behavioral Disorders, 12,* 131–136.

White, O. R. (1986). Precision teaching—Precision learning. *Exceptional Children, 52,* 522–534.

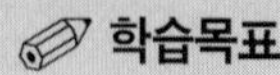

학습목표

1. 초인지 교수중재의 심리학적 토대를 설명할 수 있다.
2. 두 종류의 학습전략을 판별할 수 있다.
3. 학습에 관한 초인지적 모델을 그려 설명할 수 있다.
4. 학습장애 학생을 위한 학습전략의 효과를 밝히는 치료 연구에 관해 설명할 수 있다.
5. 상보적 교수의 4단계를 나열하고 설명할 수 있다.
6. 학습장애 학생의 과제집중 행동을 향상시키기 위한 자기점검 프로젝트를 설명할 수 있다.

핵심어

인지심리
내적 언어
자기점검
실행 기능
학습전략
Donald Deshler
RIDER
SLANT
FISH
SCORER
구두 시연
PLEASE
FAST
이야기 지도
이야기 다시 말하기
상보적 교수
예측하기
질문 만들기
요약하기
명료화하기
비계설정 교수
자기교정

제11장 학습장애 학생을 위한 초인지적 교수 접근

이 장의 개관

✻ 서론

일반적으로 인지심리학(*cognitive psychology*)이라 불리는 학습 관련 연구는 20세기의 첫 10년간 아동의 인지발달을 연구해 온 교육심리학 분야의 선구자들로부터 시작되었다고 볼 수 있다. 장 피아제(Jean Piaget), 제롬 브루너(Jerome Bruner), 레브 비고츠키(Lev Vygotsky), 에릭 에릭슨(Erik Erikson) 등과 같은 교육학 분야의 선구자들을 비롯한 여러 연구자들은 아동의 지적 능력이 어떻게 발달되고 성장하는가에 대한 여러 이론을 내놓았다(Fogarty, 1999). 이러한 사고에 대한 초기 모델은 1960년대 행동심리학 분야와의 교류를 통해 학습을 측정할 수 있는 도구를 개발하는 연구로 발전하게 되었다.

1970년대 행동심리학 분야가 학습장애 아동 교육 분야에 큰 영향을 미치며 성장하였고 인지심리학 역시 그때부터 영향력을 키워 왔다. 1979년까지 행동중재는 교육적 처치의 주류로 인정을 받았었고 그 효과도 검증되었다. 행동심리학자들에 따르면 인간의 학습은 덜 지적인 동물의 학습과 동일한 법칙을 따르며, 그들이 말하는 효과적인 교수는 학습에 영향을 미치기 위한 행동중재의 일관된 실행으로 이루어진다.

그러나 인간의 학습을 연구한 심리학자들은 앞서 언급한 심리학자들의 초기 연구에 기반을 두고 인간의 학습이 영장류나 다른 포유류의 학습과 다른 점이 있음을 간과하지 않았다. 1975년까지 장애 아동에게 사용된 행동처치의 성과는 행동적 중재의 효과를 입증하고 있었으므로 인지심리학자들은 학습에 대한 행동적 모델을 무시할 수 없었다. 그러나 인지심리학자들은 일반 아동을 대상으로 한 연구 덕분에 행동주의자들이 제안한 학습 모델의 영역을 확장할 수 있었고, 그 결과 인지심리학자들의 학습 모델은 초인지 혹은 인지 행동 중재(*metacognition or cognitive behavior modification*)로 알려지게 되었다. 초인지 모델은 이 모델을 바탕으로 개발된 다수의 교수전략 때문에 그 중요성이 확대되었다(Bender, 2002; Korinek & Bulls, 1996; Larkin, 2001; McIntosh, Vaughn, & Bennerson, 1995). 특히 Don Deshler와 동료들은 초인지를 바탕으로 하는 다양한 전략을 개발한 것으로 유명하다(Deshler, 2006; Schumaker & Deshler, 2003).

✻ 학습에 관한 초인지 모델

행동심리학자들은 10장에서 살펴본 것과 같이 학습을 선행사건과 후속결과의 기능으로 설명하였다. 학습 모델은 다음과 같이 나타낼 수 있다.

선행사건 → 행동 → 후속결과

행동심리학자들이 제안한 이 모델은 그 증거가 압도적이어서 인지심리학자들은 이 모델의 기본 신뢰성에 대해 부정할 수 없었다. 그러나 인지심리학자들은 이 모델의 전반적인 개선을 요구하였다. 특히 Michenbaum과 동료들(Michenbaum, 1971; Michenbaum & Goodman, 1969)과 같은 인지심리학자들은 인간의 내적 언어와 자기교수가 학습 모델에서 선행사건과 행동적 반응 사이에 중재적 단계로 작용할 수 있다고 언급하였다. 결과적으로 인지심리학자들은 다음과 같은 학습 모델을 제안하였다.

선행사건 → 내적 언어 → 행동 → 후속결과

이상의 모델을 염두에 두고 인지심리학자들은 이 모델의 내적 언어와 관련된 교수를 제공하는 데 초점을 맞추었다. 대부분의 인지적 관점의 교수전략은 학생들이 과제를 완수하면서 자기교수로서 자신이 사용할 수 있는 정확한 내적 언어표현 방식을 사용하도록 하는 데 초점을 두고 있다. 이러한 인지 교수적 접근의 상당수는 내적 언어의 사용과 자기교수의 사용을 연습할 수 있는 기회를 포함한 모델을 제안한다.

[그림 11-1]에서 설명하듯이, 인간은 대부분의 문제를 해결하면서 내적 언어를 사용한다. 행동주의적 모델이 인간을 포함한 모든 학습체계에 적용되는 데 반해, 학습의 초인지적 모델은 인간이 사용하는 언어 중 학습에 유효한 중재적 변인인 내적 언어(*inner language*, 환경적 선행사건과 행동을 연결시켜 줌)를 사용한다. 결과적으로 인지심리학자들은 증명된 행동적 기법에 관심을 가지면서도 내적 언어를 조작하도록 가르친다.

내적 언어를 강조한 학습 모델은 이후에 '초인지 모델(*metacognitive model*)' 로

[그림 11-1] 문제해결 과정에서 내적 언어의 사용

알려지게 되었다. 대략 이 용어는 사고에 관한 사고 혹은 사고/학습 활동을 계획하기 위해 내적 언어를 사용한다는 의미로 해석된다.

마침내 초인지 심리학자들이 신봉하는 학습 연구는 내적 언어의 수준을 넘어 모든 학습 과제의 자기계획을 포함하게 된다(McConnel, 1999; Scanlon, 2002). 과제를 완수하는 과정에서는 두 가지 서로 다른 유형의 인지 활동이 일어나게 된다. 하나는 과제 완수에 직접 관련되는 사고과정에서의 활동이고, 다른 하나는 일반적으로 초인지라 불리는 것으로서 인지적 활동의 총체적 계획, 과제 완수를 위한 자기교수, 자기점검(*self-monitoring*) 활동, 혹은 과제의 각 단계가 적절한 순서에 의해 적절하게 완수되었는지를 확인하기 등이 포함된다(Bender, 2002). 이러한 과제 각각은 앞서 설명한 내적 언어 혹은 자기교수를 통해 이루어진다. 일부 학자들은 과제의 개별적인 인지적 절차를 완수하는 것에 직접 관여하지는 않지만 과제의 수행을 감독하고 과제를 통한 사고를 포함하는 절차를 실행 기능(*executive function*)이라는 용어로 설명한다.

이러한 초인지적 학습 모델은 오늘날 학습장애 분야의 학습 및 교수와 관련된 가장 중요한 모델 중 하나다. 예를 들면, 초인지 모델은 교과서를 편찬하면서 학습

장애 학생을 위해 적용하고 있는 유일한 학습 모델이다. 조금 제한적이긴 하지만 학습장애 학생을 가르치는 교사라면 초인지 모델에 의한 교수적 전략에 대해 잘 알고 있어야 한다.

특정한 교육적 처치에 관한 연구는 대량의 교수적 아이디어를 창출하였으며 여러 학자 집단이 이러한 연구에 기여하였다. 다음에서는 인지적인 측면에서 접근한 다양한 분야의 학급중재의 핵심 내용에 대해 소개한다.

학습전략 연구

1장에서 논의했던 것처럼, 지난 몇 년 동안의 연구에 가장 큰 영향을 미친 것은 초인지적 관점이다. 초인지적 관점은 학습장애 아동이 교육 과제에 많이 참여하지 못함에 대해 지적하였다. 이에 대해 많은 연구자들은 학생들이 더 적극적으로 과제에 참여하도록 만드는 초인지 전략을 개발하기 시작하였다. 그리하여 두 종류의 초인지적 중재전략이 개발되었는데, 이는 전략의 단계를 대표하는 두문자어에 초점을 맞춘 것과 그렇지 않은 것이다.

내적 언어를 구조화한 두문자어를 사용하는 **학습전략**(*learning strategies*)은 원래 캔자스 대학교 학습장애 연구소(Learning Disabilities Institute)의 Donald Deshler와 동료들의 연구와 연관이 있다(Boudah, Lenz, Bulgren, Schumaker, & Deshler, 2000; Deshler, 2006; Schumaker & Deshler, 2003). 이 전략은 학습장애 청소년이 특정 과제를 완수하기 위해 거쳐야 하는 단계를 두문자어로 열거한다. 이 단계들은 학생들이 과제를 완수할 때 사용하는 내적 언어의 기본을 형성하게 된다. 두문자어 자체는 암기해야 한다. [도움상자 11-1]은 RIDER 전략에 대해 설명하고 있다. 학습전략적 접근의 학습효과를 최대화하기 위해 학급이나 학교 차원에서 일관되게 적용할 수 있다(Lenz, 2006).

전략 개발의 초기 단계부터 다양한 유형의 과제를 수행하는 데 도움이 되는 전략들이 만들어졌다. 예를 들면, 단락 읽기, 선다형 문제 풀기, 내용교과의 단원 읽기, 중등 교재에서 삽화 설명글 공부하기, 그 외 다수의 학습 과제를 위한 학습전략이 개발되었다.

SLANT는 특정 학습 과제 노트 필기를 위한 학습전략의 한 예다(Ellis, 1991). SLANT는 효과적인 노트 필기를 위해 학생이 따라야 하는 단계를 나타내는 두문자어

●●●● 도움상자 11-1

▶ 교수 안내: RIDER-읽기 이해력 향상을 위한 학습전략

두문자어로 구성된 학습전략은 학생이 학습 과제를 완수하는 과정에서 해야 할 활동을 순서대로 나타낸 것이다. RIDER 전략은 이러한 학습전략의 예로, 학생들의 기억과 읽기이해를 향상시키기 위해 읽은 내용을 시각적 이미지로 형상화하는 것이다.

Read	첫 문장 읽기
Image	읽은 내용을 시각적 이미지로 만들기
Describe	이미지 묘사하기 ① 만약 설명할 수 없다면 그 이유를 말하라. ② 형상화할 수 있다면 앞의 이미지(앞 문장에서 만든)와 비교하라. ③ 자신에게 이미지를 설명하라.
Evaluate	이미지 평가하기 학생이 만든 이미지가 가능한 한 많은 정보를 포함하고 있는지를 확인하고 만족스럽다면 다음 단계로 넘어가라.
Repeat	다음 문장에도 이상의 단계를 반복하기

다. *S*는 똑바로 앉기(Sit up), *L*은 앞으로 몸 기울이기(Lean forward), *A*는 내 두뇌 활성화하기(Activate your thinking), *N*은 주요 정보에 이름 붙이기(Name key information) 그리고 *T*는 화자 따라하기(Track the talker)를 나타낸다. 학생들은 이 단계를 기억하고 각 단계를 실행하기 위해 반복적인 훈련을 받게 된다. 이 전략에 투자한 시간을 통해 학생의 노트 필기 기술이 향상될 것이다.

시험 보기 기술도 학습장애 학생들이 종종 문제를 보이는 영역 중 하나다. SCORER 전략은 학생들이 선다형 시험을 보는 방법을 습득하도록 도와주기 위해 개발된 것이다. 이 전략의 두문자어의 경우, *S*는 시간계획을 세우기(Schedule your time), *C*는 단서 단어 찾기(Clue word use), *O*는 어려운 문제 뒤로 미루기(Omit difficult questions), *R*은 주의해서 읽기(Read carefully), *E*는 답 추정하기(Estimate your answer), *R*은 점검하기(Review your work)를 나타낸다. 연구에 따르면 이 전략은 학습장애를 가진 중등 학생들의 시험 보기 기술을 향상시켰다.

단어 해독, 읽기, 문학 등과 관련된 최근의 연구결과를 바탕으로 상당히 많은 학습 전략 연구가 이루어지고 있다(Archer et al., 2003; Deshler, 2006; Schumaker & Deshler, 2003; Whitaker et al., 2006). 예를 들면, Whitaker와 동료들(Whitaker et al., 2006)은 최근 초등학교 학생들의 단어 해독을 돕기 위한 FISH라는 전략을 개발하였다. 이 전략에서 *F*는 학생들이 '라임 찾기(find the rhyme)', 즉 모음, 모음 소리 그리고 단어의 나머지 소리를 판별할 수 있어야 함을 의미한다. *I*는 '라임이나 해당 소리로 끝나는 단어 골라내기(Identify the rhyme or word that ends with that sound)'로 끝소리를 인식하는 것을 말한다. *S*는 '소리 내어 라임 말하기(Say the rhyme)', 마지막으로 *H*는 '라임에 새로운 온셋 연결하기(Hook the new onset [or beginning sound] to the rhyme)', 즉 첫소리를 이해하는 것을 뜻한다. 이 전략을 순서대로 사용함으로써 학생들은 직접 배운 라임을 인식할 수 있을 뿐 아니라 이 지식을 FISH 전략을 사용해 가르치지 않았던 라임에도 적용할 수 있음이 보고되었다. 따라서 이 전략은 간단한 단어재인을 위한 단어해독 전략이 된다.

이상에서 확인한 것처럼 전략교수를 통해 가르칠 수 있는 과제의 범위는 광범위하고, 여기에는 학습장애 학생들이 학교에서 성공하기 위해 수행해야 할 많은 과제가 포함된다(Lenz, 2006).

학급에서의 전략교수

학습장애 학생을 위해 학급에서 학습전략을 적용하는 것은 상당히 복잡한 일이다. 캔사스 대학팀은 [그림 11-2]에서 설명하는 바와 같이 매일 일련의 학습을 통해 각 전략을 학습시킬 것을 제안하였다.

제안된 절차에 따르면 전략교수는 매우 단도직입적인 방식으로 진행된다. 학습장애 학생의 교사는 모든 통합학급에서 최선을 다해 수업을 진행해야 한다. 전략교수의 단계는 다음과 같다.

첫 단계는 첫날에만 시행하며 사전검사와 약속하기로 이루어진다. 첫째 날에는 참여하는 학생 개개인의 전략 사용 정도를 평가한다. 그 결과는 학생에게 알려 주고 전략의 중요성을 강조하며 학생이 전략을 완전하게 습득할 것을 약속하도록 요청한다. 이 단계의 수업에 첫 시간(약 45분간)이 소요된다.

이튿날의 두 번째 단계에서는 학생에게 새로운 전략을 설명하고 전략의 주요 요

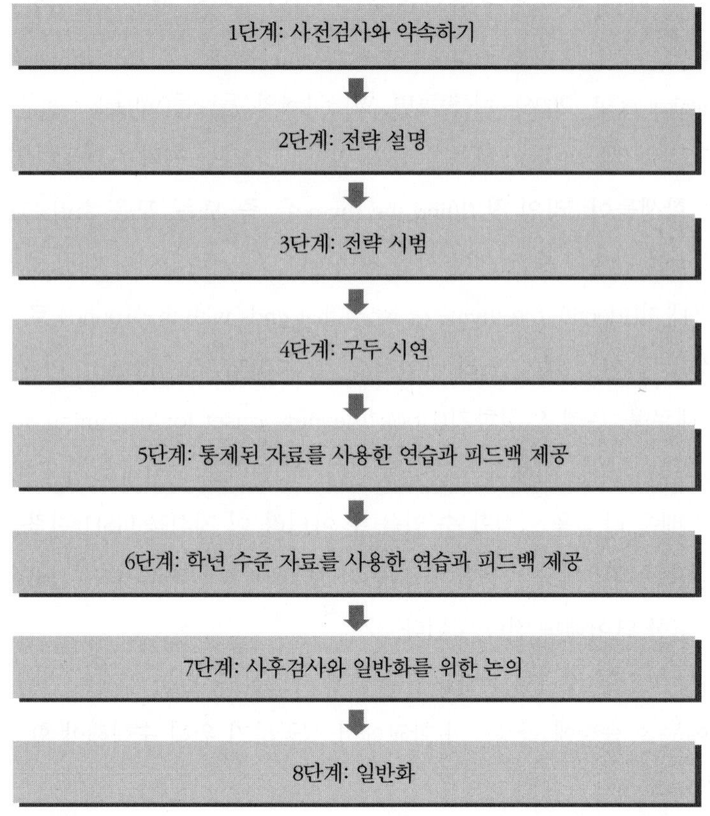

[그림 11-2] 학습전략 교수의 단계

소와 적용에 대해 가르치는 데 초점을 맞춘다. 학생들에게 전략 적용의 대안을 모색하도록 권장한다.

셋째 날의 세 번째 단계는 시범 보이기 단계다. 교사가 전략의 각 단계를 소리 내어 가르치고 보통 다른 과제 몇 가지를 수행한다. 교사는 또한 학생들을 촉진하고 전략에서 특히 어려운 부분을 언급한다.

전략교수의 넷째 날은 전략의 두문자어를 구두 시연(*verbal rehearsal*)한다. 학생들은 반드시 전략의 각 단계마다 해야 할 활동을 알고 전체 전략에서 각 단계가 왜 중요한지를 말할 수 있어야 한다. 이 단계는 하나의 교수적 단계다.

전략교수의 다섯 번째 단계는 통제된 자료로 연습하는 것이다. 전략교수 시 자료의 난이도는 전략의 습득에 방해가 돼서는 안 된다. 결론적으로 학생의 숙달 수준 이하의 자료를 사용해 전략을 가르쳐야 한다. 결과적으로 종종 학생의 현재 학년

보다 2~3학년 아래 단계의 자료를 사용해 전략교수를 진행하곤 한다. 매일 활동 상황을 기록하고 전략은 20일 정도 비교적 오랜 교수 기간 동안 반복적으로 진행한다.

여섯 번째 단계는 학년 수준에 맞는 자료로 연습하는 것이다. 이 단계에서는 학생이 특수학급에서 공부하는 자료를 사용해 전략을 연습한다. 이 단계는 5~10일 정도 진행되고, 그동안 진전도를 계속해서 표에 기록하게 된다.

마지막 단계는 일반화다. 학생은 다른 수업자료에 전략을 적용해서 사용하도록 훈련받는다. 그리고 습득한 전략을 사용하기에 적절한 과제가 무엇인지를 선택하는 것도 배우게 된다. 이 단계의 초기에는 전략 사용을 평가하기 위해 특수교사가 과제를 확인한다. 이후에는 간헐적으로 학생의 전략 사용을 확인하여 전략의 사용이 유지될 수 있도록 한다.

전략교수에 관한 연구

학습전략에 관한 연구는 이러한 교수방법이 학습장애 청소년에게 매우 효과적임을 입증하고 있다(Boudah et al., 2000; Deshler, 2006; Korinek & Bulls, 1996; Lenz, 2006; McIntosh et al., 2005). 예를 들면, Welch(1992)는 PLEASE라는 전략이 학습장애 학생의 문단 쓰기에 효과적임을 증명하였다. PLEASE 전략은 두문자어로 표시된 각 단계별로 다음과 같이 진행된다. 즉, *P*는 제재 선택하기(Pick a topic), *L*은 제재에 대한 아이디어 목록 쓰기(List your ideas about the topic), *E*는 목록 평가하기(Evaluate your list), *A*는 주제문으로 문제 시작하기(Activate the paragraph with a topic sentence), *S*는 주제문을 지지하는 문장 쓰기(Supply supporting sentences), 그리고 *E*는 결론문으로 마감하고 글 평가하기(End with a concluding sentence and evaluate your work)다.

6학년 학습장애 아동을 두 집단으로 나누어 이 전략을 적용하였다. 전통적인 연구방법에 따라 한 집단의 학생에게는 전략 사용을 훈련하고 다른 한 집단에게는 전략훈련을 하지 않았다. 두 집단의 학생은 20주 동안 매주 두세 차례씩 훈련을 받았다. 훈련기간이 지난 후 두 집단의 문단을 비교하고 문단 쓰기 과제에 대한 학생들의 인식을 측정하였다. 결과적으로는 PLEASE 전략을 사용한 집단이 우세하였다. 전략훈련을 받은 학생들의 문장은 다른 집단의 학생들이 쓴 문장보다 훨씬 높은 수준이었고, 쓰기에 대한 학생들의 인식도 초인지 전략처치로 유의미하게 향상되어 있었다. 이 연구는 특정 과제에 대한 학문적 진보 외에도 초인지 교수로 인한 혜택이 있음을 입증하고 있다.

학습전략 교수의 효과를 검증한 다른 연구에서도 다수의 연구자들은 학습장애 학생에게 나타날 수 있는 특정 유형의 교수적 문제에 대해 특정 전략이 효과가 있음을 입증하고 있다(Korinek & Bulls, 1996; Lenz, 2006; McIntosh et al., 1995; Scanlon, 2002). 예를 들면, Korinek과 Bulls(1996)는 연구 논문을 작성하는 학생을 위한 전략을 개발하였다. 두문자어로 SCORE A인데 *S*는 제재 선택하기(Select a topic), *C*는 제재에 대한 정보의 범주 만들기(Create categories for information about the topic), *O*는 자료 찾기(Obtain sources), *R*은 자료 읽고 내용 정리하기(Read and take notes), *E*는 정보 조직화하기(Evenly organize the information) 그리고 *A*는 쓰기 과정에 따라 글쓰기(Apply the process writing steps)를 나타낸다.

8학년의 학습장애 학생 5명이 이 전략의 효과를 입증해 보였는데, 9주 동안 전략을 사용하고 5명 중 4명의 학생이 작문 과제에서 'C' 이상의 점수를 받았다.

McIntosh와 동료들(1995)은 학습장애 학생의 사회적 문제의 해결을 돕기 위해 두문자어로 FAST라는 전략을 개발하였다. 학생은 누군가로부터 사회적 위협을 감지할 때면 다음의 단계를 적용할 수 있다. 즉, *F*는 잠시 멈추고 문제에 대해 생각하기(Freeze and think about the problem), *A*는 문제해결에 도움이 되는 대안 찾기(Alternatives to be generated to assist in solving the problem), *S*는 해결하기(Solution, 즉 대안 찾기) 그리고 *T*는 시도하기(Try it)다. FAST 전략은 학습장애 학생의 사회적 관계를 향상시키거나 유지시키는 데 도움을 준다.

이 외에도 다수의 연구가 이러한 기술의 효과를 입증하고 있다. 학습전략은 대부분의 기초 기술 영역, 즉 읽기, 언어, 쓰기, 철자 그리고 셈하기에 효과적이다. 또한 전략은 과학이나 역사와 같은 내용 위주 과목의 읽기이해를 향상시키는 데도 도움이 된다. 마지막으로 시험 보기 기술, 문장 쓰기, 수업내용 이해하기 등의 특별한 학교 활동에 도움이 되는 다양한 전략의 효과도 검증되었다.

✻ 그 밖의 초인지 전략

특정 두문자어로 표시하는 전략에 관한 연구 이외에 두문자어를 포함하지 않는

다수의 전략에 관한 연구들도 이루어졌다(Archer et al., 2003; Ashton, 1999; Dye, 2000; Hogan & Pressley, 1997). 이러한 전략을 설명하기 위해 '그래픽 조직자' '이야기 틀', 이야기 지도, 이해 모니터링, 이야기 다시 말하기 등의 여러 용어가 사용되고 있다.

이러한 방식에서는 학생들이 암기해야 하는 특정 두문자어로 이루어진 절차가 없는 대신 전략을 완성하는 동안 자기교수를 실시해야 하므로 과제를 완성하기 위해 학생들에게 내적 언어를 사용하도록 한다. Archer, Gleason과 Vachon(2003)은 이러한 유형의 학습전략의 예를 들었다. 그들은 성인 독자를 위한 다음절 단어의 해독전략 단계를 고안하였다. 읽기에 어려움을 겪는 성인의 경우 다음의 단계를 따라 단어를 해독하도록 한다.

1. 단어의 첫 부분에 접두어를 원으로 표시한다.

●●●● 도움상자 11-2

▶ 교수 안내: 이야기 틀 활동지

이야기 틀 활동지

이 이야기의 문제는 ____________________

____

이 이야기의 시작은 ____________________

____

그다음에는 ____________________

____

그러고 나서 ____________________

____

문제가 해결된 것은 ____________________

____

이야기의 끝은 ____________________

____

2. 단어의 끝부분에 접미어를 원으로 표시한다.
3. 단어의 나머지 부분에서 모음 소리에 밑줄을 친다.
4. 단어를 부분으로 나누어 소리 내어 말한다.
5. 부분으로 나눈 단어를 빠르게 읽는다.
6. 실제 단어로 만든다(합쳐서 읽는다).

학습장애 학생에게 단어해독 전략을 가르친 결과 그들의 읽기 기술이 향상되었다(Archer et al., 2003). 이는 두문자어의 사용에 의존하지 않는 전략의 한 예가 될 수 있다.

또 다른 예로는 [도움상자 11-2]에서 소개하고 있는 이야기 틀 전략이 있다. 읽기자료의 의미를 파악하기 위해서 학생은 반드시 적극적으로 읽기자료를 스스로 설명할 수 있어야 한다. 학생은 먼저 문제의 발단, 사건의 순서, 문제의 해결방법 등 이야기에 나타난 문제를 설명하게 된다. 이러한 내적 언어의 사용은 모든 인지전략의 주요 요소 중 하나다.

이와 같은 전략의 효과에 관한 연구결과는 매우 긍정적이다(Bowman & Davey, 1986; Johnson et al., 1986; Rose & Sherry, 1984). 예를 들어, 사전 읽기를 한 후 읽기자료를 읽도록 하는 등 다양한 전략의 사용은 읽기이해를 향상시키는 데 효과적인 것으로 나타났다. 읽기를 하는 중간에 제대로 이해하고 있는지 확인하며 읽는 방법도 이해력을 증진시키는 것으로 밝혀졌다. 읽기 후 학생에게 이야기를 다시 말하도록 요청하는 것도 교과서의 내용을 기억하는 데 효과적인 방법으로 나타났다.

Rose와 Sherry(1984)의 연구를 살펴보면 두문자어를 바탕으로 하지 않는 학습전략의 사용을 설명하고 있다. 이 연구는 구두 읽기에서 두 가지 사전 읽기 절차의 효과에 대해 설명하고 있다. 5명의 학습장애 학생을 대상으로 각각 다섯 가지 AB 중재를 하였다. 먼저 기초선 기간 동안 매일 2분간 각 학생의 읽기 수업을 관찰하였다. 관찰자는 잘못 발음하기, 생략하기, 대체하기, 불확실한 단어 등 구두 읽기에서의 오류 횟수를 센다. 중재기간 동안 학생은 두 가지의 사전 읽기 방법을 번갈아 사용한다. 즉, 사전 읽기 기술로 자신에게 조용히 읽어 주거나 혹은 교사가 읽는 것을 듣는 것이다. 결과적으로 5명 중 4명의 학생이 사전 읽기 방법 두 가지 모두를 사전 읽기 하지 않는 것보다 선호하였다. 그러나 5명 중 4명의 학생이 조용히 읽는 방법보다 교사의 읽기를 듣는 방법을 사용했을 때 실수가 적었다.

두문자어를 사용하지 않는 학습전략에는 앞서 설명한 사전 읽기를 통해 아동의 이해를 돕는 단순한 수준의 것들이 포함된다. 이렇게 단순한 전략을 사용하는 것만으로도 학생의 학업성취를 상당히 향상시킬 수 있다.

✻ 상보적 교수

상보적 교수(*reciprocal teaching*)는 교사와 학생 간 구조화된 대화를 통해 초인지적 이해를 향상시키도록 구안된 교수방법이다(Bender, 2002; Bruce & Chan, 1991; Palincsar & Brown, 1986, 1987). 이 방법은 학생이 성공적으로 과제를 완수하기 위한 정확한 대화를 하는 것을 강조하기 때문에 초인지적 방법이라 할 수 있다. 앞서 설명했던 학습전략들이 학생이 과제 수행을 하는 동안에 사용하는 특정 언어에 초점을 맞췄다면, 상보적 교수는 학생이 초인지 전략계획을 사용하도록 하기 위해 교사가 할 수 있는 일에 초점을 맞추고 있다. [도움상자 11-3]에는 상보적 교수 시

●●●● 도움상자 11-3

▶ 상보적 교수에서의 대화

학생 1: 우주에 갈 때 우주비행사에게 필요한 건 뭘까?
학생 2: 우주복.
학생 3: 압축복이라고 하는 거야.
학생 4: 헬멧도 필요해.
학생 1: 다 잘 말해 주었어.
교 사: 잘했다. 나도 질문이 있는데, 우주비행사는 왜 압축복을 입어야 할까?
학생 3: 피가 끓지 않도록 해 주니까요.
학생 4: 체온을 안전한 수준으로 유지시켜 줘요.
교 사: 아주 잘했어.
학생 1: 내가 요약할게. 이 문단은 우주비행사가 우주에서 필요한 물건이 무엇인가에 대한 내용이야.
학생 5: 그리고 왜 이런 것들이 필요한지 이유도 설명하고 있어.
학생 3: 내 생각엔 피가 끓는다는 것에 대해 명료화할 필요가 있을 것 같아.
학생 6: 우주처럼 압력이 없는 곳에서는 액체가 끓게 되어 있어.
학생 1: 내가 예측해 볼게. 우주에는 우주비행사가 볼 수 있는 신기하고 멋진 많은 별과

행성들이 있어. 내 생각엔 그것들에 대한 설명이 다음에 계속될 것 같아. 우리가 알고 있는 우주비행사가 볼 수 있는 신기한 것들에는 어떤 것이 있을까?

학생 6: 지구의 허리케인.

학생 3: 이중성.

학생 5: 성운.

교 사: 좋은 답들이구나. 자, 이제 누가 다음번 선생님 역할을 맡을까?

이와 같은 교사의 대화는 토론에 참가한 학생에게 흥미로운 경험이다. 여러 학생들이 참여할 뿐 아니라 이처럼 소집단 수준의 교수적 대화는 학생의 초인지적 이해에 상당한 영향을 미친다. 각 학생들은 상보적 교수에 포함되는 네 가지 기본적인 초인지적 목표를 숙지하고, 비록 학생들이 목표 중 하나를 완수하지 못하더라도 각 단계에 대해 생각해야 할 필요성에 대해서는 인식할 수 있게 된다.

상보적 교수는 거의 모든 학급에 쉽게 적용할 수 있는 인지 교수적 중재방법이다. 따라서 관련 연구 논문들을 읽어 보고 실제로 학급에 적용해 보면 좋을 것이다.

학급에서 일어날 수 있는 간단한 대화를 소개하고 있다(Palincsar & Brown, 1986).

상보적 교수의 학급 적용

상보적 교수를 사용할 때 교사와 학생은 교수적 지도자의 역할을 번갈아 맡게 된다. '교사'의 역할을 맡은 사람은 학생이 각자 속으로 읽은 읽기자료에 대한 대화를 주도하는 역할을 하게 된다. 집단 내 개별 구성원이 갖는 공통목표는 예측하기, 질문 만들기, 요약하기 그리고 명료화하기다. 각 목표는 따로따로 지도하게 된다.

- 예측하기: 다음에 올 내용이 무엇인지를 예측하는 것은 교과서 내용과 관련된 배경 지식과 관련이 있다. 또한 예측하기는 학생들이 계속해서 읽어야 할 이유(즉, 자신의 예측을 확인하거나 평가를 하는것)를 부여하게 된다. 따라서 이 전략은 읽고 있는 내용을 이해하는지와 이미 읽었던 내용을 이해했는지를 확인하는 두 가지 의미를 갖는다.
- 질문 만들기: 질문 만들기는 학생들에게 시험문제가 될 만한 내용을 판별하는 기회를 제공한다. 또한 다양한 유형의 질문을 통해 공부하기 방법에 대해 논의할 기회를 제공한다.

- **요약하기:** 정보를 요약하는 것은 교과서의 다른 부분에 있는 정보를 통합하는 기회를 제공한다. 공동으로 읽기에서 가장 중요한 내용을 판별하고 논의할 수 있을 것이다.
- **명료화하기:** 명료화하기에서는 학생이 읽은 주요 내용을 파악하고 어려운 내용을 지적하게 된다. 종종 학습장애 학생들은 선별적으로 읽어서 내용의 일부를 이해하지 못하였다는 사실 자체를 인식하지 못한다. 따라서 어려운 내용을 판별하는 것은 특히 읽기이해에서 학습장애 학생이 문제를 보이는 부분 중 하나다. 이 전략에서 학생 역할을 하는 사람은 다른 학생들에게 어려움이 나타나면 '질문하고 명확히 하기' 때문에 명료화하려는 시도가 학생에게 부끄러워하지 않고 질문할 수 있는 기회를 제공한다.

이러한 네 가지 전략은 교사가 각각의 단계를 별개의 교수 시간에 가르치게 된다. 처음에는 각 전략을 설명하고 연습을 이끌며 시범을 보이게 된다. 5, 6일째가 되면 교사와 학생은 읽기자료에 대해 논의하며 전략을 함께 사용한다. 이때 교사는 계속해서 전략의 사용을 시범 보이고, 학생의 전략 사용에 대해 칭찬하며, 학생이 다른 전략을 사용하도록 촉진하게 된다. 2주의 기간이 지나면 '교사' 역할을 바꾸고 학생이 촉진자가 된다.

상보적 교수에 대한 연구적 지원

일부 연구에서 상보적 교수가 학생들이 읽기자료의 이해를 돕는 데 유용하다고 밝혀졌다(Bruce & Chan, 1991; Palincsar & Brown, 1985). 이 연구들은 다양한 학생 집단을 대상으로 기초 기술로서의 읽기이해를 집중적으로 탐구하였다. 또한 몇몇 연구에서는 상보적 교수가 교과서 읽기이해에 효과적이라고 주장하였다(Palincsar & Brown, 1986).

초기 연구에서는 상보적 교수가 효과적이긴 하지만 그 적용을 일반화하는 데 문제가 있다고 지적하였다. 예를 들면, 상보적 교수가 어느 학급에나 적용할 수 있는 방법이라고 소개되기는 했지만 대체로 일반학급이 아닌 특수학급에서 사용되곤 하였다. 이 문제에 관해 Bruce와 Chan(1991)은 특수학급에서는 절차를 가르치고 일반학급에서는 일반화 단계를 사용하여 학생들에게 상보적 교수의 적용을 장려할 수 있다고 설명하였다. 이 절차는 특수학급에서 배운 상보적 교수전략을 사용하도록 일반학급에 있는 장애 학생에게 기억 힌트를 주는 것을 포함한다. 따라서 일반화가 장려되는 환경이라야 학생이 상보적 교수를 다양한 상황에서 사용할 수 있다. 이 연구는 특수교사와 일반교사가 한 곳에서 배운 전략을 다양한 상황에 적용하도록 하기 위해 함께 협력해야 할 필요가 있음을 강조하고 있다.

학습장애 학생의 교사는 체계적인 계획을 세워 학급 내 학생들에게 이러한 전략을 사용해야 한다. 앞서 지적한 것처럼, 이는 하루 이틀에 사용할 수 있는 기술이 아니다. 이러한 전략은 몇 주에 걸쳐 학급에서 매일 사용되어야 한다. 그러나 일단 상보적 교수가 가능해지면 학생들은 그에 대해 상당히 긍정적으로 반응할 것이다. 다른 많은 초인지적 교수전략과 같이 이 전략은 효과적이며 학습장애 분야에 그 영향력을 확대하고 있다.

✻ 비계설정 교수

비계설정(scaffolding)은 학습장애 학생에게 효과적인 초인지 전략의 하나로 꾸준히 논의되어 온 개념이다(Bender, 2002; Dye, 2000; Hogan & Pressley, 1997; Larkin, 2001). 1장에서 언급하였듯이, 학습에 대한 구성주의 관점에서 학습은 학생이 이미 학습한 내용을 새로운 지식에 접목시키는 정신적 구성의 과정이다. 이러한 구성주의 과정에서 비계설정은 아동이 학습내용의 숙달을 통해 새로운 이해 수준으로 넘어갈 수 있도록 아동의 현재 지식과 새로운 지식 사이에 다리를 놓아 연결 시켜주는 개별적이고 특별한 교수적 활동이다.

일단 아동의 개인적 필요에 대해 아동과 교사가 함께 분석하고 나면 교사, 교육과정, 학습전략 혹은 선행 조직자(학생이 새로운 개념을 접할 수 있도록 지원하는 활동) 등에 의해 비계설정이 제공된다(Bender, 2002; Dye, 2000). 이러한 교수적 기술은 통합학급의 차별화된 교수방법의 하나로 상당히 효과적일 수 있는데, 이러한 학급에는 일반적으로 다양한 능력을 가진 학생이 포함되어 있고 교사는 서로 다른 학생들의 요구에 맞춰 다양한 수준의 지원을 해야 하기 때문이다(Larkin, 2001; Scanlon, 2002).

몇몇 학자들은 비계설정 교수(*scaffolded instruction*)의 필수요소에 대해 설명하

고 있다(Bender, 2002; Hogan & Pressley, 1997; Larkin, 2001). 이러한 개별적 요소에는 일반적으로 다음의 내용이 포함된다.

- 교육과정적 요구와 학생의 요구를 모두 고려해서 이루어진 사전 계약
- 아동과 논의 후 결정된 공유된 목표의 설정
- 아동의 현재 이해 수준 정도와 요구에 대한 적극적인 진단
- 아동의 요구에 맞춰 직접적으로 제공되는 도움
- 아동의 학습 시도에 대한 피드백
- 지식 습득과 새로운 학습 기술의 일반화에 대한 지원

이러한 교수적 요소의 대부분은 교사가 적극적으로 아동이 가진 문제에 대한 현 이해 수준을 진단하는 동안 교사와 학생이 함께 긴밀한 관계를 형성할 것을 요구하고 있다. 다른 요소들(예: 아동의 요구에 맞춘 지원과 피드백 제공)은 특별히 선별된 학습 과제, 컴퓨터 프로그램 혹은 특별한 교육과정 자료를 통해 제공 가능하다. 비계설정의 핵심은 어떻게 비계가 제공되는가가 아니고 아동의 학습이 발전함에 따라 적절한 학습지원을 정확한 순간에 제공하고 제거할 수 있는가다. 앞으로 학습장애 학생의 학습에 관한 학업적 비계설정이나 초인지적 지원에 관한 연구는 더욱 활발히 진행될 것이다.

✻ 자기점검

자기점검 전략은 직접적으로 행동이나 학업적 진전을 향상시킨다(Goddard & Heron, 1998; Scanlon, 2002; Snider, 1987). 이 전략에서 학생은 내적 언어를 사용해 정기적으로 자신의 행동이나 학업적 진보를 확인하도록 훈련받는다.

집중력을 향상시키기 위한 자기점검 전략의 한 예는 다음과 같다. 우선 다양한 시간 간격(평균 약 45초 간격)에 따라 벨소리를 녹음한 카세트테이프를 준비한다. 벨소리가 날 때마다 학생은 스스로에게 "내가 잘 집중하고 있나?" 하고 질문해 본다. 그리고 그에 대해 '예, 아니요'로 답해 기록지에 적고 다시 하고 있던 활동에 집중하도록 훈련받는다.

행동에 대해 마음속으로 질문하도록 하는 것이 이 전략의 가장 중요한 점이고, 이러한 내적 언어에 대한 의존이 이 방법이 다른 초인지 중재방법과 유사한 부분이다.

자기점검의 학급 적용

이 장에서 논의한 전략 중 행동을 향상시키기 위한 자기점검은 어떤 학급에도 가장 쉽게 적용할 수 있는 전략이다(Goddard & Heron, 1998). 일부 초인지 중재가실제 그것을 사용하기 전에 10~30일 정도 중재를 제공해야 하는 번거로움이 있는 반면, 이 전략은 단지 하루, 이틀의 교수만으로 사용이 가능하다. 또한, Hallahan, Lloyd와 Stoller(1982)는 신참교사를 위해 실제 적용에 필요한 모든 정보를 담은 소책자를 출판하였다. [도움상자 11-4]는 이 책의 일부를 인용하고 있는데 실행상의

●●●● 도움상자 11-4

▶교수 안내: 자기점검 교수

"조니, 네가 수업에 집중하지 못해서 문제가 있다는 걸 알고 있지? 선생님이 너한테 '집중하자.' '과제를 하거라.' '지금 뭐하고 있어야 하지?' 등과 같은 말을 늘 해 왔지. 자, 오늘은 네가 좀 더 잘 집중할 수 있도록 도와주기 위한 일을 시작할 거야. 우선, 네가 집중한다는 것이 무슨 뜻인지 알아야 해. 선생님이 집중하라고 하는 건 이런 뜻이야." (교사는 즉각적이고 지속적으로 과제에 집중하는 시범을 보인다.) "그리고 이건 집중을 하지 않는다는 뜻이야." (교사는 주위를 둘러보거나 물건으로 장난을 치는 등 산만한 행동을 시범 보인다.) "자, 이제 네가 이것이 집중하는 행동인지 말해 보렴." (교사는 집중행동과 산만한 행동을 시범 보이며 아동에게 구별하도록 한다.) "좋아, 이제 우리가 무엇을 할지 알려 줄게. 때때로 이런 소리가 들릴 거야." (교사는 테이프에 녹음된 신호음을 들려준다.) "이 소리가 들리면 재빨리 너 자신에게 '내가 지금 집중하고 있나?' 하고 물어보고, 그렇다면 여기에 체크를 하렴. 그렇지 못하면 그 옆의 칸에 체크를 하는 거야. 그러고는 다시 하던 일을 계속하면 돼. 다시 소리가 들리면 질문해 보고, 대답하고, 답을 표시하고, 다시 과제를 하는 거야. 자, 어떻게 하는 건지 내가 먼저 해 보일게." (교사는 전체 과정을 시범 보인다.) "이제 네가 할 수 있겠지? 신호음이 들릴 때마다 어떻게 할지 말해 보렴. 한번 해 보자. 내가 테이프를 틀 테니 넌 이 활동지를 푸는 거야." (교사는 학생이 전체 활동을 하는 것을 관찰하고 정확히 사용하면 칭찬을 하고 점차적으로 이 과정에서 빠진다.)

출처: *Improving Attentin with Self-Monitoring* by D. P. Hallahan, J. W. Lloyd, & L. Stoller, 1982, Charlottesville: University of Virginia Institute for Learning Disabilities에서 허락하에 전재.

용이함을 지적하고 있다.

[도움상자 11-4]의 내용에서 직접교수의 모습을 발견할 수 있다. 예를 들면, 미리 쓰인 교사의 스크립트나 시범 보이기 등을 강조하는 것은 10장에서 설명했던 직접교수의 기본이다. 앞서 설명했던 직접교수와 같이 한번 효과적인 아이디어임이 증명되면 그 후에 개발되는 교수법에 이를 적용시키는 것은 일반적인 현상이다.

자기점검에 대한 연구적 지원

집중력 향상을 위한 자기점검 전략은 버지니아 대학교 학습장애 연구소의 Daniel Hallahan과 동료들에 의해 개발 · 보급되었고(Bender, 2002), 그 효과는 다수의 연구에 의해 입증되었다(Goddard & Heron, 1998; Hallahan & Sapona, 1983; Snider, 1987). 연구결과, 이 전략은 학년 수준과 상관없이 효과적이었다(Bender, 2002).

예를 들면, Prater, Joy, Chilman, Temple과 Miller(1991)는 흥미로운 변인을 가지고 자기점검 전략을 사용하였다. 연구자들은 중등학급에서 과제 수행의 바람직한 행동을 묘사한 포스터를 시각적 자극으로 사용하였다. 다섯 명의 학생은 앞서 설명한 절차와 유사한 방식으로 이 시각적 자극과 자기 기록지를 사용하였다. 시각적 자극 포스터는 과제를 수행하는 적절한 네 가지 모습, 즉 ① 교사나 과제를 바라보기, ② 자리에 앉아 정면을 향하고 발은 바닥을 밟고 있거나 다리를 겹쳐 놓기, ③ 올바른 자료 사용하기, ④ 조용히 과제 수행하기를 담고 있다. 그림에 묘사된 각각의 상황은 학생들에게 부가적인 암시가 된다. 일부 학생은 자기점검 전략을 분리학급에서 사용하고, 일부는 특수학급에서 사용하였다. 신호음이 들리면 학생들은 시각적 자극을 사용하여 자신의 행동을 자기 점검하도록 훈련받았다. 학습장애 아동에 대한 초기 연구에서와 같이 이 연구에서도 이 방법이 청소년들에게 상당히 효과적임이 밝혀졌다. 또한 이 연구에 참여한 학생 중 한 명은 17세의 흑인 소녀였는데, 실험 결과 다른 4명의 백인 소년들과 같은 긍정적인 효과를 보였다. 소수계 학생의 통합을 통해 전체적으로 더 나은 연구설계를 할 수 있었다.

이 연구는 소수계 학생을 포함하여 학습장애 아동과 청소년에게 자기점검 중재 방법의 효과를 입증하였다. 더불어 조금 모호하긴 하지만 자기점검의 결과로 문제 완성의 빈도가 증가하고 과제집중 시간도 향상된다는 결과를 얻을 수 있었다(Snider, 1987). 최소한 자기점검은 다수의 학습장애 학생의 과제집중 능력을 향상시켰다. 마지막으로 자기점검 전략은 학습장애 학생뿐 아니라 명백한 행동문제를 보이는 학생들에게도 효과를 나타내었다(McLaughlin, Krauppman, & Welch, 1985). 분명한 사실은 초인지 중재방법은 집중력에 문제를 보이는 학생을 도우려는 일반학급과 특수학급 교사가 광범위하게 사용해야 한다는 사실이다.

이러한 사실을 염두에 두고 학생이 자기점검 절차를 사용할 때 어떤 종류의 과제를 제시할 것인가를 고려해 보아야 한다. 집중행동에 대한 자기점검 전략은 학생이 독립적으로 학습한 내용을 연습하거나 활동지 풀기 등을 할 때 사용해야 한다. 자기점검 프로그램은 학생이 과제에 대해 잘 이해하고 있고 문제해결의 정확성이 일정 수준 이상인 경우에 사용되어야 한다. 즉, 이 전략은 학생의 주요 문제가 과제집중 능력의 결함이 있을 경우에 효과적이다. 또한 혼자 자리에 앉아서 하는 과제에 이 중재의 효과가 높은 것으로 나타났다.

일부 연구자들은 자기점검을 상당 수준 수정하여 학습장애 학생의 학문적 중재 방안으로 **자기교정**(*self-correction*)을 제안하고 있다(Bender, 2002; Goddard & Heron, 1998; Hogan & Pressley, 1997; McConnel, 1999). 예를 들면, Goddard와 Heron(1998)은 학습장애 학생이 자신의 철자법을 확인하고 자기교정을 하도록 가르칠 수 있다며 자기교정 전략을 설명하고 있다. 그들은 낱글자-낱글자 교정과 전체 단어 교정의 방법을 포함한 몇 가지 자기교정 전략을 제안하였다.

낱글자-낱글자 교정에서 학생은 매일 한 칸에 단어가 적힌 철자지를 받는다. 1단에는 학생들이 습득해야 할 단어를 정확한 철자로 써 놓았고, 다음 단에는 정확한 철자 혹은 각 단어의 변형된 철자 유형을 적어 놓고 있다.

1단	2단	3단	4단	5단
target	target	target	target	target
horse	horse	horse	horse	horse

이러한 낱글자-낱글자 교정 활동에서 학생은 교정 표시를 사용해 2~5단에 있는 철자를 정확하게 고친다. 자기교정 활동을 매일 반복하는 것은 학습장애 학생이 단어의 정확한 철자를 학습하는 것을 도울 수 있다. 전체 단어 교정에서도 동일한 5단 형식을 사용하는데, 이때 학생들은 잘못 쓰인 단어를 정확히 고쳐 적는다.

학생들은 자기교정 기술이 향상되면 이 활동 외에 다른 쓰기 과제의 철자에서도 습관적으로 자기교정을 할 수 있게 된다. 물론 이러한 자기교정과 실수를 확인하는 과정은 자기점검의 바탕이 되는 교수적 아이디어의 하나이고, 여러 다른 전략도 개발되고 있다. 교육방법에 관한 수업에서 더 많은 학습장애 학생을 위한 자기점검 기술을 접할 수 있을 것이다.

✻ 요약

이 장에서 논의된 다양한 초인지 중재법은 학업 과제의 완수를 돕기 위한 전략을 계획하고 조직화하는 데 내적 언어를 사용하는 것을 바탕으로 하고 있다. 예를 들면, 캔자스 대학교에서 개발한 학습전략 두문자어는 중등학교의 특정 학업적 과제를 위해 내적 언어를 사용하도록 한다. 이러한 전략은 학습장애 학생을 위한 학급에서 이미 널리 사용되고 있다. 과제 미리 읽기, 이해력 확인하기, 비계설정, 자기교정 등 비특정 전략들은 과제계획을 위해 내적 언어를 사용하도록 하고 있다.

상보적 교수는 읽기이해를 향상시키기 위해 특정 유형의 과제에 대한 아동의 초인지적 계획에 초점을 맞춘 교수방법이다. 이 전략은 잘 짜인 방식에 의해 아동이 읽기자료와 상호작용하는 것을 격려한다.

마지막으로 행동에 대한 자기점검 방법은 학급에서의 적절한 행동과 학업적인 완수를 위해 내적 언어를 사용하는 한 예다. 학생은 속으로 자신에게 질문하는 훈련을 통해 내적 언어에 대한 의존성을 향상시키게 된다.

다양한 관점에서 살펴봤을 때 각각의 초인지 전략과 학습장애에 대한 초인지적 관점의 관계가 명백하게 드러남을 알 수 있다. 초인지적 관점은 학습장애 아동이 교육적 과제에 참여하고 있지 않고 전통적인 방식으로 교육적 과제를 계획하고 있지 않다고 주장한다. 이러한 인식의 결과, 연구자들은 교육적 문제를 해결하기 위해 학생들을 좀 더 책임감 있게 초인지적 계획에 참여시키는 기술의 개발에 초점을 맞추기 시작하였다. 이 장에서 소개한 초인지 전략 모두는 학습장애 학생과 교육 과제 사이에 보다 많은 참여를 보장하기 위한 방법을 찾고 있다. 이는 1985년부터 학습장애 아동 연구의 주요한 주제였고 또 앞으로도 학습장애 학생을 위한 학급에 더폭넓게 적용될 것이다.

다음은 이 장의 주요 내용을 정리한 것이다.

- 초인지 교수 모델은 행동주의적 모델의 관점과 더불어 내적 언어 혹은 자기교수라는 요소를 근거로 하고 있다.
- 초인지는 학생의 학습 과제에 대한 총체적 계획, 과제를 위한 자기교수, 그리고 과제 실행을 위한 자기점검을 포함한다.
- 학습전략은 일반적으로 과제 달성을 위한 자기교수적 절차를 나타내는 두문자어를 기억하도록 요구하고 있다.
- 일부 학습전략은 두문자어를 사용하지 않고 이해력 향상을 위한 특별한 절차를 사용하며 이야기 지도, 이야기 다시 말하기 등이 있다.
- 상보적 교수는 초인지적 관점에 바탕을 둔 교수전략으로 교사 주도의 소집단 이해 활동이다. 여기에는 예측하기, 질문 만들기, 요약하기 및 명료화하기가 포함된다.
- 비계설정은 학습과정 중 결정적 단계에서 아동의 학습을 위해 개별적으로 구성된 지원을 제공하는 것이다.
- 행동에 대한 자기점검은 과제 방향성과 학업적 수행을 향상시키기 위한 초인지 전략이다.

학습문제와 활동

1. 이 장에서 설명한 전략의 일반적인 이론적 배경에 대해 설명하라.
2. 학습에 대한 행동주의적 모델과 인지주의적 모델을 비교 분석하라.
3. 지역 교육청에서 인지전략에 관한 워크숍이 있는지 알아보라. 이 중 캔자스 대학교의 학습전략 연구와 관련 있는 것을 발견할 수 있었는가?
4. 비계설정의 개념을 설명하고 비계설정의 교수적 아이디어를 나타내는 역할극을 꾸며 보라.
5. 초등학교 교육과정에 나타나 있는 몇 가지 기본 읽기 교재를 살펴보고 상보적 교수에 포함된 전략을 찾아보라. 어떤 전략을 찾을 수 있었는지 발표해 보라.
6. 이 장 참고문헌의 논문에 소개된 비특정 전략을 검토해 보고 그 효과를 발표해 보라.

참고문헌

Archer, A. L., Gleason, M. M., & Vachon, V. L. (2003). Decoding and fluency: Foundation skills for struggling older readers. *Learning Disability Quarterly, 26* (2), 89-102.

Ashton, T. M. (1999). Spell CHECKing: Making writing meaningful in the classroom. *Teaching Exceptional Children, 32* (2), 24-27.

Bender, W. N. (2002). *Differentiating instruction for students with learning disabilities: Best practices for general and special educators*. Thousand Oaks, CA: Corwin Press.

Boudah, D. J., Lenz, B. K., Bulgren, J. A., Schumaker, J. B., & Deshler, D. D. (2000). Don' t water down! Enhance content learning through the unit organization routine. *Teaching Exceptional Children, 32* (3), 48-57.

Bowman, J. E., & Davey, B. (1986). Effects of presentation mode on the comprehension-monitoring behaviors of LD adolescents. *Learning Disability Quarterly, 9*, 250-256.

Bruce, M. E., & Chan, L. K. S. (1991). Reciprocal teaching and transenvironmental programming: A program to facilitate the reading comprehension of students with reading difficulties. *Remedial and Special Education, 12* (5), 44-54.

Deshler, D. (2006). An interview with Don Deshler: Perspectives on teaching students with learning disabilities (instructive conducted by Steve Chamberlain). *Intervention in School and Clinic, 41* (5), 302-306.

Dye, G. A. (2000). Graphic organizers to the rescue! Helping students link and remember information. *Teaching Exceptional Children, 32* (3), 72-76.

Ellis, E. S. (1991). *SLANT: A starter strategy for class participation*. Lawrence, KS: Edge Enterprises.

Fogarty, R. (1999). Architects of the intellect. *Educational Leadership, 57* (3), 76-79.

Goddard, Y. L., & Heron, T. E. (1998). Please, teacher, help me learn to spell better: Teach me self-correction. *Teaching Exceptional Children, 30* (6), 38-43.

Hallahan, D. P., Lloyd, J. W., & Stoller, L. (1982). *Improving attention with self-monitoring: A manual for teachers*. Charlottesville: University of Virginia Institute for Learning Disabilities.

Hallahan, D. P., & Sapona, R. (1983). Self-monitoring of attention with learning disabled children: Past research and current issues. *Journal of Learning Disabilities, 16*, 616-620.

Hogan, K., & Pressley, M. (1997). Scaffolding scientific competencies within classroom communities of inquiry. In K. Hogan & M. Pressley (Eds.), *Scaffolding student learning: Instructional approaches and issues* (pp. 74-107). Cambridge, MA: Brookline Books.

Johnson, D. D., Pittelman, S. D., & Heimlich, J. E. (1986). Semantic mapping. *The Reading Teacher, 39,* 778-783.

Korinek, L., & Bulls, J. A. (1996). SCORE A: A students research paper writing strategy. *Teaching Exceptional Children, 28* (4), 60-63.

Larkin, M. J. (2001). Providing support for student independence through scaffolded instruction. *Teaching Exceptional Children, 34* (1), 30-35.

Lenz, B. K. (2006). Creating school-wide conditions for high-quality learning strategy classroom instruction. *Intervention in School and Clinic, 41* (5), 261-266.

McConnel, M. E. (1999). Self-monitoring, cueing, recording, and managing: Teaching students to manage their own behavior. *Teaching Exceptional Children, 32* (2), 14-23.

McIntosh, R., Vaughn, S., & Bennerson, D. (1995). FAST social skills with a SLAM and a RAP. *Teaching Exceptional Children, 28* (1), 37-41.

McLaughlin, T. F., Krauppmam, V. F., & Welch, J. M. (1985). The effects of self-recording for on-task behavior of behaviorally disordered special education students. *Remedial and Special Education, 6,* 42-45.

Michenbaum, D. H. (1971). Examination of model characteristics in reducing avoidance behavior. *Journal of Personality and Social Psychology, 17,* 298-306.

Michenbaum, D. H., & Goodman, J. (1969). The developmental control of operant motor responding by verbal operants. *Journal of Experimental Child Psychology, 7,* 553-565.

Palincsar, A. S., & Brown, D. A. (1985). Reciprocal teaching: Activities to promote reading with your mind. In E. J. Cooper (Ed.), *Reading, thinking, and concept development: Interactive strategies for the class.* New York: The College Board.

Palincsar, A. S., & Brown, D. A. (1986). Interactive teaching to promote independent learning from text. *The Reading Teacher, 39,* 771-777.

Palincsar, A. S., & Brown, D. A. (1987). Enhancing instructional time through attention to metacognition. *Journal of Learning Disabilities, 20,* 66-75.

Prater, M. A., Joy, R., Chilman, B., Temple, J., & Miller, S. R. (1991). Self-monitoring of on-task behavior by adolescents with learning disabilities. *Learning Disability Quarterly, 14,* 164-178.

Rose, T. L., & Sherry, L. (1984). Relative effects of two previewing procedures on LD adolescents' oral reading performance. *Learning Disability Quarterly, 7,* 39-44.

Scanlon, D. (2002). PROVE-ing what you know: Using a learning strategy in an inclusive classroom. *Teaching Exceptional Children, 34* (4), 50-55.

Schumaker, J. B., & Deshler, D. D. (2003). Can students with LD become competent writers? *Learning Disabilities Quarterly, 28* (2), 129-141.

Snider, V. (1987). Use of self-monitoring of attention with LD students: Research and application. *Learning Disability Quarterly, 10,* 139-151.

Welch, M. (1992). The PLEASE strategy: A metacognitive learning strategy for improving the paragraph writing of students with mild learning disabilities. *Learning Disability Quarterly, 15,* 119-128.

Whitaker, S. D., Harvey, M., Hassell, L. J., Linder, T., & Tutterow, D. (2006). The FISH strategy. *Teaching Exceptional Children, 38* (5), 14-18.

학습 목표

1. 멀티미디어의 다양한 구성요소를 설명한다.
2. 인터넷의 다양한 교육적 적용 프로그램을 확인한다.
3. 학생을 위한 여러 가지 인터넷 연구 사이트를 제시한다.
4. 학습장애 학생들을 위해 구체적으로 개발된 다양한 소프트웨어 프로그램에 대해 논의한다.
5. 교수적 사용에 있어 인터넷이나 멀티미디어와 관련된 다양한 고려점을 설명한다.

핵심어

보조공학	SALT	하이퍼카드
PDA	CD-ROM	인스퍼레이션 소프트웨어
멀티미디어	오디오 디지털화 장치	수업 간 교차 프로젝트
카드	디지털 스캐너	사이버 친구
버튼	상황 인지	
스택	앵커드(정착) 교수	

학습장애 학생을 위한 공학

이 장의 개관

✻ 서론

1980년대와 1990년대 교실의 컴퓨터 출현과 함께 학습장애 학생들을 위한 교수 공학 적용의 탐색이 시작되었다(Anderson-Inman, Knox-Quinn, & Horney, 1996; Blankenship, Ayres, & Langone, 2005; Boon, Fore, Burke, & Hagan-Burk, 2006; Castellani & Jeffs, 2001; Ferretti & Okolo, 1996; Hutinger & Clark, 2000; Stanford & Siders, 2001). 어떤 연구자들은 학습장애 성인들을 지원할 중재 방안을 제시하였다(Higgins & Raskind, 1995; Igo, Riccomini, Bruning, & Pope, 2006; MacArthur, 1998).

또 다른 연구 집단은 공학의 적용에 대한 새로운 개발과 관련된 정책을 연구하게 되었다(Hauser & Malouf, 1996; Raskind, Herman, & Torgesen, 1995; Renard, 2000). 컴퓨터 적용이 장애를 극복할 수 있게 해 주는 마법의 약으로 생각될 수는 없지만, 학습장애 학생들이 지니고 있는 어려움을 완화시켜 주는 데 많은 도움을 줄 수 있다는 것이 명백해졌다. 이러한 이유로 학습장애 학생들을 지도하는 교사들은 다양한 컴퓨터 응용 프로그램을 탐색하고 교수 상황에 이용할 수 있는 방법들을 찾아야 한다.

1993년에 이론가 집단은 학습장애인들을 위한 공학 이용에 대해 토론을 하였고(Raskind et al., 1995), 회의에서 여러 가지 적용방법들이 도출되었다. 첫째, 비록 컴퓨터 기반 학습에서 교정과 초기 교수 사이의 구별을 다소 모호하게 인정한 학자들이 있기는 했지만 학습장애 학생들을 위한 공학 적용의 가장 큰 발견은 기억과 수학, 쓰기, 읽기 등의 전통적인 결함 영역들을 개선할 수 있다는 것이었다. 전통적 교실에서 특정한 주제의 초기 교수는 항상 교정적인 활동을 앞선 반면 컴퓨터의 사용은 주제와 관련된 초기 교수와 교정 교수를 동시에 할 수 있도록 하였다. 컴퓨터 보조교수는 학습의 다양한 측면과 관련된 전통적인 경계선들을 흐리게 하였다.

어떤 논의에서는 학습장애 학생들을 위한 판별과정으로 컴퓨터 기반 사정의 사용을 주요하게 다루고 있다(Raskind et al., 1995). 학교에 심리학자가 없는 개발도상국에서는 교사가 학생의 학습장애를 사정하고 판별하는 컴퓨터화된 판별 절차를 통해 서비스를 받을 수 있다. 그러나 컴퓨터를 기반으로 교실 속 상황에서 학습장애의 일부만 보는 사정은 주의해야 한다.

컴퓨터 공학의 다른 적용은 학습장애인을 위해 삶의 질을 크게 향상시킬 수 있는 정보에 대한 접근이다(Raskind et al., 1995). 온라인 데이터베이스와 CD-ROM 정보 시스템은 기존의 백과사전처럼 읽어 내려가는 수고를 덜어 주고, 필요한 정보에 빨리 접근할 수 있게 한다. 그 예로 온라인 데이터베이스와 CD-ROM 환경은 단지 글로만 표현된 것을 넘어서 그래프나 차트, 영상이나 소리 등의 형태로도 정보를 나타낼 수 있게 한다.

마지막으로 공학은 학습장애 학생들의 주목받지 못했던 잠재 능력들을 길러 줄 수 있는 가능성을 보여 준다(Raskind et al., 1995). 연필과 종이만으로 수행하는 것보다 시각적으로 생각하려는 사람들에게 컴퓨터의 적용을 활용한 창의적 가능성을 통해 다양한 과제에 관한 학습능력을 향상시킬 수 있게 하였다.

이러한 가능성들은 큰 성과를 가져왔다. 1999년에 Walker는 다른 교육적 공학 도구들보다 컴퓨터가 더 많은 일을 할 것이라 언급하였다. 교육적으로 널리 이용 가능하고, 무선과 광섬유를 통한 의사소통의 혁명을 가능하게 하며, 인터넷으로 사회 개념의 읽고 쓰는 능력을 효과적으로 높일 것이라고 하였다.

다시 말해서 오늘날 컴퓨터를 유창하게 사용하지 못하는 사람은 문맹자로 취급받고 있다는 것이다. 확실히 학습장애 학생들은 이러한 교수적 선택 개발을 기반으로 이점을 얻기 위한 모든 기회를 제공받아야 한다. 오늘날 공학은 특수교사들의 교수적 선택 폭을 넓혀 주었기 때문에 1997년 이후 미 연방정부의 법률에서 특수교사는 모든 학생들의 개별화교육 프로그램에 **보조공학**(*assistive teehnologies*)의 적용을 고려해야 한다고 요구하고 있다(Lahm & Nickels, 1999). 포함된 선택 목록들을 부분적으로 제시하면 다음과 같다.

- 읽기, 쓰기, 수학과 관련된 교수전략의 개발(Castellani & Jeffs, 2001; Schetz & Dettmar, 2000; Symington & Stranger, 2000; Williams, 2002)
- 실생활에서의 앵커드(정착) 교수(Gersten & Baker, 1998)
- 전 세계를 통한 전자펜팔 프로그램의 마련(Stanford & Siders, 2001)
- 학생들의 전환지원(Morgan, Ellerd, Gerity, & Blair, 2000; Trollinger & Slavkin, 1999)
- 같은 학습 영역에 참여하는 전 세계 다른 수업들과의 연계(Hutinger & Clark, 2000)

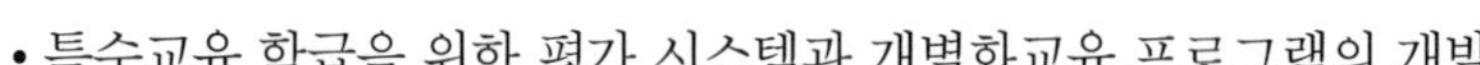
• 특수교육 학급을 위한 평가 시스템과 개별화교육 프로그램의 개발

이러한 목록들이 설명해 주듯이, 새로운 컴퓨터 공학 개발이 지속되면서 특수교육과 일반교육은 큰 변화를 겪고 있다. 보조공학 적용에 대한 철저한 논의는 이 장에서 다룰 범위를 넘어서지만, 다양한 유형의 소프트웨어의 간략한 개요들은 학습장애 학생들을 위한 보조공학의 중요성을 이해하는 데 기여할 수 있다.

읽기 영역과 관련된 다양한 보조공학 적용을 검토하는 동안, Castellani와 Jeffs(2001)는 많은 유형의 소프트웨어들이 학습장애 학생들을 위한 읽기교수를 크게 향상시킬 수 있음을 확인하였다. 예를 들어, 텍스트 읽기 소프트웨어는 컴퓨터가 글을 읽고 단어별 혹은 철자별로 강조를 해 주면서 철자 확인이나 긴 단어 제시, 용어의 정의와 같은 학습을 할 수 있게 한다. 시각적인 개념 조직 소프트웨어는 학생들의 학습에 있어 그래픽 조직자나 공부내용에 대한 의미망 템플릿을 제공해 준다(Boon et al., 2006; Royer & Royer, 2004). 쓰기를 위한 그래픽 기반 소프트웨어는 스토리 보딩과 작문의 틀을 위한 템플릿을 제공해 준다. 또한 편지, 이력서, 개요 짜기, 보고서 등과 같은 특정 유형의 문서와 관련된 다양한 쓰기 템플릿을 제공한다.

이러한 공학들이 학습장애 학생의 교육을 어떻게 강화시키는지에 관한 예를 가지고 Williams(2002)는 학습장애 학생들의 교육적 노력을 제시하였다. 학습장애 학생인 J. T.는 통합된 일반학급에서 보내는 시간이 증가되었지만 단어를 쓰는 데 너무 오래 걸려 쓰기 숙제에 어려움을 보였다. speech-feedback component(J. T.가 쓴 것을 컴퓨터가 읽는)와 word-prediction software(J. T.가 단 두세 철자만 쓰면 컴퓨터가 그가 쓰려고 하는 단어를 예측하여 완성된 단어로 제공해 주는)의 사용은 J. T.의 쓰기 활동을 크게 강화시킬 수 있고 그가 더 빨리 쓰는 것을 배우게 해 준다. 이는 현재 적용 가능한 보조공학의 일부만을 보여 준 것이고, 보조공학을 널리 사용하게 된다면 학습장애 학생의 학업 생산성을 크게 강화시킬 수 있다.

그러나 교수를 위한 공학의 기능적 활용에 있어 학교들이 가야 할 길은 아직 멀다. 오늘날 세계는 고용인에게 컴퓨터와 적절한 소프트웨어, 그에 따른 훈련이 제공되지 않으면 사업이 이루어질 수가 없는데도, 많은 공립학교의 학생들은 여전히 컴퓨터로의 접근을 제한받고 있다. 학교들은 모든 학생들이 컴퓨터를 활용하여 학업을 할 수 있게 해야 한다. 또한 소형 노트북 컴퓨터(대량으로 생산하고 구매하면 상대적으로 더 저렴한 가격인)와 최소 크기의 소프트웨어 사용은 공립학교 학생들이 쓰는 교과서 구매 가격보다 더 저렴할 수가 있다. 확실하게 교사들은 모든 학생들, 특히 학습장애 학생들을 포함한 교육방법의 변화를 예상해야만 한다.

교육에서 보조공학의 폭발적인 성장으로 인하여 현재 많은 주는 모든 교사들에게 보조공학에 관한 구체적 교수를 원하고 있다. 예를 들어, 조지아 주에서는 모든 교사들이 보조공학에 관한 3학제 과정을 수강하여 공학 관련 능력을 갖추도록 요구하고 있다. 게다가 미국 특수교육협의회에서는 관련 전문가들을 모아 학습장애 학생의 교사들이 습득해야 하는 보조공학 능력에 대한 목록을 작성하게 하였다(Lahm & Nickels, 1999). 51가지 공학 관련 능력은 다음 여덟 가지 영역으로 나누어질 수 있다.

1. 보조공학의 철학적, 역사적, 법적 기초
2. 공학의 영향을 받는 학습자들의 특성
3. 공학 사용에 대한 사정, 진단과 평가
4. 교수공학 내용과 실제
5. 학습환경 계획과 관리를 위한 공학
6. 학생 행동관리를 위한 공학
7. 의사소통과 협력적 관계를 위한 공학
8. 보조공학 적용에 관한 윤리적 실제

교사들은 학교에서 보조공학의 중요성이 높아짐으로써 인종적으로 다양한 배경이나 빈부 격차를 넘어서 모든 학생들을 포함하는, 그들의 학습을 향상시킬 수 있는 보조공학에 대한 접근이 가능해질 수 있도록 보장해야만 한다(Brown, Higgins, & Hartley, 2001). J. T.와 같은 학습장애 학생들을 위한 보조공학의 의도적 혹은 비의도적 거부는 그들의 교육적인 노력에 부정적인 영향을 줄 수 있고, 교사들은 이와 같은 상황을 바꾸기 위해 계속 주의를 기울여야만 한다. 우리의 학습장애 학생들은 우리가 제공할 수 있는 최선의 교수를 제공받을 자격이 있다. 이러한 다양한 상황에 여러 유형들의 보조공학이 제공될 수 있다.

이 장에서는 학습장애 개인들을 위해 최근 개발되고 있는 컴퓨터 공학적 정보들을 제시하고 공학이 앞으로의 교실 안에서 올바르게 사용될 수 있는 방향을 제시하고자 한다. 어떤 유형들은 문헌자료에서 광범위하게 논의되고 있는 반면 완벽하게 탐색되지 못한 최신의 개발품도 있다.

해당 응용 프로그램에 대한 간략한 설명 후, 최근 개발된 몇몇 컴퓨터 기반 교수 프로그램을 중점적으로 두어 살펴보겠다. 멀티미디어 공학 적용을 통한 강화된 교수 내용과 인터넷 교수 선택을 제시하고자 한다.

✻ 공학의 적용

컴퓨터 응용 프로그램

많은 표준 컴퓨터 소프트웨어 프로그램은 학습장애 학생들을 위해 사용될 수 있다(Lahm & Nickels, 1999; Raskind, 1993; Raskind & Higgins, 1998). 예를 들어, 워드프로세싱 시스템은 학생들이 작업한 것을 출력하기 전에 문장 구성의 오류 들을 검토할 수 있도록 한다. 최근 상업시장에서 구두점, 문법, 어법을 확인해 주는 교정 프로그램을 얻을 수 있을 것이다. 이런 프로그램들은 학습장애 학생들의 작문 기술을 크게 향상시켜 줄 수 있다(Schetz & Dettmar, 2000; Strassman & D' Amore, 2002).

다양한 워드프로세싱 시스템에 설치된 맞춤법 검사 시스템은 학습장애 학생들에게 특히 유익할 수 있다(Ashton, 1999; Raskind, 1993). 이 시스템은 교정 프로그램처럼 학생이 오류를 주의 깊게 검토하면서 주의산만해지지 않고 작문할 수 있도록 만들어 준다. 학생은 작문을 하고 프로그램의 맞춤법 검사를 실시한다. 그러나 Raskind(1993)는 맞춤법 검사에 의해 제공된 단어 목록에서 옳은 단어의 선택이 학습장애 학생들에게는 어려운 과제일 수 있으므로 단순한 맞춤법 검사 패키지의 사용으로 그들을 실패로 이끄는 것에 관해 주의해야 한다고 말한다.

많은 학습장애 성인들이 부족함을 보이는 기술은 그들의 일상을 조직화하는 능력이다. 예를 들어, 학습장애 대학생을 위한 많은 보조 프로그램들은 장기 과제를 해결하기 위해 활동시간을 계획하는 데 도움을 주는 여러 유형의 구조화 훈련들을 포함한다. Raskind(1993)는 일반적으로 PDA로 불리는 개인자료 관리자(personal data assistants)의 경우 데이터 관리의 컴퓨터화된 프로그램이 조직화 문제를 지원할 수 있을 것이라 한다. 이처럼 여러 재정관리 컴퓨터 프로그램들은 학습장애인들

이 은행 업무를 볼 수 있는 기술을 향상시켰다(Raskind & Higgins, 1998).

학습장애 중등학생들은 학교에서 그들의 미래 수행 능력을 향상시키기 위해 이러한 시스템들의 사용에 대해 배워야만 한다. 학습장애 학생들의 교사는 키보드를 사용하는 기술, 컴퓨터를 이용하는 기술 등에 대한 교수를 중등부부터 학생들의 개별화교육계획에 포함시켜 지도해야 한다. 또한 많은 교사는 학습장애 학생들에게 특별한 동기를 부여해 줄 수 있는 컴퓨터 사용의 재미있고 신기한 면들을 찾아내야 한다. 동기부여가 된 학생들은 종이와 펜으로만 수행해야 해서 성공하지 못했던 과제들을 컴퓨터(편집이나 수정을 포함하는)를 이용하여 완수할 수 있을 것이다.

보조공학

많은 연구자들은 학습장애 성인과 아동들의 생활이 보조공학으로 인해 상당히 편리해지고 있음을 확인하였다(Blankenship, Ayres, & Langone, 2006; Morgan et al., 2000; Raskind, 1993; Raskind & Higgins, 1998; Symington & Stranger, 2000; Williams, 2002). 보조공학은 시각장애인을 위한 인쇄물 확대 시스템, 음성 출력장치, 확대 키보드 등을 포함한다. 보조공학은 다른 유형의 장애 학생들을 위해 개발되었지만 학습장애 학생들에게도 적절히 적용될 수 있다.

몇몇 이론가들은 학생의 문자 언어를 향상시키기 위한 혹은 때로는 촉진하기 위한 말 인식 시스템의 활용을 논의하였다(Raskind & Higgins, 1998; Williams, 2002). 현재 이용 가능한 정교한 시스템은 특정 개인이 말한 것을 인지하여 말한 단어들을 글자로 전환할 수 있도록 프로그램화된 것이다. 이러한 시스템에서 사용자는 마이크를 통해 천천히 정확하게 말하고, 시스템을 통해 이해된 단어들을 화면에 나타나게 한다. 선택되어 나타난 단어가 틀린 경우, 사용자는 화면에 있는 메뉴에서 옳은 단어를 선택한다. 어떤 시스템은 분당 50~70개의 단어들을 해석할 수 있다(Raskind & Higgins, 1998). 이러한 프로그램은 구어 기술이 문어 기술보다 뛰어난 학습장애 학생들이나 혹은 초기 쓰기 학습자를 위해 말한 것을 쓰기로 전환하여 학교 과제를 완성시킬 수 있는 방법을 제공한다. 나아가 해당 시스템은 문서를 말한 개개인 목소리의 음운론적 특성을 자동적으로 배우게 한다. 이는 향후 과제에서의 오류를 줄일 수 있다.

약어 확대기는 빈번하게 사용되는 용어에 대한 약어를 개발하게 하고, 컴퓨터는 해당 약어를 확장하게 된다(Raskind & Higgins, 1998). 예를 들어, 학생이 무척추동물(invertebrate)과 척추동물(vertebrate)에 대한 비교를 써야 할 때 간단하게 무척추동물과 척추동물을 각각 'inv'와 'ver'로 유형화하면 컴퓨터는 해당 약자의 원래 단어를 풀어내어 알게 해 줄 수 있다. 이는 학습장애 학생들의 쓰기 과제 속도를 향상시켜 줄 수 있다.

음성 합성과 화면 읽기 기능들 또한 유용하게 사용되고 있다. 음성 합성장치는 음성을 산출한다. 화면 읽기장치와 결합되면 컴퓨터는 학습장애 학생들에게 화면에 나타난 문서를 읽어 줄 수 있다(Raskind & Higgins, 1998). 이는 학생들에게 읽기를 시도하는 효과적인 도구이며 학생들의 학습 기술을 향상시켜 줄 수 있다. 또한 해당 프로그램들은 각각의 단어들의 시각적으로 읽는 부분을 표시해 주면서 읽을 수 있게 해 준다.

많은 다양한 보조공학 기기의 사용도 가능하다. 개인 청취 시스템은 연설자와 강연자에게 주의집중을 위한 보조 역할을 한다(Raskind & Higgins, 1998). 학습장애와 관련된 이러한 다양한 보조공학들의 적용은 앞으로 교수적 접근의 확대에 큰 가능성을 가지고 있다. 신임교사로서 당신은 앞으로 교실에서 보조공학의 이용과 컴퓨터 보조교수의 사용방법을 지속적으로 연구해야 한다.

✻ 멀티미디어 강화학습

학습장애 분야에서 학생들을 위한 멀티미디어의 응용이 크게 증가되었다(Glaser, Rieth, Kinzer, Colburn, & Peter, 1999; De La Paz & Mcarthur, 2003; McArthur & Haynes, 1995; Wissick, 1996; Wissick & Gardner, 2000; Xin, Glaser, & Rieth, 1996). 이러한 교육적 강화의 적용은 학습장애 학생의 눈에 띄는 학업적 성과를 만들고 학습을 크게 향상시켰다. 결과적으로 모든 교사는 흥미로운 컴퓨터 강화교수 혁신의 적용을 둘러싼 교수 프로그램을 계획해야 한다.

멀티미디어와 학습자 관리

멀티미디어(*Multimedia*)는 컴퓨터가 텍스트 자료와 추가적인 설명자료를 연결시

킴으로써 텍스트를 강화하기 위한 컴퓨터 공학의 사용을 의미한다. 멀티미디어에서 텍스트는 주제 문장의 확인, 전치사와 직접목적어 간의 연결, 대명사에 대한 설명 등과 같은 텍스트에 대한 추가적인 정보를 찾을 수 있는 선택을 함께 보여 준다(MacArthur & Haynes, 1995). 멀티미디어는 사용자에게 한 가지 주제에서 그와 관련된 설명이나 새로운 내용을 탐색할 수 있도록 한다. 이러한 특정 개념에서 다른 연관 개념으로의 자유로운 이동은 학습장애 학생들을 위한 강력한 교수강화 도구다.

멀티미디어 기반 교수의 중요한 특징을 더 잘 설명하기 위해 역사 흐름에 따른 교수적 단위를 고려해야 한다는 것이다. 30여 년 전에는 교사가 역사와 관련된 특정 주제를 가르칠 때 그와 관련된 영사 슬라이드나 텍스트를 가지고 설명하였을 것이다. 교과서와 영사 슬라이드는 이미 정해져 있는 형식으로 정보를 1차원적으로 나타내기 때문에 1차원 미디어라 한다. 필름은 연속적으로 틀을 통해 보이고, 텍스트는 책의 저자가 미리 정해 놓은 순서에 의해 한 부분이 읽히는 것이다(Bender & Bender, 1996). 가령 미국 남북전쟁에 대한 장면을 영사슬라이드로 본다면 학생 특정한 틀과 관련된 주제를 생각하는 동안 교사가 지시하는 질문에 대한 답과 그에 관한 장면들이 영사슬라이드로 제시될 때까지 기다려야만 하거나 다른 수단을 이용하여 답을 찾아내야 한다. 예가 설명하듯, 대부분의 전통적인 교실의 수업은 여전히 1차원적인 방법을 적용한다. 이는 자료의 제시가 필름 내용, 교사, 문서, 발표 형식과 같은 결정된 순서에 의해 제시됨을 의미한다.

멀티미디어 수업은 1차원적이지 않다. 멀티미디어를 사용하는 학생은 질문이 있거나 관련 주제가 기억났을 때 즉시 컴퓨터의 정보 자원에 접근하여 그에 대한 내용과 관련된 주제, 질문에 대한 답을 얻을 수 있다. 학생이 수업시간 동안 언제나 다른 정보를 보고 미리 정해진 수업으로 돌아가거나 다시 선택적인 공부를 지속할 수 있음을 의미한다(Wissick & Gardner, 2000). 멀티미디어는 많은 가지들로 이루어진 나무라고 생각할 수 있다. 모든 학생들은 같은 뿌리와 몸통을 가지고 시작하지만 그들이 가진 호기심과 질문들에 따라 어느 순간에 다른 정보로 가지들이 나올 수 있을 것이다.

읽기 학습장애 학생들이 특히 효과를 얻을 수 있다. 한 예로 어떤 학생이 텍스트를 읽으나 대명사가 포함된 문장을 이해하기 어려워하는 경우(대명사가 가리키는 것이 무엇인지를 이해하는 것은 많은 학습장애 학생들이 어려워하는 부분이다.)를 생각해 보자. 학생은 텍스트를 읽는 것을 잠시 멈추고 텍스트에서 대명사들의 뜻에 대한 복습을 선택한다. 컴퓨터는 즉시 대명사를 강조해 주고, 해당 텍스트에서 의미하는 옳은 뜻을 찾아준다. 그리하여 학생은 읽던 텍스트로 다시 돌아가 읽기를 계속할 수 있다. 컴퓨터에서는 강화된 텍스트 유형이 가능하지만 전통적인 교과서 읽기 과제에서는 그렇지 않다.

목표를 포함한 정보 조직을 위한 많은 멀티미디어 패키지들의 사용방법을 스택과 카드라고 부른다. 카드는 그래픽이나 텍스트의 형식으로 이루어진 정보들을 단 하나의 컴퓨터 화면에 나타내게 하고 학생이 마우스로 클릭하여 나타난 화면의 버튼(*buttons*)은 사용자가 다른 카드들을 볼 수 있게도 한다. 카드는 대명사 지시 대상, 문단에서 주제 문장 확인, 읽은 문단에서 차트나 다이어그램이 나타난 화면으로의 전환을 포함할 수도 있다. 다이어그램 형식을 통해 정보를 보는 것은 학생이 읽기 자료만 볼 때보다 더 많은 정보를 이해하게 한다. 스택(*stack*)은 카드들을 모은 것으로 생각할 수 있을 것이다(색인 카드의 스택으로 가장 잘 시각화할 수 있다.). 각각의 카드들에서의 버튼의 사용은 학생이 무슨 정보가 제시되었는지 조정할 수 있게 해 주고 정보가 일차원적인 형태로 나타내지 않을 수 있게 해 준다. 멀티미디어 수업에서 학생은 관심사에 따라 선택하고, 6번의 카드에서 직접 86번 카드로 갔다가 8번 카드로 올 수 있게 한다. 학생은 정보 제시 순서를 선택하는데, 이는 전체 정보를 통제할 수 있게 해 준다.

멀티미디어 프로그램에서 요구에 따라 적거나 많은 카드들을 포함하는 스택들이 있다. 그 예로 [그림 12-1]은 Bender와 Bender(1996)가 처음으로 발표한 플로리다의 세인트 오거스틴에 대한 정보를 포함한 간단한 멀티미디어 스택의 예다.

첫 번째 카드에서는 학생들에게 다섯 가지 선택을 준다. 마우스를 이용하여 '영상'이라는 버튼을 클릭하면, 학생은 세인트 오거스틴의 항구를 따라 마차로 투어하는 영상을 볼 수 있다. '식민지' '위치' '기후' 등을 클릭하면 학생은 그에 따른 정보들도 화면으로 볼 수 있다. 화살표를 클릭하면 1차원적인 형식으로 스택을 통해 움직일 수 있다.

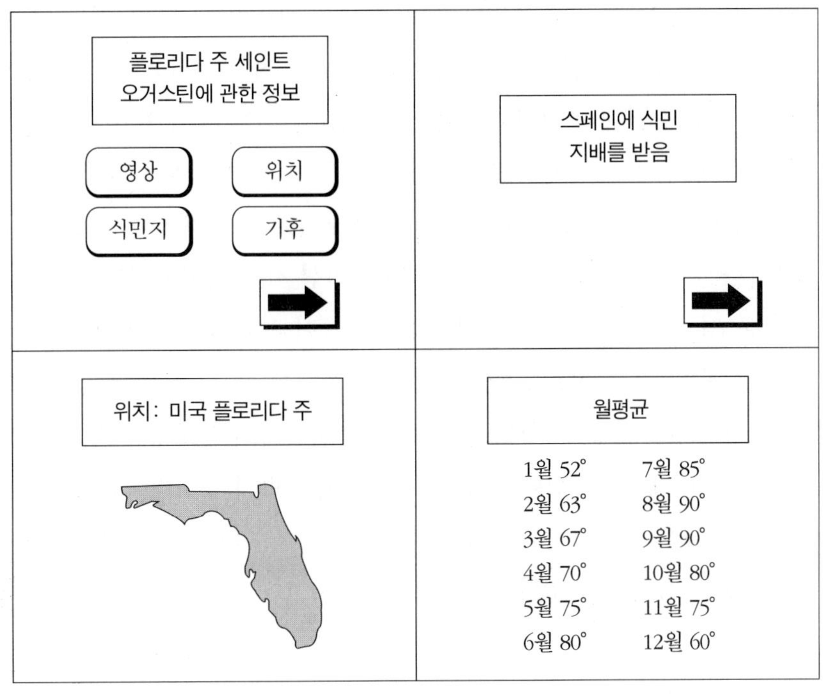

[그림 12-1] 간단한 스택

출처: *Computer-Assisted Instraution for Students at Risk for ADHD, Mild Disabilities, or Academic Problems* by R. L. Bender and W. N. Bender, 1996, Needham Heights, MA: Allyn and Bacon에서 허락하에 전재.

학습장애 학생을 위한 멀티미디어 교수

학습장애 학생들을 위한 많은 멀티미디어 소프트웨어 패키지들이 개발 · 사용되고 있다(Ashton, 1999; Cawley & Foley, 2002; Inspiration Software, 2000; Symington & Stranger, 2000; Wissick & Gardner, 2000). MacArthur와 Haynes(1995)는 SALT(*Student's Assistant for Learning from Text*)라는 멀티미디어 텍스트 향상 시스템을 설명하였다. 이 프로그램은 교사가 다양한 읽기이해 지원을 제공해 강화된 형태의 교과서를 개발할 수 있게 한다.

일단 SALT 시스템을 실행시켜 텍스트 선택이 진행되면 보충자료, 설명, 자료에서 특정 단어 해독을 위한 추가적인 지원과 같은 강화들이 제공될 수 있다. 단락 속의 중심 생각이 빨간색으로 제시될 수 있고, 단락마다 서로 다른 색으로 나타내고, 용어들에 대한 설명도 제시된다. MacArthur와 Haynes(1995)에 따르면 SALT 시스템을 9~10학년 학습장애 학생들의 과학 교과서 지도에 사용한 결과, 학습장애 학생들 스스로 간단히 조작하여 올바른 정보를 선택한 것이 학습 능력의 향상에 크게 기여하였다. 멀티미디어 프로그램은 일반적으로 여러 다른 유형의 미디어 조합들을 포함한다(Ferretti & Okolo, 1996; Wissick, 1996). 여기에는 음악이나 음성 등을 재생하는 오디오 시스템, 텍스트 프레젠테이션 시스템, 비디오테이프 프레젠테이션, 짧은 영상 클립, 그래픽과 애니메이션 등이 포함될 수 있다. 멀티미디어 프로그램의 사용은 학생들이 주제를 선정하여 선택할 수 있는 범위를 제공한다. 기술적 자료읽기, 4분 정도의 비디오테이프나 영사 슬라이드 보기, 개념 조직을 위한 도형 개발하기, 애니매이션화된 내용 복습하기, 사람의 목소리나 오디오테이프로 음악을 듣기 등이 포함될 수 있다. 이러한 것들은 컴퓨터를 통해 학생이 순간순간 조절하는 동안 제시될 수 있다.

교실에서의 멀티미디어 하드웨어

세계적인 멀티미디어 소프트웨어를 탐색하기 위해 학생과 교사는 단순한 컴퓨터와 프린터를 넘어선 추가적인 하드웨어가 필요하게 될 것임이 명백하다. 멀티미디어 프레젠테이션 하나를 위해서도 교사는 CD-ROM과 교실의 프로젝션 시스템 사용을 포함하는 다양한 멀티미디어 프레젠테이션 형식들을 갖추어야 한다.

CD-ROM 디스크는 대량의 정보들을 저장할 수 있다. CD-ROM 디스크는 음악 CD와 같이 생겼고, 소리뿐만 아니라 사진, 영상, 텍스트 등을 저장할 수 있다. CD-ROM 드라이브는 오늘날 교실에서 가장 많이 사용하는 표준 컴퓨터 시스템 장치이지만 추가적으로 구매를 할 수도 있다. 이러한 디스크 유형은 구체화된 백과사전과 예술도서, 시뮬레이션 프로그램과 같은 참고자료들을 정보 컴퓨터에 장착하기 위해 폭넓게 사용된다. 이러한 자료는 학생 스스로 공부할 때나 교사가 수업을 준비할 때도 도움을 줄 수 있다.

멀티미디어 프레젠테이션을 위해 소집단에서 컴퓨터 모니터와 스피커가 교실에서 사용되는데 전체 학생들이 사용하려면 조정을 해 줄 필요가 있다. '스캔 변환기' 시스템은 몇몇 다른 선택을 포함하고 있다. 하나는 교실에서 컴퓨터를 쓸 때에 프로젝션 시스템을 이용하여 큰 텔레비전 모니터(25~30인치 정도)에 컴퓨터 화면

이미지를 나타내는 것이다. 두 번째 대안은 LCD(liquid crystal display) 패널을 활용하는 것이다. 패널은 컴퓨터와 연결되어 오버헤드 프로젝터 위에 놓인다. 그 결과 오버헤드 프로젝션에 의해 모니터 위에 있는 것이 무엇이든지 교실 앞 프로젝션 화면에 투영된다. LCD 패널은 흑백 버전과 컬러 버전 모두 널리 사용되고 있다. 마지막으로 다양한 프로젝션 시스템은 텔레비전 모니터나 스크린에 직접 컴퓨터 이미지를 영사(투사)하는 것이 가능하다.

위에 제시된 하드웨어는 멀티미디어 형식에서 개발된 정보를 나타내는 데 필요하다. 그러나 많은 교사와 학생들은 멀티미디어 환경 속에서 그들만의 프레젠테이션을 만들어 내는 데 추가적인 하드웨어를 요구하게 된다.

새로운 멀티미디어 가능 컴퓨터를 구매하거나 교실에 이미 있는 컴퓨터에 추가적으로 장비를 설비할 수 있다. 예를 들어, **오디오 디지털화 장치**(*audio digitizer*)는 학생들이 컴퓨터 프레젠테이션을 위해 오디오 부분을 만들어 낼 수 있게 한다. 오디오는 멀티미디어에서 중요한 부분으로 음악, 소리 효과, 음성 등을 포함한다. 많은 멀티미디어 프로그램은 미리 녹음된 고음질의 소리들을 담는다. 그러나 어떤 경우 사용자들은 자신의 소리를 녹음하고, 오디오 디지털화 장치를 이용하여 오디오를 녹음할 수 있다. 디지털화 장치는 디지털 신호를 소리로 변환하고 전자적인 형식으로 저장할 수 있다. 사용자는 오디오 디지털화 장치의 마이크를 통해 실행할 수 있는 다양한 옵션들을 가질 수 있다.

시각적인 이미지들은 멀티미디어에서 다양한 방법으로 통합될 수 있다. 몇몇 멀티미디어 소프트웨어는 그래픽 패키지를 포함한다. 그에는 사용자들이 그림을 그릴 수 있게 하거나, CD-ROM 또는 디지털카메라 등과 같은 다른 재료에서 사진들을 가져올 수 있게 한다. 사용자들은 또한 **디지털 스캐너**(*digital scanner*)를 통해 그들 자신의 컴퓨터 이미지를 만들 수 있다. 스캐너는 책 속의 삽화나 사진과 같은 평면의 시각적인 이미지들을 복사해 준다. 교사나 학생들은 보고서를 쓸 때 지도, 만화 등의 인쇄된 자료들을 보고서에 인용할 수 있다.

멀티미디어의 교수적 이용

몇몇 저자들은 멀티미디어 패키지가 생겨나기 이전에 사용했던 교수법에 대하여 설명하고 있다(Okolo & Ferretti, 1996; Wilson, 1991; Wissick & Gardner, 2000).

수업에서의 멀티미디어 교사들은 상업적으로 다양하게 시판된 멀티미디어 프레젠테이션을 학생 개개인이나 그룹을 위해 사용할 수 있다. 예를 들어, 천문학 수업을 진행할 때에 교사는 소프트웨어 프로그램을 사용하여 달과 여러 행성들의 움직임을 보여 줄 수 있다. 멀티미디어 패키지는 우주선으로부터 찍은 영상을 보여 줄 수도 있다. 이러한 프로그램들은 학습장애 학생들에게 '높은 흥미를 유발하는' 교수적 도구로서 제공될 수 있다.

수업 프레젠테이션을 위해 멀티미디어 준비시간을 최소화한다. 수업하기 전, 교사는 CD-ROM 정보를 설치해 놓아 수업시간 동안 학급 학생들에게 보여 주어야 한다. 대부분의 경우 디스크들은 스캔이 될 때 바코드와 정보에 대한 목록이 포함된 매뉴얼을 가지고 있어 모니터에 정보들을 나타난다. 교사는 수업 시 정보를 제시하기 위해 맞는 바코드를 스캔하는 것이 필요하다. 교사는 수업 동안 다른 자료를 제시하는 것이 아닌 직접적으로 상관있는 자료만을 제시하는 것이 필요하다. 다시 말해, 정보의 프레젠테이션은 직접적으로 통제되고 1차원적이지 않아야 한다.

멀티미디어 교육 소프트웨어 프로그램을 사용하기에 앞서 한 가지 명심해야 할 것은 학생의 학습장애와 관련된 전반적 학습 특성에 대한 평가를 해야만 한다는 것이다(Bender & Bender, 1996). 멀티미디어를 사용한 교수는 앞으로도 유망한 분야이지만, 프로그램이 학생에게 효과적이기 위해서는 동기부여와 상호작용성을 지녀야 할 것이다.

Keller와 Keller(1994)는 교실에서 소프트웨어 사용에 앞서 평가되어야 할 점들에 대한 사정과정의 틀을 개발하였다. 이 과정은 소프트웨어의 네 가지 상호작용 요소와 네 가지 동기부여 측면에 대한 고려점을 담고 있다.

네 가지 상호작용 관련 구성요소는 학습자 조절, 자극 특성, 학습자 반응 그리고 결과다. 학습자 조절은 학생의 교수자료에 대한 속도, 연속성, 선택이다(예: 내용에 대해 복습을 할 때와 프로그램 안의 내용을 형성할 때에 학생이 선택한 것을 넣는 것). 자극 특성은 내용을 제시하고 어떻게 나타낼 것인지에 대한 것을 말한다. 학습자 반응은 노트 필기나 문제를 풀 때의 사소한 반응뿐만 아니라 학생으로부터 예상되는 감정적인 반응들도 포함한다. 그리고 결과는 학생반응의 결과를 프로그램에 포함시키는 것을 말한다.

동기부여 측면은 학습장애 학생의 동기를 유지시키고 촉진하기 위해 멀티미디어 수업에서 고려되어야 한다. 첫째, 학생의 주의가 집중되어야 한다. 둘째, 수업은 학생의 이전 경험과 연결되는 내용을 기반으로 이루어져야 한다. 셋째, 수업은 학생이 성공할 수 있다는 자신감을 심어 줄 수 있어야 한다. 넷째, 학생의 학습 경험으로부터 어느 정도의 만족도를 느껴야 한다. 학습장애 학생들이 주의집중과 동기부여에 특히 어려움을 가지기 때문에 이러한 동기부여 측면은 더욱 중요하다.

수업 프레젠테이션에 덧붙여, 멀티미디어는 학습장애 학생들을 위한 앵커드(정착) 교수의 중요한 기회를 제공한다. 7장에서 살펴봤듯이, 앵커드(정착) 학습 수업은 학습될 필요가 있는 기술들과 그것의 실제 문제 상황에 정착된 세계로의 적용 관계를 구체화하는 것이다(Bottage, Heinrichs, Chan, & Serlin, 2001; Cawley & Foley, 2002; De La Paz & MacArthur, 2003). **상황 인지(*situation cognition*)**는 이러한 개념에 대한 다른 용어다(Gersten & Baker, 1998). 멀티미디어 환경은 교사와 학생에게 사실적인 현장학습을 할 수 있는 기회를 주고, 학생이 실제 생활 속 장면에서 자신들의 지식을 적용할 수 있게 해 준다. 많은 실생활에서의 이용 기회들은 교실에서 똑같이 재현될 수는 없지만, 멀티미디어 프로그램의 사용과 컴퓨터 공학은 교사가 시뮬레이션에서 앵커드(정착) 교수나 실제생활 학습 장면의 비디오 재생을 통해 거의 밀접한 교육을 할 수 있게 한다. 이러한 인지연습은 실생활 상황과 관련된다(Gersten & Baker, 1998; Xin et al., 1996).

예를 들어, Glaser, Rieth, Colburn과 Peter(1999)는 앵커드(정착) 교수(*anchored instruction*) 수업에서 멀티미디어를 활용하여 제1차 세계 대전와 제2차 세계 대전이 일어난 직 후의 미국 사회와 관련된 역사적인 내용을 가르쳤다. 그 기간의 사회적인 문제들을 나타내는 두 가지 앵커(anchor)가 선택되었다. 이 경우 두 가지 비디오, 즉 〈앵무새 죽이기(To Kill a Mockingbird)〉와 BBC의 퀴즈 프로그램 〈시간을 벌다(Playing for Time)〉가 사용되었다. 학생들은 앵커드(정착) 교수 수업에서 4단계 활동을 하게 된다. 첫째, 수업에서 사용된 시대의 앵커로서 비디오를 시청한다. 그다음에는 비디오 장면들을 회상하여 이야기한다. 셋째, 주인공의 성격에 대해 토론한다. 마지막으로는 시대의 사회문제들에 대한 조사를 완료한다. 교실 토론은 각 단계마다 적용되며, 학생들은 1930년대 사회의 인종문제나 여성의 역할문제와 같이 영화 속에 나타난 주제를 '뛰어넘은' 다양한 내용들에 대해 토론하도록 격려받으며, 정확한 앵커로서 결정을 내리게 된다. 결과적으로 시대에 관한 학생들의 질문이 늘어나면서 학생 이해도의 복잡성과 질적 향상이 나타났다. 연구에서 나타난 것처럼 전통적인 역사자료에서 진행된 틀에 박힌 정적인 '문어 형식' 보다는 멀티미디어 환경이 풍부한 실제 세계 앵커를 가진 과학, 역사, 건강 등을 보여 줄 기회를 제공하고, 이는 더욱 흥미로운 학습과 깊은 인지적 경험을 가능하게 한다.

학생이 참여하는 연구 멀티미디어 사용과 관련된 두 번째는 학생이 참여하는 연구다(Trollinger & Slavkin, 1999; Wilson, 1991). 전통적으로 학생들은 질문에 대한 답을 찾거나 주제에 대한 연구를 하기 위해 도서관에 가거나 교실 안의 참고문헌들을 사용하곤 했다. 도서관에서 그들은 책, 백과사전, 필름 등을 접하곤 했다. 오늘날의 학생들은 많은 주제에 대한 정보를 찾으려 할 때 교실 안에 있는 백과사전과 같은 참고자료가 들어 있는 CD-ROM을 참조하면 된다. 멀티미디어의 상호작용적인 기능으로, 학생들은 특정 주제를 학습하기 위해 구체적인 백과사전과 같은 CD-ROM 속의 정보를 사용할 수 있다. 이를 통해 학생들은 그들만의 속도로 정보에 접근하고 찾아낼 수 있는 것이 가능하다. 이는 학습장애 학생들의 학습을 크게 향상시킬 수 있게 한다.

다시 말하지만, 학생들은 그들의 손가락으로 정보를 넣으면 멀티미디어 하드웨어가 정보를 다차원적인 양식으로 제시한다. 예를 들어, 학생은 하나의 질문에 대한 답을 읽을 때 두 번째 질문에 대한 생각을 하고 있을지 모른다. 멈추어 두 번째 질문에 관한 정보를 담은 책을 찾는 것이 아니라 이 경우 학생은 즉각적으로 두 번째 질문을 택할 수 있다. 그리고 학생이 두 번째 질문을 끝낼 때는 첫 번째 질문으로 돌아가거나 다른 주제에 대한 생각을 하고 있을 수 있다.

그러나 이러한 이동의 자유는 점검되지 않는다면 결점이 될 수 있다. 극단적인 과잉행동성을 가진 학생이 한 가지 흥미로운 시각적 이미지를 보고 다른 시각적인 이미지에 흥미를 가져 10초마다 클릭한다고 상상해 보라(Wissick & Gardner, 2000). 이런 상황에서 학습이 일어났다고 할 수 있을까? 사실 주의집중이나 문제의 조직화에 어려움을 느끼는 많은 학습장애 학생들에게 멀티미디어의 즉각적인 접근을 통한 선택들은 축복 아니면 불행이 될 수 있다. 혁신적인 멀티미디어 프로그램들은 많은 학생들이 즉각적으로 흥미 있는 주제에 대한 정보의 이용을 가능하게 하지만, 교사는 그들의 선택이 과제를 유지하게 하는지 혹은 단순히 대부분의 멀티미디어 프로그램이 제시하는 선택과 기회 간의 빠른 움직임은 아닌지 지켜보아야만 한다. 즉, 정보의 조직화에 문제가 있는 학생들이 멀티미디어가 나타내는 거대한 선택들 사이에서 '길을 잃을 수' 있고, 교사는 이러한 상황에서는 학습이 거

의 일어나지 않기 때문에 능동적으로 대처해야 한다(O' Neil, 1996).

학생을 위한 저작 시스템 수업 프레젠테이션들에 멀티미디어를 사용하면서 수업 효율성이 크게 향상되었지만, 교사와 학생 대부분이 크게 흥미를 느끼는 것은 멀티미디어 프레젠테이션을 창조적으로 설계하는 것일 수 있다. 많은 연구자들은 학습장애 학생을 가르칠 때는 멀티미디어 프레젠테이션의 제작을 추천한다(Ferretti & Okolo, 1996l Wissick, 1996; Wissick & Gardner, 2000). 이러한 운용에서 학생들에게 클라리스사(Claris Corporation)에서 만든 하이퍼카드와 같은 저작 시스템(autuoring system)의 사용이 요구된다. 특정 주제에 대한 보고서를 쓰기 위해 그룹 협동 과제에서 창조적 활동이 사용될 수도 있다. 다양한 저작 시스템들은 학생들의 멀티미디어 보고서(단순한 책이나 연구 보고서와는 다른) 작성에 유용하게 쓰일 수 있다.

저작 시스템들은 사용자들이 좀 더 쉽게 정보에 접근하여 조직화할 수 있게 도와주는 최적의 컴퓨터 프로그램이다(Lewis, 1993). 저작 시스템은 학생과 교사가 문서와 그래픽을 함께 넣고 필요한 정보를 찾기 위해 내용들을 건너뛸 수 있도록 해 준다.

Yarrow(1994)는 학습장애 학생들에게 사용될 수 있는 교수적 절차를 제안하였다. 하이퍼카드(*Hypercard*)를 사용한 멀티미디어 프레젠테이션 제작 과정은 약 6주 정도로 진행된다. 처음에 학생 2인으로 구성된 각 조는 상호작용적인 교수를 개발하기 위해 특정 주제를 선정한다. 학생들은 그들의 프레젠테이션에 텍스트와 사진, 그래픽, 소리, 애니메이션 등을 다양하게 사용하도록 격려받는다. 과제의 처음은 각 조원마다 수행해야 할 스택의 개요를 작성하는 것이다. 학생들은 비교적 적은 양을 만드는데, 학생들은 스택 속의 선택할 수 있는 카드 숫자를 예상하고, 카드 질문을 다중선택이나 참 · 거짓 형식으로 제한되는 여섯 가지로 작성한다. 이러한 구조는 만들어 내는 과정에서 학생들이 길을 잃지 않게 할 수 있다. 대부분의 학생들은 창조적인 방법으로 정보를 제시하는 형식을 따르고 질문을 한다. 해당 형식은 사용자가 즉각적인 강화를 받을 수 있는 상호작용적인 전략을 제공한다.

학습장애 학생을 위한 컴퓨터 보조교수

많은 저자들은 구조화된 학습 가이드나 개념지도를 만듦으로써 어려운 주제와 관련된 이해를 도울 수 있는 컴퓨터 보조교수(computer-assisted instruction)의 사용을 연구해 왔다(Blankenship, Ayres, & Langone, 2005; Boon, Fore, Burke, & Hagan-Burk, 2006; Mastropieri, Scruggs, Abdulrahman, & Gardizi, 2002; Okolo & Ferretti, 1996; Royer & Royer, 2004; Strum & Rankin-Erickson, 2004). 예를 들어, Mastropieri, Scruggs, Abdulrahman과 Gardizi(2002)는 인스퍼레이션 (Inspiration, 2000)이란 소프트웨어 프로그램을 개발하였는데, 이는 공간 조직자의 생성을 통해 학생들이 내용을 습득할 수 있도록 도와준다. 네 명의 중학교 교사가 인스퍼레이션 소프트웨어(*Inspiration Software*)를 역사 수업에 이용하는 연구가 실시되었다. 10학년 학습장애 학생과 일반 학생들이 전통적인 수업과 인스퍼레이션 소프트웨어를 사용한 수업을 받았다. 소프트웨어를 사용하였을 때, 학생들은 학습내용을 교수받고 그들이 배운 내용과 관련해 빈칸과 내용 개요에 대한 조직화된 자료들을 제공받았다. 교사가 내용을 제시하는 동안, 학생은 조직화된 자료를 완성하고 컴퓨터실에 가서 내용의 개요와 완성된 조직화된 자료를 개발하기 위해 소프트웨어를 사용하였다. 결과적으로 학생들은 전통적인 수업을 했을 때보다 소프트웨어를 사용하였을 때 32% 정도 더 많은 수업내용을 학습한 것으로 나타났다. 나아가 대부분의 학생들은 소프트웨어 프로그램을 사용한 '공부' 를 강하게 선호하는 것으로 나타났다. 많은 학생들은 소프트웨어의 복사본을 얻어서 집에서나 다른 수업에서 사용하려는 요구가 많았다. 관련 소프트웨어에 대한 학생들의 강한 선호도는 다른 연구들에서도 증명되고 있다(Boon, Fore, Burke, & Hagan-Burk, 2006). 따라서 이 결과는 오늘날의 학생들을 위한 컴퓨터 교수의 효과와 강조를 명백히 보여 준다.

구체적으로 학습장애 학생들이나 읽기장애 학생들을 위한 교육 소프트웨어 프로그램들이 많이 개발되고 있다(Anderson-Inman et al., 1996; Torgesen & Barker, 1995; Wissick & Gardner, 2000). 이 장에서 관련 프로그램을 모두 살펴볼 순 없지만, 학습장애 학생들을 위한 멀티미디어 교수의 잠재력에 대한 이해를 돕기 위해 몇 가지 예를 보고자 한다.

Anderson-Inman과 동료들(1996)은 학습장애 중등학생들의 학습전략을 위해 일련의 컴퓨터 기반 교수전략들을 개발하였다. 전략들은 중등학급에서 필요한 학습 기술들을 개발하는 데 도움을 주는데, 학습 기술에는 노트 필기하는 법, 교과서를 공부하는 법, 내용자료들을 종합하는 법 등이 포함된다. 이러한 연구의 결과들은 학습장애 학생들이 전략들을 습득할 수 있다고 제시하고 있다. 많은 학습장애

중등학생들에게 학습 기술의 습득은 성공적인 학교생활을 위해 필수적이다.

많은 학습장애 학생들이 읽기에 결함을 보이기 때문에 읽기와 관련된 학습장애 학생지원 프로그램들이 많이 개발되었다. 읽기 영역에서 컴퓨터 보조교수는 연령이 높은 학생들을 위한 어휘교수부터 읽기이해까지의 거의 모든 읽기 기술 영역에서 효과적임이 드러났다(Bryant, Goodwin, Bryant, & Higgins, 2003; Mastropieri, Scruggs, Abdulrahman, & Gardizi, 2002). Beck과 Roth(1984)는 읽기 기술에 중점을 둔 프로그램을 개발하였는데, 이는 〈힌트와 찾기(The Hint and Hunt)〉 프로그램으로 중간 모음과 모음의 조합에 대한 해독을 담고 있다. 처음 가르치는 부분에서는 모음이 내는 소리의 초기 교수를 다룬다. 두 번째 부분에서는 게임을 통해 컴퓨터가 발음한 단어를 학생이 해독하는 것이다. Jones, Torgesen과 Sexton(1987)은 학습장애 학생들이 해당 프로그램을 이용하여 모음 소리를 해독하는 기술을 습득하고 일반화하였음을 증명하였다.

멀티미디어 교수의 효과

많은 학습장애 학생들은 개개인이 통제할 수 있는 속도 조절과 주의집중 동기부여 요소들 때문에 멀티미디어를 활용한 효과를 크게 얻을 수 있다. 학습장애 학생이 지니는 학습문제들의 여러 유형에 대해 구체적으로 다루고 있는 프로그램들이 개발되었고 또 앞으로도 지속적으로 개발이 될 것이다.

나아가 학습장애 학생을 위한 멀티미디어 교수의 효과에 대한 연구들은 멀티미디어 교수가 상당히 효과가 있음을 보여 준다(Blankenship, Ayres, & Langone, 2005; Boon, Fore, Burke, & Hagen-Burk, 2006; Boyle, Rosenberg, Connelly, Washburn, Brinckerhoff, & Banerjee, 2003; MacArthur, 1998; Torgesen & Barker, 1995; Wissick & Gardner, 2000). 예를 들어, 핵심 개념 프로그램 중의 하나인 〈분수의 달인(Mastering Fractions)〉은 이러한 유형의 교수 프로그램 효과성을 입증한 많은 연구에서 사용되어 왔다(Miller & Cooke, 1989). 해당 멀티미디어 프로그램은 학습장애 학생을 포함한 전체 학급 학생에게 효과적이라는 결과를 제시하고 있다(Castellani & Jeffs, 2001; Hofmeister, 1989; Hofmeister, Engelmann, & Carnine, 1986; Miller & Cooke, 1989; Petersen, Hofmeister, & Lubke, 1988; Williams, 2002; Wissick & Gardner, 2000). 거의 모든 다양한 장애 학생들과 학습문제 위험을 보이는 학생들은 멀티미디어 교수를 통

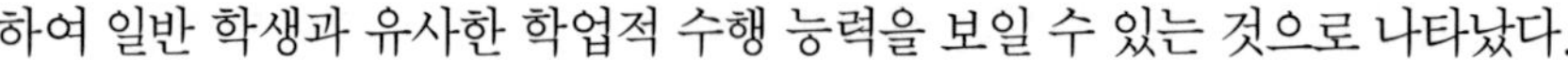

하여 일반 학생과 유사한 학업적 수행 능력을 보일 수 있는 것으로 나타났다.

연구에서는 학업의 어려움을 가진 학생들에게도 어느 정도 특정의 효과가 있음을 밝혀내었다. Miller와 Cooke(1989)는 학생들로부터 프로그램에 대한 긍정적인 의견들을 들을 수 있었다. 대부분의 학생들은 "정말 좋아요."나 "공부가 쉬워졌어요."와 같은 의견들을 말하였다. 다른 의견들은 "컴퓨터 교수는 나를 다르게 대하지 않아요." "계속할 수 있을 것 같아요." "좋은 것 같아요." 등이었다.

요약하면, 질 높은 멀티미디어 수업은 학습장애 학생뿐만 아니라 학습에 어려움을 가진 학생들의 학습 향상을 촉진할 수 있다(Anderson-Inman et al., 1996; Blankenship, Ayres, & Langone, 2005; Boon et al., 2006; MacArthur, 1998; Raskind & Higgins, 1995). 연구에 따른 그 밖의 효과로는 통합된 학생들이 좀 더 동기부여가 된다는 것, 학생 개인에게 수업이 다시 진행될 수 있다는 것, 교사가 자유롭게 돌아다니며 학생이 보이는 오류들을 즉시 가르쳐 줄 수 있다는 것 등이다.

✻ 인터넷의 교수적 적용

인터넷과 보다 쉽게 찾아주는 검색 엔진의 개발은 학습장애 학생을 포함한 모든 학생들에게 평행적이지 않은 교수의 기회를 제공해 줄 수 있게 되었다(Guptill, 2000; Hutinger & Clark, 2000; O'Neil, 1996; O'Neil, Wagner, & Gomez, 1996; Renard, 2000; Scardamalia & Bereiter, 1996; Stanford & Siders, 2001). 교수적 목적으로 월드와이드웹(World Wide Web)을 사용하는 것이 여전히 발전하고 있지만 초기에 비장애 학생들을 위한 적용의 최소한 네 가지 유형이 있다. 단순한 의사소통 절차부터 정교한 수업 간 교차 프로젝트(*cross-class projects*)까지 있다. 이러한 것들은 최근 개발되었기 때문에 학습장애 학생들에 대한 효과성은 아직 검증되지 않고 있다. 그러나 학습장애 학생들을 위한 주의 깊은 적용이 이루어진다면 많은 이점이 있을 것이라 생각되며 그에 대한 연구결과도 곧 나올 전망이다.

사이버 친구 프로젝트

전자메일(보통 이메일로 불림)은 서로 연결된 컴퓨터들을 통해 메시지를 전달해

주는 컴퓨터 공학의 사용이다(Hutinger & Clark, 2000). 전자메일을 통해 메시지들은 전 세계로 즉시 전달될 수 있고, 그것은 전통적인 어떤 의사소통 방법보다 훨씬 저렴하다. 결과적으로 교사는 학생들이 상당히 빠른 시간에(보통 매일, 웹에 의한 것보다는 시간대의 제한을 받으며) 어떤 거리를 막론하고 관계 맺음을 위한 도움을 줄 수 있다. 이는 편지를 주고받았던 펜팔 형식보다 훨씬 저렴한 비용으로 전 세계적으로 사이버 공간을 통해 이루어진다. 따라서 학생들은 이러한 사이버 친구(*cyberpals*)를 통하여 뉴질랜드나 영국, 호주 등에서도 우정을 쌓을 수 있다.

학습장애 학생들 또한 이러한 의사소통 구조를 통해 큰 효과를 볼 수 있다. 첫째, 많은 학습장애 학생들이 그들의 사이버 친구를 통한 친목을 쌓는데, 이에 필요한 자신의 의사소통 기술들을 개발하길 원할 것이다. 즉, 쓰기교수가 크게 강화될 수 있다(Trollinger & Slavkin, 1999). 유능한 교사라면 이를 이용하여 철자를 지도할 수 있고, 사이버 친구를 이용한 조별 과제를 제안할 수 있을 것이다. 사실 많은 의사소통 기술들이 사이버 친구 접근을 통해 습득될 수 있으며, 이를 통해 이메일 사용자들은 서로 더 쉽게 사이버 친구에 다가갈 수 있다. 이것은 학생에게 과제가 완성된 후나 학기가 끝난 후에도 사이버 친구와의 의사소통을 위한 인터넷 사용을 지속시키도록 촉진한다. 따라서 친구와 의사소통함에 있어서 과도하게 부끄러워하는 학생들이 인터넷을 이용하여 벽을 허물 수 있는 가능성도 생기게 된다.

원거리 학생들과 사이버 친구관계를 개발하길 원하는 교사들은 의사소통을 하기 위한 다른 교사와 학생을 어떻게 찾는지에 대해 우려할 수가 있다. 다행히도 인터넷은 사이버 친구 관계에 참여하고 있는 사람들의 학급과 학교들의 목록을 알려주기 때문에 그들과의 관계 형성에도 도움을 줄 수 있다. [도움상자 12-1]에는 학교와 교사들에 대한 검색을 가능하게 하는 많은 기회들을 제시하고 있다.

●●●● 도움상자 12-1

▶ 교수 안내: 웹 기반 프로젝트

교사들이 미국이나 세계적으로 함께 협력하는 프로젝트에 관심이 있다면 인터넷에서 정보를 찾으면 된다. 다음의 사이트들은 신임교사들이 시작하는 것을 도울 수 있고 연락을 할 수 있는 학교 목록을 제시한다.

TSChPLACEs. 한 대학팀과 교사들이 특수교육 대상 학생의 조기교육 연결을 강조하는 다른 환경들에서 함께 만든 사이트로 네 가지 구성요소로 되어 있다. ① 학생 자신의 수업에 대해 제시된 웹 페이지인 '우리에 관한 모든 것(All About Us)' ② 각 수업 커뮤니티들에 대한 추후 정보를 제공하는 'Our Community' ③ 링크가 되어 화면에 표시된 교사, 가족, 교육적 결과와 관련된 웹 사이트들 ④ 이메일 선택이다(Huntinger & Clart, 2000). 더 많은 정보를 얻으려면 www.techplaces.wiy.edu를 방문하라.

Classroom Connect. K-12 교육자들의 인터넷과 상업적 온라인 서비스의 매거진과 가이드를 제공한다. 각 주제에 따라 신임교사들에게 도움을 주는 자료와 학습계획, 학생들을 위한 keypal 등 인터넷을 통한 수많은 정보를 제공한다. 형식이 읽고 이해하기 쉽고 찾기 쉬우며 교사가 사용할 수 있는 최신의 자료들을 제공한다. 'Connected Teacher' 섹션은 교사들이 그들의 학생과 교실에서 사이버 친구를 할 수 있게 한다. 또한 'Teacher Search' 섹션에서는 수업 간 교차 프로젝트에 관심이 있는 교실과 교사들을 확인할 수 있다. 모든 교사가 이용할 수 있는 웹 사이트다. 더 많은 정보를 얻으려면 www.classroom.net을 방문하라.

학생의 작품 게시

인터넷의 두 번째 가능한 이용방법은 학생들의 학업 성과(작품)를 전 세계적으로 알리는 것이다. 많은 교사들이 학습장애 학생들의 작품을 학급 게시판에 전시하는데, 이는 해당 학생의 동기부여에 매우 긍정적인 효과를 준다. 인터넷은 학생의 작품을 전 세계 사람들에게 보일 수 있게 하고, 이는 많은 학생들에게 좀 더 강한 동기부여 효과를 가져온다.

학생이나 교사들의 교육 성과물에 대한 전시를 위해 학교는 월드와이드웹에 연결하면 누구나 접근하여 볼 수 있는 웹 사이트 주소를 개설할 수 있다(Monahan & Tomko, 1996). 많은 학교들은 학교에서 진행 중인 프로젝트, 학교에서 발표하고 싶은 것들에 대한 정보에 전 세계적으로 접근할 수 있도록 웹 사이트 주소를 만들고 있다. [도움상자 12-1]에 소개된 웹 사이트들에서도 그러한 학교들에 대해 알 수 있다.

웹에서 교사나 학생 게시가 가능한 흥미로운 유형 중 하나로, 가상의 박물관 사이트가 있다. 학생들은 사진이나 영상 자료, 텍스트, 개개인의 특정 주제에 대한 예시 등을 수집하여 그들의 학교 홈페이지에서 박물관 형식으로 전시할 수 있다. McKenzie(1996)는 학생들이 이러한 가상 박물관을 통해 서로 정보를 주고받을 수

있고 이를 학습 프로젝트로 사용할 수 있다고 말한다. 한 예로 초등학생 그룹과 교사는 엘리스 아일랜드(Ellis Island)라는 사이트를 만들었는데, 여기에는 이주자에 대한 정보가 담겨 있다. 많은 학생들은 이민 2세대로 그들 가족들이 어떻게 미국에 정착하였는지와 관련해 라오스, 캄보디아, 그리스, 러시아 등 그들의 나라에 대한 여행 정보들을 사진과 함께 담아 두었다. 두 번째 예로 McKenzie(1996)는 지역 역사를 중점으로 다룬 Fairhaven Turn of the Century Museum에 대해 기술하였다.

조사 연구

웹 사이트 조사 월드와이드웹의 주된 사용의 목적은 아마도 조사에 있을 것이다(Hutinger & Clark, 2000). 예를 들어, 학생이 특정한 주제에 대해 보고서나 독후감을 쓸 때는 도서관의 이용과 함께 월드와이드웹에 접속하여 관련 주제들에 대한 정보를 검색할 수 있다. 물론 이런 검색 프로그램(검색 엔진이라고도 불림)은 최근에 개발되어서 도서관에서 사용되는 전통적인 색인 시스템보다 정확하지 않을 수도 있다. 그러나 인터넷은 방대한 규모 때문에 학교 도서관에서 이용 가능하지 않은 정보를 확실히 찾을 수 있다. [도움상자 12-2]의 목록에는 학생들이 조사하는 데 유용하게 쓸 수 있는 사이트들이 포함되어 있다. 그러나 최근에 개발된 공학들은 새로운 문제들을 야기하고 있다. 대부분은 발견하기 어려운 표절에 대한 것이다(Renard, 2000). 학생들이 인터넷에서 넘쳐나는 자료들을 조사할 때 매우 훌륭한 정보가 제시되는 훌륭한 사이트들도 많지만 정보를 베끼는 것을 목적으로 하는 사이트도 있다. Renard(2000)는 '속임수 악마의 집(Eevil house of cheat)' '숙제 세상(Homework world)' '사기꾼닷컴(heater.com)'과 같은 사이트들을 예로 들고 있다. 교사는 학생의 작업에서 분석적 사고를 통해 다양한 정보를 선택적으로 사용하고 종합하는 것을 보길 원하지만, 학생들은 보고서를 위해 정보를 단순히 자르고 붙이는 것의 유혹을 받을 수 있다. Renard(2000)는 학생들이 왜 그리고 어떻게 표절을 인지해야 하는지를 상기시키며, 매년 같은 주제에 대한 과제를 주는 것을 피하고, 창의적인 답과 고차적인 생각을 하게 하는 과제를 주며, 학생들이 인터넷 자료를 바르게 이용할 수 있도록 가르쳐 과제를 베끼는 것으로부터 멀어질 수 있는 다양한 방법들을 제시하였다.

●●●● 도움상자 12-2

▶ **월드와이드웹의 인터넷 장소**

ACCUWEATHER.COM

www.accuweather.com

학생들은 그들이 알고 싶어 하는 특정한 날의 실제 기상을 알아볼 수 있다. 이 사이트에 나타난 정보들은 지구과학, 생물학, 기후학 등과 관련된 과학 수업의 보충으로 쉽게 활용될 수도 있다.

AMERITECH

www.ameritech.com:1080/community/education/

'Ameritech Schoolhouse'를 확인하고, 인터넷 정보센터(Internet Inforcenter)에서 교사, 학생, 부모들을 위한 인터넷 지원에 대해 알 수 있다.

CENTERS FOR DISEASE CONTROL

www.cdc.gov

최신의 정보들을 이용할 수 있다.

DISCOVERY.COM

www.discovery.com

교사를 위한 정보들이 풍부한 사이트다. Discovery School에서 교사들은 모든 섹션과 관련된 무료 학습계획에서부터 교사 개발을 포함하여 상상할 수 있는 모든 주제의 책과 영상물에 관한 정보들이 담긴 2천 개가 넘는 웹 링크들을 볼 수 있다. Science Fair Central은 다양한 온라인 과학 실험을 보여 준다. 학생들을 위한 사이트로는 World Book Encyclopedia가 있는데, 여기에는 숙제에 관련된 모든 주제들이 담겨 있다. 또한 최신 텔레비전 정보를 보여 주는 디스커버리채널(Discovery Channel)도 있다. 'Mydiscovery' 섹션에서는 학생들이 이메일에 무료로 가입할 수 있지만, 이메일을 통해 광고나 최신의 정보 공지 메일을 받아야 한다. 교사들은 학생들이 이메일 서비스를 이용하기 전에 광고의 유형들에 대한 교육부 정책을 고려하여 자세히 살펴보아야 한다.

FED WORLD

www.fedworld.gov

이 사이트에서는 135개 이상의 정부 정보 게시판에 접촉할 수 있다.

INTERNIC

www.internic.net

인터넷 기본에 대한 좋은 자료들을 제공하고 있는 사이트다. 다음을 찾아가라.

Information Services/InterNIC InforGuide/Internet Resources/Edusation K-12/Gopher MENU.

LIBRARY OF CONGRESS

www.loc.gov

어떠한 주제에 관한 정보를 위해 미 국회 도서관 사이트를 검색할 수 있다. 이 사이트는 사용하기 편리하게 구성되어 있다. 정보들 중에는 국회 출판물이나, 도서관 사용 복사본 등도 포함되어 있다. '미국의 기억(American Memory)' 섹션에서는 학생들이 역사적인 자료들로 영상, 소리, 필기자료 등을 다운로드 받을 수 있게 하였다. 또한 많은 학생들이 쉽게 영상, 소리 자료들을 사용할 수 있게 하였다. 마틴 루서 킹 주니어 박사 연설의 1960년대 시민권운동에 관한 보고에서의 유명한 'I Have A Dream' 이라는 짧은 부분을 실제로 보는 것이 줄 영향을 상상해 보라.

LIGHTSPAN.COM

www.gsn.org

K-12 교사들과 그들의 학생들이 인터넷의 네트워킹을 촉진하는 협력적 과제에 참여하도록 지원함으로써 원거리 학습을 촉진한다. 이 사이트는 교사에게 개인교수를 통한 부수적인 수입을 얻을 수 있는 기회를 제공한다.

NATIONAL SCIENCE TEACHERS ASSOCIATION

www.nsta.org

전국과학교사협회(NSTA)의 정기간행물을 볼 수 있고 과학 프로젝트에 대해 배울 수 있다. 또한 NSTA FTP 서버를 통하여 온 · 오프라인 자료들을 접할 수 있다.

NETWATCH!

www.pulver.com

CU-SeeMe, 넷폰(NetPhone), 리얼오디오(RealAudio) 등과 같이 실시간 음성 의사소통과 뉴스를 촉진할 수 있는 새로운 인터넷 오디오와 비디오 상품들에 대한 정보를 알 수 있다.

WORLD HEALTH ORGANIZATION

www.who.int

세계보건기구(WHO)에 대한 정보를 얻을 수 있다.

U.S. DEPARTMENT OF EDUCATION

www.ed.gov

미 교육부에 대한 최신의 정보를 얻을 수 있다.

학생들이 위의 웹 사이트들을 이용하려 할 때, 교사들은 웹 주소가 바뀔 수 있고 사이트 재구축을 위해 변동사항이 있을 수 있음을 기억해야 한다. 따라서 교사들은 웹 사이트들을 사전 검토하여 수업계획을 짜야 한다. 웹 주소의 수천 수백 개의 목록들이 매일같이 생겨나지만 질과 유용성의 지표로서 특정 웹 사이트의 대중성만을 고려해서는 안 된다. 교사가 부지런히 발굴하는 자료는 학생이 그들의 조사 활동에서 사용할 수 있는 보석으로 변함을 명심하라.

|도움상자 12-3

▶교수 안내: 온라인 멘토링 개발

1. 유능한 텔레멘토(telementor)의 확인은 시간이 소요될 수 있다. 지역 주민 집단을 활용하여 인터넷이나 지역 학교나 대학교에 있는 멘토들을 찾아라.
2. 당신의 멘토링 프로그램 필요와 멘토에게 요구되는 시간에 관해 한 페이지 정도의 정보를 개발하라. 최소한 참여가 요구되는 시간을 유지한다(일주일에 3~4번 이메일 교환).
3. 학생과 멘토 간의 지속적인 상호작용의 개발을 구안한다. 몇 주 소요되는 프로젝트를 위해 멘토를 활용한다.
4. 멘토들의 작업을 관리하고 '코칭' 제안을 제공한다. 전에 멘토로 활동해 본 적이 없는 사람들은 이러한 제안에 보통 고마워한다.
5. 최종안 제출 전에 학생 과제의 진보에 대해 비판적으로 평가한다.
6. 멘토와 학생 모두에게 인센티브가 필요하다. 학생이 특정 과제를 완수하기 위한 것을 멘토에게 요구한다.
7. 학생들의 프로젝트를 평가할 때에 멘토들도 직접적으로 참여해야 한다. 최종 성적을 위해 그들의 의견을 확인하라. 그들의 과정의 한 부분에 참여하고 있다는 것을 느끼도록 격려하고, 이는 다음 과정에서 협력을 이끌 수 있다.

온라인 멘토링 텍스트와 사진들, 영상들과 같은 정보들에 인터넷이 더해지면서 몇 년 전에는 단순한 꿈에 불과했던 교수적 상호작용의 기회가 제공되고 있다.

O'Neill과 동료들(1996)은 온라인 멘토링(online mentoring) 선택에 대해 말했다. 이것은 아주 정교화된 인터넷 사용으로 학생들이 관심 있어 하는 특정 주제를 연구하는 과학자들이 온라인 멘토링 상황 속에서 상호작용할 수 있게 해 준다. 한 예로 지구과학에 관심이 있는 학생은 지진과 눈사태 등에 대한 연구를 한 과학자들과 함께할 수도 있다. 이런 영역의 프로젝트를 준비하기 위해 학생들은 온라인을 통해 과학자들에게 직접 질문을 할 수도 있다.

분명 이는 멘토들이 시간이 있어야 가능할 것이다(O'Neill et al., 1996). 멘토들은 학생들의 질문에 자주 답해 줄 것을 기대받을 수도 있는데 학생들에게 의미 있는 질문을 계획하도록 안내하고 더 많은 자료 읽기를 제안해야 한다. 또한 교사의 시간을 고려하여 적절한 멘토 찾기를 해야 한다. [도움상자 12-3]의 목록들은 학생들이 온라인 멘토링 프로그램의 개발 시 고려해야 할 요소들을 제시한 것이다.

수업 간 교차 프로젝트

학습장애 학생들을 위한 조사 수단으로 인터넷을 사용하는 교사들은 더욱 많은 정교화된 선택들이 나타남을 빠르게 인식하였다(Strassman & D'Amore, 2002). 학생들 간의 쉬운 의사소통 개발은 학문적인 프로젝트의 기반으로 다른 교실, 다른 학교 그리고 다른 나라의 학생들 간 의사소통을 더 수월하게 해 준다. 예를 들어, 체로키의 동북쪽 학생들은 노스캐롤라이나와 테네시인 그들의 고향을 떠나 본 적이 없는 반면, 체로키의 서쪽 지역 거주민은 지난 세기 동안 오클라호마로 강제 이주되었다. 이 지역의 아동들이 함께 참여하는 역사 프로젝트 개발의 효과를 상상해 보라. 다른 예로 해안지대에 사는 학생들은 체사피크만, 세인트루이스나 다른 강변에 사는 학생들과 의사소통하기를 원할 수 있다. 강변과 해안 지역의 경제에 대한 프로젝트를 개발할 때는 이러한 수업 간 교차 프로젝트가 유용할 수 있다.

Strassman과 D'Amore(2002)는 컴퓨터와의 상호작용(인터넷보다는 LAN이나 지역 네트워크를 사용한 경우)이 어떻게 학생들의 쓰기 학습에 훌륭한 도구가 되는지에 관한 매우 좋은 예를 제시하였다. 학생들은 다양한 과제들에 대해 토론하고 동시에 온라인 차트와 결합된 전자 읽기 프로그램을 사용할 수 있다. 결합된 보조공학은 학생들에게 '종합적으로 생각하기'를 할 수 있게 해 주고 배정받은 과제에 대한 온라인 토론을 하는 동안 쓰기 기술을 사용할 수 있게 해 준다.

Strassman과 D'Amore(2002)는 예측 가능한 단계들을 통해 쓰기 기술을 향상시킬 수 있다고 말한다(브레인스토밍, 사전 노트 필기, 개요 짜기, 편집, 약어설계 등). 학생들에게 과제에 대한 토론이 필요할 때에 온라인으로 그룹 과제를 하는 선택을 제공할 수 있다. 또한 온라인 차트에서의 키보드 사용은 타이핑과 쓰기 기술 모두를 향상시킨다. 마지막으로 학생들은 종종 전통적인 교실 내 토론보다는 온라인 환경에서의 과제 토론에 더욱 동기부여된다.

인터넷 기반 교수의 주의점

다른 학생들뿐만 아니라 학습장애 학생을 위한 교수에서 몇 가지 주의해야 할 점들이 있다(Dwyer, 1996; O'Neil, 1996; Renard, 2000; Wissick & Gardner, 2000). 교사들은 일어날 수 있는 중요한 학습에 대해 확인해 두어야 한다. 인터넷은 아주 흥미롭고 매력적이기 때문에 학생들이 제공받는 복잡한 선택들에서 길을 잃을 수 있다(멀티미디어 수업을 할 때에도 이러한 문제들을 고려해야 한다.). 사이트에서 30초마다 이동한다면 분명 개발을 위한 지식의 어떠한 종합적 이해도 얻을 수 없다(O'Neil, 1996; Renard, 2000; Wissick & Gardner, 2000).

이런 문제들을 없애기 위해 교사는 인터넷상에서의 학생 활동을 주의 깊게 살펴보아야 한다. 이는 특히 학습장애 학생에게 중요한데, 인터넷상에 무한한 선택을 할 수 있는 것들이 주변에 있게 되면 주의집중이 힘들기 때문이다. 교사는 인터넷을 통해 처음 몇몇 프로젝트를 완성할 때 학생들이 보아야 할 웹 사이트에 대한 교수나 '컴퓨터 실습 학습지'를 제공하는 것이 좋다. 또한 수업 간 교차 프로젝트는 교사의 참여로부터 상당히 강력한 가이드를 요구할 것이다.

심각한 우려점은 대량의 인터넷 정보들 틈에는 미처 규제되지 못한 아동들에게 부적절한 정보들(예: 포르노그래피나 과다 폭력)도 많다는 것이다. 해당 문제를 다루기 위한 '보안'과 관련해 두 가지 방법을 제시할 수 있다. 첫 번째로, 교사나 부모가 부적절하다고 여기는 주제에 학생이 접근하는 것을 제한하는 몇몇 소프트웨어 프로그램들이 개발되어 있다.

두 번째 방법은 학생 스스로 부적절한 인터넷 사이트를 판별하기 위한 책임감을 길러 주어 유해한 정보들을 피해 가게 하는 것이다. 어떤 교사들은 부모와 학생과 함께 계약서를 만들어 적용하는데 내용은 다음과 같다. 부적절한 사이트를 피하는 것, 우연히 부적절한 사이트를 찾았을 때 나와야 하는 것, 부모나 교사에게 부적절한 사이트에 들어갔고 부적절한 자료들이 있어서 나왔다고 알리는 것이다. 예방적인 처치로서 당신은 이러한 도구를 사용하기 전에 교장 및 학군 담당자와 함께 인터넷 교수의 계획된 사용에 대해 논의해야 한다.

✻ 요약

이 장에서는 학습장애 학생을 위해 점점 더 복잡해지고 정교화되어 가는 컴퓨터 기반 교수 프로그램들과 인터넷과 멀티미디어의 교수적인 사용에 대해 살펴보았다. 몇몇 연구에서는 컴퓨터 보조교수의 효과성을 입증하고 있으며 그것이 학습장애 학생들에게도 효과가 있음을 증명하고 있다. 이론가들은 공학적 적용이 학습장

애 학생들에게 큰 효과를 가져다준다고 말한다.

멀티미디어 수업의 이용에 대한 연구는 최근에서야 이루어지고 있다. 또한 많은 이론가들은 공학 가능성의 믿음을 주의 깊게 살펴보아야 한다고 말한다. 시간만이 이러한 가능성의 실현 여부를 말해 줄 수 있을 것이다.

다음은 이 장의 주요 내용을 정리한 것이다.

- 멀티미디어를 포함하는 프로그램들은 합성된 음성, 영상, 말소리, 그래픽, 애니메이션, 텍스트 등을 포함하는 다양한 매체의 옵션들을 갖는다.
- 멀티미디어는 수업의 설명과 분류, 추가적인 보충자료 등의 선택을 포함한 컴퓨터 텍스트 자료 개발로 가능하게 만들었다.
- 멀티미디어 프로그램들은 학습장애 학생들이 많은 내용 영역들을 학습할 때 효과적인 도움을 준다.
- 교육적인 도구로서의 인터넷 사용은 개발되고 있고 교육적 기회의 폭넓은 제공 가능성을 제시하고 있다.
- 교수목적으로 인터넷 이용 시 주의점을 교장과 토론하고 지역 정책에 따라 적용해야 한다.

학습문제와 활동

1. 학습장애 학생을 위해 구성된 소프트웨어 프로그램을 설명하라. 전통적인 교실에서는 불가능한 어떤 선택들을 제공해 주는가?
2. 읽기 멀티미디어 교수 프로그램을 구하고 수업을 위해 검토하라.
3. 학습장애 개념을 부모에게 소개하기 위한 멀티미디어 프로그램을 계획하고 개발하라. 어떤 주제가 적절하고 어떠한 비디오 요소들이 담겨야 할까?
4. 지역 학교에서 교사를 초빙하고 학습장애 학생들을 위한 멀티미디어와 인터넷 사용에 관해 인터뷰하라.
5. 학생 집단을 구성하고 Wissick과 Gardner(2000)의 학술지를 검토하라. 학습장애 학생을 위한 수업에서 멀티미디어의 적용에 관해 토론하라.
6. 온라인 인스퍼레이션 소프트웨어를 찾고 수업에서 어떻게 사용할 수 있을지 고려해 보라.

참고문헌

Anderson-Inman, L., Knox,-Quinn, C., & Horney, M. A. (1996). Computer based study strategies for students with learning disabilities: Individual differences associated with adoption level. *Journal of Learning Disabilities, 29,* 461-485.

Ashton, T. M. (1999). Spell CHECKing: Making writing meaningful in the classroom. *Teaching Exceptional Children, 32* (2), 24-27.

Beck, I. L., & Roth, S. F. (1984). *Hint and Hunt teachers' manual.* Allen, TX: Developmental Learning Materials.

Bender, R. L., & Bender, W. N. (1996). *Computer assisted instruction for students at risk for ADHD, mild disabilities, or academic problems.* Boston: Allyn and Bacon.

Blankenship, T., Ayres, K., & Langone, J. (2005). Effects of computer-based cognitive mapping on reading comprehension for students with emotional behavior disorders. *Journal of Special Education Technology, 20,* 15-23.

Boon, R. T., Fore, C., Burke, M. D., & Hagan-Burk, S. (2006, April 9-12). *Students' attitudes and perceptions toward technology: What do the users have to say.* Paper presented at the annual meeting of the Council for Exceptional Children, Salt Lake City, UT.

Bottge, B. A., Heinrichs, M., Chan, S., & Serlin, R. C. (2001). Anchoring adolescents' understanding of math concepts in rich problem-solving environments. *Remedial and Special Education, 22* (5), 299-314.

Boyle, E. A., Rosenberg, M. S., Connelly, V. J., Washburn, S. G., Brinckerhoff, L. C., & Banerjee, M. (2003). Effects of audio texts on the acquisition of secondary-level content by students with mild disabilities. *Learning Disability Quarterly, 26*(4), 203-214.

Brown, M. R., Higgins, K., & Hartley, K. (2001). Teachers and technology equity. *Teaching Exceptional Children, 33* (4), 32-39.

Bryant, D. P., Goodwin, M., Bryant, B. R., & Higgings, K. (2003). Vocabulary instruction for students with learning disabilities: A review of the research. *Learning Disability Quarterly, 26* (2), 117-129.

Castellani, J., & Jeffs, T. (2001). Emerging reading and writing strategies using technology. *Teaching Exceptional Children, 33* (5), 60-67.

Cawley, J. F., & Foley, T. E. (2002). Connecting math and science for all students. *Teaching Exceptional Children, 34* (4), 14-19.

De La Paz, S., & MacArthur, C. (2003). Knowing the how and why of history: Expectations for secondary students with and without learning disabilities. *Learning Disability Quarterly, 26* (2), 142-154.

Dwyer, D. (1996). A response to Douglas Nobel: We' re in this together. *Educational Leadership, 54* (5), 24-26.

Ferretti, R. P., & Okolo, C. M. (1996). Authenticity in learning: Multimedia design projects in the social studies for students with disabilities. *Journal of Learning Disabilities, 29,* 450-459.

Gersten, R., & Baker, S. (1998). Real world use of scientific concepts: Integrating situated cognition with explicit instruction. *Exceptional Children, 65*(1), 23-35.

Glaser, C., Rieth, H., Kinzer, C., Colburn, L., & Peter, J. (1999). A description of the impact of multimedia anchored instruction on classroom interactions. *Journal of Special Education Technology, 14,* 27-43.

Guptill, A. M. (2000). Using the Internet to improve students performance. *Teaching Exceptional Children, 32* (4), 16-21.

Hauser, J., & Malouf, D. B. (1996). A federal perspective on special education technology. *Journal of Learning Disabilities, 29,* 504-511.

Higgings, E. L., & Raskind, M. H. (1995). Compensatory effectiveness of speech recognition on the written composition performance of postsecondary students with learning disabilities. *Learning Disability Quarterly, 18,* 159-176.

Hofmeister, A., Engelmann, S., & Carnine, D. (1986). *The development and validation of an instructional videodisc program.* Washington, DC: Systems Impact.

Hutinger, P. L., & Clark, L. (2000). TEChPLACEs: An Internet community for young children, their teachers, and their families. *Teaching Exceptional Children, 32* (4), 58-63.

Igo, L. B., Riccomini, P. J., Bruning, R. H., & Pope, G. G. (2006). How should middle-school students with LD approach online note taking? A mixed methods study. *Learning Disability Quarterly, 29* (2), 89-100.

Inspiration Software, Inc. (2000). *Inspiration 6.0 computer software.* Portland, OR: Author.

Jones, K., Torgesen, J. K., & Sexton, M A. (1987). Using computer-guided practice to increase decoding fluency in learning disabled children: A study using the Hint & Hunt I program. *Journal of Learning Disabilities, 20,* 122-128.

Keller, B. H., & Keller, J. M. (1994). Meaningful and motivating interactivity in multimedia instruction: Design and evaluation guidelines. Presented at 11th International Conference on Technologies in Education, London, March 27.

Lahm, E. A., & Nickels, B. L. (1999). What do you know? Assistive technology competencies for special educators. *Teaching Exceptional Children, 32* (1), 56–64.

Lewis, R. B. (1993). *Special education technology: Classroom applications.* Pacific Grove, CA: Brooks/Cole.

MacArthur, C. A. (1998). Word processing with speech synthesis and word prediction: Effects on the dialogue journal writing of students with learning disabilities. *Learning Disabilities Quarterly, 21*, 151–166.

MacArthur, C. A., & Haynes, J. B. (1995). Student assistant for learning form text (SALT): A hypermedia reading aid. *Journal of Learning Disabilities, 28,* 150–159.

Mastropieri, M. A., Scruggs, T. E., Abdulrahman, N., & Cardizi, W. (2002). *Computer-assisted instruction in special organization strategies to facilitate high school content-area learning.* Fairfax: VA: Graduate School for Education, George Mason University.

Mastropieri, M. A., Scruggs, T. E., Spencer, V., & Fontana, J. (2003). Promoting success in high school world history: Peer tutoring versus guided notes. *Learning Disabilities Research and Practice, 18,* 52–65.

McKenzie, J. (1996). Making WEB meaning. *Educational Technology, 27* (7), 30–32.

Miller, S. C., & Cooke, N. L. (1989). Mainstreaming students with learning disabilities for videodisc math instruction. *Teaching Exceptional Children, 21* (3), 57–60.

Monahan, B., & Tmoko, S. (1996). How schools can create their own Web pages. *Educational Leadership, 54* (5), 37–38.

Morgan, R. L., Ellerd, D. A., Gerity, B. P., & Blair, R. J. (2000). That' s the job I want! How technology helps young people in transition. *Teaching Exceptional Children, 32*(4), 44–47.

Okolo, C. M., & Ferretti, R. P. (1996). The impact of multimedia design projects on the knowledge, attitudes, and collaboration of students in inclusive classrooms. *Journal of Computing in Childhood Education, 7,* 223–251.

O' Neil, J. N. (1996). On surfing—and steering—the net: Conversations with Crawford Kilian and Clifford Stoll. *Educational Leadership, 54* (5), 12–17.

O' Neil, K. D., Wagner, R., & Gomez, L. M. (1996). Online mentors: Experimental in science class. *Educational Leadership, 54* (5), 39–43.

Peterson, L., Hofmeister, A., & Lubke, M. (1988). A videodisc approach to instructional productivity. *Educational Technology, 28* (2), 16–22.

Raskind, M. (1993). Assistive technology and adults with learning disabilities: A blueprint for exploration and advancement. *Learning Disability Quarterly, 16,* 185–198.

Raskind, M. H., Herman, K. L., & Torgesen, J. K. (1995). Technology for persons with

learning disabilities: Report on an international symposium. *Learning Disability Quarterly, 18,* 175–184.

Raskind, M. H., & Higgins, E. L. (1995). Effects of speech synthesis on the proofreading efficiency of postsecondary students with learning disabilities. *Learning Disability Quarterly, 18,* 141–158.

Raskind, M. H., & Higgins, E. L. (1998). Assistive technology for postsecondary students with learning disabilities: An overview. *Journal of Learning Disabilities, 31* (1), 27–40.

Renard, L. (2000). Cut and paste 101: Plagiarism and the net. *Educational Leadership, 57* (4), 38–43.

Royer, R., & Royer, J. (2004). Comparing hand drawn and computer generated concept mapping. *Computers in Mathematics and Science Teaching, 23*(1), 67–81.

Scardamalia, M., & Bereiter, C. (1996). Engaging students in a knowledge society. *Educational Leadership, 54* (5), 6–11.

Schetz, K. F., & Dettmar, E. (2000). Collaborating with technology for at-risk readers. *Teaching Exceptional Children, 32* (4), 22–27.

Stanford, P., & Siders, J. A. (2001). E-pal writing! *Teaching Exceptional Children, 34* (2), 21–25.

Strassman, B. K., & D' Amore, M. (2002). The Write technology. *Teaching Exceptional Children, 34* (6), 28–31.

Strum, J., & Rankin-Erickson, J. (2004). Effects of hand-drawn and computer—generated concept mapping on the expository writing of middle school students with learning disabilities. *Learning Disabilities Research and Practice, 17*(2), 124–139.

Symington, L., & Stranger, C. (2000). Math = success: New inclusionary software programs add up to a brighter future. *Teaching Exceptional Children, 32*(4), 28–33.

Torgesen, J. K., & Barker, T. A. (1995). Computers as aids in the prevention and remediation of reading disabilities. *Learning Disability Quarterly, 18,* 76–88.

Trollinger, C., & Slavkin, R. (1999). Purposeful e-mail as stage 3 technology. *Teaching Exceptional Children, 32* (1), 10–16.

Walker, D. (1999). Technology and literacy: Raising the bar. *Educational Leadership, 57* (2), 18–21.

Williams, S. C. (2002). How speech feedback and word prediction software can help students write. *Teaching Exceptional Children, 34* (3), 72–78.

Wilson, K. (1991). Bank Street College of Education. *Proceedings of the Multimedia*

Technology Seminar, Washington, DC, pp. 51-57.

Wissick, C. A. (1996). Multimedia: Enhancing instruction for students with learning disabilities. *Journal of Learning Disabilities, 29,* 494-503.

Wissick, C. A., & Gardner, J. E. (2000). Multimedia or not to multimedia? That is the question for students with learning disabilities. *Teaching Exceptional Children, 32* (4), 34-43.

Xin, F., Glaser, C. W., & Rieth, H. (1996). Multimedia reading: Using anchored instruction and video technology in vocabulary lessons. *Teaching Exceptional Children, 29* (2), 45-49.

Yarrow, J. (1994). Across the curriculum with HyperCard. *Technological Horizons in Education Journal, 21* (8), 88-89.

학습목표

1. 학습장애인의 인지, 사회 및 직업적 성과에 대해 설명할 수 있다.
2. 학교 졸업 후 직업적 성공과 관련된 것으로 보이는 교육 경험의 유형을 안다.
3. 오늘날 학습장애인에게 제공되는 직업 프로그램에 대해 알 수 있다.
4. 전형적인 대학 교육과정에서 학습장애 학생들을 위한 일반적인 교수 수정에 대해 토론할 수 있다.
5. 학습장애 성인을 위한 추후 사회적 지원의 근거를 제시할 수 있다.
6. 중등학교 이후를 위한 전환기에서 학습장애 학생들의 예후를 이해하는 데 도움이 될 수 있는 근거에 대해 설명할 수 있다.
7. 학습장애 청년들을 위한 자기옹호 훈련 프로그램에 대해 설명할 수 있다.

핵심어

전환
사회-정서적 성과
회고형 연구
종단연구
학업-인지적 성과
직업적 성과
대인관계 기술
직업 관련 학업 기술
직업 기술
직업고등학교
지역사회 기반의 직업훈련
재활법 504조
미국장애인법(ADA)
학습장애 대학생
학생지원 서비스
행정적인 융통성
대학교수를 위한 지원
자기옹호

제13장

학습장애 성인

이 장의 개관

✻ 서론

1980~1990년대에 학습장애 분야의 학자들과 현장 전문가들은 학령기 이후 청년들과 성인들의 요구에 대해 좀 더 관심을 많이 가지기 시작하였다(Benz, Lindstrom, & Yovanoff, 2000; Bullies et al., 2002; Commission on Excellence in Special Education, 2001; Evers, 1996). 초기 장애와 관련된 연구들은 주로 초등학생에 집중하였으나 점점 많은 연구들이 고등학교에 다니는 학습장애 청소년들의 문제에 대해 다루기 시작하였다. 또한 그들이 중등학교를 졸업한 이후에는 학습장애 성인을 다루는 연구의 수가 점점 증가하고 있다(Lehmann, Davies, & Laurin, 2000; Madaus et al., 2006; Levine & Nourse, 1998). 특히 지난 15년 동안은 학령기 이후 학습장애 학생들의 성과에 대한 연구가 많이 시행되고 있다.

이 장은 학교 졸업 후 학습장애 학생들이 가질 수 있는 기회의 유형을 이해할 수 있는 여러 영역의 정보에 대해 다루고 있다. 특수교사는 다음과 같은 이유로 이러한 정보를 알고 있어야 한다. 첫째, 특수교사는 학습장애 중등학생을 교수해야 하므로 그들이 졸업 후에 가지게 될 기회의 유형에 대해 인식하고 있어야 한다. 또한 교사가 학생과 비공식적인 상담을 할 때도 이러한 정보가 필요할 수 있다. 게다가 학부모들은 자주 자녀의 장기적인 예후에 대해 물어온다. 교사는 학습장애 아동과 청소년에게 예상되는 미래의 성과와 관련된 부모들의 질문에 답할 준비를 하고 있어야 한다. 예를 들어, 많은 부모들은 학습장애 학생들 중 일부가 계속해서 교육을 받을 수 있음에 대해 알고 있을 수도 있고 미리 의미 있는 직업 기회를 찾을 수도 있을 것이다. 물론 교사는 부모가 요구한다면 관련 정보를 제공해야 한다. 특수교사는 학습장애 학생들의 중등학교 이후 성과에 대해 알고 있으면 이것이 교사가 개별화교육계획(IEP)을 작성할 때 교육 프로그램을 구조화하는 방법에 대한 지침이 되어 주기도 한다. 학생이 16세가 되면 IEP에 전환계획에 대한 정보가 포함되어야 한다(Dunn, 1996; Katsiyannis, DeFur, & Conderman, 1998). 학습장애 성인들이 의미 있다고 보고한 교과의 유형은 강조해야 할 교육과정 영역의 지표가 될 수 있다. 이상의 이유는 학습장애로 판별된 학생들의 중등학교 졸업 이후에 어떠한 성과를 가져야 하는지를 살펴보는 근거가 되기도 한다.

이 장에서는 먼저 학습장애 청년들의 일반적인 특성에 대해 논의한다. 이는 앞

서 제시한 학습장애 고등학생의 특성에 대한 정보를 보충해 줄 수 있다. 이 후에는 학습장애 성인들의 중등학교 졸업 이후 성과에 대한 추적 연구를 포함하여 다양한 연구의 결과를 기초로 학습장애 학생들의 직업적 성과를 제시한다. 마지막으로는 학습장애인의 대학 프로그램에 대해 제시한다.

✻ 학습장애 청소년과 성인의 특성

학령기를 지나 성인기로 진입하는 전환(*transition*)의 과제는 뛰어난 능력을 가진 학생들에게도 꽤 어려우며, 학생이 장애를 가지고 있다면 그 어려움은 더욱 커지게 된다. 예를 들어, 학습장애 학생들을 괴롭히는 학업적 결함은 그들이 고등학교를 졸업한 후 2년제나 4년제 대학에 가는 것을 어렵게 할 수도 있다. 이는 자동적으로 이 학생들의 직업 선택의 기회를 제한할 뿐 아니라 학업적인 부분에도 제

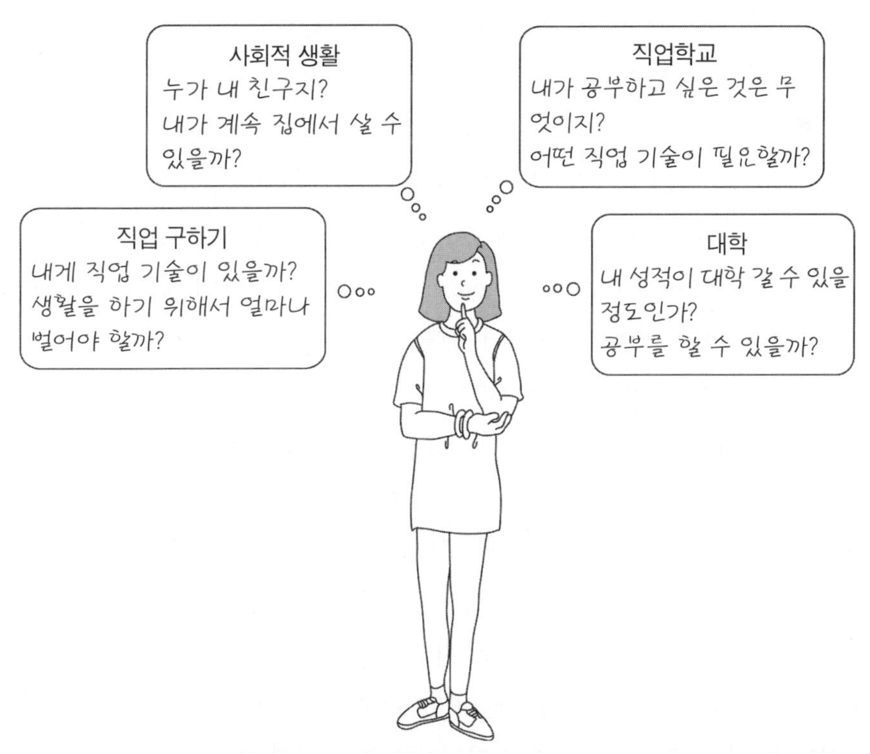

[그림 13-1] 학습장애 청소년: 어려운 선택

약을 주게 된다. 따라서 학습장애 청년들이 고등학교를 졸업하자마자 경험하게 되는 두려움과 좌절감을 이해하는 것은 매우 중요하다. 그리고 장애 청년들이 보이는 특성을 이해하는 것 또한 그들의 중등학교 졸업 후의 전환 기회를 이해하는 데 있어 중요한 측면 중 하나가 된다. [그림 13-1]에 제시된 것처럼 그들은 고등학교를 졸업한 이후 다양한 방향으로 진로를 결정할 수 있으며, 그들 대부분은 이 시기의 전환에 있어 교사의 지원을 고마워할 것이다.

Dunn(1996)은 학습장애 학생의 중등학교 졸업 후 전환에 대한 보고서를 발표하고 우리가 그들에 대해 가지고 있는 오해에 대해 밝혀내었다. 가령 학습장애 학생이 다른 장애 학생들(예: 중도 발달지체; Heal & Rusch, 1995 참조)에 비해 좀 더 성공적인 성과를 경험한다 하더라도 비장애 또래들과 비교하면 그들의 중등학교 이후의 전환은 그리 쉽지 않다. 예를 들어, 학습장애 학생들은 약 16%만이 고등학교 졸업 후에 2년제나 4년제 대학에 재학하고 있다(Wagner, Blackorby, Cameto, Hebbeler, & Newman, 1993). 이는 고등학교를 졸업한 일반 학생들의 그것과 비교하면 매우 낮은 비율이다. 또한 Sitlington(1996)에 의하면 많은 학습장애 학생들은 성인생활, 예를 들어 가정관리, 지역사회 참여, 대인관계 등과 같은 매우 일상적인 활동에 적응하는 데 있어서 상대적으로 심각한 어려움을 경험한다. 그러나 지난 10년 동안 고등교육을 받고 있는 학습장애 학생들의 수는 지속적으로 증가했으며 그 수는 지난 30년간의 그것과 비교하면 3배 이상이 된다(Madaus et al., 2006). 하지만 여전히 상당수의 학습장애 학생들이 성공적인 전환을 할 것으로 낙관적인 기대를 하긴 어렵다(Dunn, 1996; Sitlington, 1996). 최근 이 분야에 대한 관심이 증가함에 따라 추가 연구가 많이 진행되어 왔다. 교사들은 학습장애 성인과 관련된 연구의 주제뿐 아니라 그 결과도 이해해야 한다.

Horn, O'Donnell과 Vitulano(1983)는 중등학교 이후 전환에 대해 논의할 때 성과측정의 방법을 신중하게 선택하는 것이 중요하다고 언급하였다. 특히 12년에 걸쳐 이루어진 공교육 기간의 끝 무렵에는 학교교육의 효과나 성과를 요약하기 위한 적절한 시간을 제공해야 한다. 기초 기술 성취수준을 확인하는 것은 학습장애의 졸업 후 진로결정 시 고려해야 할 여러 변인 중 하나다. 하지만 이를 가장 중요한 변인으로 생각하지는 않는다. 예를 들어, 고용 빈도, 직업 만족도 혹은 다른 직업 관련 척도 등 다른 변인들도 함께 고려되어야 한다. 개인적 · 사회적 척도는 읽기 수준보다 더 중요한 성과 척도로 여겨진다. 사회-정서적 성과(*emotional-social-*

outcomes)에는 자기개념, 통제소재, 자신의 사회적 생활에 대한 만족, 그리고 정서 및 사회적 관심과 관련된 변인들이 포함된다. 이 분야 내 하위요인 각각에 대한 연구는 고등학교를 졸업한 학습장애 학생 집단을 대상으로 한 연구를 기초로 한다.

학습장애 청년과 성인에 대한 연구에서 꼭 다루어야 할 중요한 문제 한 가지가 있다. 초창기 연구의 대부분은 그 특성상 회고적인(retrospective) 성격이 강한데, 일반적으로 종단 연구를 더 강력한 연구설계라고 생각한다. 하지만 학습장애 성인에 대한 연구는 회고형 연구설계에 기초하고 있다.

행동주의자들은 학습장애가 시간이 지남에 따라 어떻게 나타나는가를 연구하기 위해 여러 가지 방법을 적용할 수 있다. 첫째, 행동주의 학자들은 학교를 졸업한 성인으로 이루어진 한 집단을 모집하고 이전에 작성된 학교자료를 얻어 그것과 현재 성과가 과학적으로 어떠한 관련성이 있는지를 찾아본다. 이를 회고형 연구(*retrospective study*)라고 하는데, 이전에 수집된 자료를 사용하여 회고적인 연구를 계획 · 시행하는 것을 말한다. 이 연구설계의 단점은 학교에서 수집된 자료의 유형과 관련이 있다. 연구의 회고적 성격 때문에 초기 자료를 수집할 당시 연구자가 관여하지 않았기 때문에, 결과적으로 연구자들은 자료가 작성될 당시에 중요하다고 생각했던 자료만을 사용해야 한다. 이는 특히 학습장애 분야에서 문제가 되는데, 학습장애 분야가 역사적으로 다양한 관점을 견지하고 있어 시기마다 서로 다른 변인을 강조했기 때문이다. 예를 들어, 1980년대는 학자들이 막 행동적 변인의 중요성을 인식한 시기였으므로 중등학교에서 학습장애 학생들의 교실행동에 대한 자료를 수집한 적이 거의 없었다. 그러므로 오늘날 시행되는 회고형 연구의 결과만으로는 학습장애 학생들이 보이는 교실행동의 장기적인 효과에 대한 질문에 적절한 답을 찾기 어려울 수 있다.

특정 현상을 시간의 흐름에 따라 연구하는 데 있어 좀 더 효과적인 방법은 종단연구(*longitudinal study*)다. 이 유형의 연구에서 행동주의 학자들은 연구를 시작한 첫해부터 연구설계에 관여하고 그들이 관심을 가지고 있는 자료를 수집한다. 학자들은 측정하고자 하는 변인과 중등학교 졸업 후 성과 간의 상관관계를 확인하기 위하여 이후 몇년 동안 한 무리의 학습장애인들을 따라 다니게 된다. 하지만 이와 같은 종단연구의 높은 비용과 시간적 문제 때문에 학령기에서 성인기로의 전환과 관련된 대부분의 연구는 회고적인 성격을 갖는다. 의심할 바 없이 장애 청소년과 성인에 대한 종단연구는 현재에도 지속되고 있으며 가까운 미래에 그 결과가 나오게 될 것이다. 그러나 아직까지 우리가 이 학생들의 삶의 전환기에 대해 이해하고 있는 것이 연구설계 측면에서 그리 강력하지 않은 회고형 설계에 기반을 두고 있기 때문에 아직은 임시적인 정보다.

학업-인지적 성과

연구결과에 의하면 학교에서의 문제와 관련된 인지 및 학업적 특성의 대부분은 학습장애 학생들이 중등학교를 졸업한 이후에도 지속된다(Benz et al., 2000; Evers, 1996; Gregory, Shanahan, & Walberg, 1986; Lindstrom & Benz, 2002; Lock & Layton, 2001; Reiff & DeFur, 1992; White, 1992). Gregory와 동료들(1986)은 회고형 연구를 수행하면서 고등학교 3학년 장애 학생과 비장애 학생의 다양한 성과 척도를 비교하였다. 그들은 미국의 중등학교에서 모든 고등학교 3학생들의 학업-인지적 성과(*academic/cognitive outcomes*)를 예견하기 위해 만들어진 자료를 사용하였다. 2만 6,000여 명의 고등학생이 자신과 관련하여 설문지에 답하였고, 그중 439명은 자신을 학습장애로 명명했다. 다양한 학업변인에 있어 장애 학생 집단과 비장애 학생 집단을 비교하였는데, 결과적으로 장애 학생의 경우 읽기, 수학, 국어에서의 학업 결함은 고등학교 3학년 말에 가까이 갈수록 더욱 분명해졌다. 앞 장에서 다루었던 것처럼, 학습장애 청소년들의 읽기 수준은 보통 초등 5~6학년 수준에서 정점에 도달하고 그 이후에는 거의 향상이 없다. 또한 학업성취의 지표가 제안하는 바, 상당수의 학습장애 청년들에게는 여전히 능력-성취 불일치가 매우 크게 나타난다. 또한 읽기이해 및 작문에서의 결함과 구어문제는 중등학교 졸업 후 전환 시기 이후에도 계속해서 학습장애 성인을 괴롭힌다. 이 정도의 성취 수준은 이후의 학교생활이나 직업을 갖는 데 있어 문제가 되기도 한다.

사회-정서적 성과

Sitlington과 Frank(1993)는 장애 학생의 중등학교 졸업 후 전환에 대해 연구하면서 다양한 사회-정서적 측면에서 졸업 후 적응변인을 포함하였다. 장애 학생 집단을 대상으로 한 초기 추후 연구에서 Sitlington과 Frank(1990)는 회고형 연구설계를 이용하여 고등학교를 졸업하고 1년이 지난 학습장애 학생들의 거주 형태를

조사하기 위한 면담을 실시하였다. 이 자료에 의하면 이 학생들의 단 27%만이 독립적으로 거주하고 있었고, 나머지는 부모나 친척들과 함께 살고 있었다. 그러나 연구자들이 2년 후 이 집단을 다시 면담하였을 때(종단연구)는, 집단의 49%가 독립적으로 거주하고 있었다.

이러한 연구는 다음의 몇 가지 이유로 중요하다 할 수 있다. 첫째, 이 연구는 어떻게 종단연구 설계가 회고형 연구보다 좀 더 완벽하게 전환기를 이해할 수 있을지를 보여 주고 있다. 둘째, 단순한 학업성취 그리고 혹은 고용 지위를 넘어 다른 성과 변인을 사용하는 것의 중요성을 보여 주고 있다. 사실상 누군가의 삶의 질뿐 아니라 삶에 대한 개인적 만족도는 고용과 관련된 지위보다는 사회-정서적 요인에 더 많이 연관되어 있다. 그러므로 오랜 시간 동안 다양한 사회-정서적 요인에 관심을 갖는 연구는 매우 중요하다.

간단하게나마 학업적 성과에 대해 논의가 진행되었다 하더라도 측정할 수 있는 사회-정서적 성과에 대한 논의도 많이 이루어져 있다. 초기에는 자기개념, 통제소재와 같은 변인이 연구되었으나, 최근에는 이전에는 자주 측정되지 않았던 특성들로 관심의 범위가 확대되고 있다.

사실 여러 측면에서 학습장애 청년들의 사회-정서적 성과에 대한 최근 자료는 그리 고무적이지는 않다(Beitchman, Wilson, Douglas, Young & Adlaf, 2001; Benz et al., 2000; Dickson & Verbeek, 2002; Mull, Stlington, & Alper, 2001; Price & Gerber, 2001; Witte, Philips, & Katela, 1998). 거의 모든 영역에서 학습장애 학생들은 일반적으로 비장애 또래들에 비해 사회-정서적 성과에 있어 문제가 더 많다. 예를 들어, 학습장애 학생들은 비장애 학생들에 비해 낮은 자기개념과 높은 외적 통제소를 보였다(Gregory et al., 1986). 모두 그런 것은 아니지만(Molina & Pelham, 2001), 일부 연구에서는 학습장애 학생들 사이에 약물 남용의 수준이 매우 높은 것으로 나타났다(Beitchman et al., 2001). 학습장애 대학생들은 다른 또래 학생들보다 부모와 함께 더 많이 살고 있었으며 학습장애를 가지고 있지 않은 학생들에 비해 사회적 접촉이 더 많지 않았다는 연구결과도 있다(Mithaug, Horiuchi, & Fanning, 1985).

다음은 학습장애 학생들의 법적인 문제와 관련이 있다. 일부 연구에 의하면 학습장애 청소년의 4% 정도는 교정 서비스와 연관이 있다(Bender, Rosenkrans, & Crane, 1999; Gregory et al., 1986). 사실상 소년원에는 13만 4,000명의 청소년이 감금되어 있는데 그중 25～50%가 장애를 가지고 있다(Bullis et al., 2002; Quinn et al., 2005). 소년원에 있는 청소년들의 대다수가 정서장애 또는 행동장애를 보이고 있었고 이 청소년들 중 38%는 학습장애를 가지고 있었다(Quinn et al., 2005). 분명한 것은 학습장애 학생 중 상당수가 법과 관련된 문제를 가지고 있다고 볼 수 있다.

사회-정서적 영역의 변인 중에는 우울과 자살이 있고, 학습장애 학생들은 우울과 자살 모두에서 고위험군이라는 증거가 있다(Bender et al., 1999). Rourke의 연구(Rourke, Young, & Leenaars, 1989에서 요약)는 학령기 동안 학습장애를 일으키는 중추신경계의 문제가 학습장애 성인 집단의 우울과 자살의 위험성을 증가시키는 데 일조한다고 보았다. 마음의 정서적 상태에 기인하는 신경학적 기초에 대하여 현재 우리가 알고 있는 바가 완전하지 않으나, (앞서 설명한) 최신 기술을 활용했을 때 중추신경계 문제가 부정적인 정서적 성과를 이끌 수도 있다는 가정을 추정해 볼 수 있다.

자기개념, 통제소재, 비행, 우울, 자살 및 사회적 활동 변인 등에 대해 알려진 정보에 의하면 중등학교를 졸업한 직후 학습장애 청년들의 사회성 예후는 그리 긍정적이지 않다(Dunn, 1996; White, 1992). 그러나 이러한 결과는 장애인과 비장애인 집단의 평균 점수에 기초한 것일 뿐, 전환기 동안에도 장애청년 중 일부는 적응에 문제없이 매우 잘 지내고 있다. 또한 청년들은 사회생활을 잘할 수 있으며, 취업을 하거나 고등교육을 받기 시작하며 수년이 지나고 나면 지금과 같이 가망 없어 보이는 상황도 향상될 가능성이 높아 보인다(Sitlington & Frank, 1993). 현재까지의 연구결과, 학습장애 청년들의 성과가 전반적으로는 그리 좋아 보이지 않지만 이러한 성과는 더 심한 장애를 가진 학생들의 사회-정서적 성과에 비하면 상당히 긍정적이다(Shalock, Wolzen, Ross, Elliot, Werbel, & Peterson, 1986). 연구가 진행됨에 따라 현재 알려진 성과보다는 더 긍정적으로 변화가 있을 것이고, 교사는 계속해서 이 분야에 대한 최신 연구에 관심을 가지고 지켜보아야 할 것이다.

중등학교 이후 직업적 성과

연구결과에 의하면 학습장애 학생들은 고등학교를 졸업한 후 취업을 하지만 최소임금을 받거나 승진을 하기까지 남들보다 더 오랫동안 현재의 직책에 머물러 있어야 한다(Benz et al., 2000; Johnson, Stodden, Emanuel, Luecking, & Mack, 2002). 최근에 시행된 한 연구에서는 학습장애 청년과 비장애인들 간에 임금의 차이를 살펴보았는데(Dickson & Verbeek, 2002), 학습장애 학생들이 바라는 직업적 성과에

비해 임금이 더 낮은 것으로 알려졌다. 다른 한 연구에서는 성차별이 학습장애를 가진 젊은 여성의 초기 진로 개발에 방해가 된다는 것도 밝혀졌다(Lindstrom & Benz, 2002). 또한 1990년 미국장애인법(Americans with Disabilities Act of 1990)에 작업장에서는 장애인을 위하여 합당한 조정을 해야 한다는 연방법의 의무 조항이 있음에도 불구하고, 고용주들은 조정을 위한 필수 요건이나 학습장애를 가진 고용자에게 필요한 특정 조정에 대해 그리 많은 정보를 가지고 있지 못하다. 실제로 이 연구에서 면담에 참여한 대부분의 고용주들은 작업장 조정의 필수 요건으로 작업 환경에 물리적으로 접근 가능하게 하는 것(휠체어, 경사로 등)만을 생각하고 있었다(Price & Gerber, 2001). 이 자료를 기초로 하면, 학습장애 학생들의 초기 직업적 성과는 우리가 기대하는 것만큼 긍정적이지 않다. 초기에 직면하게 되는 문제 중 하나는 무엇이 긍정적인 **직업적 성과**(*vocational outcomes*)를 의미하는가에 대하여 우리가 어떻게 생각하느냐다.

연구에서 측정된 직업적 성과변인의 유형은 매우 다양하다. 대부분의 실증 연구는 단순히 고등학교 졸업 후 일정 시점에서 학습장애 학생 그리고 혹은 다른 장애 학생의 전체 고용률만을 제시하고 있다. 그러나 이 수치는 오해를 불러일으킬 수 있다. 많은 사람들은 중등학교 졸업 후 자주 직업을 바꾸기 때문에 어느 한 시점에서 단순히 고용률만을 나타내는 것은 대표성을 잘 나타내지 못할 수 있다. 가령 일반적으로 직장에 잘 다니던 사람이 직장을 옮기기 위해 잠시 휴직할 수도 있다. 성과를 측정하는 데 좀 더 유리한 것은 학교를 졸업한 이래로 고용된 시간의 백분율인데, 이 유형은 매년 졸업 후 학생의 전반적인 고용 상태에 대한 정보를 제공해 준다.

실증 연구에 사용된 성과 측정 중 하나는 학생의 교수 프로그램과 중등학교 졸업 후 성과 사이의 관계다(Evers, 1996). 예를 들어, 직업교육 수업을 늘리면 졸업 후 적응은 더 쉬울까? 학습장애 학생을 위한 차별화된 특수교육 배치가 다른 성과를 만들어 낼 것인가? 학습자료실이나 전일제 특수학급 배치가 긍정적인 성과를 이끌 가능성이 더 높은가? 현재 우리에게 유용한 회고형 자료는 이상의 질문에 적절한 답을 찾아내고 있지는 못하다. 왜냐하면 더 심한 장애를 가진 학생들이 전일제 특수학급에 더 많이 배치되어 있으며 그들은 졸업 후 적응 관련 평가에서 더 미약한 수행을 보이기 때문이다. 회고형 연구에서는 학생들의 미약한 성과가 프로그램의 유형이나 학습장애의 심각한 정도에 의해 만들어진 것인지의 여부를 결정하기가 어렵다. 교육 프로그램의 유형별로 차별화된 효과성을 결정하기 위하여 직업적 성과를 측정하는 종단연구가 필요하다.

연구자들은 교육 프로그램과 관련된 여러 다른 질문들에 대한 답을 찾으려고 해왔고 현재 이와 관련된 자료가 일부 존재한다(Blalock & Patton, 1996; Dunn, 1996; Evers, 1996; Heal & Rusch, 1995; Lindstrom & Benz, 2002). 예를 들어, Evers(1996)는 학습장애 학생들이 받은 학업 프로그램의 유형과 중등학교 졸업 후의 고용 성공 간 관계성을 살펴본 몇 가지 연구에 대해 보고하였다. 직업교육이나 고등학교를 다니면서 외부에서 임금을 받는 직업적 경험을 한 학습장애 학생들은 직업을 얻거나 고용을 유지하는 데 있어 훨씬 더 성공적이었다. 모든 연구가 이 결론을 지지하는 것은 아니지만(예: Heal & Rusch, 1995) 학습장애 학생들을 위하여 직업 준비가 늘어나야 할 것이다.

직업교육 경험이 프로그램 이수자들이 추후에 취업을 하는 데 있어 긍정적인 영향을 미치지만 학업적인 내용을 다루는 수업은 학습장애 학생들의 중등학교 졸업 후 성공에 연관되지 않을 수 있다는 연구결과가 있다(Heal & Rusch, 1995). 예를 들어, Gregory와 동료들(1986)은 학습장애 청년들이 종사하는 직업의 유형으로 볼 때 학업 성과는 직업적 성과와는 관련성이 거의 없다고 하였다. 학습장애 청년들 중 일부가 전형적인 사무직(법조계, 언론계, 교직 등)에 종사할 수 있는 읽기 수준을 가지고 있다 하더라도 그들 대부분은 문어나 수학과 관련이 적은 직종에 종사한다. 또한 콜로라도 주에서 실시한 설문 연구(Mithaug et al., 1985)에서 나온 자료에 의하면 장애 청년의 상당수는 최소임금만 받는 직종에 종사하고 있다. 이러한 유형의 직종에서는 읽기와 수학 활동이 덜 필요할 것이다.

교육 프로그램의 변화에 대한 학습장애 청년의 제언

학습장애 청년들이 포함된 일부 추후 연구에서는 전직 학생들인 그들에게 도움이 되었던 교육적 경험의 유형이 무엇인지를 말할 수 있는 기회를 제공하였다(Lehmann et al., 2000; Mithaug et al., 1985; Shalock et al., 1986). 예를 들어, 콜로라도 연구(Mithaug et al., 1985)에서 경도장애 학생들은 특수교육과 직업교육 수업 모두가 중등학교 졸업 후 직업적 · 개인적 성공에 도움이 되었다고 하였다. 그들의 반 정도(55%)는 특수교육이 도움이 된다고 하였고, 57%는 직업교육이 더 도움이 된다고 하였다. 그리고 단 37%만이 일반교육 수업이 도움이 되었다고 보고하였다. 이러한 자료는 다른 교육과정 영역의 시간이 줄어들지라도 중등 교육과정에서 특수교육과 직업교육에 더 많은 시간이 할당되어야 한다는 것을 시사한다.

전환기 동안 학습장애의 특성

요약하면, 직업적 성과는 측정된 여러 유형의 성과 중에서 중등학교를 졸업한 후의 성공을 가장 잘 보여 준다(Evers, 1996). 더 나아가 이 유형의 성과가 다른 유형에 비해 선호되는데, 학업적인 성공은 학습장애 청년들이 일반적으로 갖게 되는 직업과 연관이 그리 많지 않고 정서 및 사회적 문제는 학생이 성숙하면서 극복될 수 있는 것이기 때문이다. 그러나 이 학생들이 기초 기술을 배우는 데 상당히 많은 시간을 소비하는 것에 비해 학년 말에 비장애 또래를 따라잡지 못하는 것을 알게 되는 것은 그리 유쾌한 경험은 아니다. 그리고 학습장애 청년들이 생각하기에 일반교육이 그다지 그들에게 도움이 되지 않는다고 보는 것 또한 문제다. 마지막으로 학습장애 청년들의 사회-정서적 발달은 여전히 우려가 큰 부분인데, 연구결과 학습장애와 청소년 비행(Sitlington, 1996), 우울/자살(Bender et al., 1999) 간의 잠재적 연관성이 낙인되었기 때문이다.

＊ 직업 기회

학습장애 분야의 학자들이 학습장애 성인의 요구에 관심을 갖기 시작하면서, 직업 기회가 학습장애 성인들의 생애를 성공적으로 꾸려 감에 있어 결정적인 역할을 한다는 것을 알게 되었다. 이러한 이유로 직업교육은 고등교육에 대한 계획을 수립하지 않은 학습장애 청소년들을 위한 교육에 있어 매우 중요한 영역 중 하나가 되었다(Benz et al., 2000; Evers, 1996; Katsiyannis et al., 1990). 예를 들어, Shalock과 동료들(1986)은 108명의 장애 아동(62명의 학습장애 청소년을 포함하여)의 직업적 성공을 설명하기 위하여 교과목의 특성, 학교 교육과정 변인 그리고 지역사회 변인을 사용하였다. 학생들이 수강한 직업 교과의 수는 학교 졸업 후 성공적인 직업 수행을 나타내 주는 주요 지표 중 하나다. 앞서 제시한 대로 학습장애 청년들을 학교 졸업 후에 면담했을 때, 직업교육은 그들의 교육에 있어 중요한 측면 중 하나라고 하였다(Lehmann et al., 2000).

중등교육을 마친 학습장애 학생들을 대상으로 한 추적 연구에 의하면 졸업생들의 55~70%는 취업을 하였다(Mithaug et al., 1985). 이는 비장애 청년들의 고용률과 유사하다. 그러나 초기 연구와 마찬가지로 이 연구들도 몇 가지 문제점을 갖고 있다. 첫째, 대규모의 추적 연구들은 회고적인 특성을 보이는데, 보통 회고형 연구는 방법론적으로 종단연구에 비해 강력하다고 보지는 않는다. 둘째, 이 자료는 직업을 가지고 있는 젊은 학습장애인의 수를 정확히 나타내지 않을 수도 있다. 왜냐하면 일부 연구에서 제시된 백분율은 모든 장애 조건을 포함하고 있기 때문이다. Shalock과 동료들(1986)은 고용과 관련된 자료를 장애별로 계산하였는데, 학습장애인들의 72%가 고등학교 졸업 후 직업을 갖는다고 보고하였다. 그러나 자료는 고등학교의 특화된 한 직업 프로그램을 실행한 이후의 결과로, 프로그램으로 인해 학생들의 고용률이 높아졌을 가능성이 있다. 이 수치들로 볼 때 고등학교 졸업 후 직업을 가진 젊은 학습장애인의 비율은 60~70% 범위다.

마지막으로 농어촌 지역 출신의 학습장애 학생들은 도시 지역에 살고 있는 학습장애 학생들에 비해 중등학교 이후의 고용에서 더 나은 예후를 보인다고 한다. Karpinski, Neubert와 Graham(1992)의 연구에서는 농어촌 지역에서 학교를 졸업한 학습장애 학생의 70% 이상이 고용되었지만 학교를 자퇴한 학습장애 학생들도 60% 이상이 취업에 성공하였다. 이 비율은 도시 지역에 취업된 사람들의 비율과 견줄 만하다. 이는 중등학교를 졸업한 직후 학생이 고용되는 방식을 나타내 주고 있다. 지역사회에서 가족 및 친구들과의 연계는 장애 학생에게는 직업을 소개시켜 주는 주요한 자원이 되고(Heal & Rusch, 1995), 이러한 지역사회 연계는 덜 유동적이고 더 전통적인 특성을 가진 시골 지역에서는 다소 더 강력하다 할 수 있다.

학습장애 성인을 위한 직업 기회

중등학교 전환기 동안, 많은 학습장애 청년들은 직업을 찾는다. 그러나 고용 기회가 어디에 있는지 찾고 그것을 획득하는 것은 쉬운 것도 아니고 또 자동적으로 이루어지는 것도 아니다. 예를 들어, Minskoff, Sautter, Hoffman과 Hawks(1987)는 6개 주의 고용주를 대상으로 장애인 고용과 관련된 태도에 대하여 설문 조사를 하였다. 보통 대부분의 고용주들은 장애인을 고용하는 것에 긍정적이었으나 학습

장애인을 고용하는 것에 대해서는 상대적으로 더 부정적인 반응을 보였다. 이러한 부정적인 반응은 학습장애인에 대한 선입견으로서 학습장애 근로자를 감독하는 데 있어 부족한 경험에 따른 것이다.

직업을 찾는 것도 쉽지 않은데, 학습장애인들이 접근 가능한 고용 기회의 상당수마저도 최적의 조건을 제시하는 것은 아니다. 예를 들어, 콜로라도 주의 특수교육 프로그램을 졸업한 학생들에 대한 연구에 의하면 경도장애 43%의 학생은 대략 최소 수준의 임금을 받고 있었으며, 33%의 학생은 임금이 인상된 적이 없었다. 이를 근거로 추측하건대, 경도장애인들의 경우는 승진의 기회가 거의 없고 임금이 인상될 가능성도 상당히 낮을 수 있다.

중등학교 졸업 이후 전환기 동안 취업과 관련된 적절한 답을 찾는 것이 중요하기 때문에 많은 현장 전문가들과 연구자들은 장애인들이 직업을 찾는 데 도움이 될 만한 도구를 개발하는 데 주력하고 있다. Morgan, Morgan, Despain과 Vasquez(2005)는 장애를 가진 젊은이들이 원하는 직업의 유형을 찾고자 할 때 도움을 얻을 수 있도록 제작된 웹 사이트를 소개하였다. 사실 많은 컴퓨터 기반 프로그램은 학생들에게 직업을 제시하기 위하여 작업 활동의 사진이나 동영상을 활용하고 있다. 직업 선정(Your Employment Selections: YES) 프로그램(Morgan, Ellerd, Gerity, & Blair, 2000)은 학생들이 직업 활동을 살펴볼 수 있도록 동영상을 제공하고 학생들이 선호하는 5～10개 직업을 선택해서 목록을 만들게 한다. 이 컴퓨터 기반 프로그램에는 120개가 넘는 직업에 대한 정보가 수록되어 있다.

분명한 것은 학습장애 학생들은 노력을 한다면 졸업 후 직업을 얻을 수 있지만 대체로 사회적으로 낮은 수준의 직업이 대부분이라는 것이다. 학습장애를 가진 젊은이들이 입문 수준의 직업을 얼마나 오랫동안 유지하는지에 대하여 더 많은 연구가 필요하다. 직업 관련 문헌을 보면 장애 학생들의 상당수가 직업교육에 참여해야 할 이유가 분명함을 알 수 있다. 많은 학습장애인들의 삶에서 직업 프로그램의 중요성은 아무리 강조해도 지나치지 않는다(Evers, 1996).

직업 프로그램의 내용

이 분야의 연구자들이 중등학교 졸업 후 전환 준비기에 시행되는 직업 프로그램이 중요함을 강조하면서 어떠한 내용이 직업 프로그램에 적절할지에 대한 관심이 증가하기 시작하였다(Benz et al., 2000; Johnson et al., 2002). Okolo와 Sitlington (1986)은 학습장애 청년들이 취업을 하는 데 있어 문제가 되는 세 가지 근본적인 원인인 대인관계 기술(*interpersonal skills*), 직업 관련 학업 기술(*job-related academic skills*) 및 특정 직업 기술(*vocational skills*)을 찾아 교육과정의 내용으로 삼고자 하였다.

앞 장에서 설명했듯이, 학습장애 학생들은 대인관계 기술에 있어 결함을 보인다. 이러한 결함은 장애인이 처음 직업을 가지려고 할 때 문제가 될 수 있다. 초창기 연구에서 Brown(1976)은 텍사스 주에 거주하는 고용주 5,213명에게 첫 번째 면접에서 지원자를 떨어뜨리는 이유가 무엇인지를 묻는 설문 조사를 하였다. 그들이 언급한 열가지 가장 일반적인 이유 중에서 아홉 가지가 지원자의 대인관계 기술과 관련이 있었다. 채용과정을 고려했을 때, 이러한 자료는 그리 놀랄 만한 것이 아니다. 만약 고용주가 누군가를 채용할 것을 생각하고 있다면 직업에 필요한 필수 학업 기술을 가지고 있을 것으로 간주한다. 결과적으로 나중에 문제가 나타난다면 대인관계 기술이 주요한 원인이 된다. 따라서 여러 연구자들은 이러한 문제를 예방하기 위하여 학습장애 청년들에게 대인관계에 대한 특별 훈련을 제공하는 것이 좋겠다고 제언하였다.

직업 관련 학업 기술은 직업교육에 있어 중요한 영역 중 하나다. 직업 관련 읽기는 학교 교육과정에서의 학습을 위한 읽기 과제와는 다르지만, 중요한 직업 관련 학업 기술이다. 직업과 관련된 읽기는 교육과정 자료보다는 차트, 그래프, 지시사항, 문자로 된 자료에 더 많이 집중한다. 이러한 유형의 활동은 왜 학습장애 학생들이 일반교육과정 수업보다는 직업 수업을 더 가치 있게 여기는지를 설명할 수 있는 이 시기에 진행되는 읽기교수의 특징을 나타낸다.

마지막으로 업무 관련 직업 기술은 직업교육과정의 성패를 결정하는 필수요소다. 예를 들어, 특정 직업에 사용될 수 있는 실제 도구의 활용에 필요한 기술을 가지는 것은 장애 학생들이 중등학교 졸업 후 직업에서의 성패를 판가름하는 주요한 요인 중 하나가 된다. 특정 직업 기술이 있음으로 해서 생기는 전문성은 직업을 갖게 된 학습장애 청년의 성공에 영향을 미칠 것이다.

학습장애인을 위한 직업 프로그램

학습장애 학생의 학령기에서 마지막 2～3년 동안의 직업 프로그램을 생각할 때, 놀랍고 분명한 사실 한 가지가 있다. 학습장애 학생은 그들이 해야 할 만큼 혹은 그리 자주 직업교육에 참여하지 않는다는 것이다(Evers, 1996). 예를 들어, 학령기 인구의 10%가 장애인임에도 불구하고 직업 프로그램에 참여한 학생의 2%만이 장애인이다. 직업 프로그램의 참여가 부족한 이유 중 하나는 특수교사와 직업교사 간 조정의 부족이다. 특수교사는 학업 교과에서 기초 기술의 교정과 개별교수를 강조하는 반면, 직업교사는 대인관계 기술이나 직업과 관련된 책임감보다는 직업 기술만을 강조한다. 따라서 학교 졸업 후 학습장애인이 직업 기회를 더 적절하게 준비할 수 있도록 두 교사 집단 간 더 많은 조정을 하는 것이 바람직하다.

좀 더 효과적인 직업적 성과를 고취하기 위하여 여러 가지 직업교육 모델이 개발되고 있다. 그에는 다양한 직업과 관련하여 교실 기반의 연구에서부터 지역사회 기반의 직업 배치 그리고 작업학습 프로그램이 해당된다.

교실 기반의 직업 연구　　다양한 직업 프로그램이 공립학교 교실에서 제공될 수 있다. 예를 들어, Gaylord-Ross, Siegel, Park와 Wilson(1988)은 직업 준비에 있어 기능적 일상생활기술 교육과정 모델의 중요성에 대해 논의하였다. 기능적 교육과정 모델은 앞서 서술한 대로 특수학급의 중등교육 프로그램으로 사용할 수 있는 교육과정 모델 중 하나다. 지원서, 세금정산, 서류 작성과 같은 일상생활 기술과 여타의 활동은 중등 수준에서 직업교육을 보충할 수 있다.

최근 Cronin(1996)은 생활기술을 좀 더 많이 강조해야 한다고 주장하였다. 그녀는 학습장애 학생의 생활기술을 향상시키기 위해 만들어진 중재 관련 문헌을 종합·검토하면서 지원서와 세금정산 서류 혹은 은행 서류의 작성을 넘어서는 다양한 사항을 강조해야 한다고 제안하였다. [도움상자 13-1]은 학습장애 학생을 위한 포괄적인 일상생활 기술 프로그램에서 강조되어야 하는 기술의 목록이다.

다양한 진로에 대한 인식과 직업 탐구 활동 역시 학령기 동안 직업 수업에서 제시될 수 있다. 일부 학자들은 이러한 직업 활동 유형이 초등학교나 중등학교 시기에 시작되는 것이 좋다고 제안하였다(Gaylord-Ross et al., 1988). 진로상담 역시 이 시기에 시작될 수 있다.

도움상자 13-1

▶ 포괄적인 일상생활 기술 교육과정에서의 기술

진로교육	직업을 가질 수 있도록 도움을 주는 기술을 가르치기 위한 교육과정(예: 자동차 정비와 같이 특정 직업에 사용되는 기술)
일상생활 기술	개인위생 기술이나 타인과의 성공적인 상호작용을 촉진하는 기술(적절하게 옷을 입고 몸단장하기, 적절한 상호작용 기술)
기능적 학업 기술	실생활의 일상적인 활동에서 배우는 실제적인 적용 기술(세금정산 서류, 개인수표 작성)
생존 기술	일상환경에서 기능하는 데 필요한 기술로 성인기에 요구되는 일상 적응 기술(ATM 이용하기, 복잡한 전화 시스템 이용하기)

직업고등학교　　대부분의 중등학교에는 직업전담 교실이 있지만 많은 중등학교는 여러 종류의 직업반을 특화시키고 있다. 직업고등학교(*vocational high schools*)의 교실은 일반적으로 학업 중심의 중등학급에서는 볼 수 없는 여러 직업훈련을 실시하고 있다. 엔진 수리, 자동차 정비, 치위생, 서무, 목세공, 원예, 목공, 농업 등이 개설되어 있는데, 각 교과마다 다양한 수준의 수업이 제공된다. 실증 연구에 의하면 경도장애 학생들이 직업 교실에서 훈련을 받을 경우 더 나은 고용 성과를 보이게 된다(Evers, 1996). 또한 그들에게는 고등학교의 직업훈련이 가장 중요한 것 중 하나라고 주장하고 있다.

지역사회 기반의 직업훈련　　교실에서 실시되는 직업교육과 직업반의 유형은 직업 프로그램에서 중요한 요소이기는 하지만, 지역사회 기반의 직업훈련(*community-based vocational training*)은 성공적인 전환 성과를 이끌어 내는 데 있어 결정적이다. 지역사회 기반의 직업훈련에서 학생들은 해당 직업에서 성공적으로 기능하는 데 필요한 기술을 배우기 위하여 지역사회 내 작업장에서 훈련을 받는다. 샌프란시스코 광역 교육청은 도시 내 두 곳에 경도장애 학생들을 배치하는 프로그램을 운영한다. 고등학교 졸업반 학생들은 타이핑, 서류 정리 및 서류 전달뿐 아니라 효과적인 직업 관련 습관훈련을 완수한다. 주 4일 동안 오후시간에 학생들은 지역 상점 등지에서 3~4시간가량 일을 한다(Gaylord-Ross et al., 1988). 고용주들은 학생

이 훈련을 마치고 고용주의 기준을 충족시킨다면 그들을 고용하기로 이미 합의가 된 상태다. 이와 같이 다양한 산학협력 프로그램은 중등학교 졸업 후 전환기 동안 학습장애 청소년들을 위한 취업으로의 전환 관점에 매우 긍정적인 영향을 미친다.

중등학교 졸업 후 직업훈련 경도장애 학생의 8~16%는 고등학교를 졸업한 후 직업학교에 다닌다고 한다(Wagner et al., 1993). 일반적으로 직업학교에서 제공되는 이러한 유형의 학급은 학생이 직업 관련 기술만을 준비하도록 돕는 특화된 학급이다. 이 훈련은 좀 더 엄격하기는 하지만 중등학교에 개설된 직업반과 유사하다.

직업 전환 방안의 요약

연구결과에 의하면 학습장애 청년의 대부분은 고등학교를 졸업한 후 직업을 갖는다. 학습장애 학생들을 대상으로 한 회고형 연구와 설문 연구 모두에서는 직업 프로그램이 그 학생들의 교육 경험 중 가장 의미 있는 유형 중 하나라고 보았다. 분명히 직업교육은 상당수의 학습장애 청소년이나 청년들에게 효과가 있다.

그러나 중등 직업 수업에 참여한 학생들 중 매우 소수만이 장애인이다. 더군다나 학습장애 학생들의 극소수만이 중등학교 졸업 후 직업학교에 계속 다니고 있다. 그러므로 학습장애 학생들이 필요한 유형의 직업교육을 받지 못했다는 사실은 상당히 우려할 만하다. 이는 특수교육과 직업교육 간의 차이로 인해 교사들이 장애청소년을 위하여 두 영역이 통합되었다고 보기 어려운 프로그램을 진행하면서 각자의 역할만을 수행하는 것과 관련이 있을 수도 있다. 학습장애 학생의 교사는 학생들이 중등학교를 졸업하면서 긍정적인 성과를 더 많이 가질 수 있도록 특수교사와 직업교사 간의 협력을 향상시키는 데 주력해야 할 것이다. 또한 학습장애 학생이 갖는 모든 방안이 가능한 한 모두 성공적이기 위하여 학생들뿐 아니라 그들의 부모와 연계하여 그들을 위한 중등학교 졸업 이후의 전환 활동을 계획해야 한다

* 학습장애 학생의 고등교육 기회

학습장애 학생을 위한 대학

1977년 재활법 504조(Section 504)에서 시작하여 1990년 미국장애인법(ADA)으로 이어지는 연방법에서는 고등교육기관이 학사학위를 취득하고자 하는 장애 학생들에게 도움을 줄 수 있는 합당한 조정을 제공해야 한다고 규정하고 있다(Mull et al., 2001). 이러한 법안 때문에 대학에 재학 중인 학습장애 학생의 수는 많이 증가하고 있다(Greenbaum, Graham & Scales, 1995; Levine & Nourse, 1998; Madaus et al., 2006; Murray, Goldstein, & Nourse, 2000; Sparks & Ganschow, 1999). 그러나 학습장애 학생의 60% 정도는 중등학교 졸업 후 전혀 교육을 받지 못하고 있다. 학습장애 학생들의 16%는 고등학교 졸업 후 5년 이내에 2년제나 4년제 대학에 재학 중이고, 16%는 직업학교에 재학 중이라고 한다. 그러나 이 비율은 학생들이 고등교육을 받고 1년 정도 지났을 쯤에 낮아진다(Levine & Nourse, 1988). 여전히 위의 비율은 합치면 어떠한 형태든 대학에 다니고 있는 학습장애 학생들의 수를 나타낸다(Madaus et al., 2006; Wagner et al., 1993).

대학에 다니는 학습장애 학생

대학에 다니는 학습장애 학생들은 여러 면에서 고등학교만 졸업한 학생들과 크게 다르지 않다. 예를 들어, 그들의 읽기나 학업 점수는 낮은 편이고 대학 수업에서 요구되는 교재를 읽는 데는 어려움이 있다(Cohen, 1988). 많은 교사들은 학습장애 대학생(*college students with learning disabilities*)들이 가진 과제 조직화 및 시간계획과 관련된 문제를 여전히 많이 지적하고 있다(Madaus et al., 2006). 또한 학습장애 대학생들은 학교를 다니는 것과 관련하여 스트레스 지수가 매우 높다고 보고하고 있다(Cohn, 1998). Bacon과 Carpender(1989)는 학습장애 대학생과 비장애 대학생들을 비교하고 학습장애 대학생들이 이야기를 회상하는 데 사용하는 기법에 차이가 있음을 발견하였다. 또한 학습장애 학생은 비장애 대학생에 비해 IQ 하위검사에 있어 약간 더 다양한 양상을 보여 주고 있다(Salvia, Gajar, Gajar, & Salvia, 1988).

Lehmann, Davies와 Laurin(2000)은 학습장애 대학생 35명을 초청하여 성공적인 대학생활을 하는 데 있어 장애물을 찾고자 하였다. 그들이 일반적으로 경험하는 네 가지 장벽은 ① 태도에서의 장벽(학생들은 동료들이나 교수진 중 일부가 수용과 이해가 부족함을 지적하였다.), ② 대학에서 제공되는 학생지원 서비스의 부족, ③ 학교에 다니는 기간이 일반적인 학생들보다 길어짐에 따라 생길 수 있는 재정적 자원의 필요성, ④ 최소한 다른 사람에게 자신의 장애를 설명할 수 있는 자기옹호 기술의 필요성이다. 이 결과는 서비스를 제공받기 원하는 사람들로부터 추출된 것이므로 가장 호소력이 짙다. 대학은 학습장애 대학생들이 필요로 하는 서비스의 유형을 더 많이 제공해야 할 것이다.

대학에서 성공적으로 적응하는 장애인과 그렇지 못한 장애인 사이에는 한 가지 차이가 있다. 대학에서 성공적인 학습장애 학생들은 어떠한 방식으로든 자신의 장애를 보상하는 전략을 사용하는 경향이 있다(Cohen, 1988; Trainin & Swanson, 2005). Cohen(1988)은 학습장애 학생 25명을 그들이 대학에 진학하기 전에 면담하였다. 그리고 이 학생들의 인지 및 학업 수준에 대한 정보를 수집하였는데, 그들은 개별적으로 학습장애를 보완할 수 있는 방법 두세 가지를 함께 사용하고 있었다. 예를 들어, 학생들 중 일부는 일간/주간 과제 시간표를 짜기도 하고, 다른 일부는 숙제를 모두 끝내고 큰 소리로 과제를 읽고 책에 밑줄을 치거나 이미 밑줄이 쳐진 교재를 구매하기도 하였다. 학생들이 사용하는 일부 전략은 특정한 학급에만 사용할 수 있는 것도 있었다. 수학시간에 학습장애 학생들은 급우들이나 담당교수들에게 도움을 더 많이 요청하는 경향이 있지만 읽기를 필요로 하는 과목에서는 스스로 할 수 있는 밑줄 긋기와 같은 전략을 사용하고 있었다. 그리고 그들은 학습장애 학생들에게 추천되는 전략들은 잘 사용하지 않는 경향이 있었다. 예를 들어, 서술형 시험을 읽는 데 추가 시간을 요구하는 학생들은 거의 없었고 25명 중 3명만이 교과서를 녹음하여 사용하고 있었다. 25명 중 9명은 강의를 녹음해 듣고 있었다.

Trainin과 Swanson(2005)은 비슷하기는 하지만 좀 더 자세한 정보를 찾고자 하였는데 성공적으로 대학에 적응한 학습장애 학생들이 자신의 읽기 결함을 극복한 방법에 대해 연구하였다. 이 연구에서는 평균 혹은 그 이상의 학점을 받은 20명의 학습장애 대학생들을 비장애 학생들과 비교하였다. 이 두 집단의 성취는 비교 가능한 수준이었으나, 학습장애 학생들은 단어 읽기, 정보처리 속도, 의미론 처리과정, 단기기억과 같은 학업 기술에서 더 낮은 점수를 보였다. 그러나 이 연구는 학업적인 비교를 넘어 어떻게 이 학생들이 다양한 '보상전략'을 사용하였는지를 살펴보았다. 학습장애 학생들이 자신의 장애를 보상하기 위하여 사용한 기술은 초인지 학습전략과 도움 청하기 기술이었다. 대학에서 성공적인 적응을 하고 있는 학습장애 대학생들은 비장애 학생들보다 더 많은 보상전략을 활용하고 있었다.

대학에서 제공되는 서비스

학습장애 대학생들이 학업적 결함이 있다는 점을 고려했을 때, 우리는 단순하게 대학 교육과정이 이 학생들에게 너무 어려울 것이라고 가정해 버린다. 사실 교육과정 전체의 본래 모습을 많이 해치지 않으면서 교육과정의 기본적인 지식에 접근하는 것을 가능하게 하기 위한 수정이 많이 필요할 수 있다. 수많은 대학들은 재활법 504조와 미국장애인법(ADA)의 조항을 충족시키기 위하여 학습장애 학생들에게 이러한 수정을 제공하기 시작하였다. 그러나 이 법은 특별히 학습장애 학생들을 대상으로 한 것은 아니고 장애 학생의 경제적 독립을 촉진하기 위해 모든 장애인에게 서비스를 제공하는 것을 의무화하고 있다.

연방법이 대학에 재학 중인 학습장애 학생들을 위한 합리적인 조정을 의무화하였음에도 불구하고 최근까지도 많은 고등교육 기관들이 이 조항을 아직 완전히 실현시키고 있지 못하다. 예를 들어, 대학에서의 교수에 대한 연구에 의하면 대학교원들은 학습장애 학생들에게 교수적 조정을 제공하는 데 있어 자주 실패를 경험한다고 하였다(Bourke, Strenhorn, & Silver, 2000). Scott과 Gregg(2000)는 대학교원들이 학습장애 학생들에게 필요한 조정이 무엇인지를 이해하기 위하여 보수교육을 받아야 한다고 제안하였다. 사실 Scott과 Gregg(2000)의 연구결과에서 보면 비정년 교수(즉, 일반적으로 젊고 서열이 낮은 대학교원)는 정년 교수(중견교수)들에 비해 더 쉽게 학습장애 학생들을 위한 교수적 조정을 제공한다고 한다. 이는 비교적 최근에 학위를 받은 대학교원들이 중견교수들에 비해 대학에서 학습장애 학생을 가르치는 데 경험이 더 많다고 볼 수 있다.

Rose(1991)는 초급대학(community colleges) 교직원들이 학습장애 학생들을 효과적으로 다루는 것에 도움을 주기 위해 만들어진 기술적 지원 프로젝트의 개요를 발표하였다. 여기에서는 학습장애 학생들이 가진 심각한 문제와 관련된 요구들이 다루어졌다. 모두 다섯 가지 모듈(단위)이 개발되었는데 평가, 학습전략, 상담, 학업 기술 그리고 서비스 연결망이 포함되었다. 학습장애 학생은 특정 평가와 학업 지원이 모두 필요하기 때문에 평가 및 학업 기술 향상 모듈이 포함되었다. 효과적인 초인지 전략은 학습장애 고등학생이 대학에 진학한 후에도 효과적으로 적용할 수 있기 때문에 학습전략의 교수를 강조하고 있다. 상담 모듈은 학습장애 학생을 지원하기 위하여 재활 상담가와 지도교수를 준비시킬 목적으로 만들어졌다. 마지막으로 서비스 연결망은 학습장애 학생들을 대상으로 한 서비스를 조정하기 위하여 대학교원을 지원하고자 하였다. 이상의 다섯 가지 각각은 학습장애 학생이 대학 프로그램을 생각할 때 다루어져야 한다.

재활법 504조와 ADA의 결과로 오늘날 대부분의 대학은 장애 학생, 일반적으로 학습장애 학생들을 위하여 완벽하지는 않지만 지원을 제공하고 있다. 이를 학생지원 서비스라고 한다. 대개 이러한 서비스에는 학습 보조와 특별한 평가 방안이 포함되어 있다. 이 외에도 행정적 지원과 학습장애 학생을 처음 가르치는 교원을 위한 지원이 포함될 수 있다. 이런 서비스의 위계는 뒤에서 제시된다.

학생지원 서비스 지원 서비스의 여러 유형은 장애 학생에게 직접 제공될 수 있다(Janiga & Costenbader, 2002). 예를 들어, 어떤 수업에서는 튜터를 필요로 하는 학생이 있기도 하고 일부 대학에서는 장애 학생에게 비용을 청구하지 않고 튜터를 제공하는 규정/지침이 있기도 하다. 학습장애 학생들 중 일부는 시간관리에 있어 도움을 필요로 하기도 한다. 대학 내 학습장애 프로그램 운영자들에 의하면 학습장애 학생이 대학에 입학한 첫해에 이들이 적절한 작업 기술과 시간관리/과제관리 기술을 발달시킬 수 있도록 학습장애 학생들을 정기적으로 만나면서 준비를 할 수 있도록 해야 한다고 한다. 앞에서 언급한 적응전략을 완전히 발달시키기 못한 장애 학생들 중 일부가 대학에 입학할 것이고, 그들에게 이러한 기술을 가르치면서 효과적인 프로그램을 제공해야 한다.

많은 대학들이 학습장애 학생들 중 일부가 포함될 수 있는 문화적 혹은 경제적으로 불리한 배경을 가진 사람들을 위한 수업을 제공하고 있다. 예를 들어, 러트거스 대학교는 학습을 위한 배우기라는 명칭의 비학위 과정의 강좌를 개설하고 있다. 공부 기술을 다루는 이 과목은 고등학교에서 학습장애 청소년들을 위해 사용되는 인지적 학업 기술의 유형에 초점을 맞추고 있다.

학습장애 대학생들의 상당수는 사회-정서적 지원을 대학지원 프로그램에서 가장 중요한 것으로 꼽는다. 이 학생들을 위한 효과적인 대학 프로그램에는 문제 해결을 위한 주간 모임과 같은 요소를 포함시켜 학생들이 서로가 처한 문제에 대해 토의하고 상호 지원을 제공할 수 있게 모임을 갖도록 하고 있다(Dalke & Schmitt, 1987). 많은 프로그램에서 이러한 활동과 관련된 토론의 리더나 촉진자를 제공한다.

학습장애 대학생들을 위한 **학생지원 서비스**(*student support services*)는 대학 재학생을 위한 여름학교의 형태로 제공될 수 있다. Dalke와 Schmitt(1987)는 위스콘신 대학교 화이트워터 캠퍼스에서 5주간 시행하는 학습장애 학생들을 위한 프로그램을 소개하였다. 학습장애 학생들은 학교에 입학하기 전에 이 프로그램에 참여하는데, 평가, 학습전략의 교수, 학업 강화, 캠퍼스에 대한 인식, 사회-정서적 지원이 그 내용이다. 이러한 유형의 지원은 이 대학생들에게 강력한 수준의 기대와 희망을 심어 주게 된다.

이러한 지원 서비스를 마음에 두고, 대학 프로그램을 선정할 때는 전체적으로 총체성과 개별화를 고려해야 한다. 프로그램에는 여름방학 때 제공되는 오리엔테이션과 훈련, 다양한 수업에서의 개인교수, 정서적 지원, 평가 및 프로그램 계획에서의 조정이 포함되는데, 이는 프로그램에 참여하는 대부분의 학생 요구를 충족시켜야 한다(미국은 9월에 우리나라로 치면 1학기가 시작됨에 따라서 여름방학에 새 학년 혹은 새 학교에 대한 오리엔테이션이 열린다—역자 주). 하지만 총체적인 프로그램이 제공될지라도 개별적인 맞춤 프로그램의 제공도 중요하다. 모든 학습장애 학생들을 하나의 프로그램에 맞추려는 시도에 안주해서는 안 된다. 사례 관리자는 학습장애 학생들을 만나 개별적으로 적절한 서비스를 계획해야 한다.

평가 서비스 여러 대학에서 학습장애 학생들을 위해 평가와 교정적 제언 서비스를 제공한다(Lehmann et al., 2000). 이 분야의 학자 중 일부는 대학 수준에서의 판별에 대해 뜨거운 논쟁을 벌이고 있지만 일부 대학에서는 진단을 확실히 하기 위해 평가를 사용한다(Siegel, 1999). 예를 들어, 여태 학습장애로 판별된 적이 없는 학생들은 과제물과 의무이수 학점의 수를 줄이거나 대안적인 시험을 볼 권리를 획득하기 위하여 이와 같은 진단을 받아야 할까? 학습장애 청년들의 학업-인지적 능력에 관한 연구에서는 학습장애 학생과 비장애 학생들 간에는 차이가 거의 없는 것으로 나타나(Salvia et al., 1988; Trainin & Swanson, 2005) 대학기간 동안 학습장애를 판별하는 데 인지적 평가가 도움이 되는지의 여부에 의문을 던졌다.

인지적 평가의 유용성에 대하여 논쟁의 여지가 있음에도 불구하고 학업 관련 강약점을 평가하는 것은 꼭 수강해야 할 과목의 유형과 함께 언제 이러한 과목을 들어야 할지를 결정하는 데 도움이 된다. 예를 들어, 한 학생이 수학에 영향을 미치는 장애를 가지고 있다면 그 학생에게 어려움이 없는 영역의 다른 과목을 들을 때 수학 관련 교과목을 듣고 싶어 할 수 있다. 이 경우 어려운 수학 수업과 함께 체육 두 과목과 교양 역사 한 과목을 듣는 것이 좋을 수 있다.

여러 대학에서는 비용을 받고 평가 서비스를 제공한다. 때로 학습장애를 전공하는 대학교수가 이러한 평가를 시행하기도 하고 때로는 평가시행 전문가를 채용하기도 한다. 또한 고등학교 후반기에 시행한 평가 결과를 기초로 학습장애 대학생을 위한 프로그램에 참여할 수 있다. 평가가 학생에게 직접적인 도움이 되지 않는다면 과도한 평가 비용을 정당화할 이유가 거의 없다. 학생들은 대학의 학습장애 프로그램을 선택하기 전에 평가에 대해 문의해야 한다.

행정지원 많은 대학들은 학습장애 대학생들의 성공을 촉진하기 위하여 행정적인 **융통성**(*administrative flexibility*)을 발휘한다. 일부 학교는 학생들에게 전일제(full-time) 학생의 지위를 저해하지 않으면서 매 학기 수강해야 하는 최소이수 학점의 수보다 적게 수업을 들을 수 있게 한다. 이는 전일제 학생에게만 제공되는 장학금이나 기숙사 혜택을 받아야 하는 학생들에게는 특히 중요하다. 또한 대학의 운동선수인 학습장애 학생들에게는 필요하다면 최저 학점 기준을 완화시켜 주기도 한다.

일부 대학에는 장애 학생들의 졸업을 어렵게 하는 졸업 요건이 있기도 하다. 어떤 경우는 대학의 교무처장/학장이 융통성을 발휘해야 하기도 한다(Shaw, 1999; Siegel, 1999). 예를 들어, 어떤 학생이 외국어 관련 요건을 제외하고는 다른 졸업 요건을 모두 충족시켰다면 학장은 특정 외국어 과목을 수강한 증명이 없이도 학생의 졸업을 승인할 수 있다. 주 정부에서 지원하는 대학들은 주 전체에 동일한 요건을 제도화하고 있다. 예를 들어, 미국의 조지아 주는 주립대학 평의원회에서 요하는 졸업시험을 실시하고 있다. 많은 대학들은 학습장애 학생을 위해 졸업 요건을 수정하는 것을 일반 정책으로 실시하고 있다.

행정적인 융통성은 대학 프로그램을 선택하는 데 있어 중요한 고려사항 중 하나다. 학습장애 학생이 대학 진학을 생각하고 있다면 기존에 대학에서 시행되었던 조정 유형에 대해 문의하여 대학의 행정적 융통성의 수준을 가늠해 볼 수 있다.

한 법원 판례는 학습장애 학생들을 위한 조정에서 대학 행정의 융통성이 필요함을 강조하고 있다(Shaw, 1999; Siegel, 1999). 학습장애 학생들은 대학이 외국어 과목의 대체를 허용하는 정책을 바꾸자 보스턴 대학교에 소송을 걸었다(Wolinsky & Whelan, 1999). 외국어 요건을 대체하기 위한 수업을 요구하는 것이 합당한 조정이라는 판별이 있은 후 여섯 명의 학생이 피해를 입었다(Wolinsky & Whelan, 1999). 따라서 이 판례에 의거하여 대학의 행정가들은 학습장애 학생을 위한 어떤 조정을 제공할 때 융통성을 더 많이 발휘할 것을 기대하고 있다.

대학교수를 위한 지원 학습장애 대학생을 위한 프로그램을 찬성하는 사람들이 직면하게 되는 가장 어려운 문제 중 하나는 대학교수로부터 이해와 공감을 많이 얻는 것이다. 대학의 교원은 이 학생들을 위해 수업 수정을 위한 지원을 제공해야 한다(Scott & Gregg, 2000). 그러나 학습장애 학생들을 위한 대학 프로그램 관련 연구가 이러한 측면에 대해서 크게 관심을 가지고 있지 않다는 점은 매우 실망스럽다.

대학교수들이 어떻게 학습장애 학생들에게 대응하고 있는지에 대한 약간의 연구가 시행되었다. Houck, Asselin, Troutman과 Arrington(1992)은 대학교수들이 학습장애 학생들에게 제공하는 수정의 유형에 대해 살펴보았다. 대학교수와 학습장애 학생 두 집단에게 설문지를 돌리고 이를 비교하였다. 일반적으로 대학교수들은 학습장애 학생들의 성공을 돕기 위하여 그들과 함께하고자 한다는 데 많이 동의했다. 그러나 학생들은 교수들이 답한 것보다는 노트 정리에 도움을 주는 사람의 제공이나 강의 녹음, 대안적 혹은 추가 특별시험과 같은 수업 조정을 그리 많이 하지 않는다고 답하였다. 그리고 교수들은 학습장애가 학생의 전공 선택에 제약이 된다는 것에 더 많이 동의하였다.

대학 수업에서의 조정은 그리 어렵지 않다. 예를 들어, 강의가 많은 대학교수들은 수업에서 참여적 조직자와 수업 개요를 손쉽게 사용할 수 있다. 앞으로 있을 시험을 준비하기 위한 공부 학습 가이드 또한 학습장애 학생들이 시험 준비시간 동안 집중할 수 있게 도와준다. 대학교수는 시험에 있어 이와 같은 여러 유형의 조정을 제공해야 하고, 수업 수정에 필요한 시간을 확보하기 위해 행정적 지원을 제공

받아야 한다.

또한 앞에서 언급한 서비스와 비교했을 때 대학교수를 위한 지원(*faculty support*)은 어느 한 대학에서 수행하기가 쉽지 않을 것이다. 왜냐하면 이러한 지원에는 대학교수들의 태도 변화가 필요하기 때문이다. 그러나 많은 대학들은 교직원들이 학습장애 학생들의 요구를 더 잘 인지할 수 있도록 교직원 대상으로 한 워크숍을 시행하고 있다.

법 조항

Brinckerhoff, Shaw와 McGuire(1992)는 판례 중에서 대학의 교원들이 앞서 논의한 조정의 여러 유형을 제공해야 한다고 제안한 사례에 대해 살펴보았다. 터프츠 대학교 의과대학은 한 명의 학습장애 학생을 위해 대안적 시험 양식을 제공해야 했고, 캘리포니아 대학교는 법원에서 판결을 내리기 전 수학시험에서 추가 시간을 요구한 학생과 합의를 보았다. 앨라배마 대학교는 보조 기구와 서비스(교통과 청취 보조기)를 필요로 하는 시간제 등록 학생(part time student)이라도 서비스를 제공해 주어야 한다는 판결을 받았다. 분명히 이와 같은 판례는 정규 학위 프로그램에 재학 중이지 않은 시간제 학생이라도 그들이 대학 교육과정에 적응하는 데 도움이 되는 합당한 조정을 기대할 수 있음을 명시하고 있다.

학습장애 학생을 위한 대학의 선정

학습장애 학생들이 대학을 선정하고자 할 때 지침이 될 만한 선정 기준과 관련된 정확한 정보는 거의 없다. Shaywitz와 Shaw(1988)는 대학 관계자들이 학습장애 학생들의 입학과 관련된 결정을 하는 데 사용 가능한 지침을 소개하였다. 또한 McGuire와 Shaw(1987)는 학생의 특성, 고려 중인 대학의 일반적인 특징, 그리고 그 대학의 학습장애 지원 프로그램의 특징의 세 요소를 고려할 것을 제안하였다. 앞서 설명한 서비스의 일반적인 유형은 그 당시 유효한 서비스 유형에 대한 지침을 제공할 것이다. 그러나 대학의 선정은 항상 개인적인 결정이기 때문에 확실한 결정을 내리는 것의 중요성은 아무리 강조해도 지나치지 않다. 결과적으로 대학에 다니려는 학습장애 학생들은 그들의 부모, 중등학교 교사, 진로상담 교사와 연계하여 위의 요소에 무게를 두어 대학을 결정해야 한다.

자기결정과 자기옹호

학습장애 성인에 대한 정보가 축적되면서, 수많은 연구자들은 자기결정(self-determination)이 중재 프로그램의 주요 목표 중 하나임을 논의하기 시작하였다 (Brinckerhoff, 1994; Field, 1996; Kling, 2001; Rojewski, 1996). 학습장애 아동을 위한, 그들과 함께한, 혹은 그들에 의한 교육적 선택(즉, 중학교에서 어떤 수업을 수강할 것인가)과는 달리, 성인에 의해 이루어진 선택은 개인의 삶에 더 큰 영향을 미칠 가능성이 더 높다. 이러한 선택은 고등학교를 졸업하고 나서 대학으로 진학할지, 기술학교에 갈지, 혹은 바로 직업을 가질지와 같은 근본적인 것일 수 있다. 자기결정은 개인이 성인으로 성숙해 가면서 학습장애인의 삶에 있어 갈수록 중요한 역할을 한다.

Field(1996)는 학습장애 학생들의 전환계획(즉, 전환과 관련된 IEP의 요소)을 수립하는 데 있어 학생의 참여가 이루어져야 함을 미 연방법이 명시하고 있음을 강조하였다. 자기결정에 대한 다양한 정의의 대부분이 개인이 관련 정보를 바탕으로 의사결정을 하며 자신의 운명과 생활의 상황을 통제하는 것을 포함하고 있다 (Field, 1996).

Brinckerhoff(1994)는 자기옹호(self-advocacy) 기술의 중요성이 점차 증가해야 한다고 제언하였다. 그 예로 학습장애 성인들은 종국에는 교사, 옹호자, 또래 코치, 부모, 아마도 절친한 친구와 같은 가까운 사람이 없는 상황에 직면하게 되는

도움상자 13-2

▶ 교수 안내: 학습장애 성인을 위한 자기옹호 기술

- 학습장애가 무엇이고 무엇이 관련되어 있는지에 대한 지식
- IDEA(2004), 재활법 504조와 ADA에 근거한 법적 권리에 대한 지식
- 관련 기관, 직장 혹은 학교에서 제공하는 지원 서비스에 대한 이해
- 성공을 위한 합당한 조정의 결정
- 독립, 의존, 고립에 대한 이해
- 역할극을 통한 자기옹호 연습과 자기옹호 상황을 통한 코칭

점을 생각하여 성인으로서 자기 자신을 성공적으로 옹호할 수 있어야 한다. 그러므로 학습장애 학생은 그들의 장애, 여러 연방법상에 나타난 그들의 권리, 그리고 고용시장에 진입하거나 고등교육을 받고자 할 때 어떻게 자기 자신을 옹호할 수 있는지에 대하여 알고 있어야 한다. [도움상자 13-2]는 자기옹호 훈련에 포함될 수 있는 지식의 예를 소개하고 있다.

자기결정과 **자기옹호**(*self-advocacy*)에 대한 관심이 증가하면서, 많은 학자들은 학습장애 학생들이 고등학교를 졸업하기 전에 자기옹호 훈련을 해야 할 필요가 있음을 지적하고 있다(Kling, 2001; Lock & Layton, 2001). 첫째, 학습장애 대학생들은 자기옹호의 필요성을 느끼고 있으며(Lehmann et al., 2000), 자기옹호 기술의 부족은 대학에 입학한 학습장애 학생들이 자주 2년이나 4년제 프로그램을 성공적으로 끝마치지 못하는 이유 중 하나가 된다. 최근의 훈련 연구에서는 학습장애인들에 대한 임금의 차별을 밝혀내었는데(Dickinson & Verbeek, 2002), 자기옹호 훈련은 이 같은 부적절한 차별에 대항하는 방법 중 하나가 된다. 또한 대학의 학습장애 지원 서비스 담당자들은 이 학생들이 대학생활을 더 잘 준비할 수 있도록 고등학교 수준에서 자기옹호 기술을 더 많이 강조해야 한다고 믿고 있었다(Janiga & Costenbader, 2002). 어떤 한 연구에서 젊은 학습장애 성인의 90%는 그들의 장애가 어느 정도는 직업 수행에 영향을 미친다고 생각하고 있었다. 학습장애 성인들은 ADA에 근거하여 직장에서 합당한 조정을 받을 수 있는 법적 권한이 있음에도 불구하고 단지 30%만이 고용주에게 그들의 장애에 대해 이야기한다(Madaus, Foley, McGuire, & Ruban, 2002). 이러한 요소들을 통틀어 보면 그들에게는 자기옹호 훈련이 필요하다.

Kling(2001)은 간단한 학습전략 기억법인 ASSERT를 이용하여 모든 학습장애 학생을 위한 자기옹호 훈련을 제안하였다.

- A(awareness): **장애 인식**—학생의 자아정체성과 성찰이다.
- S(state): **장애 진술**—학생은 장애의 특성을 진술한다.
- S(strengths and limitations): **강점과 약점**—학생은 자신의 개인적인 강점과 약점을 진술한다.
- E(evaluate): **문제와 해결책 평가**—학생은 다양한 문제의 해결책을 생각한다.
- R(role-play): **역할극**—학생은 잠재적 해결책을 역할극으로 연습해 본다.

- T(try it): 시도 – 학생은 선택된 전략을 실제로 시도해 본다.

Kling(2001)은 이러한 기억법을 사용하면 어떤 연령대건 학습장애 학생들이 자기 인식과 자기옹호를 발달시키는 데 도움을 줄 수 있다고 제안하였다. 분명하게 이는 학습장애 학생들을 가르치는 중등교사들이 학생들에게 젊은 성인으로서 자기옹호 과제를 준비하도록 도움을 줄 수 있는 한 방법이 된다. 연구에서 보여 주는 것처럼, 학습장애 학생들은 고등교육 세계에 성공적으로 입문하기 위하여 자기옹호 기술이 필요하다(Dickinson & Verbeek, 2002; Janiga & Costenbader, 2002; Kling, 2001).

학습장애 청년을 위한 전환계획

학습장애 학생들이 고등학교를 졸업하면서 직업교육, 대학 진학 혹은 바로 직업 세계로의 입문에 이르기까지 여러 대안을 고려하게 되면서 중등학교 졸업 후 전환계획에 대한 관심이 점차 증가하고 있다(Benz et al., 2000; Lehmann et al., 2000; Lindstrom & Benz, 2002; Madaus et al., 2006; Steer & Cavaiuolo, 2002). 1990년 개정 IDEA는 IEP에서 전환 관련 요구를 충족시킬 것을 의무화하였다(Katsiyannis et al., 1998). 이 계획을 개별전환계획(individual transition plan: ITP)이라 부른다. 다양한 연구에서 전환과정의 방향을 결정짓는 목표가 전환의 긍정적인 성과와 관련이 있음을 보여 주고 있으며(Benz et al., 2000; Steer & Cavaiuolo, 2002), 그 결과로 중등학교 졸업 후 효과적인 계획이 더 많이 강조되고 있다.

이 법률에 기초하여 학교는 중등학교 졸업 후 전환계획을 위하여 다양한 대안을 시행하고 있다. 첫째, 학습장애 중등학생들을 위한 거의 모든 프로그램은 위의 목표를 염두해 두고 학교-직업 전환계획팀을 운영하고 있다(Reiff & DeFur, 1992). 보통 이 팀은 학생, 학부모, 일반 및 특수 교사, 진로상담 교사, 직업배치 담당자로 구성되어 있다. 계획은 학생이 가진 목표와 요구로 시작하고 중등학교 졸업 후의 목표를 포함한 전반적인 목표에 도달하기 위한 연간목표를 서술한다. [그림 13-2]에서는 간략한 계획의 지침을 소개하고 있다.

다음으로 교사는 전환계획에 도움을 주기 위하여 몇 가지 유형의 비공식적인 평가를 고려해 볼 수 있다(Clark, 1996). 학습장애를 가진 젊은 성인이 작성하는 흥미 목록, 고용주와 직장 동료 등이 작성하는 직무수행 척도 등은 매우 유용하다.

____(학생 이름)____의 흥미, 적성, 요구에 기초하여 다음의 중등학교 졸업 후 바람직한 전환의 성과를 판별한다.

바람직한 중등학교 졸업 후 교육 성과	바람직한 중등학교 졸업 후 직업 성과	바람직한 중등학교 졸업 후 지역사회 생활 성과
성인교육 ____	전임제 완전고용 ____	독립생활, 친구나 파트너와의 생활 ____
직업훈련 ____	시간제 완전고용 ____	가족과의 생활 ____
초급대학 ____	전임제 지원고용 ____	독립적으로 교통기관 이용 ____
4년제 대학 ____	시간제 지원고용 ____	교통 지원 ____
기술준비학교 ____	실습 ____	독립생활 지원 ____
기타 ____	기타 ____	기타 ____
이 영역에서 특별한 전환 서비스나 계획이 필요한가? 예 ____ 아니요 ____	이 영역에서 특별한 전환 서비스나 계획이 필요한가? 예 ____ 아니요 ____	이 영역에서 특별한 전환 서비스나 계획이 필요한가? 예 ____ 아니요 ____

필요한 전환 서비스:

____(학생 이름)____의 흥미, 요구 및 판별된 바람직한 성인기로의 전환 성과를 기초로 IEP 팀은 다음의 영역에서 ________을 특별한 전환 서비스 그리고/또는 지원으로 결정한다.

바람직한 장기 성과: ____________

연간목표: ____________

연간목적: ____________

활동/자원: ____________

기간: ____________ 검토일: ____________

책임자: ____________

[그림 13-2] 전환계획 지침

출처: "Transition for Youths with Learning Disabilities: A Focus on Developing Independence" by H. B. & S. DeFur, *Learning Disability Quarterly,* 1992, *15*, 237-249. Copyright © 1992 Council for Learning Disabilities에서 허락하에 전재.

10년간 실증 연구가 진행되었음에도 불구하고 학교는 아직도 전환계획의 과정을 효과적이고 완전하게 행하고 있지 못하다(Johnson et al., 2002). 연구자들에 의하면 일부 지역 교육청은 법이 정한 최소한의 수준도 따르고 있지 않거나 학교 문화적 차원에서 전환계획을 부가적인 것으로 간주하는 경향이 있다. 분명한 것은 전환에 대한 관심과 노력은 앞으로도 계속 증가할 것이고 학습장애 중등학생들을 가르치는 교사는 학생의 요구를 충족시키기 위하여 학교와 교육청에서 실시하는 효과적인 전환 서비스를 적극적으로 옹호해야 한다는 것이다.

✻ 요약

학습장애는 성인기에도 지속된다. 학업적 결함과 조금은 덜 긍정적인 사회-정서적 특성은 고등학교를 졸업한 후에도 최고 5～6년간 계속된다. 이러한 변인을 바탕으로 학습장애는 평생 지속되는 현상이며 학습장애인들을 '치료'하려는 학교의 노력은 성공적이지 못하다. 학교에서 성취 가능한 중재 중 최고는 학습장애 성인들이 그들의 환경에 성공적으로 적응하는 데 도움을 줄 수 있는 적절한 보상전략을 개발하는 것이다.

그러나 학습장애를 가진 성인들을 기다리는 직업 기회는 만족스럽다고 보기 어렵다. 그들이 직업을 갖는 것에 대한 선입견이 있을 수도 있고, 그들 중 대부분은 최소 임금을 받으며 일차산업 직종에 종사하게 된다. 여전히 상당수의 학습장애 성인들은 직업을 갖고 상대적으로 독립생활을 하고 있다.

대부분의 학습장애 성인들은 고등학교 졸업 후 직업을 갖거나 고등교육을 받고자 한다. 그들이 이 둘 중 하나의 길을 가는 비율은 약 60～70% 정도가 된다. 이는 고등학교 후반기에 장애 학생들을 위해 좀 더 강력한 직업교육 프로그램을 개발할 필요성이 있음을 시사한다.

고등교육을 받고자 하는 학습장애 성인들 중, 약 16%만이 중등학교 졸업 후 직업교육을 받기를 희망한다. 대학은 이러한 요구를 인지하고 그 과정이 길기는 하지만 이 학생들을 지원할 수 있는 프로그램을 만들었다. 효과적인 대학 프로그램에 어떠한 것들이 포함되어야 하는지에 대한 분명한 지침은 없지만 학습장애 중등학생들의 교사는 지역 대학에서 제공하는 다양한 프로그램을 연구해야 한다.

다음은 이 장의 주요 내용을 정리한 것이다.

- 고등학교 졸업 후 몇 년 안에 이루어지게 될 사회에의 의미 있는 통합을 위한 전환기에 대하여 최근 들어 관심과 연구가 증가하고 있다.
- 학습장애 학생들을 위한 성과는 대부분의 전문가들이 원하는 것만큼 긍정적이지 못하다. 학업-인지적 및 사회-정서적 성과는 전혀 긍정적이지 않다. 이에 비해 직업적 성과는 다소 긍정적이다.
- 많은 학습장애 젊은이들은 고등학교 졸업 후 최소 임금을 받는 직종에 종사하며 비장애 동료들보다 더 오랫동안 최소 임금을 받는다.
- 학습장애 청년들은 고등학교에서 특수교육과 직업교육 수업 모두가 그들의 졸업 후 생활에 도움을 주는 중요한 것이라 하였다. 그러나 일반적으로 고등학교 생활의 나머지 부분은 그들에게 그리 도움이 되지 않았다고 하였다.
- 고등학교를 졸업한 학습장애 학생의 30～45%는 여러 유형의 중등학교 이후 교육 프로그램에 참여하고 있다. 그들 중 일부는 지역의 초급대학이나 직업학교에서, 일부는 4년제 대학에서 교육을 계속 받고 있다.
- 학습장애 학생들을 위해 대학에서 제공하는 서비스로는 평가, 개인교수, 상담과 같은 학생지원 서비스, 행정지원, 그리고 대학교원을 대상으로 한 수업 수정관련 지원이 있다. 최고의 프로그램은 위의 요소를 모두 포함하고 있다.

학습문제와 활동

1. 회고형 연구를 하나 골라 좀 더 충분한 정보를 제공할 수 있는 대안적 연구설계를 찾아보라.
2. 중등학교 이후 전환기 동안 학습장애를 가진 성인의 예후에 대해 논의해 보라.
3. 재학 중인 대학에서 시행되는 학습장애 학생들을 위한 프로그램에 대해 알아보라. 제공되는 서비스에 대한 사실 정보표(fact sheet)를 만들어 보고 이 장에서 논의된 서비스의 위계대로 서비스의 유형을 배치해 보라.
4. 지역 내 직업학교 세 곳에 편지를 써서 얼마나 많은 학습장애 학생들이 재학 중인지 그 정보를 요청해 보라. 그 수치는 정확한 상황을 보여 주고 있는가?
5. 학습장애 청년들을 대상으로 한 추후 연구에 포함된 성과변인에 대해 토론해 보라. 가장 중

요한 것이 무엇이라고 생각하는가?

6. 대학 수준에서 학습장애 학생들을 위한 졸업 요건 중 외국어 요건을 제외시켜 주는 것에 대해 어떤 근거를 들 수 있을까?
7. 학습장애 청소년의 특성을 다룬 앞 장에서의 정보와 이 장에서 제시한 젊은 성인들에 대한 정보를 비교해 보라. 이들 집단과 관련하여 더 필요한 정보는 무엇인가?
8. 학습장애 학생들을 위하여 대학에서 제공할 수 있는 서비스의 위계를 설명해 보라.
9. 학습장애 학생에 대한 대학교원의 생각을 연구해 보라.
10. 친구, 가족 혹은 지역의 학교에서 ITP 2∼3개를 구해 그 내용을 검토 · 분석해서 발표해 보라.
11. 학습장애 대학생들이 사용하는 보상전략의 유형을 설명해 보자.

참고문헌

Bacon, E. H., & Carpender, D. (1989). Learning disabled and nondiabled college students' use of structure in recall of stories and text. *Learning Disability Quarterly, 12*, 108-118.

Betichman, J. H., Wilson, B., Douglas, L., Young, A., & Adlaf, E. (2001). Substance use disorders in young adults with and without LD. *Journal of Learning Disabilities, 34* (4), 317-332.

Bender, W. N., Rosenkrans, C. B., & Crane, M. K. (1999). Stress, depression, and suicide among students with learning disabilities: Assessing the risk. *Learning Disability Quarterly, 22* (2), 143-156.

Benz, M. R., Lindstrom, L., & Yovanoff, P. (2000). Improving graduation and employment outcomes of students with disabilities: Predictive factors and student perspectives. *Exceptional Children, 66* (4), 509-529.

Blalock, G., & Patton, J. R. (1996). Transition and students with learning disabilities: Creating sound futures. *Journal of Learning Disabilities, 29* (1), 7-16.

Bourke, A. B., Strenhorn, K. C., & Silver, P. (2000). Faculty members' provision of instructional accommodations to students with LD. *Journal of Learning Disabilities, 33* (1), 26-32.

Brinckerhoff, L. C. (1994). Developing effective self-advocacy skills in college bound students with learning disabilities. *Intervention in School and Clinic, 29,* 229-237.

Brinckerhoff, L. C. (1996). Making the transition to higher education: Opportunities for student empowerment. *Journal of Learning Disabilities, 29,* 118-136.

Brinckerhoff, L. C., Shaw, S. F., & McGuire, J. M. (1992). Promoting access, accommodations, and independence for college students with learning disabilities. *Journal of Learning Disabilities, 25,* 417-429.

Brown, K. W. (1976). What employers look for in job applicants. *Business Education Forum, 30,* 7.

Bullis, M., Yavanoff, P., Mueller, G., & Havel, E. (2002). Life on the "outs"—Examination of the facility-to-community transition of incarcerated youth. *Exceptional Children, 69* (1), 7-22.

Clark, G. M. (1996). Transition planning assessment for secondary-level students with learning disabilities. *Journal of Learning Disabilities, 29,* 79-92.

Cohen, S. E. (1988). Coping strategies of university students with learning disabilities. *Journal of Learning Disabilities, 21,* 161-164.

Cohn, P. (1998). Why does my stomach hurt? How individuals with learning disabilities can use cognitive strategies to reduce anxiety and stress at the college level. *Journal of Learning Disabilities, 31,* 514-516.

Commission on Excellence in Special Education (2001). *Revitalizing special education for children and their families.* Available from www.ed.gov/inits/commissionsboards/whspecialeducation.

Cronin, M. E. (1996). Life skills curricula for students with learning disabilities: A review of the literature. *Journal of Learning Disabilities, 29,* 53-68.

Dalke, C., & Schmitt, S. (1987). Meeting the transition needs of college bound students with learning disabilities. *Journal of Learning Disabilities, 20,* 176-180.

Dickinson, D. L., & Verbeek, R. L. (2002). Wage differentials between college graduates with and without learning disabilities. *Journal of Learning Disabilities, 35* (2), 175-184.

Dunn, C. (1996). A status report on transition planning for individuals with learning disabilities. *Journal of Learning Disabilities, 29* (1), 17-30.

Evers, R. B. (1996). The positive force of vocational education: Transition outcomes for youth with learning disabilities. *Journal of Learning Disabilities, 29,* 69-78.

Field, S. (1996). Self-determination instructional strategies for youth with learning disabilities. *Journal of Learning Disabilities, 29,* 40-52.

Gaylord-Ross, R., Siegel, S., Park, H. S., & Wilson, W. (1988). Secondary vocational training. In R. Gaylord-Ross (Ed.), *Vocational education for persons with handicaps.* Mountain View, CA: MayField.

Greenbaum, B., Graham, S., & Scales, W. (1995). Adults with learning disabilities: Educational and social experiences during college. *Exceptional Children, 61,* 460-471.

Gregory, J. F., Shanahan, T., & Walberg, G. (1986). A profile of learning disabled twelfth-graders in regular classes. *Learning Disability Quarterly, 9,* 33-42.

Heal, L. W., & Rusch, F. R. (1995). Predicting employment for students who leave special education high school programs. *Exceptional Children, 61,* 472-487.

Horn, W. F., O' Donnell, J. P., & Vitulano, L. A. (1983). Long-term follow-up studies of learning disabled persons. *Journal of Learning Disabilities, 9,* 542-554.

Houck, C. K., Asselin, S. B., Troutman, G. C., & Arrington, J. M. (1992). Students with learning disabilities in the university environment: A study of faculty and student perceptions. *Journal of Learning Disabilities, 25,* 678-684.

Janiga, S. J., & Costenbader, V. (2002). The transition from high school to postsecondary education for students with learning disabilities: A survey of college service coordinators. *Journal of Learning Disabilities, 35*(5), 462-468.

Johnson, D. R., Stodden, R. A., Emanuel, E. J., Luecking, R., & Mack, M. (2002). Current challenges facing secondary education and transition services: What research tells us. *Exceptional Children, 68* (4), 519-531.

Karpinski, M. J., Neubert, D. A., & Graham, S. (1992). A follow—along study of postsecondary outcomes for graduates and dropouts with mild disabilities in a rural setting. *Journal of Learning Disabilities, 25,* 376-385.

Katsiyannis, A., DeFur, S., & Conderman, G. (1998). Transition services—Systems change for youth with disabilities? A review of state practices. *Journal of Special Education, 32* (1), 55-61.

Kling, B. (2001). Assert yourself: Helping students of all ages develop self-advocacy skills. *Teaching Exceptional Children, 32* (3), 66-70.

Lehmann, J. P., Davies, T. G., & Laurin, K. M. (2000). Listening to students voices about postsecondary education. *Teaching Exceptional Children, 32*(5), 60-65.

Levine, P., & Nourse, S. W. (1998). What follow-up studies say about postschool life for young men and women with learning disabilities: A critical look at the literature. *Journal of Learning Disabilities, 31* (3), 212-233.

Lindstrom, L., & Benz, M. R. (2002). Phases of career development: Case studies of young women with learning disabilities. *Exceptional Children, 68*(1), 67-83.

Lock, R. H., & Layton, C. A. (2001). Succeeding in postsecondary ed. through self-advocacy. *Teaching Exceptional Children, 34* (2), 66-71.

Madaus, J. W., Foley, T. E., McGuire, J. M., & Ruban, L. M. (2002). Employment self-disclosure of postsecondary graduates with learning disabilities: Rates and rationales. *Journal of Learning Disabilities, 35* (4), 364-369.

Madaus, J. W., Ruban, L. M., Foley, T. E., & McGuire, J. M. (2006). Attributes contributing to the employment satisfaction of university graduates with learning disabilities. *Learning Disability Quarterly, 26* (3), 159-170.

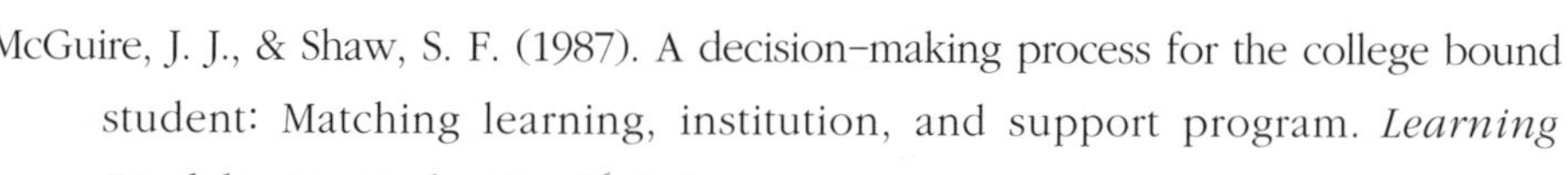

McGuire, J. J., & Shaw, S. F. (1987). A decision-making process for the college bound student: Matching learning, institution, and support program. *Learning Disability Quarterly, 10,* 106–111.

Minskoff, E. H., Sautter, S. W., Hoffman, F. J., & Hawks, R. (1987). Employer attitudes toward hiring the learning disabled. *Journal of Learning Disabilities, 20,* 53–57.

Mithaug, D. E., Horiuchi, C. N., & Fanning, P. N. (1985). A report on the Colorado statewide follow-up survey of special education students. *Exceptional Children, 51,* 397–404.

Molina, B. S. G., & Pelham, W. E. (2001). Substance use, substance abuse, and LD among adolescents with a childhood history of ADHD. *Journal of Learning Disabilities, 34* (4), 342–351.

Morgan, R. L., Ellerd, D. A., Gerity, B. P., & Blair, R. J. (2000). That' s the job I want! How technology helps youth in transition. *Teaching Exceptional Children, 32* (4), 44–49.

Morgan, R. L., Morgan, R. B., Despain, D., & Vasquez, E. (2005). I can search for jobs on the Internet! A website that helps youth in transition identify preferred employment. *Teaching Exceptional Children, 38* (6), 6–11.

Mull, C., Sitlington, P. L., & Alper, S. (2001). Postsecondary education for students with learning disabilities: A synthesis of the literature. *Exceptional Children, 68* (1), 97–118.

Murray, C., Goldstein, D. E., & Nourse, S. E. (2000). The postsecondary school attendance and completion rates of high school graduates with learning disabilities. *Learning Disabilities Research and Practice, 15* (2), 119–127.

Nisbet, J. (1988). Professional roles and practices in the provision of vocational education for students with disabilities. In R. Gaylord-Ross (Ed.), *Vocational education for persons with handicaps.* Mountain View, CA: MayField.

Okolo, C. M., & Sitlington, P. (1986). The role of special education in LD adolescents' transition from school to work. *Learning Disability Quarterly, 9,* 141–155.

Price, L. A., & Gerber, P. J. (2001). At second glance: Employers and employees with learning disabilities in the Americans with Disabilities Act era. *Journal of Learning Disabilities, 34* (3), 202–211.

Quinn, M. M., Rutherford, R. B., Osher, D. M., & Poirier, J. M. (2005). Youth with disabilities in juvenile corrections: A national survey. *Exceptional Children, 71* (3), 339–345.

Reiff, H. B., & DeFur, S. (1992). Transition for youths with learning disabilities: A focus on developing independence. *Learning Disability Quarterly, 15,* 237–249.

Rojewski, J. W. (1996). Educational and occupational aspirations of high school seniors with learning disabilities. *Exceptional Children, 62,* 463-476.

Rose, E. (1991). Project TAPE: A model of technical assistance for service providers of college students with learning disabilities. *Learning Disabilities Research and Practice, 6,* 25-33.

Rourke, B. P., Young, G. C., & Leenaars, A. A. (1989). A childhood learning Disability that predisposes those afflicted to adolescent and adult depression and suicide risk. *Journal of Learning Disabilities, 22,* 169-175.

Salvia, J., Gajar, A., Gajar, M., & Salvia, S. (1988). A comparison of WAIS-R profiles on nondisabled college freshmen and college students with learning disabilities. *Journal of Learning Disabilities, 21,* 632-636.

Scott, S. S., & Gregg, N. (2000). Meeting the evolving education needs of faculty in providing access for college students with LD. *Journal of Learning Disabilities, 33* (2), 158-167.

Shalock, R. L., Wolzen, B., Ross, I., Elliot, B., Werbel, G., & Peterson, K. (1986). Post-secondary community placement of handicapped students: A five-year follow-up. *Learning Disability Quarterly, 9,* 295-303.

Shaw, R. A. (1999). The case for course substitutions as a reasonable accommodation for students with foreign language learning difficulties. *Journal of Learning Disabilities, 32,* 320-328.

Shaywitz, S. E., & Shaw, R. (1988). The admissions process: An approach to selecting learning disabled students at the most selective colleges. *Learning Disabilities Focus, 3,* 81-86.

Siegel, L. S. (1999). Issues in the definition and diagnosis of learning disabilities: A perspective on *Guckemberger v. Boston University*. *Journal of Learning Disabilities, 32,* 304-319.

Sitlington, P. L. (1996). Transition to living: The neglected component of transition programming for individuals with learning disabilities. *Journal of Learning Disabilities, 29* (1), 31-39.

Sitlington, P. L., & Frank, A. (1990). Are adolescents with learning disabilities successfully crossing the bridge into adult life? *Learning Disability Quarterly, 13,* 97-111.

Sitlington, P. L., & Frank, A. (1993). *Iowa statewide follow-up study: Adult adjustment of individuals with learning disabilities three vs. one year out of school.* Des Moines: Iowa Department of Education.

Sparks, R. L., & Ganschow, L. (1999). The Boston University Lawsuit: Introduction to the special series. *Journal of Learning Disabilities, 32* (4), 284-285.

Steer, D. E., & Cavaiuolo, D. (2002). Connecting outcomes, goals, and objectives in

transition planning. *Teaching Exceptional Children, 34* (6), 54-59.

Trainin, G., & Swanson, H. L. (2005). Cognition, metacognition, and achievement of college students with learning disabilities. *Learning Disability Quarterly, 28* (4), 261-272.

Wagner, M., Blackorby, J., Cameto, R., Hebbeler, K., & Newman, L. (1993). *The transition experiences of young people with disabilities: A summary of findings from the National Longitudinal Transition Study of Special Education Students.* Menlo Park, CA: SIR International.

White, W. J. (1992). The postschool adjustment of persons with learning disabilities: Current status and future projections. *Journal of Learning Disabilities, 25,* 448-456.

Witte, R. H., Philips, L., & Kakela, M. (1998). Job satisfaction of college graduates with learning disabilities. *Journal of Learning Disabilities, 31* (3), 259-265.

Wolinkky, S., & Whelan, A. (1999). Federal law and the accommodation of students with LD: The lawyers' look at the BU decision. *Journal of Learning Disabilities, 32,* 286-291.

학습목표

1. 학습장애 정의의 변화와 하위 유형 연구의 관심이 증가한 것 간의 관계를 설명한다.
2. 현재 및 미래 학습장애 영역에서 두뇌 친화적 학습에 대한 영향을 설명한다.
3. 학습장애 학생을 가르치는 교사들에게 요구되는 능력 개발의 이론적 근거에 대하여 토의한다.
4. 탈진을 정의하고 잠재적 원인을 제시한다.
5. PIP와 그의 유용성에 대한 근본적인 이유를 설명한다.
6. 특수교육 특별 위원회와 아동낙오방지법, 그리고 해당 요인들이 학습장애 아동의 취학 전 교육에 미치는 영향에 대해 설명한다.

핵심어

아동낙오방지법	동반장애	전문성 향상 계획(PIP)
고부담 검사	하위 유형 연구	현직교사 연수
적절한 수준의 연간 진전(AYP)	비언어성 학습장애	학술지
높은 수준의 자격을 갖춘 교사	탈진	

제14장 학습장애의 향후 주요 문제

이 장의 개관

✻ 서론

학습장애의 미래에 관한 내용을 준비함에 있어서 어떤 저자라도 현재 추세에 근거하여 교육적인 추측을 해야만 할 것이다. 1장을 비롯한 후속 장에서 설명된 것처럼 특수교육특별위원회(2001)는 학습장에 영역에서의 주요한 변화를 이끌어 낸 특수교육 보고서를 제시하였고, 이것은 2004년 IDEA에 포함되어 법제화되었다. 그 결과 학습장애 영역에서 다소 과감하게 변화했을 수도 있는 것들이 있어 이 장을 집필하는 것이 특히나 더 어렵다.

물론 이런 불확실성은 학습장애 역사에서 공통적으로 나타났다. 위원회에서 제기된 문제들(예: 정의, 평가, 교수중재)을 오랫동안 논의되었을 뿐만 아니라 학습장애의 미래 또한 논쟁의 뜨거운 주제가 되어 왔다(Hammill, 1993). 역사적 논쟁과 이 책에서 논의된 주요한 문제들은 앞으로 수년 동안 학습장애 학생들에게 제공되는 서비스의 본질을 과감하게 변화시킬 수 있을지도 모른다. 정의와 관련된 문제들, 통합학급에서 학생들의 배치, 학습장애를 판별하기 위한 적합한 도구로 중재에 대한 반응은 매우 중요하고 학습 분야를 상당히 새롭게 만들 것이다. 그러나 위의 문제들은 앞 장에서 이미 논의되었기 때문에 여기에서 다시 소개하지는 않을 것이다. 대신 이 장에서는 실제로 모든 학교의 교무실에서 논의되고 있는 다른 논쟁점들을 소개한다. 여기에는 동반장애와 하위 유형 연구와 같은 학습장애에 대한 구체적인 문제뿐만 아니라 최신 연방법이 미치는 영향, 높은 수준의 자격을 갖춘 교사의 양성, 고부담 검사와 주(州)의 교육적 기준에 맞추는 것, 두뇌 친화적 교수와 같은 문제가 포함된다. 이러한 논쟁 주제는 앞으로 수년간 관련인들이 듣게 될 학문적인 논쟁의 유형이다.

교사는 이런 논쟁점에 대해서 생각해 보아야 하고 각 문제에 대한 관점을 취하고 증거를 가지고 변론해야 한다. 이 분야에서 어려운 논쟁점에 대하여 자신의 판단을 변론하는 능력은 전문성을 가진 교사에게 중요하다. 이 장의 마지막에 제시되는 향후 동향에 대한 요약은 학습장애 분야의 새로운 전문가인 당신에게 도전이 될 것이다.

✻ 아동낙오방지법: 교육에서의 새로운 논쟁점

2002년 1월, 부시 대통령은 아동낙오방지법(No Child Left Behind: NCLB)이라는 획기적인 법안을 법제화하는 데 서명하였다. 이 법안은 모든 아동이 학교에서의 첫 몇 년 동안 4학년부터 12학년까지의 복잡한 교육과정을 성공적으로 수행하는 데 요구되는 읽기 기술을 갖출 것을 확실하게 하도록 의도되었다(Simpson, LaCava, & Graner, 2004; Yell, Katsiyannas, & Shiner, 2006). NCLB는 주에서 3학년 전까지 읽기에 낙오된 아동이 없도록 하기 위해 연구로 입증된 읽기교수 원리에 기반한 주 전체의 읽기교수 계획을 실행하도록 요구하고 있다.

NCLB의 제정으로 일반적으로 교육자들, 특히 특수교사들에게 영향을 주는 다양한 논쟁점들이 발생하였다. 여기에는 고부담 평가, 주 전체의 교육적 목표를 성취하기 위해 매년 적절한 진보를 보이는 것, 교사 자신들의 자격, 다시 말해서 '높은 수준의 자격' 교사의 문제가 포함된다. 이런 논쟁점들은 교육자들 사이에 열띤 토론이 이루어지고 있으며 조만간 교사들에게 중요한 논쟁거리가 될 가능성이 높다.

고부담 검사

주별로 시행된 평가가 항상 교육 장면의 일부분이 되어 오다가, 1997년 장애 학생들을 주 전체 평가 프로그램에 포함시키는 연방법이 제정되었다(Kohl, McLaughlin, & Nagel, 2006). 장애 학생들이 일반교육과정의 학습에서 이점을 얻을 수 있는 가치 있는 목표로부터 기인된 법안은 통합을 향한 더 광대한 국가적 움직임의 일부가 되었다.

최근에 아동낙오방지법(NCLB)은 주에서 높은 교육기준을 개발하도록 요구하였고 이러한 기준을 만족하는 학생들을 증명하기 위한 적절한 평가방법을 만들도록 하였다(Elliott & Marquart, 2004; Fletcher et al., 2006; Ysseldyke et al., 2004). 본질적으로 연방법은 주로 하여금 주기적으로 평가를 수행하고 모든 학생들, 특히 학교 안에 있는 소수인종 또는 장애 학생들과 같은 다양한 하위집단의 학생들이 학교 교육과정 기준을 학습하는 데서 성공을 보장할 것을 요구하고 있다. 이것이 이 법률 명칭의 기원이다. 즉, 저학년 동안 어떤 아동도 읽기에서 낙오되면 안 된다는 것이다.

NCLB가 초등학교에서의 평가만을 다루고 있는 반면(Yell et al., 2006), 평가에 대한 강조는 '책무성을 위한 사정'이라는 논쟁거리를 제기하게 되었다. 많은 주에서 한 학년에서 다음 학년으로의 통과 혹은 고등학교 졸업조차 다양한 학년 수준에서 요구된 평가를 성공적으로 마치는 것과 연관될 수도 있다. 그래서 평가의 몇 가지, 특히 장애 학생들을 포함한 다양한 학습자들을 위한 평가는 고부담(즉, 심각한 영향과 시사점)이 요구된다. 물론 평가를 적용하는 과정에서 다양한 장애를 위한 조정은 지침에 따라 허용된다. 예를 들어, 많은 현장 전문가들은 학습장애 학생을 위한 추가적인 시간을 조정의 하나로 허용하고 있다(Elliott & Marquart, 2004; Kohl et al., 2006)

NCLB의 다른 조항들뿐만 아니라 다양한 고부담 평가를 수행하는 것과 관련하여 특수교육자들 사이에서 여전히 상당한 논쟁이 있다. 특수아동협의회(CEC)에서 발표한 최근 기사는 "NCLB가 장애 학생들에게는 통하지 않는다."라고 주장했다(CEC, 2003). 주요 신문에서는 고부담 검사(*high-stakes testing*)가 장애 학생들을 위해 향상된 교육을 제공했다고 극찬을 하는 반면 중퇴자 비율을 높였다고 비난하였다(Ysseldyke et al., 2004). 더 나아가 보다 많은 연구가 이루어져야겠지만, 현재까지 진행된 연구들은 이런 검사가 장애 학생들에게 긍정적 및 부정적 효과를 동시에 갖게 하라고 지적한다. [도움상자 14-1]은 고부담 검사를 실행하는 것과 관련하여 긍정적 · 부정적 연구결과 모두를 제시하고 있다.

NCLB는 고부담 검사를 향한 움직임을 시작하지 못했으나, 평가를 사용하는 것에 대한 강조를 증가시켰다. 교육자로서 당신이 교사 경력을 쌓는 동안 NCLB와 고부담 평가 모두에 관한 논쟁을 많이 듣게 될 것이고, 앞으로 수년 동안 당신은 학교가 이 법률의 조항 때문에 고생하는 모습을 발견할 수 있을지도 모른다.

적절한 수준의 연간 진전(Adequqte Yearly Progress: AYP)

NCLB는 학교와 학군이 매년 목표를 수립하도록 하였고, 해당 목표는 학교 내 일반 학생들과 다양한 하위집단의 평균 성취 수준을 의미한다(Yell et al., 2006). 물론 엄격한 목표의 수립은 모든 학생들을 위한 학습을 강화하기 위함이고, 이것은 분명 가치 있는 목표다. 더 나아가 목표는 2014년까지 기준이 매년 증가하는 수준에 맞추기 위한 세부목표가 수립되는 방식으로 마련되었다. 학교는 2004년까지 3학

●●●● 도움상자 14-1

▶ 고부담 평가가 가져올 수 있는 긍정적 · 부정적 효과

문헌에서 제시한 고부담 검사에서 발생 가능한 긍정적인 효과

1. 주 전체 평가에서의 장애 학생들의 수행이 향상되었다. 이것은 학생의 학습 노력이 증가되었음을 암시할 수도 있다
2. 장애 학생들의 참여율이 증가하였다. 역사적으로 많은 주에서 지역 혹은 주 전체 검사에서 장애 학생들이 제외되는 반면, NCLB는 이런 배제를 줄이고 평가의 참여를 증가시킨다.
3. 수준 높은 교육과정 기준의 설정으로 인해 장애 학생들에 대한 기대 수준이 높아진다.
4. IEP 목표와 주 교육과정에서의 목표 및 기준 사이에 일치도가 증가한다. 따라서 특수교육 대상 학생들은 일반교육과정 내용에 대한 노출 증가로 이점을 얻고 있다.
5. 특수한 요구를 가진 학생들이 일반교육 교실에 더 많이 배치된다.
6. 몇몇 연구 보고서에 따르면 장애 학생들의 졸업률이 증가하고 있다.

문헌에서 제시한 고부담 검사에서 발생 가능한 부정적인 효과

1. 특수교육 서비스로 의뢰되고 판별된 학생 수가 증가한다.
2. 고등학교 졸업을 위해 요구된 고부담 검사에서 탈락자가 증가한다.
3. 검사에 평가할 내용만을 포함시키기 위해 교육과정의 폭이 축소된다.
4. 주 전체 평가에서 강조되지 않는 지역적인 내용을 강조할 수 있다(즉, 호수에 위치한 학교의 교사들은 호수의 정화에 대해 그리고 남북전쟁 전장 근처에 있는 학교의 교사들은 남북전쟁 역사에 대해 덜 가르칠 가능성이 있음)
5. 특수한 요구를 가진 학생들 혹은 교육과정에서 어려움을 보이는 다른 학습자들의 학습 동기에 부정적인 효과가 있다.
6. 학습장애 학생들 사이에서 시험불안 혹은 학교불안 증세가 증가한다.

문헌에서 제시한 고부담 검사에서 있을 법한 긍정적 · 부정적 영향이 있다(Elliott & Marquart, 2004; Fletcher et al., 2006; Yesseldyke et al., 2004). 이러한 영향이 확실성을 가지고 문서화되기 전에 더 많은 연구가 필요하다.

년의 전체 75%가, 2005년까지는 전체 학생의 80%가 학년 수준의 읽기목표를 달성할 것으로 기대하고 있다. 물론 학교는 교육적으로 취약한 다양한 학생 집단과 관련해 목표 달성을 다양하게 구체화할 수 있다. 예를 들어, 학교는 소수인종 출신의 학생, 영어가 모국어가 아닌 학생 또는 특수아동과 관련된 목표(2005년까지 모든 소수인종 출신의 학생의 80%가 학년 수준의 읽기 수행 등)를 가지고 있을 수 있다. 물론 학교의 모든 교원들은 그들 학교의 목표를 달성하기를 바라고, 이것은 지역사

회의 뜨거운 논쟁거리가 될 수 있다. 지역 신문들은 개별 학교들이 목표를 달성했는지의 여부를 발표해 오기 시작했다. 학교의 교원들은 목표 달성을 위해 해마다 적절한 진전도를 달성하는 것에 대해 매우 우려하고 있다.

AYP가 실행됨에 따라 많은 우려들이 나타나고있다. 첫째, 사회경제적으로 취약한 지역에 있는 많은 학교들은 그들의 AYP를 맞추기 위해 고군분투하고 있고, 교직원들은 사회경제적으로 취약한 가정의 학생들을 가르치기 위한 구체적인 어려움들이 AYP 목표를 정하는 데 있어서 인정되지 않는다고 항의하고 있다. 게다가 뚜렷이 구별되는 많은 집단들이 개별 점수의 합에 영향을 주기 때문에 높은 성공을 거두고 있는 많은 학교들도 AYP를 달성하지 못해 왔다.

예를 들어, 사회경제적으로 높은 수준의 지역 학교는 가난한 가정의 아이들이나 영어를 하지 못하는 아이들이 거의 없지만, 시험에서 좋은 성적을 거두지 못하는 하위집단 중 하나인 장애 학생들이 있다면 AYP를 달성하지 못할 가능성이 있다. 높은 성공을 거두고 있는 학교의 교직원들은 단지 장애 학생들 때문에 자신들의 학교가 지역 신문에서 'AYP를 달성하지 못한' 학교로 간주된다면 기분이 나쁠지도 모른다.

모든 교사들이 성공적인 학교의 일원이 되길 원하기 때문에 AYP를 달성한다는 것은 많은 교사들에게 걱정거리가 될 것이다. 성공적인 학교는 장애 학생들이 그들의 하위집단 목표를 달성하지 못한 것으로 인해 비난받고 싶지 않을 것이다. 이런 상황은 일반교사와 특수교사가 함께 일하는 관계에 마찰을 불러일으킬 수 있다. 이런 문제들은 복잡하며 모든 면에서 격한 감정을 유발한다. 학습장애 초임교사로서 당신은 AYP 달성에 대한 국가 전체의 논쟁뿐만 아니라 해당 지역의 다른 교사들의 일반적인 인식을 이해해야 한다. 이 논쟁거리는 앞으로 수년간 열띤 감정과 토론을 초래할 것이 분명하다.

높은 수준의 자격을 갖춘 교사들

NCLB의 다른 결과는 학생들이 '높은 수준의 자격을 갖춘' 교사들에게 교과 영역을 배운다는 것을 확신한다는 것이다(King-Sears, 2005). 높은 수준의 자격을 갖춘다는 것(*highly qualified*)은 가르치는 교과에서 학위를 가졌다는 것을 의미하는데, NCLB는 내용 교과 영역에만 그 정의가 제한된다(King-Sears, 2005). 이것은 학교에

서 특정 교과 영역을 가르치는 교사들에게는 단순할 수 있는 반면(예: 중학교 역사 교사는 교사 자격증과 역사에 대한 교과학습을 해야 함), 특수교사에게 적용하는 경우는 문제가 될 수 있다. 전통적으로 특수교사들은 특정 내용 영역보다 교수적 방법에 있어 전문 능력을 발휘해 왔고, 그래서 '높은 수준의 자격을 갖추었다'는 규정은 많은 특수교사들에게 심각한 의미를 내포하고 있다(King-Sears, 2005). 사실 많은 특수교사들은 학습자료실 그리고/혹은 통합학급에서 실제로 교육과정상의 모든 과목들을 가르치고 있다. '높은 수준의 자격'이라는 새로운 기준에 따르면 수십 년간 내용 영역을 가르쳐 온 교사들은 수준 높은 교사로 여겨지지 않는다. 일부 경우에 교사들은 높은 수준의 자격을 갖추기 위해 읽기, 수학, 역사 혹은 과학에서의 내용영역 과목의 수강을 목적으로 학교로 돌아가라는 말을 들어왔다. 물론 특수교사들에게 학부에서 각 교과 영역을 전공으로 하여 졸업할 것으로 기대하는 것은 불가능하다. NCLB의 '높은 수준의 자격'이라는 조항에 따라 여러 주들은 특수교사를 교육시키기 위해 다양한 워크숍에 참석하게 하거나 추가적인 학점을 듣게 하는 등의 다양한 방법을 개발하고 있다. 현직 교사로서 당신은 학부 혹은 대학원 지도교수와 '높은 수준의 자격'이라는 문제에 대해 논의해야 하고, 당신이 속한 학군이 이런 조항을 어떻게 실행하는지 알아야 한다. 마찬가지로 당신이 여러 학군에서 직업을 구할 때 '높은 수준의 자격' 관련 요구사항에 대해 질문을 해야 한다.

✻ 동반장애

동반장애(*co-occurring disorders*)에 대한 논쟁점은 현장에 있는 많은 전문가들에게 우려를 낳고 있다(Bender & Wall, 1994; Fletcher, Shaywits, & Shaywits, 1994; Lyon, 2000; Smith & Adams, 2006). 구체적으로 주의력결핍 과잉행동장애(ADHD) 학생들의 증가는 학습장애 학생들을 위한 서비스 예산을 나누어 가져갈 수도 있기 때문에 근심거리가 되고 있다. 현재 학습장애와 ADHD는 많은 사람들에게 공존하거나 동반하는 것으로 여겨지고 있고, 연구자들은 이 두 그룹 사이의 차이를 알아내지 못하고 있다. Smith와 Adams(2006)는 동반장애가 행동문제를 유발하는 경향이 있다고 지적하고, 이러한 상태는 독립된 것일 수 있다고 제시한다. Fletcher와 동료들(1994)은 명백하게 밝혀질 때까지 연구자들이 연구에서 위 두 그룹을 같이 고려해야 한다고 제안하고 있다. Bender와 Wall(1994)에 따르면 ADHD와 학습장애의 공존문제는 지난 수십 년간 학습장애 정의에 대한 변화로부터 기인한다고 한다. 역사적으로 주의집중과 조직화의 문제를 보이는 학생들은 학습장애를 가진 것으로 여겨져 왔다. 그러나 지난 30년 동안 거의 모든 주에서 IQ와 성취도 사이의 불일치(1장에 설명됨)에 기반한 더 엄격한 정의가 실시되어 왔다. 이는 연방정부의 지시 없이 발생된 일반대중의 변화다. 그러나 해당 학생들이 IQ와 성취도 사이의 요구된 불일치를 보이지 않았다면 정의 면에서 불일치 모델의 실행은 학습장애 아동들을 위한 교실에서 주의집중, 과잉행동 그리고/혹은 충동성 문제를 가진 학생들을 줄이는 데 영향을 주게 된다. 명백하게 서비스를 받지 못하는 학생들로 인해 화가 난 부모들은 서비스의 확대를 위해 목소리를 높여 옹호집단을 구성할 수 있다. 결과적으로 ADHD—교육적인 문서가 아닌 정신과적으로 확인되었던 지금까지의 모호한 상태—는 새로운 형태를 채택해 왔고, ADHD 학생들의 수는 극적으로 증가해 왔다. 그래서 학습장애와 ADHD 사이의 동반장애에 대한 논쟁점은 사실 정의에 관한 문제일지도 모른다(Lyon, 2000). 향후 우리는 두 장애가 같은 장애의 다른 모습으로 볼 수도 있다. 사실 Stanford와 Hynd(1994)는 ADHD, 부주의, 학습장애 학생들 사이의 많은 유사점들을 확인해 왔다. 분명히 미래의 연구에서는 두 집단 사이의 차이점을 알아낼 필요가 있다.

✻ 하위 유형 연구

학습장애를 가진 것으로 추정되는 아동의 수와 유형 모두 계속 증가함에 따라 학습장애 인구를 구성하는 다양한 하위집단을 확인할 필요가 있다. 현재 학습장애는 경험적으로 확인된 하위집단이 없는 상태로 인식되어 있다. 예를 들어, 정신지체에서 경도와 중등도 사이의 차이는 널리 인식되어 있고 증명하기가 쉽다. 행동장애 영역에서도 품행장애 학생과 성격장애 학생의 구분이 쉽다. 오직 역사상 학습장애 영역만이 경험적으로 서로 구별된다고 증명된 하위집단이 없다.

학습장애 학생들 사이에서 하위 유형에 근거해 경험적으로 확인하기 위한 노력—하위 유형 연구(*Subtyping research*라고 불리는)—은 20년 동안 계속되었다(Catt, Hogan, & Fey, 2003; Cornoldi et al., 2003; Kavale & Forness, 1987; McKinney, 1984;

McKinney & Speece, 1986; Silver et al., 1999). 그리고 대부분의 연구가 현재 '학습장애'로 확인되는 인구 내에 다양한 하위집단이 존재한다는 것을 지적한다. 대부분의 하위 유형 연구에서는 학생 수에 대한 자료가 수집되었고 복잡한 수학적 과정을 통해 유사한 특징을 공유하고 있는 학생집단이 확인되었다(McKinney, 1984). 초기 하위 유형에 대한 많은 연구에서 학습장애 아동을 의미 있는 집단으로 묶을 수 있다는 것이 발견되었다. 예를 들어, 시각적 학습 과제에 문제를 보이는 하위집단, 청각적 학습 과제에 문제를 보이는 하위집단, 혹은 두 가지 형태의 과제 모두에 문제를 보이는 하위집단이 있다(McKinney, 1984). 하위집단들의 확인은 이 분야 학자들의 본래 관심과도 일치한다고 예측할 수 있으나, 위의 하위 유형 연구는 이런 차이에 대해 경험적으로 증명한 첫 연구다.

아마도 가장 믿음직한 하위 유형 연구는 Rourke와 동료들에 의해 수행된 연구다. 2장에 제시된 것과 같이, Rourke(Rourke, 2005; Rourke et al., 2002; Rourke, van der Vlugt, & Rourke, 2002)는 학습장애 학생들 중 두 하위집단에 속하는 학생들이 최소한으로 존재한다고 제안한다. 학습장애 인구의 대부분이 낮은 수준의 음절 읽기와 철자쓰기, 비교적 정상적인 사회성 발달과 행동으로 특징지어지는 음운체계장애로 어려움을 겪고 있는 것처럼 보이는 반면, 비언어성 학습장애(*nonverbal learning disabilities*)는 뛰어난 음절 읽기/철자쓰기, 심한 과잉행동과 위축, 불안, 우울, 그리고 사회성 기술의 부족을 포함한 다양한 정서적인 문제를 가진 것으로 보인다. 하위 유형 연구의 특별한 분류가 진행되는 동안, 두 개의 기본적인 하위 유형이 존재하고 각각 다른 학습 강점과 약점을 가지고 있음이 명백해졌다. 구체적으로 Cornoldi와 동료들(2003)은 음운처리 과정이 일반적으로 뇌의 좌반구 기능인 데 반해 비언어성 학습장애는 우반구에서 부적절한 지적 처리과정과 연관되어 있음을 지적하였다.

현장에 있는 많은 이론가들은 오랫동안 하위 유형 연구를 통해서 우리가 특정 형태의 교수로부터 효과를 얻고 있는 학습장애 아동들의 하위집단을 확인할 수 있기를 희망해 왔다(Catt et al., 2003; Cornoldi et al., 2003; McKinney, 1984; Rourke, 2005). 분명히 특정 교육중재가 다른 하위집단의 학생들에게 효과가 있는 것으로 보인다면 모든 교육자들의 합의는 강력해질 것이다. 확실히 앞으로 하위 유형 연구와 관련하여 더 많은 연구가 이루어질 것이다.

✻ 학습장애 성인을 위한 서비스

13장에서 언급한 것과 같이, 현장 전문가들은 학령기에서 초기 성인기로의 전환을 원활히 돕는 서비스를 점점 더 강조하고 있다(Benz, Lindstrom, & Yovanoff, 2000; Blalock & Patton, 1996; Brinckerhoff, 1996; Evers, 1996; Janiga & Costenbader, 2002; Kohler & Field, 2003). 이 주제에 연관된 논의가 13장에 제시되어 있으나, 여기에서 이 분야의 향후 전망과 관련해 집중해야 할 몇 가지 중요한 논쟁거리를 다루고자 한다.

첫째, 학습장애 성인들에 대한 강조는 모든 학생들이 학교를 졸업한 후 사회생활로의 전환에 관해 관심을 두고 있는 것만큼이나 중요하다(Johnson, Stodden, Emanuel, Luecking, & Mack, 2002). 교양 있고 경제적으로 독립하고 좋은 직업을 가지며 사회에 공헌하고 있는 시민들은 그들의 대리인을 통해 학교에서 받은 교육의 질에 대해 묻고 있다. 그래서 학습장애 개인에 대한 전 생애 주기의 초점은 독립적인 시민의 준비에 있어 학교의 효과뿐만 아니라 전반적인 학교교육의 질과 관련된 우려의 일부분이다.

현 상황에서 학습장애 성인들에 대한 전환 서비스를 강조하는 것은 앞으로 수십 년간 계속 증가할 것이다(Kohler & Field, 2003). 또한 연방정부와 주정부로부터 받는 기금의 증가를 기대할 수 있고, 전환 서비스의 강조에 대해 상급기관의 지시를 받게 될 것이다. 이는 오직 전환에 대해서만 집중적으로 가르칠 수 있는 일자리의 증가로 연결될 수 있고, 교사는 전환에만 초점이 맞추어진 교수적 책임과 관련된 일을 제시받을 수 있다.

전환의 강조와 더불어, 학습장애 성인이 직장에서 적응하기 위한 기술을 사용하는 것에 대해 더 많이 강조하고 있다(Raskind, Herman, & Torgesen, 1995). 12장에서는 학습 장애 학생을 위해 새롭게 개발된 기술의 적용에 대해 설명하였는데 새로운 방법들 중 많은 부분이 직장에서의 성인들도 도울 수 있다. 예를 들어, 철자 확인 프로그램과 컴퓨터 기반 쓰기/타이핑은 많은 학습장애 개인들이 해당 기술이 개발되기 전에는 수행하기 어려웠던 사무직종에서 종사할 수 있도록 한다. 따라서 기술에 대한 높아진 관심은 학교 졸업 후 전환기간 동안 성인들을 위한 서비스에 대한 강조로 이어지고 있다. 교사는 학습장애 성인들에게 보다 많은 일자리를 제공할 수 있는 추가적인 기술의 적용이 곧 이루어질 것이라 추측할 수 있다.

✻ 두뇌 친화적 연구의 시사점

1장에서 논의된 바와 같이, 1900년대의 마지막 10년은 인간 두뇌와 중추신경계가 어떻게 작동하는지에 대한 우리의 이해가 폭발적으로 성장한 것을 목격한 시대였다(Bender, 2002; Bender & Larkin, 2003; D-Arcangelo, 1999; Jensen, 1995; Sousa, 2001, 2005; Sylwester, 1995), 그리고 이런 자료는 인지적 기능의 모든 면에서 우리가 이해한 바를 담고 있다. 학습장애와 직접적으로 연관된 두뇌 친화적 연구에 대한 2~3권의 최신 책들이 있고(Bender, 2002; Sousa, 2001), 우리는 앞으로 10년 동안 두뇌 친화적 교수 개념에 기반한 영역에서의 의미심장한 효과를 기대할 수 있을지 모른다. 인간의 학습과 관련된 신경회로에 대한 증가된 통찰력은 다중지능이론, 구성주의, 두뇌 친화적 학습전략을 포함한 앞에서 설명된 몇 가지의 이론적인 접근에 영향을 주었다(Gardner, 1993; Perkins, 1999; Sousa, 2005; 1장의 이들에 대한 설명 참조).

구체적으로 기능적 MRI로 불리는 의학 기술은 연구자들로 하여금 살아 있는 인간이 다른 형태의 인지적 과제를 수행하는 동안 인간 두뇌에서 일어나는 학습과정을 실제적으로 볼 수 있도록 하였다. 초기 연구는 언어, 수학, 음악 감상 그리고 읽기와 관련된 두뇌 영역이 서로 다르다고 기록하였다. 특히 읽기는 인간 두뇌 안에 있는 여러 개의 다른 영역과 관련된 것처럼 보이는 고도로 복잡한 과정으로 밝혀졌다(D-Arcangelo, 1999; Rourke, 2005).

다양한 인지 기능에 관한 연구들도 있다(Rourke, 2005; Sarouphim, 1999; Swanson, 1999). 예를 들어, 여러 연구에서 학습장애 학생들에 의해 증명된 특정 형태의 기억문제를 확인하기 시작했다(O'Shaughnessy & Swanson, 1998; Swanson, 1999). 1970년대에 급격히 증가한 단기기억 문제에 관하여 나쁜 관념을 갖기보다는 학습장애 학생들을 위한 기억전략에 대해 혹독한 훈련이 필요함에 대해 강조하면서 전 연령에 걸쳐 작동기억 결함이 대두되고 있다. Gardner(1993)와 다른 연구자들(Sarouphim, 1999)은 다원적인 접근 대신 단순히 하나로 통합된 요소로써의 지식구조에 의문을 갖기 시작했다. 학습장애 정의의 불일치 요소가 일반지능의 측정에 의존했기 때문에 이런 개념은 학습장애 정의의 기본적인 측면을 전체적으로 재정의할 것이다.

인간의 학습에 관한 통찰에 기반을 두고, 초등학교와 중학교 교실에서의 교수와 평가를 위한 구체적인 제안이 개발되었다(Bender, 2002; Jensen, 1995; Sousa, 2001; 2005). 그리고 해당 교수적 실천은 학습장애 아동들과 청소년들의 교육에 확실히 영향을 미칠 것이다. 행동주의의 영향이 감소함에 따라 초인지 전략과 두뇌 친화적 교수 기술에 대한 연구들이 증가하고, 두뇌 친화적 교수는 학습장애 분야의 역사에서 다른 이론만큼이나 깊이 있으며, 교육의 모든 분야에도 영향을 미칠 수 있다. 확실히 인지적 전략교수, 다중지능, 구성주의 분야는 이러한 새로운 지식에 영향을 받을 것이다. 이 분야의 전문가로서 교사는 해당 영역에서의 연구 논문을 찾아보고 두뇌 친화적 학습과 교수에 관한 많은 워크숍 중 하나에 참석할 것을 고려해 보아야 한다.

✻ 학습장애 분야에서의 교수

학습장애 분야에서의 논쟁점에 대한 논의가 이루어짐에 따라 학습장애 분야의 교사들은 다른 교사들과는 다른 수많은 도전에 직면하고 있다. 아마도 이런 이유 때문에 특수교육에서의 교사는 늘 부족했다. 그래서 자격 있는 교사를 찾고 준비시키고 유지시키는 것은 학습장애 분야에서 매우 중요하다. 다음에는 학습장애 아동을 가르칠 교사 양성 분야에서의 몇 가지 논의가 제시되어 있다.

전국적인 교사 부족

역사적으로 특수교육 분야에서의 교사 부족은 늘 있어 왔다(McLeskey, Tyler, & Saunders, 2002), 그리고 교사 부족은 계속 진행되고 있다. 지난 10년간 교사 부족 현상은 더욱 심각해 졌다는 증거가 제시되고 있다(Billingsley, Carlson, & Klein 2004), 그리고 누군가는 NCLB의 '높은 수준의 자격을 갖춘' 조항에 의해 부과된 추가적인 요구가 교사 부족 현상을 더욱 심화시킬 것으로 가정할 수도 있다. 나아가 교사 부족 문제를 어떻게 다루어야 하는지에 대한 논쟁이 진행되고 있다.

구체적으로 학습장애 아동을 가르칠 자격이 있는 많은 교사들이 현장에 들어선 지 얼마 안 돼 교사직을 떠나고 있음을 시사하는 증거가 있다(Billingsley et al., 2004). 그러므로 교사 부족의 문제는 특수교육에서 더 많은 교사를 채용하는 것만으로는 해결되지 않을 것이다. 학습장애 분야에 들어온 교사들이 특수교사직을 떠나 다른 과목을 가르치거나 완전히 교사직을 떠나고 있기 때문에 사실 채용 노력만으로는 교사 부족을 완화시키지 못할 것이다. 채용을 강조하기보다는 많은 사람들이 왜 교사들이 떠나고 있는지에 대한 연구와 교사 지원 프로그램이 특수교육에서 교사를 유지시킬 수 있다는 희망으로 신임교사들을 지원하기 위한 프로그램의 실행을 추천한다.

Billingsley와 동료들(2004)은 근무환경과 신임 특수교사 시절에 제공된 지원에 관한 조사 연구를 수행했다. 5천 명이 넘는 교사가 설문에 응답했다. 대부분의 응답자들은 다른 교사로부터 비공적인 지원을 받는다고 응답했고 그러한 형태의 지원이 다른 공식적인 형태의 지원보다 더 가치 있다고 지적했다. 나아가 해당 조사에 응한 대략 60%의 교사는 공식적인 교사 멘토링에 참여하였고 신임교사들은 공식적으로 베테랑 멘토 교사와 짝지어졌음을 보고하였다. 결과적으로 학교의 전체적인 분위기가 교육 현장에 남고자 하는 교사의 의지와 큰 관련이 있었다. 분명히 이런 형태의 지원은 해당 분야에서 교사직을 유지시키기 위한 한 가지 방법임을 보여 준다. 학습장애 분야의 신임교사로서 당신은 소속된 학군에서 멘토를 얻을 수 있는지를 조사해야 한다. 여러 차례 말했지만, 멘토 교사의 지원을 받는다는 것은 첫해 동안 교사 경력을 쌓을 수도 있고 쌓지 못할 수도 있는 중요한 문제이고, 당신은 교사 지원을 제공하는 교사직을 얻기 위해 노력해야 한다.

교사의 탈진

특수교육 교사는 매우 스트레스를 받는 직업이고, 교사의 탈진(*burnout*)은 전국적인 교사 부족을 일으키기 때문에 문제가 된다(Commission, 2001). 탈진은 가르치는 것에 대한 불만족의 감정이 일반화되고 우세한 것을 의미한다. 만약 교사가 탈진되기 시작한 후에도 교실에 남아 있는다면 부적절한 교수를 할 수도 있다. 학습장애 학생들의 선생님으로서 그들의 역할에 만족하지 않는 교사들은 학생들의 욕구에 덜 반응적일 수도 있다. 결과적으로 학생들에게 부족한 교육적 경험이 나타날지도 모른다. 이런 이유 때문에 전문가들은 탈진과 싸우기 위해 교사의 탈진에 관해 연구하기 시작했다.

탈진에 대한 몇몇 불확실한 결론이 언급되어 왔을지 모른다(Billingsley et al., 2004; Fore, Martin, & Bender, 2002; Zabel & Zabel, 1983). 첫째, 탈진은 경력이 오래된 교사보다 경력이 얼마 되지 않은 젊은 교사에게 나타날 가능성이 높다. 왜냐하면 젊은 교사들은 경험 많은 교사보다 교육 현장에서 다양한 요구를 충족시키는 데 있어 덜 유능하기 때문이다. 나아가 탈진은 교사가 받는 훈련의 형태와 관련이 있는 것으로 보인다(Zabel & Zabel, 1983). 다른 말로 하면, 더 훈련 받은 교사들은 잘 준비되지 않은 교사보다 종종 덜 탈진되는 경향이 있다.

현재 다른 장애 아동들을 가르치는 교사에 비해 학습장애 아동을 가르치는 교사의 탈진 수준에 대한 전체적인 지표가 없을뿐더러, 탈진된 교사의 전체 비율을 보여 주는 어떤 지표도 없다. 아마도 우리가 할 수 있는 최선은 탈진의 불확실한 원인을 추측하는 것이다. 이런 원인의 첫 번째는 증거에 의해 뒷받침된다. 반면 마지막 두 가지는 모두 추측에 의한 것이다. 앞서 언급한 바와 같이, 우선 탈진은 교실에 들어가기 전 부적절한 훈련과 관련이 있어 보인다. 이는 분명히 교사의 통제하에 있고, 탈진의 피해자는 추가적인 과정을 듣거나 교실에 다시 들어가기 전에 앞서 재교육의 경험을 쌓길 바랄지도 모른다. 또한 신임 학습장애 교사에게 이러한 학생들을 가르친 경험이 있는 멘토 교사를 제공하는 것이 도움이 될 수 있다.

탈진은 몇몇 서비스 전달요소들과 관련이 있을 가능성도 있다(Billingsley et al., 2004; Fore, Martin, & Bender, 2002). 예를 들어, 매우 폭력적인 아동들 혹은 매우 심각한 학업문제를 가진 아동들과 함께하는 교사들은 심각한 문제를 덜 보이는 학생들의 교사보다 더욱 심한 스트레스를 받기 쉽다. 가장 심각한 문제 아동을 맡은 교사들의 짐을 덜어 주기 위해 특수학급뿐만 아니라 일반학급으로의 통합배치가 다시 이루어질 필요가 있다.

마지막으로 탈진은 현장에서 비효과적인 교육적 처치의 사용과 관련될 수도 있다. 학습장애 아동의 문제를 교정하기 위해 역사적으로 사용된 많은 처치 방법들은 비효과적이었다. 만약 교사가 이런 처치를 계속 사용하고 비효율적인 현상을 본다면 스스로 부적절한 무엇인가를 느끼기 시작하고 탈진이 일어날 수도 있다. 분명히, 더 효과적인 교수전략의 사용은 학습장애 학생들을 가르치는 교사들에게 좀 더 만족스러운 근무환경을 제공해야 한다.

도움상자 14-2

▶교수 안내: 탈진을 막기 위한 추천 활동

1. 당신의 현재의 전문적인 기술을 유지하라. 계획적이고 규칙적으로 새로운 교수기법에 대해 읽고 실천하라. 만약 당신이 자신을 전문가로 여겨 당신의 견해와 일치하는 방향으로 행동하면 아마도 덜 탈진될 것이다.
2. 전문적인 학술대회에 참석하라. 최소한 학습장애와 관련해 당신이 가진 것과 같은 형태의 문제에 직면한 다른 교사들이 있다는 것을 아는 것도 도움이 된다. 또한 그로부터 당신이 시도해 볼 수 있는 한두 개의 아이디어를 얻을 수도 있다.
3. 이 분야에서 직업을 바꾸는 것을 고려해 보라. 같은 지역 안의 다른 학습장애 학급으로 옮겨 더 어린 혹은 더 나이든 학생을 맡을 수 있다. 학교를 옮기는 것도 도움이 될 것이다.
4. 상담, 행동관리, 행동장애 또는 유아교육 분야의 강의를 추가로 들어보라.
5. 교생을 지도하는 일을 고려해 보라.
6. 부수적으로 예비교사를 위한 학부 수준의 수업을 가르쳐라.
7. 당신의 학습에서 직면한 문제를 바로잡기 위해 지역의 대학교수와 연구를 계획하고 수행하라.
8. 다른 교사들과 당신의 탈진 상태를 의논하고 그들이 탈진을 피하기 위해 사용한 방법에 대해 조언을 구하라.
9. 과거에 가르쳤던 학생을 만나 어떤 형태의 교수가 그들에게 가장 도움을 주었는지를 확인하라.
10. 당신 자신의 탈진에 책임을 지고, 이런 감정을 줄이기 위한 방식으로 일하라.

교직을 시작함에 있어서 탈진을 막기 위한 몇 가지 제안들이 [도움상자 14-2]에 제시되어 있다. 현장에서의 신임교사로서 당신은 교직 첫해 동안에 당신이 할 수 있는 가능한 한 많은 활동을 마칠 수 있기를 바랄지도 모른다.

＊ 전문성 향상

매해 직업적으로 성공적인 한 해 보내기 위한 기술과 능력의 향상은 학습장애 학생들을 가르치는 모든 교사의 목표 중 하나가 되어야 한다. 프로의식을 설명하기 위해 몇 가지 의학적, 법률적 예를 고려해 보자. 당신은 추가적인 훈련 없이 25년 전 의료교육에 참여했던 의사에게 가고 싶어 할까? 마찬가지로 당신은 최근 판례에 대해 잘 알지 못하는 변호사를 선임하고 싶은가? 더욱 예리하게 당신은 25년 전에 받은 훈련이 가장 최근의 훈련인 교사에게 당신의 아동을 보내고 싶은가?

이런 예가 설명하다시피, 모든 교사들은 그들의 전문 분야에서 현재 상태를 유지하기 위해 매년 노력해야 한다. 이런 책임은 프로의식 정의의 일부다. 많은 주에서는 자격증 갱신을 위해 주기적인 과정을 요구한다. 그리고 이것은 분명히 올바른 방향으로 나아가는 한 단계다. 그러나 교사들은 3년 혹은 5년마다 위의 훈련 과정이 충분하지 않다고 생각해야 한다. 그보다 전문적인 책임을 담당하는 교사들은 진지하게 더 진보해 가길 원할 것이다.

교사가 담당 장학사 혹은 교장과의 합의된 문서를 작성하는 것은 다가오는 한 해 동안 교사가 참여할 전문적인 활동을 구체화하는 한 방법이다. 일부 주와 학군은 각 교사로부터 전문성 향상에 대한 문서를 요구하는 긍정적인 단계를 두고 있다. **전문성 향상 계획(Professional improvement plan: PIP)**은 학군 사이의 합의를 제시한 문서로, 전문적인 교수 성과를 향상시키기 위해 교사가 한 해 동안 참여하고자 하는 활동들을 구체화한 것이다. 연구 논문 읽기 활동, 프레젠테이션이나 **현직 교사 연수**(*in-service*) 참여, 새로운 교수전략의 실행, 대학에서의 추가적인 수업 수강, 주석 달린 참고문헌 만들기, 컴퓨터 보조교수 프로그램의 실행, 연구의 실행, 다른 수업의 관찰, 신임교사를 위한 멘토 교사로서의 활동, 그 밖의 많은 활동들이 PIP에 적절하다. 더 효과적인 교수 혹은 최근 연구를 이해하는 것을 장려하는 거의 모든 활동이 적절할 수 있다. 이러한 전문성 향상 계획은 다른 분야에서보다 학습장애 분야에서 더 필요할 수 있다. 이 분야는 오직 40년 동안 존재했고 정신지체 분야의 연구 같은 다른 분야와 비교해 상대적으로 짧은 역사다. 결과적으로 학습장애 분야는 연구의 관점에서 볼때, 주목할 만한 '잘못된 출발'이 있었다. 9장에서 논의한 것처럼, 20년 전 학습장애 개척자에 의해 추천된 몇 가지 교육적 처치는 현재 검증되지 않은 것으로 보고 폐기되고 있다. 또한 1장에서 설명된 것처럼, 학습장애 용어의 정의는 정기적으로 계속 변화해야 한다. 5장은 지난 몇 년간 평가에 대한 견해가 극적으로 변해 온 것을 지적했다. 이런 변화들은 현장의 교사들이 최신 경향에 대한 지식을 유지하기 위해 지속적으로 연구에 관련되어 있어야 함을 시사한다. 연구에 관련되어 있다는 것은 무엇을 의미하는가? 이 질문에 세 가지 권고사항으로 답할 수 있다. 연구자료를 읽어라. 연구를 적용하라. 그리고 연구를 수행하라.

연구자료 읽기

학습장애 학생을 가르치는 교사는 이 분야의 주요한 학술지(*joumals*)에서 매달 2~3개의 논문을 읽어야 한다. 비록 교원 신문의 기사에서 새로운 수업을 기획하는 정보를 얻을 수 있겠지만, 교사가 현재의 연구 동향을 이해할 수 있는 방법은 학습장애 분야의 권위 있는 학술지 중 하나를 정기 구독하거나 정기적으로 읽는 것이다. *Journal of Learning Disabilities*와 *Learning Disability Quarterly*는 매우 인정받는 학술지다. 학습장애 관련 다른 학술지에는 *Exceptional Children, Psychology in the Schools, Journal of Special Education*과 *Teaching Exceptional Children*이 있다. 이런 학술지의 구독은 특정 기관의 회원이 된다는 것을 의미한다. 예를 들어, 당신은 학습장애 연구 공동체인, 학습장애협의회에 참여하면 *Learning Disability Quarterly*를 받게 될 것이다.

최소 하나 이상의 의과학 학술지를 구독하지 않는 내과의사를 상상할 수 없고, 법 관련 학술지를 주문하지 않는 변호사를 상상하기 어렵다. 하지만 교직이수 과정을 마치고 난 후 자기 분야의 학술지 구독을 해지하는 것은 꽤나 일반적이다. 당신 스스로 전문성의 기준을 낮추지 말라. 당신의 전문성을 유지하기 위해 매달 적어도 하나 이상의 학술지를 읽는 것을 명심하라.

전문성 향상 계획을 위한 노력을 기록해 두기 위해 당신은 논문에 인용된 문헌을 준비하거나 개별 논문에 간단한 개요를 적어 둘 수 있다. 다음 해에 20~30개의 논문을 보도록 요구하는 것은 이상한 것이 아니고, 이런 요구는 신임교사에게도 동일한 것이다.

연구 적용하기

유능한 교사는 학회지에서 읽은 새로운 교수방법을 적용한다. 교사는 공부를 하고 자기점검, 정밀교수, 협력교수, 또래교수, 토큰경제, 행동계약, 기억교수, 학습전략교수를 적용한다. 교사들은 학술지에서 전략을 읽기 때문이다. 진취적인 교사는 학습장애 아동에게 가장 실력 있는 교사로 보인다. 그리고 진취적인 교사

* 학습장애 관련 국내 학술지로는 『학습장애연구』 『특수교육학연구』 『특수아동교육연구』 등이 있다.

들은 항상 자신의 학급 학생들을 잘 가르치기 위해서 새로운 교수방법들을 기꺼이 시도할 것이다. 이런 노력하는 교사를 돕기 위한 노력으로, 이 교재는 약간의 논문을 읽은 것을 바탕으로 적용하거나 추가 학습과정이나 연수를 제공할 수 있는 전략을 제시하고 있다.

당신의 도전은 분명하게 제시될 수 있다. 주기적으로 새로운 교수방법을 읽고 그 것을 학급에서 적용하는 것은 당신의 업무다. 이는 짧은 역사를 통해 학습장애 분야를 특징짓고 있는 연구에 대한 반응으로 볼 수 있다. 아마도 좋은 목표는 다섯 혹은 여섯 달 동안 학생을 가르치면서 새로운 교수기법을 적어도 한 번 적용하는 것이다. 이런 방식으로 당신은 적어도 학급에서 처음 5년 동안 약 10개의 교수기법을 실험하게 될 것이다. 당신은 최초에는 적용할 수 없었던 기법들을 점차 사용할 수 있게 되고, 적용한 것들을 잊지 않고 기억할 수 있게 될 것이다.

교수전략에 관한 현 추세는 일부 분야에서 특히 어렵다. 예를 들어, 교수를 위한 기술적 진보 때문에 어떤 교사는 장애 학생을 위해 새롭게 개발된 소프트웨어를 적용하기 위한 연구논문을 읽는 것으로 24시간을 쓸 수도 있다. 확실히 이 분야는 신임교사가 연구의 다양한 측면을 이해하기 위해 집중하고 학급에서 소프트웨어 기반의 연구를 적용해야만 한다. 한 교사로서 당신의 능력이 향상될 때, 당신은 자신의 직업에 더욱 편안함을 느끼고 많은 존경을 받게 될 것이다. 그러므로 당신은 새로운 기술을 습득해야 하고 당신의 학급에 그 기술을 적용하기 위해 노력해야 한다.

당신의 학급에서의 새로운 전략 사용에 대한 문서는 당신의 PIP에 필수적인 것이 될 것이다. 그리고 해당 문서는 여러 가지 방법으로 활용될 수 있다. 첫째, 당신은 전략의 효과를 기록하는 정보와 함께 해당 전략 완성에 관한 기록보고서를 제작할 것이다. 또 다른 효과로 당신이 새로운 전략이나 교수방법을 사용하는 동안 교장이나 부장교사에게 당신을 관찰하도록 한다. 그리고 부장은 PIP 문서에 교사의 활동을 쓸 수 있다.

연구 수행하기

학술지에서 발표된 대부분의 연구는 대학교수에 의해 수행된다. 반면에 어떤 연구는 공립학교 교장, 교감이나 부장교사에 의해 수행된다. 학교교사가 연구를 실행하는 하는 것은 보기 어려운 편이다. 그럼에도 불구하고, 교사는 자주 연구를 수행

해야 하고 이 제안을 충분히 이해하기 위해 연구의 정의가 확장될 필요가 있을 것이다. 예를 들어, 교사가 학급의 특정한 문제를 완화시키기 위해 단일 대상으로 구성된 중재나 학습전략 계획을 실행한다면 어떤 의미에서 그것은 연구가 될 수 있을 것이다. 문제를 주목하고, 측정하고, 가설을 진술하고, 가설을 유효화하기 위해 연구를 실행한다. 그리고 그 결과는 문제에 관해 이야기하고 문제를 제거하기 위해 부모나 학교상담가, 다른 교사들과 이야기 나눌 수 있다. 학습장애 학생의 모든 교사는 자신의 학급에서 연구중재의 방법을 실행하기 위한 충분한 기회를 강구해야만 한다. 이와 같이 연구의 유용성은 책에만 의존하는 것이 아니다. 당신은 성공적인 단일대상 중재 연구를 부모나 다른 전문가들과 공유할 때 존경을 얻게 되고, 그것은 연구의 가치 있는 목표 중 하나가 된다. 이런 특성의 연구중재를 실행하고 결과를 공유하는 것은 전문가로서의 명성에 긍정적인 영향을 미치게 될 것이다.

많은 사례에서 교사들은 논문에서 증명된 사례의 질과 일반적인 교수에 관한 여러 가지 연구계획들을 실행하는 중에 있다. 교사가 새로운 이론의 효과를 증명하거나 이전의 이론을 변화시킬 때는 연구자들에게 연구를 발표할 것을 권유해야 한다. 일반적으로 교사들은 연구결과를 발표하기 위해 노력해 본 적이 있는 누군가와 함께 일할 때 도움을 얻게 된다. 효과적인 전략을 나누기 위한 욕구는 전문성을 갖춘 교사의 상징이다.

교사는 탐구해야만 하는 마지막 선택은 당신의 학교에서 진행되고 있는 연구에 참여하는 것이다. 예를 들어, 많은 학교는 대학교수들이 학습장애 아동을 위해 학교에서 연구를 실행할 수 있도록 지원한다. 왜냐하면 이것은 교수진들이 최근 연구의 흐름을 아는 데 도움이 되기 때문이다. 연구를 하기 위해서는 일정 정도의 연구할 시간이 필요하기 때문에 지역 학교가 긍정적인 이점을 얻는 데 반해 교사는 얼마간의 시간을 투자해야 한다. 연구가 끝나고 결과를 교수진들과 공유하게 된 후, 연구결과는 다시 지역 학교로 돌아오게 될 것이다. 마찬가지로 특정한 연구과제에서는 교사에게 개인적인 발표 기회가 주어질 수도 있다. 마지막으로 학습장애 아동에 관한 우리의 지식과 교수방법을 계속적으로 발전시켜 나간다면 그들을 가르치는 모든 교사가 연구에 참여하게 될 것이다.

연구 참여의 문서는 매우 간단하다. 우선 교사가 소속 학교에서 진행 중인 연구과제에 참여하게 된다면 그것을 학기 초 PIP 문서에 명시하라. 다음으로 학기 중에 특별한 중재가 필요하다는 것을 발견하면 중재가 완성될 때 중재 프로그램을 포함시키기 위해 교사의 PIP를 수정할 것이다.

한 지역의 부장교사의 PIP에서는 주요 학술지에 논문을 게재할 것이 요구된다. 이런 요구는 교사들에게 과도할지 모르지만 학교 교사가 이 분야에 대한 실제적인 논문을 제출하는 데 적극적이라면 학습장애 분야와 더 광범위하게 특수교육 분야는 향상될 수 있을 것이다. 만일 교사가 교원 신문이나 학술지 중 하나에 논문을 발표한다면 교사의 성취를 포함시키기 위해 당해 PIP를 수정해야만 한다.

지속적인 전문성 향상의 참여

많은 PIP는 교사가 다양한 워크숍이나 연수모임, 대학 수업에 참여하게 될 것을 구체화한다. 예를 들어, 교사가 자신의 학습장애 수업에서 규율과 관련된 과제를 다루는 데 있어 문제가 있다는 것을 알 경우 수업 장면에서의 행동관리와 관련된 대학의 수업을 듣고 싶어질 것이다. 마찬가지로 한 교사가 자신의 초인지적 접근으로부터 학습의 효과를 얻을 것 같은 학생들이 있다면 학습전략의 단기 워크숍에 참여하기 원할 것이다. 이런 활동의 문서는 단순히 참여기록에 의해 간단히 제공될 것이다.

자신의 과제 결과를 발표하지 않기로 선택한 많은 교사들은 다양한 워크숍과 주, 지방, 전국 단위 모임의 기간제 연수에서 발표함으로써 그들의 새로운 생각들을 나눌 수 있다. 예를 들어, 특수아동협의회의 모임은 다양한 포럼을 가지고 있다. 이 포럼에서 교사들을 그들의 새로운 생각을 공유한다. 이와 같은 모임에 참석하고 발표하는 것은 확실히 당신의 PIP에 포함되게 될 것이다.

전문 학회 참여

학습장애의 분야에는 수행되어야 할 연구들이 많이 있다. 동시에 주나 지방에서 교육의 의제는 학습장애 정의와 판별 문제, 자격 요건, 많은 다른 과제에 대한 적용 문제를 다루는 학회를 필요로 할 것이다. 유사하게 학습장애와 관련된 많은 기관들(예: 학습장애협의회, 특수아동협의회)은 해당 분야에서의 전문적인 논쟁점을 토의하기 위한 위원회를 두고 있다. 각각의 학회의 업무를 돕는 것은 당신의 전문적인 기술을 향상시킬 수 있는 또 다른 전문적인 활동이다. PIP를 위해 위원회에 참여한 증명서는 위원장으로부터 받을 수 있다.

전문성 향상의 요약

만일 학습장애 학생을 가르치는 교사가 전문성 향상을 위해 계속해서 준비한다면 학생의 교육적 기회는 계속해서 증진될 것이다. 그러므로 교사는 목표를 설정하고 적어도 매년 학습장애 학생을 위한 교수 능력과 기술을 향상시킬 수 있는 활동을 실행할 책임이 있다.

어떤 주와 지역 학교에서 각 전문가에게 PIP를 요구할지라도, 다른 지역 학교의 교사들이 전문성 향상을 위해 자신의 목표를 규정하기 위한 PIP를 사용하지 않아야만 할 이유는 없다. 심지어 어떤 지역에서는 PIP를 요구하지 않지만 많은 교장은 전문성 향상과 함께 매년 기본 목표를 정하고 도달하는 교사들이 있다는 사실에 매우 기뻐할 것이다. 이러한 목표 설정은 전문성을 이루기 위한 교사의 바람을 의미하는 것일 수 있다. 신임교사로서의 첫 몇 달 후에, 당신은 PIP를 고안하고 PIP에 대해 주임교사나 교장과 함께 이야기 나누기를 원할 것이다. 그리고 그들은 당신에게 당신이 의도하는 발전 영역에 대한 안내와 피드백을 제공해 줄 수 있는 능력을 가지고 있고 이와 같은 참여는 그들에게 배우고자 하는 당신의 의지를 보여줄 수 있다.

✻ 불확실한 미래와 도전

일부 연구 분야에서 저자는 어떤 미래를 맞아야 하는지에 대해 어느 정도 말할 수 있다. 이 책의 마지막 장까지 지속된 논의처럼 학습장애 분야에서 확실성은 불가능하다. 후반부의 몇몇 장에 제시된 어떤 논쟁점은 이 분야에서 매우 많은 영향을 끼치게 된다. 학습장애 분야는 분명하게 진행되고 있는 많은 연구들과 함께 발전하고 성장한다. 당신이 전문가 모임이나 학습장애 분야에서의 중요한 토론에 적극적으로 참여한다면 이 분야의 미래에 대한 방향을 알게 될 것이다.

이런 과도기적인 혼란은 학습장애 학생을 위해 일하기로 한 교사들 모두에게 도전이 된다. 이는 전문적인 토론과 더 나아가 학습장애 분야의 성장을 위한 모든 현장 전문가들의 책임이다. 신임교사로서, 또한 학습장애 아동들에게 향상된 서비스를 계속적으로 지원하기 위해 스스로 도전해야만 한다. 당신은 학습장애 성인이나 학령기 아동을 위한 학습장애 관련 서비스에 관한 문제에 적극적으로 참여해야만 한다. 또한 학습장애 아동들 사이에서 가장 효과적인 학업적 · 사회적 성장을 위한 교육적 장소에 대한 토론에도 참여해야 한다. 당신은 매년 PIP를 발전시켜야만 하고, 당신의 전문적인 능력과 기술을 향상시키기 위해 계속적으로 노력해야만 한다. 만일 당신이 이런 활동에 참여할 수 있다면 현장은 학급에서나 또는 어떤 관리적인 능력에서 진보의 기회를 제공할 것이다.

마지막으로 당신은 스스로 학습장애 학생과 함께 일하는 것을 즐거워해야만 한다. 모든 사람들이 말하는 것처럼, 가장 좋은 교사는 높은 수준의 기술과 개인적인 기준을 설정한 교사가 아닌 학생들을 좋아하는 교사다. 당신은 학급의 학생들과 자신을 기쁘게 할 수 있는 교사의 길을 발견하라. 이런 방식을 통해 당신은 학생 삶에 긍정적 형태의 지적 · 정서적 영향을 끼칠 수 있음을 발견하게 될 것이다. 이것은 도움의 손이 필요한 아이들의 삶에 변화를 만들 수 있는 흥미로운 분야이고, 학습장애 아이들을 가르치는 것을 사랑하게 된 자신을 발견하게 될지도 모른다. 당신의 전문적인 교수를 기다리는 미래의 수많은 아이들이 있다. 도전은 분명하다. 그들은 당신이 될 수 있는 최고의 교사에게 배울 자격이 있다.

다음은 이 장의 주요 내용을 정리한 것이다.

- 학습장애 분야와 관련하여 미래에 확실한 것은 특히 아동낙오방지법이 제시한 많은 논쟁거리에 관한 전문적인 토론이다.
- 학습장애 인구는 더 많아지고 있다. 학습장애 정의에 대한 어려움으로 판별이 어렵고 다양한 문제점을 가진 다른 아동들이 학습장애 인구에 추가되고 있기 때문이다.
- 교사의 탈진은 학습장애 분야에서 문제가 되고 있다. 이는 초기에 불충분한 교사의 준비와 효과 없는 대처 방안의 지속적인 적용과 연관된다. 그러나 전문성 향상과 계속적인 자기도전을 통해 탈진과 싸우는 것은 개별 교사의 책임이다.
- 전문성 향상 계획(PIP)은 이 분야의 전문성 향상을 유지하기 위해 매년 이루어져야 한다.

- ADHD로 판별된 아동의 증가는 동반장애에 대한 우려의 증가로 귀결된다. 학습장애 분야는 다음 10년 동안 이런 문제를 분류해야만 한다.
- 성인 삶의 전환은 다음 10년 후에 더 많은 관심을 가지게 될 것이다.
- 가장 유능한 교사는 학습장애 아동과 함께 즐겁게 일하는 교사다. 유능한 교사들은 지속적으로 연구자료를 읽고 자신의 학급에 이것을 적용하고 실행한다.
- 컴퓨터 보조교수나 보조공학의 적용은 곧 이 분야에서 대변혁을 일으킬 것이다.

학습문제와 활동

1. 학령 전 학습장애 아동을 위한 서비스 제공의 장점과 단점에 대한 토의를 기획해 보라.
2. 아동낙오방지법을 다시 이야기하고 보고서를 제출해 보라.
3. 교사들이 쓴 학술지 논문들을 확인해 보라. 다른 논문과 다른 점을 발견했는가?
4. 집단을 구성한 후 당신이 지역 단위 학교에서 교사를 한다고 가정하고 PIP를 준비해 보라. 이 장에서 제시하지 않은 것 중에 당신이 PIP에 포함시킬 수 있는 활동으로는 무엇이 있을 수 있을지 토의하라.
5. 지역사회 학교에서 교사들의 탈진에 대해 인터뷰해 보라. 탈진을 막기 위해 추천할 수 있는 활동으로는 무엇이 있을 수 있을까?
6. 보조공학의 내용을 확인하고 학급을 위한 보조공학을 제시하라.

참고문헌

Bender, W. N., & Larkin, M. J. (2003). *Reading strategies for elementary students with learning difficulties*. Thousand Oaks, CA: Corwin.

Bender, W. N. (2002). *Differentiating instruction for students with learning disabilities: Best practices for general and special educators*. Thousand Oaks, CA: Corwin Press.

Bender, W. N., & Wall, M. E. (1994). Social-emotional development of students with learning disabilities. *Learning Disability Quarterly, 17*, 323-341.

Benz, M. R., Lindstrom, L., & Yovanoff, P. (2000). Improving graduation and employment outcomes of students with disabilities: Predictive factors and student perspectives. *Exceptional Children, 66* (4), 509–529.

Billingsley, B., Carlson, E., & Klein, S. (2004). The working conditions and induction support of early career special educators. *Exceptional Children, 70* (3), 333–347.

Blalock, G., & Patton, J. R. (1996). Transition and students with learning disabilities: Creating sound futures. *Journal of Learning Disabilities, 29* (1), 7–16.

Brinckerhoff, L. C. (1996). Making the transition to higher education: Opportunities for student empowerment. *Journal of Learning Disabilities, 29,* 118–136.

Catts, H. W., Hogan, T. P., & Fey, M. E. (2003). Sub-grouping poor readers on the basis of individual differences in reading-related abilities. *Journal of Learning Disabilities, 36* (2), 151–164.

Commission on Excellence in Special Education (2001). *Revitalizing special education for children and their families.* Available from www.ed.gov/inits/commissionboards/whspecialeducation.

Cornoldi, C., Venneri, A., Marconato, F., Molin, A., & Continari, C. (2003). A rapid screening measure for the identification of visuospatial learning disability in schools. *Journal of Learning Disabilities, 36* (4), 299–306.

Council for Exceptional Children (CEC) (2003, October 29). *No Child Left Behind Act makes "no sense" for students with disabilities, say special education teachers.* Reston, VA: Author.

D-Arcangelo, M. (1999). Learning about learning to read: A conversation with Sally Shaywitz. *Educational Leadership, 57* (2), 26–31.

Elliott, S. N., & Marquart, A. M. (2004). Extended time as a testing accommodation: Its effects and perceived consequences. *Exceptional Children, 70* (3), 349–367.

Evers, R. B. (1996). The positive force of vocational education: Transition outcomes for youth with learning disabilities. *Journal of Learning Disabilities, 29,* 69–78.

Fletcher, J. M., Francis, D. J., Boudousquie, A., Copeland, K., Young, V., Kalinowski, S., & Vaughn, S. (2006). Effects of accommodations on high-stakes testing for students with reading disabilities. *Exceptional Children, 72* (2), 136–152.

Fletcher, J. M., Shaywitz, B. A., & Shaywitz, S. E. (1994). Attention as a process and as a disorder. In G. R. Lyon (Ed.), *Frames of reference for the assessment of learning disabilities: New views on measurement issues.* Baltimore: Paul H. Brooks.

Fore, C., Martin, C., & Bender, W. N. (2002). Teacher burnout in special education: The causes and the recommended solutions. *The High School Journal, 86*(1), 36–44.

Gradner, H. (1993). *Multiple intelligences: The theory in practice.* New York: Basic Books.

Hammill, D. D. (1993). A timely definition of learning disabilities. *Family and Community Health, 16* (3), 1-8.

Janiga, S. J., & Costenbader, V. (2002). The transition from high school to postsecondary education for students with learning disabilities: A survey of college service coordinators. *Journal of Learning Disabilities, 35* (5), 462-468.

Jensen, E. (1995). *The learning brain.* Del Mar, CA: Turning Point.

Johnson, D. R., Stodden, R. A., Emanuel, E. J., Luecking, R., & Mack, M. (2002). Current challenges facing secondary education and transition services: What research tells us. *Exceptional Children, 68* (4), 519-531.

Kavale, K. A., & Forness, S. R. (1987). The far side of heterogeneity: A critical analysis of empirical sub-typing research in learning disabilities. *Journal of Learning Disabilities, 20,* 374-382.

King-Sears, M. E. (2005). Are you highly qualified? The plight of effective special educators for students with learning disabilities. *Learning Disability Quarterly, 28* (3), 187-189.

Kohl, F. L., McLaughlin, M. J., & Nagel, K. (2006). Alternate achievement standards and assessments: A descriptive investigation of 16 states. *Exceptional Children, 73* (1), 107-123.

Kohler, P. D., & Field, S. (2003). Transition-focused education: Foundation for the future. *Journal of Special Education, 37* (3), 174-183.

Lyon, G. R. (2000). Learning Disabilities. In *Annual Editions: 00/01: Educating exceptional children.* Guilford, CT: McGraw-Hill.

McKinney, J. D. (1984). The search for subtypes of specific learning disability. *Journal of Learning Disabilities, 17,* 43-50.

McKinney, J. D., & Speece, D. L. (1986). Academic consequences and longitudinal stability of behavioral subtypes of learning disabled children. *Journal of Educational Psychology, 78,* 365-372.

McLeskey, J., Tyler, N., & Saunders, S. (2002). *The supply and demand of special education teachers: A review of research regarding the nature of the chronic shortage of special education teachers.* Gainsville: Center on Personnel Studies in Special Education, University of Florida.

O' Shaughnessy, T. E., & Swanson, H. L. (1998). Do immediate memory deficits in students with learning disabilities in reading reflect a developmental lag of deficit? A selective meta-analysis of the literature. *Learning Disability Quarterly, 21*(2), 123-150.

Perkins, D. (1999). The many faces of constructivism. *Educational Leadership, 57*(3), 6-11.

Raskind, M. H., Herman, K. L., & Torgesen, J. K. (1995). Technology for persons with learning disabilities: Report on an international symposium. *Learning Disability Quarterly, 18,* 175–184.

Rourke, B. P. (2005). Neuropsychology of learning disabilities: Past and present. *Learning Disability Quarterly, 28* (2), 11–114.

Rourke, B. P., Ahmad, S. A., Collins, D. W., Hayman-Abello, B. A., Hauman-Abello, S. E., & Warriner, E. M. (2002). Child-clinical/pediatric neuropsychology: Some recent advances. *Annual Review of Psychology, 53,* 309–339.

Rourke, B. P., van der Vlugt, H., & Rourke, S. B. (2002). *Practice of child-clinical neuropsychology: An introduction*. Lisse, The Netherlands: Swets & Zeitlinger.

Sarouphim, K. M. (1999). Discovering multiple intelligences through a performance-based assessment: Consistency with independent ratings. *Exceptional Children, 65,* 151–161.

Silver, C. H., Pennett, H. D., Black, J. L., Fair, G. W., & Balise, R. R. (1999). Stability of arithmetic disability subtypes. *Journal of Learning Disabilities, 32,* 108–119.

Simpson, R. L., LaCava, P. G., & Graner, P. S. (2004). The No Child Left Behind Act: Challenges and implications for educators. *Intervention in School and Clinic, 40*(2), 67–75.

Smith, T. JH., & Adams, G. (2006). The effect of comorbid AD/HD and learning disabilities on parent-reported behavioral and academic outcomes of children. *Learning Disability Quarterly, 29* (2), 101–112.

Sousa, D. A. (2005). *How the brain learns to read.* Thousand Oaks, CA: Corwin.

Sousa, D. A. (2001). *How the special needs brain learns.* Thousand Oaks, CA: Corwin.

Stanford, L. D., & Hynd, G. W. (1994). Congruence of behavioral symptomatology in children with ADD/H, ADD/WO, and learning disabilities. *Journal of Learning Disabilities, 27* (4), 243–253.

Swanson, H. L. (1999). Cognition and learning disabilities. In W. N. Bender (Ed.), *Professional issues in learning disabilities* (pp. 415–460). Austin, TX: ProEd,

Sylwester, R. (1995). *A celebration of neurons: An educator' s guide to the human brain*. Alexandria, VA: Association for Supervision and Curriculum Development.

Yell, M. L., Katsiyannas, A., & Shiner, J. G. (2006). The No Child Left Behind Act, adequate yearly progress, and students with disabilities. *Teaching Exceptional Children, 38* (4), 32–39.

Ysseldyke, J., Nelson, J. R., Christenson, S., Johnson, D. R., Dennison, A., Triezenberg. H., Sharpe, M., & Haws, M. (2004). What we know and need to know about the consequences of high-stakes testing for students with disabilities.

Exceptional Children, 71 (1), 75–94.

Zabel, M. K., & Zabel, R. H. (1983). Burnout among special education teachers. *Teacher Education and Special Education, 6,* 255–259.

부록: 학습장애 학생의 IEP 목표

부록에는 5장에서 논의된 여러 학생들의 개별화교육계획(IEP)이 포함되어 있다. IEP에는 학생들의 장단기 목표가 포함되어 있어 IEP를 살펴보면서 평가 보고서에 언급된 약점과 IEP 목표 사이의 관련성을 찾아볼 수 있다. 이 책의 첫 몇 장을 읽으면서 여기에 제시된 IEP를 살펴볼 수도 있을 것이다.

✻ 애덤 아터의 IEP 목표

학습장애 학생들의 개별화교육계획을 작성하는 데 있어, 일부 교육청에서는 다양한 학업 및 행동 영역에서 일반적으로 사용하는 목표 유형을 목록화한 양식을 사용한다. 위원회는 IEP를 작성하는 과정에서 다음 해에 애덤의 교육 프로그램에 포함되어야 할 단기목표를 이 양식에 표시하고 교육평가의 결과를 검토한다. 또한 위원회는 보통 공란이 있는 양식에 특정 장애를 가진 학생에게 적합한 구체적인 목표를 바로 쓸 수 있다.

읽기이해([그림 A-2]), 문단 쓰기 기술([그림 A-3])과 과제수행 행동([그림 A-4])을 다루는 단기목표에 초점을 맞추었다. 이 기술들은 애덤의 학업능력 평가에서 약점으로 지적된 것들이다. 결과적으로 이 목표에 다음 해 애덤을 위한 교수 및 교정적 노력의 초점을 맞추게 된다. 애덤의 담당교사는 다음 해에, 학습장애 교실에서 판별된 애덤의 약점에 대해 노력을 기울일 것이다. 목표별 기준일은 목표의 숙달 수준이며 숙달 수준이 평가될 때를 의미한다. 한 해를 통틀어 이 기준일들이 다양하게 제시되는데, 어떤 목표들은 연초에 완수되기도 하고 어떤 목표들은 한 해가 꼬박 걸리기도 한다.

평가방법은 교실에서 사용되는 교육과정 자료 측면에서 자주 언급된다. 국어 교과서에서 축약어 검사를 뽑기도 하고 기초 읽기 교과서에서 맥락 단서를 사용하기도 한다. 많은 교육과정 자료가 다양한 평가자료로 사용될 수 있기 때문에 아동이 공부하는 자료와 직접 관련이 있는 평가의 사용을 권장하고 있다. IEP에도 이러한 평가에 대해 언급되어 있다.

또한 과제수행 행동과 관련된 여러 목표가 제시되어 있는데, 이 목표는 애덤이 지나치게 산만해지는 경향이 있다는 교사의 의견 때문에 포함되었다. 많은 학습장애 아동이 주의산만의 증상을 보이므로 IEP에서 이러한 목표를 발견하는 것은 그리 어색한 일이 아니다. 이 책에서 언급된 초인지적 및 행동적 처치를 읽으면서 애덤의 주의산만함을 극복하기 위해 추천되는 중재에 더 깊은 관심을 보여야 할 것이다.

애덤은 수학이나 다른 영역에 약점을 보이지 않기 때문에 IEP에는 이 부분이 생략되어 있다. 만약 통합학급에서 실시된 추후 평가나 점수에 따라 다른 영역에서의 약점이 나타나게 된다면 기존의 IEP에 내용을 추가하여 더 자세한 애덤의 교육 프로그램을 구성할 수 있다.

시작일	9/1	페이지	1/4
학생이름	아터, 애덤	교사	주니퍼 선생님
학생번호	8368	학교	웨스트우드

	단기목표	준거		목표	검토일	숙달 여부	
		시작	종결	평가방법		예	아니요
읽기 재인을 향상시키기 위해 학생은 다음을 할 것이다.							
	글자를 판별한다.						
	초성 자음의 소리를 판별한다.						
	중성 자음의 소리를 판별한다.						
	종성 자음의 소리를 판별한다.						
	짧은 모음 소리를 정확하게 판별한다.						
	긴 모음 소리를 정확하게 판별한다.						
	자음 이중자를 정확하게 판별한다.						
	혼합 모음을 정확하게 판별한다.						
	이중모음을 정확하게 판별한다.						
	CVC(자음-모음-자음) 음성 패턴을 정확하게 해독한다.						
	CVVC(자음-모음-모음-자음) 음성 패턴을 정확하게 해독한다.						
	CVCE(자음-모음-자음-e) 음성 패턴을 정확하게 해독한다.						
	r 통제 단어를 정확하게 해독한다.						
	합성어를 정확하게 해독한다.						
	접두어를 정확하게 해독한다.						
	접미어를 정확하게 해독한다.						
	어근을 정확히 해독한다.						
	단어의 어미(-ing, -ed, -er, -est)를 정확하게 해독한다.						
	기본적인 일견단어를 읽는다.						
	학년 수준에 적합한 생략어를 읽는다.						
×	학년 수준에 적합한 축약어를 읽는다.	4/1 100%	5/12	언어책에서 축약어 검사			
	편안하게 읽는다.						
×	적합한 새로운 단어를 해독하는 데 맥락 단서를 사용한다.	9/1 90%	12/15	기초 읽기 시리즈에서 사전/사후 평가			
	완전하지 않은 문장을 말과 글로 완성한다.						
	단어의 반의어, 유의어, 동음이의어를 말한다.						
	사건의 순서를 읽고 관련시킬 수 있다.						
(다른 적절한 읽기재인 목표를 쓴다.)							

부모 서명 ______________

[그림 A-1] 단기목표: 읽기재인

시작일	9/1	페이지	2/4
학생이름	아터, 애덤	교사	주니퍼 선생님
학생번호	8368	학교	웨스트우드

	단기목표	준거		목표	검토일	숙달 여부	
		시작	종결	평가방법		예	아니요
____학년 수준에서 읽기이해를 향상시키기 위해 학생은 다음을 할 것이다.							
	어휘를 정의한다.						
×	말 혹은 글로 쓰인 이야기의 순서에 대한 질문에 답한다.	9/1 90%	5/15	주간 기초 읽기 연습			
×	사실과 세부사항과 관련된 선택을 읽고 질문에 답한다.	9/1 90%	5/15	순서			
×	중심 생각에 대한 질문을 읽고 말과 글로 답한다.	9/1 90%	5/15	중심 생각			
×	추론 혹은 결론 내리기에 대한 문제를 읽고 말과 글로 답한다.	9/1 90%	5/15	지지하는 세부사항, 결론 이끌기			
	사실과 의견을 구별하는 기술과 관련된 문제를 읽고 말과 글로 답한다.			보넬 리프트 기술 서비스			
	실제와 환상을 구별하는 기술과 관련된 문제를 읽고 말과 글로 답한다.						
×	인과관계에 관련된 문제를 읽고 말과 글로 답한다.	9/1 80%	5/15	교사 제작 월간 평가			
×	결과 예상 기술과 관련된 문제를 읽고 말과 글로 답한다.	9/1 80%	5/15	교사 제작 월간 평가			
	관계 비교와 대조의 해석과 관련된 문제를 읽고 말과 글로 답한다.						
	차트, 그래프, 표를 해석한다.						
	글로 된 지시사항을 따른다.						
	적절하게 맥락 단서를 사용한다.						
(다른 적절한 읽기이해 목표를 쓴다.)							

부모 서명 ______________________

[그림 A-2] 단기목표: 읽기이해

시작일	9/1	페이지	3/4
학생이름	아터, 애덤	교사	주니퍼 선생님
학생번호	8368	학교	웨스트우드

	단기목표	준거		목표	검토일	숙달 여부	
		시작	종결	평가방법		예	아니요
쓰기표현을 향상시키기 위해 학생은 다음을 할 것이다.							
	문법적으로 정확한 문장을 작문한다.						
	적절한 어휘를 사용한다.						
	학생의 읽기 수준에 맞는 읽기 구문에서 이해 질문에 정답을 쓴다.						
	정확하게 문장부호를 쓴다(문장 끝의 마침표, 생략어, 첫 글자, 문장 끝의 의문사, 연도와 날짜 사이의 쉼표, 도시(city)와 주(state) 사이의 쉼표, 느낌표, 인용부호, 어퍼스트로피).						
	정확하게 대문자를 사용한다(문장의 시작, 사람, 책, 도시, 주, 나라 혹은 특별한 날의 이름).						
	정확한 철자, 말의 일부, 문장에서 정확한 단어의 사용을 결정하기 위하여 사전을 사용한다.						
	색인을 사용한다.						
×	백과사전을 정확하게 사용한다.	9/1	5/15	격주			
	사물, 정보와 아이디어를 논리적으로 묶고 순서에 맞게 조직화한다.						
×	정확한 문법, 철자, 문장부호 및 단어 활용을 통하여 문단을 작문한다.	9/1	5/15	매주			
×	정확한 문법, 철자, 대문자 사용, 문장부호 및 단어를 사용하여 에세이를 작문한다.	9/1	5/15	매 단원(역사)			
	정확한 문법, 철자, 대문자 사용, 문장부호 및 단어를 사용하여 보고서를 작문한다.						
(다른 적절한 쓰기표현 목표를 쓴다.)							

부모 서명 ____________

[그림 A-3] 단기목표: 쓰기표현

시작일	9/1	페이지	4/4
학생이름	아터, 애덤	교사	주니퍼 선생님
학생번호	8368	학교	웨스트우드

	단기목표	준거		목표	검토일	숙달 여부	
		시작	종결	평가방법		예	아니요
학생은 다음을 할 것이다.							
	효과적으로 시간을 활용한다. 과제수행행동이 향상된다.						
×	적절한 어휘를 사용한다.	9/1	10/30 과제수행 80%	학생이 과제 수행의 자기관리 체계에 자기점검을 사용하는 동안 시간 표집			
	자기 자신과 다른 사람의 감정을 인지하고 안다.						
	적절하게 감정을 표현한다.						
	교사의 중재 없이 학생에게 요구되는 활동에 참여한다. 요구되는 교사중재의 수를 줄인다.						
	교실에 제시간에 도착한다.						
×	즉시 시작한다. 과제를 시작하는 데 필요한 시간을 줄인다.						
	과제를 완결할 때까지 과제에 집중한다.						
	도움을 청하기 전에 학업 과제의 문제를 해결하려는 시도를 한다.	9/1 90%	12/15	과제를 시작한 것에 대한 교사/강화에 의해 수집된 사건기록			
	주어진 시간 동안에 과제를 조직화하고 완성한다.	9/1 90%	12/15	매주 완성된 과제의 차트			
	과제가 끝났을 때 구조화되지 않은 시간을 사용하는 수용 가능한 방법을 찾는다. 구조화되지 않은 시간 중에 수용 불가한 행동을 줄인다.						
	교실에서 사용하는 자료와 개인 소유물에 대한 책임을 받아들인다.						
	적절한 행동을 유지하기 위하여 다른 성격과 상황의 변화를 수용한다. 이러한 상황에서 부적절한 행동을 줄인다.						
(다른 적절한 행동 목표를 쓴다.)							

부모 서명 ______________

[그림 A-4] 단기목표: 행동

✻ 헤더 드미트리의 IEP 목표

헤더 드미트리를 위한 목표는 앞서 제시한 양식을 따랐다. IEP 위원회는 평가 정보를 고려하여, 다양한 학업 영역의 목표 목록에서 헤더에게 적합한 목표에 표시만 했을 뿐이다.

IEP 목표가 제시된 페이지([그림 A-5]~[그림 A-7])에서 목표와 평가 보고서에 제시된 정보 사이에 어떠한 관계가 있는지 살펴보고 싶을 것이다. 여기에 제시된 목표는 위원회가 작성한 헤더의 평가 보고서의 여러 영역에서 강약점을 따른 것이다. 일부 목표(시간 말하기와 돈 개념)는 평가가 아닌 헤더의 필요에 의해 포함되었다. 이는 학급 교사가 위원회에 특정 영역에서 교정적인 노력이 필요하다고 제안할 때 종종 일어난다.

개별 목표가 종료되는 날짜는 헤더의 담당교사인 프랭크가 여러 종류의 평가를 사용하는 시점을 말한다. 일부 목표에서 교사는 특정 시간 동안 관찰을 사용하기도 하고 일부 목표에서는 일간 혹은 주간 평가를 사용할 수도 있다. 평가가 이렇게 자주 이루어지면 5장에서 논의한 교육과정중심평가 차트를 만들 수도 있다.

이 름	헤더 드미트리	생년월일	1998년 4월 24일
시행자	리 선생님		

연간 목표	✓ 28. 읽기 기술을 3.0 수준까지 향상시킨다.	✓ 29. 읽기이해 기술을 2.5 수준까지 향상시킨다.

<table>
<tr><th rowspan="2">장기목표 번호</th><th rowspan="2">단기목표</th><th rowspan="2">숙달 준거</th><th rowspan="2">평가방법</th><th rowspan="2">검토일</th><th colspan="2">숙달</th></tr>
<tr><th>완료</th><th>진행 중</th></tr>
<tr><td>28.</td><td>✓ a) 기본 어휘를 단어와 구문 안에서 제시했을 때 해당 단어를 소리 내어 읽을 수 있다.</td><td>돌체 목록 100%</td><td>준거 참조검사</td><td>11/30</td><td></td><td></td></tr>
<tr><td></td><td>___ b) 모르는 단어가 주어졌을 때 해독을 위해 단어 읽기 기술을 사용할 수 있다.
1. ___ 모음 4. ___ 이중자 7. ___ 기타
2. ___ 자음 5. ___ 이중모음
3. ___ 혼합 6. ___ 다음절 단어</td><td></td><td>교사 관찰 및 교사기록 과제 표본</td><td></td><td></td><td></td></tr>
<tr><td></td><td>✓ c) 읽기구문이 주어졌을 때 단어 읽기 기술과 일견단어 능력을 사용할 수 있다.
1. ✓ 단어 2. ✓ 내용자료</td><td>90%
90%</td><td>교사 관찰 및 기록</td><td>3/1</td><td></td><td></td></tr>
<tr><td></td><td>✓ d) 소리 내어 읽을 구문을 제시했을 때 유창성과 표현력을 보여 줄 수 있다.</td><td>90%</td><td>교사 관찰</td><td>3/1</td><td></td><td></td></tr>
<tr><td>29.</td><td>___ a) 학생의 읽기교수 수준에서 구문을 제시했을 때 다음 유형의 읽기이해 질문에 답할 수 있다.
<table><tr><th></th><th>음독</th><th>묵독</th><th>소리 내어 답하기</th><th>글로 답쓰기</th></tr><tr><td>1. 사실</td><td>a.</td><td>b.</td><td>c.</td><td>d.</td></tr><tr><td>2. 추론</td><td>a.</td><td>b.</td><td>c.</td><td>d.</td></tr><tr><td>3. 어휘</td><td>a.</td><td>b.</td><td>c.</td><td>d.</td></tr><tr><td></td><td></td><td></td><td></td><td></td></tr></table></td><td></td><td>교사 관찰 및 기록 참조검사</td><td></td><td></td><td></td></tr>
</table>

[그림 A-5] 단기목표: 읽기

이 름	헤더 드미트리	생년월일	1998년 4월 24일		
시행자	리 선생님	시작일	9/1	종료일	6/1

연간 목표	✓ 30. 수학계산 기술을 3.0 수준까지 향상시킨다.	✓ 31. 수학적 추론 기술을 3.0 수준까지 향상시킨다.

<table>
<tr><th rowspan="2">장기목표 번호</th><th rowspan="2">단기목표</th><th rowspan="2">숙달 준거</th><th rowspan="2">평가방법</th><th rowspan="2">검토일</th><th colspan="2">숙달</th></tr>
<tr><th>완료</th><th>진행 중</th></tr>
<tr><td rowspan="3">30.</td><td>___ a) 기본 정수 연산 문제가 주어졌을 때 다음을 사용하여 계산할 수 있다.

1. ___ 다시 모으기가 없는 □ 자릿수
2. ✓ 다시 모으기가 있는 ☒ 자릿수
<table><tr><td>+</td><td>-</td><td>+</td></tr><tr><td></td><td></td><td></td></tr><tr><td>x</td><td>x</td><td></td></tr></table>3. ___ 나머지가 없는 □ 자리의 제수와 □ 자리의 피제수
4. ___ 나머지가 있는 자리의 제수와 자리의 피제수
<table><tr><td>+</td></tr><tr><td></td></tr><tr><td></td></tr></table></td><td>90%</td><td>준거참조 검사</td><td>11/1</td><td></td><td></td></tr>
<tr><td>___ b) 기본 수가 주어졌을 때 다음을 생각해 낼 수 있다.

1. ___ + 2. ___ - 3. ✓ × 4. ___ ÷</td><td>100%</td><td>준거참조 검사</td><td>매일 CBA</td><td></td><td></td></tr>
<tr><td>___ c) 다음 영역에서 문제를 계산할 수 있다.

1. ___ 분수 2. ___ 소수 3. ___ 백분율
4. ___ 측정 5. ____________</td><td></td><td>준거참조 검사</td><td></td><td></td><td></td></tr>
<tr><td rowspan="2">31.</td><td>___ a) 다음 영역에서 능력을 보여 줄 수 있다.

1. ✓ 시간 2. ✓ 돈 3. ___ 측정
4. ___ 문장제 문제</td><td></td><td>준거참조 검사</td><td></td><td></td><td></td></tr>
<tr><td>① 분 단위로 시간을 말한다.
② 1달러 구매에서 잔돈을 정확히 계산한다.</td><td>90%
90%</td><td>CRT
CRT</td><td></td><td></td><td></td></tr>
</table>

[그림 A-6] 단기목표: 수학 계산

이 름	헤더 드미트리	생년월일	1998년 4월 24일		
시행자	리 선생님	시작일	9/1	종료일	6/1

연간 목표		
	✓ 32. ✓ 문장, ✓ 단락, ___ 짧은 글 수준에서 쓰기표현 기술을 향상시킨다.	✓ 34. ___ 교실, ___ 지역사회에서 ___ 또래, 성인과 함께 구어표현기술을 향상시킨다.
	✓ 33. ____ 수준까지 듣기이해 기술을 향상시킨다.	

장기목표 번호	단기목표	숙달 준거	평가방법	검토일	숙달	
					완료	진행 중
32.	✓ a) 사진이나 주제가 주어지고 문장, 단락, 이야기 혹은 보고서를 쓰라고 했을 때 다음을 사용할 수 있다. 1. ✓ 완전한 문장 2. ___ 연령에 적절한 어휘 3. ___ 상상력이 가득한 생각 4. ✓ 정확한 철자 5. ___ 논리적 계열 6. ✓ 대문자 쓰기 7. ✓ 구두법 8. ___ 문법 및 단어 사용 9. ___ 주제문	20개 문장 80%	과제 표본	매주		
	✓ b) 학생이 읽을 수 있는 철자 쓰기를 할 단어가 주어지면, 학생은 다음을 사용하여 단어를 올바로 쓸 것이다. 1. 목록과 문장 시험 2. 쓰기 숙제에서 학습한 단어의 적용	80%	준거참조 검사 주간 철자 (20)	매주		
	✓ c) 다음을 사용하여 알아볼 수 있을 정도의 필기를 할 수 있다. 1. ✓ 인쇄체 2. ___ 필기체 3. ___ 글자의 정확한 형태 4. ___ 정확한 크기관계 5. ___ 글자의 정확한 배치 6. ___ 단어 사이의 정확한 공간 배치 7. ___ 종이나 책에서 정확하게 베껴 쓰기 8. ___ 칠판에서 정확하게 베껴 쓰기 9. ___ 연령에 적합한 속도	90%	과제 표준	매일		
33.	___ a) 구어 지시가 주어졌을 때 ____________ 지시를 따를 수 있다.		교사 관찰			

	—— b) 구문이나 읽기를 들은 후 다음 유형의 질문에 답할 수 있다. 1. ___ 사실형 2. ___ 추론형 3. ___ 순서형		교사 관찰		
34.	___ a) 소리 내어 자기 자신을 표현할 수 있다. 1. ___ 일대일 상호작용 2. ___ 소집단 3. ___ 대집단 4. ___ 완전한 문장 5. ___ 사고의 논리적 순서 6. ___ 적절한 어휘 7. ___ 적절한 조음 8. ___ 적절한 소리 크기		교사 관찰		

[그림 A-7] 단기목표: 쓰기표현

용어 해설

- 강점중심평가(strength-based assessment): 학생의 약점보다는 강점의 기술을 강조하는 개념이다.
- 개별화교육계획(individualized education plan: IEP): 다학문적 평가에 기초한 교육 프로그램으로서 장애학생의 개별적 요구를 충족시키기 위해 만들어진다.
- 개별화전환계획(individual transition plan: ITP): 간혹 IEP의 일부가 되기도 한다. ITP는 장애청년들이 학교를 떠나 직업 세계로 옮겨가면서 고등학교 졸업 이후의 요구를 충족시켜 준다. 직업 프로그램은 성인기로의 전환을 이루는 데 도움이 된다.
- 개인교수 모델(tutorial model): 학습장애 학생들을 위해 사용되는 교수 모델로 특수교사가 학업 교과에서 학생을 개인 교수하는 것을 의미한다.
- 개인자료 지원(personal data assistant): 많은 사람들이 일간 계획, 전화번호, 가정 업무 등의 정보를 상기하는 데 도움을 주기 위해 사용되는 공학적 도구다.
- 계열화(sequencing): 이야기에서 사건의 순서를 판별하는 행위다.
- 고부담 검사(high-stakes testing): 학년의 수료나 졸업 전에 요구되는 시험이다.
- 공간 능력(spatial ability): 수학적 능력과 관련 있는 몇 가지 인지 능력 중 하나다. 공간 능력에는 거리에 대한 시각 혹은 공간 지각의 이해와 공간 내 서로 다른 물체들 간 관계의 이해가 포함된다.
- 공존성(comorbidity): 한 아동에게서 두 개 이상의 서로 다른 장애가 공존하는 것이다.
- 과잉행동(hyperactivity): 높은 수준의 활동이나 움직임의 빈도가 일반적이지 않거나 증가하고 있는 경향을 보인다. 자리에서 안절부절못하거나 교실 주변을 돌아다닌다.
- 과제분석(task analysis): 과제를 작은 단계로 나누어 열거하고 나누어진 과정에

대한 학생의 이해를 정확하게 알 수 있도록 분석하는 행동적 절차다.

- 과제 지향성(task orientation): 학생이 해야 할 과제에 눈을 맞춘 시간의 백분율이다.
- 과제집중(time-on-task): 학생이 과제에 집중하거나 교육적 과제를 완성하기 위해 노력한 시간의 백분율이다. 과제수행 시간은 보통 학생이 과제를 보고 있는지를 관찰함으로써 측정된다.
- 관계사 의사소통(referential communication): 보통 대명사와 같은 관계사를 사용하고 이러한 대명사가 적용되는 사람/사물을 이해할 수 있는 능력, 혹은 지시를 주거나 언어적 교수를 받을 수 있는 능력이다.
- 교과별 교육과정(departmentalized curriculum): 중등학교의 교과처럼 서로 다른 교과나 일군의 교사들이 가르치는 접근법으로 학급의 이동과 과목별 교사가 필요하다.
- 교사 상호작용(teacher interactions): 교사-학생 상호작용의 모든 유형이다. 여기에는 교사 기대, 교사-학생 의사소통, 상호작용의 빈도와 질이 중요한 요인이다.
- 교수적 상호작용(instructional interactions): 교수와 관련된 대화에 기초하여 교사와 학생 간에 하는 상호작용이다. 행동관리의 결과로 나타나는 교사-학생 상호작용과는 구분된다.
- 교육과정중심평가(curriculum-based assessment): 성취에서의 진보를 보여 주기 위하여 특정 교육과정을 반영한 과제에서 학생의 수행을 지속적으로 시행하는 (일간 혹은 주간) 평가다.
- 교육상담가(educational consultant): 문제를 가진 아동과 관련된 교육적 사항에 대하여 부모에게 상담을 제공하는 사람이다. 아동을 평가하거나 면담을 하는 상담이 포함되기도 한다.
- 구두 시연(verbal rehearsal): 이후에 회상하는 데 도움을 주기 위해 단어나 사실을 언어적으로 반복하는 기억기법이다.
- 구문론(syntax): 구나 문장에서 단어를 함께 사용하거나 단어들 사이의 관계 측면에서 단어를 이해하는 것이다.
- 국소화(localization): 특정한 상위 수준의 두뇌 기능이 두뇌의 한 반구 혹은 반대쪽 반구와 관련을 맺는 경향이다.
- 귀인(attribution): 학생에게 왜 특정 방식으로 무언가를 수행하였는지를 물었을

때 학생에 의해 설명된 원인과 결과의 관계다. 즉, 시험 점수를 내적으로 귀인하는 학생은 "정말 열심히 공부했어." 혹은 "나는 배울 수가 없나 봐."라 말한다. 반면에 학업 성과를 외적 요소에 귀인하는 학생들은 "시험이 너무 어려웠어. 선생님은 시험을 왜 이렇게 어렵게 내신 거야?"라고 말한다.

- 귀인훈련(attribution training): 성공적인 경험에 대한 학생의 귀인을 변화시킴으로써 학생의 통제소재를 바꾸려는 교수다.
- 규준참조검사(norm-referenced tests): 한 학생의 수행을 규준 집단의 수행과 비교하는 평가다. 일반적으로 이를 통해 미래에 수행할 교수를 위한 목표보다는 학년 동치 혹은 표준 점수를 얻게 된다. 준거참조검사와 반대되는 개념이다.
- 긍정적 행동지원(positive behavioral support): 교실에서 학생을 돕기 위해 제공할 수 있는 행동중재(예: 정적 강화, 행동계약 등)다.
- 기능적 기술 모델(functional-skills model): 학습장애 학생들을 대상으로 학업 교과보다는 기능적 일상생활 기술을 강조하는 교수 모델의 한 가지다.
- 기능적 의사소통(functional communication): 대화하기 기술을 포함하여 처한 환경에서 의사소통을 하는 능력이다.
- 기능적 MRI(functional MRI: fMRI): 사고력을 요하는 과제를 하면서 두뇌의 활동을 보여 주고 혈류를 측정할 수 있는 자기공명영상 기법의 한 종류다.
- 기술 영역 및 계열 차트(scope and sequence charts): 특정한 학년 수준에서 교과목의 영역과 교수 계열을 찾기 위해 만들어진 내용 영역의 주제 목록이다.
- 기억전략(memory strategy): 장기 기억 저장을 위한 정보 부호화의 과정에 도움을 주기 위해 만들어진 정신훈련 방법이다.
- 기질(temperament): 학습장애 학생들을 대상으로 연구되던 여러 성격변인 중 하나다. 삶의 사건에 대한 개인의 전반적인 성격적 접근을 말한다. 여기에는 과제 지속성, 사건에 대한 반응 수준, 사회적 능력 등이 포함된다.
- 기초기술 교정 모델(basic-skills remediation model): 종종 학습장애 학생들에게 사용되던 교육과정 중 하나다. 이 모델은 읽기, 쓰기, 수학에서의 기초 기술을 가르치는 것을 강조한다.
- 기초선(baseline): 행동중재 프로젝트에서 자료 수집의 첫 단계다. 중재를 시작하기 전에 행동의 강도나 빈도를 측정하는데, 이후 중재기 동안 수집된 자료와 비교하기 위하여 행동을 측정한다.

- 기초 음운처리장애(basic phonological processing disabilities: BPPD): 학습장애 학생들은 단어 읽기/철자 처리과정의 발달이 미약한 특성으로 인해 사회적 상황에서 언어적 정보보다는 비언어적 정보를 더 효율적으로 사용한다. 상대적으로 정상적인 사회성 발달과 행동을 보인다. 학습장애 학생의 약 80%가 BPPD를 보인다.
- 기형 유발요인(teratogenic insult): 임신 중에 술, 담배 등의 다양한 화학물질에 노출되는 것으로 탄생 시 기형을 유발할 수 있다.
- 난독증(dyslexia): 읽기 무능력을 말한다. 보통 이 용어는 읽기 무능력이 두뇌의 비정상적 기능과 관련이 있다고 믿는 학자들에 의해 주로 사용되었다.
- 내러티브 담화(narrative discourse): 이야기를 말하는 언어 유형으로 순서 및 인지적 추론과 같은 요소가 중요하다.
- 내재적 기억(implicit memory): 비실제적인 정보를 기억한다(예: 야구공을 치는 방법).
- 내적 언어(inner language): 가장 인지적인 사고의 기초를 형성하는 자기대화로, 학습장애 아동에게 내적 언어를 통해 과제를 조용히 스스로 진행하도록 함으로써 이 전략의 사용이 확대되고 있다.
- 내적 통제소(internal locus): 자기 자신의 운명이 내적으로 수행하는 행위의 결과라고 믿는 통제소재다. 즉, 통제소재가 내부에 있다.
- 높은 수준의 자격을 갖춘 교사(highly qualified): 아동낙오방지법(NCLB)의 한 조항으로 모든 교사는 그들이 가르치는 교과 영역에 대해 훈련을 받을 것을 의무화하고 있다.
- 누적된 결손(cumulative deficits): 학교에 다니는 오랜 기간 동안 성취와 학년 배치 간의 문제로 인해 결손이 누적된 것을 말한다. 대개 중등학교에 다니는 학습장애 학생들은 같은 장애를 가지고 있는 어린 학생들에 비해 결함이 더 크다.
- 뇌 반구 특성화(hemispheric specialization): 7~8세 이전의 아동에게 발달되는 두뇌 반구의 기능 차이다. 한 예로 좌반구 특성화는 언어 기능을 담당한다.
- 뇌신경(cranial nerve): 운동을 통제하는 근육과 감각 기관을 통제하는 신경이다.
- 뉴런(neuron): 축색돌기와 수지상돌기로 이루어진 두뇌세포다.
- 다단계 연산(multistep operations): 학생이 한 문제를 끝내기 위해 동일한 연산기법을 여러 차례 완수해야 하는 수학 연산을 말한다. 두 자릿수 덧셈이 좋은 예다.

- **다시 모으기**(regrouping): 10의 자리, 100의 자리 혹은 1000의 자리를 나타내는 줄에 수가 나타내는 가치를 늘이거나 줄여서 수학문제의 숫자를 다시 구조화한다. 과거에는 수를 빌려오기 및 빌려주기로 표현했다.
- **다중지능**(multiple intelligences): Howard Gardner에 의해 개발된 교수 접근법이다. 인간은 여덟가지의 분명하게 구분되는 지적능력의 유형을 보이고 있으며, 이러한 다양한 '지적 능력'을 발휘할 수 있도록 하는 교수기법은 학습을 향상시킨다.
- **단계 변화선**(phase change): 정밀교수에 사용되는 용어로 학생의 교수 프로그램의 변화를 지칭한다.
- **단기기억**(short-term memory): 짧은 기억 용량 안에 자극을 잡아두는 능력. 보통 10초 이하로 측정된다.
- **단서 단어**(cue words): 수학과 문장제 문제에서 문제 해결을 위해 문제 안에 포함된 필수 연산과 관련되어 일반적인 힌트가 되는 단어다.
- **단위 세기 전략**(count-by): 곱셈 학습에 필요한 전략이다.
- **대뇌**(cerebrum): 인간의 두뇌 중 가장 큰 부분으로 상위 사고나 언어 기능을 통제한다.
- **대인관계 기술**(interpersonal skills): 한 고용인이 다른 동료들과 함께 잘 어울려 지내는 데 사용되는 기술들이다.
- **대학교수를 위한 지원**(faculty support): 학습장애 학생이 속한 대학 수업에서 대학 교원이 대학 행정본부로부터 받는 지원 수준을 일컫는다.
- **동기**(motivation): 배우고자 하는 노력으로 교육에 의미 있게 참여하고자 하는 의지다. 일반적으로 동기는 통제소재, 자기개념, 과제 지속성의 관점에서 설명된다.
- **동반장애**(co-occurring disorders): 한 아동에게 LD와 ADHD가 동시에 나타나는 것과 같이 여러 정신장애의 유형이 함께 나타나는 것을 말한다.
- **두정엽**(parietal lobe): 각 대뇌 반구에서 몸의 다양한 부위로부터 오는 촉각을 관장하는 부분이다. 머리의 뒤쪽 윗부분에 위치하고 있으며 전두엽과 후두엽 사이에 있다.
- **디지털 스캐너**(digital scanner): 문서를 '스캔'하여 컴퓨터 디스크에 그 내용을 즉각적으로 저장하는 컴퓨터 기구다.
- **또래교수**(peer tutoring): 또래가 서로에게 학업 기술을 가르치는 구조화된 교수

체제다.

- **또래지명**(peer nomination): 또래의 평가에 기초로 하여 사회적 능력을 측정하는 전략이다.
- **레이저 디스크**(laser disc): 컴퓨터와의 상호작용 및 정보 저장을 위해 최근에 개발된 장치다.
- **망상 활성화 체계**(reticular activating system): 훗날 두뇌처리에 위협이 되지 않은 정보를 분류하면서 생존에 위협이 될 수 있는 정보에 두뇌가 즉각적으로 주의집중할 수 있게 하는 신경 연결체계다.
- **멀티미디어**(multimedia): 단순히 활자로 이루어진 구문 이상의 활동으로 구문을 가져오고 보여 줄 수 있게 하는 컴퓨터 프레젠테이션 그리고/혹은 저술체제다. 여기에는 음향(소리, 목소리, 음악)과 그림 등이 포함된다.
- **메가비타민**(megavitamins): 학습장애의 처치를 위해 과도한 양의 비타민을 사용하였으나 현재 이 방법을 지지할 만한 실증 연구가 널리 알려져 있지 않다.
- **명료화하기**(clarifying): 읽기자료의 중심 생각이나 어려운 개념을 찾을 수 있도록 학생을 도와주는 상보적 교수전략의 하나다. 특히 읽기이해를 어려워하는 학습장애 학생에게 중요하다.
- **명부평정**(roster rating): 급우들에게 사회적 수용이나 유사한 사회적 관계 측정에 대해 평가하기 위해 학생 명부를 포함시킨 측정도구다.
- **모두 세기**(counting-all): 덧셈학습을 위한 전략이다.
- **미국장애인법**(Americans with Disabilities Act: ADA): 직업의 자유, 작업장에서의 합리적인 조정을 기대할 수 있는 권리와 같이 장애인의 공익권을 기술한 법률이다.
- **미량원소**(trace elements): 학습문제를 유발할 수 있는 요인으로 몸속에서 아주 적은 양만이 발견될 수 있다.
- **바이오피드백**(biofeedback): 스트레스를 완화시키기 위한 노력으로 대상자에게 스트레스의 신체적 지표에 대한 정보를 제공하는 체계다. 이 기법은 현재 학습장애 학생의 과잉행동을 다루기 위하여 사용되고 있다.
- **발달적 불균형**(developmental imbalance): 능력 결함 관점 중 하나로 학습장애는 특정 정신 능력의 발달에서 불균형이 이루어져 생겨나는 것이라고 본다. 예를 들어, 청각적 기억력은 청각적 변별의 발달지체로 이어지고 이러한 불균형은 학습장애를 일으킬 수 있다.

- 발음법 접근(phonics approach): 단어의 발음을 결정하는 데 사용되는 글자 소리에 대한 지식에 의존하는 읽기교수다.
- 방해행동(disruptive behavior): 학급 내 다른 학생들의 교수를 방해하는 행동이다.
- 배제 준거(exclusionary criteria): 학습장애 정의의 한 측면으로 학습장애는 어떤 알려진 장애 조건의 결과로 나타날 수 있는 것이 아니라는 것을 제안한다.
- 버튼(buttons): 마우스를 가지고 '클릭'을 하거나 버튼을 누를 때 다른 컴퓨터 스크린으로의 즉각적인 이동과 같은 어떠한 기능이 이루어지도록 한다.
- 범주 간 배치(cross-categorical placement): 서로 다른 장애 조건을 가진 아동에게 서비스를 제공하기 위하여 학습자료실에 배치하는 것이다.
- 병인론적 준거(etiological criteria): 의학적인 원인과 관련이 있다고 생각되는 장애로 학습장애의 초기 정의에서 사용되는 준거다.
- 보조공학(assistive technologies): 의사소통 기술을 촉진하는 도구나 시스템으로 예를 들어, 활자 확장 시스템, 발화 출력기구, 확대 키보드 등이 있다.
- 복잡성(complexity): 의사소통에서 좀 더 정교한 유형의 문장 구조를 사용하는 것을 의미하고 언어이해의 깊이를 말한다.
- 복합 연산(complex operation): 한 문제를 풀기 위해 여러 다른 유형의 알고리즘을 수행해야 하는 수학의 연산이다.
- 부정적인 후속결과(negative consequences): 어떤 행동이 미래에 일어날 가능성을 감소시키는 행동의 후속결과다.
- 부호화(encoding): 저장과 추후 재생을 위해 단기기억을 부호화하는 과정이다.
- 불안(anxiety): 걱정이나 전반적인 불편함을 의미하는데, 특정한 환경에서 과제를 성공적으로 수행하는 것을 어렵게 할 수도 있다.
- 불일치(discrepancy): 학습장애 아동과 청소년은 발달 영역별로 비정상적인 발달 패턴을 보이는데, 이는 서로 다른 능력과 기술을 측정했을 때 심각한 차이를 나타내게 된다.
- 불일치 준거(discrepancy criteria): 학습장애 학생들은 지적 능력으로 표현되는 기대 성취와 실제 성취 간에 상당한 차이를 보인다는 학습장애 정의의 한 측면이다. 이를 능력-성취 불일치라고 한다.
- 비계설정 교수(scaffolded instruction): 아동의 이전 이해 수준을 판별한 정보에 기초한 이해를 수립하고 그로부터 추가적인 이해를 위한 지원을 제공한다.

- **비언어성 학습장애**(nonverbal learning disabilities: NLD): 언어 중심의 기술보다는 비언어적 정신 기능(즉, 시각적 반전이나 사회적/정서적 결함)과 더 관련이 깊은 학습장애다.
- **빈칸 채우기**(cloze procedure): 문장의 의미가 통할 수 있도록 빈칸을 채우거나 빈칸에 들어갈 의미 있는 단어를 채워 넣음으로써 문장을 완성하도록 하는 읽기 이해 평가방법 중 하나다.
- **사고 단위**(thought units): 측정의 목적에 맞게 구어를 완전한 생각(사고)으로 나누는 언어 사용의 측정방법이다.
- **사실적 이해**(literal comprehension): 활자로 된 자료를 글자 그대로 이해하는 것으로 보통 중심 생각 및 그것을 지지하는 사실과 세부사항을 회상하고 이야기의 줄거리를 이해하는 것이 포함된다.
- **사이버 친구**(cyberpal): 과거에 통용되던 펜팔의 개념을 차용하여 인터넷에서 학생들 간에 전자메일을 주고받는 것이다.
- **사회성 기술**(social skills): 듣기, 대화하기, 사회적 단서와 비언어적 단서의 해석과 같은 사회적 관계를 촉진하는 기술이다.
- **사회적 거부**(social rejection): 보통 악명 높은 행동이나 매우 불쾌한 사회적 상호작용 방식으로 인해 나타나는 적극적인 사회적 거부다.
- **사회적 고립**(social isolation): 적극적인 또래 거부나 혐오 수준으로 일부 학습장애 학생들이 경험한다.
- **사회적 관계망 평정**(sociometric rating): 아동의 인기도를 평정하는 데 사용되는 측정 기법이다.
- **사회적 능력**(social competence): 전반적인 사회적 능력이다. 개인의 자기개념 간의 상호작용, 타인과의 긍정적인 관계, 부적응 행동의 부재, 효과적인 사회성 기술이다.
- **사회적 수용**(social acceptance): 학습장애 학생들이 경험하는 전반적인 또래 수용의 수준이다. 높은 사회적 수용의 반대는 보통 적극적인 거부가 아닌 무관심이다.
- **사회-정서적 성과**(emotional-social outcomes): 중등학교 졸업 후의 성과 중에서 교육에서 장애인의 사회적 및 정서적 성과에 대해 논의하는 경우 사용되는 용어다.

- 산만함(distractibility): 학습환경 내 자극에 의해 과제이탈 행동을 보이는 경향이다.
- 상보적 교수(reciprocal teaching): 학생이 수업을 하는 동안 네 가지 단계를 완수하도록 하는 초인지 교수방법으로 예측하기, 질문 만들기, 요약하기 등이 포함된다.
- 상태불안(state anxiety): 특정 환경에 노출됨으로써 생기는 불안이다.
- 상황 인지(situated cognition): 앵커드(정착) 교수와 유사하다. 실생활 상황에 연결된 교수법이다(예: 장보기와 같은 과제를 완성하는 데 있어 장애학생들을 지원하는 상호작용적 컴퓨터 비디오).
- 서수(numeration): 일련의 수를 세거나 이해하는 능력으로 숫자 사이의 논리적이고 계열적인 관계를 이해하는 능력이다.
- 선다형(complex multiple-choice): I 수준의 답안에 여러 개의 하위 수준의 답안을 갖는 선다형 문항이다.
- 선택적 주의집중(selective attention): 직접적으로 교수되는 자극에 선택적으로 주의집중을 하는 아동의 능력이다.
- 선행 조직자(advance organizers): 과제를 성공적으로 끝마치는 것을 도와주기 위하여 학습 과제를 제시하는 전략 혹은 아이디어를 미리 조직화하는 것이다. 역사적인 사실을 담은 글을 읽기 전에 글의 개요를 점검하는 것이 그 예다.
- 선행사건(antecedent): 어떤 행위에 선행되는 사건으로 측정 가능한 효과를 보인다.
- 성격변인(personality variables): 교육적 성취에 영향을 미치는 여러 변인들로 일반적으로 자기개념, 통제소재, 불안, 기질 등이 포함된다.
- 소거(extinction): 의도적인 무시에 의해 행동이 감소될 것이라고 보는 행동적인 절차다.
- 소뇌(cerebellum): 감각 투입을 받아들이고 운동신경계의 대부분을 통제하는 뇌의 일부다.
- 수감각(number sense): 초기에 수 개념을 이해하는 능력이다. '보다 많은, 보다 적은'과 같은 개념과 '두 자릿수가 한 자릿수보다 크다.'를 이해하는 능력이 포함된다.
- 수상돌기(dendrites): 하나의 뉴런을 다른 뉴런과 연결하는 뉴런 내의 연결 조직이다.
- 수업 간 교차 프로젝트(cross-class projects): 서로 다른 학급이나 학교 혹은 다른

나라에서 온 학생들이 한 과제를 수행하기 위하여 협력하는 학습 프로젝트를 말한다.

- 수학기준(math standards): 수학교육과정을 구성하는 기준으로, 대부분의 주에서 수학과의 기준은 전국수학교사협의회(National Council of Teachers of Mathematics)에 의해 만들어진 기준을 기반으로 하고 있다.
- 숫자(numeral): 활자로 쓰인 숫자다.
- 스크립트(script): 학습을 촉진하기 위하여 교사와 학생 간의 이루어져야 하는 대화를 서술한, 직접교수 프로그램에서 사용하는 교수 · 학습 과정안으로서 글로 쓰여 있다.
- 스택(stack): 위계적인 방식으로 정보를 제시하는 컴퓨터 스크린이다.
- 시각적 심상(visual imagery): 이야기의 이해와 회상을 향상시키기 위해 이야기에서의 사건을 그림이나 이미지로 상상하게 가르친다.
- 시간제 특수학급(resource class): 장애아동의 교육에 관련 있는 모든 사람들에게 자료가 될 수 있는 학급을 말한다. 보통 학습자료실 교사는 학습장애 아동을 매일 짧은 시간이라도 직접 가르치고 그들과 대부분의 시간을 보내는 일반교사에게 지원을 제공한다(한국에서는 시간제 특수학급과 같다—역자 주).
- 시지각/운동 이론가(visual-perceptual/motor theorists): 손상된 시지각과 운동발달의 지체가 학습문제를 일으킬 수 있는 원인이 된다고 주장하는 이론가들이다.
- 시험 보기(testwiseness): 어떤 시험을 보는 기술에 대한 지식과 사용 능력이다. 제외시켜야 할 답안을 찾아내는 논리를 아는 것이 해당된다.
- 신경전달물질(neurotransmitters): 뇌의 뉴런과 신경계를 자극하기 위해 수지상 돌기 사이의 시냅스 간극 간에 메시지를 전달하는 화학물질이다.
- 신경학적 관점(neurological perspective): 능력 결함 관점의 하나로, 측정 가능한 뇌 기반 결함이 학습장애의 주요 원인이 된다고 본다.
- 실행 기능(executive function): 인지심리학자들이 개인의 사고 및 학습 과정(초인지)에 대한 사고를 묘사하는 데 사용하는 용어다.
- 심리학적 처리과정 준거(psychological processing criteria): 학습 및 학습문제의 바탕이 된다고 추정하는 '두뇌 기반의' 능력을 가정한다.
- 아동낙오방지법(No Child Left Behind: NCLB): 많은 학교 개혁을 의무화한 연방법이다. 엄격한 교육 기준을 향해 적절한 연간 진보를 이루고 있다는 문서가 있

어야 하고, 모든 아동은 교과목에서 양질의 자격을 갖춘 교사에게 배워야 한다는 규정이 포함되어 있다.

- 알파벳 원칙(alphabetic principle): 우리의 언어체계에서 문자(즉, 낱글자)가 소리로 대표된다는 개념으로, 어떤 소리가 어떤 글자로 표현되는지를 아는 것은 읽기를 배우는 데 도움이 된다.
- 암순응 민감성(scotopic sensitivity): 백색 불빛의 특정 빈도와 파장에 과도하게 민감한 경우를 묘사하기 위해 사용하는 용어다.
- 앵커드(정착) 교수(anchored instruction): 실생활 상황에 연결된 교수법이다(예: 장보기와 같은 과제를 완성하는 데 있어 장애학생들을 지원하는 상호작용적 컴퓨터 비디오).
- 언어적 결함(language deficit): 언어 능력에 있어 측정 가능한 결함 중 하나다. 예를 들어, 많은 학습장애 학생들은 의미론과 통사론을 이해하는 데 있어 결함을 보인다.
- 언어 이론가(language theorists): 학습장애 분야의 초창기에 가장 영향력 있는 학자 집단 중 하나다. 이에는 Kirk, Mykleburst 등 여러 유명한 학자들이 속해 있었다.
- 얼렌 렌즈(Irlen lenses): 백색 빛의 파장과 특정 진동에 과도한 수준의 민감성을 보여 읽기장애가 생기는 학생들에게 제공되는 색깔 렌즈다.
- 역동적 평가(dynamic assessment): 과제를 수행하는 데 관여하는 사고과정뿐 아니라 과제와 관련된 평가의 실제다.
- 연결하기(linking): 문제의 해법을 찾기 위해 이미 배운 문제와 새로 배우는 문제를 관련시킴으로써 기초적인 수학적 사실을 학습하는 전략이다.
- 영재형 학습장애(gifted learning disabled): 지적으로 영재이면서 학습장애를 동시에 가진 사람을 지칭하는 용어다.
- 예측하기(prediction): 상보적 교수의 4단계 중 하나로 학생이 이야기/구문의 결과를 예측하도록 한다.
- 오디오 디지털화 장치(audio digitizer): 사용자가 CD로 소리를 옮기고 이를 다시 컴퓨터 시스템으로 옮길 수 있도록 하는 도구다.
- 오류분석(error analysis): 추후 교수를 대비하여 문제에 대한 학생의 이해 수준을 파악하기 위하여 분석할 학업 과제에서 학생의 오류를 살펴보는 과정이다.

- 외적 통제소(external locus): 학생이 가진 통제소의 한 측면으로서 학생이 자신의 운명을 자기 자신의 노력보다는 환경 내 외적 요인에 의존한다고 인지하는 것이다.
- 외현적 기억(explicit memory): 세부사항, 사실 및 사건의 기억이다.
- 요약하기(summarizing): 상보적 교수법의 네 가지 단계 중 하나로 구문을 읽고 토의를 한 후 정보를 요약한다.
- 우연적 회상(incidental recall): 시각 및 청각으로 외적 정보를 회상하는 수준 혹은 기억 훈련에 일차적인 초점을 맞추지 않은 정보를 회상하는 능력이다.
- 음소(phonemes): 개별 글자 소리 그리고 혹은 의미를 가진 최소 개별 소리다.
- 음소 조작(phonemic manipulation): 개별적인 소리를 구분하고 조작할 수 있는 능력이다. 학생은 /b/와 /d/의 소리를 나타내는 글자를 배우기 전에 듣기를 통해 초성자음 b와 d(예: bed에서 b, dead에서 d)의 차이를 구분할 수 있어야 한다.
- 음소중심 교수(phoneme-based instruction): 음소 조작에서 시작하여 발음법(소리와 글자 간의 관계)으로 연결되는 교수다.
- 의뢰 전 보고(prereferral report): 특수교육 서비스에 공식적으로 의뢰하기 전에 수집되는 정보에 기초한 보고다. 일반학급에서 보이는 학생문제의 유형을 기술한다.
- 의뢰 전 수정(prereferral modification): 특수교육 서비스로의 의뢰 전에 시도되는 중재로 보통 학생이 아직은 일반학급에 배치되어 있을 때 진행된다. 아동이 일반학급에서 성공적으로 진보를 계속할 수 있도록 하여 특수교육 사정과 배치가 필요하지 않게 하는 것이 목적이다.
- 의미 지도(semantic map): 주요 용어와 관련된 용어를 묘사하는 그림이나 다이어그램이다. 의미론적 지도는 자주 이야기의 의미나 한 용어의 다양한 정의를 탐구하는 데 사용된다.
- 의미기억(semantic memory): 일반적인 사실적 기억과 기억의 연결이 해당된다(예: 오리건 주의 지도에서의 위치, 시계 읽는 법을 아는 것).
- 의미론(semantics): 단어의 의미와 단어의 올바른 사용을 이해하는 것이다.
- 이야기 다시 말하기(story retelling): 구문을 읽은 후에 요점을 다시 말하는 읽기이해의 교수전략이다.
- 이야기 스키마(story schema): 이야기의 일부나 서론, 줄거리, 등장인물, 절정, 이

야기의 결말이 특정한 방식으로 서로 관련되어 있다는 것을 이해하는 내재적 인 인지 능력이다.

- **이야기 지도**(story map): 전반적인 문제나 줄거리, 주요 사건의 순서나 결론을 구별할 수 있게 이야기를 도식적으로 개요화한 것이다.
- **이완훈련**(relaxation training): 정신적 이미지 기법을 교수하는 것으로 이완을 증가시키고 문제행동을 감소시킨다.
- **인스퍼레이션**(Inspiration) **소프트웨어**: 여러 교과 영역의 내용을 완전 숙달하기 위하여 학생이 선행 조직자를 개발하는 데 도움을 주기 위해 만들어진 소프트웨어다.
- **인지과정적 관점**(cognitive-processing perspectives): 1960～1970년대 학습장애 분야를 지배하던 관점으로 정신처리, 과정적 기능(지각, 기억 등)이 모든 학습장애의 기반이 된다고 가정한다.
- **인지심리학**(cognitive psychology): 기억, 연관학습, 지능과 같은 학습과정을 연구하는 학문이다.
- **일견단어 접근법**(sight-word approach): 개별 글자 소리가 상관없는 맥락에서 전체 단어를 인지하도록 훈련하는 읽기의 한 접근방법이다.
- **일대일 대응**(one-to-one relationship): 기본적인 수학적 관계 중 하나로 한 세트에 있는 사물은 다른 세트의 다른 한 사물과 짝을 이룬다는 것을 인식하는 것이다.
- **일반교육 주도**(regular education initiative: REI): 학습장애를 비롯한 많은 경도 장애 학생들이 일반학급에서 교육받아야 함을 지지하는 미 연방정부의 법안이다.
- **일반학급으로의 전환기**(classroom transition phase): 학습장애 분야에서 임상환경보다는 일반학급 환경에 있는 학습장애 학생에게 사용할 수 있는 교수방법을 찾고자 하던 시기를 말한다.
- **일화기억**(episodic memory): 위치와 상황에 기초한 기억(예: 어제 무엇을 했는지 물었을 때 어디에 있었는지를 먼저 생각하고 그 이후 부차적인 행위나 관여했던 '사례'를 회상한다.)이다.
- **읽기 유창성**(reading fluency): 빠르게 방해 없이 읽는 능력으로 보통 분당 정확히 읽은 단어의 수로 측정된다.
- **임상기**(clinical phase): 학습장애 분야의 역사상 특수한 교육 현장이나 기관에서 처치할 만큼 문제가 심각한 아동에 대한 정보만을 다루던 시기를 말한다.

- 자기결정(self-determination): 자기옹호와 유사하다. 적절하게 그리고 전문적인 방식으로 자기 자신의 이익을 대변하고자 하는 의지와 능력이다. 많은 장애학생들은 자기결정 훈련을 받는다.
- 자기공명영상(magnetic resonance imaging: MRI): 뇌세포의 어떤 측정 가능한 변화를 이끄는 자기장을 만드는 방사선을 사용하지 않는 방법으로 학습문제를 유발하는 뇌 활동의 차이를 보이기 위해 사용한다.
- 자기교정(self-correction): 학생이 자신의 오류와 함께 후에 비슷한 유형의 과제에서 오류를 반복하는 것을 피하는 방법에 대해 생각하면서 자신의 과제를 스스로 교정하는 것을 배우고 사용하게 하는 교수방법이다.
- 자기옹호(self-advocacy): 적절하게 그리고 전문적인 방식으로 자기 자신의 이익을 대변하고자 하는 의지와 능력이다. 많은 장애학생들은 자기옹호 훈련을 받는다.
- 자기점검(self-monitoring): 아동의 주의집중 수준을 높이기 위해 아동이 자신이 주의집중하고 있는지의 여부를 스스로에게 반복적으로 묻는 초인지 교수기법이다.
- 자동성(automaticity): 수학적 사실과 같은 단순 기억을 요하는 사실을 자동적으로 기억해 내는 능력이다. 자동성은 사실을 시각적 혹은 청각적으로 제시한 후 2초 이내에 회상하는 능력으로 나타낼 수 있다.
- 자릿값(place value): 1의 자리, 10의 자리, 100의 자리 등 숫자에 의해 나타나는 값의 변화다.
- 자문 모델(consultation model): 학습장애 전문가가 일반교사에게 학습장애 아동을 위한 교육전략에 대해 자문을 제공하는 것이다.
- 자살극(parasuicide): 실패한 자살 시도를 말한다.
- 자살 상상(suicide ideation): 자살을 심사숙고하는 것으로 자살사고라고도 한다.
- 자아개념(self-concept): 자기 자신에 대해 가지고 있는 생각이다.
- 작동기억(working memory): 이전 지식에 기초하여 새로운 자극에 기여하는 감각과 의미가 일어나는 의식적인 과정이다.
- 장기기억(long-term memory): 시간이 지난 후에도 정보를 회상할 수 있는 능력이다. 보통 연구의 측면에서부터 장기의 의미는 1~2분에서부터 수년간 기억하는 것을 의미한다.

- **장애 범주별 특수학급**(categorical resource rooms): 하나의 장애 유형이나 범주에 속한 학생들만을 위한 자료실이다.
- **재활법 504조**(Section 504): 1973년 재활법의 한 부분으로 학교와 다른 기관들은 장애인을 위해 합당한 조정을 해 주어야 한다는 조항이다. 알려진 장애를 가지지 않은 많은 학생들도 여전히 '504조 교육계획'을 가지고 있는데, 이는 그들이 일반학급에서 성공하는 데 필요한 조정을 담고 있다.
- **저장**(storage): 단기 혹은 장기 기억으로 정보를 저장하는 능력이다.
- **적격성**(eligibility): 학생이 장애를 가지고 있는지에 대한 여부와 특별한 서비스를 받을 자격이 되는지의 여부를 결정하는 것이다.
- **적극적이지 않은 학습자 관점**(inactive learner perspective): 학습장애 아동에 대한 가장 최근의 관점이다. 이 학생들이 학습과정에서 적극적이지 않다는 것을 말하는 것으로, 그들은 인지적으로 교육적 과제를 계획하지 않으며 과제에 적극적으로 참여하고자 하는 의지가 박약하다.
- **적응행동**(adaptive behavior): 공립학교 학급환경에 적응하는 행동이다. 학습장애 학생들의 대부분은 적응행동의 문제를 보인다.
- **적절한 수준의 연간 진전**(adequate yearly progress: AYP): 아동낙오방지법(NCLB)에서 정의된 대로 모든 학교는 교육적 목표를 향해 매년 적절한 수준으로 진전을 해야 한다.
- **전두엽**(frontal lobe): 추상적인 사고를 관장하는 대뇌의 한 부분이다.
- **전문성 향상 계획**(professional improvement plan: PIP): 전문성을 갖춘 교사로서 자신을 향상시키기 위하여 수행할 전문가 활동의 자세한 목록을 작성한다.
- **전반적 자기개념**(global self-concept): 특정 상황이나 환경에서의 변화에 국한되지 않는 자기개념의 한 형태다.
- **전일제 특수학급**(self-contained class): 한 명의 교사와 하루 종일 함께하는 학급이다.
- **전환**(transition): 한 교육적 환경에서 다른 환경으로, 혹은 한 교육적 노력에서 직업이나 지역사회 참여와 같은 고등학교 졸업 후 활동으로의 이동을 말한다.
- **정밀교수**(precision teaching): 매일 이루어지는 교육과정중심 사정 절차에 기초하고 있으며 표준화된 측정 차트를 사용하고 학습 속도를 자주 측정하는 것을 특징으로 삼는 교수점검 접근법이다. Lindsley에 의해 개발되었다.
- **정적 강화**(positive reinforcement): 특정 행동이 미래에 일어날 가능성을 높여 줄

수 있는 바람직한 후속결과를 제공한다.

- **종단연구**(longitudinal study): 시간이 지남에 따라 개인의 발달을 추적하는 연구방법으로 연구자가 연구설계를 하고 처음 단계부터 자료 수집에 관여한다.
- **주의력결핍 과잉행동장애**(attention-deficit hyperactivity disorder: ADHD): 주의집중의 문제를 특징으로 하는 학습장애의 한 형태다.
- **주의집중**(focus of attention): 일반적으로 특정 자극에 개인의 주의를 집중시키는 능력을 묘사한다.
- **준거참조검사**(criterion-referenced testing): 개별 질문이나 일련의 질문에 핵심이 되는 특정 행동목표를 가진 학업성취 평가다. 결과적으로 학생이 평가 문항 중 일부를 완수하는 데 문제가 있다면 교사는 그것을 해당 학생을 위한 교수의 주요 핵심 영역이나 목표로 삼아야 한다.
- **중요한 수학적 면담**(critical mathematics interview): 기초 수학 기술에서 학생의 습득 정도를 알아보기 위하여 Crawley가 개발한 진단평가의 한 종류다.
- **중재에 대한 반응**(response to intervention: RTI): 한 학생이 교육중재에 어떻게 반응하는가를 기록하는 것으로서 앞으로 학습장애를 판별하고 기록하는 데 사용할 수 있는 방법으로 생각된다.
- **중추신경계**(central nervous system: CNS): 뇌와 척추를 구성하는 신경계로 태아에서 가장 처음 발달하는 신경계다.
- **지각-운동 이론가**(perceptual-motor theorists): 학습장애를 지각-운동 이상의 측면에서 설명한 초기 이론가 집단으로 Cruickshank와 Kephart가 해당된다.
- **지그소**(jigsaw): 모둠의 여러 구성원들이 문제 해결에 필요한 정보의 일부만을 받아 협력하여 과제를 완수하기 위해 필요한 정보를 모두 보아야 하는 협동학습 전략 중 하나다.
- **지그소 II**(jigsaw II): 사전검사와 사후검사가 개별 아동에게 시행된다는 점을 제외하고는 지그소와 비슷한 협동학습 전략 중 하나로 각 아동이 받은 점수를 비교한다. 모둠별 전체 획득 점수의 평균이 각 아동의 점수가 된다.
- **지능**(intelligence): 개인이 환경에 적응하는 역량으로서 일반적으로 언어 관련 능력에 따라 크게 달라진다.
- **지능검사**(intelligence testing): 지능을 측정하기 위해 만들어진 검사다.
- **지역사회 기반의 직업 훈련**(community-based vocational training): 학습장애를 가진

학생들의 교육적 훈련이 지역사회에서 일어나는 활동에 기초한다.

• 직업 관련 학업 기술(job-related academic skills): 취업과 직접 연관된 기술로 특정 과제를 수행하는 기술 등이 포함된다.

• 직업 기술(vocational skills): 직업에 직접적으로 필요한 직무 관련 기술 세트다. 예컨대, 줄자, 망치, 페인트용 붓을 사용하는 것은 목수에게 적합한 직업 기술이 될 수 있다. 직업적 성공과 관련이 있지만 특정 직종에서 요구하는 기술이 아닌 시간을 정확하게 지키기, 효과적인 동료관계와 같은 직무 관련 기술과는 차이가 있다.

• 직업고등학교(vocational high schools): 다양한 직업과정을 제공하는 것으로 특화된 고등학교다.

• 직업적 성과(vocational outcomes): 학습장애 학생의 고등학교 졸업 후 직업적 가능성을 말한다. 이 성과에는 학령기 동안 시행한 직업교육의 결과로 직업 프로그램의 성공이 포함되어야 한다.

• 직업학습 모델(work-study model): 학교에서 학생이 일부 시간 동안만 학교 교과를 학습하고 나머지 시간에는 지역의 직업장에서 일을 하는 직업교수의 한 모델이다.

• 직접교수(direct instruction): 과제에 대한 특정 교수, 모델링, 교사가 주도하는 연습, 학생의 독립적 연습, 그리고 학생의 수행에 대한 즉각적인 피드백을 제공하는 교사 주도의 교수방법이다.

• 질문 만들기(question generation): 상보적 교수의 네 단계 중 하나로 학생이 자료를 읽기 전에 질문을 만들어 보도록 하는 것이다.

• 차별화 교수(differentiated instruction): 교사는 학생의 다양한 학습 유형과 다중지능에 따라 교수 실제를 다양화(즉, 차별화)해야 한다는 제안이다.

• 참평가(authentic assessment): 실생활 과제에 관련된 사정이다.

• 초인지(metacognition): 교육적 과제를 생각하고 계획하며 수행을 점검할 수 있는 학생의 능력이다.

• 총체적 언어 교수법(whole-language instruction): 읽기, 듣기, 쓰기, 말하기, 철자하기와 다른 의사소통 기술의 교수를 교실 내 사회적 상호작용의 맥락 안에 함께 포함하여 언어 기술을 가르치는 접근법이다.

• 최소능력검사(minimum competency tests): 사회에서 생존하는 데 요구되는 최소

한의 능력을 갖추고 있는지를 보기 위한 평가시험이다.

- **추론적 이해**(inferential comprehension): 중심 생각과 세부사항에 대한 단순한 기억을 넘어 활자로 이루어진 구문을 읽고 결론을 도출해 낼 수 있는 수준의 이해다.
- **축색돌기**(axon): 신경자극이 움직이는 통로로 뉴런의 긴 부분이다.
- **축소기**(retrenchment phase): 역사적으로 학습장애 분야의 마지막 시기로, 정의적 측면에서 학습장애와 다른 특수교육 집단의 범주를 구분하면서 통합과 책무성과 같은 과도한 관심을 받았던 여러 가지 운동들로부터 있어 학습장애 자체를 방어하고자 했다.
- **측두엽**(temporal lobe): 대뇌에서 청각과 청각적 기억을 관장하는 각 뇌반구의 한 부분이다. 머리의 앞부분에 위치하고 있으며 전두엽의 뒤쪽이다.
- **카드**(cards): 단일 컴퓨터 스크린과 스크린에 제시된 정보에 대한 비유다.
- **코드전환**(code switching): 청자의 인지적 수준에 따라 언어를 변화하거나 수정하는 능력이다. 코드 전환은 보통 더 간단한 단어와 문장으로의 전환이 해당된다.
- **큐빙**(cubing): 과제와 인지적 상호작용을 하는 수준을 다르게 하기 위해 입방체의 각 면을 사용하는 교수 절차다(즉, 한 면에는 구성요소를 묘사하고, 다른 한 면에는 해당 구성요소를 다른 것과 비교 · 대조하게 하고, 또 다른 한 면에는 그것을 좀 더 깊게 분석하게 한다.)
- **타임아웃**(time-out): 잘못된 행동에 대한 후속결과로 강화를 철회하는 것으로 이를 통해 해당 행동의 감소가 일어난다.
- **탈진**(burnout): 교사가 학습장애 학생을 가르치는 것과 관련하여 생기는 스트레스로 피로감이 증가하는 경향을 말한다.
- **태아알코올증후군**(fetal alcohol syndrome: FAS): 임신 중 모체의 알코올 섭취와 관련된 출생 시 결함이다.
- **터치 매스**(Touch Math): 숫자 위에 위치한 점과 숫자가 함께 가는 수학 계산 터치 포인트 시스템이다. 점의 수는 숫자와 수 상징의 주요 시각적 특성에 상응한다.
- **토큰경제**(token economy): 적절한 행동에 대하여 토큰을 사용하는 정적 강화체제로 후에 강화를 위해 토큰을 바꾸어 준다.
- **통제소재**(locus of control): 한 사람의 운명에 대한 통제 여부를 지각하는 것으로 보통 내적 통제소(개인의 행위가 자신의 운명을 통제함) 혹은 외적 통제소(환경적

조건이 개인의 운명을 통제함)의 측면에서 설명된다.

- **통합교육의 서비스 전달**(inclusive service delivery): 일부 중 · 고등학교에서 제공되는 서비스 유형으로 특수교사와 일반교사가 주류 교실에서 장애학생과 비장애학생을 함께 가르친다.
- **[완전]통합운동**(inclusion movement): 장애학생과 특수교사를 일반학급에 배치하고 협동학습과 팀 티칭 모델을 함께 사용하자는 주장을 하는 철학적 사조다.
- **특성불안**(trait anxiety): 어떤 상황에 대한 반응이기보다는 개인 성격의 전반적인 속성이 되는 불안이다.
- **팀 지원 개별화**(team-assisted individualization): 팀 내 학생들이 새로운 자료를 학습하는 데 있어 서로를 돕는 협동학습의 한 유형이다.
- **패터닝**(patterning): 뉴런의 연결을 다시 패터닝하고 학습을 촉진하기 위하여 유아기 반사 행동적인 자세에 근접하게 하는 방식으로 팔다리 등의 위치를 잡는 것이다.
- **포트폴리오평가**(portfolio assessment): 과제 견본으로 이루어진 학생 과제물 포트폴리오다.
- **표준점수 불일치**(standard-score discrepancy): 표준화된 점수를 얻는 데 있어 일반적으로 수치나 계산을 하는 지능검사와 성취검사에 기초하여 능력-성취의 불일치를 계산하는 방식
- **프로젝트 RIDE**(Project RIDE): 문제를 가진 아동을 다루는 것과 관련된 아이디어를 찾고자 하는 교사들이 사용할 수 있는 방법이다. 이는 의뢰 전 서비스에 새로운 아이디어를 제공하는 데 매우 유용하다.
- **하위검사 분포**(subtest scatter): 발달적인 불균형의 변이를 나타내는 한 형태다. 학습장애 학생들의 판별은 표준화된 지능검사의 하위검사 점수를 간 다양한 변이를 측정하는 데 기초할 수 있다고 제안한다.
- **하위검사의 재범주화**(subtest recategorization): 평가 개발자에 의해 추천되지 않은 방식으로 지능검사의 하위검사를 다시 그룹화하는 실제를 말한다. 이는 학습장애아동이 나타내는 발달상의 불균형을 보여 줄 수 있다.
- **하위 유형 연구**(subtyping research): 큰 규모의 이질적인 학습장애인 집단 안에서 다양한 하위 집단으로 나누고자 하는 연구 노력이다. 학습장애 문헌에서 찾아볼 수 있는 연구의 한 부류다.

- **하이퍼카드**(HyperCard): 학생과 교사가 하이퍼미디어 프로그램을 제작할 수 있도록 도움을 주는 관리 프로그램이다.
- **학업적 정체기**(academic plateau): 고등학교 시기에 학습장애 학생들의 학업성취가 정체되는 경향을 의미한다. 그들의 상당수는 약 5학년 수준 학업성취를 보인 후 진보를 멈춘다.
- **학생지원 서비스**(student support services): 교사가 문제가 있는 아동을 특수교육 대상자로 분류하기 전에 지원을 제공할 수 있는 교육자로 구성된 팀이다. 일반적으로 학생지원 서비스는 일반학급에서 아동을 지원하여 특수교육 배치를 불필요하게 한다.
- **학술지**(journals): 과학적인 내용을 담고 있는 정기 간행물로 여기에 실린 논문들은 게재 전에 다른 연구자들에 의해 심사를 받게 된다.
- **학습환경 조정 모델**(Adapted Learning Environment Model: ALEM): 장애 위험성이 높은 학생들에게 의뢰 전 지원을 제공하는 방법 중 하나다. 또한 이 모델은 이미 장애판별을 받은 학생들이 일반학급에 입급되어 있을 때 서비스를 제공하기도 한다.
- **학습된 무기력**(learned helplessness): 높은 외적 통제소와 연관이 있는 학습된 동기의 부족을 말한다.
- **학습률**(learning rate): 학습문제를 완수하는 데 필요한 시간의 양과 관련하여 정확하게 푼 문제의 수다. 학습률은 보통 여러 날에 걸쳐 특정 시간 동안 정확히 답한 문제의 수를 차트에 표시함으로써 나타낸다.
- **학습 양식**(learning style): 학습에 있어 한 아동이 선호하는 방식(즉, 어떤 아동은 정보를 보는 것을 좋아하고, 다른 아동은 정보를 들음으로써 가장 잘 배울 수 있으며, 또 다른 아동은 교실 바닥 위에 수직선을 긋고 그 위를 걸으면서 간단한 덧셈문제를 푸는 것과 같이 신체적 움직임이 제시될 때 더 잘 배울 수 있다.)을 말한다.
- **학습의 행동적 모델**(behavioral model of learning): 학습을 통제하는 조건으로 과제에 앞서는 선행사건과 행동에 뒤따르는 후속결과를 상술하는 학습 모델이다. 모델 전체를 시간적인 양식으로 나타내면 선행사건 → 행동 → 후속결과다.
- **학습장애아동협회**(Association for Children with Learning Disabilities: ACLD): 학습장애 아동의 교육문제에 관심을 갖는 전문가와 학부모로 조직된 초기 기구 중 하나다.
- **학습장애 대학생**(college students with learning disabilities): 학습장애 분야에서 새로

이 관심을 가지는 영역으로 많은 학습장애 대학생들이 대학을 끝마칠 수 있다고 한다.

- **학습장애협회**(Learning Disabilities Association: LDA): 원래 학습장애아협회(Association for Children with Learning Disabilities: ACLD)에서 출발했으며 부모 및 전문가들의 옹호 단체다.
- **학습전략**(learning strategies): 인지적인 것에 기초한 교수방법으로서 성공적인 과제 수행을 목적으로 아동의 내적 언어를 구조화한다. 많은 학습전략은 학생이 전략의 단계를 기억할 수 있도록 암기에 도움을 주는 약어를 사용한다.
- **학습전략 모델**(learning strategies approach model): 학습장애 학생을 대상으로 일반학급에서 적용할 수 있는 다양한 초인지 학습전략을 가르치고자 하는 교수 모델이다.
- **학업-인지적 성과**(academic-cognitive outcomes): 학령기 이후의 교육에서 교육의 학업적 및 인지적 성과를 논의하는 데 사용되는 용어다. 학습장애 학생들의 학업적 · 인지적 성과는 긍정적이지 않다.
- **핵심과제 I** (Task Force I): 학습장애 개념 용어의 초창기 정의를 제안하였다.
- **행동계약**(behavioral contract): 교사와 학생 간에 과제, 과제 수행의 조건, 과제평가의 준거 및 과제 수행 후 보상에 대해 서술한 계약서다.
- **행동목표**(behavioral objective): 학생에 의해 완수되어야 하는 학습 과제를 서술하고, 완수해야 하는 특정 행동, 행동이 완수되어야 하는 조건, 완수를 판단할 수 있는 준거의 세 요소를 포함한다.
- **행정적인 융통성**(administrative flexibility): 대학에 재학 중인 학습장애 학생을 지원하는 대학행정 본부의 프로그램을 지칭하는 용어다.
- **현직 교사 연수**(in-service): 교직에 발을 들여 놓은 후에 교사가 받게 되는 연수로 보통 자격을 갱신하는 데 필수적이다.
- **협동학습**(cooperative instruction): 과제를 성공적으로 수행하기 위하여 학생들이 서로 협력해야 하는 교수기법이다.
- **화용론**(pragmatics): 실용적인 의사소통을 목적으로 혹은 사회적 상황에서 언어를 사용하는 것이다. 화용론은 보통 언어 자체뿐 아니라 언어를 해석하는 데 있어 미묘하고 비언어적인 단서를 포함시키는 것으로 정의된다.
- **확장기**(expansion phase): 학습장애의 역사가 본격적으로 시작된 시기를 지칭

하는 용어로 학습장애로 판별된 학생의 수가 팽창한 시기다.

- 회귀기반 불일치(regression-based discrepancy): 평균으로 회귀하는 수학적 현상을 고려하여 표준화된 점수에 기초해 능력-성취 불일치를 계산한다.
- 회상(retrieval): 정보가 장기기억에 저장되고 난 후에 그것을 유출해 내는 능력이다.
- 후두엽(occipital lobe): 대뇌의 각 반구에서 시각과 시지각을 관장하는 부분으로 머리의 뒷부분에 위치하고 있으며 측두엽 옆에 있다.
- 후속결과(consequence): 어떤 행동 뒤에 일어나는 사건으로 그 행동이 미래에 일어날 가능성을 통제한다.

- ABAB 중재(ABAB intervention): 처치 연구의 한 형태다. A기는 행동의 기초선 측정, B기는 행동을 변화시키기 위하여 중재를 적용하는 시기를 의미한다. 이 연구 설계를 반전 설계라고 하는데 첫 번째 중재 이후 설계가 반전되어 기초선 시기, 즉 A기가 다시 시작되기 때문이다.
- CAT 스캔(computerized axial tomography scan: CAT scan): 컴퓨터 X선 체축 단층촬영은 뇌의 구조를 살펴볼 수 있는 영상의학 기법의 하나다. 서로 다른 각도로 뇌에 X선을 보내어 어떤 각도에서든 뇌의 구조를 보여 주는 컴퓨터화된 그림을 볼 수 있다.
- CD-ROM: 컴퓨터화된 정보나 컴퓨터 프로그램을 저장할 수 있는 메커니즘을 제공하는 레이저에 기반한 기술이다.
- Cruickshank, William: 자극이 통제되는 환경은 학습의 향상을 이끈다는 가정을 수립하여 학습장애 분야 초기에 상당한 영향을 미친 학자다.
- Deno의 연계적 서비스 전달체계(Deno's Cascade of Services): 장애학생들을 위하여 다양하고 융통성 있는 서비스 배치 모델을 제안한 모델이다.
- Deshler, Donald: 캔자스 대학교 학습장애 연구소에서 수많은 학습전략을 개발한 학자다.
- DIBELS(Dynamic Indicators of Basic Early Literacy Skills): 첫소리 읽기, 낱글자 이름 말하기, 음소 분절, 무의미 단어, 구어 읽기, 다시 말하기, 단어 사용에서 읽기 유창성을 평가하기 위한 검사다.
- DISCOVER(Discovering Intellectual Strengths and Capabilities through

Observation while allowing for Varied Ethnic Responses): 다중지능을 측정하기 위한 수행에 기초한 평가도구다.

- Doman/Delacato: 패터닝이나 신경학적 조직을 개발한 두 명의 학자다. 이 처치를 학습장애 학생들에게 적용했을 때 효과를 보인 적은 없었다.
- DSM-IV(Diagnostic and Statistical Manual of Mental Disorders, 4th ed.): 『정신장애진단 및 통계 편람』 제4판은 아동에게 나타나는 다양한 종류의 장애를 판별하기 위해 미국정신의학회가 출판한 분류체계다.
- FAST: 효과적인 사회적 행동을 발달시키는 데 사용되는 학습전략의 약자다.
- Fernald, Grace: 아동이 단어 재인을 하는 데 있어서 한 번에 보고, 듣고, 쓰고, 단어 쓰기의 운동을 느낄 수 있도록 하는 다양한 활동을 포함시켜 가르치는 교수기법을 개발하였다. 이 교수법에서는 시각, 청각, 운동감각과 촉각(VAKT: visual, auditory, kinesthetic, tactile)이 사용되었다.
- FISH: 단어를 해독하는 데 있어 초등학생들에게 도움을 주기 위해 만들어진 학습전략의 약자다.
- Frostig, Marianne: 두뇌 및 중추신경계의 기능이상으로 인해 지각적인 문제가 나타난 결과로 학습장애가 이루어진다는 주장을 함으로써 이 분야에 지대한 영향력을 미쳤다.
- Halstead, W. C.: 학습장애 아동에게 간혹 사용되는 신경학적 검사도구를 만든 학자다.
- Kirk, Samuel: 학습장애란 용어를 처음 만들었고 이 분야의 초창기에 가장 영향력 있는 인물 중 하나다. 오랜 시간 동안 학습장애의 존재를 서술하는 데 사용된 ITPA의 공저자이기도 하다.
- Luria, Alexander: 뇌 기반의 학습문제를 진단하기 위한 평가도구(Luria-Nebraska)를 개발한 구 소련의 신경심리학자다.
- Orton, Samuel: 학습장애 분야의 초기 이론가들 중 한 명으로, 학습문제가 뇌 반구의 우세성 발달과 관련된 결함과 연결되어 있다는 개념을 발전시켰다.
- PET 스캔(position emission tomography: PET scan): 혈류를 통해 뇌에 방사성 동위원소를 주입하며 이때 동위원소의 흐름을 기록하여 두뇌 기능을 알아보고자 한다.
- PLEASE: 단락 쓰기 기술을 향상시키는 데 사용되는 학습전략(주제를 정하고

[Pick], 아이디어를 나열하며[List], 나열된 목록을 평가하고[Evaluate], 단락을 시작하고 [Activate], 지지적인 문장을 쓰며[Supply], 결론적인 문장으로 마무리한다[End])이다.

- Reading Mastery: 수학과 읽기 영역의 교수를 위해 사용되는 직접교수 전략이 포함된 교육과정이다.
- Reitan-Indiana: 5~8세 사이 아동을 위한 신경학적 검사다.
- SALT(Student's Assistant for Learning from Text): 교사가 좀 더 향상된 구문을 만들어 낼 수 있도록 하는 하이퍼미디어 프로그램이다.
- SCORER: 학습장애 학생들이 선다형 시험을 치는 데 도움을 주기 위해 만들어진 전략이다. 시간을 계획하고(Schedule), 단서 단어(Clue)를 사용하며, 어려운 문제는 생략하고(Omit), 문제와 문항을 주의 깊게 읽으며(Read), 답을 추측하고(Estimate), 마지막으로 여태까지 풀이한 것을 다시 살펴본다(Review).
- SLANT: 다음의 활동을 연계시킨 노트 필기 기술을 사용하도록 하는 학습전략이다. 바로 앉고(Sit up), 앞쪽으로 몸을 기울이고(Lean forward), 생각을 하기 시작하고(Activate), 주요 정보를 말하고(Name), 화자를 따라간다(Track).
- STAD(student team-assisted divisions: 학생팀별 성취향상도 인정방식): 협동학습 기법의 하나다.
- SWAT 팀(schoolwide assistance team: 학교 단위 지원 팀): 학생을 특수교육 배치에 의뢰하기 전에 일반학급의 문제에 지원을 제공하기 위해 만들어진 학생지원팀의 한 유형이다.
- WISC-III(Weshler Intelligence Scales for Children, 3rd ed.): 지능평가에서 가장 많이 사용되는 평가 중 하나다.

찾아보기

《인 명》

《내 용》

| 저자 소개 |

William N. Bender

미국 University of North Carolina에서 특수교육전공 박사학위를 받은 후, 미국 유수 대학의 교수로 일해 오다가 1998년부터 University of George, Department of Communication Sciences and Special Education의 교수로 재직 중이다.
학습장애, 차별화교수, 행동훈육 및 ADHD 등과 관련된 다수의 저서를 집필하였으며, 62편이 넘는 학술논문을 게재하는 등 왕성한 연구 활동을 진행하고 있다.

| 역자 소개 |

권현수

미국 University of Kansas 대학원 철학박사
State Improvement Grant Project at the University of Kansas 연구조교 역임
이화여자대학교, 성신여자대학교 강사 역임
현 세종대학교 교육대학원 교수

서선진

미국 University of Florida 대학원 철학박사
Center on Personnel Studies in Special Education 연구조교 역임
이화여자대학교 발달장애아동센터 연구원 역임
현 건양대학교 중등특수교육과 교수

최승숙

미국 University of Illinois 대학원 철학박사
이화여자대학원 특수교육연구소 연구원 역임
나사렛대학교 언어치료학과 교수 역임
현 강남대학교 초등특수교육과 교수

학습장애
특성, 판별 및 교수전략
Learning Disabilities (6th ed.)

2011년 2월 20일 1판 1쇄 인쇄
2011년 2월 25일 1판 1쇄 발행

지은이 • William N. Bender
옮긴이 • 권현수 · 서선진 · 최승숙
펴낸곳 • 김진환
펴낸곳 • (주) 학지사
121-837 서울특별시 마포구 서교동 352-29 마인드월드빌딩 5층
대표전화 • 02)330-5114 팩스 • 02)324-2345
등록번호 • 제313-2006-000265호

홈페이지 • http://www.hakjisa.co.kr
커뮤니티 • http://cafe.naver.com/hakjisa

ISBN 978-89-6330-610-0 93370

정가 22,000원

역자와의 협약으로 인지는 생략합니다.
파본은 구입처에서 교환해 드립니다.